虎牢关

神仙洞景区

银汞峪

首次考察伏羲山（尖山）

考察石贯峪（深葨）

考察曲梁遗址

亲近黄泽

首次考察响水潭

考察邻国故城（荥丘之墟）（一）

考察邻国故城（二）

考察邻国故城（三）

考察被水冲坏的邻国故城西城墙

华阳故城城墙

考察华阳故城（王在华）

远望泰山（今称"西泰山"）

考察泰山村

考察力牧台

黄寨遗址

考察新砦考古队驻地

观察出土文物

屈咀村

屈咀五代井

观察補国城城墙

考察札子沟海山寺

考察平陌镇

养钱池遗址

温玉成文集

——《穆天子传》及上古文明研究卷

龙门石窟研究院　编

温玉成　著

科学出版社

北京

内 容 简 介

本书为《穆天子传》及上古文明的研究专著,分为上、下两编。上编围绕《穆天子传》展开论述,包括:对《穆天子传》文本的重新整理、对《穆天子传》的文化解读、对《穆天子传》所提到地名的实地考察。下编则是近些年作者对中华文明相关领域的思考,包括:论中华文明的三个板块、论古蜀族的起源与三星堆文化、匈奴休屠王"祭天金人"考等。本书为专业人员提供了《穆天子传》研究的详细材料信息,对进一步认识中华文明前段的内涵具有重要作用及参考价值。

本书可供从事中国古代史、中华文明前段考古、民俗学及相关学科的研究者和大专院校相关专业师生阅读、参考。

图书在版编目(CIP)数据

温玉成文集.《穆天子传》及上古文明研究卷 / 龙门石窟研究院编;
温玉成著. —北京:科学出版社,2023.3
 (龙门石窟文库)
 ISBN 978-7-03-075290-1

Ⅰ.①温… Ⅱ.①龙… ②温… Ⅲ.①温玉成–文集②《穆天子传》–研究③中国历史–上古史–研究 Ⅳ.①C53②K224.04③K210.7

中国国家版本馆CIP数据核字(2023)第049167号

责任编辑:张亚娜 闫广宇 / 责任校对:王晓茜

责任印制:肖 兴 / 封面设计:张 放

科 学 出 版 社 出版
北京东黄城根北街 16 号
邮政编码:100717
http://www.sciencep.com
北京汇瑞嘉合文化发展有限公司 印刷
科学出版社发行 各地新华书店经销

*

2023年3月第 一 版 开本:787×1092 1/16
2023年3月第一次印刷 印张:33 3/4 插页:7
字数:810 000
定价:**288.00元**
(如有印装质量问题,我社负责调换)

序　言

温玉成先生是中国佛教考古著名专家、研究员。1939年生，1964年毕业于北京大学历史系考古学专业。曾任龙门石窟研究所副所长、所长、名誉所长，曾受聘为郑州大学历史与考古系特聘教授。现为龙门石窟研究院名誉院长。

自20世纪60年代初，温先生到龙门工作以来，孜孜以求、潜心钻研，在石窟寺历史、考古研究方面成果丰硕，发表《洛阳龙门双窑》《龙门北朝小龛的类型、分期与洞窟排年》《龙门唐窟排年》《试论武则天与龙门石窟》《禅宗北宗初探》《新中国发现的密教遗存及其所反映的密教史问题》《略谈龙门奉先寺的几个问题》《韩国庆州石窟庵原型初探》等论文100多篇，论著有《中国石窟·龙门石窟》（一二卷）、《中国美术全集·雕塑编·龙门石窟雕刻》卷、《中国石窟雕塑全集4·龙门》卷，出版专著《中国石窟与文化艺术》《中国佛教与考古》《少林史话》《温玉成文集——龙门石窟卷》等。其中，在中国石窟寺考古创始人、北大著名教授宿白先生指导下的实习成果，温玉成完成的《洛阳龙门双窑》报告一文，遗迹记录完备，型式划分准确，编年分期可靠，是第一个较完善的石窟寺考古报告。《龙门北朝小龛的类型、分期与洞窟排年》一文，被学术界称为"新中国石窟考古研究的窗口"，引起国内外石窟考古界的关注，曾获河南省社会科学优秀成果二等奖。《龙门唐窟排年》也对龙门唐代主要洞窟进行了分期排年和年代学论证。这些成果主要采用考古学的理论与方法，对龙门北魏至唐代窟龛造像进行了全面的考古学研究，是后学者开展龙门石窟考古研究的必读范本，为推动龙门石窟考古研究的深入开展，深入阐释龙门石窟的历史文化内涵，促进人们认识了解龙门奠定了重要基础。

退休以后，温玉成先生笔耕不辍，进一步扩展视野，拓展学术研究方向和空间，焕发出旺盛的学术生命力，在佛道教、民族史、上古史、社会史等方面持续发力，历史文献和田野调查相结合，发表各类文章100多篇，迎来了学术生涯的第二个高峰，取得了令人瞩目的成果，可贺可敬！

特别是温先生从七十岁起，基于种种因缘，开始从内蒙古大兴安岭到青藏高原，乃至云贵川滇、天山南北，从中原到新疆，从北方到南方，开展了华夏上古史和古代民族考古调查，被称为"三跨越学者"。他曾经在其《75岁感言》中云："头枕大藏经，摩挲龙门佛。千里嘎仙洞，万仞东女国。遥参西王母，穷究论吐蕃。追寻铁木真，几渡大渡河。"形象而简洁、精练而有趣地描绘了其工作以来开展学术调查和着力研究的大致过程与方向。

根据温先生学术成果目录和《温玉成文集——〈穆天子传〉及上古文明研究卷》的文章，可以看出其中一个大的研究方向和突破是其矢志攻读、破解上古天书——《穆天子传》，通过"狠读老三篇"——《山海经》、《竹书纪年》和《穆天子传》，利用甲骨文、金文及考古新资料，并结合在各地的实地考察，穷究上古，探索未知。作者曾经感慨云"穆王西巡三千年，至今圣贤皆茫然。谁肯历尽山河险，白首穷经解万难"，道出了其艰辛探索的韧劲和精神，正如民国时期的傅斯年所提倡的"上穷碧落下黄泉，动手动脚找东西"。正是有青灯作伴、苦研文献和多年的田野调查，温先生在《穆天子传》的研究中作出了前人所未发的研究结论，取得了重要的学术成果，从而使我们站在了新的高度来了解悠远、深奥的中国上古史。

温先生退休以后另外一个发力较多、关注较多的研究新方向是民族史和中华民族融合发展史，如对大月氏、河宗氏、犬戎、大夏、西王母邦国、荤鬻（鬼方）、闾方、周族起源、匈奴起源、蒙古族起源等的研究，依然延续了文献的梳理和唯物主义的辨证解析，田野的调查和古语、古地名的破译，在多个民族的古史研究领域也取得了诸多颠覆传统史学观点的新认识、新成果。

学术贵在钻研、贵在创新，不囿于固有认识，不断地运用新理论、新方法、新材料，结合实地调查，推陈出新，不断向前，开辟新方向和新局面，取得新成果。《温玉成文集——〈穆天子传〉及上古文明研究卷》就是《温玉成文集》系列中的一卷，集中收录作者这二十多年来在新领域的研究论文，较全面反映他在华夏与周边上古文明研究方面的新成果，以飨读者和学界。

老骥伏枥，壮心不已。已过耄耋之年的温玉成先生，可谓"研古著文心不倦，耄年壮志战犹酣"，依然时时读书、著文传术，为后学者答疑解惑、指导研究。近年他多次回到龙门，为龙门石窟研究院科研人员授课、做讲座，与后学谈心交流，既有他在石窟寺考古研究方面的一些心得、体会，也有在中国古代史特别是上古史方面研究的新成果。

近年，为推进龙门石窟科研工作，深化学术研究，提升学术水平，扩大龙门影响力，我们打造了"龙门石窟文库"品牌，鼓励开拓创新，多出精品成果，将考古、历史、艺术、美术史、宗教、保护等研究新成果纳入文库，形成龙门石窟学术研究系列。2021年出版了《温玉成文集——龙门石窟卷》，纳入"龙门石窟文库"，作为温先生文集的第一卷。在其文集2《温玉成文集——〈穆天子传〉及上古文明研究卷》付梓之际，温老嘱我为此书作序，作为先生的学生辈，诚感忐忑，虽然我始终在考古单位和考古一线工作，却对上古史并无深入研究，但是捧此文集书稿，深深感受到温先生善于思考、勇于创新、百折不挠的精神，以及上古史研究的不易和新成果带来的震撼，在此表达敬仰之意，作此短文，是为序。

龙门石窟研究院　史家珍

2022年11月于龙门

目　　录

前言：我是怎样研究《穆天子传》的

中国的历史，自古有起自"三皇五帝"之说。但是，何谓"三皇五帝"？司马迁不敢确认。近代学者论之，或称作"神话"（如闻一多：《闻一多说神话》，江西教育出版社，2012年），或称作"传说"（如徐旭生：《中国古史的传说时代》，广西师范大学出版社，2003年），亦莫衷一是。所以，康有为说"上古茫昧无稽"（康有为：《孔子改制考》，中华书局，2012年）。

毛泽东主席感慨地说："五帝三皇神圣事，骗了无涯过客"（《毛泽东诗词选》，人民文学出版社，1986年）。熟读二十四史的毛主席这样感慨，是有深刻原因的。因为，至今没有人能够准确回答："伏羲氏"在哪里？"炎帝"在哪里？"帝俊"在哪里？"黄帝"在哪里？"少昊"在哪里？"颛顼"在哪里？"荤鬻"（鬼臾）在哪里？"大月氏"在哪里？"白犬戎"在哪里？"盘瓠"（盘古）在哪里？"西王母"在哪里？鸿鹭山（周祖"弃"诞生地）在哪里？"匈奴"在哪里？等等。而关于"武王伐纣"的年代，竟然有44种"结论"。

这个"困局"的形成，是没有可信的文字资料及考古证据造成的。1917年，王国维用"二重证据法"论证了《史记·殷本纪》为信史，功莫大焉。1923年，顾颉刚提出"层累地造成的中国古史"，实乃片面之词（如云"中国本无三皇五帝和尧舜禹汤"）。1928年，傅斯年提倡"重建"古史，希望通过考古学解决史学难题。

百年来，中国考古学取得了无比巨大的成就。2018年5月28日，国家文物局宣布，"考古实证：中华文明五千年"。不久，中央电视台、国家文物局联合摄制的《如果国宝会说话》，又提出"中国八千年历史"。但是，考古成果很难与古代文献结合。5000年应该是"黄帝"以前的伏羲氏、炎帝时代，目前仍然无法证明。所以，《夏商周断代工程1996—2000年阶段成果报告》（简本）于2000年年底公布（李学勤、李伯谦等约200位专家参与）；而《夏商周断代工程报告》（繁本），迟至2022年6月才出版。

2001年启动的"中华文明探源工程"，到2009年，也"并不意味着……已经有了肯定的答案"。

众所周知，破解"三皇五帝"难题，最早的史料只有《尚书》《禹贡》《山海经》《竹书纪年》《穆天子传》《诗经》《左传》《史记》等有限资料。而其中，

《穆天子传》被纪晓岚等斥为"夸言寡实，恍惚无证"，退为小说家言；今本《竹书纪年》则被纪晓岚、章学诚、王国维等斥为"伪书"，彻底否定。

因此，正统的史学家，大多疑而不用。科学技术部、国家文物局主编的《早期中国——中华文明起源》（文物出版社，2009年），仍然对《竹书纪年》熟视无睹，认为"关于夏朝历史最系统的史料，则是……《史记》"。

当然，史学界早有不同的声音。关于《穆天子传》研究，明代有吴宽等11家；清代有郑濂等14家；近代有章太炎、刘师培、顾颉刚等29家。1937年，于省吾用青铜器班簋铭文"毛班"，证明《穆天子传》的真实性。

关于今本《竹书纪年》研究，却是美国学者倪德卫（David S. Nivison，1923—2014）首先打破"僵局"（英文，2009年）。他在中文版《〈竹书纪年〉解谜》（上海古籍出版社，2015年）中，指出"《竹书纪年》并非伪书，而是无价史料"。我们的研究，也完全证实倪德卫先生所言的真实性。

1964年秋，我从北大历史系考古专业毕业后，"发配"到洛阳龙门石窟，从事佛教考古工作。"昼读古史，夜数繁星"，在龙门山，面壁三十六年。

从七十岁起，基于种种因缘，我跳出"三界"外，从内蒙古大兴安岭，到青藏高原，乃至云贵川滇、天山南北，做古代民族考古调查。被人讥讽为"三跨越学者"。我曾经有《75岁感言》云："头枕大藏经，摩挲龙门佛。千里嘎仙洞，万仞东女国。遥参西王母，穷究论吐蕃。追寻铁木真，几渡大渡河。"

最初，我的兴趣是研究西王母国及大夏国西迁问题。拜读了丁谦、王国维、黄文弼等先生的论文（详见黄烈编《黄文弼历史考古论集》，文物出版社，1989年）。深入研究后发现：公元前623年，秦穆公伐西戎时，灭国十二。其中，八国投降；有四国逃遁：即大夏（大河）、析支（河首）、织皮、大月氏。而大月氏逃到了昆仑山区，赶走了西王母部与昭武九姓胡人。因此，完成并公布了论文《探究"昆仑邦国"与大夏诸国的西迁》（郑州，2015年7月18日）。但是，言者谆谆，听者藐藐。

正是这篇论文，为研究《穆天子传》奠定了"框架"（基本坐标）："大夏"在甘肃省大夏河流域；"析支"（河首）在青海省共和县切吉草原；"织皮"在青海省东南泽曲流域；"大月氏"原居地在甘肃省兰州市、榆中县一带。"西王母邦国"在甘肃省酒泉南山。当然周穆王出发地"宗周"是在洛阳（有"瀍水"为证）。

于是，我开始专心研究《穆天子传》。很快发现，必须首先抓住"总路线（周穆王西巡往返行程）"。为此，必须"狠读老三篇"——《山海经》《竹书纪年》《穆天子传》。当然，也必须关注甲骨文、金文及考古资料。更重要的是"迈开双脚，实地考察"。我曾经感慨"穆王西巡三千年，至今圣贤皆茫然。谁肯历尽山河险，白首穷经解万难"。

借助甲骨文、金文的资料。读郑杰祥学长《商代地理概论》（中州古籍出版社，

1994年），得知甲骨文中有"工（上'工'下'口'）方"，这是唐兰先生的推断。我研究后发现，此字应该是"吕方"，得名于包头市"昆都仑河"。它就是《穆天子传》的"刭间氏"。甲骨文"魃方"（魃魁），就是《穆天子传》的漆晷，在山西省乡宁县东南35千米（《汉书·地理志》之"骐县"）。甲骨文"旨方"，就是《穆天子传》的智人，在山西省吉县人祖山一带。

2004年，在山西省绛县横水镇考古发现了倗国墓地。出土青铜器铭文证明"倗伯"与"毕姬"联姻。则《穆天子传》之"倗伯絮"地域可知矣。这为从洛阳西行的周穆王在渑池县渡过黄河，提供了旁证。

2007年，在甘肃省肃北县马鬃山发现了古代（夏商周）至汉代的玉矿。为寻找"群玉之山"，确认了地点。

另外，甲骨文有祭祀"东母""西母"（《合集》14335）。"东母"即女娲（我们考证，在河南省西华县），"西母"即西王母。

古代地名的残存。中国有悠久的历史，有些地名，特别是在秦汉时代残存下来。例如青海省的切吉（析支）、珠玉（珠余）、门源（茂苑）；甘肃省的姑臧（诸肝）、堵次（阂氏）、截山（积山）、榆中（月氏）；宁夏的卑移山（避移山）、眗卷（熏粥、粥奴）、奇苑（陈袁）等。还有，兰州的"皋兰山"，大概是"帝喾"时代遗留下来的名字。

当然，也有"文化断层"。我在酒泉曾经感叹："酒醉忘却西王母，举目不识昆仑山。"在新密，感叹众人不知"帝俊""少昊""颛顼"在何处。我说"溱水"古代称"黄水（邻水）"，他们惊愕，以为是我搞错了。

西晋灭亡后，新密市在五胡十六国、南北朝时代，先后属于后赵、前燕、前秦、后燕、后秦、北魏、东魏、北齐八个政权，平均33年就"改朝换代"一次。社会动荡，人口流动迁徙，必然造成文化断层。

大量的考古调查，寻找多重证据。例如：穆天子第一次北渡黄河的渡口、犬戎、犬戎□胡、阳纡山（河宗氏）、阳纡之东尾、燕然之山、黄之山、玄池、黄鼠之山、春山、西王母（瑶池、黄帝之宫、悬圃、鹰鸟之山）、鸿鹭氏、留骨之邦、春山之虿（踏实河）、赤乌氏、群玉之山（容成氏）、采石之山（重毹氏）、长沙之山、曹奴、大旷原、浊繇氏、瓜鑪之山（阂氏胡）、焚留之山、刭间氏、雷首山、犬戎盘瓠、二边等。

其中最难解决的有四个问题：第一，穆天子第一次北渡黄河的渡口在哪里？第二，犬戎（严允）在哪里？第三，"阳纡山"（河宗氏）、"阳纡之东尾"，是穆天子西巡往返经过地区在哪里？第四，"犬戎□胡"如何解释，在哪里？

第一个问题的关键是怎样解读"北循滹沱之阳"。实地考察证明，河南省渑池县城北，有一条小溪叫滹沱水，从北向南，注入涧水，长约12千米。不是河北省的滹沱河。从滹沱水向北行，过韶山西侧，再向北行，至渑池县南村乡，就是黄河古渡口。过河后，沿着亳清河北上，就是佣国地域了。

第二个问题的关键是"当水"在哪里？研究表明，当水就是吴起县的洛水之头道川，即虢季子白盘中的"洛之阳"，陕西省洛河上游。《山海经·大荒北经》记载，"犬戎"之一是白犬戎。中心在陕北白于山。"崦嵫"就是"严允"之讹。

第三个问题，"阳纡山"在哪里？查《蒙恬传》可知，秦长城修筑到甘肃省靖远县时，蒙恬认为必须占领黄河北岸一带的"阳山"，才能保障长城安全。我们实地考察，获得一组证据链。确认阳纡山、燕然之山就在今景泰县石林一带，使得周穆王往返的"总路线"，加以确定。

第四个问题的突破点是"犬戎□胡"为什么"觞天子于雷首之阿，乃献良马四六"。查《水经注》等可知，雷首山所在的黄河南北两岸，是犬戎盘瓠的领地。"犬戎盘瓠"起源于河南省灵宝市的盘水和瓠水。他们与白犬戎是世仇。西周末，他们与申侯一起杀了周幽王。后来被迫迁徙到湘西，被称"武陵蛮"。

确认"群玉之山""时空交叉法"的运用。

安阳殷墟"妇好墓"出土了大批精美玉器（公元前13世纪）。学术界大都推测是和田玉。那么，在公元前13世纪，在新疆和田地区有没有部落居住？他们有没有能力开采玉矿？没有人能回答这个问题。用"时空交叉法"，是否定的。因此，《穆天子传》记载的"群玉之山"肯定不在新疆和田。查阅考古资料可知，在甘肃省西部马鬃山发现了古代玉矿，品质为透闪石。周穆王既然到了赤乌氏，向北行，就是马鬃山。由此，古"玉门关"得名，有了新解读。

破解《穆天子传》，使我们站在了空前的高度来了解上古史。犹如禅师的"棒喝"，使我们醍醐灌顶，顿觉清醒。《穆天子传》比孔子修订《春秋》早300多年、比司马迁著《史记》早800多年。我们终于确认河宗氏、白犬戎、犬戎盘瓠、大夏、河首析支、西王母、周人（有邰氏、鸿鹭氏）、曹奴（昭武九姓）、渠搜（源自"屈吴山"）、阏氏、匈奴（夏桀之子"熏粥"）、荤鬻（鬼臾，源自"窟野河"，后来成为"匈奴贵族"呼延氏）、剞闾氏（源自"昆都仑河"，林胡。后来成为"匈奴贵族"兰氏）、大月氏等的起源地。这就是"追本溯源法"，或曰"正本清源"。

最典型的是，周人起源于陕西省岐山县的"周原"说。我们确认周人起源于甘肃省嘉峪关南山（鸿鹭山），属于"留国之邦"（西王母部落联盟）。周人的主要贡献是发明了"牛耕"。他们在此生活800多年，至古公亶父（公元前12世纪）才迁徙到了陕西省岐山一带。这一新认识，意义重大。从而能够重新解读《诗经·周颂·天作》："天作高山，大王荒之。彼作□（周）矣，文王康之。"此处之"高山"，乃鸿鹭山也。大王，古公亶父，因为东迁，把它撂荒了。他开创周地，至文王时代繁荣起来。

众所周知，周公在洛阳"制礼作乐"，把夏商周文化融合，并制度化，奠定了西周文明的基础。孔子儒家学说，继承了这个传统。而西周文明的源头，却来自"西戎"部的西王母文化。西王母祭祀文化在象雄大王布德贡甲时代（公元前3世纪），发展为"苯教"（Bot），崇拜日月、老虎、鹰鸟、树神、燎祭等；西王母部族最早称"王"，设立"明堂"等。

《穆天子传》的研究证明，"神话"与"传说"植根于历史的真实"生活"。从而揭开了伏羲氏、炎帝、黄帝、少昊、颛顼、帝俊、羲和、后羿等人的千古面纱。

关于"黄帝"的研究，最有趣味。周穆王从（新密市）伏羲山下来，饮于"留祈"（西"流泉"）；向东，"天子射兽，休于深萑（石贯）"并祭祀伏羲氏；然后，"天子东游于黄泽，宿于曲洛"。"曲洛"，今称"曲梁"。而曲梁在溱水上。那么，"黄泽"在哪里？深入研究证明：今溱水，就是古代的"黄泽"，后来改称"郐水"。郦道元《水经注》搞错了。"曲洛"是什么意思？《竹书纪年》解答："玄扈洛水"，即洛水在这里旋转也，也称"轩辕"。与地形完全符合。《山海经》还记载了另外两处"轩辕"。曲洛就叫"有熊"。"玄扈洛水"能通"海"。"海"在哪里？原来，曲梁镇的东方，有个"太山"（新郑市北部），太山南部有"张弘海"。春秋时代已经萎缩，秦汉时代干涸。周穆王南行，到了"菣丘之墟，黄帝之间"，并写铭文"先王九观"。指黄帝—昌意—颛顼—称（章乘）—卷章（老童）—重菣—（弟）吴回—陆终—郐（陆终六子之四），共经历九位"先王"。"菣"，官火正"祝融"。所以"菣丘之墟"俗称"祝融墟"。周穆王指出，"菣丘之墟"中，还保存有"黄帝之间"。就是说，这里有先后两座城。考古证明，就是新密市"古城寨遗址"，属于龙山文化时期。城内西南部，有1000多平方米"仰韶文化晚期遗址"。完全验证了《穆天子传》的记载毫无疑义。我们用一连串"证据链"，确认了黄帝的史实。因为居于黄泽，穿黄衣，称黄人，尊称其首领为黄帝。

换言之，是周穆王实地考古调查，确认了"菣丘之墟，黄帝之间"；周穆王考证，此地是九位"先王"的居住地。因此，可以说，周穆王是中国第一位大考古专家。

由此可知，《史记》云"黄帝者，少典之子，姓公孙，名曰轩辕"，是按着儒家观念虚构的。唐代王瓘《广黄帝本行记》更是集后世诸说之大成也。

纵观《穆天子传》研究历史，早期学者，呕心沥血，限于条件，成果寥寥。现代学者，不攻原著，急于求成，"东拉"（开封、山东）"西扯"（新疆、中亚、欧洲），自鸣得意。正所谓"道士弘博洽闻者寡，而意断妄说者众"（《晋书·葛洪传》）。对此，我们特别把关于新疆、西藏、中亚及东北的一些研究成果，作为《附录》存之。

很高兴，在我七十九岁之际，出版了《康巴奇迹》（根秋多吉主编，四川民族出版社，2018年），报告了我在五省藏区考古调查的部分成果。

在我八十二岁之际，《温玉成文集——龙门石窟卷》（科学出版社，2021年）出版了。

现在，《温玉成文集——〈穆天子传〉及上古文明研究卷》，几经波折即将出版。其中，一些重要人物或氏族，如伏羲氏、炎帝、黄帝、少昊、颛顼、帝俊、后羿等，变得清晰、明确起来；不再是"神话"与"传说"。从此，中国人可以有根有据地、自豪地说，"我们是炎黄子孙，我们是龙的传人"。当然，我们还要清醒地认识到：中原的炎黄文化，只是"中华文明"的"三个板块"——即中原"炎黄文化"、西方"西戎文化"、北方"北狄文化"之一。

而另外一些重要问题，如大月氏（禺知）、河宗氏、白犬戎、盘瓠（盘古）、大夏、西王母邦国、荤鬻（鬼臾）、闾方、周族起源、匈奴起源、蒙古族起源、苯教的形成、吐蕃王族来源等，则颠覆了传统史学观点。

客观地说，解读《穆天子传》真相的学术价值，不亚于甲骨文的发现与研究；也不亚于敦煌藏经洞的发现与研究。犹如打开封闭千余年的"魔咒"盒。从此，历史学家需要打破"自闭的堡垒"，重新改写部分中国上古史。

我深深知道，我的论著一定会使清醒的学者，"如梦之方觉，醉之甫醒"；也一定会使史学界的不少朋友大感迷惑。那就是佛教讲的"我执"与"法执"在作怪。我希望朋友们，沿着我说的"总路线"，亲自考察一遍。实际验证，再下结论。或许，我们的解读，触动了某些权威的教条、某些旅游区的利益，真是无可奈何。但是，我不希望有人"夸夸其谈，坐而论道，指手画脚"。因为，这种"空论"于事无补。

我当然十分欢迎学术批评，关键是"拿出证据来"！

《温玉成文集——〈穆天子传〉及上古文明研究卷》，不是国家课题，什么课题都不是。我自称是"温老头自讨苦吃课题"。当然，几年来，考察获得各界朋友的真诚支持，得以顺利完成。

我要感谢多年支持我考察的老朋友：四川的王预文、刘道平、张永力、根秋多吉先生；西藏的董贵山将军；北京的赵远景先生；天津的王书玉先生；酒泉的孙继红先生、潘竟成先生；郑州大学原校长曹策问教授；郑州大学李晓敏教授（女）、兰州大学杜斗城教授、丁得天博士；敦煌研究院杨富学研究员；新疆维吾尔自治区博物馆贾应逸研究员（女）；陕西历史博物馆文军研究员（女）；山东大学刘凤君教授；云南大学李昆声教授；嵩山少林寺永信大和尚；甘孜州苯教丹贝降参活佛、田光岚女士；新密市文化局李宗寅、杨建敏同志等。

我还要感谢我在郑州大学、兰州大学和中央民族大学的学生们。更要感谢龙门石窟研究院史家珍院长、路伟主任、科学出版社张亚娜同志、责任编辑闫广宇同志等，对本书出版的大力支持，并付出了辛劳。

我还要特别感谢参加四次学术考察团的朋友们：

第一次考察（2015年9月7—16日）：赵鹏、王文秀、扈新昭、小狄。

第二次考察（2016年8月14—17日）：王书玉、赵凯。

第三次考察（2017年6月2日—7月6日）：王文秀、扈新昭、彭成刚、韩世华、叶强、张新平、张新革、白莲茹、王星云鹏。

第四次考察（2018年9月28日—10月3日）：杨建敏、张洪涛、李宗寅、少林寺释延个（顾旭恒）、少林寺释延昭（高金礼）、陈智军、张朕基。

感谢苏州市陈海峰同志，为本书特制了穆天子"西巡"及"东巡"的地图。

我衷心地向《"穆天子传"汇校集释》的主编、华东师范大学王贻梁、陈建敏二位已故同志，致以深切敬意。

"当年满腹凌云志，而今无人不白头"。白了头，仍然需要"前进"；为建立"新史学"体系，仍继续"上下而求索"。

附记：现藏于郑州汉石雕博物馆的一件石刻上存有一幅《河伯出行图》。该作品生动表现了河伯巡游的场景。四条大鱼驾车，车上高张华盖，御者双手挽缰，河伯则端坐于车中；车驾上下右各有骑鱼卫士七名指引护卫，左下龙、蟾为河伯开道，浩浩荡荡，气象雄壮。图下方刻一桂树，象征富贵之意；树中有七只雀鸟，象征官爵（古语"雀""爵"通用），整体寓意富贵得爵。笔者由此指出如下四点：①周穆王出巡的"陈式"，即分为左、中（前、后）、右三路。②"七萃之士"，即七组出类拔萃的勇士，如高奔戎、造父、柏夭等。③他们每人配备长、短兵器。车轮有16"辐"，推测是牛筋所制也。④四鱼，象征四马也。

《河伯出行图》及局部

温玉成

于北京亦庄新康家园

2021年10月10日

上　编

穆天子西巡真相

——《穆天子传》（卷一至卷四）解读

一、竹书《穆天子传》的发现、整理、注释及评价

（一）概论

西晋武帝咸宁五年（279年）十月，河南汲郡（今河南省卫辉市）人不准掘魏襄王冢，得竹简小篆古书十余万言，皇帝下令藏于"秘府"，并组织整理。到太康二年（281年），据束皙等人整理可知，这批竹书共数十车，名题可考者75篇，不识名题者7篇，总计82篇。但是，由于"发冢者，烧策照取宝物。及官收之，多烬简断札，文既残缺，不复诠次"，所以名题可考者75篇也不完整。

这批"汲冢竹书"，流传至今的只有《穆天子传》五篇。其竹简长古尺二尺四寸（约合今55厘米），以墨书，一简四十字。荀勖序云，整理时，"谨以二尺黄纸写上"。另外有《周穆王美人盛姬死事》，被整理者合为一书。出土时竹简是散乱的（"烬简断札"），因而需要"校缀次第"。据我们分析，荀勖、束皙等人整理时，遵循了两条原则。第一，依文字次序而厘定；第二，不在文字次序中者，用天干地支法而厘定。不过，这天干地支法是60天为一个循环。周穆王游行四海，用了11个月。所以，用天干地支法也会带来错误。清代学者陈逢衡指出："及至汲冢始出，竹简混淆，古文晦昧，遂使日次颠倒，前后多歧，事迹乖违，排比失实。"

清代以前，学者们肯定《穆天子传》是起居注，是实录。清初，姚际恒（1647—约1715）在《古今伪书考》中，推断为汉世以后伪造。纪晓岚批评他"往往剽其（前辈学者）绪论"。

但是，从《四库全书》总纂、"学问渊通"的纪晓岚开始，认为《穆天子传》"多夸言寡实"，"如后世小说野乘之类"，乃列为"小说"。

自西晋郭璞注释《穆天子传》后，1800年间，无人注释。到1796年，始有檀萃重新注释。

　　清代末年、民国以来，许多学者研究《穆天子传》。章太炎、孙诒让、刘师培、丁谦、顾实、卫聚贤、于省吾、顾颉刚、岑仲勉等先生，均有论著发表。虽然推动了研究工作，但往往仅凭文献考证，"寓言臆度，浮滥极多"，"都皆芜秽"，闹了不少笑话。例如说穆天子就是秦穆公（法国沙畹）；说西王母是周穆王之女儿，说西王母远在伊朗德黑兰（顾实）；说西王母在亚述尼尼微（刘师培、丁谦）；说西王母在大宛（日本小川琢治）；说西王母在撒马尔罕（张星烺）；说西王母在中亚（郭沫若）；说西王母在乌拉尔山（卫聚贤）；说西王母在塔什库尔干（黄文弼）；说西王母在塔里木盆地（翦伯赞）；说西王母在库尔勒（王贻梁）等。诚如唐代道宣所言，"信非躬亲，相从奔竞，虚为实录"。唯有顾颉刚考证切近地理真相，认为"西王母之邦"在河西走廊也。

　　1937年，于省吾发表《〈穆天子传〉新证》，考班簋云："毛公班"是周文王圣孙毛叔郑之孙、周穆王时代的大臣，后任"虢城公"。因而《穆天子传》其书固亦有所据依。从而开启了研究的新方法、新时代。此后，考古界有许多重要发现，如三门峡虢国墓地、山西省倗国青铜器、甘肃省马鬃山古玉矿、虢季子白盘考证白犬戎在"洛之阳"、史墙盘考证周穆王时有井公及语晦等人，进一步证明了《穆天子传》无可置疑的真实性。

　　1959年，岑仲勉发文，力主《穆天子传》为实录。常征在《〈穆天子传〉是伪书吗？》（《河北大学学报》1980年第2期）再次肯定了《穆天子传》的真实性。但是，所谓穆天子"两次西征说"及其"匡正前人之十一条"，仍皆大多错误。他走的依旧是"文献考证"的老路。

　　近年，郑杰文《穆天子传通解》（山东文艺出版社，1992年）用周穆王时代11件青铜器铭文，也证明《穆天子传》是西周文献，无可怀疑。

　　周穆王西巡，大约在周穆王十七年，比张骞探西域、司马迁著《史记》早800年，比孔子著《春秋》早300年。因此对《穆天子传》内容的破解，意义重大，但也困难重重，从3世纪以来迄今，1700年来很少有突破。

　　因此，一批"老辣"的历史地理学家，知难而退，避之三舍；而一批中青年研究者，对《穆天子传》文本内容没法读明白，当然更无力研讨，无力突破；但大都七嘴八舌，洋洋洒洒，侈谈"艺术学""文化阐释""神话"之类的空话，以为自得。正是："弘博洽闻者寡，而意断妄说者众。"

　　更有甚者，凭着"浪漫想象"，替周穆王和西王母，添加一些"暧昧的氛围"。此乃一时"无知加浮躁"之学风也。

　　鄙人苦读老三篇（《山海经》《竹书纪年》《穆天子传》），参考古籍、青铜器铭文及考古资料，并三次实地考察山川地理，经六年努力，终于有了重大突破，解决了绝大部分千古之谜，具有极为重要的学术价值。

（二）详论

1. 《晋书·武帝纪》："（咸宁）五年（279年）十月……汲郡人不准掘魏襄王冢，得竹简小篆古书十余万言，藏于秘府。""小篆古书"即"古文"，与西周"金文"同类之文字也，并不是汉代许慎《说文序》所谓之"小篆"。因此，对于竹简上的"古文"，"荀勖等于时已不能尽识"。

2. 《晋书·束皙传》："初，太康二年（281年），汲郡人不准盗发魏襄王冢，或言安釐王冢，得竹书数十车，其《纪年》十三篇，记夏以来至周幽王为犬戎所灭，以事接之……《穆天子传》五篇，言周穆王游行四海，见帝台、西王母……又杂书十九篇……《周穆王美人盛姬死事》。大凡七十五篇。七篇简书折坏，不识名题。冢中又得铜剑一枚，长二尺五寸，漆书，皆蝌蚪字。初发冢者，烧策照取宝物。及官收之，多烬简断札，文既残缺，不复诠次。武帝以其书付秘书校缀次第，寻考指归，而以今文写之。皙在著作，得观竹书，随疑分释，皆有义证。迁尚书郎……嵩高山下，得竹简一枚，上两行蝌蚪书。司空张华以问皙，皙曰：此汉明帝显节陵中策文也。检验，果然，时人伏其博识"（按，魏襄王，公元前318—前296年在位；安釐王，公元前277—前243年在位；汉明帝58—75年在位）。

3. 《晋书·郭璞传》记载他"又注《三仓》、《方言》、《穆天子传》、《山海经》及《楚辞》、《子虚》、《上林赋》数十万言，皆传于世"（按，郭璞在324年后去世）。郭璞注本，流传至今。

4. 《竹书纪年》周穆王十七年（约公元前938年）："王西征昆仑丘，见西王母。其年，西王母来朝，宾于昭宫。……王北征，行流沙千里，积羽千里，征犬戎，取其五王以东。西征，至于青鸟所解。西征还，履天下亿有九万里"（按，亿通乙，通一）。《竹书纪年》又云周穆王二十四年"王命左史戎夫作记"。

5. 《史记·周本纪》周穆王征犬戎"得四白狼、四白鹿以归。自是荒服者不至"（按，据我们的研究，犬戎地域广大，可分为东西两部。东部以陕北白宇山为中心；西部以甘肃环县为中心，由五王统治。周穆王征服了犬戎东部，即所谓"取其五王以东"）。

6. 《隋书·经籍志》：《穆天子传》六卷（汲冢书·郭璞注），列入"起居注"一类。并说"起居注者，录纪人君言行动止之事……《周官》，内史掌王之命，遂书其副而藏之，是其职也"。

7. 乾隆四十六年（1781年）二月"四库全书总目提要进呈"。《四库全书总目》卷142，纪晓岚称，"多夸言寡实"。其按语云："《穆天子传》旧皆入起居注类，徒以编年纪月，叙述西游之事，体近乎起居注耳。实则恍惚无征……今退置于小说家，义求其当。"

纪晓岚的观点，可能来源于明代胡应麟对《山海经》之分析。胡应麟云："余尝疑战国好奇之士，本《穆天子传》之文与事，而侈大博极之，杂传以《汲冢》、《纪年》之异闻，《周书》、《王会》之诡物，《离骚》、《天问》之遐旨，《南华》、《郑圃》之寓言，以成此书（指《山海经》）。"

8. 中华民国以来，多数学者赞成《穆天子传》是"起居注"类的实录，如章太炎、孙诒让、刘师培、张公量、顾实、丁谦、顾颉刚、王范之、岑仲勉、张星烺、杨树达、唐兰、卫聚贤、杨宽、卫挺生、赵俪生、常征、周兴华、郑杰文及日本小川琢治（1870—1941）等先生。但是，多数学者秉承乾嘉学派的考据学，就"文献"考"文献"，就"名词"考"名词"，没有实地考察、辨析；没有结合考古学、民族学研究，大都走上了一条错误路线，做了许多无效考释，横生许多枝节。例如说周穆王到了葱岭、到了中亚草原、到了东欧大平原等。当然，更有学者认为《穆天子传》是伪书，如黄云眉先生等。

9. 《穆天子传》有多种版本，如《四部丛刊》影印明代天一阁本、《道藏》本、《四库全书》本等。或以为洪颐煊校注本，比较完善。亦不尽然。南宋晁公武《郡斋读书志》云，《穆天子传》"凡六卷，八千五百十四字"。元代刘廷嫄称，时较古本缺1892字。顾实计算，今本正文应该有6796字，其中缺176字，实有6622字。

10. 当今，较完备的版本是华东师范大学王贻梁、陈建敏选本《穆天子传汇校集释》（华东师范大学出版社，1994年）。该书"最大优点，在于汇校与集释"。他们搜集了明代11家、清代14家、近现代29家的抄本、校本、注释本，共计54家。难能可贵，功莫大焉。作者在前人研究的基础上，结合金文等考古资料，提出了自己的许多新见解。不过，在地理考证上，惟"宗周"（洛阳）、"昆仑之丘"（祁连山）属实；而"阳纡之山"（内蒙古大青山）、"旷原之野"（新疆准格尔盆地）、"西王母之邦"（新疆库尔勒）的方位，仍然是错误判断。另外，在文本上，没有补入洪颐煊本十七字（"天子大命……流涕奔陨"），亦属疏忽。

总之，近代学者解读《穆天子传》正确者，唯有顾颉刚先生解"阏氏胡氏"为"匈奴单于后的传讹"（1951年，但不知地点）；日本小川琢治先生解"卑耳山"即贺兰山、昆仑山即祁连山（1931年）；于省吾先生解"毛班"（1937年）；台湾地区卫挺生先生解"皋洛氏"（1970年）；故宫博物院唐兰先生解"祭公"即"祭公谋父"，乃青铜器铭文中的"伯懋父"（1986年）；王贻梁先生解释"昆仑山"（1994年），仅仅六条是也。

另外，饶宗颐先生注意到，西周祖先可能与西方的"赤乌氏"有关。但是没有证据，也不知道赤乌氏在何地。

因此，王贻梁于1992年12月严肃指出："穆王西征始终未得到证实。"

二、整理、研究《穆天子传》之困难

（一）《穆天子传》文本的缺欠，造成研究之困难

第一，今《穆天子传》文本中，有大量缺文。

据我们分析，至少有七段缺文："戊寅，天子北征……乃绝漳水"；"丁亥，天子北济于河，□羝之队以西……"；"天子以寒之故，命王属休……"；"己亥，至于焉居禺知之平……"；"庚子，至于□之山而休，以待六师之人……"；"乙亥，天子南征阳纡之东尾……天子嘉之，赐以佩玉一只，柏夭再拜稽首……"；"孟冬壬戌，至于雷首……爰有黑羊白血……"。即从白犬戎（严允）至河首，有关巨蒐（渠诹）、禺知（大月氏）、西夏氏（大河氏）等全部遗失；从大旷原至雷首山，有关大旷原、乘马革船、雷首山活动等也大都缺失。

第二，今《穆天子传》文本中，有前后颠倒的错简，难以识别。

例1：在叙述周穆王征伐犬戎之后，叙述"甲午，天子西征，乃绝隃之关隥。己亥，至于焉居禺知之平"，计22字。我们研究知道，犬戎在陕西省北部白于山，而"焉居禺知"在今甘肃省兰州一带。所以，很显然，这支简应该放在"天子大朝于黄之山"段落之后。

例2：在叙述周穆王"西济于河……饮于枝洔之中"之后，叙述"柏夭曰……以为殷人主……可以畋猎"，计44字。我们研究知道，"枝洔"即"河首"，在青海省共和县，"殷人主"在甘肃省景泰县。所以，很显然，这两支简（每简22字）应该放在"天子大朝于燕然之山"段落之后。

例3：在叙述"孟秋丁酉，天子北征……觞天子于羽陵之上……潜时乃膜拜而受"之后，接着叙述"戊戌……至于剞闾氏……乃遂西征"（65字）。我们研究知道，"羽陵"在甘肃省瓜州之北，"剞闾氏"在内蒙古包头。只因为"丁酉"的次日是"戊戌"，整理者把它们接上。岂不知这里说的"戊戌"，是六十天后的戊戌。可知，这65字是三支简安错了位置（按，原每简40字，抄写时，用二尺黄纸，但是，未说明每行及每纸字数）。

例4：卷四结尾处，周穆王回到洛阳后，又说"丁亥，天子北济于河，□羝之队以西，北升于盟门九河之隥，乃遂西南"。显然是从卷一窜入的文字。此段文字是叙述周穆王在山西省、陕西省之间第二次过黄河之事。

因此，我们对现存《穆天子传》（四卷）文本，进行了整理［参阅本书《温玉成整理的〈穆天子传〉（四卷文本）》］。

第三，今《穆天子传》文本中，所用文字与其他古籍往往有区别。因此，比较声音、解读古籍十分重要。

如"西膜"指西王母或西王母部的人。我们已经论证，西戎语称母亲为"嫫"。西王母即西戎语"咸野嫫"。"野"者，王也。陈梦家正确地指出，甲骨文"燎祭西膜"，就是祭祀西王母（《燕京学报》1936年第19期）。"西膜"，郭璞注曰沙漠之乡；章太炎注曰苏美尔；刘师培注曰塞迷即塞种（沈福伟同）；赵俪生注曰可能是西胡、西极，西域之意等。一片混乱。

此外，"膜昼"即"母纣"；"漆昬"即"魁魁（见于甲骨文《合集》6063）"；"枝洔"即"析支（河首）"；"浊繇氏"即"僬侥氏"；"巨蒐"即"渠搜"；"禺知"即"月氏"；"粥奴"即"匈奴"；"刳间氏"即"间方"或"林胡""兰氏"；"先"即"献"；"绝"即"接"等。

众所周知，西周青铜器上的铭文，往往使用同音字。如献侯鼎，以"商"代"赏"。史兽鼎以"工"代"功"。多友鼎以"才"代"在"。不其簋盖铭文以"手"代"首"。大克鼎以"卤"代"蒽"。还有"祭公""谋父"即"祭公""懋父"等。春秋战国青铜器上，以"鸠浅"称"勾践"等。

陕西省岐山凤雏村"周原遗址"清理出土17000余片甲骨。其中，有字甲骨292块。共有单字903个，合文12个。大量使用同声字，如衣（殷）、虫（崇）、鸡子（箕子）。在成都老官山发掘的西汉早期墓葬中出土的春秋战国竹简上，"扁鹊"写作"蔽昔"等。

东汉许慎《说文解字》成书于《穆天子传》以后1100多年，收"字"仅九千个。到唐代初年，汉字已经有三万个。因此，《穆天子传》用字，与后代大有区别，不足为怪。

第四，今《穆天子传》文本中，有的"小篆古书"难以隶定者。

如"七萃之士"，有学者认为是"甲粹之士"也。因甲骨文、金文、小篆中，"七"与"甲"形似也。"七萃"之名，见于战国燕戈铭文。青铜胄、兵器等，因需多次淬火才坚固（参阅彭浩《楚人的纺织与服饰》"曾侯乙墓出土的甲胄复原图"，湖北教育出版社，1996年）。

又如"黄帝之宫"中之"黄帝"，也写作"皇帝"，指煌煌上帝，不是三皇五帝之"黄帝"。周公作洛邑，"乃设丘兆于南郊，以祀上帝，配以后稷，日月星辰先王……"（《逸周书·作雒解》）。如番生簋称"祖考"为"皇祖考"、师询簋称"圣祖考"等。《周礼·春官·大宗伯》称"昊天上帝"。"皇""圣""昊"等都是修饰词。如《诗·大雅·大明》云"檀车煌煌"，大克鼎称"皇天"等。

再如"粥奴"，学者们都不认识"粥"字。

第五，传抄中之错字，如周穆王总结行程曰"自河首襄山以西，南至于舂山珠泽、昆仑之丘"，据我们研究，"河首襄山"即今青海日月山。由此向北，才能去"昆仑之丘"（今甘肃酒泉南山）。由此可知，"南"是"北"之误。"天子北征，乃绝漳水"，漳水是清水之形误。"天子南征，升于髭之隥"，依巡游路线考证，"髭"是"掔"之形误。"掔"即商周古国，在今山西省平陆县。

第六，大约4000年前，已经有"昆仑山"之名。自古以来，汉地人们不知道昆仑山是什么意思。近代学者猜想，昆仑山是"混沌""囫囵"的意思，更有人提出"昆仑是汉语中最早的印欧语借词"，还有人提出"昆仑"是干阗的古音，很是荒唐。

我们考证，"昆仑山"是西戎语，意译为"日月山"。今证明如下：其一，司马迁引《禹本纪》言，昆仑山乃"日月所相避，隐为光明也"，即日月不发光时避隐之地。这里似乎包含一个神话故事（在青海、西藏古老的岩画中，有"日月合纹"，就是象征昆仑山。此纹传入中亚，学者们误读为"星月纹"）。其二，《山海经·大荒西经》，在"轩辕之国"及"西海渚"之后云"大荒之中，有山名曰日月山，天枢也"。"西海"即青海湖；日月山在其附近。"天枢"，往往说昆仑山之高峻。其三，屈原《涉江》云"登昆仑兮食玉英，与天地兮比寿，与日月兮齐光"。其四，青海的昆仑山，汉代称为日月山。其五，《史记·匈奴列传》引《西河旧事》，解释祁连山云"山在张掖、酒泉二界上，东西二百余里，南北百里。有松柏五木，美水草，冬温夏凉，宜畜牧。匈奴失二山，乃歌曰：亡我祁连山，使我六畜不蕃息。失我焉支山，使我嫁妇无颜色。祁连，一名天山，亦曰白山"。这里的"亦曰白山"是"亦日月山"的误写。其六，法国学者伯希和、烈维著《吐火罗语考》中，指出"昆（Kun）"就是太阳。昆仑山即日月山，引申意义为天山。所以，匈奴称作祁连山。

第七，前辈学者指出，据《竹书纪年》等古籍可知，今本《穆天子传》卷1—4是记载周穆王十七年西游的历史过程，其所用历为"夏正"（按，夏代有《夏小正》流传，但是缺少十一月、十二月记录）；卷5是周穆王十四年东巡的起居录（也窜入十五年、十六年的周穆王活动大事）；卷六是《周穆王美人盛姬死事》（也窜入十四年事），其所用历为"周正"。

第八，周穆王西巡，主要是乘车。殷墟考古发掘出土20多座车马坑证明，商代车辆造型美观，结构牢固，车体轻巧，运转迅速，重心平衡，乘坐舒适。西周已经使用"曲辕车"，如四马"戎车"、二马"轺车"等。据测算，可以日行30里左右。甘肃省灵台县白草坡出土了西周四马拉车的遗迹（成康时代）。东周时代，才有"天子驾六"之制。

西方学者往往认为，中国有"车"，见于商代武丁时期（公元前1200年左右），疑从西亚传入。但是《山海经·海内经》记载，帝俊的后代吉光"始以木为车"。《竹书纪年》记载，帝尧陶唐氏"五十年，帝游于首山，乘素车玄驹"。

（二）突破之法

经过我们长期研究及三次野外考察，结合考古学、西周青铜器铭文及民族学研究，终于找到了"突破之法"。

第一，抓住周穆王巡游往返的总路线。《穆天子传》卷四，周穆王"乃里西土之数。曰：自宗周瀍水以西，至于河宗之邦、阳纡之山，三千有四百里。自阳纡西至于西夏氏，二千又五百里。自西夏至于珠余氏及河首，千又五百里。自河首襄山以西，南（北）至于舂山珠泽、昆仑之丘，七百里。自舂山以西至于赤乌氏舂山，三百里。东北还至于群玉之山，截舂山以北。自群玉之山以西至于西王母之邦，三千里。□自西王母之邦，北至于旷原之野，飞鸟之所解其羽，千有九百里。□宗周至于西北大旷原，一万四千里。乃还，东南复至于阳纡七千里。还归于周，三千里。各行兼数，三万有五千里"。这条总路线，显然是精心策划的。河宗氏柏夭是非常熟悉这条路线的。估计当年已经有"地图"参考（所谓"披图视典"）。周穆王西游，往往分三个梯次行动：打前站者（柏夭等人）、周穆王与随行大臣及侍卫（"七萃之士"）、"六师"部队殿后。

第二，解读这条"总路线"的关键是，必须弄清楚几个地理坐标。周穆王从洛阳西行，北渡黄河的渡口、佣伯、魋魁、白犬戎所在地当水、阳纡之山、西夏氏、珠余氏、河首、玄池、黄鼠之山、昆仑之丘（西王母之邦）、鸿鹭山、赤乌氏、群玉之山、采石之山、长沙之山、大旷原、浊繇氏、文山、阆氏胡氏、粥奴、刳闾氏、雷首山、犬戎盘瓠、二边等的地理位置。

还有，周穆王西巡路线必须具备的条件有如下三点：①道路具有一定宽度、一定坡度以便通车；②必须有村邑，以提供食品、水等物资及休息处；③尽量沿河流台地行军，保障人用水，马用草。不可能长距离在荒无人烟处旅行。周穆王经过之地，大多数是古代部落居住地，往往有考古遗址可以佐证。有些学者毫无根据，胡猜乱想，说周穆王到了新疆、葱岭、西亚、欧洲云云。

第三，参考《竹书纪年》《山海经》《禹贡》等古代文献。《山海经》经过刘歆（约公元前50—23）整理。蒙文通认为，《大荒经》时代最早；《海内经》次之；《五藏山经》最晚。徐旭生认为，"《山经》之写定，不能早于战国后期及秦。《海外》及《海内经》写定期亦相差不远"。我们认为，《禹贡》所反映的是西周及以前的地理情况，而《山海经》则更久远。我们的研究证明，关于"河伯""僬侥之国""西周之国""昆仑之丘（西王母）""犬戎"，都是出自《大荒经》。犬戎的出现，在夏代或更早。

第四，《穆天子传》一开头，就遇到三个地名，其一，"蠲"，不知何字，也不知读音（实为"韶"字）；其二，"清水"（亳清水）错为"漳水"，误导很大；其三，掉字"□"，据考证是"皋"字。另外，"北循滹沱之阳"，说者都以为是雁门关以北之滹沱河，误导很大。其实，是指河南省渑池县县城附近的一条小水。

第五，"赤乌氏"在哪里？有学者说，"在今阿尔金山脉与昆仑山脉交接处之阿其克库勒湖一带"。其实，就在今甘肃省瓜州县。理由如下：

① "赤乌氏"在"西王母之邦"（酒泉南山）西三百里；

② "赤乌氏"东北有"群玉之山"（今马鬃山）；

③ "赤乌氏"春山，据考证，就是瓜州南部的鹰嘴山（3426米）；

④ "春山之虿"，是指从鹰嘴山向东北流出的踏实河（今称榆林河）。虿即虿河也（今当地有"老师兔山""老师兔"等地名。可供参考）。

第六，《穆天子传》记载周穆王到了最西部"赤乌氏"，而今本《竹书纪年》则说是"青鸟（氏）"。赤与青，音相近；乌与鸟，形相似。那么，何者为是？《左传·鲁昭公十七年》云"昭子问焉，曰：少昊氏以鸟名官，何故也？郯子曰：吾祖也，我知之。……我高祖少昊挚之立也，凤鸟适至，故纪于鸟，为鸟师而鸟名。凤鸟氏……玄鸟氏……伯赵氏……青鸟氏……丹鸟氏（另外列出五鸠、五雉、九扈等）"。从而可知，在少昊氏系中，有青鸟氏，并没有赤乌氏。

但是，《山海经·大荒西经》中，有关于西周早期历史的记述云："有西周之国，姬姓，食谷。有人方耕，名曰叔均。帝俊生后稷，稷降以百谷。稷之弟曰台玺，生叔均。叔均是代其父及稷播百谷，始作耕。有赤国妻氏，有双山"（按，《山海经·海内经》云"后稷是播百谷。稷之孙曰叔均，始作牛耕"）。由此可知"赤乌氏"，就是"赤国"。叔均娶妻于赤国。《穆天子传》所云"赤乌氏先出自周宗……诏以玉石之刑，以为周室主"（按，考古发现的玉人或石人头像，往往就是这类祭祀祖先的"主"像），完全是有根据的。

第七，在这里，又引申出一个重大学术问题：西周起源于哪里？既然"赤乌氏"（"赤国"）在今瓜州县，与之通婚的叔均，必然相距也不远。何况周穆王把"黑水之西河"（今酒泉北大河）的鸿鹭山，称作"留国之邦"，以为"周室主"。他还两次提到"先王"在此地活动。因此，可以推断，西周之姜嫄、后稷（弃）、台玺、叔均，都起源于古昆仑山地区，后来才东迁岐山。《史记》记载，不窋、公刘都在戎狄间，就不难理解了。香港饶宗颐先生早就注意到西周祖先可能与赤乌氏有关，但缺少证据。

第八，以"昆仑之丘（西王母之邦）"的位置为例，几乎所有学者都指向帕米尔高原，甚至指向乌拉尔山、埃及、两河流域，这是严重的错误。众所周知，今天所谓的昆仑山是汉武帝命名的。司马迁在《史记·大宛列传》中，详细记载了张骞考察于阗国"河源"的经过以及汉武帝命名昆仑山的经过。其实，中国古代（西汉以前）的昆仑山就是酒泉南山。西夏氏就是大夏,在今大夏河流域。珠余氏就是河首东邻的部落。析支(河首)就是今共和县切吉草原。禺知(大月氏)原居地在兰州。

由于多数学者对"昆仑之丘(西王母之邦)"的坐标定位错误,决定了他们对《穆天子传》地理解读,必然完全错误。

(三)运用考古学、地名学、实地考察的成果

1. 周穆王西游的出发地点是"自宗周瀍水以西",即今洛阳,毫无疑义。周公建造洛阳王城,完成于公元前1059年。《逸周书·作雒解》记载"城方千七百二十丈,郛方七十里。南系于洛水,北因于郏山,以为天下之大凑"。青铜器何尊铭文:周武王时"惟武王既克大邑商,则延告于天曰,余其宅兹中国"(按,中国者,洛邑也)。献侯鼎云"成王在宗周"等。王贻梁指出,"孔悝鼎是后世文献中唯一可见称洛邑为宗周者"。余永梁《金文地名考》云,洛邑为宗周之称,"为六国后"(《国立中山大学语言历史学研究所周刊》卷五,第53、54期)。但是,有的学者坚持把"宗周"仅仅解释为西安(丰镐),大误。

考古工作证明,周公营造洛邑,在今洛阳市老城一带。《竹书纪年》云:周武王时代"迁九鼎于洛""王命周公治东都"。在瀍水以西建造"王城",用居西周贵族;在瀍水以东,建造"成周城",集中安排殷顽民,并派"八师"军队驻守(参阅《中国大百科全书 考古学》"洛阳东周城遗址"条目)。新安县出土的一件西周青铜方鼎,铭文云:"唯王来召于成周中宫"等。所以,在西周时代,"宗周"并不是专指丰镐。

2. 周穆王西游往返,都受到了"侲伯絮"的应送。据《中国文物报》报道,2004—2005年在山西省绛县横水镇横北村发掘了2座西周中期古墓(毕姬墓、侲伯墓)。其中,侲伯墓出土青铜器16件,8件上铭文为"侲伯作毕姬宝旅鼎"等。侲国的位置得以确认,侲伯与毕姬是夫妇也得以确认。毕国是西周同姓小国(周文王后代),与河宗氏侲伯通婚。但是,学者们声称,历史文献中"没有记载这个侲国"。其实,《穆天子传》早有记录。这是关于《穆天子传》的真实性的又一个重要考古学证据。

3. "天子舍于漆曧,乃西钓于河"。漆曧即商代甲骨文的"其方",又称"魁方""魁魁",西汉之"麒县",在山西省乡宁县东南60千米(郑杰祥《商代地理概论》,中州古籍出版社,1994年)。

4. 关于"犬戎",周穆王征伐的是"白犬戎"(严允),位于陕北延安地区。不其簋盖铭文称之为"朔方严允",显然位于北方。宝鸡出土的虢季子白盘,造于公元前816年。铭文中说,虢季子白奉命"薄伐严允""于洛之阳"。据我们考证,"洛之

阳"即陕北延安地区的洛河上游以北的地区，恰恰是白于山地区（按，古人以水北为阳）。

5. 河宗氏柏夭向周穆王介绍说"□封膜昼于河水之阳，以为殷人主"。

关于"膜昼"的解释，最为混乱。有如下诸说：人名，殷之同姓（郭璞）；殷族播迁于此（陈逢衡）；即柏夭子姓（丁谦）；即与"亳丑"同音通用（小川琢治）；即珠余氏（顾实）；在塔里木河（岑仲勉）等。我们考证如下。

第一，"河宗氏柏夭"介绍了"膜昼"，则"膜昼"必在"河宗氏""燕然之山"附近地区。

第二，我们两次实地考察得知，今甘肃省景泰县城东部黄河畔，有"米家山""岷台山""缠阴古渡"三个古地名，相距约30千米。据我们的考证，"米家山"就是"母家山"；其东侧就是"岷台山"，即"羡台山"（所谓"殷人主"）；"缠阴古渡"就是"朝殷古渡"，此地在西汉时，有"鹑阴县"（可知，"鹑阴"乃"朝殷"之音变也）。

上古时代，"台"字有特殊含义。《尔雅·释诂》云，台，从口，乙声。义悦也；又予也。所以夏商时代有"夏台""钧台""鹿台"等地名。周代祭祀武丁有"丁台"。周穆王为盛姬造"重璧之台"等。

殷纣王（"帝辛"）的父亲"帝乙"，《竹书纪年》曰名"羡"。所以，"岷台山"就是"羡台山"；而"缠阴古渡"就是"朝殷古渡"。三个与殷纣王有关的地名，相距三十千米，绝非偶然，这是一组地名证据链。从而也证明"膜昼"就是嬷昼。西戎语，称母亲为嬷。所以嬷昼就是"母纣"。即帝乙娶河宗氏女为王后，生殷纣王。同理，殷墟出土的"司母戊方鼎"之"母戊"，即戊之母也。

所以，"□封膜昼于河水之阳，以为殷人主"，应该是"辛封膜昼于河水之阳，以为殷人主"，从而补充了文献记载之缺。这种通过实地考察地理以解决问题的研究方法，大大不同于书斋清谈（按，商朝立国629年，或曰496年）。

6. "玄池"即今青海湖，战国称"西海"，西汉称"仙海""鲜水海"（谭其骧《中国历史地图集》）。前辈学者之说：《山海经》之"沉渊"（檀萃）；黑水的支流（陈逢衡）；黄草湖（吕调阳）；咸海（刘师培）；布哈拉西南之湖（丁谦）；疏勒河之冥泽（小川琢治）；伊塞克湖（钱伯泉）；罗卜泊（王贻梁）；等等。"玄"者，水色也。可与屈原《天问》对比研究。《天问》叙述昆仑山周边有"黑水""玄趾""三危"三个地名。"玄趾"应即"玄池"之误。

7. 近年，甘肃省肃北县马鬃山古代玉矿群的发现，证实了"群玉之山"的地理位置，再次证明《穆天子传》记载可信。

8. 周穆王从"大旷原"回洛阳，应该从甘肃省古浪县北部向东南方向前进。但是，他们却向东北方向前进，到了宁夏中宁县，又北过"避移之谷"（贺兰山南段山谷），到达"奇苑"（congyu），今宁夏青铜峡市东郊陈袁滩一带。这是为什么呢？我们研究表明，他们准备乘"马革船"，以便于顺水行舟，沿黄河向下游航行。由此可知，周穆王为什么经过了"剚间氏国"（今内蒙古包头市）。

9. "癸未，至于戌□之山。智氏之所处。""智氏"商代称"旨方"，在今山西省大宁县一带。从而可以推知，"戌□之山"是《水经注》中的"风神之山"。戌是风的形误。所以，周穆王隆重祭祀之。

10. 周穆王回程，离开"雷首"（今山西省永济市南雪花山，1993米）后，"癸亥，天子南征，升于髭之隥。丙寅，天子至于钘山之队，东升于三道之隥，乃宿于二边"。

要弄清楚这段记载，关键是解释"二边"在哪里？首先，从"雷首"向东南行，并没有"髭"国。但是，有一个掔国（今山西省平陆县），在黄河北岸。与掔国相对的、黄河南岸是北虢的焦城及上阳城，二城东西并列（今河南省三门峡市峡州区）。周穆王始封毛伯为"虢成公"。《水经注·河水四》曰"昔周、召分伯，以此城为东、西之别。东城即虢邑之上阳也"。从而可知，"髭"国是"掔"国之形误；"二边"就是焦城及上阳城之边（参见《中国大百科全书　考古卷》之"上村岭虢国墓地"）。而"天子至于钘山之队"，是传抄中插入的句子。因为，据我们研究，"钘山"在山西省绛县横岭关一带（今称"圆古炉山"，1665米）。另外，之后的"南济于河"句，应该插入"乃宿于二边"之前。总之，这一段，我们整理如下："癸亥，天子南征，升于掔之隥。丙寅，东升于三道之隥。南济于河，乃宿于二边。命毛班、绛固先至于周，以待天子之命。"按班簋铭文，毛班是毛伯的后人，是周文王之孙毛叔郑的孙子。

前辈学者对"二边"的解释："二字不可晓"（陈逢衡）；在清漳河口（吕调阳）；今山西平定县东梁（丁谦）；在井径东侧（顾实、王贻梁）。

11. 中国是一个有悠久历史传统的国家，有些历史地名经历3000多年被保留下来。例如：甘肃省景泰县的米家山（母家山）、岘台山（羡台山）、缠阴古渡（朝殷古渡，汉代鹯阴县）；武威的苏谷（民勤县苏武）、截山（积山）；古浪县的瓜滤山（古浪山），还有汉代堉次县（阒氏）；青海省共和县的切吉（枝涛）、珠玉（珠余氏）；门源县的门源（茂苑）；酒泉南山有观山（鼋山）；宁夏中卫市有汉代眴卷县（熏粥）；青铜峡市的陈袁滩（奇苑）；甘肃省的古玉门关、屈吴山（渠诶）等。这些古代地名的破解，无疑为我们的研究指明了方向。

另外，我们还注意到，《穆天子传》中，没有出现"昆仑墟"这个词。因为昆仑邦国是公元前623年在秦穆公打击下，南迁青海湖地区的。所以，周穆王时代（公元前10世纪），不存在"昆仑墟"。

12. 周穆王沿途向各邦国、部落赏赐物品数量，用二六、四七、三五、三六等数目。这与湖南省里耶秦简的《九九表》计数方式一致。从而可知，《九九表》计数方式，在西周已经普及。但是，《穆天子传》卷五，却不用这种计数方式。显然是两位史官的记录。

总之，这次周穆王西巡路线是经过周密策划的。所以西巡路线遵循"前进方向的唯一性原则"。确认这一原则，必能找到"周穆王西巡路线图"。例如：甲—乙—丙三地，已知甲、丙两地，则依据"唯一性原则"，可以确认乙地。

例1：甲、自宗周洛阳，至丙、伐白犬戎（陕西省北部），必须经过乙、山西省南部、中部，而不经过山西省北部（太原市及以北地区）。

例2：甲、自阳纡之山（甘肃省景泰县），西至丙、西夏氏（甘肃省大夏河），必须经过乙、兰州地区（焉居禺知）。

例3：甲、自西夏，至丙、珠余氏及河首（青海省共和县），必须经过乙、青海省中部。

例4：甲、自河首，至丙、昆仑之丘（酒泉南山），必须经过乙、青海湖东岸及青海门源县。如此可以类推等。

三、《穆天子传》四卷考证

依我们的研究，结合我们三次野外考察，2017年7月确认这条精心设计的总路线如下。

宗周（洛阳西周"王城"）—渑池县城（北循滹沱之阳）—坡头乡（蠾山，韶山）—南村乡（过黄河，接亳清河）—皋洛氏（山西垣曲县）—钘山（垣山，山西绛县圆谷炉山）—偶人（绛县横水镇）—（侯马）—漆㬱（即魑魅，今山西乡宁县东南60千米）—渗泽（即采桑津，山西吉县柿子滩）—天子北济于河（山西大宁县平渡关或古镇附近）—（逆延河西行）—当水（吴起县洛水之头道川，在铁边城一带）—北伐白犬戎（陕西北部定边县白于山）—（西南行，经过环县西北、宁夏海原县）—今甘肃省靖远县、景泰县黄河一带。河宗之邦、阳纡之山、燕然之山（黄河石林）、膜昼—黄之山（大茢槐山）—鹿人（寿鹿山）—焉居禺知（即大月氏，甘肃兰州盐场堡，榆中县）—西夏氏（今甘肃省临夏市一带）—（青海省南部）—天子西济于河、温谷（青海兴海县羊曲遗址）—河首枝洔（青海省共和县切吉草原）—珠余氏（青海省共和县珠玉乡）—河首襄山以西（青海省日月山西侧）—鸐韩氏（湟源县、海晏县）—玄池（青海湖东岸）—苦山（大通县"达坂山"）—"茂苑"（即青海门源县青石嘴镇）—黄鼠之山（肃南县）—昆仑之丘"西王母之邦"（今甘肃省酒泉南山金佛寺镇）—舂山（今观山。瑶池、黄帝之宫）—春山（祁连山）、悬圃（东坪）—鸐鸟之山（东洞镇南）—赤乌氏舂山（今甘肃省瓜州县鹰嘴山一带）—虱（沿踏实河北行）—羽陵（渊泉）—群玉之山（容成氏，今肃北县马鬃山）—（天子北征东还）—鸿鹭山（嘉峪关南山，骨头泉，冰沟）—珠泽（酒泉北）—重邕氏“采石之山”（金塔县大红山）—“长沙之山”（金塔县航天城北）、洋水（弱水）—曹奴（天仓乡）—溽水（弱水支流）—温山（东风镇，音准乌拉山）—水泽（居延海）—大旷原（今内蒙古额济纳旗以北高原）—（天子东征南还）文山（甘肃省山丹县绣花庙）—浊繇氏（即僬侥氏，金昌市三角城）—“苏谷”（民勤县苏武乡，春秋战国之休屠王地）—“积山之边”（武威，诸骭氏，西汉姑藏县）—献水（今古浪河）、瓜纑之山（武威市南黄羊镇包家城，西汉揟次县）“阏氏胡氏”—流沙（古浪县北，海子滩一带）—“粥奴”（即“熏粥”），焚留之山（今宁夏中卫市寺口子一带，西汉之眴卷县）—“避移之谷”（贺兰山南段山谷）—“奇苑”（青铜峡东郊陈袁滩一带）—（乘“马革船”顺黄河向下游而行）“劄闾氏”（林胡）、铁山（今内蒙古包头昭君渡、固阳县铁矿）—（下船）“智氏”（旨方，山西大宁县。《水经注》之“风山”今称“石臼臼窑”）—“澡泽”（山西永济市伍姓湖）—“雷首山”（永济市雪花山）、犬戎盘瓠（河南省灵宝市）—（从风陵渡乘船至茅津渡）“鬃国”（平陆县）—南济于河，宿于“二边”（河南陕县，北虢）—宗周（洛阳）。

（一）我们依周穆王西巡路线，依次考证、说明如下

1.“自宗周瀍水以西”出发。即从洛阳的西周“王城”启程，沿涧水西行。西安至洛阳的这条古道，夏代以前已经开通。“武王伐纣”就是循此路东进的。周穆王的第一个目标，是征伐白犬戎。白犬戎在洛阳的西北方延安地区。而洛阳北部有王屋山、太行山阻挡，地势险绝，自古无路可通。曹魏时才开通栈道（即所谓“偏桥”，241—244年）。

周穆王西巡，陪同大臣有祭公谋父、井公利、绛公固、邢侯、毕矩、孔牙以及六师统帅语晦等。其中称“祭公谋父”者，贵之也。《路史·后记》云“祭事文王，受商之命”。由井公利、绛公固率领六师。据谭其骧《中国历史地图集》“西周图”，“邢”在宝鸡南；“毕”在咸阳市（《国语·晋语四》云，周文王次子是“毕公高”；周原出土甲骨文中，有“毕公”。《清华简·祭公》记载，周穆王时代有“毕桓”。不知与“毕矩”是否为同一人）；“祭”在郑州。还有御者造父（左御）等随从。

“井公利”，或曰即“宰利”。《穆天子传》三见“井公”，与“井公博，三日而决”（卷五）；“井利乃藏”（卷六）。又见于1976年扶风县出土的史墙盘铭文，云“穆王”时，“井帅宇诲□□天子……”。

周穆王还率领有"七萃之士"（侍卫）、"六师之人"及其他人员（如御夫、庖人、乐人等）。

"六师"每师人数不详。据《周礼·夏官·序官》云"凡制军，万有二千五百人为军。王六军，大国三军，次国二军，小国一军"。所以"王六军"是七万五千人。这是春秋战国的制度。西周每师人数不详，或曰每师两千五百人。"六师"之人主要负责征伐犬戎、负担辎重。武王伐纣之后，有"殷八师"驻守朝歌，对付殷顽民及东夷；"成周八师"驻守洛邑；"西六师"驻守丰镐。因此，周穆王率领的"六师"，可能是从"成周八师"中临时抽调出来的。洛阳北窑出土的青铜器，铭文中有"师隻""师㝱"，均以"师"为姓，似乎属于军队的长官。周穆王时代的青铜器竞卣云：南夷反叛，白宰父率领成周八师，去东边戍守。可见"成周八师"的编制并没有变化。另外，造父驾车，乃"戎车"或"安车"也。武王伐纣时，有"戎车三百辆"可证。《史记·秦本纪》云"造父以善御，幸于周穆王……西巡守，乐而忘归。徐偃王作乱，造父为穆王御，长驱归周，一日千里以救乱"。造父是桃林的犬戎盘瓠人。

2. "饮天子蠲山之上。戊寅，天子北征，乃绝漳水。庚辰，至于□，觞天子于磐石之上。天子乃奏广乐。载立不舍，至于钘山之下。癸未，雨雪，天子猎于钘山之西阿。于是得绝钘山之队，北循滹沱之阳"。

滹沱水是从渑池县"韶山"发源的小溪，长约6千米，南流入涧水。因此，周穆王西行后，于此向北折。"韶"写成蠲，今无此字。郭璞注：音消。即"潲"（Shao）的古字。今写作"韶"。此后，西巡的下一站是"乃绝漳水。庚辰，至于□"。再向北是"钘山"，它的位置是明确的，即山西绛县圆谷炉山。因此，周穆王必须在河南省渑池县南村乡与山西省垣曲县古城乡之间渡过黄河，这里有宽阔的古渡口。在渑池县县城西，向北部的南村乡黄河边，有一条古道，经过坡头乡。它在韶山主峰（1462米）西坡。这里应该就是"饮天子蠲山之上"的地方。渑池县城西南，有"秦赵会盟台"（公元前279年）；南村乡南部有"（周）桓王山"古迹，可供参考。所谓"乃绝漳水"，即"乃接漳水"，十分费解。考之地理，可知是"乃绝清水"之形误。清水者，今亳清水也。"绝"，亦犹"接"也。周穆王渡过黄河后，就接上了亳清水。

周穆王渡过黄河后，沿着垣曲县（殷代"垣方"）亳清河北上。至于"□"，台湾卫挺生依地理推测"磐石正在皋洛氏境内"，则"□"是"皋"字。甚是。按《左传·闵公二年》"晋侯使大子申生伐东山皋洛氏"（公元前660年）。则皋洛氏在西周时已经存在，属犬戎盘瓠种类。位于垣曲县南，今皋洛乡一带。

"磐石"就是皋落乡——古代"东山皋洛氏"居住地。接下来，周穆王要过"钘山"（今绛县圆谷炉山，1665米，属于历山东段）东坡之横岭关。由于山势坡度大，所以需要"载立不舍"（站立车上，不敢睡觉）。

3. "辛丑，天子西征，至于㼜人。河宗之子孙㼜伯絮，且逆天子于智之□。先豹皮十、良马二六。天子使井利受之。癸酉，天子舍于漆畧，乃西钓于河……甲辰，天子猎于渗泽。于是得白狐玄貉焉，以祭于河宗。丙午，天子饮于河水之阿。天子属六师之人于㼜邦之南、渗泽之上。"

4. 离开横岭关，沿涑水河西北行，至绛县横水镇，即是"㼜人"之地。考古发掘已经证实，出土了㼜季凤鸟尊等器物。㼜伯与毕国联姻，毕国是周文王的后代。㼜伯絮敬献贡品。周天子离开"㼜人"之地后，由此向西北，去漆畧。

5. "智之□"。"智"即殷代"旨方"。"智之□"即智之南。指㼜人位于智之南方。

6. "癸酉，天子舍于漆畧"。商代之"其方"，后称"魁魁"，西汉设麒县。今乡宁县东南约35千米安汾村（参阅郑杰祥《商代地理概论》，中州古籍出版社，1994年，第299页）。

7. "甲辰，天子猎于渗泽。于是得白狐玄貉焉，以祭于河宗。"渗泽，《水经注》作"采桑津"，早已干涸，在今吉县西，黄河边"柿子滩遗址"一带。柿子滩遗址从新石器时代开始，延续很久。《左传》鲁僖公八年（公元前652年），"晋里克帅师……以败狄于采桑"，即此地也。周穆王用"白狐玄貉"，祭祀"河宗"，此"河宗"指河神也。

8. 天子"北升于盟门，九河之隥"（此段窜入卷四结尾处）。渗泽向北约十千米，就是"盟门"，《水经注》作孟门。即壶口瀑布。《史记·孙子吴起列传》："殷纣之国，左孟门，右太行。"有学者解释"孟门"在河南省辉县西，大错。《禹贡》云"九河既道"，学者们或云"九河"泛指黄河；或云指黄河下游九条支流。据此处所论，"九河"者，乃黄河之别称也。

9. "丁亥，天子北济于河，□觪之队以西"（此段窜入卷四结尾处）。这段考证比较困难。值得重视的是：第一，渡河地点在"盟门"以北；第二，黄河走向略呈东西方向，才需要"北济"；第三，河西地点应是在可以攻击犬戎的路线上；第四，"□觪"可能是"白狄"。因此这个古渡口推测在今山西省大宁县西部之"古镇"或"平渡关"与陕西省延长县"古渡甸"之间的地方。延长县张家滩镇、黑家堡镇出土过商周时代青铜钺、戈等。周穆王渡黄河以后，可以逆延河而西过延安，再西进吴起县，征伐犬戎。

10. "乙酉，天子北升于□。天子北征于犬戎。犬戎□胡觪天子于当水之阳。天子乃乐，□赐七萃之士战。庚寅，北风雨雪。天子以寒之故，命王属休。"

在古代，犬戎有两支，即白犬戎和彩犬戎。据考证，白犬戎分布区域广大，以陕西省北部定边县白于山为中心。"犬戎□胡"，据清代檀萃考，认为是"犬戎泾胡"，犬戎统治下的一支胡人部落，不知证据何在。我们考证"犬戎□胡"，即"犬戎槃瓠"就是彩犬戎。他们从"胡县"（即"瓠县"，今河南灵宝市）出发，西征白犬戎。即史书所谓犬戎"槃瓠氏"。

"当水"，即今吴起县洛河源头之"头道川"。西周虢季子白盘（公元前816年）铭文云虢国子白奉命征伐严允于洛之阳。"洛之阳"就是陕西省洛河上游之北。是为确证。傅斯年先生亦云"薄伐严允，瞻彼洛矣，涉及西周"。但是，王玉哲先生以为虢季子白盘所说的洛水，应该在河西走廊一带（《释金文中洛之阳及其相关问题》），当然是错误的。吴起县西有古城，在秦"直道"及秦昭襄王所筑长城（公元前270年）附近。公元前205年设"归德县"，隋代改为"洛源县"。在头道川南岸，今称"铁边城遗址"（十六国至宋代）。从"铁边城遗址"向北32千米，就是白于山主峰（花风子梁，海拔1865米）。这与"天子北升于□。天子北征于犬戎"吻合。"征伐"者，军队出战，"有钟鼓曰伐，无曰侵"。

关于"当水"的位置，学者们没有研究明白"白犬戎"的历史，仅仅从字面上做出推测。有如下推断：武州南（吕洞阳）；今湟水（丁谦）；桑干河流域、大同府（小川琢治、卫挺生）；古之恒水（顾实、王贻梁）；泾水之一支（岑仲勉）；渭水支流陇水上游西支（常征）等。

周穆王大军压境，"犬戎□胡"率先进攻，为征伐白犬戎打开了缺口。周穆王乃下令开战。周穆王回到雷首山时，"犬戎胡"觞天子于此并献贡品。

周穆王离开"白犬戎"后，西行至"阳纡之山"，没有留下记录。我们依地势、道路、古聚落等推测，他们的行程是：陕北白于山—甘肃省环县西北（刘家岔遗址）—宁夏固原北甘城—海原县南（新石器时代末期菜园村遗址，可能是渠诹部聚落。有房址13处、墓葬120处、文物4000件）—甘肃省平川区黄峤乡（过屈吴山北麓）—水泉镇"缠阴古渡"（过黄河）—景泰县黄河石林。

11. "戊寅，天子西征，骜行，至于阳纡之山，河伯无夷之所都居，是惟河宗氏"。"骜行"就是雾天而行；"都居"，即"都聚"，总聚落也。

黄河之神，最早见于《竹书纪年》"帝禹夏后氏"。文曰"禹观于河，有长人，白面鱼身。出曰：吾，河精也"。"阳纡之山"，最早见于《山海经·海内北经》："阳纡之山，河出其中；凌门之山，河出其中。"据我们研究，泛指今甘肃省靖远县以北，及景泰县至宁夏中宁县沿黄河河曲诸山总名。主峰荒草梁山（2019米），北段吴家川原有岩画，近年遭到破坏。秦国大将蒙恬筑长城至此，派兵驻守"阳山"，此即"阳纡之山"也（秦以后，该地名消失）。河伯"无夷"，又写作"冯夷""凭夷"，或即"阳纡"，都是山名。可见，河宗氏的一部，最早是以山为名的部族。但是，沿黄河各段而居的河宗氏部族，可能各有不同名称。后来居住大夏河流域的称"大河氏"（大夏氏，《穆天子传》称"西夏氏"）。汉代简称"河氏"（"盍稚"）。

12. "河宗柏夭逆天子燕然之山。劳用束帛加璧。先（献）白□，天子使䅅父受之。癸丑，天子大朝于燕然之山、河水之阿。乃命井利、绛固，聿将六师。天子命吉日戊午（举办大朝典礼）……" "燕然之山"者，《山海经·海内北经》称"凌门之山"，今称"黄河石林"。燕然、凌门、石林，都是形容词，形容这段黄河两岸山峰排列密集之状，实非山名也。如《淮南子·本经训》即云"昔容成氏之时，道路雁行列处"。

河宗氏柏夭是一位熟知河宗氏历史、地理的部落首领及巫师，成为周穆王西巡的主要助手和羌语、西戎语（即氐语）翻译。他慰劳周穆王，献上"束帛加璧"，又"先（献）白□"。《仪礼·聘礼》云"凡物，十曰束"。

周穆王在这里举行了最隆重的大朝典礼（禘祭）。祭祀河伯神，并附萨满教式的仪式。周穆王于"吉日戊午，天子大服：冕帏，被带，楷笏，夹佩，奉璧，南面立于寒下。曾祝佐之。官人陈牲全五□具。天子授河宗璧。河宗柏夭受璧，西向沉璧于河，再拜稽首。祝沉牛马豕羊。河宗□命于皇天子，河伯号之……"。

典礼上，祭祀"河伯神"即河宗氏祖先，使"祝沉牛马豕羊"，就是《尔雅·释天》中的"祭川曰浮沉"。接下来由河宗氏柏夭为巫祝，代表"上帝"发布旨意。"帝曰：穆满，女当永致用时事"。"帝曰：示女春山之宝，诏女昆仑□舍四平泉七十，乃至于昆仑之丘，以观春山之宝。赐语晦"。"天子受命，南向再拜"。"舍"，多义词。其中，郭璞注曰：三十里；《左传》鲁庄公三年云："凡师，一宿为舍。"《令彝》有"舍三事四方"句，即驻军三夜，管理四方之意。《逸周书·大聚》云"二十里有舍"，而行军三十里为一舍。据此，则"舍四平"乃"舍四方"之形误也。即驻军于昆仑山之四方。

又据周原出土的史墙盘铭文云，周穆王时代，"井帅宇海，□□天子……"，可知"语晦"就是井公利下面的将领"宇海"。井公利是"微氏"家族人（按，微氏是参加"武王伐纣"的八国之一。据顾颉刚先生考证，在陕西省眉县）。由此推测，周穆王西巡，统帅六师的首领是语晦（宇海）。

可见，柏夭以"河伯"名义，传递"上帝"的旨意是：第一，穆满永远执政；第二，穆满拥有昆仑山主权。这当然是柏夭代"上帝"说的话，体现的是周穆王的意思。有关"上帝"的观念，至迟可以追溯到商汤。《史记·殷本纪》云："汤曰……予畏上帝，不敢不正。今夏多罪，天命殛之。"《史记·周本纪》云：武王伐纣时，上章于"天皇上帝"。《周礼·春官·大宗伯》云"昊天上帝"等。所谓"河伯号之""河宗又号之"，都是柏夭出色的巫术表演。

据《穆天子传》卷六，"周穆王美人盛姬死事"记载，在祭典上使用了"肺盐羹""肺盐"，这就是中药"麻黄"（卑盐）。"麻黄碱"可以导致中枢神经兴奋，产生飘飘欲仙的幻觉。我们不知道柏夭是不是服用了"肺盐羹"。

据我们实地考察，祭祀地点"燕然之山、河水之阿"，就在今黄河石林的"老龙湾"。黄河在此作"之"字形流向。因此，只有在此处，才能"西向沉璧于河"。该地点的两次实地考察，证明了周穆王此次"大朝"地点的真实性。

13. "己未，天子大朝于黄之山，乃披图视典，用观天子之宝器……曰：柏夭皆致河典，乃乘渠黄之乘，为天子先，以极西土。""黄之山"即今黄河东岸的"大茆槐山"（3018米），可能是河宗氏无夷部的"神山"及早期聚集地。附近有"三角城"，说明属于西戎文化。柏夭大肆赞颂"天子之宝"并"披图视典"，即观看地图，并观看《河典》。1954年6月在丹徒县出土的宜侯夨簋铭文说，周康王省视《武王、成王伐商图》及《东国图》，证明西周武王时代已经有地图。《河典》似乎是有关河伯的历史典籍。按《穆天子传》卷五云，天子"读书于黎丘之墟，皇帝之间"，可知当年已经有图书矣。

"鹿人"也参加了大朝活动。"天子""□（公）""士""鹿人"，就是下面提及的"寿鹿人"（有学者改"鹿人"为"庶人"），属于四个等级中第四级，或可等同于"庶人"也。

柏夭曰，"天子之宝万金，□宝百金，士之宝五十金，鹿人之宝十金。"西周时代还没有货币。柏夭所说，只是概数而已，而金的基本单位是"镒"（春秋战国时代的重量为20两）。例如，周穆王给赤乌氏"黄金四十镒"。但是，这透露出当年计价以金为本位。"征鸟使翼……名兽使足……邛邛、距虚走百里。""邛邛"，不可解。"距虚"，可能是"驹骡"，马与驴交配之后代也。《山海经·海外北经》云"北海内有兽，其状如马，名曰驹騉"。西周有以"驹"为姓者，后来改为"麴"姓。如同"狗"姓改为"苟"姓。

在《尚书》《诗经》里，"周人"常常自称"夏人"。夏，古读为he（河），即河宗氏之一部。河宗氏沿黄河广泛分布。自称"盍稚"，即河氏也。西周的祖先必曾经与河宗氏通婚。所以，周穆王大朝于燕然之山、黄之山。

"柏夭皆致河典，乃乘渠黄之乘，为天子先，以极西土"，是派柏夭乘天子的宝马、八骏之一"渠黄"，为先遣官员。

14. "柏夭曰：□封膜昼于河水之阳，以为殷人主。丁巳，天子西南升□之所主居。爰有大木硕草，爰有野兽，可以畋猎。戊午，寿□之人居虑，献酒百□于天子。天子已饮而行"。

此处最难解读的是"膜昼"与"殷人主"。众所周知，商代疆域的西北界，仅仅达到黄河陕西省部分地区（参阅谭其骧《中国历史地图集》"商时期全图"）。据我们实地考察，景泰县东部黄河河曲处，今有"米家山""岘台山""缠阴古渡"三个地名，十分令人注目。西汉在此地设有"鹯阴县"，与"缠阴"音近似。原来，"膜昼"就是"母纣"，指纣（帝辛）的母亲。例如安阳出土"司母戊"大方鼎，"母戊"就是戊的母亲。妇好墓出土"司母辛"四足觥，"母辛"就是辛的母亲，是子辈对其母的商代称谓。所谓"司母戊""司母辛"者，祠祀母亲也。"膜"即"嬷"，西戎语，母也。如"西膜"即"西母"。所以，"米家山"是"母家山"的音变。纣的父亲帝乙，《竹书纪年》云名"羡"，所以"岘台山"，就是"羡台山"。张政烺《殷虚甲骨文羡字说》，认为此字为氏或族名（载《甲骨探史录》，生活·读书·新知三联书店，1982年）。

上古时代，"台"字有特殊含义。《尔雅·释诂》云："台，从口，乙声。"义，悦也。又，予也。夏商周时代有钧台、夏台等。周代有祭祀武丁的"丁台"。周穆王造"重璧之台"等。《五经要义》云，天子有三台：灵台、时台、圃台。"缠阴古渡"，西汉写作"鹑阴"，就是"朝殷古渡"的音变。"鹑阴"县，最早见于《汉书·地理志》。"鹑阴口"，见于谭其骧《中国历史地图集》"三国图"，位置标在靖远县城，大误。羡（帝乙），在位9年（一说26年）。帝辛（受，即纣王）在位51年（一说30年）。

总之，河宗氏与殷朝联系，长达60年之久。从而证明，"殷人主"指的是"羡台"。它反映了商代王室与河宗氏联姻的历史，填补了史书之缺失。甲骨文中，有称"河"为"高祖"者，原因在此。

2017年6月9日，我们冒雨考察了景泰县"岘台山"。它在黄河西岸，东西长约7.5千米；南北宽约1.5千米；高约200米。山上有块石质平台，上面有石质柱洞六个，排列有序，推测是古建筑遗存，所谓立"殷人主"之地也。

15. 在上述"天子大朝于黄之山"时，有"天子之宝万金，□宝百金，士之宝五十金，鹿人之宝十金"句。"鹿人"在哪里？

以地理、植被考之"可以畋猎"之地，乃是景泰县之寿鹿山景区。在石林西南约60千米，有"寿鹿山"（主峰3321米），应是"鹿人"活动的中心。

2017年6月10日，我们考察了寿鹿山景区。从而可知，"天子西南升□之所主居……寿□之人居虑"。应该补为"天子西南升鹿之所主居……寿鹿之人居虑"也。今景区东部，植被遭到破坏。而西部仍然可见"爰有大木硕草，爰有野兽，可以畋猎"的自然景观。

16. "甲午，天子西征，乃绝隃之关隥。己亥，至于焉居禺知之平。"从总路线可知，周穆王离开"阳纡之山"后，向西夏氏（甘肃省大夏河流域之西夏氏）方向前进，则必须经过今兰州地区。所谓"乃绝隃之关隥"，就是"乃接隃之关隥"。多数学者解释"隃之关隥"即"雁门关"。我们已经论证，今兰州黄河谷地，《山海经·大荒北经》称作"禺谷"，《列子·汤问》作"隅谷"。即大月氏（禺知）居住的山谷（带状盆地）。由此可知，"隃之关隥"即"禺谷"之关隥也。我们已经证明，所谓"焉居"就是"盐居"或"盐聚"，生产盐的聚落，在今兰州市黄河北有盐场堡。此地之北方，有盐池沟、石门沟出产盐卤，自古熬盐。所谓"禺知"，就是"大月氏"。

兰州市出土大量精美的彩陶：小坪子（距今4800年）、王保保城（距今4800年）、花寨子（距今4500年）、关庙坪（距今4500年）、土谷台（距今4500年）、沙井驿（距今4500年）、华林坪（距今4000年）等遗址。但是，缺少深入、系统研究（参阅俄军主编《甘肃省博物馆·文物精品图集》，三秦出版社，2006年）。

17. "西夏氏"，即大夏（大河）。根据总路线云"自阳纡西至于西夏氏，二千又五百里"。周穆王至西夏氏，《史记·夏本纪》称"西戎"，在甘肃省洮河以西，大夏河流域，以枹罕为中心（有"土坪遗址"等）。据《水经注·河水二·漓水》云，漓水"经可石孤城西，西戎之名也"。漓水，今称"大夏河"。"可石孤城"就是"河氏孤城"，或曰"盍稚孤城"，是西戎语，推测是一座险峻的山城。西夏氏在秦穆公打击下，于公元前623年西迁至新疆南部。

周穆王从"西夏氏"向西行，目标是河首"枝泝"（析支、赐支，青海省共和县切吉草原），必须经过青海同仁县、贵南县，直到兴海县、共和县。但是具体路线不详。

18. "乙丑，天子西济于河。□爰有温谷乐都，河宗氏之所游居。"黄河以西的"温谷乐都"应该是今兴海县河卡镇羊曲遗址。这里有宗日文化遗址五处，距今5600—4000年。汉代称"赤水"，西魏、唐代称"树敦城"（按，犬戎首领称"树敦"。此地与犬戎关系待考）。所谓"游居"，游牧而居也。"天子西济于河"的渡口，推测就在此处。从羊曲遗址到切吉遗址约65千米。

19. 次日"丙寅，子属官效器。乃命正公郊父，受敕宪。用伸□八骏之乘。以饮于枝泝之中，积石之南河"。

"枝泝"，《史记·夏本纪》称"析支"，后来也写作"赐支"。西羌语，意为黄河"河首"（河源）。析支邦国在公元前623年，西迁至新疆和田河流域，并且把和田河叫作"试计水"或"树枝水"，就是"析支水"。张骞奉汉武帝之命，探求黄河河源时，错误地把和田河当成了"河源"。

《后汉书·西羌传》云"自爰剑后，子孙支分，凡百五十种。其九种在赐支河首以西，及在蜀、汉徼北"。这就是"九种之戎"。

"乃命正公郊父，受敕宪"，即"乃命正公郊父受赐献"。把"子属官效器"赐给了正公郊父。"正公"，是夏朝对长官的称谓，如"车正""牧正""庖正"等。《尔雅·释诂》云"正，伯，长也"。

今青海省果洛州玛沁县西北之阿尼玛卿雪山（海拔6282米），即《禹贡》所记"导河积石，至于龙门"的积石山。因此，所谓"积石之南河"，似乎是"积石之北河"之误，即指黄河的玛曲—兴海、共和段，黄河作南北流。

枝涛的中心在今兴海县北端的"切吉遗址"。"切吉"就是"枝涛""析支""赐支"之音变。从此东行约20千米，就是"珠余氏"（今沙珠玉乡）。考古学家指出，在共和盆地存在一种早期羌人文化——宗日文化（不同于马家窑文化），大约延续了1500年。陶器纹饰特征是"紫红彩变形鸟纹"和"折尖三角形图案"（参阅青海省文化厅、青海省文物考古研究所编《青海考古五十年文集》，青海人民出版社，1999年）。

20. "珠余氏"。根据总路线，周穆王"自西夏至于珠余氏及河首"。所以，枝涛与珠余氏相邻。"珠余氏"就是今共和县城西约35千米的珠玉乡一带。这里有一条从西部雪山向东流的、长100多千米的珠玉河（内陆河），流入达连海湖。唐代称为"大非川"。显然，"珠余氏"属于河宗氏的一支。切吉（"枝涛""赐支"）、珠玉（"珠余氏"）地名保存3000多年，令人惊叹。

2016年8月16日，我们实地考察了共和县切吉乡及沙珠玉河，这里水草丰美，农、牧业兼备。

21. 总路线云"自河首襄山以西，北至于……昆仑之丘"。"河首襄山"即今青海日月山（按，显然不是《山海经·大荒南经》所说的"襄山"）。西汉时，青海湖称"西海"、"仙海"或"鲜水海"。日月山是公元前623年以后改的名称。此前，可能称"仙（鲜）山"。所以，河首"襄山"应该是"仙（鲜）山"。从地形上分析，由珠玉东北行，古代可以通车的道路，只有日月山、倒淌河镇以西，从甲乙村至海晏县的小路。也是当今"环青海湖自行车赛"之路。

22. "丙午，至于鹤韩氏……丁未，天子大朝于平衍之中……己酉，天子大飨正公诸侯、王吏、七萃之士于平衍之中"（按，周穆王从"丙寅日"到"枝峙"，至此"丙午日"，计41天）。所谓"鹤韩氏"，推测是禋湟氏（祭祀湟水）之音变。《周穆王美人盛姬死事》中，有"禋祀除丧"句可谓旁证。今湟源县大华镇中庄卡约文化遗址（约公元前900—前600年），出土青铜时代文物甚多。所谓"平衍之中"，即今海晏县之"金银滩草原"。海晏县的古城是西戎文化特有的"三角城"。西汉在此设立"西海郡"。这里是湟水发源地。周穆王在此举办第一次大飨，招待昆仑山以南各部首领。所谓"正公诸侯"，就是西周朝廷正式承认的诸侯（例如：前面提及的"正公郊父"）。

在这里，周穆王赐之"变□雕官"。"变"是织锦类物品，"雕官"即服官，主持官办的织丝工场。"变□雕官"的意思是赐以官办的织丝工场生产的高级刺绣类物品。

23. "庚戌，天子西征，至于玄池。天子三日休于玄池之上，乃奏广乐，三日而终，是曰乐池。天子乃树之竹，是曰竹林。""玄池"，各家的解释是"咸海"（刘师培）；"布哈拉西南之登吉斯湖"（丁谦）；"伊塞克湖"（钱伯泉）；"罗布泊"（王贻梁）等。

其实，玄池（仙池或鲜水池）就是青海湖。"玄"，水色也。藏语称"错温波"，意为蓝色之海。湖平面海拔3193米。《楚辞·离骚》中"饮余马于咸池兮，总余辔乎扶桑"，其"咸池"就是"玄池"。所谓"天子三日休于玄池之上"，就是在玄池之"沙岛"上游玩。这里，古代还有竹林。

周穆王在"玄池之上，乃奏广乐，三日而终"。他还在"磐石""赤乌氏""大旷原"等处，演奏"广乐"。他说"予一人不盈于德，而辨于乐"，可知他也是一位音乐家。"广乐"是一支曲名，或者是一套曲名，用什么乐器，都不得而知。除了"吹笙鼓簧"外，《穆天子传》卷五、卷六，也记载了"广乐"，还有"宴乐"。记载乐人的乐器还有琴、瑟、竽、笛、管、钟、鼓等。

《史记·扁鹊仓公列传》记载，赵简子昏睡多日，醒来后说"我之帝所甚乐，与百神游于钧天，广乐九奏万舞，不类三代之乐，其声动心"。古人认为，"天"由四面八方及中央的钧天组成，共称"九天"（《吕氏春秋·有始览》，"中央为钧天"）。因此，后世流传"钧天广乐"一词，以为是天上仙乐。

值得注意的是，屈原《天问》（孙作云《天问新注》）中，在"昆仑悬圃，其居安在"后，有"黑水、玄趾、三危安在"句。显然是说昆仑山周边的地名。"黑水"即发源昆仑山（今祁连山）的黑河；"三危"或即敦煌的三危山；可知，"玄趾"是"玄池"之误，乃青海湖也。北宋李远《青唐录》云"宗河行其中，夹岸皆羌人居，间以竹篁，宛如荆楚"。

24."癸丑，天子乃遂西征。丙辰，至于苦山，西膜之所谓茂苑。天子于是休猎，于是食苦。"周穆王离开玄池，需东北行，至于苦山（今达坂山）。《山海经·中山经》"中次七经"记载"苦山"云：自西向东有"休与之山"、"鼓钟之山"（有"帝台"）、"姑媱之山"（"帝女"死焉）。推测苦山是指今大通山及达坂山脉。"西膜"指西王母，也指西王母部族的人。许多学者解"西膜"为"塞种"，大误之至。商朝武丁时代的甲骨文已有"燎祭西膜"的刻辞。"茂苑"即今门源县，门源盆地有著名的"仙米森林景区"。可见，"门源"是"茂苑"的音变；"仙米"是"西膜"的音变。"天子于是休猎"，就是打猎；"于是食苦"，就是吃"苦苦菜"（野菜）。

25."丁巳，天子西征。己未，宿于黄鼠之山，西□乃遂西征。""黄鼠之山"，周穆王逆大通河西北行，必须通过祁连县，在野牛沟向北，过肃南县城。这一段的祁连山就是黄鼠之山。所谓"黄鼠"，实地考察得知，即"土拨鼠"，当地人所称"土花老鼠"，学名"旱獭"。祁连县城西，有"下塘台遗址"，面积1.4万平方米，属于卡约文化（商末、周初）。遗址北邻黑河，南有大山曰"超英峰"（4655米）。"西□乃遂西征"，应该是"西膜乃随西征"。即西膜人在此地迎接周穆王。值得注意的是，周穆王过高海拔的"西夏氏"至"黄鼠之山"都在夏天。显然这种安排，经过精心设计。据了解，此时肃南县气温，在摄氏10—20度左右。

26. "癸亥，至于西王母之邦。"我们在《探究昆仑邦国与大夏诸国西迁》中，已经论证大夏（西夏氏）、析支（枝浔）、织皮（珠余氏）诸国在秦穆公打击下西迁（公元前623年）。也论证了西王母之邦在今酒泉南山金佛镇一带。西王母，西戎语是"咸野嬷"（祭司、国王兼母亲）。昆仑山，西戎语，意为日月山，即今祁连山（主峰5547米）。而新疆和田的昆仑山是汉武帝（公元前140—前87年在位）命名的。2015年9月，我们考察祁连山时，从谷歌卫星地图上下载祁连山主峰地图，其东侧呈"日月合纹"形状；西侧呈"北斗七星"形状，我们大感震惊、神秘与困惑！我们已经论证"日月合璧纹"（上为"圆日"，下托"新月"），就是古昆仑山的象征性符号；人死后，灵魂也归于昆仑山。因此《周穆王美人盛姬死事》中，有"日月之旗，七星之文"。

商代甲骨文已经有祭祀"东母""西母"之事（《合集》14335、《合集》14344）。我们解读，"东母"指女娲氏（在河南省西华县）。大禹娶了最后一位女娲氏为夫人，所以女娲氏传承结束；"西母"指西王母，传承至春秋战国时代结束。

关于西王母的话题，千古不衰。其地点，有如下诸说：亚述，底格里斯河畔，尼尼微（刘师培）；大宛、乌兹别克斯坦（小川琢治）；波斯、德黑兰（顾实）；撒马尔罕（张星烺）；阿拉伯（德国福尔克）；吉尔吉斯（岑仲勉）；甘肃省张掖南山（常征）；新疆中部库尔勒、尉犁（王贻梁）；新疆西部塔什库尔干（黄文弼）；新疆中部塔里木盆地（翦伯赞）；中亚地区（郭沫若）；青海地区（李文实）；甘肃省天祝县（张忠孝）；新疆呼图壁县（高大伦、巫新华）等。还有学者说西王母是塞人部落首领（沈福伟）、西王母是希腊女神。

27. "吉日甲子，天子宾于西王母，乃执白圭、玄璧以见西王母。好献锦组百纯，□组三百纯。西王母再拜受之。"

2017年6月18日，我们考察了金佛寺镇东南红寺堡的"古城滩遗址"。推测，这里是西王母邦国的"王城遗址"。它位于祁连山脚下，被洪水冲刷严重。但是，南北城墙，仍然可辨。呈梯方形，东西各有城门可通。地面发现过汉代砖瓦。地下情况不明。城东部接近丰乐河。河东岸，有"干骨崖遗址"，时代属于距今4300—3600年（四坝文化）。最著名的出土文物是单耳靴形红陶壶；双耳彩陶杯，以褐色绘56个女子舞蹈，全国罕见（详见考古报告《酒泉干骨崖》，文物出版社，2016年）。

天子"好献锦组百纯，□组三百纯"。"锦组"，是彩色织锦；"□组"可能是"茵组"（即绮组），是单色织锦。这是关于"丝绸"到达西王母邦国最早的文字记录，意义重大。

28. "乙丑，天子觞西王母于瑶池之上。"天子宾西王母，即西王母为主人，周穆王为贵宾，地位平等。从辈分上分析，西王母是长辈。《竹书纪年》云，"西王母来朝，宾于昭宫"。所以周穆王以最隆重的礼仪拜见西王母（执白圭、玄璧以见西王母）。"白圭"，礼西方也。《史记·夏本纪》云"帝赐禹玄圭以告成功"。在这里，我们注意到，周穆王一行所到之处，都是各部向周穆王敬献礼物。而在此处，却是周穆王向西王母"好献锦组百纯，□组三百纯"。"锦"，《说文》云"襄邑织文也"，即襄邑（今河南睢县）特产的织花纹锦。从而可知，周室与西王母部，古代有通婚关系。"□组"，似乎是"茵组"。

"瑶池"，在酒泉东南60千米，在祁连山主峰东北，今称"大海子"。据《温家宝地质笔记》（地质出版社，2016年）云：是高原冰川堰塞浅湖，海拔3426米，长2.8千米，宽0.4—0.8千米，深8—9米，面积约2.42平方千米。湖水蓝蓝，像晶莹剔透的碧玉，镶嵌在重峦叠嶂中。水质甘甜如露，沁人心脾。"瑶池"绝对不在蒲类海，也不在博斯腾湖及新疆天池。

所谓西王母"谣曰"，就是唱歌谣。《穆天子传》卷五有"使宫乐（人）谣曰"，可为证明。《尔雅·释乐》云"徒歌曰谣"，即无乐而空歌也。所谓西王母"吟曰"，就是低声叙说。西王母"谣曰"之后，有"天子答之曰"；西王母"吟曰"之后，周穆王没有表态，是不可能的。洪颐煊据《西山经注》补充曰："天子大命，而不可称，顾世民之恩，流涕奔陨。"这句话是对西王母"嘉命不迁""世民之子，唯天之望"的回应。《周穆王美人盛姬死事》中，有"天子哀之，乃又流涕"句。王贻梁本没有采纳之，不妥。

他们在对话中，周穆王自称来自"东土"（诸夏）；西王母自称代表"西土"。说明商朝以来，人们公认"天下"存在"东土"（诸夏）与"西土"两大区域。周穆王称"予归东土，和治诸夏"，显然以代表"诸夏"为标榜（按，夏朝起源于河南省登封市、禹州市一带）。

《穆天子传》卷五记载，周穆王在新密市"黄台之丘，以观夏后启之所居（夏邑）"；在登封禹都"阳城"，立"石主"。即周穆王承认其继承夏朝法统也。周穆王时代，似乎还没有"中国"的观念。其后，所谓"中国"者，国之中心也，专指洛阳盆地（见周原出土的青铜器何尊）。

需要指出，西王母所用的语言，应该是"西戎语"（汉代以来称"氐语"）。柏夭是使用和精通西戎语的。

29."天子遂驱升于弇山，乃纪丌迹于弇山之石，而树之槐，眉曰'西王母之山'。"考"弇山"，今称"观山口"。在金佛镇西南，有观山河，发源于大海子。《山海经·西山经》云"泰器之山，观水出焉。西流注于流沙"，不知此处"观水"是否是"观山河"？所谓"纪丌迹于弇山之石"，即周穆王对以西王母为代表的西戎历史做了阐述，可惜没有留下记录。周穆王题字者，只见于王昶1805年成书的《金石萃编》卷三（周代），称"坛山刻石"。传说是周穆王刻，小篆四字"吉日癸巳"。在河北省赞皇县。《穆天子传》卷五记载，周穆王在"莤丘之墟"（今河南省新密市"古城寨遗址"），铭刻"先王九观"。周穆王在衮山"树之槐"，寓意"怀念"也；在莤丘之墟"树之桐"，寓意周人与黄帝同根也。

30."吉日辛酉，天子升于昆仑之丘，以观黄帝之宫，而丰隆之葬，以诏后世。癸亥，天子具麟齐牲全，以禋□（祀）昆仑之丘……天子□昆仑，以守黄帝之宫，南司赤水，而北守春山之宝。天子乃□之人□吾，黄金之环三五，朱带贝饰三十，工布之四。□吾乃膜拜而受。天子又与之黄牛二六，以三十□人于昆仑丘"。

这里的"黄帝"，《太平御览》引文作"皇帝"，是指煌煌上帝。所以，西王母自称"帝女"。并不是三皇五帝之黄帝，而是上帝。《山海经·中山经》云"姑媱之山，帝女死焉"。周穆王东巡时，曾经参拜了"莤丘之墟，黄帝之闾"，所以他清楚地知道，"昆仑之丘"，没有"黄帝之宫"。

因为西戎人（包括西王母部）认为，他们祖先起源于"盘古"。据《山海经·西山经》云"昆仑之丘，是实惟帝之下都。神陆吾司之。其神状虎身而九尾，人面而虎爪。是神也，司天之九部及帝之囿蒔"。考"黄帝之宫"，就是"帝之下都"，今称"玉石房子"，在祁连山主峰西北，红水河上游东侧，属于半天然石窟，面积16—18平方米，今之牧羊者偶然居之。据说，附近有一条地下通道，长约1千米，无人敢进入。

所谓"丰隆之葬"，我们考证是，"丰隆"即"封隆"，是守护"黄帝之宫"的女神，见于屈原《远游》："命天阍其开关兮，排阊阖而望予。召丰隆使先导兮，问太微之所居。集重阳入帝宫兮，造旬始而观清都。""丰隆"可能是传说中的昆仑山女神、"司天之九部及帝之囿蒔"的"陆吾"（虎部落的首领、女咸），或称"厉""利"。屈原《天问》，"厥利维何，而顾菟在腹"（为什么女神"利"的腹中有虎）。她就是苯教司天的"厉神"（拉）。据我们考察，在四川省金川县发现的苯教岩画中，有雄性老虎与女神交媾的图像。其中之女神即是昆仑山女神"陆吾"（隆、厉、利、拉）。在四川省芦山县，出土了西汉"厉神像"（椎髻、双乳突出、双手抚膝，座下有四虎仔）。

周穆王"具麟齐牲全，以禋□昆仑之丘"。"禋祀"乃古代祭天之礼，即"杀牲血祭"及"燎祭"也。举火，青烟可通天。至今藏族仍然有此祭法。周穆王此行，还祭祀了"河宗氏""河伯神""昆仑之丘""文山""铁山""雷首山"等。《穆天子传》卷六也记载了"禋祀除丧"之礼。

值得注意的是，周穆王给守昆仑丘的□吾"黄牛二六"。黄牛原产于西亚地区。不知何时输入中国。"黄牛"也写作"用牛"，即佣牛也。但需要阉割之，这是周人特有的技艺。

值得讨论的是周武王时代的青铜器大丰簋（又名"天亡簋"），言及在"明堂"事禧"上帝"。那么，"黄帝之宫""帝之下都"与"明堂"，有何关联？值得研究。

2017年6月16日，我们的"穆天子学术考察团"从观山口（龛山）进入祁连山深处，到达了大海子（瑶池）。当地兴修水利，大海子已经遭到破坏。据祁连山野生动物保护人员阿成（东纳藏族）介绍，要去"玉石房子"，骑马需要两天。所以我们没有去，留下遗憾。

31."季夏丁卯，天子北升于舂山之上，以望四野……先王所谓悬圃……天子五日观于舂山之上，乃为铭迹于悬圃之上，以诏后世"。

2017年6月18日上午，我们考察了东坪（"悬圃"）。现在，这里是肃州区水务局红山河灌区水利管理所。所谓"舂山"，即卤山、葱山，见西周大克鼎铭文。生长野生沙葱的山。所谓"舂山之上"不畏雪的"孳木华"，推测是"雪莲花"；所谓"食虎豹如麋而截骨"的野兽，推测是野生"葵"或"豺"（红狼）；所谓"执太羊"，就是"枝大羊"。

至于"悬圃"，今称"东坪"，属于祁连山北坡台地，距离地面高约40米，面积约1平方千米，上面有藏族村子。植物茂密，动物多样。此处提及的"先王"，显然是指周穆王的祖先。当然，"铭迹"也没有留下来。《穆天子传》卷五载，周穆王"读书于黎丘之墟，皇帝之间，乃（铭）先王九观，以诏后世"。这个铭文，也没有留下来（据我们考古调查，"黎丘之墟"在河南省新密市"古城寨遗址"）。

32."……天子已饮而行，遂宿于昆仑之阿，赤水之阳。爰有鹩鸟之山，天子三日舍于鹩鸟之山。""赤水"今称红水河，长50千米。考"鹩鸟之山"，在东洞镇南山一带。"鹩鸟"者，鹰鸟也。当地仍然称作"鹰鸟山"。西王母部，崇拜老虎（西戎语称"於菟"、乌托）和鹫鸟（赤首黑目，苯教称为"琼"）。考古资料表明，玉门骟马出土的"鹰形铜板"（长15厘米），是冠上饰物，时代约为商周。应该是巫师头冠饰品。唐代刘元鼎记载，巫师都是"鸟冠、虎带、击鼓"。我们已经论证，苯教起源于西王母祭祀文化。

33."壬申，天子西征。甲戌，至于赤乌。"总路线说"至于赤乌氏舂山"。我们已经论证，"赤乌氏""赤国"就是今甘肃省瓜州县城一带。"舂山之虱"，是指从鹰嘴山向东北流出的踏实河（今称榆林河）。"虱"即虱河，"丘时之水"也。考，《山海经·西山经》云"曰槐江之山。丘时之水出焉，而北流注于泑水……南望昆仑，其光熊熊，其气魂魂。西望大泽，后稷所潜也"。此地涉及西周早期历史。

《山海经·大荒西经》中，有关于西周早期历史的记述云："有西周之国，姬姓，食谷。有人方耕，名曰叔均。帝俊生后稷，稷降以百谷。稷之弟曰台玺，生叔均。叔均是代其父及稷播百谷，始作耕。有赤国妻氏，有双山"（按，"帝俊生后稷"，乃后人编造，以与中原文化勾联也）。

《山海经·海内经》云"后稷是播百谷。稷之孙曰叔均,是始作牛耕。大比赤阴"。这里,肯定叔均"始作牛耕"(即阉割"黄牛",用以耕田);又说"大比赤阴"。"大比"者,大庇也;"赤阴"者,赤乌之讹也。由此可知"赤乌氏"就是"赤国"。 叔均娶妻于赤国,所以牛耕技艺也大庇赤乌。穆天子曰"赤乌氏先出自周宗",更证实了此事。《竹书纪年》记载,商朝帝辛三十二年"赤乌集于周社",以为吉祥之兆。

《左传》昭公二十九年(公元前513年)记载"稷,田正也。有烈山氏之子曰柱为稷。自夏以上祀之。周弃亦为稷,自商以来祀之"。

学者们对于"赤乌氏"地点,有如下诸说:阿富汗之瓦罕(丁谦);克什米尔(叶浩吾);阿富汗(张星烺);同于"禺知"(小川琢治);帕米尔高原西麓(高夷吾);新疆赛勒库勒(岑仲勉);什洼湖(卫挺生);迁移至乌氏县者(蒙文通)等。

《穆天子传》云:天子曰"赤乌氏先,出自周宗。大王亶父之始作西土,封其元子吴太伯于东吴,诏以金刃为刑,贿用周室之璧。封亓(其)璧臣长季绰于春山之虱,妻以元女,诏以玉石之刑(形),以为周室主。天子乃赐赤乌之人囗其墨乘四,黄金四十镒,贝带五十,珠三百裹。亓(其)乃膜拜而受"。

"周室主"就是玉石雕刻之人像或象征性玉石主。《穆天子传》卷五载,周穆王在夏都"阳城"山上,"为之石主"。考古发现的玉人或石人头像,往往就是这类祭祀祖先的"主"像。例如陕西省神木的"石峁遗址"(龙山文化晚期—夏代),出土石雕人像20余件。这应该是可信的史料。"墨乘"就是"墨盛",漆成黑色的食器四件。所谓"盛馈具"也,不是"墨车"。在夏商周时代,漆器十分珍贵(参考《韩非子·十过》)。"亓",用作"其"。

《史记·周纪》云:大王亶父有二子——太伯、虞仲(仲雍)皆亡入荆蛮。未提及长女嫁赤乌氏"璧臣长季绰"。据《史记·吴太伯世家》,"太伯之奔荆蛮,自号句吴。荆蛮义之,从而归之千余家,立为吴太伯"。据我们考古调查,吴太伯栖止之地,在安徽省当涂县"衡山"(古称南岳,今马鞍山市博望新区"横山")。横山"石门"发现了摩崖石刻"日月合璧纹"(象征"昆仑山"),是考古学有力证据。

《史记·匈奴列传》云"夏道衰,而公刘……变于西戎……其后三百有余岁,戎狄攻大王亶父,亶父亡走岐下……其后百有余岁,周西伯昌伐犬夷"。"亶父亡走岐下"的时间,据《竹书纪年》记载,在商代武乙时期(公元前12世纪)。可见,西周的祖先早与西戎、赤乌氏多次联姻。"周室主"者,西周之宗室也。"大王亶父"就是"古公亶父",乃是周族真正的开国者。

据湖北江陵王家台秦简《归藏》523简云:"昔者赤乌卜浴于囗而见神为木出焉,是禘"(参考王明钦《王家台秦墓竹简概述》)。"赤乌"是一种水鸟,称作"水鸟",因羽毛赭赤色,俗称赤乌(今莱茵河下游荷兰有很多"水鸟")。《归藏》523

简证明，赤乌在水中生活，赤乌氏也崇拜"树神"。

香港饶宗颐先生据此认为，"周人与西域赤乌氏有渊源……赤乌氏在殷时的传说有他的远源"，无疑是正确的。

另外，周穆王还在此地"天子于是取嘉禾以归，村于中国"。嘉禾就是优质小麦。小麦原产于西亚，不知何时输入中国。当时，内地还没有普遍种植小麦。"中国"是指洛阳周围地区（"中国"，最早见于青铜器何尊，西周初年）。这是关于小麦自西向东传播的最早文献。目前，学者们都认为，春秋战国时期，中原地区开始食用小麦。

34. 总路线说，从赤乌氏"东北还至于群玉之山"。周穆王于"孟秋丁酉，天子北征。□之人潜时觞天子于羽陵之上，乃献良马牛羊。天子以其邦之攻玉石也，不受其牢。柏夭曰：□氏，槛□之后也"。

考，"羽陵"即古代之"冥泽"（明末干涸），西汉设"渊泉县"。在瓜州县东北，去马鬃山的半路上（参阅郭沫若《中国史稿地图集》"西汉时期形势图"）。唐代李吉甫《元和郡县志》云，冥泽东西二百六十里，南北六十里。丰水草，宜畜牧。"攻玉石"，即切割、琢磨玉石器，费时费力。所以，周穆王"不受其牢"，以示优待。"牢"者，"劳"也。如河宗氏柏夭见周穆王"劳用束帛加璧"。

考，"柏夭曰：□（潜）氏，槛□之后也"。"槛□"，可能是"缙（槛）云"。据《左传·文公十八年》云："舜臣尧……流四凶族……投诸四裔，以御魑魅。"四凶族之一，就有炎帝后代"缙云氏"中的一部分，称"饕餮"。

35. "辛卯，天子北征东还，乃循黑水，癸巳，至于群玉之山，容成氏之所守。曰：群玉田山……阿平无险，四彻中绳，先王之所谓策府。寡草木而无鸟兽……西膜之所谓□。天子于是取玉三乘，玉器服物，于是载玉万只。天子四日休群玉之山，乃命邢侯待攻玉者。"

关于"群玉之山"，前辈学者，言者纷纷。云在帕米尔（刘师培）；在新疆叶尔羌西南（丁谦、顾实、张星烺、岑仲勉、钱伯泉、卫挺生、黄文弼）；在祁连山（顾颉刚、王贻梁）等。

其实，"群玉之山"即今肃北县马鬃山（2583米），俗称"黑戈壁"。2007年发现玉矿坑二群（径保尔草场、寒窑子草场），因是露天开采，故曰"玉田"，做过四次发掘。时代属于四坝文化（夏商周）至汉代（陈国科等《甘肃肃北县马鬃山玉矿遗址》，《考古》2015年第7期）。玉的成分，透闪石含量大于95%。摩氏硬度，大部分在6.0以上；相对密度，大部分在2.90以上（丁哲《甘肃闪石玉与"玉石之路"》，《大众考古》2017年第2期）。从而确认，自古所谓"昆山之玉"的产地，就在"群玉之山"。"群玉之山"位置的确定，十分重要。旧说往往指容成氏在河北省容城县，大误。

2017年6月22日下午，我们考察了马鬃山镇。全镇是蒙古族，1000多人。有古代玉矿。径保尔草场玉矿，在镇西北40多千米；寒窑子草场玉矿，在镇东北60多千米。《穆天子传》所描述的"阿平无险，四彻中绳"，与马鬃山高原区域地貌完全符合。而"寡草木而无鸟兽"，则今日情形更加恶劣，即仅有草而无树木、鸟兽矣。

容成氏是黄帝时代古老的部族，不知他们何时从中原迁徙而来。而缙云氏是帝舜时代从中原迁徙而来的。容成氏专门制作玉器并发明了历法。今本《竹书纪年》记载，黄帝时，"圣人"有天老、力牧、容成。其地域包括羽陵及其北部的马鬃山，面积3.8万平方千米，略大于台湾省面积。平均海拔2100米。传说他们很早就称"王"，并创造了"历法"。此处提及的"先王"，显然也是指周穆王的祖先。

所谓"攻玉者"，即制造玉器的工匠。《周礼·冬官·考工记》云，有"攻木之工""攻金之工""攻皮之工"等。

所谓"策府"就是玉策产地，也是"应日推策"之地。据《史记·五帝本纪》，黄帝"获宝鼎，迎日推策"。"迎日推策"就是推算日出的时辰，并记录之，谓之"玉策"。《周穆王美人盛姬死事》云"内史执策"。《周礼·司盟》注云，"盟者书其辞于策"。《管子》："禺氏边山之玉，一（以）策也。"从而可知，古代重要文字书写于玉策上。山西《侯马盟书》（公元前5世纪）出土玉策5000余件，可见玉策用量巨大。当地早已有"历法"并记载于玉策上。因此，容成氏被尊称为"圣人"。

另外，《山海经·大荒西经》记载"大荒之中，有山名曰丰沮玉门，日月所入"，这是古代所说的"西极"。唐代道宣（596—667）云：从"肃州，又西少北七十五里至故玉门关，关在南北山间"。以里程及地形考之，故玉门关（西汉以前）在今嘉峪关西北之"石关峡堡"一带，附近黑山有"岩画"，佐证了古人类活动。"昆仑谒圣，实唯玉门之侧"，或即此地。

《淮南子·本经训》云"昔容成氏之时，道路雁行列处，托婴儿于巢上，置余粮于亩首"，描述的是更古老的原始社会景象。

上海博物馆收藏的战国楚简《容成氏》（也写作"讼城氏"），2700余字，乃战国人假托容成氏之名而作。

36. "甲申，至于黑水。西膜之所谓鸿鹭。于是降雨七日。天子留骨六师之属。天子乃封长肱于黑水之西河。是惟鸿鹭之上，以为周室主。是曰'留国之邦'"。考，黑水，今北大河，古称呼蚕水。据地质学家介绍：从祁连山发源的朱龙关河，向西北流，过了三岔口，称北大河。"黑水之西河"，指北大河西段（南北流）。鸿鹭山，在今酒泉西南20千米文殊山山谷以南地区。文殊山，呈西北—东南走向，元代称嘉峪山，与其北部的嘉峪关相连。西峰高1228米，东峰高2109米。处于地质断裂带上。嘉峪关以南的浅山，古称鸿鹭山，《太平寰宇记》《太平御览》都记载，"鸿鹭山"在酒泉。清代郭嵩焘于1887年曾经实地考察，指出周穆王之"鸿鹭山"，即《明一统志》谓之"嘉峪山"。我们也证明鸿鹭部确实在此地。

这里属于肃南县祁丰乡。东西160千米，南北105千米，草原809万亩。群山环抱，绿树掩映，流水潺潺，风景秀丽，有二层台地。推测"有邰氏"原居地也在此附近。"天子乃封长肱于黑水之西河……以为周室主。"鸿鹭氏就是拯救小儿弃的"飞鸟"部落。所以此地保存有姬姓的"长肱"，即姬人的肱骨。考古学家都知道，羌人实行"火葬"，而西戎人（氐人）实行"二次藏"，认为人的灵魂存在于人骨中，特别是头骨中。所以，人死后若干年，拣骨殖，二次入藏。

值得注意的是，周穆王至此，既没有人迎接，也没有赏赐之举，说明此地已经很荒凉。周穆王的目的，特为寻根祭祖而来。

《诗经·周颂·天作》反映了鸿鹭山的荒凉："天作高山，大王荒之。彼作□（周）矣，文王康之。"意思是，天然的高山（指鸿鹭山），大王（古公亶父）因为东迁，把它撂荒了。他始作周，至文王时代，经营繁荣起来。

2017年6月15日、20日我们两次实地考察鸿鹭山地区。还发现了"骨头泉"地点。泉水面积约15平方米，海拔2298米。高出骨头泉3—5米，是祁连山台地。面积2—3平方千米。所谓"有邰氏"，就是指这里的台地。周穆王明确说明，鸿鹭山这里是"留国之邦"，即故国的所在地、有邰氏故地，也就是西周部族的起源地，意义重大。

所谓公刘"邑于豳"，也应该在这里，如果在台地上作考古发掘，或许会有重要发现。

我们质疑《诗经·公刘》。该诗所云，当地有高山、河流、大平原、百泉以及用舟运输"玉""瑶""厉""锻"等大戈壁矿产，都不是关中豳县的景象。当年也没有京师（周原）的观念。尤其荒谬的是，豳县在泾河旁，不在渭河旁。那么，何以错误如此之多？我们认为，"渭"河，乃嘉峪关"黑"河之讹；"豳"，乃嘉峪关南"冰"（沟）之讹。或许是公刘在冰沟建设新的聚邑。推测是后人（春秋时代）有意篡改历史。

总之，我们确认，这里就是周人祖先诞生地。

岑仲勉先生早就主张："周人原是西戎之一支，来自于阗、叶尔羌、帕米尔一带。""周人原是西戎之一支"，无疑是正确的。但是，所谓来自"于阗、叶尔羌、帕米尔一带"，则缺乏证据。至于"西戎"的"析支"（于阗）、"大夏"在公元前623年后已经西迁新疆南部；葱茈羌（大月氏别种）已经西迁新疆北部（哈密、吐鲁番），也是重要史实。

37. "甲子，天子北征，舍于珠泽，以钓于流水。"经考，"珠泽"就是今酒泉市内的"酒泉"一带。周穆王时，是一个方圆三十里的沼泽地区，植物茂盛，后来逐渐萎缩，西汉时，仅存一泉。酒泉北约2.5千米，有"赵家水磨遗址"，距今3700年左右。

38. "丙戌，至于长滩，重氏之西疆……庚寅，至于重氏黑水之阿。爰有野麦，爰有答堇，西膜之所谓木禾，重氏之所食。爰有采石之山，重氏之所守……

孟秋癸巳，天子命重翟氏共食天子之属五日。丁酉，天子升于采石之山。于是取采石焉。天子使重翟氏之民铸以成器于黑水之上，器服物佩好无疆。曰天子一月休……乙丑，天子东征……送天子至于长沙之山……柏夭曰：重翟氏之先，三苗氏之□处。以黄水□、银采□，乃膜拜而受。"

按文意，"长滩"，就在"黑水之阿"，这里已经是"重翟氏之西疆"。考其地，在酒泉市东北与金塔县交界的夹山，黑水（北大河）由此北流。夹山是东西长30千米的低山，即所谓"长滩"也。"采石之山"，即山由彩色石头构成。是在金塔县正北的"大红山"（1924米），今附近有铁矿、铜矿、煤矿、铅锌矿等。其中，2008年6月发现的白山堂铜矿北遗址，面积2.8万平方米。时代距今3500—3000年。1987年发现火石梁遗址（大庄子乡东北25千米），距今3600年左右。周穆王在此地与民众采矿石，在黑水旁"铸以成器"，即铸造小件青铜器，用作器服、物佩，费时一个月。重翟氏是三苗的后裔，掌握冶铜技术。周穆王特别赐以"银鸟一只"，推测是银制鹰鸟，因为三苗是崇拜鹰鸟图腾的。

2017年6月19日，我们考察了金塔县火石梁冶铜遗址（在大庄子乡东北），是1987年发现的。面积9.5万平方米，时代距今3600年。遗址上，布满了碎陶片、矿渣、木炭，还有绿松石、玛瑙渣等。据当地文物专家介绍，此地没有出土过琉璃器。故"铸以成器"不是冶炼琉璃器。火石梁冶铜遗址附近，有缸缸洼遗址，面积约25万平方米，属于新石器时代晚期至青铜时代。

有趣的是，说到当地特产"答堇"。今称"大蓟"，是一味中药材，菊科植物，叶、根入药，有止血、消肿功效。还说到"黄水□"，经我们考据，是中药材"柏脉根"之讹。生长于2300—3400米的高原，多年生豆科植物，见于《唐本草》。这两种中药材，至今是酒泉、张掖特产。《新唐书·地理志》记载，肃州土贡"柏脉根"是也。而李时珍《本草纲目》没有记载。"银采□"似是中药"银翘花"，功效是宣散风热，清洁血毒。

《史记·五帝本纪》云，帝尧时代，三苗在江淮，数为乱。于是舜请"迁三苗于三危，以变西戎"。柏夭说，重翟氏之先是三苗氏，此说可信。三苗是以鹰鸟为图腾的部族。西王母部崇拜鹰鸟，是接受并融合了三苗信仰的结果。这是中国历史上第一件证明"迁三苗于三危，以变西戎"的可信史料。"三危山"难以确定，或云在敦煌；或云在贺兰山；或云三危是羌语。三苗部族崇拜鸟，河南省平顶山市（西周"应"国），出土了"玉鹰"，说明"迁三苗于三危"，并非全部迁徙，或许只是迁徙"数为乱"的一部分人。

39. "己卯，天子北征，赵行□舍。庚辰，济于洋水。辛巳，入于曹奴。曹奴之人戏觞天子于洋水之上。""赵行□舍"，即"朝行夜舍"也（如"舍于珠泽"）；"洋水""溽水"即弱水及其支流。高台以下今称黑河也；"戏"就是该部族巫师，称"咸"或"辛"。从长沙之山渡过弱水（洋水），就是曹奴地域。

2017年6月23日，我们实地考察"长沙之山"。其地，在航天镇北，天仓村西侧。今"大湾城故址"西南方。"长沙之山"海拔1163米。从此北行，有国光村，居民十之九姓曹。又有中丰村，居民十之三姓曹。历时三千年，"曹奴"后裔仍然居住此地，令人诧异。

西周时"曹奴"附属于西王母部。后来发展成为九部。有名的"昭武九姓"即来源于此。"昭武"者，后来"曹奴"强大，自我美化之词也。

40. 总路线说"自西王母之邦，北至于旷原之野，飞鸟之所解其羽，千有九百里"。周穆王北征，"丁未，天子饮于温山，□考鸟。己酉，天子饮于溽水之上，乃发宪令，诏六师之人□其羽。爰有□薮水泽，爰有陵衍平陆。硕鸟解羽。六师之人毕至于旷原。曰天子三月舍于旷原。□天子大飨正公诸侯、王勒、七萃之士于羽琴之上，乃奏广乐……天子于是载羽百车"。

周穆王西巡的终点是"大旷原"。"大旷原"在哪里？小川琢治说，在蒙古国科布多之南；丁谦说，在里海之东；沈曾植说，在吉尔吉斯高原；卫聚贤说，在和田至疏勒间；顾实说，在南俄罗斯及欧洲大平原；顾颉刚说，至多到新疆哈密；王贻梁认为，在新疆北部准格尔盆地。

其实，"大旷原"就在内蒙古居延海一带。首先，它在"西王母之邦"北，在"溽水之上"，即弱水上，地理及方位完全符合。其次，这里地貌是"爰有□薮水泽，爰有陵衍平陆"。"渊薮水泽"，就是居延海等水泽。"陵衍平陆"，就是大高原。最后，"硕鸟解羽""羽琴""载羽百车"等证明，此地鸟类丰富，与《山海经·大荒北经》记载吻合（"有大泽，方千里，群鸟所解"）。

溽水即今弱水。"温山"，弱水旁小山也，推测是额济纳旗东风镇古都。木吉音准乌拉山（1504米）。"□考鸟"，"考"是"罟"之形误，即"遂罟鸟"，张网捕鸟也。《说文解字》，"罟，网也"。"羽琴"即"羽岑"，羽毛堆积之小丘也。所谓"爰有□薮水泽，爰有陵衍平陆"，《穆天子传》卷五有"薮泽苍苍其中"句。可知，指的是今内蒙古额济纳旗"居延海"一带。"旷原之野"就是居延海以北的广大地区——今蒙古国巴彦博格达山脉（西汉之"缇汗山"）南麓的草原、森林生态保护区。周穆王在此举办"第二次大飨"，招待昆仑山以北各部首领，正公诸侯、王勒（吏）、七萃之士。王勒即王吏，《周穆王美人盛姬死事》有"诸侯属子、王吏"句可证明。

2017年6月24日，我们考察了额济纳旗、居延海（1992—2002年间断水。今面积约3万公顷。水深1.5米）、黑水城（西夏至元代）。由于我们不可能按原来计划，即沿着弱水畔考察，故没有找到"温山"。

周穆王"载羽百车"，鸟羽不但可以用作装饰品，还是军用物品。《周礼·地官·羽人》记载，"羽人，掌以时征羽翮之政于山泽之农，以当邦赋之政令"。

（二）穆天子西巡返程路线

41. 总路线说"（自）西北大旷原……乃还，东南复至于阳纡七千里"。说明了回程的大方向。

周穆王回程，"己亥，天子东归。六师□起。庚子，至于□山而休，以待六师之人。庚辰，天子东征"。

"丙寅，天子东征南还。己巳，至于文山。西膜之所谓□，觞天子于文山。西膜之人乃献食马三百，牛羊二千，穄米千车。天子使毕矩受之……天子三日游于文山，于是取采石。壬寅，天子饮于文山之下，文山之人归遗乃献良马十驷，用牛三百，守狗九十，牝牛二百，以行流沙。天子……祭文山。"

考周穆王从"西北大旷原"，"东南复至于阳纡"的路线，首先必须沿弱水南下至今张掖市一带。因为弱水两岸是戈壁、沙漠，别无他路。再从张掖沿山丹河向东南行。

据我们考证，从山丹县去浊繇国（僬侥氏，金昌市三角城），必须沿着龙首山向东南行。因此，需要过"胭脂山"，即"文山"（主峰大黄山，海拔3977米）东麓。地点在绣花庙一带（《汉书》称"泽索谷"，后来又称"定羌庙"）。所以说"天子饮于文山之下"，推测这里就是祭祀"文山"处。"胭脂山"，西汉称"焉耆山"，得名于公元前623年大月氏占领昆仑山以后，此前名称不知。西汉设"日勒县"（公元前104年。后改为"西郡"，西魏废）。绣花庙一带俗称"古城洼滩"，距离大黄山主峰约20千米。这是西王母邦国的东界。所以西膜之人到此送别。然后，周穆王沿永昌县"御谷"向东北行。

《穆天子传》中，先后提到牛、黄牛、野牛、豪牛、用牛、牝牛。"黄牛"是内地培养的牛；"牝牛"是骆驼；"用牛"即"佣牛"，经过阉割，能够耕田的牛。"良马十驷"，即用作驾车的好马四十匹。

毕矩，应该是周文王次子毕公高的后裔（《清华简·祭公》篇中，有周穆王时代的毕桓。他与毕矩的关系待考）。

42. "庚辰，至于滔水，浊繇氏之所食"。浊繇氏又写作僬侥氏，见《山海经·大荒南经》，称"有小人，名曰僬侥之国。几姓，嘉谷是食"。《竹书纪年》称帝尧陶唐氏时，"僬侥氏来朝，贡没羽"。春秋战国时代称为"猪野泽"，以猪为图腾。在今甘肃省金昌市双湾镇北部的"三角城"。

2017年6月11日下午，我们考察了三角城。属于青铜时代沙井文化遗址（西周至战国），包括三角城及墓葬群。城址南北175米，东西126米。门向南开，宽7.3米。

在永昌县城北，有"鸳鸯池遗址"，距今4100多年，共清理墓葬151座，出土文物3500多件，还出土了石雕人头像。6月12日，我们考察了此地。这里应该是僬侥之国的早期遗址。僬侥氏早在帝尧时代，就进贡"没羽"，与中原地区有密切联系。

考古资料显示，河西走廊古代文化，以永昌县为界，明显分为东西两个区域，永昌县属于西戎文化的东部边缘。

43."辛巳，天子东征。癸未，至于苏谷，骨飦氏之所衣被。乃遂南征，东还"。考"苏谷"，战国时代匈奴称"休屠"，在今民勤县苏武乡南部一带。西汉设立"宣威县"（狐奴）。它位于"三角城"正东约75千米。西汉的苏武没有来过这里。所以"苏武"是古老的地名"休屠"的音变。在苏武乡的东南，发现了两个沙井文化遗址（青山、阿拉古山），可谓旁证。周穆王从苏谷，即沿着石羊河南下，然后东还。"骨飦氏"，氏族名，失考。

44."天子乃遂南征。甲辰，至于积山之边，爰有蔓柏。曰寿余之人命怀，献酒于天子。天子赐之黄金之罂，贝带，朱丹七十裹。命怀乃膜拜而受。乙巳，□诸飦献酒于天子。天子赐之黄金之罂，贝带，朱丹七十裹，诸飦乃膜拜而受之。"考"积山之边"即今武威。武威西南诸山，古代称"积山"，至今保留有"截山"地名。武威北，有"皇娘娘台遗址"，属于齐家文化，出土了中国最早的红铜器。考"寿余之人"即长寿老人。"诸飦"，氏族名。所以匈奴建筑"盖蔵"城，西汉讹称"姑蔵"，音相近也（李文实《西陲古地与羌藏文化》"史念海先生序"，青海人民出版社，2001年）。周穆王赐的礼品中有"朱丹七十裹"，"朱丹"即丹砂（硫化汞，红色）。

45."乙酉，天子南征东还。己丑，至于献水……乃遂东南。己亥，至于瓜纑之山，三周若城。阏氏胡氏之所保。"考"献水"，西汉称"松陕水"，即今古浪河。清代以前，古浪河流入白海（今白草湖，在阿拉善左旗）。今已断流矣。"瓜纑之山"即音变为"古浪之山"，指今古浪县北土门镇、黄花滩乡附近诸山。谭其骧《中国历史地图集》"西汉凉州刺史图"称此地为"媭次"（xuci），犹存"阏氏"之古音也。周穆王时代，这里还没有城。媭次县，见《汉书·地理志》。"阏氏胡氏"就是与匈奴联姻的部族，这是他们第一次出现在文献中。阏氏胡，依山傍水，自然条件优越。有学者把"阏氏"解释为胭脂，大错也。顾颉刚先生解释为"匈奴单于后的传讹"，甚是。

2017年6月11日上午，我们考察了"媭次县城"。它在武威市黄羊镇（古"靖边驿"）东北的包家城村。据包姓老乡介绍，这里原名"天桥村"。有一座古城，有城门楼、吊桥、城墙、护城河。城边有小河流过，布局完整。"文化大革命"时期遭到破坏。上游修水库，小河已经断流。我们在田地里，采集到汉代砖瓦。"媭次县城"之存在，至于东晋时代（参阅《晋书·吕光载记》）。

46."天子乃遂东征，南绝沙衍。辛丑，天子渴于沙衍，求饮未至。七萃之士高奔戎刺其左骖之颈，取其青血以饮天子。天子美之，乃赐奔戎佩玉一只。奔戎再拜稽首。"这是一段沙漠之旅，目的是绕过南部的长岭山（2954米）。即从包家城—黄花滩乡—海子滩镇—漫水滩乡的行程，属于腾格里大沙漠的南部边缘地带。在文山，归遗送的"牦牛"二百，此时大有用处。"牦牛"也写作"封牛"，就是骆驼。高奔戎，猛士也，曾经"请生捕虎，必全之。乃生捕虎而献之"（《穆天子传》卷五）。奔戎，据郭沫若《中国史稿地图集》"西周图"，在山西省"绛"地东南方。

47."癸酉，天子命驾八骏之乘……天子主车……次车之乘……柏夭主车……天子乃遂东南翔行，驰驱千里，至于巨蒐之人粥奴。"

"八骏之乘"是西周天子出行时，最高规格的车队。即以八骏，分别驾"主车"和"次车"。每车四匹马。所谓"驷马"，指天子之宝马也。此次出行，主车上，"天子主车"；次车上，"柏夭主车"。柏夭的地位显然大大提升。《逸礼·王度记》所谓"天子驾六，诸侯驾五，卿驾四，大夫三，士二，庶人一"，应该是春秋时代"礼崩乐坏"的写照。2002年，洛阳东周王城陵墓区出土的"天子驾六"，就是证明。

"巨蒐"是"渠搜氏"。《竹书纪年》帝尧陶唐氏十六年，"渠搜氏来宾"。即以屈吴山命名之古国也，齐桓公时称之"西吴"。

48."甲戌，巨蒐之粥奴觞天子于焚留之山。乃献马三百，牛羊五千，秋麦千车，膜稷三十车。天子使柏夭受之……乙亥，天子南征阳纡之东尾，乃遂绝避移之谷。已□，至于奇苑，河水之北阿。"

首先，考"阳纡之东尾"，显然指景泰县黄河河曲两岸山脉，向东北宁夏中卫方向延伸的段落，即今峰台山、香山一带（从五佛乡至胜金关）。

我们已经证明，"巨蒐之粥奴"在今宁夏中宁县一带，即屈吴山北部。"粥奴"之"粥"字，如何认定？第一，原文左半为弓，右半上部为又字，代表弓，下半字形，状如陶鬲，由此推断为"粥"字。第二，《史记·匈奴列传》注引乐彦《括地谱》云"夏桀无道，汤放之鸣条，三年而死。其子熏粥，妻桀之众妾，避居北野。随畜移徙，中国谓之匈奴，其言夏后苗裔，或当然也"。《竹书纪年》云"战于鸣条，夏师败绩"。可知，熏粥等人从"鸣条"（今河南省封丘县）辗转迁徙至此地。第三，荀悦《汉纪》云"匈奴始祖名熏粥氏"。第四，西汉时此地称"朐卷"，犹存"熏粥"古音。夏桀（履癸）亡国后，其子熏粥等人逃亡至此，成为渠搜部奴隶。人们称之为"粥奴"或"熏奴"（音变为"匈奴"）。第五，今贺兰山南部在齐桓公时代，被称作"避移山"，显然有避难移居此地之意。

巨蒐，或写作"渠蒐"是以屈吴山为中心的古老邦国。2004—2005年考古资料显示，海原县"菜园文化遗址"，已经发掘房址15座，灰坑65个，墓葬138座，出土文物5000件，属于新石器时代末期，文化面貌独特（有窑洞式房屋），我们推断属于渠蒐邦国文化（参阅宁夏文物考古研究所《宁夏海原县菜园村遗址切刀把墓地》，《考古学报》1989年第4期）。《竹书纪年》《史记·夏本纪》都记载夏朝与渠蒐关系密切。

　　"焚留之山"，据我们实地考察，即是中卫市宣和镇南20千米的"寺口子旅游区"。此地在米钵山主峰（2219米）之西北，西部为红砂岩丹霞地貌，俗称"赤龙犹在"，就是所谓"焚留之山"；东部为喀斯特地貌，有大山洞。海拔约1000米，面积10平方千米，水草丰美。匈奴人的住处，据《盐铁论》记载，"匈奴织柳为室，旃席为盖"。可能是半地下式建筑，用以御寒。当地是沙土，不能烧砖、版筑。

　　更为有力的证明是，"寺口子旅游区"北侧，就是南台子（狼窝子坑）青铜短剑墓群。有11座土坑墓，属于西周、春秋时代匈奴墓葬。出土鄂尔多斯式青铜兵器、车马器、工具、陶器、石器等共440件。其中还有"透雕龙纹牌饰"一对，反映了匈奴对龙的崇拜（周兴华《宁夏中卫县狼窝子坑的青铜短剑墓群》，《考古》1989年第11期）。这证明匈奴继承夏代崇拜龙的文化传统。中宁县西北，还发现照壁山古铜矿。

　　由此可见，周穆王到达此地前，"粥奴"早已摆脱了"奴隶"的地位。

　　2017年6月7日，我们考察了"寺口子旅游区"（总面积10平方千米）。所谓"寺口子"，是一段峡谷，宽约8米，长约100米。过了峡谷，地势开阔，群山环抱，形成天然防御体系。西有石窟（卧佛寺），宽9米，长14米；东有石窟（苏武庙），分内、外室。内室南北宽5米、东西深7米、高3米。断层上还有六个石窟。有的洞穴，宽20米，长40米，里面有燃烧过的痕迹。苏武庙、卧佛寺两处石窟，东西隔空相对，相距约200米。显然是扼守山谷的两个军事堡垒。也是所谓"三周若城"的状态。关于"寺口子"，找不到任何文字记载。"寺口子旅游区"搜集了当地出土的文物多种，从新石器时代晚期至两晋时代。如石祖、石虎、石狮、石柱、石井口、小件铜饰品、陶器等。在西景区的山门外，有个广场，面积约1000平方米，可以接待周穆王"六师"部队。从这里有山路，骑马可与外界相通。

　　我们实地考察证明，周穆王巡游的"焚留之山"，就是中卫市的"寺口子旅游区"。这里是夏桀之子"熏粥"避难的地区，即是匈奴的发源地。"熏粥"等人至此，势必与当地渠谀氏融合，加上地理条件优越（邻近黄河，有山地、草场，有照壁山铜矿、盐池等），才能发展壮大。周穆王时代，匈奴已经居住此地约五百年，具有很大实力。

　　有趣的是，元代马可波罗游历中国时，从额里湫国（Erginul，今武威）向东南行，见有一城，名称"申州"（Singuy）。各家注解，皆曰"其地无考"（冯承钧译《马可波罗行记》，第七十二章，上海书店出版社，1999年）。据我们考证，此地即是古地名"熏粥"，西汉称"昫卷"也（今宁夏中卫、中宁一带）。

　　粥奴部非常隆重、热烈地接待周穆王，是有历史原因的。武王伐纣，周人推翻了殷人统治，如同替夏人报了仇。周穆王也清楚这段历史，他曾经"南游于黄□台之丘，以观夏后启之所居，乃□于启室"、考察禹都"阳城"（卷五）。这是关于夏禹居"阳城"（河南省登封市）、后启所居"夏邑"（在河南省新密市"新砦遗址"）

最早的文献。

当今，学术界把匈奴定位于"游牧民族"，显然是根据汉代的历史而言。在周穆王时代，匈奴是以畜牧业和农耕业为生产基础的民族。

看来，周穆王时代，匈奴与阏氏还没有联姻。他们南部受阻于昌岭山，北部又有沙漠阻隔，交通不便。两部联姻，可能在春秋初年。

49. "阳纡之东尾，乃遂绝避移之谷。""阳纡之东尾"，指阳纡山东部的峰台山（2244米）、香山（2361米）等。它们接上了避移之谷。考"毖襗（biyi）"，即避移山，推测是"熏粥"等族人避难居此地后所命名。则避移山之得名，在商代初年。至春秋时代称"辟移山"，后讹为"卑移山"。日本小川琢治解说"毖襗"为卑移山是正确的。齐桓公西征时（约公元前652年），称"辟耳之溪"，西汉时称卑移山，今贺兰山南段是也。当年，管子陪同齐桓公西征（《管子·小匡》）。而管子是周穆王的后裔。

50. "璁濡（congyu）"，檀萃释为"漆洛"；孙诒让释"濡"为"睿"，可参考。西汉译为"奇苑"，置于今银川市以东，并说明"号非苑"（谭其骧《中国历史地图集》西汉"并州、朔方刺史部"）。即"奇苑"不是苑囿之意。

据王天顺《古代各时期河套段黄河航道考略》（《宁夏大学学报》2002年第4期）考证，黄河河套段，在夏代已经辟为水道。

我们于2017年6月6日实地考察了青铜峡市东部的陈袁滩镇。这里是黄河古渡口。我们认为，"奇苑"应该在黄河之滨。所谓"号非苑"，即不是苑囿之意，而是渡口，在"河水之北阿"。因为周穆王要在此乘"马革船"北上。"陈袁"犹存"奇苑"古音，应该不是巧合。

据《后汉书·南匈奴列传》云，65年，匈奴二千人屯聚黄河北，"作马革船"，欲渡黄河，迎回南部叛者。"马革船"应该是"马皮筏子"。

顾颉刚先生敏锐地注意到，"他（周穆王）去的时候走一万四千里，回来时只走一万里。以为，大概去路多回旋，归路则径直的缘故"。显然，顾先生没有意识到，周穆王回程，顺黄河走了一大段水路。《穆天子传》卷五记载，"天子乘鸟舟，龙卒浮于大沼"。则周穆王出行，或亦乘舟。

关于在渭河、黄河、汾水上大规模水运，见于《左传·僖公十三年》（公元前647年）："冬，晋荐饥，使乞籴于秦……秦于是乎输粟于晋，自雍及绛相继，命之曰泛舟之役。"

51. "戊戌，天子西（东）征。辛丑，至于刲闾氏。天子乃命刲闾氏供食六师之人于铁山之下。壬寅，天子登于铁山，乃撤祭器于刲闾之人，温归乃膜拜而受。天子已祭而行。"

关于"刲闾氏"，众说纷纭：唐代吐火罗之铁门（刘师培）；嘉峪关北之黑山

（小川琢治）；帕米尔以西之达尔瓦兹（顾实）；喀什噶尔附近（岑仲勉）；"刭闾"当是"伊犁"（钱伯泉）；新疆英吉萨尔及疏勒县一带（卫挺生）；六盘山地区（常征）；今巴基斯坦吉尔吉特（郭元兴）等。

我们已经论证，"刭闾氏"在内蒙古包头市，因昆都仑河而得名。商代甲骨文称"闾方"（往往误称"工方""昌方""古方""共方""苦方"等），多达五六百条。是商代西北主要敌国。春秋战国称"林胡"。从戊戌至辛丑共四日，恰恰是从"奇苑"到包头船行的时段。周穆王在此下船，却遇到了麻烦，刭闾氏消极对抗。"天子乃命刭闾氏供食六师之人于铁山之下。"由于大军（六师）压境，温归无可奈何。因此，周穆王下令撤回朝廷所赐的祭祀铁山的祭器，以示惩罚，周穆王在祭祀铁山后离开。

众所周知，我国发现最早的铁器是商代的"铁刃铜钺"（公元前14世纪，寺洼文化，甘肃省临潭县磨沟遗址）。传统的观点是：我国到春秋时代才进入早期铁器时代（《中国大百科全书　考古学》）。而周穆王祭祀"铁山"，并且在东巡时就考察过"曲山"冶铁地址。证明西周早期，开采铁矿这种新的矿产，已经受到高度重视。由于铁器易腐蚀，难保存，考古遗存很少发现。

2017年6月3日下午，我们实地考察了固阳县"梅岭山古城"附近的多处"铁山"，如公益明铁矿。发现多处有风化的铁矿石在地表露头。这完全符合西周早期生产力实际，因为当时无力开凿深的矿井。我们还采集了铁矿标本，已经风化成片状。

我们还考察了包头市的黄河古渡口，在"昭君渡"。

52. "庚辰，天子东征。癸未，至于戊囗之山。智氏之所处……智氏囗天子北游于囗子之泽。智氏之夫献酒百囗于天子。天子赐之狗囗采，黄金之罍二九，贝带四十，朱丹三百裹，桂姜百囗，乃膜拜而受。"庚辰至癸未共四日，恰恰是从包头到山西省大宁县古镇渡口的船行时段。考，所谓"戊囗之山"乃"风神之山"。古风神之山，今称"石臼臼窑"（1396米），在"古镇渡口"东南方。《水经注·河水四》云："风山，上有穴如轮，风气萧瑟，习常不止……众风之门故也。""智氏之所处"，商代以来，这里就是"旨方"（智方）地区（参阅谭其骧《中国历史地图集》）。所谓"天子北游于囗子之泽"，指的是游览古镇渡口北边的马斗关风景区。天子赐以"朱丹三百裹"，值得注意。

53. 周穆王下船后车行，"癸丑，天子东征，柏夭送天子至于佣人。佣伯絮筋天子于澡泽之上……五日休于澡泽之上，以待六师之人。戊午，天子东征，顾命柏夭归于亓邦。天子曰：河宗，正也"。"佣人"在绛县横水，西至黄河间。柏夭从"燕然之山"开始，一直陪伴周穆王，鞍前马后，充当先锋和翻译，十分辛劳。柏夭送天子至佣国，因为这里也是河宗氏。所以，临别时，周穆王宣布，河宗柏夭是"正公诸侯"。考"澡泽"，就是《山海经·海内北经》记载的"大泽"。帝舜居此处。即今永济市伍姓湖，古代是一个大湖（参阅谭其骧《中国历史地图集》"西周时期中心区域图"）。《水经注·涑水》称"张泽……冬夏积水，亦时有盈耗也"。张泽即"澡泽"明矣。"佣伯絮"见于唐代《元和姓纂》，云"佣氏，出自佣伯絮"。

54."天子南还……孟冬壬戌，至于雷首。犬戎胡觞天子于雷首之阿，乃献食马四六。天子使孔牙受之。曰：雷水之平寒，寡人具犬马牛羊。爰有黑牛白角，爰有黑羊白血……"雷首山早见于《尚书》，又见于《水经注·河水四》，云"山上有故城"（据我们研究，可能是《山海经》记载的犬戎氏"犬封国"故址。附近还有"封陵"）。

雷首山在今山西省永济市南，称雪花山（1993米）。2017年7月2日上午，我们实地考察了风陵渡及雪花山。

"犬戎胡觞天子于雷首之阿，乃献良马四六。"为什么到了雷首山，"犬戎胡"才贡献良马呢？原来，这里是他们的领地，雷首山是他们的神山。在这里，周穆王"具犬马牛羊"，隆重祭祀了"雷首山"。因为是"杀牲血祭"，所以才会有"爰有黑羊白血"之说。值得注意的是，此次祭祀首先用了"犬"，应该是"白犬"。因为"犬戎盘瓠"（花犬戎）与白犬戎（严允）世代为仇敌。

从雷首山向南，渡过黄河（风陵渡），就是河南省灵宝市。

2017年7月1日，我们到灵宝实地考察。深入考察研究证明，所谓"犬戎胡"就是"犬戎槃瓠"。自帝喾高辛氏以来，生活在河南、山西、陕西三省交界地区，管控交通要道并以养马著称。《山海经》《水经注》《后汉书》都有记载。"盘瓠"起源于河南省灵宝市的盘水（今称"枣乡河"）与"瓠水"（今称"阳平川"）之间的台地，称皋狼（或皋落）。我们察看了盘水、瓠水，确认有盘西村、盘东村、"胡（瓠）城遗址"（在黄河畔，只存一角）。我们还考察了阳平镇"夸父山"，主峰海拔2414米。谭其骧的《战国地图》上有标示（所谓"夸父逐日"的"夸父"就是"瓠父"）。为周穆王驾车的造父，就是犬戎盘瓠族人。

55."癸亥，天子南征，升于髭（髣）之隥……东升于三道之隥"。"髭"是"髣"之形误。周穆王在文山，归遗献"豪牛"，郭璞注："豪犹髦也。"多种注校本"髦"皆作"髭"。可见二字易混淆。西周时髣国在黄河北岸，今平陆县。"三道"即黄河上之"三门"，《水经注》称"砥柱、三穿"。"三道之隥"就是可以观看三门峡景色的山岗。特别值得注意的是，周穆王"孟冬壬戌"从"雷首之阿"启程，次日（癸亥）就到达髣国。这只有一种可能，即从风陵渡乘船至茅津渡。如果走崎岖山路，需要三四天。

56."丙寅，（南济于河），乃宿于二边。命毛班、绛固先至于周，以待天子之命。"周文王时有西虢（宝鸡东）、东虢（荥阳）。周穆王时，又有北虢（陕县），公元前655年被晋国消灭。"二边"即"二城边"。西周时代，髣国对岸（黄河南）

是"焦"与"上阳"二城。属于北虢，在今河南省陕县老城（三门峡市）。《水经注·河水四》"陕县故城"下有详细记述："昔周邵分伯，以此城为东西别。东城即虢邑之上阳也。"考古资料证实了北虢在陕县（参阅《中国大百科全书　考古学》"上村岭虢国墓地"。该墓地出土了"虢太子元徒戈"）。"毛班"见于周穆王时期青铜器"班簋"，提及毛伯、毛公、毛父、毛班。据考证，周穆王命毛伯继承"虢成公"之位；毛班是周文王孙毛叔郑之孙。

2017年7月2日下午，我们考察了三门峡市。所谓"二边"即二城边，已经变为工厂了。

57．"癸酉，天子命驾八骏之乘……迳绝翟道，升于太行，南济于河。驰驱千里，遂入于宗周……庚辰，天子大朝于宗周之庙……乙酉，天子□六师之人于洛水之上。仲冬壬辰，至郏山之上，乃奏广乐，三日而终。"

从上述行程可知，周穆王于癸亥日至羣国。第四天丙寅日至二边。在二边第八天癸酉日才启程。从陕县老城到洛阳，今公路137千米。到达宗周的日期没有记录。而在宗周（洛阳"西周王城"）举行"大朝"典礼的庚辰日，距离癸酉日，已经17天。

西周王城中有"宗周之庙"，见于大克鼎。又见于《逸周书·作雒解》：这座城"方千七百二十丈，郛方七十里。南系于洛水，北因于郏山……乃设丘兆于南郊……乃建大社于国中"。"郏山"，即"郏缛"，今称"邙山"。有学者认为是"累山"，大误。

至于"迳绝翟道，升于太行"句，显然是从卷五简窜入者。第一，从"二边"（三门峡）至洛阳，不经过"翟道"；第二，也不经过"太行山"。"南济于河"是说从羣国渡河。

我们发现一个奇怪现象，《穆天子传》卷四结尾说"吉日丁酉，天子入于南郑"；卷五结尾说"吉日丁亥，天子入于南郑"；卷六结尾说"吉日辛卯，天子入于南郑"。可以肯定，这是整理者的错误。公元前806年，姬友（郑桓公）分封于郑。所以，周穆王时代还没有郑邑。"南郑"或是"南奠"之讹。

另外，《史记·秦本纪》所载"徐偃王作乱"，可能是另外时段的事（考古证实，"徐国"在江西省修水、靖安县一带）。而《竹书纪年》将"徐戎侵洛""王帅楚子伐徐戎，克之"，系于周穆王十四年。

据我们的考证，证明了唐代道宣（596—667）所论正确："周穆西狩，止届昆丘……崆峒问道，局在酒泉之地；昆仑谒圣，实唯玉门之侧"，如此而已。正如当代学者顾颉刚先生云：周穆王西征只是到了河西走廊，亦确实之言。

根据总路线计算，周穆王西巡共计行程二万五千里。费时约十一个月。战国、汉代所载"周里"皆云：六尺为步，三百步为里。但是周尺长度，今已不确知。据华东师范大学王贻梁计算，1"周里"等于0.6667里（王充《论衡》云"周以八寸为尺"）。依此推算，二万五千"周里"约等于16667.5"汉里"。则周穆王平均每月行程约1515汉里，平均每日行程约51汉里（当然，我们并不知道西周一里的实际长度）。

总之，周穆王是丝绸之路伟大的先行者，是世界上第一位巡行万里的伟大国王。比波斯大流士一世西征希腊（公元前513年）早400年；比马其顿亚历山大大帝东征印度（公元前334年）早600年。

当然，周穆王西巡虽然征伐了白犬戎，但西巡主要是加强了各民族团结。周天子"大朝正公诸侯"于河宗氏及禋韩氏，"大飨正公诸侯"于大旷原。

周穆王西巡，从洛阳到河西走廊西端，比张骞通西域早800年。

作为历史、地理学著作，《穆天子传》比司马迁《史记》早800年。因此，破解《穆天子传》有空前重大的学术价值，正如日本学者小川琢治所说，"比《尚书》、《春秋》，根本史料之价值为尤高"。

附：《穆天子传》西巡路线图

周穆王是丝绸之路伟大的先行者，早于张骞通西域800年。《穆天子传》早于司马迁《史记》800年，早于孔子著《春秋》300年。我们终于破解了"千古谜题"。

依我们的研究，结合我们三次《穆天子传》学术考察团的实地考察，于2017年7月6日确认这条周穆王精心设计的总路线（图一）。

河南洛阳—山西省—陕北白于山—甘肃景泰县—兰州市—临夏—青海切吉—青海湖东—大通县北—门源县西—肃南县—酒泉市—瓜州—马鬃山—金塔县—内蒙古额济纳旗居延海—甘肃张掖市—山丹县—永昌县—民勤县—武威市—古浪县北—宁夏中卫市—青铜峡袁滩—内蒙古包头市—山西省大宁县—永济市—风陵渡—河南省三门峡市—洛阳市。

宗周（洛阳西周"王城"，在瀍水两岸，已毁）瀍水以西，逆涧水西行—"北循漟沱之阳"（河南渑池县城旁贺漟沱村）—韶山（渑池县北坡头乡）—（南村乡）过黄河—皋洛氏（山西垣曲县皋洛乡）—研山（垣山，山西绛县圆谷炉山）—佣人（绛县横水镇）—（侯马）—漆睪（即魑魁，今山西乡宁县东南60千米）—渗泽（即采桑津，山西吉县柿子滩）—天子北济于河（山西大宁县平渡关、古镇附近）—逆延河西行，经过延安—当水（吴起县头道川之"铁边城"一带，西汉归德县），汇合犬戎盘胡—伐（白）犬戎（陕西北部定边县白于山）—（具体路线不详，推测过甘肃省环县、宁夏海原县）（图二）。

（下船）智氏（商代旨方，山西大宁县。《水经注》之"凤山"今称"石臼臼窑"）—澡泽（山西永济县伍姓湖）—雷首山（永济县雪花山）、河南省灵宝县"犬为尺"）。依此推算，二万五千"周里"约等于16667.5"汉里"。则周穆王平均每月行程约1515汉里，平均每日行程约51汉里（当然，我们并不知道西周一里的实际长度）。

总之，周穆王是丝绸之路伟大的先行者，是世界上第一位巡行万里的伟大国王。比波斯大流士一世西征希腊（公元前513年）早400年；比马其顿亚历山大大帝东征印度（公元前334年）早600年。

当然，周穆王西巡虽然征伐了白犬戎，但西巡主要是加强了各民族团结。周天子"大朝正公诸侯"于河宗氏及礼韩氏，"大飨正公诸侯"于大旷原。

周穆王西巡，从洛阳到河西走廊西端，比张骞通西域早800年。

作为历史、地理学著作，《穆天子传》比司马迁《史记》早800年。因此，破解《穆天子传》有空前重大的学术价值，正如日本学者小川琢治所说，"比《尚书》、《春秋》，根本史料之价值为尤高"。

附：《穆天子传》西巡路线图

周穆王是丝绸之路伟大的先行者，早于张骞通西域800年。《穆天子传》早于司马迁《史记》800年，早于孔子著《春秋》300年。我们终于破解了"千古谜题"。

依我们的研究，结合我们三次《穆天子传》学术考察团的实地考察，于2017年7月6日确认这条周穆王精心设计的总路线（图一）。

河南洛阳—山西省—陕北白于山—甘肃景泰县—兰州市—临夏—青海切吉—青海湖东—大通县北—门源县西—肃南县—酒泉市—瓜州—马鬃山—金塔县—内蒙古额济纳旗居延海—甘肃张掖市—山丹县—永昌县—民勤县—武威市—古浪县北—宁夏中卫市—青铜峡袁滩—内蒙古包头市—山西省大宁县—永济市—风陵渡—河南省三门峡市—洛阳市。

宗周（洛阳西周"王城"，在瀍水两岸，已毁）瀍水以西，逆涧水西行—"北循滹沱之阳"（河南渑池县城旁贺滹沱村）—韶山（渑池县北坡头乡）—（南村乡）过黄河—皋洛氏（山西垣曲县皋洛乡）—研山（垣山，山西绛县圆谷炉山）—佣人（绛县横水镇）—（侯马）—漆喾（即魑魅，今山西乡宁县东南60千米）—渗泽（即采桑津，山西吉县柿子滩）—天子北济于河（山西大宁县平渡关、古镇附近）—逆延河西行，经过延安—当水（吴起县头道川之"铁边城"一带，西汉归德县），汇合犬戎盘胡—伐（白）犬戎（陕西北部定边县白于山）—（具体路线不详，推测过甘肃省环县、宁夏海原县）（图二）。

（下船）智氏（商代旨方，山西大宁县。《水经注》之"风山"今称"石臼白窑"）—澡泽（山西永济县伍姓湖）—雷首山（永济县雪花山）、河南省灵宝县"犬是"焦"与"上阳"二城。属于北虢，在今河南省陕县老城（三门峡市）。《水经注·河水四》"陕县故城"下有详细记述："昔周邵分伯，以此城为东西别。东城即虢邑之上阳也。"考古资料证实了北虢在陕县（参阅《中国大百科全书 考古学》"上村岭虢国墓地"。该墓地出土了"虢太子元徒戈"）。"毛班"见于周穆王时期青铜器"班簋"，提及毛伯、毛公、毛父、毛班。据考证，周穆王命毛伯继承"虢成公"之位；毛班是周文王孙毛叔郑之孙。

2017年7月2日下午，我们考察了三门峡市。所谓"二边"即二城边，已经变为工厂了。

57. "癸酉，天子命驾八骏之乘……逐绝翟道，升于太行，南济于河。驰驱千里，遂入于宗周……庚辰，天子大朝于宗周之庙……乙酉，天子□六师之人于洛水之上。仲冬壬辰，至郏山之上，乃奏广乐，三日而终。"

从上述行程可知，周穆王于癸亥日至军国。第四天丙寅日至二边。在二边第八天癸酉日才启程。从陕县老城到洛阳，今公路137千米。到达宗周的日期没有记录。而在宗周（洛阳"西周王城"）举行"大朝"典礼的庚辰日，距离癸酉日，已经17天。

西周王城中有"宗周之庙"，见于大克鼎。又见于《逸周书·作雒解》：这座城"方千七百二十丈，郛方七十里。南系于洛水，北因于郏山……乃设丘兆于南郊……乃建大社于国中"。"郏山"，即"郏鄏"，今称"邙山"。有学者认为是"累山"，大误。

至于"逐绝翟道，升于太行"句，显然是从卷五简窜入者。第一，从"二边"（三门峡）至洛阳，不经过"翟道"；第二，也不经过"太行山"。"南济于河"是说从军国渡河。

我们发现一个奇怪现象，《穆天子传》卷四结尾说"吉日丁酉，天子入于南郑"；卷五结尾说"吉日丁亥，天子入于南郑"；卷六结尾说"吉日辛卯，天子入于南郑"。可以肯定，这是整理者的错误。公元前806年，姬友（郑桓公）分封于郑。所以，周穆王时代还没有郑邑。"南郑"或是"南奠"之讹。

另外，《史记·秦本纪》所载"徐偃王作乱"，可能是另外时段的事（考古证实，"徐国"在江西省修水、靖安县一带）。而《竹书纪年》将"徐戎侵洛""王帅楚子伐徐戎，克之"，系于周穆王十四年。

据我们的考证，证明了唐代道宣（596—667）所论正确："周穆西狩，止届昆丘……崆峒问道，局在酒泉之地；昆仑谒圣，实唯玉门之侧"，如此而已。正如当代学者顾颉刚先生云：周穆王西征只是到了河西走廊，亦确实之言。

根据总路线计算，周穆王西巡共计行程二万五千里。费时约十一个月。战国、汉代所载"周里"皆云：六尺为步，三百步为里。但是周尺长度，今已不确知。据华东师范大学王贻梁计算，1"周里"等于0.6667里（王充《论衡》云"周以八寸

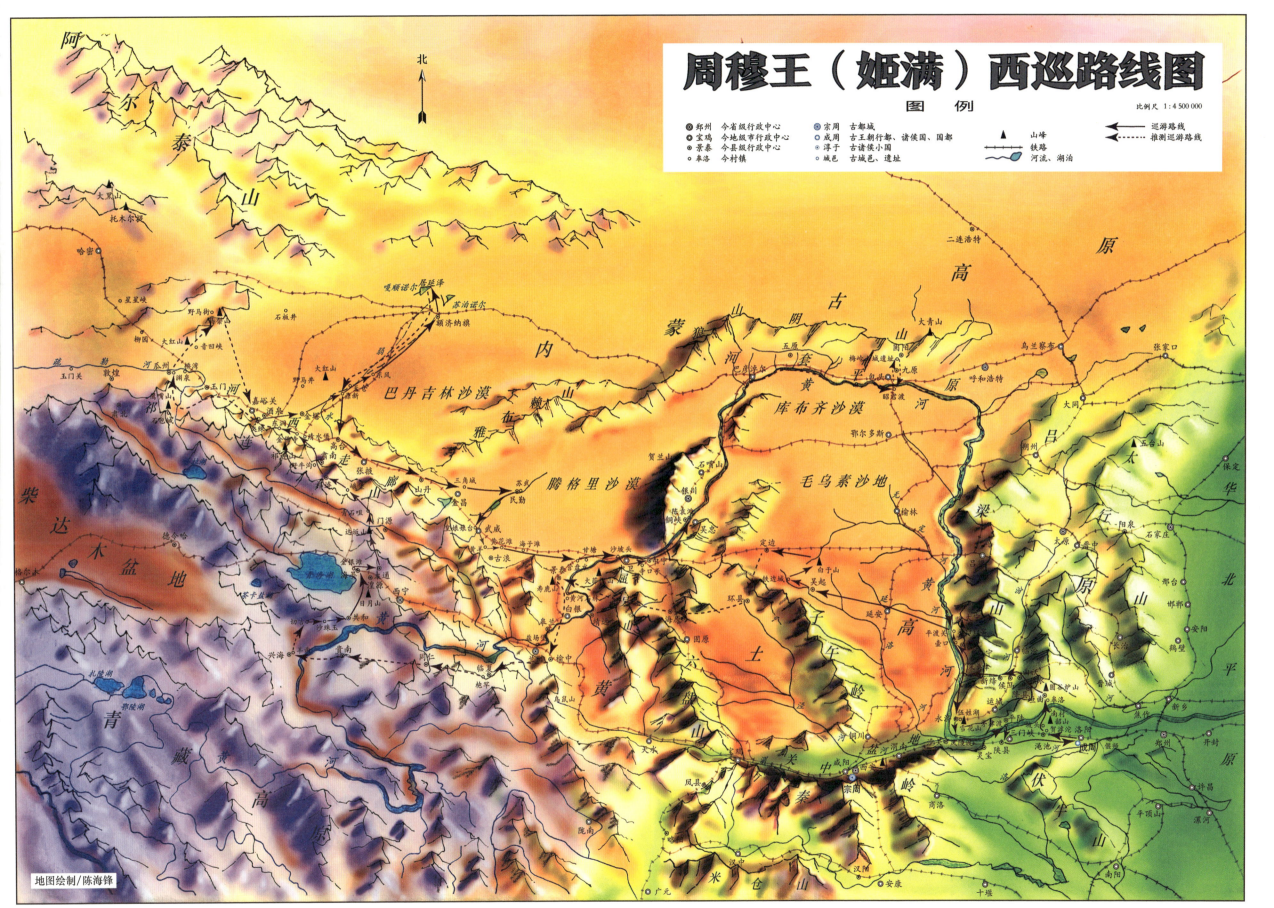

图一　周穆王（姬满）西巡路线图

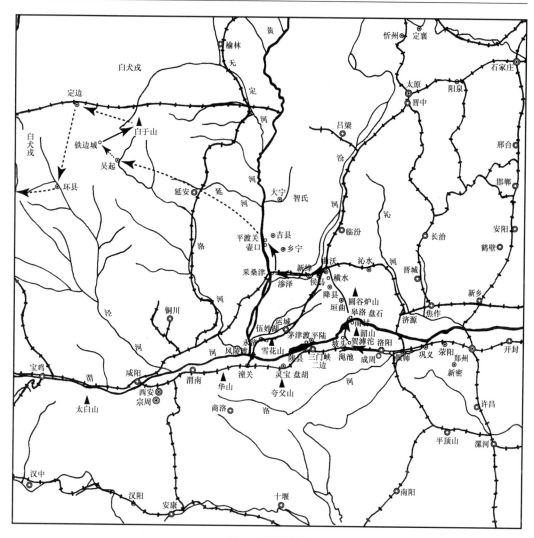

图二　西征去程

戎□胡"（"槃瓠"）献良马——乘船（风陵渡至茅津渡）髳国（平陆县）——南济于河，宿于"二边"（河南陕县焦城、上阳城，北虢，派毛班先行）——宗周（沿涧水东归洛邑西周王城）。

河宗之邦、阳纡之山、燕然之山（黄河石林）、米家山、羡台山、膜昼（甘肃省景泰县）——黄之山（今甘肃省平川区大茆槐山）——西南升鹿之所主居（寿鹿山）——焉居禺知（即大月氏，甘肃兰州盐场堡，榆中县）——西夏氏（大夏，今甘肃省临夏市枹罕一带）——（具体路线不详，推测过青海同仁县、贵南县）——天子西济于河、温谷（青海兴海县羊曲遗址）（图三）。

河首枝渚（即析支，青海省共和县切吉草原）——珠余氏（青海省共和县珠玉）——河首襄山以西（青海省日月山西侧）——鹯韩氏（湟源县、海晏县，金银滩草原）——玄

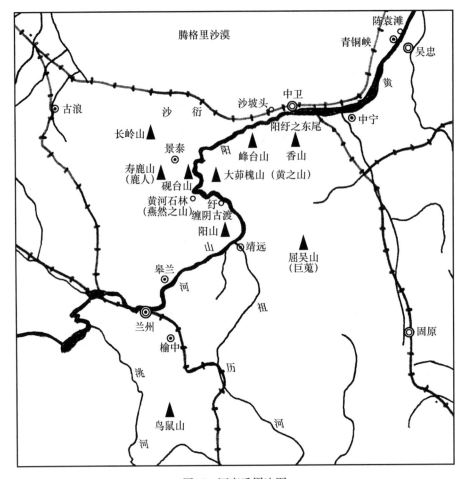

图三　河宗氏周边图

池（青海湖东岸）—向东北至大通县城关镇，过"苦山"（达坂山大峡谷，部分路段需骑行）向北—"茂苑"（青海门源县青石嘴镇）—过峨堡至祁连县—过野牛沟至黄鼠之山（肃南县，祁连山）—过清水镇、丰乐乡（图四）。

昆仑之丘"西王母之邦"（今甘肃省酒泉南山金佛寺镇东南红寺村，古城滩遗址）—（部分路段需骑行）夔山（观山口）、瑶池（大海子）、黄帝之宫（玉石房子）—悬圃（东坪）—鷨鸟之山（东洞镇南山，红山口子西侧）……鸿鹭山（嘉峪关南山、文殊山、祁丰藏族乡、骨头泉、冰沟）（图五）。

赤乌氏春山（今甘肃省瓜州县鹰嘴山一带，兔葫芦遗址，周室主、春山之"虱"即踏实河）—羽陵（渊泉，瓜州）—北上群玉之山（容成氏，今肃北县马鬃山镇）—（天子北征东还，具体路线不详，经古玉门关？）—黑水（北大河西段，肃南县祁丰藏族乡西南部）文殊山、鸿鹭山（嘉峪关南山）。留国之邦（周室主、骨头泉）。冰沟（北大河畔。豳沟？）（图六）。

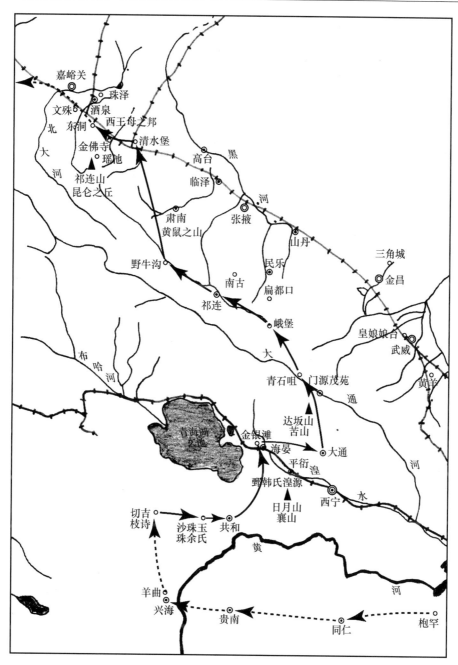

图四　河首、玄池、门源、肃南

珠泽（酒泉泉水北）—黑水（北大河北段，在金塔县折而北流）、长滩（夹山）—重邕氏（三苗后裔）采石之山（金塔县北大红山）、铸石成器（火石梁冶铜遗址）—长沙之山（航天城北部天仓乡西）、曹奴（金塔县天仓乡）—溽水（弱水）—温山（东风镇，"音准乌拉山"）—水泽、羽埒（居延海一带）—大旷原（今内蒙古额济纳旗以北呼仁巴斯塔、础伦昂嘎次高原一带）（图七）。

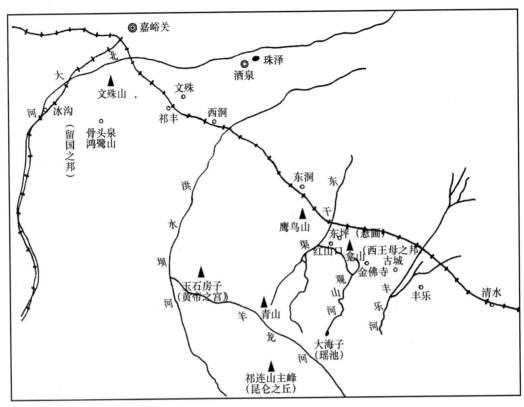

图五　西王母邦国参考

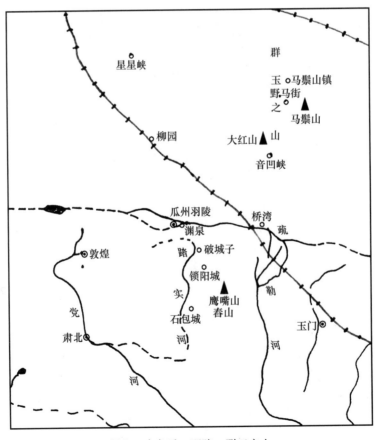

图六　赤鸟氏、羽陵、群玉之山

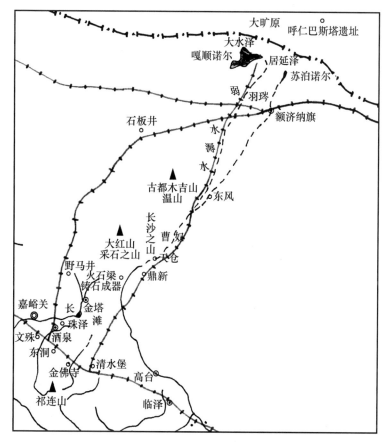

图七　珠泽、采石之山、长沙之山、溽水、大水泽、旷原

天子东归具体路线不详。从大旷原（天子东归），必须经过张掖市、山丹县，沿着龙首山南麓过绣花庙（"文山"，今大黄山）—西大河—濁繇氏（即焦侥氏，金昌市双湾镇三角城）—苏谷（民勤县苏武乡，西汉之休屠王地。北有"休屠泽"）—红水河—积山之边（武威，皇娘娘台，西汉姑臧县）—献水（古松陕水，今古浪河）、瓜繡之山（武威黄羊镇东北包家城村，西汉揟次县，古浪水北流至此）、阏氏胡氏—沙衍（即长岭山以北、腾格里沙漠南部边缘：黄花滩、海子滩、营盘水、甘塘、沙坡头）（图八）。

沙坡头—巨蒐之人粥奴（即"熏粥"，匈奴），焚留之山（今宁夏中卫寺口子一带），阳纡之东尾（峰台山、香山等），西汉眴卷县—避移之谷（贺兰山南段山谷）（图九）。

奇苑（青铜峡市东郊陈袁滩一带）—（乘"马革船"顺黄河向下游而行）—剞闾氏（林胡）、铁山（今内蒙古包头昭君渡、固阳县公益明铁矿，"梅岭山城遗址"）—大宁县平渡关下船（图一〇）。

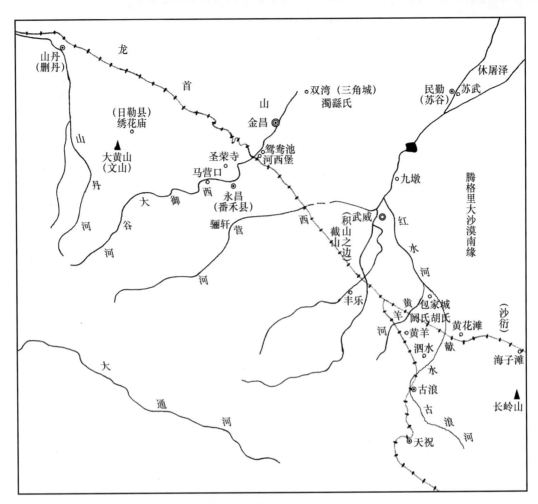

图八　回程1：山丹、古浪

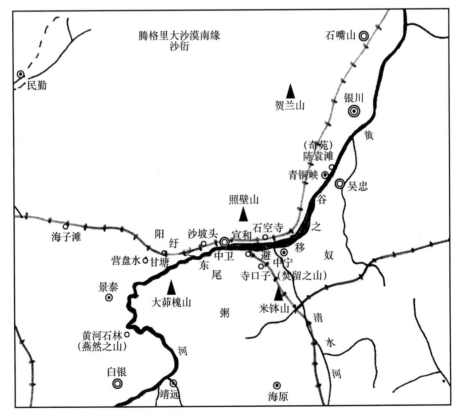

图九　回程2：（粥奴）中卫、中宁、吴忠

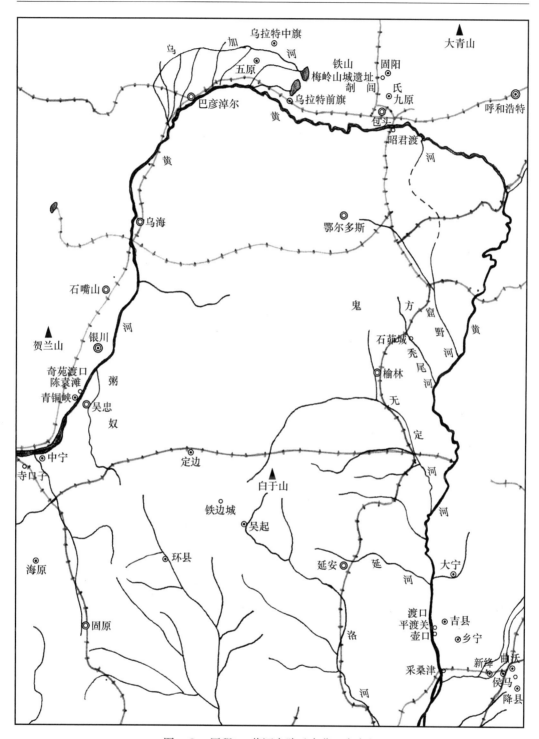

图一〇　回程3:黄河水路(奇苑、大宁)

穆天子东巡真相

——《穆天子传》（卷五）解读

河南省文史研究馆"许昌年会"后，2018年4月12日至15日，我应邀到新密市作佛教考古调查，由文化局杨建敏、陈智军、张洪涛同志陪同。因为我已经写完《穆天子西巡真相——〈穆天子传〉卷一至卷四）解读》，对第五卷略有涉及。因此，看到新密市许多"景点"，竟然是周穆王十四年东巡之地（第五卷）。真是出乎意料，可谓"无心插柳柳成荫"。

为此，我于9月28日至10月3日作专题考察。陪同人员有李宗寅、杨建敏、张洪涛、少林寺延个（顾旭恒，陕西师范大学硕士）、延昭（高金礼）等人。

《穆天子传》卷五，是周穆王十四年，"王帅楚子伐徐戎，克之"（《竹书纪年》）之后，接下来就是"东巡"的起居录。"徐戎"，考古证明，在今江西省修水流域。

回京后，经过深入研究（查阅谭其骧《中国历史地图集》、《河南省文物志》、青铜器铭文唐兰"王在华"等），确认穆天子这次巡行的路线，可分为四段行程，分析如下（参阅谭其骧《中国历史地图集》"西周时期及春秋时期篇"）。

第一段是自南向北，逆着洧水北上。在西华县西北的曲洧，会见许男。又沿着洧水北上，经过大沼、渐泽（棘泽），到了新郑市南部的洧上（庚午日，洧渊），再向东北，至中牟县北蒦泽（今"雁鸣湖"一带）。

第二段是自东向西，自蒦泽，经过圃田、祭城（五月甲申日至祭城。距离庚午日，已经十五天。此后，缺七月、十月记录。疑有伐戎之举）、（八月甲戌至）雀梁，北"浮于荥水"（以上在郑州）、军丘（荥阳市东北大师姑遗址。向北，黄河畔有"邝"）、"御虞曰时来"（九月辛巳，天子司戎于时来）、至台（西居，其西北有"虎牢"）、"范宫"（今荥阳峡窝乡南部）。

第三段是从"范宫"出发，由西北向东南方向，上伏羲山（庙子），南过丹黄（新密市神仙洞），下至"蛇谷"，进入留祈（今"西流泉"）、深灌（十一月丁酉。今"石贯峪"，"祭先王"伏羲氏）、天子东游于黄泽（黄水，今溱水），宿于曲洛（今"曲梁遗址"）、麤虎（今"五虎庙"），又东行，进入新郑市的"华阳城"（十一月甲辰，"王在华"）。

第四段，自华阳城返回，西行。经过"莠丘之墟、黄帝之间"（今"古城寨遗址"，铭文"先王九观"）、黄池（今"响水潭"）、黄台之丘（今"力牧台"）、夏后启之所居（夏邑，今新砦遗址）。逆洧水西行，经过黄竹（黄寨遗址）、萍泽（平陌镇，大蒐）、北上菹台、曲山（沁山，今新密市、登封市交界的养钱池）、阳□（城）（登封市告城镇东）、灵□（台）（周公测景台），立"石主"（即"夏室主"），洇水（登封市五渡水）。

兹依可考的东巡路线，考证如下。

1. 自南向北巡行之一

"祭父自圃郑来谒……（天子）见许男于洧上，祭父以天子命辞曰：去兹羔，用玉帛见。许男不敢辞，还取束帛加璧，□毛公举璧玉。是日也，天子饮许男于洧上。天子曰：朕非许邦，而恤百姓□也。昝氏宴饮毋有礼。许男不敢辞，升坐于出尊。乃用宴乐。天子赐许男骏马十六。许男降，再拜空首。乃升平坐。及暮，天子遣许男归"。

"祭父自圃郑来谒"。周穆王时代，没有"圃郑"地名。应该是"圃奠"。"奠"在新密市洧水与溱水畔交汇处，有"交流寨遗址"，地势险要。面积约1平方千米。春秋时代郑武公称"古郑城"，即"古奠城"也。"圃"，专供祭祀用的田地。

"祭父"者，主持祭祀的长者之尊称。

"许男"，或称"姜姓"，世代与"姬姓"通婚，故称"昝氏"，即舅氏也。据许慎《说文解字》叙，自述"许"姓来源云："曾曾小子，祖自炎神。缙云相黄，共承高辛。太岳佐夏，吕叔作藩，俾侯于许。"即许姓是炎帝后裔，周武王封吕叔（吕丁）于许田。可见，许男是异姓诸侯。

许男拜见周穆王，先用敬天子之礼，献上"羔羊"。周穆王乃辞去"羔羊"，许男则以"束帛加璧"为礼。宴会时，周穆王强调："昝氏宴饮毋有礼"，即亲戚间，不拘束于君臣之礼。周穆王让许男"升坐于出尊"。"尊"，容酒器也；"出尊"，从尊中取酒的位置，表示亲近。

"毛公"，应是毛班之父。因为周穆王十七年西巡回程，过"二边"（三门峡）时，毛班还没有称"公"。

"洧上"，即"曲洧"，在西华县北、扶沟县南（参阅谭其骧《中国历史地图集》春秋时代"郑宋卫图"）。

2. 自南向北巡行之二

"癸亥，天子乘鸟舟、龙舟浮于大沼……辛未，天子北还，钓于渐泽，食鱼于桑野……夏庚午，天子饮于洧上，乃遣祭父如圃郑，用口诸侯……曰天子四日休于蘧泽……"。

"大沼"在鄢陵县北，"渐泽"即"棘泽"，在大沼西北近处。"洧上"应是指"洧渊"，是洧水与溱水合流处。在今新郑市郑韩故城南，距新密市"圃奠"较近，所以遣回祭父。

"渐泽"即"棘泽"，《管子·山国轨》云"有氾下渐泽之壤，有水潦鱼鳖之壤"。

"蘧泽"在中牟县东北，今雁鸣湖一带。《左传·昭公二十年》："郑国多盗，取人于蘧符之泽……大叔……兴徒兵以攻蘧符之盗，尽杀之，盗少止。"

3. 自东向西巡行

"丁丑，天子里甫田之路：东至于房，西至于口丘，南至于桑野，北尽经林，煮口之薮，南北五十口……仲夏甲申，天子口所。庚寅，天子西游，乃宿于祭。壬辰，祭公饮天子酒。乃（歌）《昊天之诗》。天子歌《南山有台》。乃绍宴乐。……丁酉，天子作台，以为西居（以西有地名可考者）……雀梁……荥水……十虞……时来……军丘……戊戌，天子西游……命虞人掠林除薮，以为百姓材。是日也，天子北入于邴，与井公博，三日而决……辛丑塞，至于台，乃大暑除。天子居于台，以听天下之口。里方（员）之数，而众从之。是以选扐，乃载之神人……有虎在乎葭中。天子将至，七萃之士高奔戎请生捕虎，必全之。乃生捕虎而献之。天子命为柙，而畜之东虢，是为虎牢……（天子升于太行，遂西南，至于野王。甲申，天子北升于大北之隥）……季夏庚口，休于范宫……季秋辛巳，天子司戎于时来，虞人次御。孟冬鸟至……"

"甫田"，即郑州市东郊圃田。《山海经》卷廿二"渠水"云"（圃田）泽在中牟县西，西限长城，东极官渡，北佩渠水，东西四十许里，南北二十许里。……故《竹书纪年》云梁惠成王十年，入河水于圃田"。还记载有"伯丘"，可能是"西至于口丘"的"口丘"。

"祭"，即祭伯城，在郑州市东区，今遗址无存。是周公姬旦第六子祭侯的封地。因为同姓，所以饮酒歌唱，此处之"祭公"，乃诸侯也（按，西周时代还没有形成五等爵制度），即《逸周书·祭公》篇中的"祭公谋父"。据唐兰先生考证，乃是多件青铜器铭文中所见的"伯懋父"，他是周穆王的长辈。《左传·昭公十二年》云"昔穆王欲肆其心，周行天下，将皆必有车辙马迹焉。祭公谋父作《祈招》之诗，以止王心。王是以获没于祗宫"。

考，"雀梁"，在黄雀沟旁边，今郑州市西郊的"东赵城"一带。

"时来"，古代荥水入济水处，大约在古荥镇东北（参阅谭其骧《中国历史地图集》春秋时代"晋秦图"）。

"十虞：东虞曰兔台，西虞曰㯟丘，南虞曰□富丘，北虞曰相其。御虞曰（时）来，十虞所……命虞人掠林除薮，以为百姓材"。"季秋辛巳，天子司戎于□（时）来。虞人次御"。"司"通"治"，治兵作战也。肯定是一次攻打戎人军事行动。

考，虞人，即"帝舜有虞氏"的后代，分布很广大。史载"天下如一，同心戴舜"，故有《虞书》，数舜之功。"兔台"，即兔氏，在尉氏县西北。"㯟丘"，在禹县。"□富丘"，在新密市西，可能是"绥补丘"，即补国古城（方形，面积1万平方米）。"相其"在黄河北邢丘（温县东北）。所谓"御虞曰（时）来，十虞所……"。即十虞的中心在时来。周穆王团结虞人，作为军事力量，征伐黄河东北方面的众多戎人、夷人部落。

"军丘"，在荥阳市城东北，索河南岸，即"大师姑城遗址"。属于夏代后期至商代遗址，有城濠、城墙，面积51万平方米。

"命虞人掠林除薮，以为百姓材。"西周前期，"土地"分封，需要向国家交税；而林麓川泽，也渐渐收归国有。所以，周穆王命令"虞人掠林除薮，以为百姓材"，表示恩惠。

"邟"，也写作"仠"。即今荥阳市"平眺城"一带，亦军事要地。在广武镇南城村。发现古城遗址，出土陶罐有"平兆用器"戳记（东周时代）。"天子北入于邟，与井公博，三日而决"。井公，即井利。所谓"博"，即"博弈"，下围棋也。《世本》云"尧造围棋"。《博物志》云"或云：舜以子商均愚，故作围棋以教之"。这是关于下围棋的最早记录。

"丁酉，天子作台，以为西居。壬寅，天子东至于雀梁"。又云"辛丑，塞，至于台，乃大暑除。天子居于台，以听天下之□，里方□（员）之数，而众从之。是以选扐，乃载之。神人□之能数也。乃左右望之，天子乐之"。据此，"台"在雀梁西部。推测在上街北"西柏社""西史村"一带。著名的虎牢关，在其西南黄河南岸，地势险要。

"大暑"，在六月初八前后。"大暑除"，到了七月立秋。周穆王举行歌舞迎神活动。"是以选扐"，可能是选拔大力士，举行比赛。《礼记·月令》云："农乃登谷，天子尝新"，"命百官，始收敛"。因此大会诸侯，收取租税。所以"天子居于台（西居），以听天下之□，里方□（员）之数，而众从之"。

同时有"神人"（巫师）舞蹈表演，"乃左右望之，天子乐之"。另外，"西居"可能是巫咸住地，即"咸居"也（按"西王母"，西戎语为"咸野嫫"）。

"范宫"，春秋时代称"冯"邑，附近有"冯池"，在荥阳峡窝镇东南部，据守通往新密市的交通要道"蛇谷"。"季夏（六月）庚□，休于范宫"。可知《竹书纪年》记载，"五月作范宫"是正确的。

《竹书纪年》记载，周穆王十四年"夏四月，王畋于军丘。五月，作范宫。秋九月，翟人侵毕。冬，搜于萍泽，作虎牢"。据《穆天子传》卷五可知，周穆王仲夏（五月）"庚寅，天子西游，乃宿于祭"。所以，"夏四月，王畋于军丘"是错误的。

"虎牢"，七萃之士高奔戎捕虎，地点不详。"七萃之士"，是周穆王卫队。《穆天子传》卷三记载，"天子渴于沙衍（今宁夏中卫市沙坡头以西的沙漠地区）……七萃之士高奔戎刺其左骖之颈，取其青血以饮天子"。东虢，商代的"虢方"，见于甲骨文。周文王封虢叔于虢方旧地，称作"东虢"。此地险要，控制黄河南北要道。虎牢，今"虎牢关"（春秋战国称"制邑"）犹在也。当地多虎，《诗经·郑风·大叔于田》云"袒裼暴虎，献于公所"。

从五月至十月，周穆王在郑州、荥阳之间，停留半年时间，必有重要军事活动，惜文献缺载。只有"季秋□乃宿于昉。毕人告戎曰：陵翟来侵。天子使孟悆如毕讨戎"，与《竹书纪年》记载吻合。毕，周文王子毕公高的封国，在陕西省咸阳市东北。陵翟即白犬戎（严允）。

值得注意的是，《穆天子传》卷四云天子"迳绝翟道，升于太行"；卷六云"天子遂西南，至于野王。甲申，天子北升于大北之隥"，可能原来是卷五的文字。"野王"在太行山南麓，今河南省沁阳。"大北之隥"是沁阳西北的神农山。

4. 自北向南巡行

"（从范宫出发），甲戌，天子西征，升于九阿（宓羲山），南宿于丹黄……废（时乱日）……。天子东游，饮于留祈……仲冬丁酉，天子射兽，休于深䕞，得麋麕豕鹿四百有二十，得二虎九狼，乃祭于先王，命庖人熟之。……天子东游于黄泽，宿于曲洛。……射于麗虎……（十一月甲辰"王在华"）……"（按，从甲戌至丁酉，计二十五日。所以，"饮于留祈"之前，周穆王肯定登过宓羲山）。

周穆王从"范宫"向西南行，必然登上宓羲山（伏羲山）。

"伏羲山"，有明确记载：即《山海经·中山经·中次七经》云"又东三十里，曰浮戏之山。有木焉，叶状如樗而赤实，名曰亢木，食之不蛊。汜水出焉，而北流注于河。其东有谷，因名曰蛇谷，上多少辛"。有"汜水出焉，而北流注于（黄）河。其东有谷，因名曰蛇谷"，与今天地势完全一致。任正经、张振犁都有考证。纪晓岚认为《山海经》是"侈谈神怪，百无一真"，实为谬论。

考，"天子西征，升于九阿，南宿于丹黄"。"丹"地，仅见于罗泌《路史·国名纪》六。云，三皇时代有个"補国"，"炎帝伐補遂。史伯云，邬、蔽、丹是也"。这说明補国有邬、蔽、丹三地。"邬"，洀也；"蔽"，宓也；"丹"，不知在何处。考古证明，"補国遗址"在今牛店镇西北。则"丹"亦应该在西北山区中。我们考证，"丹黄"即今"神仙洞"，地名与丹水无关也。

推测周穆王从范宫，西征伏羲山，必经过"庙子"（海拔295米），故称"升于九阿"。再从"庙子"南至新密市"丹黄"（"神仙洞"，海拔411米），约4千米。

"庙子"，地名，自古称"神母庙"。《荣阳县志·山河》云"环翠峪，峪中有古神母祠。祠下有泉，名曰柏池。土人以为神母真汞也，故以神母泉呼之。祠北为紫玉岩，岩上旧有览古亭，废于弘治间"。庙子西部有桃花峪，两崖有银矿洞60多个。

这项记载很重要。所谓"土人以为神母真汞也"，即从"朱砂"（硫化汞，HgS）中烧炼出"真汞"（水银，Hg）的"神母"也。所谓"祠下有泉，名曰柏池"，"柏（Bai）池"者，或许是"宓（Bi）池"之讹，即宓和（读作"比何"）也。从而可知，此"神母真汞"，就是羲和。推测是纪念宓和（羲和、必何）之庙。她因预测日食失误（所谓"废时乱日"）被杀。百姓哀悼之。这次日食，天文学家推测在公元前1876年10月16日。

今人为旅游需要，宣称为"嫘祖庙"云云，不可为据。2018年9月29日，我们实地考察，神母泉犹在。"神母庙"重建，改称"嫘祖圣母祠"。

5. 丹黄（神仙洞）

考，"丹黄"地名，值得特别注意。这与古代银矿开采及"炼丹术"有关（烧炼丹砂"硫化汞"等）。我们考证，其地点在今"神仙洞"附近的"银汞峪"（清代嘉庆年间称呼）一带。这是有关西周银矿及炼丹术的最早记录。而学术界普遍认为，我国炼丹术起源于战国中期。

那么，"神仙洞"一带是否有条件炼丹呢？据嘉庆二十二年（1817年）《密县志·山水志》记载："神仙洞，在银矿峪间……约行一里，有石井，居民数十家用之不竭。井旁复有门，入内有石炕、石枕，皆天生……相传洞中有二仙，一名比何，一名古偭。"这项记载十分重要。

2018年9月29日我们实地考察，神仙洞在群山环抱的山谷底部，有一连串大山溶洞，总长度5000米，有大型不规则洞窟六个。现在可以游览的有2100米。洞窟相连处，需要弯腰而行。石钟乳、石笋随处可见，脚下是流水。据洞口5米处上方有一个小洞窟，有天然石炕、石枕。洞口外有大水池。

此地有银矿（Ag）、汞矿（Hg）、密玉等矿物，又有"石井"等水源，有木炭等燃料，甚至有天然的实验室（神仙洞内有石炕、石枕），地点偏僻隐蔽，显然具备炼丹的优越条件。更重要的是有两位"仙人"，主持其事。

一位是"古偭"。我们考证，《山海经·东山经》曰有"姑射之山"（今临汾市西部，民间传说"神女射虎"故事），就是《庄子·逍遥游》所说的女仙，"藐姑射之山，有神人居焉……不食五谷，吸风饮露……而游乎四海之外"。"藐姑"或即"古俪"，此人叫"俪"或"藐"，"姑（古）"者，女仙尊称也。"藐姑射"者，此人亦善射者也。乃因此山多猛兽也。

另外一位是"比何"，也可以写作"宓合"。是否就是测日的"羲和"？

《史记·夏本纪》云"帝仲康时，羲和湎淫，废时乱日。胤往征之，作《胤征》"。《竹书纪年》亦云"帝仲康五年秋九月庚戌朔，日有蚀之。命胤后率师征羲和"（按，仲康居"斟鄩"）。注意，"羲和湎淫"句，即"羲和、湎淫"。解读为"羲和""湎"是两个女部落首领。古人以为"湎淫"是饮酒过度，大错特错也。按本卷有"天子东游于黄泽，宿于曲洛。废□……"句，显然错简。我们推测"废□……"是"废时乱日"，此句应该在"丹黄"之后。

考，"羲和氏"是一个古老的掌管天文、历法的部落。《竹书纪年》云，帝尧陶唐氏元年"命羲和历象"。《史记·五帝纪》云："帝尧者……乃命羲和，敬顺昊天，数法日月星辰，敬授民时。"从帝尧到仲康，经历六代，大约有二百年。又据《史记·历书》云"（尧）立羲和之官，明时正度"。故，"羲和"亦职官之名也。

"仲康五年秋九月庚戌朔"的"日食"，据天文学家测算，发生在公元前1876年10月16日。所以，"胤后率师征羲和"必在此年以后。

这里，文献结合民间传说，透露了一个秘密，"羲和"，也可以写作"宓和"（Bihe，比何）。因为他属于"宓羲氏"。据此可知，帝仲康时代，征伐羲和的故事就发生在"宓羲国"（"伏羲国"），即夏商时代所谓之"宓国"。

而"神仙洞"，却是"羲和"及"湎"部落的一个观测日月星辰的地点。荆三林考证：神仙洞是黄帝访问广成子之处，缺乏根据（《浮戏山神仙洞景物丛考》，神仙洞景区管理处，1990年）。

《山海经·大荒南经》云："东南海之外，甘水之间，有羲和之国。有女子，名曰羲和，方浴日于甘渊。羲和者，帝俊之妻，生十日。"郭璞注曰："羲和，盖天地始生，主日月者也。……作日月之象而掌之，休浴运转之于甘水中，以效其出入旸谷、虞渊也。"《山海经·大荒西经》云"有女子方浴月。帝俊妻常羲，生月十有二，此始浴之"。所谓"羲和"生（升）十日、生（升）月十有二，都是指此事而言。

这就是说，羲和用日月的模型（"作日月之象"），在水中（"甘渊"），演示日月的"运转"规律。这个"甘渊"或"甘水"，就是神仙洞洞门外的大水池。推测是，把一个木构圆轮状机械，嵌上"太阳""月亮"图像，安置于水中（上半部在空气中，代表白天；下半部在水中，代表夜晚）。有轴，使其旋转，演示日出、日入的情景。这就是"浴日于甘渊"的"浴日""浴月"活动。

我们可以断言："神仙洞"（东经113度15.769分，北纬34度37.256分，海拔411米）是中国最早的天文观测台，建立于公元前1876年以前。如果从帝尧"命羲和历象"算起，则开始于公元前21世纪末，意义非常重大。

还有，庄子（约公元前369—前286）墓，在河南省西华县逍遥镇庄铺村（颍水畔）。我们在2017年4月22日实地考察过。

夏商周时代，金属冶炼业已经相当发达。周穆王也很重视矿业生产。《穆天子传》卷四记载，他在"重毴氏采石之山"（今酒泉市北部），铸铜成器，并且赐以"银鸟"。《穆天子传》卷二记载，在"剸间氏"（甲骨文称"吕方"。今呼和浩特），祭拜"铁山"等。《穆天子传》卷三记载，他赐给姑藏氏（今甘肃省武威）"朱丹"七十裹；赐给智氏（今山西省大宁县一带）"朱丹"三百裹等。"朱丹"，就是红色丹砂。

如果我们的考证无误，那么可以说，中国的"化学"（炼丹术）、观测日月，都起源于新密"神仙洞"一带（公元前10世纪以前），值得探讨。

中国第一部关于炼丹术的著作《周易参同契》，作者魏伯阳，自称"邹国鄙夫"，即今新密市人。他崇拜的"三圣"之首，就是伏羲氏。

6. "深萑"伏羲氏考证

考，从伏羲山下来，至"饮于留祈"，即蛇谷中的"西流泉"，在新密市米村乡东北部。距离"神仙洞"约9千米。

考，"仲冬丁酉，天子射兽，休于深萑"的"深萑"，即今称"石贯峪村"，在"西流泉"东南9千米，袁庄乡北约6千米。周穆王用野兽"二虎九狼"，"命庖人熟之"，以祭先王，礼俗奇特。商代甲骨文有"燎牢""燎大牢"记录，即烧烤牛、羊、豕等。同样也可以烧烤虎、狼。这种奇特礼俗，就是《山海经·大荒东经》等记载的帝俊部族的"食兽""使四鸟"习俗。而在一般情况下，"鸟兽之肉，不登于俎"（《左传·隐公五年》）。可知，此处所祭之"先王"，只能是上古之"伏羲氏"。伏羲氏的后裔是帝俊部。

2018年9月29日下午，我们实地考察"石贯峪村"，并与村干部座谈。由袁庄乡向北，过雷嘴山口（海拔574米），即到石贯峪村。在捉坡（传说是活捉窦建德处）附近，有三级石台，似乎是"祭坛"遗址。在石贯峪没有发现城址。有一条方沟水，自北向南流，经过张华岭，到雷嘴山口。推测伏羲氏沿方沟水而居。

"深萑"，就是《左传》所云之"陈，太昊之墟也"（按，"陈""深"之讹也）。

考，伏羲氏乃"三皇五帝"之首。唐代常粲作《三皇图》，乃是女娲、伏羲、神农。而《后汉书·古今人表》则称，"太昊帝伏羲氏"，《世本》亦称"太昊伏羲氏"。唐兰先生解释，"昊字本来作旲。象正面人形而头上是太阳。古代把天叫做昊天……那么，太昊、少昊之所以称昊，是代表太阳神"（《大汶口文化讨论文集》，齐鲁书社，1979年）。我们认为太昊氏、少昊氏是崇拜太阳神的部落，都起源于伏羲山。

由此推测，所谓"伏羲氏"者，制服野兽用作牺牲之意也。我们考证，此伏羲氏亦称"宓羲氏""越戏方"。值得注意的是，周穆王在"深䕰"祭祀"伏羲氏"，可能这里是伏羲氏的发源地或传统祭祀地点。意义重大。因为，自古以来，人们不知道伏羲氏究竟起源于何处！谭其骧《中国历史地图集》的"商时期中心区域图"、西周时代"宗周、成周附近"图上，标示的"越戏方"就是在此处。

我们确认伏羲氏起源于新密市伏羲山，证据充分。

第一，《山海经》对伏羲山地理位置有明确的记载（有泛水北流入黄河，有蛇谷）。

第二，伏羲氏及其后裔帝俊部有独特的习俗："食兽""使四鸟"（四鸟官管理虎豹熊罴等野兽）。

第三，伏羲氏与炎帝、黄帝、帝俊、少昊在同一地域，符合历史实际。

第四，商、周时代，仍然称"深䕰"。俗称为"越戏方"，简称"戏（羲）"。

第五，最重要的实证资料，是公元前10世纪，周穆王在"深䕰"，用"二虎九狼"祭祀"先王"伏羲氏。这是有关祭祀伏羲氏的唯一历史记录。

我们经常说：中国有五千年的历史。依年代推算，大概应该在伏羲氏时代。即早于黄帝五百年左右。

《路史·国名纪六》："戏，武王克商，命吕他伐戏方。"

《左传·襄公九年》（公元前564年），"冬，公会晋侯……伐郑……同盟于戏"。这次伐郑，晋国等多国联军驻扎在泛水边。由北向南，攻打郑国。在"戏"地结成同盟，与地理形势完全吻合。

但是，有学者仅仅根据《左传·昭公十七年》（公元前525年）云"陈，太昊之墟"；皇甫谧（215—282）《帝王世纪》云，伏羲氏"长于成纪"，论述伏羲氏在天水市；论述伏羲氏在淮阳县，都是靠不住的。孤证不立（参见李宁民《人祖伏羲与宗庙》，作家出版社，2008年）。因为，要确认伏羲氏起源地，必须有一系列旁证资料，不能根据古书上一句话就论定。

我们仔细推敲《左传·昭公十七年》梓慎所云"宋，大辰之墟也；陈，太昊之墟也；郑，祝融之墟也；……卫，颛顼之墟也，故曰帝丘……"。我们已经指出，"卫"是"洧"之同音传写之讹。推测"陈"也是"深"字音近之讹。何况，伏羲时代还没有文字，"陈"或"深"，记音而已，流传后代。西晋时代，"陈"，又被误读为"成"。因此，皇甫谧以为是"成纪"。周穆王实地考察，证明此地叫作"深䕰"，毫无疑义。

据此可知，"深蕫"（公元前10世纪）—"陈"（公元前6世纪）—"成"（公元3世纪）字的演变轨迹。

何况，皇甫谧解释颛顼都"濮"，以为是"濮阳"，已经被证实是错误的。《晋书·皇甫谧传》说他"年二十，不好学，游荡无度"，后来才"遂博综典籍百家之言"。可见是作了综合整理工作。他生前，没有机会看到281年束晳等整理的"汲冢竹书"（《竹书纪年》《穆天子传》等）。

还有人说，"伏羲族居泰山一带，故称泰皇。……伏羲出于（山东省）泗水"等，乃无根据之论。

需要说明的是，汉代以来，往往把伏羲氏、女娲氏并称，甚至说他们是兄妹或夫妻。这是毫无根据的。据我们的研究，女娲氏起源于河南省西华县。

"女娲氏"以"蛇"为图腾，《山海经·大荒西经》云"有蛇化人，名曰女娲之长，化为神"。我们研究后确认，"女娲城"在河南省西华县。最后一位"女娲"酋长，是大禹的妻子，生启，启有五子。因此，新密市也有许多关于女娲氏的故事传说。

考古资料也显示：偃师夏代二里头遗址，在人骨架上面，摆放着绿松石大蛇，恰恰寓意"有蛇化人"也。夏代以来，把"蛇"美化，解释为"龙"。所以，孔甲有"豢龙氏"。因之，华夏族自称"龙的传人"，而讳言蛇也。在汉代的画像石、画像砖上，有大量的伏羲、女娲像，皆作"人首、蛇身、交尾"状，必是由夏代的观念演变而来。

7. 从"有熊氏之墟"到"华阳城"（炎帝）

考，"曲洛"，即今曲梁水。"曲梁遗址"就是"有熊氏之墟"，在石贯峪东南46千米。

曲梁村北有"曲梁遗址"南北长600米，东西宽400米，面积24万平方米。未发现城墙。1988年3月发掘，仅285平方米，文化层厚2—4米。时代推断从龙山文化至商周、秦汉时期。可能没有做到底（按，该遗址的下面，还应该有仰韶文化遗迹）。2013年3月，虽然列为"全国重点文物保护单位"，但是，并未引起高度重视。

《竹书纪年》记载，"黄帝轩辕氏……元年，帝即位，居有熊。初制冕服……五十年秋七月庚申，凤鸟至，帝祭于洛水。母曰附宝……生帝于寿丘。……帝黄服，斋于中宫，坐于玄扈、洛水之上。有凤凰集……或止帝之东园，或巢于阿阁，或鸣于庭……麒麟在囿，神鸟来仪"。

何谓"玄扈洛水"？原来，黄水（《水经注》误称"溱水"）古称"洛水"，呈U字形状。东源，发源于泰山南麓张弘海，向西南流。在曲梁村南，与西源洛水交汇。考察得知，西源洛水的上游已经干涸。仅存"洛河寨""洛河东"等村名。接下来各段名称是：王寨河、椿板河、张湾水库、河西马水库、曲梁水库。两股洛水合流，形成环绕而流，称作"玄扈"洛水（旋转回护）。西周时改称"曲洛"。

2018年10月1日，我们实地考察证实，古代"洛水"早已干涸。沿着牛角湾东侧、磨角房、小王家、东寨西侧、张家闯，是其古河道。黄帝时，大雨七日七夜，西洛水暴涨，逼迫洛水倒流，向东北回入海中。这个海，就是"泰山"南部的"张弘海"，也就是东洛水源头。泰山在曲梁村东北约7千米。洛水合流南下。后代称作黄水（今溱水）。神秘的"龟书"，就是曲洛所出。从而可知，曲梁（"曲洛"）是黄帝的第一处重要城址，地名就是"有熊"。依据《竹书纪年》可知，"有熊城"是以曲洛水为"护城河"，并未发现城墙。城中有宫殿即"中宫"，有"庭院"，有"东园""阿阁"，还有"苑囿"等。曲梁村东4千米就是今黄水（古溱水）。

由黄帝时代的"玄扈洛水"，到周穆王时代的"曲洛"，再到后来的"曲梁"，演变痕迹十分清楚。

黄帝称"轩辕氏"，向来没有确切解释。我们推测，黄帝居"有熊"（曲洛），这个地方被洛水环圆拥抱，易守难攻，故人们称之为"轩辕"（玄圆、环圆）。《山海经·西山经·西次三经》还记载："玉山，是西王母所居也……又西四百八十里，曰轩辕之丘，无草木。洵水出焉，南流注于黑水……"。《山海经·大荒西经》云"有轩辕之国，江山之南栖为吉，不寿者乃八百岁"。可见"轩辕"乃形容词也，非专有名词。

另外，在曲梁村东南，北魏在此设立"曲梁县"，至今西城门上还有石刻"古郐曲梁"。

考，"麗虎"，今曲梁镇东的五虎庙东，有"五虎庙遗址"，介于黄水、溱水之间，南北180米，东西250米，属于夏商周时代。在去东北华阳的路上，两地相距约13千米。

考，"华阳城"，在新郑市郭店镇北华阳寨村，在泰山之东南，有"华阳古城遗址"，传说是炎帝故里。《水经注》记载，"紫光沟水"出自"华阳城东"。该城，长方形，周长约3千米，发掘2500平方米。城墙基础宽15—30米；顶宽1—3米；残高2米，属战国时代。《史记·白起王翦列传》云，秦昭襄王三十四年（公元前273年），"白起攻魏，拔华阳"，即此城也。

关于炎帝，有种种传说。或曰炎帝传承了十七代。据长沙子弹库出土《楚帛书》（约公元前4世纪）云"炎帝乃命祝融以四神降……使孚夕（伏羲）奠四极……帝俊乃为日月之行"。此说虽然难以考证，但是可以说明炎帝、祝融、伏羲、帝俊大体居于同一地区。

《国语·晋语四》云，"昔少典娶于有蟜氏，生黄帝、炎帝。黄帝以姬水成，炎帝以姜水成……"。我们已经论证，此说系后代附会之词，不可信也。《汉书·古今人表》云，"炎帝娶少典，生黄帝"，亦不可信也。"少典"究竟是男是女？

皇甫谧曰"《易》称，伏牺氏没，神农氏作，是为炎帝"，似亦推测之词。

据《史记·封禅书》引管仲曰："夷吾所记（封禅）者十有二焉"，依次为无怀氏、宓羲氏、神农氏、炎帝、黄帝、颛顼、帝喾、尧、舜、禹、商汤、周成王。据此可知，宓羲氏、神农氏、炎帝、黄帝，是四个部族或邦国也，应高度重视（按，夷吾即"晋惠公"，公元前650—前637年在位。管仲，约公元前723—前645年）。值得注意的是，这里所说"封禅"的"泰山"，不可能是山东省的泰山，而是《山海经·中次七经》所说的"太山"。位于新郑市北部，传说是炎帝的神主之山。

2018年9月28日下午，我们实地考察了泰山和华阳城。泰山山顶上有部队的雷达站。本村人建立了游乐场。周围地势低洼，即张弘海遗迹。华阳城是全国重点文物保护单位（2013年3月5日公布）。

关于炎、黄二帝的关系，最可信的史料，是许慎《说文解字》自叙身世云："曾曾小子，祖自炎神。缙云相黄，共承高辛。太岳佐夏，吕叔作藩。俾侯于许，世祚遗灵……"即炎帝的后代缙云氏，辅佐过黄帝（贾逵云"黄帝时，任缙云之官也"），说明两部已经联合。所谓黄帝"以云纪官"，起源于此。此后，又"共承高辛"。即炎、黄两帝后裔，经过战争、联合，到高辛氏时代已经融合为一体。帝喾高辛氏，成为炎黄两部的共同祖先。此说比较可信。

所谓"曾曾小子"，可以理解为曾（溱）水之后代。据此推测，炎帝起源于溱（溱）水流域是可信的。作为旁证资料有五。

炎黄二帝等，共祭神山——"太山"（新郑市北部），所谓"昔者黄帝合鬼神于西太山之上"（《韩非子·十过篇》）。

炎帝曾经征伐"補国"（宓国，在新密市西部），说明"炎帝欲侵陵诸侯"的可信性。

《山海经·海内经》记载，炎帝后裔有"术器"。《竹书纪年》云：少昊十八年"术器作乱"。

炎、黄二帝阪泉之战。推测"阪泉"就是新郑市的"暖泉"。两个部落相近，才能发生斗争［按，新郑市北18千米有抱嶂山山城（海拔197.8米），其东南有"暖泉"，西边距离古城寨遗址16千米］。

炎帝战败后，其部族不敢西向射击，畏"轩辕之丘"。

值得注意的是，这里所说"封禅"的"泰山"，不可能是山东省的泰山，而是《山海经·中次七经》所说的"太山"。位于新郑市北部，海拔312米，传说是炎帝的神主之山。春秋战国时代称"西太山"，历代祭祀之。到郑庄公废弃祭祀。

《左传·隐公八年》（公元前715年）记云"郑伯请释泰山之祀而祀周公，以泰山之枋易许田。三月，郑伯使宛来归枋，不祀泰山也"。郑伯即郑庄公。用"枋"地，交换"许田"地。"许田"是炎帝后裔吕丁的封地。可知，到公元前715年，正式废弃了西太山祭祀。此后才有山东省泰山祭祀（今学者多有混淆）。

山东泰山祭祀，始于鲁国。《诗经·鲁颂·闷宫》云"泰山岩岩，鲁邦所瞻"。

炎帝后裔有缙云氏。"缙云氏有不才子（饕餮）"云云，乃指缙云部中少数人，今人往往理解错误，以偏概全也。

著名的青铜器命簋即出土于此地。命簋的器盖，现存美国，器身在上海。唐兰先生在《西周青铜器铭文分代史征》（中华书局，1986年），释铭文曰"唯十又一月，初吉，甲辰，王在华。王赐命鹿，用作宝彝。命其永以多友簋迁"。唐兰先生判断，"华，华国也"；"饰鸟纹，当是穆世"。即某年十一月初吉甲申，周穆王在华国，赐给华国国君"命"一头鹿。

令人振奋的是，命簋完全证实了《穆天子传》卷五的真实性。这头鹿，可能就是丁酉日在"深堇"的猎物。从十一月丁酉至甲辰，乃第八日也，与周穆王行程路线及时间是完全相符的。

8. 菏丘之墟，黄帝之间

"……（天子）读书于菏丘之虚，皇帝之间。乃□（铭）先王九观，以诏后世。□献酒于天子，乃奏广乐。天子遗其灵鼓，乃化为黄蛇。是日，天子鼓，道其下而鸣。以为鼓则神且鸣，则利于戎。以为琴则利□……乃树之桐……使宫乐谣曰：黄之池，其马喷沙，皇人威仪。黄之泽，其马喷玉，皇人受谷"。

这里需要解释两个地名，"菏丘之墟，皇帝之间"、"黄泽"及"黄之池"。

据2018年4月14日我们实地考察了"菏丘之墟，黄帝之间"，就是古城寨遗址，今称"轩辕丘"，是黄帝战胜炎帝之后的都城。两地相距18千米。"黄泽"今称溱水，古代黄水也。"黄之池"，今称"响水潭"。总之，黄帝起源于黄水流域，毫无疑义。

关于黄帝的史实，几千年来，莫衷一是。我们认为，今本《竹书纪年》卷五记载，比较翔实可考；《史记·五帝本纪》记载，则多综合溢美之词，难以稽考。公元前10世纪周穆王的巡行，证实了黄帝历史的真实性。即黄帝起源于黄水流域（因黄水、黄服，得名"黄帝"），初都曲洛"有熊城"。洛水所通的海，就是泰山南部的张弘海（春秋时代萎缩）。黄帝战胜炎帝后，迁徙至"菏丘"（"祝融之丘""轩辕之丘"），使得炎帝后裔，不敢西向而射。

黄帝"北逐荤鬻"，就是黄帝之臣大鸿氏攻打荤鬻（陕西省神木石峁遗址），战死并埋葬于那里，得号"鬼臾区"。这些重要史实的确认，意义空前。

我们确认，《史记》所云"黄帝者，少典之子，姓公孙，名曰轩辕"，是虚构之词。黄帝之前，系母系社会，何父之有？轩辕乃形容词，何可为名？

其实，太史公自己说过："然《尚书》独载尧以来，而百家言黄帝，其文不雅训，荐绅先生难言之。"他还说"孔子所传《宰予问五帝德》及《帝系姓》，儒家或不传"。从而可知，孔子及司马迁并没有关于三皇五帝的翔实资料。

黄帝的年代，翦伯赞主编《中外历史年表》，推测为公元前2550年左右；美国学者倪德卫在《〈竹书纪年〉解谜》中，推测是公元前2402—前2303年左右。因此，关于黄帝史实，特考证如下。

第一，关于"黄泽""黄之池"。

周穆王所称的"黄泽"，即黄水，北魏以后误称为溱水；"黄之池"，今响水潭。西汉桑钦《水经》仍然称黄水。今之新郑市黄水，古称溱水。许慎《说文》明确记载"溱水在郑国，南入于洧"。"溱水"也写作"潧水"。

"溱水"之得名，与其发源地古代太山"张弘国"有关。"张弘国"见于《山海经·大荒南经》，这里原来是一片湖泊。文云"有人名曰张弘。在海上捕鱼。海中有张弘之国，食鱼，使四鸟"。结合地理形势可知，古代太山周围，河湖密布。太山是湖畔小岛。曲洛水亦发源于太山南部，与湖（海）相通。而《竹书纪年》恰恰证实了这个张弘海的存在。《竹书纪年》云："（黄帝）游于洛水（曲洛）之上，见大鱼，杀五牲以醮之，天乃甚雨，七日七夜，鱼流于海，得图书焉。《龙图》出河，《龟书》出洛，赤文篆字，以授轩辕。"显然，大雨七日七夜，导致曲洛暴涨，大鱼倒流入海中。今黄水发源地有"张黄村"，即是其地名的遗留。村北8千米就是太山。推测，这个大湖叫作张弘海。"溱水"即"张弘"水的音变。

这个"张弘海"，也叫"太水"，在太山之阳。《山海经·中山七经》云"浮戏之山……又东四十里，曰少径之山……又东南十里，曰太山。……太水出其阳，而东南流，注于役（没）水"。这里的"役水"，肯定是错字。因为"少径之山"的器难之水"北流注于役水"；太山之阴的承水"东北流注于役水"。所以"役（没）水"在太山之北，即今郑州十八里河也。

更为重要的是"《龙图》出河，《龟书》出洛"，最早见于《竹书纪年》（止于公元前679年），而不见于《史记·五帝本纪》。而《尚书·洪范》，学者们多认为是战国时代之作。传统的解释是，《龙图》出自孟津区黄河；神秘的《龟书》出自洛宁县洛河。2014年12月，洛阳市的"河图洛书传说"，正式选入国家非物质文化遗产名录。至此，我们恍然大悟：原来是新密市的曲洛水出"龟书"也。

郦道元《水经注》卷廿二云："潧水出郑县西北平地。邻水出邻城北西鸡络坞……世所谓之为邻水也。"其中，在"邻城"下，有双行小注"谢云，当作潧水，出邻城西北"。清代全祖望，号谢山，曾经五校《水经注》。此处，他错误认为邻水就是潧水。郦道元对于"（潧水）东过其县（郑县）北，又东南过其县（郑县）东，又南入于洧水"，评论说"（潧水）不得迳新郑而会洧也。郑城东入洧者，黄崖水也，盖经误证耳"。另外，《水经注·洧水》曰"洧水又东，与黄水合。《经》所谓溍（溱）水，非也"。郦道元否定了新郑市黄水就是"溱水"。他以新郑市的黄水为是，举"黄崖"为证。由此，造成混乱。

其实，今之所谓溱水，正是上古时代的黄水，大约在高辛氏时代改称作"邻水"。"酅"（邻之繁体）与"鄸"，字形相近，极容易混淆。黄水（即邻水）全长28.5千米；流域面积180平方千米。《穆天子传》（公元前10世纪）、《水经》（公元前2世纪）有明确可靠的记载。而今新郑市的黄水，恰恰是历史上的"溱"（张）水。史念海先生早已论定新郑市黄水即古溱水。

周穆王所说的"黄之池"，今称响水潭。《水经注·洧水》记曰"悬流奔壑，崩注丈余，其下积水成潭，广四十许步，渊深难测"。我们实地考察得知，"响水潭"处于沉积砂岩地段，面积约三四亩，水面落差四五米。所谓"黄之池，其马喷沙""黄之泽，其马喷玉"，描述的显然是一处瀑布景观。把对"黄泽""黄池"的赞美，与"皇人"联系在一起，更是不同寻常。

总之，黄帝时代的"黄水"，到帝喾高辛氏时代，改称"邻水"。汉代桑钦著《水经》时，洧水、邻水、溍水分别得很清楚。到郦道元写《水经注》时（公元5世纪），错误地认为"酅水"就是"鄸水"（溱水）。他把经过新郑的"溱水"，误称为"黄水"。此后1600年来，错误延续至今。因为否定了"邻水"（古代"黄水"），为当前学者们寻找"轩辕之丘"，带来了极大混乱。

第二，关于"菥丘"。《穆天子传》卷五云"读书于菥丘"，恰恰可以接上卷六"之墟，皇帝之间。乃囗（铭）先王九观，以诏后世"。

我们实地考察证明，周穆王确认的"菥丘之墟，黄帝之间"，这是先、后两座城。早期是"黄帝之间"（属于"仰韶文化"晚期，没有城墙）；晚期是"菥丘之墟"（属于"龙山文化"，有城墙）。即今新密市"古城寨遗址"，在"响水潭"（黄之池）东北500米处。

关于"古城寨遗址"，《中国文物地图集·河南分册》及蔡全法同志有详细介绍（《大众考古》2018年第4期）。该古代城址保存良好，并以为是"邻国故城"。1953年发现，1997年至2002年进行考古发掘。城外有护城壕，城墙宽42米，残高5—7米。城呈长方形，南北600米，东西450米。面积27万平方米。古城西城墙被黄水破坏。该城西南部，有仰韶文化遗址10000平方米；东北部，有龙山文化夯土建筑遗址。显然该城长期使用。蔡全法根据地层叠压关系指出"展现了古城寨自仰韶晚期以来历经龙山、二里头、二里岗、殷墟、战国、汉等各时期文化的过程"。今存龙山文化晚期城址，高墙厚垒，壕宽水深，军事色彩浓厚。

"古城寨遗址"现状，完全验证了《穆天子传》的记载。

许顺湛先生在《黄帝居轩辕丘考》（《寻根》1999年第3期）中，指出"因此可以说，邻国曾是祝融之墟，也曾是黄帝建都之地，即轩辕丘"。不过，他最后又说

"黄帝故里在新郑、居轩辕之丘的说法，我是相信的"，犹豫不决。

我们考证认为，这恰恰证明，该城是"莍丘之墟"，又称"祝融之墟"，晚期得名"郐国故城"。是在原来"轩辕之丘"的基础上改造、扩建而成的。是全国重点文物保护单位（2001年7月公布）。

关于郐国灭亡，经历了三部曲。第一，《竹书纪年》记载，晋文侯元年（公元前780年），"晋文侯同惠王子多父伐郐，克之。乃居郑父之丘，是为郑桓公"。可知，此前郐城已经被郑桓公（姬友，公元前806年被封郑桓公，公元前771年被杀）占领，并建立了"郑父之丘"，即大樊庄的"古郑城"遗址（2018年10月1日下午实地考察，残城墙犹在）。第二，公元前774年，郑桓公获周王命，迁徙其民于洛阳以东。郐国、虢国献十邑，乃称"新郑"。第三，郑武公于公元前769年灭郐国，公元前767年灭虢国。到郑文公时代迁都于今"郑韩故城"。

但是，《水经注》卷廿二"洧水"，自西向东南依次叙述云"洧水又东南迳郐城南……洧水又东迳阴坂北……又过郑县南，潧水从西北来注之……洧水又东迳新郑故城中……"。郦道元在"新郑故城"后，引用了《竹书纪年》及皇甫谧引《帝王世纪》云"或言县故有熊氏之墟，黄帝之所都也。郑氏徙居之，故曰新郑矣。城内有遗祠，名曰章乘是也"。很显然，这是总结北魏时代"郑县"的历史因由。所谓"或言县，故有熊氏之墟，黄帝之所都也"，是说郑县境域内有"有熊氏之墟，黄帝之所都也"。总之，这一段应该放在"郐城"之后。

更为有力的、直接的证据是，郐城内有"章乘"遗祠。"章乘"就是颛顼之子"称"（乘）也。而"郑韩故城"中，不可能有"章乘"遗祠！

第三，论证"郑韩故城"不是黄帝故里。

虽然部分学者考证，《史记》"黄帝居轩辕之丘"应该是"郐国故城"。但是，缺乏确实有力的证据。被称作具有"致命缺点"。蔡全法同志也认为"古城寨……距黄帝故里仅10千米"，古城寨不是黄帝故里。他们所认为的"黄帝故里"是在"郑韩故城"西部宫殿区。对此，我们详细考证如下。

1. 为什么称作"莍丘"？《史记·楚世家》云楚国传承是：黄帝—昌意—颛顼高阳氏—称（或写作"章乘"）—卷章（或写作"老童"）—重、黎（为"火正"祝融，被诛杀）—弟吴回（复为"火正"）—陆终（有子六人）—（四子）會（郐。高辛氏十六年被灭）。所以"莍丘"就是"重黎"之丘。所谓"莍丘之墟"即周穆王时代此地已经成为废墟。所以该城没有发现西周至春秋早期的文物。

"莍丘之墟"又称"祝融之墟"。最早见于《左传·昭公十七年》："郑，祝融之墟也"（公元前525年）。《左传·昭公廿九年》："颛顼有子曰莍，为祝融"（公元前513年）。《后汉书·郡国志》记载，新郑县有"祝融墟"。又见于唐代《元和郡县志》等。皇甫谧曰"古有郑国，黄帝之所都"。这与《穆天子传》记载完全符合。

《史记·历书》云"（颛顼）命南正重司天以属神；命火正黎司地以属民"，则重、黎是两个人。据《山海经·大荒西经》，"重"叫"重献"，"黎"叫"黎印"。《史记·天官书》云"昔之传天数者：高辛之前，重、黎，于唐、虞，羲、和；有夏，昆吾；殷商，巫咸；周室，史佚、苌弘……"。周穆王称此地为"莉（黎）丘"，未及"重"，或许说明重、黎是两个人。

周穆王又称此地为"皇帝之间"，即"黄帝之间"也。"皇帝"，煌煌之帝也，赞美之词，亦通"黄"。"间"，坊里之门也。如《公羊传》云，"二大夫出，相与依间而语"。

周穆王留铭文曰"先王九观，以诏后世"。首先，什么是"先王九观"？从楚世家传承看，从黄帝到邹，恰恰是九位"先王"，高度吻合。并以此可观察历史变迁也。也可以说，周穆王作了考古调查（确认"莉丘之墟""黄帝之间"），并且作了考证（"先王九观"）。从而可知，古人所谓的"黄帝"，有两个含义：一则，黄帝是真实的人；二则，从黄帝起，确立以男子为传承的家族系统，形成"黄帝时代"。

2.周穆王在此地举行多项重大活动，表达对"黄帝"的尊崇，意义深远。

甲、"读书于黄帝之间"。即周穆王在黄帝遗址处，查阅历史文献。这里所谓"书"，可能是周武王时史佚的记录。用以证明黄帝遗迹，堪称周穆王考古调查。

乙、"□献酒于天子，乃奏广乐"，以示庆祝。

丙、周天子的"灵鼓"（社祭用之）化为"黄蛇"，奇迹出现（黄帝以土德王，故黄龙、地螾现），暗示周姓与黄帝同源，乃吉祥之兆。这也是有关黄帝崇拜"黄蛇"（黄龙）图腾的最早文字记录。

丁、天子击鼓并占卜，祈求吉祥。《山海经·大荒东经》云：东海中有兽，"其名曰夔。黄帝得之，以其皮为鼓，橛以雷兽之骨，声闻五百里，以威天下"。显然，周穆王在模仿黄帝之举。

戊、周穆王留铭文曰"先王九观"，"以诏后世"。《穆天子传》卷二记载，周穆王在昆仑山之悬圃"乃为铭迹于悬圃之上，以诏后世"。

己、栽种"桐树"。此举象征"周人"与"黄帝"同根、同祖也。当然，这是周穆王的政治考量。众所周知，黄帝居"有熊"，而《史记·周本纪》云，周族女祖先"姜嫄"践"巨人迹"（熊）而怀孕，生弃（后稷）。《穆天子传》卷二记载，周穆王还在昆仑山西王母处，"乃纪其迹于弇山之石，而树之槐。眉曰西王母之山"。栽种"槐树"，象征周穆王对故土（周人起源于昆仑山鸿鹭氏，今嘉峪关南山）的怀念。

庚、使宫廷乐人唱歌谣，赞美黄帝、黄人。"使宫乐谣曰：黄之池，其马喷沙，皇人威仪；黄之泽，其马喷玉，皇人寿谷"。

黄帝部落起源于黄水流域。被尊称为"皇（黄）人"。所谓"皇人威仪"，即穿黄服，戴轩冕也。所谓"皇人寿谷"，黄帝生于"寿丘"（《竹书纪年》），赞美寿丘丰收多谷也。

周穆王尊称的"皇人"，即是"黄人"，指以黄帝为首领的"黄帝部族"。

有学者认为，黄帝不是一个具体的个人，而是一个族的称呼；不是一世而是许多世。周穆王的实地考察说明，黄帝是一个部族的首领。他的"故居"保存着"黄帝之间"（推测是"石制门框"），可谓找到了"物证"。另外，黄帝的子孙历历可考。因此，可以确认黄帝是华夏民族伟大的始祖。

关于帝颛顼、帝少昊及帝舜的考证。

关于帝颛顼。

《竹书纪年》云，黄帝之子"昌意降居若水，产帝乾荒"。又据《山海经·海内经》云"黄帝妻雷祖，生昌意。昌意降处若水，生韩流。韩流（长相奇怪）……取淖子曰阿女，生帝颛顼"。考，"乾荒"疑即"韩荒"之谓也。"荒"者，残疾怪人，不成器之"韩流"也。所以，《史记》等著作，将"韩流"略去。只说颛顼是黄帝之孙，实际上是曾孙也。

《竹书纪年》云，"帝颛顼高阳氏，母曰女枢……于幽房之宫生颛顼，于若水首戴干戈，有圣德。生十年而佐少昊氏……二十而登帝位。元年，帝即位，居濮。十三年，初作历象。二十一年，作承云之乐……七十八年，帝陟"（不言其父为何人）。

由于西汉时代，称雅砻江为"若水"，所以有学者认为，昌意生于那里。这很令人费解，不可思议。据我们考证，"若水"就是"有水"。甲骨文中的"有水"，今称"洧水"是也。此条史料，是黄帝、昌意、颛顼及称（章乘）等人，四代居于莘丘的有力证据。

所谓"帝颛顼高阳氏"，是因为他生活于"高阳山"而得名。"高阳山"就是今新密市的、北魏以来称呼的"开阳山"。山上，冬天"雪降即消"。山南麓有"开阳庙"，是全国唯一"祈祷晴天"的庙宇。雨过天晴谓之开，故改称"开阳山"。"开阳庙"，清代康熙三十四年《密县志》称"中祀东皇之神"。考，屈原自称"帝高阳之苗裔"，作《九歌》以祭祀楚国先祖。其中有"东皇太一"篇。所谓"东皇"，闻一多认为是"伏羲氏"。但是楚国先祖，是从黄帝开始的，不涉及伏羲氏。细读《东皇太一》，主要颂扬"东皇"，"陈竽瑟兮浩倡……五音纷兮繁会。君欣欣兮乐康"。据此可知，"东皇"就是"作承云之乐"的颛顼帝。承云水，是洧水支流。至于乾隆时《重修开阳庙碑记》提出，奉神不应该是"黄帝"，应该是"炎帝"，更属于猜测之词。今人则不明真相，供奉伏羲、女娲、炎帝、黄帝等像。乱象丛生。其实，古代主要供奉颛顼帝。《史记》"集解"，"张晏曰：少昊之前，天下之号象其德。颛顼以来，天下之号因其名。高阳、高辛，皆所兴之地名"。

关于帝少昊。

颛顼帝"生十年而佐少昊氏"，见于《山海经·大荒东经》："东海之外大壑，少昊之国。少昊孺帝颛顼于此，弃其琴瑟。"

传统的说法是，东夷"少昊之墟"在山东省曲阜（《左传·定公四年》，公元前506年，卫国人子鱼所云）。很难理解，一个十岁儿童怎么从新密跑到曲阜去？

我们的研究表明：原来，少昊氏起源于伏羲山子节水。

《山海经·大荒东经》："东海之外大壑，少昊之国。少昊孺帝颛顼于此，弃其琴瑟。"所谓"大壑"，即今子节水上游的"下寺沟，为一大峡谷……沟壑纵横，山峰陡峭"（李宗寅《华夏探源——溱洧史迹考》，中国文史出版社，2004年）。《说文》"孺，乳子也"。可能颛顼是少昊氏的养子。

《山海经·大荒南经》云："有襄山，又有重阴之山。有人食兽，曰季厘。帝俊生季厘，故曰季厘之国，有缗渊。少昊生倍伐，倍伐降处缗渊。有水四方，名曰俊坛（潭）。"可知，少昊是帝俊的后裔，住在"缗渊"，大约在子节水畔米村镇一带。《山海经·海内经》云"少昊生般，般是始为弓矢"。"般"可能就是"倍伐"。

《山海经·大荒南经》又云"大荒之中，有不（宓）庭之山，荣（荥）水穷焉。有人三身。帝俊妻娥皇，生此三身之国。姚姓，黍食，使四鸟。有渊四方，四隅皆达：北属黑水，南属大荒。北旁名曰少和（昊）之渊，南旁名曰丛渊，舜之所浴"。可知，少昊住在北边；舜住在南边，帝舜也是帝俊后裔。《竹书纪年》记载"帝舜有虞氏……生舜于姚墟"。这与"帝俊妻娥皇，生此三身之国。姚姓"完全符合。"三身之国"，或即"三桑"之国（《海外北经》）；"姚墟"，推测在新密市开阳山西北的"姚山"。

在《史记·五帝纪》中，"五帝"指"黄帝、颛顼、帝喾、尧、舜"。不言少昊氏，以为属于东夷族。但是，《周礼》《礼记》《吕氏春秋·十二纪》等，仍然列太昊、炎帝、黄帝、少昊、颛顼为"五帝"。其实，太昊氏、少昊氏都因崇拜太阳而得名，都起源于伏羲山。从而，学术界的种种说辞，可以得到统一解释。

《尸子》记"少昊金天氏邑于穷桑"。按此"穷桑"，就是有穷氏的"穷石"。《左传·昭公二十九年》云："少昊氏有四叔，曰重，曰该，曰修，曰熙。实能金、木及水。使重为句芒，该为蓐收，修及熙为玄冥。世不失职，遂济穷桑。"我们考证"穷桑"或"穷石"，就是绥水支流"青石"河。自帝俊至少昊都是以鸟纪官。顾颉刚先生对"少昊鸟夷"有细致的整理、研究。

2018年9月29日下午，我们实地考察青石河村。青石河早已干涸无存。村西北高地有古城遗址，三面环水。分为三层台地。出土仰韶文化、龙山文化陶片。应该是少昊之墟——"穷桑城"。

到了唐代，王瓘《广黄帝本行记》说少昊是"黄帝之小子"，毫无根据。

关于帝舜。

《史记·五帝本纪》称，帝舜是黄帝下八代孙。说"舜，冀州之人也"。又说"舜居沩汭"。说他父亲瞽叟"欲杀舜，舜避逃"，"舜耕历山"。可见，有些话不可信（冀州人）；有些话可信（瞽叟"欲杀舜，舜避逃"，"舜耕历山"）。"舜居沩汭"即舜居洧水边也。可知，帝舜为逃避杀身之祸，远远逃难，到了"历山"（晋南山区，或曰"中条山""雷首山"）。《竹书纪年》说"舜服龙工衣，自旁而出，耕于历"。推测他是在荥阳黄河边，当了"龙工"（水手），逆黄河西行到了山西省黄河边。《山海经·海内北经》云"舜妻登比氏生宵明、烛光，处河大泽。二女之灵，能照此所方百里"。

考，"历"，春秋时代称"栎"，在雷首山北，见谭其骧《中国历史地图集》春秋"晋秦图"。所谓帝舜"处河大泽"的"大泽"，《穆天子传》卷四称"澡泽"，《水经注》称"张泽"，今山西省永济市伍姓湖。南有雷首山，东有虞乡镇。帝舜即耕于此地。孟子说帝舜是"东夷之人也"。近代学者王献唐先生坚持认为"舜为泗水之人，已成定谳"。

考，帝舜是黄帝"八代孙"，值得怀疑。由于"姚墟"与"補国城"在相近区域。帝颛顼以后，姚姓可能与颛顼后裔通婚。即帝舜的母系中，有黄帝血统。所以帝舜可能属于黄帝的外孙系列。

《竹书纪年》云"帝鸷少昊氏，母曰女节……生少昊，登帝位，有凤凰之瑞"。《左传·昭公十七年》（公元前525年）剡国国君说："我高祖少昊挚之立也，凤鸟适至，故纪于鸟。"

伏羲山绥水支流"子节水"者，依商周行文惯例，（女）节之子也。如"司母戊"，祠祀戊之母也；"母（膜）纣"，乃纣之母也（《穆天子传》卷二）。据此可知，女节之子，即帝鸷少昊氏也。则少昊氏生活于"子节水"流域。

《史记·五帝纪》不载帝少昊氏，乃以为是"东夷"也。少昊氏建都"穷石"，据我们考证，在新密市青石河村"穷桑城"。少昊氏后裔，何时迁徙外地，史无明文可考。推测，必在帝颛顼以后之时代也。

颛顼作"承云之乐"。承云水，洧水支流也。亦见于《山海经·大荒西经》："颛顼生老童，老童生祝融，祝融生太子长琴……始作乐风。"

颛顼继承少昊氏称帝，居"濮"。皇甫谧解释为"濮阳"（帝丘），长期影响史学界（谭其骧《中国历史地图集》"夏时期全图"、郭沫若《中国史稿地图集》"夏代黄河长江中下游地区图"）。

据我们考证，"濮"就是"補"，今新密市西北的"補国城遗址"。《路史·国名记》记载"補，三皇之世封国。炎帝伐補、遂"。郑国顺同志认为，"補"（宓）即伏羲氏；"遂"即燧人氏，"绥水"由此得名。这是符合历史实际的推论（《溱洧文化》总第18期）。《韩非子》记载燧人氏教人"钻燧取火"，这是"人类对自然界的第一个伟大胜利"。

2018年9月30日，我们实地考察了"補国城遗址"（东经113度16分57秒、北纬34度31分25秒）。该遗址1987年发现，南北长400米，东西宽250米，残存城墙方形，夯筑，城墙高12米。城墙下部发现陶管，系排水管道。南城墙中央有后代开凿的城门，已经用青砖封闭。城内原来有補子庙，已毁。改建为炸药库。古城遗址北方，有一个大冢。"補国城遗址"时代，从仰韶文化至春秋战国。这么大的城址，不可能仅仅是"補邑"而已。《山海经·大荒北经》也完全证明颛顼帝生活并埋藏于伏羲山区。《山海经·海外北经》亦云"务隅之山（伏羲山），帝颛顼藏于阳，九嫔藏于阴"。

"補国城遗址"东南一里，有"補子庙"，民间则称作"娘娘庙"，显然与補国历史有关。

《左传·昭公十七年》云"卫，颛顼之墟也，故为帝丘，其星为大水"。考，"卫"，乃"洧"之讹。说明"颛顼之墟"在洧水上。颛顼"十三年初作历象"，就是《国语·楚语下》所云："及少昊之衰也，九黎乱德，民神杂糅，不可方物……颛顼受之，乃命南正重司天以属神，命火正莉司地以属民。使复旧常，无相侵渎，是谓'绝地天通'。"既然重、莉都在"轩辕之丘"生活，颛顼不可能跑到濮阳去建国。

我们考证认定，"補国城遗址"就是帝颛顼的国都"帝丘"，俗称"洧丘"。

关于颛顼后裔的迁徙。

值得注意的是，《山海经·大荒西经》记载"有鱼偏枯，名曰鱼妇。颛顼死即复苏。风道北来，天及大水泉，蛇乃化为鱼，是为鱼妇。颛顼死即复苏"。可知，颛顼以蛇为图腾。"颛顼死即复苏"，说明颛顼的一支（"有不才子"梼杌）被流放"四裔"后，重新建立邦国也。《左传·文公十八年》（公元前609年）记载：帝舜时代流放"四凶族"，"投诸四裔，以御魑魅"。其中就有颛顼氏的后裔。

在四川省盐源县"老龙头遗址"，采集到一件独特的春秋战国时代"青铜俎"，雕塑的图案是"两个大蛇口中皆含鱼"，显然是供奉祖先之宗庙"祭坛"（凉山彝族自治州博物馆《老龙头墓地与盐源青铜器》，文物出版社，2009年）。"风道北来"，顺着大风，从北方而来；"天及大水泉"，来到"邛海"。这与"颛顼死即复苏……蛇乃化为鱼"（鱼妇）完全吻合。

盐源县古人自称"笮人"，推测是"颛"字的音变。西昌古人自称"嶲人"，可能是"项"字的音变。即颛顼部后裔分裂为两部，毗邻而居，共同祭祀祖先帝颛顼。又因盐源县有雅砻江，所谓"（昌意）生颛顼于若（洧）水"，可能其后还有"颛顼子生于若水"，此句丢失，产生了混淆。

周穆王时代以后，邻国恢复了他们的国都。所以，郑桓公（姬友）向东扩张时，在公元前806—前781年间伐邻，建立"郑父之丘"，以为"古郑城"也。《诗经·郑风》所反映的，是有了"新郑故城"后的情形。从该城出东门，就是溱水；出西门就

是洧水。所谓"褰裳涉溱""褰裳涉洧"，所谓"溱与洧，方涣涣兮""溱与洧，浏
其清矣"，都在说明，到春秋时代，"溱与洧"两条水，水量不大，水流平缓。这证
明，"张弘海"早已萎缩。至秦汉时已经干涸。而《诗经·郐风》所反映的是郐国灭
亡（公元前769年）后的悲愤情怀。

　　"蒢丘"在黄水边，再次证明今之所谓"溱水"，的确是古代的"黄水"，后
来改称"郐水"，是洧（有）水支流。而今新郑市的"黄水"，才是古代的溱水（潧
水）。郦道元的《水经注》造成了混乱。

　　第四，"黄"帝之得名，推测与黄水有关。黄水流域的人，被尊称为"黄人"。
周穆王赞美"黄泽""黄池""黄（皇）人"；还赞美"皇人寿谷"，因为黄帝生于
"寿丘"（《竹书纪年》，推测在黄水上游）。

　　考察得知，在"黄水"（今溱水）上游，有两个重要考古遗址。

　　一个是2009年发掘的椿板河畔"李家沟遗址"，海拔213米，地层关系明确，距今
10500—8600年，显然是"黄帝"以前的遗址。出土有石磨盘、夹砂硬红陶等。被认为
在"学术上是一个很大的突破"（严文明）。

　　另一个是2013年发现的黄帝岭"马沟遗址"。遗址是方形城址，南北465米；东西
535米，有夯土城墙。时代属于仰韶文化至春秋时代。可能是"寿丘"。《竹书纪年》
云"（黄帝）母曰附宝……生帝于寿丘"。按，附宝，推测是伏羲氏女子。

　　关于伏羲氏与黄帝的关系，见于《山海经·海内经》。文云"有九丘，以水络
之……有木……名曰建木，百仞无枝，上有九枿，下有九枸……太昊爰过，黄帝所
为"。可见，所谓"建木"就是"图腾柱"。是黄帝所立，为祈祷太昊（伏羲氏）升
天而为。从而可知，黄帝部落，与伏羲氏关系密切。闻一多先生则考证黄帝是伏羲氏
的后裔（《闻一多说神话》，《伏羲考》，江西教育出版社，2012年）。

　　黄帝部落经历过发展、壮大过程，最后才从黄水上游，进入曲洛（"有熊"水
城），最后进入蒢丘。

　　黄帝何时从曲洛迁徙到蒢丘（轩辕之丘）呢？肯定在黄帝战胜炎帝之后。《山
海经·海外西经》云"轩辕之国……人面蛇身……不敢西射，畏轩辕之丘……其丘
方，四蛇相绕"。《山海经·大荒西经》云"有轩辕之台，射者不敢西向，畏轩辕之
台"。东方的炎帝部族战败，不敢向西部的轩辕之丘挑衅、射击。

　　可见，黄帝时代，"轩辕之丘"还没有城墙。到了"蒢"的时代，才修筑城墙。
民间传说"一夜鬼修城"，推测是"蒢"利用"鬼方"俘虏的后代，完成建筑任务。

　　在中国古代文献中，关于"黄帝"的记载，有诸多歧异。所以，有的专家说，
"证明百家所言的黄帝，即儒家称颂的尧"（《孙作云百年诞辰纪念文集》，河南大
学出版社，2014年，第15页）。但是，在齐国故地出土的战国时代青铜器"陈侯因资
敦"的铭文中，已有"高祖黄帝"之记载。因此，"曲洛城"及"蒢丘之墟，黄帝之

间"的确认，更是关于黄帝部族确实存在的一个明确的地理坐标。

第五，确认黄帝起源于新密市，还有一个重要的旁证材料即大鸿氏起源地问题。

新密市南部，有大鸿山，传说是黄帝之臣大鸿氏起源地，《密县志》云"往牒信可稽，遗墟无复存"。《史记·封禅书》云"黄帝郊雍上帝，宿三月。鬼臾区号大鸿，死葬雍，故鸿冢是也"。雍州，指陕西省。

众所周知，黄帝曾经"北逐荤粥"，《史记·索隐》云，"殷曰鬼方"。据我们研究，强大的"荤粥"部遗址，就是陕西省神木市高家堡镇的"石峁遗址"。2017年6月4日，我们做了实地考察。"荤粥"部，得名于窟野河。"黄帝郊雍上帝"，就是为此次征伐而举行的祈祷典礼。征伐作战的将领，是大鸿氏，战死于此。所以得到"鬼臾区"的称号。"鬼臾区"者，驱逐"荤粥"（鬼臾、鬼容）者也。"区"是尾名，类似藐姑射的"射"。

《周易》所云"高宗伐鬼方"，殷墟甲骨文有不少证据。"鬼方扬"（《合集》8591、8592、8593），经常与羌族征战。可能就是"鬼臾"（鬼扬），与《索隐》云，"殷曰鬼方"符合。据我们研究可知，荤粥、鬼臾、鬼扬等，皆是"窟野河"的记音，以水命族。后来，"荤粥"部北迁。春秋战国时代，加入匈奴联盟，成为匈奴贵族"呼延氏"（"荤粥"—"鬼臾"—"呼延氏"）。

埋葬大鸿氏的"鸿冢"，西汉时称"鸿门"（见于谭其骧《中国历史地图集》"西汉图"）。今名"黄虫塔"。五千年来，"鸿冢"讹成"黄虫"；"鸿冢"高大，俗以为塔，位于高家堡镇西南约5千米秃尾河畔。

如此说来，我们把黄帝时代的"大鸿氏"，从家乡新密市，到征战"荤粥"战死于神木市，得号"鬼臾区"，再到墓葬"黄虫塔"，完全厘清，堪称绝妙奇迹。黄帝"北逐荤粥"以失败告终。这也再次证明了司马迁记录的真实性。

另外，值得注意的是《世本》云："陆终娶于鬼方氏之妹……是生六子……"推测，黄帝俘虏的鬼方氏民众，被带了回来，成为奴隶。至今民间流传"一夜鬼修城"（轩辕之丘、荥丘）故事，也应该与"鬼方氏"有关系（按，新密市"苟堂镇"之"苟"，疑是"鬼堂"也。鬼方氏祭祀祖先祠堂也。此有待深考）。

总之，周穆王确认"荥丘之虚"就是"黄帝之间"，是比司马迁《史记》早800年的可信的历史记录，并与考古遗址（新密市"古城寨遗址"）完全吻合。《竹书纪年》称"昌意降居若（洧）水"等，更提供了有力旁证。我们可以肯定，这里就是"轩辕之丘"，是中华文明的发源地。地理坐标为东经113度38.990分，北纬34度27.952分，海拔125米。这是极其重要的发现。

周穆王确认的"荥丘之虚"就是"黄帝之间"，应该平息有关黄帝故里各种争论，包括认为辽宁省"牛河梁红山文化遗址"与"黄帝"关系的猜想等。

许多学者以《国语·晋语四》云"黄帝以姬水成，炎帝以姜水成"为据，论述黄帝、炎帝的起源地。显然，这是周穆王以后的"附会的说辞"。新密市的洧水，又称泪（Ji）河，把泪河附会为姬（Ji）水；华阳（传说炎帝诞生地）有溱（溱Zhen）水，被附会为姜（Jiang）水。目的是把起源于昆仑山的西戎族的周族，说成与华夏族黄帝、炎帝同源。故不可信也。

9. 夏后启之所居

"（从曲洛）丙辰，天子南游于黄□室之丘，以观夏后启之所居，乃□于启室。天子筮猎苹泽，其卦遇讼□；逢公占之曰：讼之繇，籔泽苍苍，其中□，宜其正公。戎事则从，祭祀则熹，畋猎则获。□饮逢公酒，赐之骏马十六，缫绤三十筐。逢公再拜稽首。赐史狐□，有阴雨，梦神有事，是谓重阴。天子乃休……日中大寒。北风雨雪，有冻人。天子作《诗》三章以哀民……乃宿于黄竹。天子梦羿射于涂山。祭公（父）占之……（苹泽大搜）……壬申，天子西升于曲山。戊寅，天子西升于阳□（城），过于灵□（台），井公博……乃驾鹿以游于山上，为之石主……乃次于湦水之阳……"。

"天子南游于黄□室之丘，以观夏后启之所居"。考察证明，从曲梁出发，向西南行，就是"黄台之丘"，俗称"黄台""力牧台"。现存遗址为方形三层夯土台，南北长133米，东西宽118米，高15米。三层夯土台基上，有15米×15米的宫殿基础遗迹。站在"黄台"上，向东南望去，相距1千米，就是"新砦遗址"，即"夏后启之所居"。

"新砦遗址"在"古城寨遗址"西8千米，面积70万—100万平方米，年代在公元前19—前18世纪。该遗址，有三重城壕，有大型宫殿遗址。目前，考古发掘还在进行中。

2018年4月14日，我们考察了该遗址，并观看了出土文物，如占卜用的、灼烧过的牛肩胛骨、陶鸟、陶龟等。有一件陶器盖（T1H24∶1）上的"虎纹"，被误称"饕餮纹"，象征伏羲氏。美国弗利尔艺术博物馆藏"玉刀"上，"虎卫夏人"图，即伏羲氏保佑夏人也，与东夷族无关。新砦遗址的时代，早于偃师二里头遗址（参考顾万发《试论新砦陶器盖上的饕餮纹》，《华夏考古》2000年第4期）。

考"乃□于启室"者，乃"入"于"启室"也。可见，千年前的"启室"，还有遗迹存在。

《归藏·启筮经》曰"昔者夏后启享神于晋之墟，作为璿台，于水之阳"。其中，"晋"乃"泪"之误（见《竹书纪年》）。有人把"晋"解释为山东省汶上一带是错误的。

周穆王在启室，"筮猎苹泽，其卦遇讼□"。"讼"卦的符号是，上边三个阳爻；下边三个阴爻。接下来是"逢公占之曰：讼之繇，籔泽苍苍"云云，这是"占语"。由周穆王"筮"、逢公"占"，这就是"筮占"。接下来，"赐史狐□"，即赐史狐"卜"，即龟卜，史狐有卜辞。《周礼·春官》所谓："凡国之大事，先筮而后卜"。这次"筮占"与"龟卜"，是我国占卜史上最早记录的案例。证明：周穆王时代演习《周易》，已经完全成熟、规范。张政烺先生在《试释周初青铜器铭文中的易卦》（载《考古学报》1980年第4期）中指出，在阳爻、阴爻符号出现前，使用数字代替，被称作"数字卦"。众人不识，称其为"奇字"。

"夏后启之所居"，就是"夏邑"。《竹书纪年》记载，大禹八年"夏六月，雨金于夏邑"。帝启"元年，帝即位于夏邑，大飨诸侯于钧台"。帝少康"中兴"后，居夏邑十八年。帝舜有虞氏禅让于大禹，这里是有虞氏故土，是周穆王所称的"十虞"地区。

前辈学者解释"夏邑"者，或认为在山西省安邑县、曲沃县；或认为在河南省夏邑县、登封市嵩山等。

该项考古发掘者赵春青同志，首先指出新砦城址"很可能是……夏启之居"（参阅赵春青《新密新砦城址与夏启之居》，《中原文物》2004年第3期）。虽然丁山先生注意到"黄台岗"可能是"力牧台"。但是，他不知道"黄泽"就是今人所谓"溱水"。以为"黄水"在新郑市，故多有混淆。

"乃宿于黄竹，天子梦羿射于涂山"。周穆王离开"夏邑"之后，逆洧水西巡，目标是去禹都"阳城"（登封市告成镇），经过"黄竹"，至"苹泽"（今平陌镇）。所以，"黄竹"应该在大隗镇至平陌镇之间。

10. "帝俊"的"竹林"

据我们考证，"黄竹"就是夏代前期"帝俊"的"竹林"。《山海经·大荒北经》云"东北海之外，大荒之中，河水之间，附禹之山（伏羲山），帝颛顼与九嫔葬焉。爰有……（各种鸟类）虎、豹、熊、罴、黄蛇、视肉、睿瑰、瑶碧，皆出于山。卫丘（洧丘）方员三百里，丘南帝俊竹林在焉，大可为舟。竹南有赤泽水，名曰封渊……丘西有沈渊，颛顼所浴"（按，睿瑰、瑶碧，都属于"密玉"）。

所谓"卫丘"，即"洧丘"，专指颛顼之都"帝丘"（《左传》昭公十七年），即今"補国故城"。所谓"竹南有赤泽水"，即今洧水支流"泽河"也，以此可为确证。

"黄竹"的具体地点，就是来集镇黄寨村的"黄寨遗址"。在洧水北岸，是高出河面10米的台地。1991年春，进行了局部发掘，属于夏商周时代，南北50米，东西100米。

最重要的是，"黄寨遗址"灰坑H1中，出土了"卜骨"（牛肩胛骨），其正面上，有几个圆形灼痕，还有刻痕较浅的两个文字。我释读为"祀俊"两字，这是典型的西周甲骨文（参阅《中国大百科全书　考古学》，胡厚宣"西周甲骨"条）。这是有关"帝俊"的唯一考古学证据，十分珍贵。

2018年10月1日下午，我们实地考察了"黄寨遗址"。可惜只存部分残迹。此地是五条河流交汇处，号称"五龙口"：洧水（双洎河）、绥水、朝阳水、苇园河、醴泉河（礼泉河）。是水陆交通之要冲。

周穆王在这里遇上"日中大寒。北风雨雪，有冻人。天子作《诗》三章以哀民……乃宿于黄竹。天子梦羿射于涂山。祭公占之"（按，"祭公"应为"祭父"）。

关于"帝夷羿"考证。"黄竹"可能是帝俊"赐羿彤弓素矰，以扶下国"的地方（《山海经·海内经》）。"雕弓"可能是"彤弓"之误，参见宜侯夨簋铭文。羿为有穷氏酋长，是帝俊部落联盟八部之一。羿善射，一度"废太康，代夏政"，被称作"帝夷羿"。

《左传·襄公四年》（公元前569年）记载，羿为有穷氏酋长，从"鉏"迁徙到"穷石"，"因夏民以代夏政"。信任寒浞。后来，羿被"家众"所杀，死于穷门（穷石城门）。所以寒浞掌政。伯靡自有鬲氏起兵，杀寒浞而立少康，归夏邑。

"后羿"在何处，向来以为是神话故事而已，无从考证。后羿既然属于帝俊部，应该在新密市境内。他从"鉏"迁徙到"穷石"。"鉏"，推测是密县老城西北的"屈咀"村，即"穷鉏"之音变也。

2018年9月29日下午，我们实地考察了"屈咀"村。此村有一口"五代井"。井旁有清代乾隆三十八年三月立的《彰善碑》。

"穷石"，即今"青石河村"。两地相距2千米。从而可知，"青石河"者，古"穷石河"也。"有穷氏"因此而得名。"青石城"（即"穷石城""穷桑城"），就是"少昊之墟"。这里是安置"商奄之民"的地方。

湖北江陵王家台秦墓出土竹简《归藏》中，有云"昔者，羿射褚比庄石上。羿果射之，曰履□"。疑"褚"即"鉏"地也。"羿射褚比庄石上"，意为，羿射击邻近村庄石上，果然射穿了。

唐代成玄英所引《山海经》，有"羿射九日，落为沃焦"的记载。故事"羿射九日"，是反映后羿征伐崇拜太阳的几个部落。"九"者，比喻"多"也。如"升于九阿""帝牧九行""经启九道"之类。故其地应该在"神仙洞"附近。所谓"落为沃焦"，是"落日"变成了"卧蛟"。实地考察显示，沃焦（"卧蛟"），就是伏羲山西北角的"卧龙台"（属荥阳市），海拔673米，地势险要。山巅有一巨石，形象如蟠龙，首伏尾翘，周身布满云花。上古以为是"巳"，有"氾水"，即蛇也。传说是黄帝乘龙升天之地。今存古城寨，墙高7米，宽2米，周长2000米。清代咸丰年间重修。"沃焦"是崇拜太阳、观测日月星辰的部落聚点，十分重要。

特别令人注意的是，自北向南，在一条直线上，布置了三个天文观测点："卧龙台"（海拔673米）—"庙子"（海拔295米）—"神仙洞"（海拔411米）。值得深入研究。

周穆王在黄竹，"梦羿射于涂山"，以为不吉，需要占卜。众所周知，大禹会诸侯于涂山。所以"羿射于涂山"，就是攻击夏朝，是逆天而行事。因此，夏商周历代不载帝俊、后羿之事。

今大隗镇，有一座莫明其妙的"机神庙"。不知所供为何神，也不知起于何代。历代文人，缄口无言。据我们研究，这里是帝俊的故乡，所谓"机神"者，或为"俊神"也，因时代久远，"俊"讹为"机"矣；或因帝俊部族有一系列重大发明而尊称之：舟、车、弓箭、琴瑟、百巧等（《山海经·海内经》）。

周穆王在"黄竹"，作《诗》三章以哀民。因他熟知帝俊故事，有感而发。例如，日中大寒，北风雨雪，道路被大雪掩盖，他说"我阻黄竹，□员闭寒，帝收九行，□□□□"。

前辈学者解释"□员闭寒"（□，似乎是"方"字。"方员闭寒"也）之"闭"字，为闭也。但是，明明是大雪寒天，怎么称"闭寒"呢？又有学者解释，"闭"，开也。都是望文生义。其实，"闭"者，宓（Bi）国也。"帝"者，宓国国君"帝俊"也；"皇我万民，旦夕无穷"（不要像"有穷氏"）；"有皎者鴲，翩翩其飞"（鸟是帝俊"下友"，故赞美之。皎皎者，俊鸟也。非白鸟之意）等。先贤不识此意，注释多主观猜想之词。

总之，我们的研究证明：帝俊是宓羲氏的后裔，是比黄帝更古老的部落。到黄帝统一各部时，帝俊部后裔大鸿氏归属于黄帝。此后，帝俊部后裔少昊氏皆一度称帝。帝俊邦国，就是"宓国"（宓羲国）。《穆天子传》是有关"宓国"的最早史料（公元前10世纪）。周原甲骨文（H11：80）"王其往宓山□（奠）"，则是有关"宓国"最早的考古资料。

11. "苹泽"居住着"商奄之民"

《竹书纪年》记载，周穆王十四年"冬，蒐于苹泽"。"大蒐"之礼，是国王畋猎时，举行的检阅部众的隆重仪式。

"苹泽"，今"平陌镇"一带。有"平陌遗址"，面积约5000平方米。在夏邑时，"天子筮猎苹泽"。周穆王为什么如此慎重，需要提前由逢公及史狐"卜筮"呢？另外，为什么要在"苹泽"举行大蒐之礼（逢公："戎事则从，祭祀则熏，畋猎则获"。史狐："有阴雨，梦神有事，是谓重阴"）？

原来，"苹泽"这个地区居住着"商奄之民"。《左传·定公四年》（公元前506年）云"因商奄之民，命以《伯禽》，而封于少昊之墟"。

商朝灭亡后，周成王元年，分封周公之子伯禽于鲁。二年，周公东征。三年，周公平"三监之乱"，灭掉了参与叛乱的"奄国"。周公把俘虏的"商奄之民"（山东曲阜附近的奄国王室贵族），迁徙到"少昊之墟"，用《伯禽》来训诫他们，用武士看管他们。青铜器禽簋云"王伐奄侯，周公谋"，即指此事。而"少昊之墟"穷石（穷桑城），即新密市青石河，就在苹泽的北面15千米。而安置奄国王室（即为"子姓"）的是"札子沟"，在苹泽的北面11千米。因此，周穆王来此要举行"大蒐之礼"，十分慎重。

2018年9月30日我们实地考察了"札子沟"，即周人看管"商奄之民"的地方。在"少昊之墟"（穷桑城）西南3千米的地方。这里又称"渣子沟"，显然是贬称。一条南北向山谷，谷底东西两岸，在原生黄土上，有规则地开凿了许多窑洞。再向南，接上了煤窑沟。在札子沟村北段高处，有一座"海山寺"。据寺内居士通洪介绍，寺院由印第法师建于一千五百二十三年以前（约495年）。这里并不靠大海，为什么称"海山寺"？寺内今仅存明、清时代残石碑各一通。

在札子沟南端，有三个村，由北向南排列。依次是"宫家门外""王家村""砚王池沟"。显然，"砚王"就是"奄王"之同音异字。推测当年还保留了奄王的待遇，所以有"宫殿""池塘"之类建筑。

由于"商奄之民"封于"少昊之墟"，所以皇甫谧《帝王世纪》说"少昊邑于穷桑以登帝位，都曲阜"。造成极大混乱。推测"商奄之民"的后裔返回山东省故里，"附会"少昊为祖先，在曲阜修造了"少昊陵"。学者们又把《左传·襄公四年》记载的后羿故事联系起来，推论后羿也是东夷族。

例如：当代学者说"有穷氏是山东半岛的一个部落"。"有穷氏是东夷族中一个善射的部族"。扶余族祖先逢蒙，学射于后羿。"钼"在河南滑县，"穷石"在洛阳市南郊等，所论全误（李玉洁《先秦史稿》，新华出版社，2002年，第63页）。

陕西省周原出土甲骨文，有一片徐中舒先生释云："王其往宓山，奠"（H11：80）。推测，这个"宓"就是"密"（读音Bi）。"宓山"者，"宓羲山"也。有学者解释，"密"指"密须国"（商代武丁封国，在甘肃省灵台县）。但是，据《竹书纪年》记载，早在商朝帝辛三十三年，"密人降于周师"。周文王把他们迁于"程邑"（咸阳市）。西周初，密须故地分封给姬姓，君号密公，都密城（今灵台县百里镇）。至周共（恭）王四年，"王师灭密"（约公元前919年）。因此，西周国王祭奠的宓山，只能是宓羲山。而这位国王，应该就是周穆王。

东汉许慎《说文解字》释"密"云："山如堂者，从山，宓声。"自古以来，解释混乱。我们的理解是，山中有洞窟者，藏着秘密也。换言之，古人早就发现过藏有化石的山洞，以为神秘，特名为"宓"（密）。查今伏羲山有许多岩洞。例如：

（1）伏羲山神仙洞，溶洞全长约5千米，面积约15000平方米。洞内，又有六个大厅。其中最大的"聚仙阁"，高28、宽10米，可容纳数千人。

（2）新密市西南8千米灵岩山东麓、洧水南，"茛沟洞穴"。出土石器、化石，距今约5万—1万年；1977年修建杞县—登封铁路时毁掉。

（3）新密市西南8千米灵岩山上，以"天爷洞"为中心，周围有洞穴15个。其中的"龙眼洞"出土的石器、化石，距今约5万—3万年。

（4）超化镇栗林村宫家寨旧石器洞穴（深32、宽2.5、高7米），距今约5万—3万年。

（5）大隗镇黄帝宫"人祖洞"。山岩间有溶洞十余个。最大的"人祖洞"，高16、长18、深7米（早年已经破坏，历史年代不详）。

（6）2018年4月12日，我们考察的蛇谷"织锦洞"（属荥阳），考古资料证明，这里就是10万年以来的古人类生活遗址。

从而可知：密县的"密"，得名于"宓山"，毋庸置疑。当然，古代有多处"宓山"。因为自古有"伏羲氏"生活于此山，所以得"宓羲山"之名，以与其他"宓山"区别之。"宓羲"（Bixi）者，由"宓"及"羲"合成之词也。

从"苹泽"西巡，"乃宿于曲山"。

考，"曲山"，今称"养钱池山"。在平陌镇西北、牛店镇东南、沁水畔的"养钱池村"，有郑州市文物保护单位"养钱池冶铁遗址"（1987年3月1日公布），为宋代冶铁的遗址。东西2千米，南北0.5千米。周穆王至此，或为考察冶铁业。2018年9月30日下午，我们实地考察了该遗址。"养钱池山"包括北坡（海拔383米）、南坡（海拔387米）。村民说，附近没有铁矿。推测露天铁矿在宋代仍然开采，此后开采殆尽。我们到了沁水村（登封），参观了"大禹庙"，供奉大禹帝、老子（坐青牛）、关公，是明清时代所作。

12. "阳城"与"灵台"

从"曲山"西南行，经过登封市大冶，就到了禹都"阳□（城）"。"禹都阳城"就是登封王城岗遗址，在告成镇东南，颍水与五渡水交汇处，是1977年发现的著名的"夏代城遗址"，已经发掘面积8757平方米。

"过于灵□（台），井公博……乃驾鹿以游于山上，为之石主……乃次于洹水之阳……"。

"灵□（台）"，即今"周公测景台"。《竹书纪年》记载，商朝帝辛四十年，"周作灵台"（甘肃省灵台县）。此处之"灵台"，传说是周公所作。这是关于登封市"周公测景台"的最早文字记录。

以上的"阳□"，被解释为太行山、王屋山之间的"阳山"；"灵□"被解释为代郡的"灵丘"，都是不知道穆天子巡行路线所作的猜测。

"井公"，即"井利"，又见于《穆天子传》卷一、卷六。

周穆王驾鹿以游于阳城山上，并且为夏朝立了"石主"，应该称作"夏室主"。

按《穆天子传》卷二记载，周穆王在周人的起源地"鸿鹭山"（今甘肃省酒泉市嘉峪关南山），立"周室主"；在"赤乌氏"（今甘肃省瓜州县），"诏以玉石为刑（形），以为周室主"。因此，周穆王在"阳城"立"夏室主"，是对"禹都阳城"的肯定。也是关于禹都阳城最早的文字记录。

考"洰水"，即今五渡水。"洰水之阳"，即五渡水以北。推测周穆王拟向西北行，经过"轩辕关"（俗称"十八盘"）、"阙塞"（龙门），再北上"成周"（洛邑，今洛阳市老城）。

曾经有伟大人物感慨地说道"五帝三皇神圣事，骗了无涯过客"。本文研究证明，"三皇五帝神圣事，历历可考，开启中华文明"。

附：《穆天子传》东巡路线图

《穆天子传》记载了周穆王东巡的过程。但是，启程及归程部分皆缺失。仅存"洧上"—"洰水"的行程。分两段介绍。

2018年9月，《穆天子传》学术考察团确认的周穆王东巡路线是：

穆天子东巡路线图（一）（图一）：周口市西华县城（北有"女娲城遗址"）—曲洧（周口市扶沟县城南。沿贾鲁河向北）—大沼、棘泽（许昌市长葛市东）—洧渊

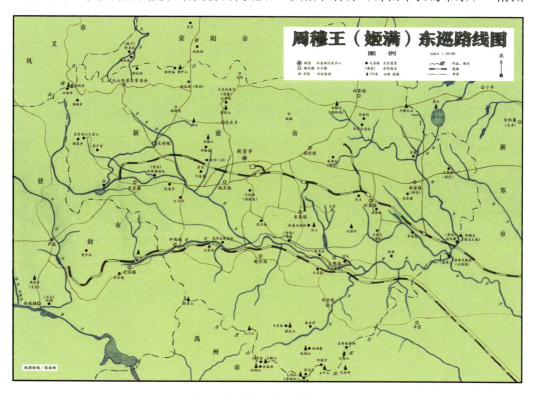

图一　穆天子东巡路线图（一）

（郑州市新郑市南郊）—向东北方向—蒦泽（雁鸣湖，郑州市中牟县城东北）—莆田（郑州市东郊）—祭城（郑州市区）—雀梁（郑州西，"东赵城"）—军丘（郑州市荥阳市，"大师姑遗址"）—荥水、时来（郑州市荥阳市古荥镇东北）—台（"西居"，荥阳市上街区北）—邟（荥阳市北，"平眺城"遗址）—虎牢（荥阳市上街区虎牢关）—范宫（冯，荥阳市峡窝镇东南）—（伏羲山，荥阳市西南、与新密市交界大山）卧龙台（沃焦，荥阳市庙子北）—庙子（荥阳市西南角）。

　　穆天子东巡路线图（二）（图二）：（伏羲山）—庙子（荥阳市西南）—丹黄（新密市"神仙洞"）—留祈（蛇谷，西流泉）—深蘱（石贯峪）—黄泽、曲洛

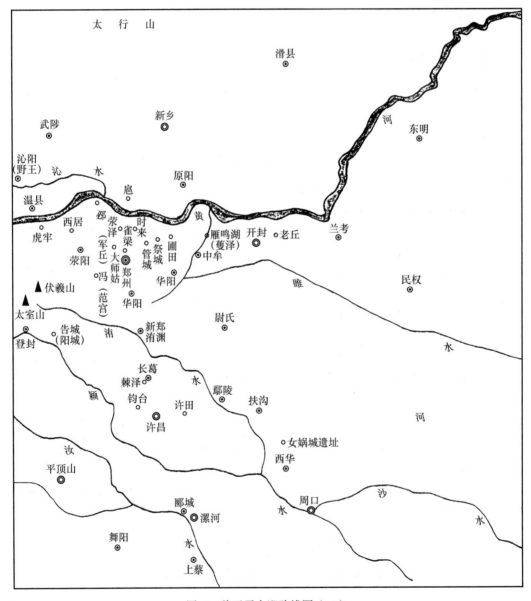

图二　穆天子东巡路线图（二）

（"曲梁遗址"，轩辕水城）—丽虎（五虎庙）—（炎帝）华阳寨（新郑市郭店镇北）、太山（新郑市龙湖镇西）—黄池（响水潭）—菥丘之墟、黄帝之间（新密市"古城寨遗址"）—黄台（力牧台）—启之居夏邑（"新砦遗址"）—黄竹（帝俊"黄寨遗址"）—苹泽（"大蒐"，平陌镇，"平陌遗址"）。北有"穷石（桑）"（少昊之墟）、"扎子沟"（商奄之民）、"屈咀"（菹，后羿）、颛顼之都"補国城遗址"—曲山（沁山，养钱池村）—阳城（郑州市登封市"王城岗遗址"）—灵台（登封市"周公测景台"）—逗水（五渡水）—（推测）经过轩辕关（登封县"十八盘"）—（推测）伊阙关（龙门）—（推测）洛阳（周王城）。

《穆天子传》（六卷文本）[*]

一、卷　　一

　　飲天子蠲山之上。戊寅，天子北征，乃絕漳水。庚辰，至于□，觴天子于盤石之上。天子乃奏廣樂。載立不舍，至于鈃山之下。癸未，雨雪，天子獵于鈃山之西阿。於是得絕鈃山之隧，北循虖沱之陽。

　　乙酉，天子北升于□。天子北征于犬戎。犬戎□胡觴天子于當水之陽。天子乃樂，□賜七萃之士戰。庚寅，北風雨雪。天子以寒之故，命王屬休。甲午，天子西征，乃絕隃之關隥。己亥，至于焉居禺知之平。

　　辛丑，天子西征，至于䣙人。河宗之子孫䣙柏絮且逆天子于智之□。先豹皮十，良馬二六。天子使井利受之。癸酉，天子舍于漆晉，乃西釣于河。以觀□智之□。甲辰，天子獵于滲澤。於是得白狐玄貉焉，以祭於河宗。丙午。天子飲于河水之阿。天子屬六師之人于䣙邦之南、滲澤之上。戊寅，天子西征，鶩行，至于陽紆之山，河伯無夷之所都居，是惟河宗氏。河宗柏夭逆天子燕然之山。勞用束帛加璧，先白□，天子使稷父受之。

　　癸丑，天子大朝于燕□之山、河水之阿。乃命井利、梁固，聿將六師。天子命吉日戊午。天子大服：冕褘，帗帶，搢曶，夾佩，奉璧，南面立于寒下。曾祝佐之。官人陳牲全五□具。天子授河宗璧。河宗柏夭受璧，西向沉璧于河，再拜稽首。祝沉牛馬豕羊。河宗□命于皇天子，河伯號之："帝曰：'穆滿，女當永致用時事！'"南向再拜。河宗又號之："帝曰：'穆滿，示女春山之寶，詔女昆侖□舍四平泉七十。乃至於昆侖之丘，以觀春山之寶。賜語晦。'"天子受命，南向再拜。

　　己未，天子大朝于黃之山。乃披圖視典，用觀天子之寶器。曰："天子之寶：玉果、璿珠、燭銀、黃金之膏。天子之寶萬金，□寶百金，士之寶五十金，鹿人之寶十金。天子之弓射人，步劍，牛馬，犀□器千金。天子之馬走千里，勝人猛獸。天子之狗走百里，執虎豹。"柏夭曰："征鳥使翼：曰□烏鳶、鶤雞飛八百里。名獸使足：□走千里，狻猊□野馬走五百里，卭卭距虛走百里，麋□二十里。"曰："柏夭皆致

　　＊　該文及下文參照《穆天子傳匯校集釋》（王貽樑、陳建敏，華東師範大學出版社，1994年）。为显严谨，一些现今不存之字暂用符号表示。

河典，乃乘渠黃之乘為天子先，以極西土。"

乙丑，天子西濟于河。□爰有溫谷樂都，河宗氏之所遊居。丙寅，子屬官效器。乃命正公郊父，受敕憲，用伸□八駿之乘。以飲于枝洔之中，積石之南河。天子之駿：赤驥、盜驪、白義、踰輪、山子、渠黃、華騮、綠耳；狗：重工、徹止、雚猲、□黃、南□、來白。天子之御：造父、三百、耿翛、芍及。曰："天子是與出□入藪，田獵釣弋。"天子曰："於乎！予一人不盈于德，而辨於樂，後世亦追數吾過乎！"七萃之士□天子曰："後世所望，無失天常。農工既得，男女衣食。百姓寶富，官人執事。故天有時，民□氏響。□何謀於樂？何意之忘？與民共利，以為常也。"天子嘉之，賜以左佩華也。乃再拜頓首。

二、卷　　二

□柏夭曰：□封膜晝于河水之陽，以為殷人主。丁巳，天子西南升□之所主居。爰有大木碩艸，爰有野獸，可以畋獵。

戊午，●□之人居慮，獻酒百□于天子。天子已飲而行，遂宿于昆侖之阿，赤水之陽。爰有鶉鳥之山。天子三日舍于鶉鳥之山。

□吉日辛酉，天子升于昆侖之丘，以觀黃帝之宮，而豐隆之葬，以詔後世。癸亥，天子具蠲齊牲全，以禋□昆侖之丘。甲子，天子北征，舍于珠澤。以釣于流水。曰："珠澤之藪，方三十里。"爰有藿、葦、莞、蒲，茅、萯、蒹、葽。乃獻白玉□隻，□角之一，□三，可以□沐。乃進食，□酒十□，姑劓九□。亓味中麋胃而滑。因獻食馬三百，牛羊三千。天子□昆侖，以守黃帝之宮，南司赤水，而北守舂山之寶。天子乃□之人□吾黃金之環三五。朱帶貝飾三十。工布之四。□吾乃膜拜而受。天子又與之黃牛二六，以三十□人於昆侖丘。

季夏丁卯，天子北升于舂山之上，以望四野，曰："舂山，是唯天下之高山也。"孳木□華畏雪，天子於是取孳木華之實，曰："舂山之澤，清水出泉，溫和無風，飛鳥百獸之所飲食，先王所謂縣圃。"天子於是得玉策枝斯之英。曰："舂山，百獸之所聚也，飛鳥之所棲也。"爰有□獸，食虎豹如麋而載骨，盤□始如麋，小頭大鼻。爰有赤豹、白虎、熊、羆、豺、狼、野馬、野牛、山羊、野豕。爰有白鳥、青鵰，執太羊，食豕鹿。曰天子五日觀于舂山之上，乃為銘迹於縣圃之上，以詔後世。

壬申，天子西征。甲戌，至于赤烏，赤烏之人□其獻酒千斛于天子，食馬九百，羊、牛三千，稌、麥百載。天子使祭父受之。曰："赤烏氏先出自周宗。大王亶父之始作西土，封其元子吳太伯于東吳，詔以金刃之刑，賄用周室之璧。封丌璧臣長季綽于舂山之虱，妻以元女，詔以玉石之刑，以為周室主。"天子乃賜赤烏之人□其墨乘四，黃金四十鎰，貝帶五十，珠三百裹。丌乃膜拜而受。曰："□山，是唯天下之良山也。寶玉之所在。嘉穀生之，草木碩美。"天子於是取嘉禾以歸，樹于中國。曰天子五日休于□山之下，乃奏廣樂。赤烏之人丌獻好女于天子。女聽女列為嬖人。曰："赤烏氏，美人之地也，寶玉之所在也。"

己卯，天子北征，趙行□舍。庚辰，濟于洋水。辛巳，入于曹奴之人，戲觴天子于洋水之上，乃獻食馬九百，牛、羊七千，稷米百車。天子使逢固受之。天子乃賜曹奴之人戲□黃金之鹿，白銀之麠，貝帶四十，珠四百裹。戲乃膜拜而受。

壬午，天子北征，東還。甲申，至于黑水，西膜之所謂鴻鷺。於是降雨七日。天子留骨六師之屬。天子乃封長肱于黑水之西河。是惟鴻鷺之上，以為周室主。是曰留國之邦。

辛卯，天子北征，東還，乃循黑水。癸巳，至于群玉之山。容成氏之所守。曰："群玉田山，□知，阿平無險，四徹中繩，先王之所謂策府。寡草木而無鳥獸。"爰有□木，西膜之所謂□。天子于是，取玉三乘，玉器服物，于是載玉萬隻。天子四日休群玉之山，乃命邢侯待攻玉者。

孟秋丁酉，天子北征。□之人潛時觴天子于羽陵之上，乃獻良馬牛羊。天子以其邦之攻玉石也，不受其牢。伯夭曰："□氏，檻□之後也。"天子乃賜之黃金之罌三六。朱三百裹。潛時乃膜拜而受。

戊戌，天子西征。辛丑，至于剖聞氏。天子乃命剖聞氏供食六師之人于鐵山之下。壬寅，天子登于鐵山，乃徹祭器于剖聞之人。溫歸乃膜拜而受。天子已祭而行，乃遂西征。丙午，至于裡韓氏。爰有樂野溫和，稷麥之所草，犬馬牛羊之所昌，寶玉之所□。丁未，天子大朝于平衍之中，乃命六師之屬休。己酉，天子大饗正公諸侯王吏、七萃之士于平衍之中。裡韓之人無鳧乃獻良馬百匹，用牛三百，良犬七千，牭牛二百，野馬三百，牛羊二千，稷麥三百車。天子乃賜之黃金銀罌四七，貝帶五十，珠三百裹，變□雕官。無鳧上下乃膜拜而受。

庚戌，天子西征，至于玄池。天子三日休于玄池之上，乃奏廣樂，三日而終，是曰樂池。天子乃樹之竹，是曰竹林。癸丑，天子乃遂西征。丙辰，至于苦山，西膜之所謂茂苑。天子於是休獵，於是食苦。丁巳，天子西征。己未，宿于黃鼠之山，西□乃遂西征。癸亥，至于西王母之邦。

三、卷　三

吉日甲子，天子賓于西王母。乃執白圭玄璧以見西王母。好獻錦組百純，□組三百純。西王母再拜受之。□乙丑，天子觴西王母于瑤池之上。西王母為天子謠曰："白雲在天，山陵自出。道里悠遠，山川間之。將子無死，尚能復來？"天子答之，

曰："予歸東土，和治諸夏。萬民平均，吾顧見汝。比及三年，將復而野。"西王母
又为天子吟曰："比徂西土，爰居其野。虎豹為群，於鵲與處。嘉命不遷，我惟帝
女。彼何世民，又將去子。吹笙鼓簧，中心翔翔。世民之子，唯天之望。"曰"天子
大命，而不可稱，顧世民之恩，流涕玼隕。"天子遂驅升于弇山，乃紀丌跡于弇山之
石，而樹之槐，眉曰"西王母之山"。西王母之山还归亓□。丁未，天子飲于溫山，
□考鳥。己酉，天子飲于漈水之上，乃發憲令，詔六師之人□其羽。爰有□藪水澤，
爰有陵衍平陸。碩鳥物羽。六師之人畢至于曠原。曰天子三月舍于曠原。□天子大饗
正公諸侯王勒、七萃之士于羽琸之上，乃奏廣樂。□六師之人翔畋于曠原，得獲無
彊。鳥獸絕群。六師之人大畋九日，乃駐于羽之□，收皮效物，债車受載。天子於是
載羽百車。己亥，天子東歸，六師□起。庚子，至于□之山而休，以待六師之人。庚
辰，天子東征。癸未，至于戊□之山。智氏之所處。□智□往天子于戊□之山，勞用
白驂二疋，野馬野牛四十，守犬七十。乃獻食馬四百，牛羊三千。曰：智氏□天子北
遊于●子之澤。智氏之夫獻酒百□于天子。天子賜之狗●采，黃金之罌二九，貝帶
四十，珠丹三百裹，桂薑百□，乃膜拜而受。

　　乙酉，天子南征，東還。己丑，至于獻水。乃遂東征。飲而行，乃遂東南。己
亥，至于瓜纑之山，三周若城。閼氏胡氏之所保。天子乃遂東征，南絕沙衍。辛丑，
天子渴于沙衍，求飲未至。七萃之士高奔戎刺其左驂之頸，取其青血以飲天子。天子
美之，乃賜奔戎佩玉一隻。奔戎再拜諨首。天子乃遂南征。甲辰，至于積山之邊，爰
有蔓柏。曰●余之人命懷，獻酒于天子。天子賜之黃金之罌，貝帶，朱丹七十裹。命
懷乃膜拜而受。乙巳，□諸飦獻酒于天子。天子賜之黃金之罌，貝帶，朱丹七十裹。
諸飦乃膜拜而受之。

四、卷　　四

　　庚辰，至于滔水。濁繇氏之所食。辛巳，天子東征。癸未，至于蘇谷。骨飦氏之
所衣被。乃遂南征，東還。丙戌，至于長灘，重邕氏之西疆。丁亥，天子升于長灘。
乃遂東征。庚寅，至于重邕氏黑水之阿。爰有野麥，爰有答菫，西膜之所謂木禾，重
邕氏之所食。爰有采石之山，重邕氏之所守。曰："枝斯、璿瑰、没瑶、琅玕、玲
、●、玗琪、*尾，凡好石之器于是出。"孟秋癸巳，天子命重邕氏共食天子之屬
五日。丁酉，天子升于采石之山，於是取采石焉。天子使重邕之民鑄以成器于黑水之
上，器服物佩好無彊。曰天子一月休。秋癸亥，天子觴重邕之人鯀鴛，乃賜之黃金之
罌二九，銀鳥一隻，貝帶五十，珠七百裹，笴箭，桂薑百*，絲●雕官。鯀鴛乃膜拜而
受。乙丑，天子東征，鯀鴛送天子至于長沙之山。□隻。天子使柏夭受之。柏夭曰：

"重邕氏之先，三苗氏之□處。"以黃水●銀采□乃膜拜而受。

丙寅，天子東征，南還。己巳，至于文山，西膜之所謂□觴天子于文山。西膜之人乃獻食馬三百，牛羊二千，穄米千車，天子使畢矩受之。曰□天子三日遊于文山，於是取采石。壬寅，天子飲于文山之下。文山之人歸遺乃獻良馬十駟，用牛三百，守狗九十，牝牛二百。以行流沙。天子之豪馬豪牛，龍狗，豪羊，以三十祭文山。又賜之黃金之罌二九，貝帶三十，朱三百裹，桂薑百*。歸遺乃膜拜而受。

癸酉，天子命駕八駿之乘，又服●驪而左綠耳，右驂赤驥而左白義。天子主車，造父為御，●●為右。次車之乘，右服渠黃而左踰輪，右盜驪而左山子。柏夭主車，參百為御，奔戎為右。天子乃遂東南翔行，馳驅千里，至于巨蒐之人粥奴，乃獻白鵠之血，以飲天子。因具牛羊之湩，以洗天子之足，及二乘之人。甲戌，巨蒐之粥奴觴天子于焚留之山。乃獻馬三百，牛羊五千，秋麥千車，膜稷三十車。天子使柏夭受之。好獻枝斯之石四十，****祕佩百隻，琅玕四十，*●十篋。天子使造父受之。□乃賜之銀木●采，黃金之罌二九，貝帶四十，朱三百裹，桂薑百*。粥奴乃膜拜而受。乙亥，天子南征陽紆之東尾，乃遂絕避移之谷。已至于璁濟，河之水北阿。爰有巨溲之□，河伯之孫，事皇天子之山。有模菫，其葉是食明后。天子嘉之，賜以佩玉一隻。柏夭再拜稽首。癸丑，天子東征，柏夭送天子至于䣙人。䣙伯絮觴天子于澡澤之上，*多之汭，河水之所南還。曰天子五日休于澡澤之上，以待六師之人。戊午，天子東征，顧命柏夭歸于丌邦。天子曰："河宗，正也。"柏夭再拜稽首。天子南還，升于長松之隥。孟冬壬戌，至于雷首。犬戎胡觴天子于雷首之阿，乃獻食馬四六。天子使孔牙受之。曰："雷水之平，寒，寡人，具犬馬牛羊。"爰有黑牛白角，爰有黑羊白血。

癸亥，天子南征，升于髭之隥。丙寅，天子至于鈃山之隊，東升于三道之隥，乃宿于二邊。命毛班、逢固先至于周，以待天之命。癸酉，天子命駕八駿之乘，赤驥之駟，造父為御，□南征翔行，逕絕翟道，升于太行，南濟于河。馳驅千里，遂入于宗周。官人進白鵠之血，以飲天子，以洗天子之足。造父乃具羊之血。以飲四馬之乘一。

庚辰，天子大朝于宗周之廟，乃里西土之數。曰："自宗周瀍水以西，至于河宗之邦、陽紆之山，三千有四百里。自陽紆西至于西夏氏，二千又五百里。自西夏至于珠余氏及河首，千又五百里。自河首襄山以西，南至于春山珠澤、昆侖之丘，七百里。自春山以西至于赤烏氏春山，三百里。東北還至于群玉之山，截春山以北。自群玉之山以西至于西王母之邦，三千里。□自西王母之邦，北至于曠原之野，飛鳥之所解其羽，千有九百里。□宗周至于西北大曠原，一萬四千里。乃還，東南復至于陽紆七千里。還歸于周，三千里。各行兼數，三萬有五千里。"吉日甲申，天子祭于宗周之廟。乙酉，天子□六師之人于洛水之上。丁亥，天子北濟于河，□羝之隊以西，北升于盟門九河之隥，乃遂西南。仲冬壬辰，至●山之上，乃奏廣樂，三日而終。吉日丁酉，天子入于南鄭。

五、卷　　五

寶處。曰天子四日休于瀀澤。於是射鳥獵獸。丁丑，天子□雨乃至。祭父自圃鄭來謁。留昆歸玉百枚。陵翟致賂：良馬百駟，歸畢之寶，以詰其成。陵子●胡□東牡。見許男于洀上。祭父以天子命辭曰："去茲羔，用玉帛見。"許男不敢辭，還取束帛加璧。□毛公舉幣玉。是日也，天子飲許男于洀上。天子曰："朕非許邦，而恤百姓□也。咎氏宴飲毋有禮。"許男不敢辭，升坐于出尊。乃用宴樂。天子賜許男駿馬十六。許男降，再拜空首。乃升平坐。及暮，天子遣許男歸。癸亥，天子乘鳥舟、龍卒浮于大沼。夏庚午，天子飲于洀上，乃遣祭父如圃鄭，用□諸侯。辛未，天子北還，釣于漸澤，食魚于桑野。丁丑，天子里圃田之路：東至于房，西至于□丘，南至于桑野，北盡經林，煮□之藪，南北五十里。十虞：東虞曰兔臺，西虞曰櫟丘，南虞曰□富丘，北虞曰相其，御虞曰□來，虞所□辰，天子次于軍丘，以畋于藪□。甲寅，天子作居范宮，以觀桑者，乃飲于桑中。天子命桑虞出□桑者，用禁暴人。仲夏甲申，天子□所。庚寅，天子西遊，乃宿于祭。壬辰，祭公飲天子酒，乃歌《閔天之詩》。天子命歌《南山有●》。乃紹宴樂。丁酉，天子作臺，以為西居。壬寅，天子東至于雀梁。甲辰，浮于滎水，乃奏廣樂。季夏庚□，休于范宮。

仲秋丁巳，天子射鹿于林中，乃飲于孟氏，爰舞白鶴二八，還宿于雀梁。季秋辛巳，天子司戎于□來，虞人次御。孟冬鳥至，王目□弋。仲冬丁酉，天子射獸，休于深蘆，得麋麕豕鹿四百有二十，得二虎九狼，乃祭于先王，命庖人熟之。戊戌，天子西遊，射于中□方落草木鮮。命虞人掠林除藪，以為百姓材。是日也，天子北入于邥，與井公博，三日而決。辛丑塞，至于臺，乃大暑除。天子居于臺，以聽天下之。遠方□之數，而眾從之，是以選扱。乃載之神人□之能數也。乃左右望之。天子樂之。命為□而時□焉□其名曰□公去乘人□猶□，有虎在乎葭中。天子將至，七萃之士高奔戎請生捕虎，必全之。乃生捕虎而獻之。天子命之為柙，而畜之東虞，是為虎牢。天子賜奔戎畋馬十駟，歸之太牢。奔戎再拜詣首。丙辰，天子北遊于林中，乃大受命而歸。

仲秋甲戌，天子東遊，次于雀梁。□蠹書于羽林。季秋□，乃宿于房。畢人告戎，曰："陵翟來侵。"天子使孟怘如畢討戎。霍侯舊告薨。天子臨于軍丘，狩于藪。季冬甲戌，天子東遊，飲于留祈，射于麗虎，讀書于黎丘。□獻酒于天子，乃奏廣樂。天子遣其靈鼓，乃化為黃蛇。是日，天子鼓，道其下而鳴，乃樹之桐。以為鼓則神且鳴，則利於戎。以為琴則利□于黃澤。東遊于黃澤，宿于曲洛。廢□使宮樂謠曰："黃之池，其馬歕沙，皇人威儀。黃之澤，其馬歕玉，皇人受穀。"

　　丙辰，天子南遊于黃□室（台）之丘，以觀夏后啟之所居。乃□于啟室。天子筮獵苹澤，其卦遇訟●。逢公占之，曰："《訟》之繇：藪澤蒼蒼其中，□宜其正公。戎事則從，祭祀則熹，畋獵則獲。"□飲逢公酒，賜之駿馬十六，絺紵三十篋。逢公再拜稽首，賜筮史孤□有陰雨，夢神有事，是謂重陰，天子乃休。日中大寒，北風雨雪，有凍人。天子作詩三章以哀民，曰："我徂黃竹，□員閟寒，帝收九行。嗟我公侯，百辟冢卿，皇我萬民，旦夕勿忘。我徂黃竹，□員閟寒，帝收九行。嗟我公侯，百辟冢卿，皇我萬民，旦夕勿窮。有皎者鷺，翩翩其飛。嗟我公侯，□勿則遷。居樂甚寡，不如遷土，禮樂其民。"天子曰："余一人則淫，不皇萬民。"□登，乃宿于黃竹。天子夢羿射于塗山。祭公占之，疏□之□，乃宿于曲山。壬申，天子西升于曲山。□天子西征，升九阿，南宿于丹黃。戊寅，天子西升于陽□，過于靈□，井公博。乃駕鹿以遊于山上。為之石主而□實軨，乃次于洹水之陽。吉日丁亥，天子入于南鄭。

六、卷　　六

　　之虛，皇帝之閒。乃□先王九觀，以詔後世。己巳，天子□征，舍于菹臺。辛未，紐菹之獸。於是白鹿一牾乘逸出走。天子乘渠黃之乘焉。天子丘之，是曰五鹿官人之□是丘，□其皮，是曰□皮。□其脯，是曰□脯。天子飲于潩水之上，官人膳鹿，獻之天子。天子美之，是曰甘。癸酉，天子南祭白鹿于潩□，乃西飲于草中。大奏廣樂，是曰樂人。

　　甲戌，天子：西北□姬姓也，盛柏之子也。天子賜之上姬之長，是曰盛門。天子乃為之臺，是曰重璧之臺。戊寅，天子東狃于澤中。逢寒，疾。天子舍于澤中。盛姬告病，天子憐之，□澤曰寒氏。盛姬求飲，天子命人取漿而給，是曰壺輔。天子西至于重璧之臺，盛姬告病，□天子哀之，是曰哀次。天子乃殯盛姬于毂丘之廟。壬寅，天子命哭。啟為主，祭文賓喪，天子王女叔娋為主。天子□賓之命終哀禮。於是殯祀而哭。內史執策所，官人□丌職，曾祝敷筵席設几，盛饋具，肺鹽羹，葴、脯、棗、*、醢、魚腊、糗、韭、百物。乃陳腥俎十二，乾豆九十，鼎敦壺尊四十器。曾祝祭食，進肺鹽，祭酒。乃獻喪主伊扈。伊扈拜受。□祭女，又獻女主叔娋。叔娋拜受。祭□祝報祭觴，大師乃哭，即位。畢哭：內史□策而哭，曾祝捧饋而哭，御者□祈而哭，抗者觴夕而哭，佐者承斗而哭，佐者衣裳佩□而哭，樂□人陳琴、瑟、□、竽、籥、笛、筦而哭，百□眾官人各□其職事以哭。曰士女錯踊九□乃終。喪主伊扈哭出造舍，父兄宗姓及在位者從之。佐者哭，且徹饋及壺鼎俎豆。眾宮人各□其職，皆哭而出。井利□事後出而收。癸卯，大哭殯祀而載。甲辰，天子南葬盛姬於樂池之南。天子乃命盛姬□之喪，視皇后之葬法。亦不邦後於諸侯。河、濟之間共事，韋、穀、黃城三邦之事輂喪。七萃之士抗者即車，曾祝先喪，大匠御棺。日月之旗，七星之文。鼓鐘以葬，龍旗以□。鳥以建鼓，獸以建鐘，龍以建旗。曰喪之先後及哭踊者之間，畢有鐘旗□百物喪器，井利典之，列于喪行，靡有不備。擊鼓以行喪，舉旗以勸之，擊鐘以止哭，彌旗以節之。曰□祀大哭九而終。喪出于門，喪主即位，周室父兄子孫倍之，諸侯屬子王吏倍之，外官王屬七萃之士倍之，姬姓子弟倍之，執職之人倍之，百官眾人倍之，哭者七倍之。踊者三十行，行萃百人。女主即位，嬖人群女倍之，王臣姬姓之女倍之，宮官人倍之，宮賢庶妾倍之。哭者五倍，踊者次從。曰天子命喪，一里而擊鐘止哭。曰匠人哭于車上，曾祝哭于喪前，七萃之士哭於喪所。曰小哭錯踊，三踊而行，五里而次。曰喪三舍至于哀次，五舍至于重璧之臺，乃休。天子乃周姑繇之水以圜喪車，是曰囧車。曰殤祀之。

　　孟冬辛亥，邢侯、曹侯來弔。內史將之以見天子，天子告不豫而辭焉。邢侯、曹侯乃弔太子，太子哭出廟門以迎邢侯，再拜勞之。侯不答拜。邢侯謁哭于廟。太子先哭而入，西向即位。內史賓侯，北向而立，大哭九。邢侯厝踊三而止。太子送邢侯至廟門之外。邢侯遂出。太子再拜送之。曹侯廟弔入哭。太子送之亦如邢侯之禮。壬子，天子具官見邢侯、曹侯，天子還返，邢侯、曹侯執見，拜天子之武一。天子見之，乃遣邢侯、曹侯歸于其邦。王官執禮共于二侯如故。曰天子出憲，以或禖賜。癸丑，大哭而□。甲寅，殤祀，大哭而行，喪五舍于大次。曰喪三日于大次，殤祀如初。辛酉，大成，百物皆備。壬戌，葬。史錄繇鼓鐘以赤下棺。七萃之士□士女錯踊九，□喪下。昧爽，天子使嬖人贈用文錦明衣九領。喪宗伊扈贈用變裳。女主叔姪贈用茵組。百嬖人官師畢贈。井利乃藏。報哭于大次。祥祠□祝喪罷哭，辭于遠人。為盛姬諡曰哀淑人。天子丘人。是曰淑人之丘。

　　乙丑，天子東征，舍于五鹿。叔姪思哭，是曰女姪之丘。丁卯，天子東征，釣于漯水，以祭淑人，是曰祭丘。己巳，天子東征，食馬于漯水之上，乃鼓之棘，是曰馬主。癸酉，天子南征，至于菹臺。仲冬甲戌，天子西征，至于因氏。天子乃釣于河以觀姑繇之木。丁丑，天子北征。戊寅，舍于河上，乃致父兄子弟王臣姬□祥祠畢哭，終喪于囂氏。己卯，天子西濟于河，囂氏之遂。庚辰，舍于茅尺，於是禋祀除喪，始樂，素服而歸，是曰素氏。天子遂西南。癸未，至於野王。甲申，天子北升于大北之隥，而降休于兩柏之下。天子永念傷心，乃思淑人盛姬，於是流涕。七萃之士蔓豫上諫于天子，曰："自古有死有生，豈獨淑人？天子不樂，出於永思。永思有益，莫忘其新。"天子哀之，乃又流涕，是曰輟。己未，乙酉，天子西絕鈃隥。乃遂西南。戊子，至于鹽。己丑，天子南登于薄山竇輈之隥，乃宿于虞。庚申，天子南征。吉日辛卯，天子入于南鄭。

《穆天子传》（四卷文本）

——温玉成整理

（天子自宗周瀍水以西），北循虏沱之陽，飲天子鼉（韶）山之上。戊寅，天子北征……乃絕漳（清）水。庚辰，至于□（皋），觴天子于盤石之上。天子乃奏廣樂。載立不舍，至于鈃山之下。癸未，雨雪，天子獵于鈃山之西阿。於是得絕鈃山之隧。

辛丑，天子西征，至于䣙（佣）人。河宗之子孫䣙柏絮，且逆天子于智之□。先（獻）豹皮十、良馬二六。天子使井利受之。癸酉，天子舍于漆□（晷），乃西釣于河。以觀□智之□。甲辰，天子獵于滲澤。於是得白狐玄狢焉，以祭於河宗。丙午，天子飲于河水之阿。天子屬六師之人于䣙邦之南、滲澤之上……北升于盟門，九河之隥。

丁亥，天子北濟于河，□羝（翟）之隊以西……

乙酉，天子北升于□。天子北征于犬戎。大戎□（盤）胡觴天子于當水之陽。天子乃樂，□賜七萃之士戰。庚寅，北風雨雪。天子以寒之故，命王屬休……

戊寅，天子西征，鶩（霧）行，至于陽紆之山，河伯無夷之所都居，是惟河宗氏。河宗柏夭逆天子燕然之山。勞用束帛加璧。先（獻）白□，天子使秨父受之。

癸丑，天子大朝于燕□（然）之山、河水之阿。乃命井利、梁固，聿將六師。天子命吉日戊午，天子大服：冕褘，帗帶，搢曶，夾佩，奉璧，南面立于寒下。曾祝佐之。官人陳牲全五□具。天子授河宗璧。河宗柏夭受璧，西向沉璧于河，再拜稽首。祝沉牛馬豕羊。河宗□（受）命于皇天子，河伯號之："帝曰：'穆滿，女當永致用時事！'"南向再拜。河宗又號之："帝曰：'穆滿，示女春山之寶，詔女昆侖□舍四平（方）泉七十，乃至於崑崙之丘，以觀春山之寶。賜語晦。'"天子受命，南向再拜。

己未，天子大朝于黃之山。乃披圖視典，用觀天子之寶器。曰："天子之寶：玉果、璿珠、燭銀、黃金之膏。天子之寶萬金，□寶百金，士之寶五十金，鹿人之寶十金。天子之弓射人，步劍，牛馬，犀□器千金。天子之馬走千里，勝人猛獸。天子之狗走百里，執虎豹。"柏夭曰："征鳥使翼：曰□烏鳶、鶤雞飛八百里。名獸使足：

□走千里，狻猊□野馬走五百里，卭卭、距虛走百里，麋□二十里。"曰："柏夭皆致河典，乃乘渠黃之乘，為天子先，以極西土。"

□柏夭曰：□封膜晝于河水之陽，以為殷人主。丁巳，天子西南升□（鹿）之所主居。爰有大木碩艸，爰有野獸，可以畋獵。

甲午，天子西征，乃絕隃之關隥。己亥，至于焉居禺知之平……（缺西夏氏）。

乙丑，天子西濟于河。□爰有溫谷樂都，河宗氏之所遊居。丙寅，子屬官效器。乃命正公郊父，受敕憲（賜獻）。用伸□八駿之乘。以飲于枝洔之中，積石之南（北）河。天子之駿：赤驥、盜驪、白義、踰輪、山子、渠黃、華騮、綠耳；狗：重工、徹止、蔉猲、□黃、南□、來白。天子之御：造父、三百、耿翛、芍及。曰："天子是與出□入藪，田獵釣弋。"天子曰："於乎！予一人不盈于德，而辨於樂，後世亦追數吾過乎！"七萃之士□天子曰："後世所望，無失天常。農工既得，男女衣食。百姓寶富，官人執事。故天有時，民□氏響。□何謀於樂？何意之忘？與民共利，以為常也。"天子嘉之，賜以左佩華也。乃再拜頓首……

丙午，至于禋韓氏。爰有樂野溫和，稌麥之所草，犬馬牛羊之所昌，寶玉之所□。丁未，天子大朝于平衍之中，乃命六師之屬休。己酉，天子大饗正公諸侯、王吏、七萃之士于平衍之中。禋韓之人無鳧乃獻良馬百匹，用牛三百，良犬七千，牝牛二百，野馬三百，牛羊二千，稌麥三百車。天子乃賜之黃金、銀罌四七，貝帶五十，珠三百裹，變□雕官。無鳧上下乃膜拜而受。

庚戌，天子西征，至于玄池。天子三日休于玄池之上，乃奏廣樂，三日而終，是曰樂池。天子乃樹之竹，是曰竹林。

癸丑，天子乃遂西征。丙辰，至于苦山，西膜之所謂茂苑。天子於是休獵，於是食苦。丁巳，天子西征。己未，宿于黃鼠之山，西□乃遂西征。癸亥，至于西王母之邦。

吉日甲子，天子賓于西王母。乃執白圭、玄璧以見西王母。好獻錦組百純，□組三百純。西王母再拜受之。□乙丑，天子觴西王母于瑤池之上。西王母為天子謠曰："白雲在天，山陵自出。道里悠遠，山川間之。將子無死，尚能復來？"天子答之，曰："予歸東土，和治諸夏。萬民平均，吾顧見汝。比及三年，將復而野。"西王母又為天子吟曰："比徂西土，爰居其野。虎豹為群，於鵲與處。嘉命不遷，我惟帝女。彼何世民，又將去子。吹笙鼓簧，中心翔翔。世民之子，唯天之望。"曰"天子大命，而不可稱，顧世民之恩，流涕丱隕"。

天子遂驅升于弇山，乃紀丌跡于弇山之石，而樹之槐，眉曰"西王母之山"。西王母之山還歸丌□。

□吉日辛酉，天子升于昆侖之丘，以觀黃（煌）帝之宮，而豐（封）隆之葬，以詔後世。癸亥，天子具蠲齊牲全，以禋□（祀）昆侖之丘。天子□昆侖，以守黃帝之宫，南司赤水，而北守舂（葱）山之寶。天子乃□之人□吾，黃金之環三五。朱帶貝飾三十，工布之四。□吾乃膜拜而受。天子又與之黃牛二六，以三十□人於昆侖丘。

季夏丁卯，天子北升于舂山之上，以望四野，曰：“舂山，是唯天下之高山也。”摯木□華畏雪，天子於是取摯木華之實，曰：“舂山之澤，清水出泉，溫和無風，飛鳥百獸之所飲食，先王所謂縣圃。”天子於是得玉策、枝斯之英。曰：“舂山，百獸之所聚也，飛鳥之所棲也。”爰有□獸，食虎豹如麋而載骨，盤□始如麋，小頭大鼻。爰有赤豹、白虎、熊、羆、豺、狼、野馬、野牛、山羊、野豕。爰有白鳥、青鵰，執太羊，食豕鹿。曰天子五日觀于舂山之上，乃為銘迹於縣圃之上，以詔後世。

戊午，●（壽）□之人居廬，獻酒百□于天子。天子已飲而行，遂宿于昆侖之阿，赤水之陽。爰有鵰（鷹）鳥之山，天子三日舍于鵰鳥之山。

壬申，天子西征。甲戌，至于赤烏，赤烏之人□其，獻酒千斛于天子，食馬九百，羊、牛三千，穄麥百載。天子使祭父受之。曰：“赤烏氏先，出自周宗。大王亶父之始作西土，封其元子吳太伯于東吳，詔以金刃之刑，賄用周室之璧。封丌璧臣長季綽于舂山之虱，妻以元女，詔以玉石之刑（形），以為周室主。”天子乃賜赤烏之人□其墨乘（盛）四，黃金四十鎰，貝帶五十，珠三百裹。丌（其）乃膜拜而受。曰：“□山，是唯天下之良山也。寶玉之所在。嘉穀生之，草木碩美。”天子於是取嘉禾以歸，樹于中國。曰天子五日休于□山之下，乃奏廣樂。赤烏之人丌獻好女于天子。女聽、女列為嬖人。曰：“赤烏氏，美人之地也，寶玉之所在也。”

孟秋丁酉，天子北征。□之人潛時觴天子于羽陵之上，乃獻良馬牛羊。天子以其邦之攻玉石也，不受其牢（勞）。伯夭曰：“□氏，檻□之後也。”天子乃賜之黃金之罌三六。朱三百裹。潛時乃膜拜而受。

辛卯，天子北征東還，乃循黑水。癸巳，至于群玉之山。容成氏之所守。曰：“群玉田山，□知，阿平無險，四徹中繩，先王之所謂策府。寡草木而無鳥獸。”爰有□木，西膜之所謂□。天子于是取玉三乘，玉器服物，于是載玉萬隻。天子四日休群玉之山，乃命邢侯待攻玉者。

壬午，天子北征東還。甲申，至于黑水。西膜之所謂鴻鷺。於是降雨七日。天子留骨六師之屬。天子乃封長肱于黑水之西河。是惟鴻鷺之上，以為周室主。是曰“留國之邦”。

甲子，天子北征，舍于珠澤。以釣于流水。曰：“珠澤之藪，方三十里。”爰有萑、葦、莞、蒲、茅、蕡、蒹、葽。乃獻白玉□隻，□角之一，□三，可以□沐。乃進食，□酒十□，姑劓九□。丌味中麋胃而滑。因獻食馬三百，牛羊三千。

丙戌，至于長灘，重邕氏之西疆。丁亥，天子升于長灘。乃遂東征。庚寅，至于重邕氏黑水之阿。爰有野麥，爰有答堇，西膜之所謂木禾，重邕氏之所食。爰有采石之山，重邕氏之所守。曰：“枝斯，璿瑰，没瑶，琅玕，玲*，●*，玗琪，*尾，凡好石之器于是出。"孟秋癸巳，天子命重邕氏共食天子之屬五日。丁酉，天子升于采石之山。於是取采石焉。天子使重邕之民鑄以成器于黑水之上，器服物佩好無疆。曰天子一月休。秋癸亥，天子觴重邕之人鰈鴌，乃賜之黃金之罌二九，銀鳥一隻，貝帶五十，珠七百裹，筍箭，桂薑百*，絲●雕官。鰈鴌乃膜拜而受。乙丑，天子東征，鰈鴌送天子至于長沙之山。……□隻。天子使柏夭受之。柏夭曰："重邕氏之先，三苗氏之□處。"以黃水●（根）、銀采□，乃膜拜而受。

己卯，天子北征，趙（朝）行□舍。庚辰，濟于洋水。辛巳，入于曹奴。曹奴之人戲觴天子于洋水之上，乃獻食馬九百，牛、羊七千，稷米百車。天子使逢固受之。天子乃賜曹奴之人戲□黃金之鹿，銀，貝帶四十，珠四百裹。戲乃膜拜而受。

丁未，天子飲于溫山，□考鳥。己酉，天子飲于溹水之上，乃發憲令，詔六師之人□其羽。爰有□藪水澤，爰有陵衍平陸。碩鳥物羽。六師之人畢至于曠原。曰天子三月舍于曠原。□天子大饗正公諸侯、王勒、七萃之士于羽琗之上，乃奏廣樂。□六師之人翔畋于曠原，得獲無疆。鳥獸絕群。六師之人大畋九日，乃駐于羽之□，收皮效物，債車受載。天子於是載羽百車。己亥，天子東歸，六師□起。庚子，至于□之山而休，以待六師之人……

丙寅，天子東征南還。己巳，至于文山。西膜之所謂□，觴天子于文山。西膜之人乃獻食馬三百，牛羊二千，稷米千車。天子使畢矩受之。曰□天子三日遊于文山，於是取采石。壬寅，天子飲于文山之下。文山之人歸遺乃獻良馬十駟，用牛三百，守狗九十，牝牛二百，以行流沙。天子之豪馬，豪牛，龍狗，豪羊，以三十祭文山。又賜之黃金之罌二九，貝帶三十，朱三百裹，桂薑百*。歸遺乃膜拜而受。

庚辰，至于滔水，濁繇氏之所食。辛巳，天子東征。癸未，至于蘇谷。骨飦氏之所衣被。乃遂南征，東還。

天子乃遂南征。甲辰，至于積山之邊，爰有蔓柏。曰●（壽）余之人命懷，獻酒于天子。天子賜之黃金之罌，貝帶，朱丹七十裹。命懷乃膜拜而受。乙巳，□諸飦獻酒于天子。天子賜之黃金之罌，貝帶，朱丹七十裹。諸飦乃膜拜而受之。

乙酉，天子南征東還。己丑，至于獻水。乃遂東征。飲而行，乃遂東南。己亥，至于瓜纑之山，三周若城。閼氏胡氏之所保。天子乃遂東征，南絕沙衍。辛丑，天子渴于沙衍，求飲未至。七萃之士高奔戎刺其左驂之頸，取其青血以飲天子。天子美之，乃賜奔戎佩玉一隻。奔戎再拜諳首。

癸酉，天子命駕八駿之乘，又服□（華）騮而左綠耳，右驂赤驥而左白義。天子主車，造父為御，●●為右。次車之乘，右服渠黃而左踰輪，右盜驪而左山子。柏夭主車，參百為御，奔戎為右。天子乃遂東南翔行，馳驅千里，至于巨蒐之人□（粥）奴，乃獻白鵠之血，以飲天子。因具牛羊之湩，以洗天子之足，及二乘之人。甲戌，巨蒐之粥奴觴天子于焚留之山。乃獻馬三百，牛羊五千，秋麥千車，膜稷三十車。天子使柏夭受之。好獻枝斯之石四十、****瑒佩百隻、琅玕四十、*●十篋。天子使造父受之。□乃賜之銀木●采、黄金之罍二九、貝帶四十、朱三百裹、桂薑百*。粥奴乃膜拜而受。

乙亥，天子南征陽紆之東尾，乃遂絶避移之谷。已□，至于瑒濆（奇苑），河水之北阿。爰有巨溲之□，河伯之孫，事皇天子之山。有模董，其葉是食明后（目）。天子嘉之，賜以佩玉一隻。柏夭再拜稽首……

戊戌，天子西（東）征（乘马革船）。

辛丑，至于剞閭氏（首次下船）。天子乃命剞閭氏供食六師之人于鐵山之下。壬寅，天子登于鐵山，乃徹祭器于剞閭之人。温歸乃膜拜而受。天子已祭而行，乃遂西（东）征。

庚辰，天子東征。癸未，（第二次下船）至于戊□之山。智氏之所處。□智□往天子于戊□之山，勞用白駿二疋，野馬、野牛四十，守犬七十。乃獻食馬四百，牛羊三千。曰：智氏□天子北遊于●子之澤。智氏之夫獻酒百□于天子。天子賜之狗●采，黄金之罍二九，貝帶四十，珠丹三百裹，桂薑百□，乃膜拜而受。

癸丑，天子東征，柏夭送天子至于郇人。郇伯絮觴天子于澡澤之上，*多之汭，河水之所南還。曰天子五日休于澡澤之上，以待六師之人。戊午，天子東征，顧命柏夭歸于卂邦。天子曰："河宗，正也。"柏夭再拜稽首。

天子南還，升于長松之隥。孟冬壬戌，至于雷首。犬戎胡觴天子于雷首之阿，乃獻食馬四六。天子使孔牙受之。曰："雷水之平寒，寡人具犬馬牛羊。"爰有黑牛白角，爰有黑羊白血……

癸亥，天子南征，升于髭（髳）之隥（第三次下船）。丙寅，東升于三道之隥。南濟于河，（第四次下船）乃宿于二邊。命毛班、逢固先至于周，以待天□之命。癸酉，天子命駕八駿之乘，赤驥之駟，造父為御，馳驅千里，遂入于宗周。官人進白鵠之血，以飲天子，以洗天子之足。造父乃具羊之血。以飲四馬之乘一。

庚辰，天子大朝于宗周之廟，乃里西土之數。曰："自宗周瀍水以西，至于河宗之邦、陽紆之山三千有四百里。自陽紆西至于西夏氏，二千又五百里。自西夏至于珠余氏及河首，千又五百里。自河首襄山以西，南（北）至于舂山、珠澤、昆侖之丘，七百里。自舂山以西至于赤烏氏舂山，三百里。東北還至于群玉之山。截舂山以北，自群玉之山以西至于西玉母之邦，三千里。□自西王母之邦，北至于曠原之野，飛鳥之所解其羽，千有九百里。□宗周至于西北大曠原，一萬四千里乃還。東南復至于陽紆七千里。還歸于周，三千里。各行兼數，三萬有五千里。"吉日甲申，天子祭于宗周之廟。乙酉，天子□六師之人于洛水之上。仲冬壬辰，至●（郟）山之上，乃奏廣樂，三日而終。

"《穆天子传》学术考察团"西巡学术考察日记

张新革

记录者按语：

温玉成教授对千古奇书《穆天子传》文本的研究、解读，经历了五六年的时间。这与他长期在西部五省区（青海、西藏、四川、云南、甘肃）考察有密切关系。对于中国古典文献，冯友兰先生提出，首先要"照着讲"（读懂原文）；然后是"接着讲"（体会、发挥）。温老师说，对于《穆天子传》，没有人能够"照着讲"，只有"查实了再讲"。

2015年7月18日，温老师在郑州发表了重要论文《探究昆仑邦国与大夏诸国的西迁》，确定了昆仑山（西戎语：意为日月休止之山）、西王母（西戎语：咸野嫫）、大夏（西戎、大河）、析支（河首）、织皮、大月氏、渠谀的地理位置，奠定了《穆天子传》研究的基础。

2016年8月，在甘肃省永昌县发表了论文《论中华文明的三个板块》《古僬侥国在甘肃省番禾》。

2016年10月15日，完成了极为重要的长篇论文《〈穆天子传〉真相解读》（初稿）及其附录，约十万字。这是本次学术考察的指针。

温老师还先后组织了三次实地学术考察，以验证、修订他的学术观点。

第一次，2015年9月7—16日，资助人：北京赵远景先生。参加者：温玉成、王文秀、扈新昭、赵鹏、司机小狄等。考察了张掖市、酒泉市、嘉峪关市、兰州市。发表了《祁连山（古昆仑山）考察纪要》（内刊）。

第二次，2016年8月14—17日，资助人：天津王书玉先生。参加者：温玉成、王书玉、赵凯等。考察了甘肃省靖远县、景泰县，青海省共和县、湟源县、海晏县、西宁市。赵凯写了《温玉成教授成功破解"穆天子传"密码》（内刊）。

下边记录的是温老师组织的第三次《穆天子传》学术考察。资助人是他在中央民族大学带过的三位硕士研究生：王文秀、扈新昭、彭成刚。其他考察人员也是志愿参加并有所贡献。考察团成员：温玉成教授（考察团学术指导）、王文秀（考察团领队）、扈新昭（考察团联络员）、彭成刚（考察团后勤保障）、韩世华（考察团摄影师兼新闻发言人）、叶强（考察团摄像师）、张新革（考察团记录员）、张新平（考察团后勤保障）及随员王星云鹏（录音及考察团后勤保障）等人。白莲茹（考察团后勤保障）、酒泉市肃州区博物馆王保东馆长、上海张辉先生、兰州西勇先生等人参加部分考察活动。

2017年6月2日

早晨的北京，多云，风三到四级，凉爽。两辆车在北京亦庄新康家园集合。车队行至西南五环遇雨，先是小雨，后转大雨，一个钟头后走出雨区。天气越往西北走越晴朗。一路从亦庄到大兴黄村，河北省涿州、涞水县、易县、涞源县，山西省灵丘县、浑源县、大同市、右玉县到内蒙古自治区呼和浩特市。总里程636.8千米，9小时。从涞水县开始进山，走涞涞高速，转张石高速，转荣乌高速，转呼北高速，其间休息三次，第一站涞源，第二站浑源，第三站右玉。路途最艰险的地方是太行山的翻越过程，张石高速段西岭隧道，云蒙山一、二、三号隧道，紫荆关一、二、三、四号隧道，塔崖驿隧道，太平梁隧道，浮图峪一、二、三、四、五号隧道，二道河隧道，驿马岭隧道，云彩岭隧道，抢风岭隧道（浑源附近），恒山隧道之后就一路很通畅。

据温老师所述，灵丘县是因战国赵武灵王的陵寝所在而得名，而恒山被定为北岳是在宋朝。

晚上6：00，一行人到达呼和浩特市内蒙古蒙达宾馆，领队王文秀安排接风与启程宴，内蒙古自治区文物局副局长王大方出席。王大方于1984年在国家文物局西南培训班（成都）跟温老师学习，今年59岁。晚饭后温老师安排了各成员的分工，强调了工作纪律。

2017年6月3日

我们《穆天子传》学术考察团从呼和浩特市出发去包头市考察。主要的考察任务是：当年穆天子是从宁夏的青铜峡一带坐"马革船"顺黄河到达包头（当初叫剢阊国）祭祀了铁山。一要寻找黄河岸边当初的码头在什么位置，具体的情况如何。二要了解包头在古代的铁山除了白云鄂博之外，是否还有别的铁山可供祭祀（因白云鄂博太远，矿藏太深）。

早晨7：30，全体团员准备在餐厅用完早餐，由韩世华老师与叶强为大家留影。8：30从内蒙古蒙达宾馆出发，上京藏高速一路向西，在上高速后五十多千米处哈素海服务区两车加满油后，马不停蹄车行182千米，全程三个小时，到达包头博物馆。兵分两路，一路是韩世华、张新平、张新革、白莲茹四个人在博物馆采集图片资料。特别是包头博物馆的"镇馆之宝"之一，出土的召湾汉墓黄釉陶樽，外装饰高浮雕西王母故事场景图。这是温老师嘱咐我们要重点关注的一件与匈奴信仰西王母有关的出土文物。另一路是由温老师带队，王文秀、扈新昭、叶强去包头市文物管理处找苗副处长（苗润华，吉林大学考古系毕业，今年55岁）调研交流。

中午包头市文物管理处处长张海斌（吉林大学考古系毕业，1966年生人）与《穆天子传》考察团成员一同用餐，用餐期间，温老师与张处和苗处进一步探讨了穆天子渡黄河具体古渡口是昭君渡、祭祀铁山的遗址应该在固阳县。

下午2∶30，我们从包头市出发，从高速翻越大青山，到固阳县，找到公益明铁矿，并在周边地区采集到了几个露天铁矿石标本。

温老师说，包头一带，商朝武丁时代甲骨文称"𢀛方"，经常侵扰商朝（𢀛方，唐兰先生释为"工方"）。《穆天子传》称"剸𢀛氏"。匈奴称其为兰氏、栗借，皆因昆都仑河而得名。周边黑褐色的山体富含铁矿。穆天子祭祀铁山的位置应该在"梅岭山古城"）一带。回程在昆都仑河畔合影。

我们穿过包钢厂区的被大卡车碾压成坑坑洼洼的道路，向南寻找黄河岸边昭君渡渡口。

下午4∶30，我们来到了黄河北岸边，首先映入眼帘的是"包头昭君坟饮用工业用水区"标牌，具体内容如下：

范围：黑麻绰渡口至西流沟入口（9.3千米）、水质目标：三类、批准单位：中华人民共和国国务院。

在此范围内进行对水资源质和量有较大影响的活动，必须按有关规定，经有管辖权的水行政主管部门或黄河水利委员会批准。

水利部黄河水利委员会。

二〇一二年五月

在这块石碑前我们全体合影。首先初步认定这里就是黄河古渡口"昭君渡"。昭君渡有浮桥可供人车通行。浮桥收费每车10元。这里有"包头黄河国家湿地公园界"碑。说明这里已经被国家定为了保护生态的湿地公园，同时也为古渡口的保护起到一定的作用。

过了黄河，在黄河南岸有"金津古渡"的文字介绍和达拉特旗文化旅游导览图。

金津古渡（简介）

北魏时期，黄河北岸有一条水量不大的小河，河床中央带金沙或金矿石。由于受当时条件所限，金矿未被开采，古人给这条小河流起了一个"富有的名称"——金津。而这附近的黄河渡口，也便称作"金津渡口"。在公元395年爆发的燕魏之战中，北魏开国皇帝拓跋珪率两万轻骑越过金津渡口，全歼燕军。是战后，北魏打开了入主中原的大门。一个伟大的帝国在塞北草原冉冉升起，金津渡口也成为了重要的交通、军事要塞，同时成为汉胡商贸交易之所。

据传，公元前33年，王昭君就是由此渡口登船（据文献资料，当时此渡口应名为"直道渡口"），北上与匈奴和亲，从而促进了汉与匈奴的友好相处，推动了汉匈两族的经济文化和民族融合。

下午5：30，我们从古渡口过黄河后，在南岸，沿着公路向东，然后上包茂高速向南，向东胜进发。晚上8：00，在高速路上看到了壮观的鄂尔多斯落日，让我不禁想起了王维的《使至塞上》。

单车欲问边，属国过居延。

征蓬出汉塞，归雁入胡天。

大漠孤烟直，长河落日圆。

萧关逢侯骑，都护在燕然。

晚上9：30，我们才到了鄂尔多斯下榻的宾馆。大家简单地吃了几碗面就回去休息了，从下高速进入东胜。我们在鄂尔多斯市里走了一个多小时，灯火辉煌，把鄂尔多斯的夜景浏览了一遍，蔚为壮观。

2017年6月4日

早上8：30，我们在下榻的宾馆餐厅吃早餐。王星入列。我们来到鄂尔多斯博物馆，温老师告诉我们，"鄂尔多斯"是由明代衙门"阿尔都司"演变而来。博物馆的外观像一个巨大的化石，自然而壮观。内部结构配套装修也非常先进，这是国家级的博物馆。我们主要看了四楼的青铜器展。博物馆的李锐副馆长负责接待了我们，这里有中国唯一的匈奴王金冠，是田广金（温老师的师弟）发掘的，1972年出土于杭锦旗阿鲁柴登的匈奴墓地，属战国时期墓。温老师解释这顶金冠的意义是：西王母祭祀文化中崇拜鹰鸟（苯教称"琼"），冠带上有龙，说明匈奴王是继承了西王母的文化，又表现了夏人的信仰。用纯金材料总重1.4千克，是由鹰形冠顶饰和三条龙纹金冠带组成。

温老师给我们介绍了中国文明的组成是由三种文化组成：炎黄文化、西戎文化及北狄文化这三个板块互相融合、互相碰撞而成。而不能单一地强调炎黄文化。而这恰恰是自孔子、司马迁给我们今天的史学界的最大影响，就是只强调中原炎黄文化，其余则称为"氐羌""蛮夷"。秦始皇统一中国，只占中国版图的三分之一，这是史学界的偏见与悲哀。

然后，温老师又与李锐副馆长互相交流了鄂尔多斯及周边考古的学术问题，并向李馆长介绍了我们《穆天子传》考察的目的和意义。鄂尔多斯的上古文化，是由两部分文化交流融合而来。一部分是从神木过来的，以石峁遗址为主的荤鬻邦国（甲骨文称"鬼方"），一支是由包头沿黄河下来的剐闾氏（甲骨文称"闾方"），这两种文化交融而成，希望研究者从宏观角度来把握。李馆长向温老师和王文秀领队赠送了鄂尔多斯博物馆的馆藏文物图册。

中午11：30，我们没吃中午饭，在车上吃了些点心就直奔神木市的石峁城遗址。参观中国最早的古城遗址，其时代是黄帝时代至夏代，很重要。我们在鄂尔多斯康巴什入口上包茂高速奔西安方向。从兰家梁出口出高速进入陕西界。在红碱淖与榆林的十字路口我们停车照相。温老师介绍，这里出土了一件鸟嘴马身的青铜文物，当时全国的专家都不能命名，于是起了一个希腊神的名字"格里芬"。而温老师通过对《穆天子传》几年的深入研究认为，这个青铜器是西王母鹰鸟崇拜与马崇拜结合的最好物证。

下午3：00，我们冒雨来到了高家堡镇"石峁古城遗址"。1976年再次引起关注。2015年9月，发现嵌入石墙内的"石雕人面像"20余件。这里是龙山文化晚期至夏代的建筑，面积400万平方米。让我们一行人都震惊了。只有用"宏伟"二字来表达，那可是距今4300—3800年的"城市遗址"，有城墙、马面、壁画。遗址管理处的邸楠助理研究员，给我们介绍了其建筑规模、建筑风格等。具体的介绍在温老师与小邸谈石峁遗址中（1、2、3集）。

邸楠助理研究员还给我们开库房，让我们近距离观看了石峁遗址出土的各类骨针、石器、玉器、陶器等用具。让我们与四千年前的古人进行了一场面对面的"交谈"。好幸运有这样一个机会能见到真实的、中国远古时代的文明。

有不少专家推测石峁古城遗址是黄帝邦国遗迹；温老师则根据《史记·五帝本纪》黄帝"北逐荤鬻"，推断是荤鬻邦国的王城（早期只有"皇城台"山城，没有城墙）。时代早于著名的偃师夏代"二里头遗址"！商代称"鬼方"。战国后期加入匈奴联盟，称"呼延氏"（名称来自"窟野河"）。因为温老师于2002—2004年是郑州大学考古系特聘教授，所以把这个"秘密"告诉了小邸（郑州大学考古系毕业）。

因神木污染较重，下午5：00，我们走包茂高速直奔榆林方向，一个小时后到达了榆林市天辰大酒店入住。

2017年6月5日

原计划今天去榆林市博物馆和古玩城转，因周一闭馆又赶上下了一夜的雨，我们取消了这两个计划。

上午9：00，我们直接去靖边的统万城遗址了。统万城是十六国时代大夏国的国都，是赫连勃勃所建造。赫连勃勃（381—425），原名刘勃勃，是匈奴铁弗部首领刘卫辰之子。

从榆林到靖边的统万城遗址。全程132千米一路上下着中雨。我们的车速只有80千米每小时。从榆林市上包茂高速转到青银高速不久就到了靖边统万城遗址。一千多年的时光也没能销去统万城墙的巍峨与坚固，我们顶着小雨观看了城池的构造，也是由主城和翁城所构成。五胡十六国时期的都城就只剩下这一座都城了。

温老师介绍：为什么叫大夏国？夏朝末年，夏桀在鸣条（河南省开封的东北方向）被商汤打败，夏桀溃败逃跑。此时，他的儿子熏粥带着几个小妃子反方向逃跑，汤追捕了夏桀并流放，他的儿子一队人马辗转逃到了宁夏中卫一带，成为后来的匈奴族。因为赫连勃勃知道自己是夏朝的后代，所以建立的国家就叫"大夏国"。

下午3：00，吃完中午饭每人一碗元宝碗羊肉面，好大一碗面！吃完我们就出靖边入口上青银高速，行驶159千米，6：00到达吴忠市盐池县盐池宾馆下榻。

2017年6月6日

上午7：30，在盐池宾馆餐厅吃早餐，我们8：30准时从盐池县出发去宁夏青铜峡市的陈袁滩镇。

路上，温老师给我们介绍了盐池县的古往今来。盐池县是个非常古老的地方，西汉时期，西汉中央政府与匈奴为了争夺盐的资源发生过多次战争，那时的名字叫花马池。到了明代，蒙古人与明朝政府也是为了争夺盐资源，发生了多次战争。盐池县城的周边还能看到残存的明城墙遗址。

从盐池县到宁夏青铜峡市，总共150千米，两小时路程。上午10：30，我们来到了吴忠市陈袁滩镇政府，请他们为我们提供了陈袁滩镇志。希望能从中寻找到陈袁滩是否是穆天子登船、顺黄河而下的古渡口，但一无所获。

温老师说，当年穆天子一行到了中卫。他们应该向东南方向走回洛阳。但是，他们却向东北贺兰山方向走，目的只有一个：到黄河码头坐船。夏代已经开辟了黄河航运，从宁夏到内蒙古托克托县一直通航。《穆天子传》的"璁潏"（谭其骧西汉《并州、朔方刺史部》图，在银川旁边标示为"河奇苑"，号"非苑"），据考证，就是"陈袁"。

陈袁滩镇位于青铜峡市东部黄河西岸，东隔黄河与吴忠市区相望，西与青铜峡市小坝镇接壤，北与叶升镇毗邻，南与大坝镇相连。陈袁滩镇地处银川平原南端的黄河西岸，地势低平，土壤肥沃，农业发达。境域南北狭长，呈岛状，南北长28.5千米，东西最宽处3千米，最窄处0.5千米，面积59平方千米，是黄河古老渡口。

陈袁滩镇在明朝以前，于古灵州城同处黄河主河道以东的洲岛上，后来随着黄河主河道不断东移，至明洪武十六年（1383年），境内古灵州城被黄河冲毁，沦为河道。至清朝时期，境域已成为西岸大小不等的州岛或滩涂。清咸丰年间（1851—1861年），境内的河滩上开始有人居住开荒、放牧。清光绪六年（1880年）境内的陈滩属吴忠堡吴西乡，袁滩属吴忠堡左营乡。新中国成立后，陈袁滩成立第五乡，隶属吴忠市第三区。1958年陈袁滩乡改设为陈袁滩管理区。1962年陈袁滩公社成立。1966年2月陈袁滩划归青铜峡县管理。

今天我们到陈袁滩镇政府找到办公室主任进行了谈话，又找到了观音寺的看门老人进行了访谈，还去了黄河生态园有限公司与相关人员进行了访谈。他们提供了《陈袁滩大事纪》：

一、秦代（前221～前207年）

始皇三十二年（前215年）

秦始皇派大将蒙恬帅30万大军出击匈奴，黄河河套以南包括今陈袁滩尽入秦朝版图，并沿河筑城屯守。

二、西汉（前206～公元25年）

高祖二年（前205年）

汉高祖刘邦派兵攻克秦北地郡，并修缮前秦所筑黄河城障。

惠帝四年（前191年）

于今镇城灵州县、隶北地郡。

元朔二年（前127年）

卫青领兵云中（今内蒙古托克托东北），同时在灵川境内黄河上架便桥、直抵高阙，遂南犯匈奴、楼烦、白羊王出塞外，收复黄河以南的河套富庶地区。

三、东汉（25～220年）

永初二年（108年）

滇零率起义羌民至北地郡，称天子，营据点，并联络各地羌民共抗官军。

永和四年（139年）

羌族再次起义，历时17年。永和六年（141年）十月朝廷再迁北地郡及富平县，复寄治冯翊（今陕西大荔县）。

四、南北朝（420～589年）

北魏太平真君七年（446年）

魏太武帝令薄骨律镇将入雍，将50万斛粮食运至沃野镇，以供进击柔然的军事之用。刁雍率工匠，一冬造船200艘，次年3月开运，9月即将50万斛屯谷运完。

北魏孝昌二年（526年）

以薄骨律镇改置灵州，领普乐郡。

北周大成元年（579年）

北周灭陈，迁陈降将吴明彻部三万余人到灵州。

史载"江左之人，尚礼好学，习俗相化"，竟使"本杂羌之俗"的灵州风尚为之大变，而获得"塞北江南"的美称。

五、隋唐（581～907年）

隋大业三年（607年）

改灵州为灵武郡。

隋大业九年（613年）

一月，灵武白榆娑聚众起义，隋遣将军范贵征讨，多次失败，数年未能平息。

唐贞观三年（629年）

唐太宗遣将击败东突厥，安置其部万余人于灵川等地。

唐贞观十五年（641年）

十一月，唐太宗命兵部尚书李责力为朔方道行军总管，右卫大将军李大亮为灵州道行军总管，领兵4万、骑5千，屯灵武。

唐贞观二十年（646年）

回纥、铁勒等十三姓部落酋长和使节数千人汇集于灵州，要求"归命天子，乞置汉官"。唐太宗李世民于九月十五日抱病赴灵州接见众民族兄弟，被诸部共尊为"天可汗"。太宗撰诗文，内有"雪耻酬百五，除凶报千古"之句，并命勒百记其功。

唐贞观二十三年（649年）

四月，灵州境内黄河清。

中午12：00，我们从吴忠市走京藏高速转定武高速，行程143千米，于下午3：00到达中卫市大公馆酒店入住。

中卫市文物管理所张伟宁来访温老师，告知"南台子遗址"有11座春秋时代匈奴土坑墓，出土青铜器440多件（他的领导，因为没有看到"介绍信"，也没有上级电话通知。所以不同意张参加考察活动）。后来，宋浩副所长发来了电子邮件（青铜器图片）。部分人员游览了沙坡头景区。

2017年6月7日

今天吃完早饭，我们就去寺口子景区考察。因为是周穆王从这里经过，是"巨蒐之人粥奴"接待他的地方——"焚留之山"。温老师说，巨蒐（渠诹）是以屈吴山命名的古老部族，中心在宁夏海原县。当年（约公元前16世纪）桀之子熏粥，千里迢迢逃亡至此，成为巨蒐部的奴隶，简称"粥奴"或"熏奴"。司马迁《史记》、荀悦《汉纪》都记载"匈奴始祖名熏粥氏"。在春秋时代（约公元前650年），齐桓公讨伐白狄后，西征到达这里（石抗、卑耳山），称"渠诹"为"西虞"。战国初期，形成匈奴联盟（匈奴、阏氏、呼延氏、兰氏、须卜氏），在北方（大青山至蒙古高原、呼伦贝尔草原）称霸，除了经济、军事等因素外，他们是夏朝"帝"的后裔（天帝之子，龙的传人），极具神秘性和号召力。他们的祭祀地称"龙庭"，因为夏朝大禹以蛇（龙）为图腾。

从中卫市向南50千米，就到了寺口子景区，这是一个由山体构成的防御体系。这个景区分为东区和西区，因为前天晚上的大雨，景区有洪水，所以今天景区不对外开放。我们得到景区工作人员倪莹女士的带领进到东区里面。实地观看了这里的地形和地貌，听了倪莹的介绍，又见到了景区负责人吴耀总经理。他们热情地留我们一起座谈，对着寺口子风景区全景区图给我们具体介绍了这里的地形、地貌，古老洞穴中有一座最大的洞穴宽20米，长40米，里面有燃烧过的痕迹。对面是个小一点的洞穴，洞穴的洞门上沿还有为了排水而设的引流槽。

温老师在会议室讲解了匈奴起源问题，并引《盐铁论》说，匈奴"织柳为室，旃席为盖"，应该是半地下式建筑，才能御寒。这里都是沙土，不能烧砖，不能版筑，与环境完全对应。至今，新疆和田还有编织红柳子作帐篷的习惯。

随后吴总开车又带我们去了西景区。在西景区的山门前，有一个上千平方米的开阔地，正好印证了匈奴王宴请穆天子及六师的场地。

进入景区山门，我们又观看了这里出土的许多古老的实用器如铜器、石器等，还有许多石雕，如蹲坐石虎、石狮、石柱、石井圈等。温老师都给予了初步的断代：南北朝。另外，从风化程度和雕刻方式、文饰上看，大约是战国时代一件特别的石器，吴总认为是石杵，而温老师鉴定为古代先民生殖崇拜，祭祀用的石祖。

吴总又带我们去山上看了个小一些的山洞，温老师也爬上去仔细观察了山洞的形状、山体的石质，认为是疏松的层积砂岩，有火烧遗迹。

然后吴总开车带我们沿着穆天子帅六师经过的山口路段，偶然遇到当地专家马建兴同志。转到了山后，在那里我们一行人留影。晚上，马建兴送来了周兴华、马建兴合著的《塞上古史钩沉》。

2017年6月8日

早饭后8：00多钟，温老师给我们开了一个小会。主要介绍了今天我们要去甘肃省景泰县，需要做的两项工作：①景泰是中原与西戎文化融合的地区，中卫、景泰两个地区的分界线约150千米，注意沿途的标志。②景泰县一带，上古史几乎是空白。其实，这里是河宗氏无夷部发源地，属于商代的"西土"，这是研究商朝历史、地理的专家们所不知道的（参看林泰辅、董作宾、陈梦家、郑杰祥等绘制的商朝地图），传统认为商朝，所谓"西不过氐羌"。

随着温老师一声令下"上车"。我们开始了今天的考察。中午饭后1：00左右我们驱车向"燕然之山"（《水经注》谓"凌门山"，黄河石林景区）进发。3：00左右到达，黄河自西向东奔流，到老龙湾村，却拐了一个S形大弯，倒回去数千米，经过一番曲折之后，我们又绕行而去，犹如神龙摆尾，烘托了这一方小江南。站在黄河岸边，温老师拿出《穆天子传》，给我们讲述了穆天子到此的一次"大朝"活动及伯夭的巫术表演。解释了：穆天子一行已经在黄河西岸，为什么还要"西向沉璧于河"？因为黄河在这里呈现S形转弯，站在石林老龙湾，恰恰可以"西向沉璧于河"。这个祭祀河神的地点，应该是河宗氏伯夭提供的传统祭祀之地。穆天子说这里是"河伯无夷之所都居"，即古代河宗氏一部（无夷部）总聚集地区。他又说，周穆王时代，"诸夏"（东土）与"西土"的观念很清晰，《穆天子传》四次说到"西土"。而商代已有"西土"之说，这里就是商代的"西土"。周穆王西巡的目的之一，就是团结"西土"各部。

老龙湾村村民朱万昆，陪同我们观看了黄河走向，并向我们介绍了一些情况，最后和我们一同合影。

我们大家上了车，去老龙湾村五组黄河岸边考察了古渡口。下午6：00我们回到了住地。7：00左右，温老师请来了景泰县文化局周德宗局长，周局长又把博物馆寇宗东馆长和一条山战役纪念馆卢昌随馆长请来。温老师一边吃晚饭，一边了解明天要去考察的"岘台山"。开始，他们不知道有个"岘台山"，多方打听。周局长对我们的工作高度重视，并积极配合，安排了明天的陪同人员，给我们下一步的考察工作提供了方便。

2017年6月9日

早饭后大家正准备出发，不巧天公不作美，下起小雨而后雨越下越大，在温老师的率领下，我们没有退缩，向着目的地岘台山进发。

路很不好走，有修路的地段，但有地段是没有路的河滩，还有地段是乡村间坑洼积水泥泞不堪的小路，随着雨越下越大，没有停歇的迹象，河滩路段已积水很深，冲刷着河道。几十千米的路程我们走了两个小时才到达常生村（该村在米家山西，岘台山南约6千米）。

我们在常生村村委会避雨，路已经很难过去了，也不太知道岘台山的具体方向，只能询问当地的村民。

常生村村监委主任刘在辉接待了我们，给我们介绍了常生村的历史沿革，岘台山在黄河边上，从常生村这边看不到，正好被米家山遮住了，我们还要继续往北走，绕过米家山才能看到岘台山。于是刘主任又给我们叫来了一个当地的老乡刘崇和（60岁）。他种的土地正好在岘台山脚下，对那里的地形、地貌都比较熟悉。我们经过详细的询问，温老师认为，岘台山有人为加工过的大石头，正是我们要找到证据。于是大家又一起上车，不畏艰险继续前行，寻找"岘台山"（在常生村北5千米）。到了黄河岸边因为泥石流把路挡住了，我们停下了脚步，78岁的温老师等人，留在了黄河岸边等消息。只有王文秀、扈新昭、叶强、博物馆的寇馆长和司机，带一辆三菱越野和当地老乡刘崇和、罗维富、司机祁富川，带着铁锹向北去。他们带着温老师的嘱咐，小心翼翼地绕过米家山，去寻找岘台山（当地读作yantaishan，东西长约7.5千米；南北宽约1.5千米；高200多米）。

一路上险情不断。回来时报告：在岘台山取得了重大发现，有一个石窝子（高130厘米，宽150厘米）。此外，沿黄河南北方向，有六个圆形石质柱洞，属古建筑遗迹。按扈新昭绘的"示意图"，圆形柱洞分为两组，时代待考。

温老师推断"膜昼"即"母纣"（如"司母戊""司母辛"），指商纣王的母亲。"米家山"就是"母家山"，是商纣王母亲（河宗氏）的老家，商代的"西土"。司马迁《史记》没有记载。邻近的岘台山上，有纪念"羑"（商纣王的父亲，见《竹书纪年》）的建筑，符合礼制。这是景泰县文物部门原来不知道的遗迹。

温老师还说，这一段黄河两岸，是"河伯无夷之所都居"，就是河宗氏无夷部最早的、总的聚居地。

2017年6月10日

早上天气晴朗，阵阵凉风吹在身上使人神清气爽。文化局周德宗局长、博物馆寇馆长、纪念馆卢馆长与我们一同吃完早餐，先去景泰县博物馆，参观了馆藏文物，温老师给他们纠正了几件断代不准确的文物藏品（青铜乐器、佛造像等）并题字留言："景泰县历史文化可追溯至河宗氏。周穆王西巡过此地，举行二次大朝典礼。"然后，我们又一起去文化广场，参加了景泰县首个"文化和自然遗产日"活动。温老师接受了电视台现场采访。并决定向景泰县发布部分考察成果，提供了《赵凯：温玉成教授成功破解"穆天子传"密码》（2016年8月17日，内刊），并印发了《"西夏颂祖歌"新解读》（《大众考古》2017年第1期）、《日月合璧止于昆仑》（《大众考古》

2017年第4期）等论文。

　　大约10：00我们来到了永泰古城，因俯瞰形象像个乌龟，所以又叫"龟城"。是明朝为防御蒙古鞑靼部而修建的城堡。中午12：00多，我们又到了寿鹿山（主峰3321米），寿鹿山的山门上是赵朴初题的字。

　　"寿鹿山"，据《穆天子传》记载，是"鹿人"生活的地方，是周穆王打猎的地方。在山上，周局长安排我们吃饭，喝了点鹿血酒。下午2：00一行人又开车去寻找黄河边的古渡口。路很险，我们翻山越岭来到山脚下的黄河边。寇馆长介绍这里叫"小口子"渡口，过了黄河，再翻过对面的山，就到了大峁槐山，是河宗氏无夷部的"神山"，距这里大约20千米。韩老师拍了黄河大转弯的壮丽图片。晚上8：00我们在周局长的安排下吃了晚饭。在吃饭前，温老师给我们总结了这三天景泰县考察的结果。

2017年6月11日

　　今天早上9：00从景泰县出发，博物馆的寇馆长还到宾馆去给我们送行，地方上的支持与重视让我们很感动。

　　我们从景泰上定武高速，然后上连霍高速，穿越"昌岭山"（2954米）隧道，经过2个小时到达了武威市南黄羊镇。温老师说，黄羊镇是"阏氏胡氏"之地，是与匈奴部落联姻的王后部落。"阏氏胡"属于西戎文化，而"匈奴"属炎黄文化。所以匈奴部落融合了两种文化。在黄羊镇，温老师要找到方圆三十千米之内，三面环山的一座古城，而且，古城边上有一条河流通过（"献水"即西汉的"松陕水"，后来改称古浪河。明代以后下游干涸）。在地图上很难找到，我用谷歌地形图查看，找到一处，一导航，却是在160千米外的民勤县。温老师否定了那个地方。于是大家停下车，分头去找当地的老乡询问，最终有人告诉韩老师，在不远的地方有三面环山的村庄，叫作"包家城"。我们随着老乡所指的方向找过去，经过6千米，果真这里有个三面环山的村庄叫包家城。

　　我们找到一位80岁的老者经过交谈与询问，了解到这个包家村曾经有一座古城（从西汉到东晋）。在"文化大革命"期间，人们把古城墙拆掉了，土壤回填到农田里当肥料了。

　　我们的队员在村子里找到了古城汉砖，并带了回来。

　　听村民讲述，村子里的村民大多是山西大槐树迁过来的。包家城古城三面环山，西方远处还有天梯山石窟。有一条小河从包家城边穿过。如今山上修了水库，河水干枯，取而代之的是纵横交错的灌溉渠。山上曾经有狼、熊、豹子等动物。包家城原来方圆八九亩地。城门位置的城墙上，有个台子很大，上面有几间房子。城的四周有护城河，河水总是满的。上面有吊桥，吊桥放下人才能过往。原来这个村子叫"天桥村"。解放后叫包家城，温老师说，这就是西汉揖次县城，谭其骧《西汉图》有标示，但位置不准确。

我们因为找到了《穆天子传》中的古城而高兴，温老师下令，买啤酒，全体举杯庆祝。并在老乡家吃了家常拌面，给老乡二百元餐费，老乡很高兴。

下午2：30，我们从包家村村民包志社家出发，上连霍高速经过一个小时到达武威市。到武威市雷台汉墓参观。温老师说，按周天子行程分析，武威就是《穆天子传》记载的"积山之边"。武威西南的山，称"积山"。我们找到了一处叫"截山"的古地名。这里的部落叫"诸骬"，西汉设立"姑臧县"，还有一处皇娘娘台遗址，印证了我们的判断。

然后我们一行人又向金昌方向进发，寻找"浊繇氏"（《山海经》云"僬侥氏"）晚期遗迹，也就是三角城遗址。金川区文物管理所所长侯运广到高速口迎接我们，带我们到双湾镇参观博物馆，然后又带我们去观看了古人的墓地和三角城遗址（南北175米，东西126米。门向南开）。这里出土文物"虎噬鹿铜牌饰"、"翘首铜削刀"、铜鞭（？）等，属于"沙井文化"（时代相当于西周—战国）。大家在三角城遗址合影。温老师说，平面为三角形的城，是西戎文化的创造，传播到了中亚昭武九姓地区。当年，周穆王从这里"东征"，去了"苏谷"。苏谷，匈奴称"休屠"，就是民勤县苏武乡一带，在"三角城"正东65千米。

2017年6月12日

今天金昌的天气晴朗，早上8：00我们吃早饭，饭后温老师决定让大家休整半天。

所以我们10：00才出发去"鸳鸯湖遗址"参观。这次的参观是应河西堡镇的女副镇长安倩、主任张爱芳和丁胜老师的邀请，让温老师对其文化方面的工作给予指导。

鸳鸯湖遗址是因为要修电厂勘查发现的夏代时期的僬侥国（浊繇氏）早期遗址，属于马家窑文化马厂类型，出土了折线纹彩陶单耳杯等。这里还出土了一件石雕人头像，黑眼圈，应该是僬侥国人祖先像。

安倩副镇长又邀请我们去看看正在建设中的鸳鸯湖文化广场，并希望温老师给起个名字。温老师经缜密思考后，给这个项目起了个非常有文化底蕴的名字，叫"珠野文化园"。因为浊繇氏（僬侥国）是以猪为图腾的民族。"耶"字，西戎语里是王的意思。"猪耶"就是"猪王"的意思，而"珠野"则是"猪耶"的音译。温老师给我们及县文化局发了2016年8月的论文《古僬侥国在甘肃省番禾》，并指出《竹书纪年》记载，帝尧时代"僬侥氏来朝，贡没羽"。他们及西王母部族都是最早与中原王朝沟通的人。僬侥氏是不是最早驯养猪的部落，有待考证。

他还指出，西汉"骊靬"（lijian）古城，在今永昌县南折来寨，就是西汉安置匈奴"栗借"（lijie，兰氏）家族的地方，建于公元前60年以前。澳大利亚学者戴维·哈里斯考证，这里是公元前70年在叙利亚被安息（帕提亚）击溃的克拉苏的"罗马军团"的最后落脚处。其实，两者毫无关系。某大学"生命遗传科学院"用折来寨91例DNA样本，证明这些人来自阿富汗一带，更是"张冠李戴"（按，贵霜帝国统治者就是来自"大夏"和"大月氏"，即今甘肃省西部；匈奴也占据祁连山88年）。

2017年6月13日

今天上午8：30，我们一行九人从甘肃金昌市出发，走连霍高速奔张掖方向。温老师特别安排考察民乐县南古镇。从金昌市去民乐县，经过山丹县"绣花庙"（古城洼滩），是周穆王祭祀"文山"（今胭脂山）之地，我们没有停留。

大约三个小时后，我们来到了民乐县（汉代"氏池县"），与王登当局长会合后，王局长带我们来到土地丰饶的南古镇。来到镇子对面较高的山坡上，遥看南古镇和马蹄寺。我们背靠临松山合影。

据温老师讲解，十六国时期，这里建立了临松郡。南凉国王秃发乌孤的长子秃发樊尼，曾经是临松郡丞，在南古镇活动。公元440年7月，受到北魏打击，率部众迁徙到西藏波密县一带，号"悉勃野"（即祭司兼勃部之王）。吐蕃时代乃上尊号，成为"天降"的首位吐蕃赞普——"聂（尼）赤赞普"。正是他开创了吐蕃王朝。温老师长期在藏区考察，早在2015年6月29日，在四川金川县苯教研讨会上，就提出建立"新藏学"的构想，并写了多篇重要论文，从而改写了西藏（含象雄、苯教、苏毗、女国、吐蕃）古代历史。如论证汉代"乌托国"在西藏阿里的日土县（《"乌托国"与"权於摩国"》，《大众考古》2015年第10期）等。

我们到民乐县博物馆参观。陈之伟馆长接待了我们，并带我们参观了民乐博物馆和清代"水陆画"。参观完后，温老师给博物馆题词留念。

陈馆长又带我们去了永固古城和童子寺考察。据陈之伟馆长介绍，永固古城是大月氏的东王城，大月氏是公元前209年被匈奴赶走了，说明这个城是公元前209年前建成的。上面有一座清代的喇嘛教砖塔，建在了古城城墙的角墩上，现在还是县级文物保护单位。汉武帝公元前121年派霍去病带兵从扁都口打进来，把匈奴打败后设河西四郡：武威、张掖、酒泉、敦煌。

永固古城外部形状像个簸箕，北面窄，南面宽，西城墙和东城墙沿河道而建。整个城的城墙周长9.23里，大概12里见方。这个城的内部结构是个算盘形状。从城的偏南边有个城墙，分城南北两部分，老百姓把它叫作"算盘城"，南边地势低的是外城，地势高的北面是内城，且是军事重地。温老师说，其实这是个三角城。

童子寺原名洞子寺。童子寺庙建在一座山崖的下面，山崖上有石窟，现在是寺庙还没开放，不对外，还是由文物部门管理，里面有和尚在修行。通石窟的路上没有台阶很难走，现在是省级文物，据陈之伟馆长介绍，这批石窟里最早的壁画是北魏时期的，破坏很严重，我上去看了并照了相片，但色彩还是很鲜艳，古代的矿石颜料色彩保持性很强的。山崖的山体已经有裂隙，结构是砂石混合，很疏松。温老师建议要对壁画进行切割，异地保护，否则是无法长期保存下来的。

2017年6月14日

今天我们离开民乐县奔张掖，然后去高台住酒泉。张掖和高台是穆天子路过的地方，但没有记录。张辉入列。

温老师告诉大家："张掖"，应劭曰"张国臂腋"。实在是牵强附会。因为，西汉还有一个"张掖县"，在武威市南部的"张义堡"（公元前101年）。我们推测"张掖"是西戎语译音。

大佛寺是西夏一个皇后发心建造而成，始建于1098年。寺内有巨大的木胎泥塑涅槃佛像。后清朝重修，保存至今。

我们在雨中游览了大佛寺，体会了雄伟与沧桑。两小时后我们去高台县，12：00我们来到了高台县，并到黑水河边游览，还看到了水鸟。黑水河发源于祁连山，绕着张掖转了个弯向西北方向，在高台县那里进入沙漠向北方流去，然后消失在沙漠中。这条古代河流叫黑河，也叫若水。这条河是中国最长的内陆河，周穆王在回程中路过这里，又去了山丹县的"文山"（胭脂山），所以温老师判断他必须走这条路，因为两边是高山和沙漠。

傍晚我们到酒泉，入住在民政宾馆。在宾馆，温老师给我们开了总结会。温老师说："酒泉是我们这次考察最重要的地方，大概要在这里考察五到六天。因为这里也是周穆王当年西行的重点，大概在这里活动了三个月，西王母就是在这一带（金佛寺镇）。所以明天我们的考察在文殊山一带。"

周人的祖先叫"弃"，所以被封为"稷"，又叫"后稷"，是农业神。后人又发明了牛耕种地。用牛耕田，需要把牛阉割。

2017年6月15日

今天我们去文殊山脚下祁丰乡。经过文殊寺。这里古寺群（据说有360多座）在1958年被毁，仅存全国重点文物保护单位石窟群，有《有元重修文殊寺碑铭》（1326年）。我们的目标是继续往前走，去北大河附近，这里是周人起源的鸿鹭氏所在地（宋代乐史《太平寰宇记》），周人的祖先弃就是在这里出生、生活，我们要到现场去考察。

肃南县祁丰乡，是东纳藏族所在地，位于酒泉市南山，东西160千米，南北105千米，分前山区和后山区，有草原809万亩。鄂博（蒙古语称"敖包"）是一堆石头作为边界的标识，引申为边界的意思。

温老师说，东纳藏族历史，这个部族最初在四川省甘孜州金沙江边，东汉称"动黏"，《北史》称"当迷"，唐代王玄策称"多弥"。多弥部强大起来后加入了吐蕃，成为吐蕃的六大姓之一（董氏）。其首府称"灵"。宋代建立了"灵国"（"岭国"，王城在四川省甘孜州德格县俄支乡）。公元11世纪，灵国英雄、著名的格萨尔大王（1038—1119）北征，在祁连山打败了黄头回纥（"霍尔"）。为了守住北部边界，留下一支部队，这部分人就是东纳藏族。在《格萨尔王史诗》中，只记载大战"霍尔"，但不知道在何处。黄头回纥被赶走，多数成为现在的裕固族。元代，灵国出了一位"帝师"胆巴。明代，朝廷在"灵"地封有"赞善王"（藏区五王之一），并设立了"朵甘斯都司"，管理安多和康巴地区。

到如今，已经一千多年过去了，这里的东纳藏族与汉族、裕固族、蒙古族融合。现在的年轻人会讲藏语的人不多了，我们中午就在祁丰乡卓玛山庄吃中午饭。饭店的女老板叫卓玛措。汉语名字叫代席萍。她热情招待了我们一行，还给我们唱了几首歌，三首汉语歌，一首藏语歌。温老师非常开心，即兴跳起了藏族舞。在与祁丰乡居民的谈话中，印证了温老师关于东纳藏族的判断。

吃过午饭，我们又继续寻找北大河和鸿鹭山。在祁连山的西南坡，我们又向嘉峪关的方向前进。在嘉峪关市的外围有一条河，周穆王时叫黑水，汉代叫乎缠，明朝以后才叫北大河。我们站在北大河的河边望向祁连山的方向，中间也有一座不太长的山，现在叫嘉峪关南山，在北方，山的末端就能看见嘉峪关，周穆王来的时候见到了鸿鹭部。所以这座山就叫作鸿鹭山。我们上午是在山的东侧，是某装甲团演习场，所以没能找到北大河。下午我们来到了鸿鹭山西侧，看到了北大河。在鸿鹭山与北大河之间这一片就是周人祖先起源的地方，所以周穆王在这里立了"周室主"。他在这里因下了七天雨，把他祖先的骨头都冲了出来，所以他又下令六师，把祖先的骨头封起来［按，西戎人相信，人的生命本质存在于骨头之中，特别是头骨中。因此，人可以通过"灵骨复生巫术"而"重生"。湟水流域"卡约文化"（夏商周）的"砍头藏"，即缘于此］。

周穆王称此地为"留国之邦"，即确认这里是周人祖先的"故国"，意义重大。

在北大河边考察完，我们又来到了附近的茂密农田里合影。温老师给我们讲了当年弃在这片土地生活。后人发明了牛耕，使经济实力大大增强。据载弃的母亲叫"有邰氏"，她是踩了熊的脚印后怀孕生下了弃。弃也叫后稷，是农业神，大体上和夏代仲康时代差不多（公元前19世纪）。

到了商朝武乙时代（公元前12世纪左右），古公亶父在戎狄部落的打击下，向东南方迁徙，最后定居陕西的祁山。因司马迁已经不知原委，便把祁山定为周的祖先起源地"周原"。所以，据我们的考察印证，在嘉峪关正南，在鸿鹭山（嘉峪关南山）与黑水（北大河）之间狭长的、大概三四十千米的这个地带，就是周人祖先生活了大约八百年的起源地。

温老师说，搞清楚周人起源于昆仑山十分重要。从而知道为什么周天子自称"我西土君子"（《周书·泰誓》）。周公"制礼作乐"是把西戎文化与炎黄文化融合。孔子继承了这个传统。多数专家弄不清楚这种因果关系。

今天我们顺利地完成了对周室主起源地的考察与印证，顺便还找到了东纳藏族部落的所在地，收获巨大。

2017年6月16日

今天天公作美，我们要进祁连山，因为政府下达文件，祁连山因环境保护遭到中央批评而"封山"。《穆天子传》称此山为"舂山"，就是"葱山"，因为山间有许多野生沙葱。我们通过个人途径与金佛寺镇政府的马玉娟副镇长联系，获得允许进山考察。

我们今天的考察任务是：从凫山（"观山口"）进山，到海拔3600米的台地，那里有个"大海子"，在《穆天子传》中，这是西王母会见并宴请穆天子的"瑶池"。

早上9：00，我们一行三辆车从民政宾馆出发，先去金佛寺镇政府。我们有一辆四驱车是酒泉市的企业家孙继红总经理帮我们借的，车主是金锁阳生物科技有限公司的潘竟成总经理。

上午10：00，我们首先来到观山口村进入祁连山的入口处，这里有个观山口的石雕，大家在这里留影合照后，温老师给大家讲：这就是我们今天要进入祁连山的入口处。大家上车先去金佛寺镇政府，找马玉娟副镇长，联系进山事宜。

在金佛寺镇政府，我们没有见到她，但电话联系了她，而她已经给我们进山打好了招呼。我们从观山口进山，山路可以通到大海子（瑶池，在祁连山主峰的下边）。我们还要找"玉石房子"，这里是《穆天子传》中所说的"黄帝之宫"，是穆天子祭天的地方。

由于山高路险，我们只能来到海拔3千米的地方放下两辆车，只有一辆四驱车、四个人（王文秀、张新革、扈新昭、叶强）继续往上走，上边的路更是艰险，经过一个小时，一车四个人来到了"瑶池"。他们到达瑶池畔，十分兴奋。在这里拍照留影，扈新昭高兴地玩起了"车轱辘把戏"。

温老师等其他人员在海拔3千米的地方等待。当时本地野生动物保护工作人员藏族阿成，骑摩托车来到我们停车的地方，与温老师攀谈起来，给温老师具体介绍了山上的情况："玉石房子"上方是"玉石沟"，在祁连山主峰下面。玉石沟的下面，现在的人叫玉石房子，是个石窑洞（天然石窟），有16—18平方米（在《穆天子传》中叫作"黄帝之宫"）。据说，骑马需两天。所以，我们没有看到玉石房子，也没有上到青山顶。

2017年6月17日

过度劳累，休整一天。

2017年6月18日

今天上午天气非常晴朗。我们8：30准时出发去金佛寺镇进行考察。因为叶强也要回北京，所以我们只有让张辉开辆五座的越野车坐四人，张新平开一辆七座的奥德赛坐六人。

今天的考察任务是要找到《穆天子传》中记载的"先王所谓悬圃"，即空中花园，还有春山。温老师说，公元前299年，屈原在《天问》中，就问道："昆仑悬圃，其居安在？"

在肃州区博物馆王保东馆长和西勇的带领下，我们来到了金佛寺镇小庄村，站在村前的田野里，我们向山的方向望去，真的看到了一座高台之上绿色的村庄，在红色的山体环抱之中。红山之上又是青色的山，在往上是覆盖着白雪的高山，这座高台高出地面大约40米，面积大于一平方千米，附近有泉水，我们访问了田野中劳作的农民，他们告诉我们，高台之上的村庄属祁连县，是裕固族的村庄。温老师给我们讲解，空中花园外围一片的山就是春山。田野的一位农民指着西边的一座山峰说，那座山名叫"鹰头山"。但温老师当时并不认为那就是记载的鹰鸟之山（按，温老师回北京后，对照地图发现，那里的确就是"鹰鸟之山"。《穆天子传》原文是"天子已饮而行，遂宿于昆仑之阿，赤水之阳，爰有禋鸟之山。天子三日舍于禋鸟之山"。赤水，即今流经寺台子、红山口子、红山堡之红山河也；原以为是红水坝河。昆仑之阿，今祁连山也）。

我们又向山上开车，上到肃州区水务局红山河灌区水利管理所，找到马所长访谈。这个村庄就在"悬圃"之上。这高出的台地，高约40米，本地人叫"东坪"。面积大约一平方千米，在东坪西南八千米的地方有一口泉水，出水量是六分。东坪周围的山上有白色的鸟——雪鸡。山上的动物，在记载中大部分还存在。大家还讨论了"春山之上"能吃虎豹的是什么动物？王文秀提出可能是"獒"；不畏雪的"孳木华"是什么？大家认为是"雪莲"。

接下来我们去寻找"古城滩遗址"——这里是西王母邦国的王城。我们先到金佛寺镇找镇政府给我们派来的向导，然后一起开车去找古城滩遗址。我们请来了红寺堡村的原村书记黄谈德（今年75岁）。老书记给我们指点了古城跨越公路的南、北，东边在丰乐河。南北城墙的遗迹犹存，经温老师认定这座古城应该是汉代的三角城，地表能采集到汉代砖瓦。但是，早年考古调查资料显示："红寺村的高疙瘩滩"遗址属于新石器时代晚期遗址（《酒泉市志》上卷）。虽然我们没能找到西王母的古城，但是温老师说：找到汉代古城遗址也很重要。因为西王母的古城也应该就在这附近，古人也是需要在河边生活的。这里就是所谓"昆仑墟"。

丰乐河东岸，有著名的"干骨崖墓地"，多为长方形竖穴土坑积石墓，距今4300—3600年。出土青铜器的墓占二分之一。还出土了极具特色的"单耳靴形红陶壶""双耳彩陶杯"，以褐色绘56个女人跳连臂舞（西藏阿里地区仍然跳这种舞蹈，叫作"果谐"），十分罕见。温老师说，1989年青海省乐都县出土了"辛店文化"陶靴，距今3500多年。玉门市清泉乡火烧沟墓地出土了穿靴彩陶俑，距今3800年。甘肃省文物考古研究所、北京大学考古文博学院编著的《酒泉干骨崖》（文物出版社，2016年）考古报告，是认识西王母邦国文化的重要著作。

下午3：00，我们才去观山口吃午饭，虽然大家都很疲乏了，但吃完饭我们又立刻出发，去西洞镇寻找"䙲（鹰）鸟之山"。这时刮起了沙尘，祁连山被笼罩在迷雾之中，大家都在感叹庆幸我们十六号进山的天气那么好，老天保佑我们！

下午四点多钟我们来到西洞镇，西洞镇党委副书记接待了我们，了解了我们的来意后，他亲自出马带我们去寻找鹰鸟之山。来到滚坝村已经下午6：00了，找了几位村民寻问，都没有得到有价值的线索。看来这次的寻找要留空白点了。

2017年6月19日

今天上午8：30准时出发。天气晴朗，韩老师和张新平开了两辆车一行七人去距酒泉市五十多千米的金塔县。十点半到达金塔县文物局，文物局局长兼博物馆馆长李国民接待。李局长给我们介绍了这里的文化。

金塔县出土的先秦文物中，没有出土琉璃器物，周穆王在这里参拜了"采石之山"，并与当地重邕氏（三苗后裔）人在此地冶炼铸造了佩饰，应该是冶炼铜器。汉代时这里曾是一片绿洲，县的北面有座大红山（高1927米），推测是"采石之山"，即大山由彩色石头构成。在北大河附近二道梁有冶炼遗址。金塔县有五个玉矿。刘珏林主任介绍了一个冶铜遗址——白山堂古铜矿，现在还在开采，离金塔镇一百多千米。路况不好没能去。在白山堂古铜矿遗址方圆五十千米之内没有其他铜矿遗址。

据刘珏林主任说：他曾发现一件鸟形彩陶器，属四坝文化（西王母时代）。温老师说，在这里居住的是南方迁移过来的三苗的后代。以鸟为图腾的部落，我们要重点寻找鸟形文物。

火石梁和二道梁遗址，据调查在前4000—前3900年前的遗址。据温老师推测与周穆王时代相符。

周穆王在此地停留了一个月，并冶炼许多"佩饰"，但不知是马佩饰还是人的佩饰。之后我们在刘主任的带领下中午一点出发去火石梁冶铜遗址考察。该遗址于1987年被发现，在大庄子乡东北，面积9.5万平方米，发现了大量的矿渣、陶片、木炭、绿松石、玛瑙。在周围出土了许多简牍，这里是出土汉简有名的地方。周围还有西三角城、北三角城、小三角城。这是现代人的叫法，这种城是中国西部文化典型的标志。现在西三角城存在。至20世纪80年代，小三角城里的灰陶残片保存量很大，大多是汉代的。

今天是我们行程的第18天。我们在酒泉共考察了五天，今天去金塔县考察。首先我们遇到的是北大河在此向北流去，河水已经很少了，断流了，而形成了两个很小的水面，叫鸳鸯池水库。河的两岸就是夹山，就是周穆王所说的"长滩"，居住着"重邕氏"。

温老师说，重邕，"重"或读"钟"；"邕"，西戎语"王"之意。东汉有钟羌在青海东南部。"重邕氏"是三苗的后裔。可知，西戎的西王母邦国早就融合了炎黄的三苗文化，出乎专家们意料之外。

四川省荥经县出土"咸者"（被误读为"成都"；"咸者"，大巫师）铜矛上，有虎头面具，头上有羽毛，恰恰表现了这种崇拜鸟与崇拜虎文化的融合。

"采石之山"是金塔县正北方三四十千米之处的大红山（1927米）。周穆王在河畔进行了冶炼。郝懿行认为是冶炼玻璃（1908年）。但是，当地文馆所人说，汉代以前这里没有出现过玻璃器。所以铸石为器应该是铜佩饰，这个铜冶炼遗址叫"火石梁遗址"。现在这里是一片沙丘。但地上有芦苇，说明有地下水。

穆王时代这里应该是草木茂密的森林而且有河流。这是冶炼所必需的两个条件。之后我们又去找长沙之山，我们开车到鼎新镇的东北方向五六千米。但路不好走，我们没有去。听说这里一个村都姓曹，这就是《穆天子传》中的"曹奴"。

2017年6月20日

今天是我们在酒泉考察的最后一天。我们七人去鸿鹭山，寻找"骨头泉"。温老师说：宋代《太平寰宇记》记载陇右道酒泉县有鸿鹭山，郭嵩焘在1887年考察嘉峪关时就指出，鸿鹭山就是《明一统志》记载的"嘉峪山"。而这个"骨头泉"的名字，并不会随意起，而应该是周穆王来这里命名的留骨之山，所以这里一定是周人先祖"弃"的生活地点。正说明了周的先祖起源地应该就是鸿鹭山下，黑水河畔。在地图上查找到骨头泉就在公路边。而这里离嘉峪关只有5千米，所以温老师计划我们8：30出发去找骨头泉。摄影留念后就去嘉峪关让大家去游览一下关城的雄伟。正好叶强十二点的飞机要到嘉峪关机场，顺便接上叶强就一同回来了。可是计划没有变化快。我们寻找骨头泉并不顺利，导航一直把我们导入到祁连山脚下。这时天下起了小雨。这时新昭的车前右轮胎被石头扎破了，我们又开始换轮胎，换好轮胎继续寻找。这时候已经是十二点了，只好让叶强在嘉峪关等我们。

这时，祁丰自然保护区的巡察员何兵拦住了我们，不允许我们进山，经过交涉，他介绍了这里的情况。这里有泉水,骨头泉是个滩地,离我们所站的地方五百米左右。

温老师说,据《周书·泰誓下》云"我西土君子";周穆王又说"大王亶父之始作西土",完全证实周人祖先起源于古昆仑山,并在此生活了约八百年。叔均开始"牛耕",提高了生产力。公刘建"邑",获得发展。所谓"豳",就是黑河畔的"冰沟"一带。我们质疑《诗经·公刘》。到了古公亶父,"始作西土"(建立邦国,武乙时代,公元前12世纪),受到打击。亶父乃东迁。先到陕西省彬县(豳县),不久,武乙赐以歧邑,又迁徙到岐山下,就是学者们所谓的"周原"。

在我们走出不远的地方,还真的有一个"骨头泉"(海拔2298.7米)。大约十多平方米的样子。而高出"骨头泉"3米的是黄砂土大坪台,面积约2平方千米,推测即"有邰氏"所居处。周穆王称这里是"留国之邦"即周部族的起源地,意义重大。温老师说,这里离开公刘建"豳邑"的地方不远,有待考古证实。回来19千米的路程,我们却走了两个半小时。到公路上就2:30了,我们到嘉峪关接到叶强已经三点了。

2017年6月21日

早晨8:30,我们一行十人坐三辆车从酒泉出发去瓜州(安西)考察。当地1972年发现四坝文化"兔葫芦遗址"(在双塔村西南5千米沙漠中),附近有万座汉墓。但我们没能去考察。十二点多我们到了"破城子遗址"。破城子遗址是全国重点文物保护单位。保存比较完好,呈长方形(东西147、南北256米),是汉—唐城址。这个城没有周穆王时代早,保存比较完好,城墙、马面、角楼保存得很好。

瓜州在《穆天子传》中叫"赤乌国",是与周人联姻部落。周穆王说"赤乌氏先,出自周宗"。古公亶父的大女儿嫁到了赤乌国。温老师说,周穆王还有个女儿叫季姬,1946年洛阳出土了"季姬方尊"。这个"破城子"虽不是穆王时代的城,但穆王沿着祁连山走向瓜州的方向。这座城可以作为一个坐标,为我们的《穆天子传》考察提供线索。然后,我们又到榆林河(踏实河)边合影,这条河发源于祁连山,距破城子不远,河水已经干涸,因为上游修水库。在《穆天子传》中称春山之"虱",古代叫他虱河(踏实河),是赤乌国境内的主要河流。瓜州有个奇怪的地名"老师兔",推测"师兔"是"赤乌"的音变。

温老师说,学者中只有香港中文大学饶宗颐教授,预测到"周人与西域赤乌氏有渊源"(2005年),被考察证实。但他当时还没有确切证据,也不知道赤乌氏在何地。从他所引王家台秦简《归藏》中可知,赤乌氏还崇拜"神木"(树神)。

下午二点,我们来到瓜州城吃中午饭。瓜州在汉代叫渊泉县。在《穆天子传》中叫"羽陵",因为附近有一座很大的湖("冥泽"),唐代李吉甫《元和郡县志》记载,南北60里,东西260里。这么大的湖在明代末年干涸消失了。三千年前,当地部族在羽陵之上宴请周穆王。瓜州是周穆王巡行所到的最西端。

应大家请求，温老师答应我们去敦煌游览。下午三点我们从瓜州去敦煌。六点到敦煌飞天大酒店入住。部分人游览了月牙泉。

2017年6月22日

早上8：00，我们一行人从敦煌飞天大酒店出发去莫高窟参观。因为温老师关系，我们得到了特殊接待。敦煌研究院科研管理处副处长李国安排最好的讲解员，带我们参观了两个开放洞窟和两个不对外开放的特窟。由于时间紧我们还要赶路，所以没有多看几个洞窟。

十点半我们从莫高窟出发去马鬃山。这座山在《穆天子传》中被称作"群玉之山"。2007年发现古代玉矿，此后作过四次考古发掘。共发现5个地点，矿坑290多个，灰坑55个，房址31座。遗址以汉代为主，出土早期陶片，属于"四坝文化（夏商周）"。玉质属于"透闪石玉"。

中途我们在"桥湾古城"停车。在河边，这里有座古城，是古代边关的设置。这条河今称疏勒河，这是穆天子渡河北去的路径，也是当年玄奘西天取经时，偷渡的葫芦河。

下午4：30，我们到了肃北县飞地"马鬃山镇"，即穆天子所谓"群玉之山"，距离县城约500千米。于志平镇长接待了我们，并介绍了一下小镇的基本情况。这里俗称"黑戈壁"，小镇是蒙古族自治镇，面积3.8万平方千米（比台湾省大）。这里地处交通要道，"西通哈密道，东邻内蒙古，北界蒙古国，南望祁连山"。矿藏丰富，有铜、铁、金、铅等。平均海拔2100米。全镇人口一千多人，大部分都是蒙古族，是个荒凉的边防小镇。我们走了一段即将通车的"京新高速公路"，发现还不能通到额济纳旗，又原路返回。温老师说，"古玉门关"在嘉峪关市西北的石关峡堡。下午5：30才从马鬃山返回酒泉。到民政宾馆已经晚上10：00，我们又去吃了点饺子。回来休息时已经晚上11：00了。

2017年6月23日

由于昨天大家都有些疲劳，温老师让大家休息半天，修车、还车、邮寄东西。中午，酒泉世纪红牡丹集团的孙继江总经理在放羊人酒店给我们送行，并对我们的考察给予高度评价。借我们四驱车的金锁阳集团的潘竟成总经理也一起陪同我们，并给我们送书《酒泉县志》。肃州区博物馆馆长也陪同送行，也给我们送上了他们的文物考古类书。

最后，温老师在饭桌上送给酒泉市官员和人民两句话："酒醉忘却西王母，举目不识昆仑山。"

鉴于某临时团员不守纪律，信口开河，批评无效，温老师决定从此切断与他的联系。

下午3：00，我们从酒泉出发先去找《穆天子传》中的长沙之山，果然在航天城北的天仓乡发现了线索。这里海拔1163米，之后我们就奔额济纳旗。途中问路，顺便问了一下村里居民的姓氏分布。据村民介绍，在长沙山附近的国光村村民90%以上姓曹。中丰村30%姓曹，应该是"曹奴"的后裔。经历三千年，曹姓仍然居住此地，令人诧异。

晚上6：00，我们车开进酒泉卫星发射基地的军事管制区，不能沿黑河畔北上，只能走民用公路。考察线路受到制约，很遗憾。我们看到了戈壁风光，看到了大漠落日，荒凉凄美的感觉，令人难忘。晚上我们看到了满天星斗，找到了北斗七星、北极星，在漆黑的旷野里，更显星光灿烂。

晚上11：00，我们才到内蒙古额济纳旗达来呼布镇的金洋酒店入住。

2017年6月24日

早上大家都多睡了1小时。8：30在温老师房间大家开会，温老师给大家介绍了情况。11：00我们到了居延海，合影。居延海现有面积3万公顷，水深约2米。1992—2002年断流。古代不知叫什么，水面比现在大很多。穆天子在这里驻扎了三个月。现在由于干旱，水面已经很小了。

下午1：00我们来到当地收藏家魏国英会长处。他介绍了曾采集到大量古代的陶片、石斧等遗物，而这个地方在县政府的东北方与蒙古国交界处，叫呼仁巴斯塔。温老师判定是骟马文化，与西王母时代相符。

下午3：00，我们到了"黑水城遗址"（哈拉浩特）。该城遗址呈方形，海拔870米。黑水城是西夏黑水镇燕军司驻地。军司相当于今日的军区。1227年灭于蒙古。明洪武五年（1372年）以后废弃。

俄国探险家科兹洛夫于1908年、1909年、1926年盗走大量文物。该批文物是西夏及元代的遗物，是研究西夏的重要资料，大部分已经不知所终。1914年英国人斯坦因也发掘过该城。

第三个点就是"温山"。可能在向阳边防站附近，但不敢确定。

下午4：00，我们离开黑水城遗址，去张掖。途中在航天城，向阳检查站附近留影。这里有唯一的一座山，可能是《穆天子传》中的温山，周穆王在这里张网捕鸟。想见三千年前这里水草丰美，鸟类众多；如今是一片荒漠，看不到动物的身影。

离开这里我们加速向张掖奔去——如果走高速就得绕酒泉，地图上显示有一条路（在合黎山北侧）可直通张掖，但是尚未完工。于是决策层选择了这条艰险之路。绕巴丹吉林沙漠边缘过去，景很美，路难走，信号时有时无。突然看到通往高台的路牌，开进去30千米发现是断头路。天色漆黑，路迢迢漫长，靠汽车灯光，长时间驾驶，司机产生了幻觉，相当危险。今天走了685千米，驱车16小时，终于在凌晨1：00到达张掖市甘州区国家湿地公园炫辉生态酒店。

2017年6月25日

今天是星期日，由于昨天长途奔袭，凌晨3：00才睡下，所以今天我睡个懒觉，没去吃早餐。

中午11：00大家装车，然后去吃饭，并去张掖机场给新昭送行。他要回北京，26号去香港拍卖会。

午饭前温老师给我们介绍了今天的行程安排及考察事项。

我们今天午饭后出发，经民乐县、扁都口、峨堡镇到达门源县。我们穿过祁连山大峡谷。门源在《穆天子传》中的记载是"西膜谓之茂苑"。至今这个县西有个地方叫"仙米风景区"，花卉茂盛。三千年的衍变，原来的"西膜"变成了"仙米"；"茂苑"被叫成了"门源"。

今晚我们要住在门源县。明天从门源去海晏县。下午五点半，我们经过峨堡小镇，周穆王从海宴来到峨堡，向西拐进肃南县，就是西王母之地界"黄鼠之山"（当地称旱獭为"土黄老鼠"）。

温老师说，"扁都口"，古代称"大斗拔谷"。609年六月，隋炀帝从青海去张掖，过此山谷，恰遇雪虐风饕，士卒冻死者大半。这里也是当年（440年）秃发樊尼率领部众向青海、西藏方向逃跑时必须经过的地方。

晚上七点多，我们来到门源县，在智恒大酒店入住。

2017年6月26日

上午我们在门源县吃过早饭，就出发继续我们的考察。

我们的首车先停在了门源县政府和青山嘴之间，从这里观察到门源是被祁连山环绕的山间盆地，水草丰茂，很富饶。大片油菜花，刚刚开放。"门源"即是《穆天子传》中所说的"茂苑"。这个地名，保存了三千年，令人惊叹。当年周穆王从海晏过来，估计他的停歇地点应该在青石嘴一带。

我们从山口进山，盘山而上，来到观景台上。我们脚下的山就是《穆天子传》中的苦山（达坂山）。往北看去就是祁连山连绵不绝的雪山。继续往前走，我们来到峡口的最高点达板山收费站，海拔3792.75米，往下走是黑泉水库，过了水库地势就平坦许多了。继续往前，穿过大通县城北城关镇。我们在白土村停车，询问了当地村民附近道路情况后又继续前进。在大通县与北川县交界地有一座玛尼堆，还有一块国务院颁发的"界碑"。我们在这里取景留念后又继续赶路。大约下午2：00多钟我们来到海晏县城。吃了午饭就直奔青海湖（玄池）。这时下起了大雨，这里的雨很奇特，这里下着雨，不远处就是出太阳的天，走出这片雨云来到阳光下，不一会儿又走进另一片雨云。

下午4：00，我们终于到达了青海湖边。有藏族人在"燎祭"湖神，青烟直上天空。青海湖长105千米，宽63千米，周长360千米，最深38米，湖水面3193平方米。管理处的陈琳接待了我们，并与我们一同合影。

温老师给我们介绍《穆天子传》中说穆天子"大朝于平衍之中"（就是金银滩草原），然后来到"玄池"（就是青海湖），在湖中小岛上玩了三天，并奏"广乐"，还在这里种了竹子。我们没有找到竹子，但是，宋代记录有竹子。下午五点，我们从青海湖边往西宁方向回程。到西宁是晚上7：00，温老师临时决定奔兰州。从西宁到兰州全程270千米，全程高速，但我们还是在晚上11：00才在兰州市定西二支路上的金苹果精品酒店住下。

2017年6月27日

由于接连几天的长途跋涉，温老师给我们一天的休整时间。

晚上，温老师多年的老朋友、北大师弟、兰州大学杜斗城教授及夫人陶秀琴，还有学生丁得天博士，敦煌研究院杨富学教授来到酒店，在一起吃饭、叙旧。白莲茹回呼和浩特。

温老师说，兰州是大月氏的原始居住地，就是《山海经·大荒北经》记载的"禹谷"（禹知山谷）。兰州出土了大批精美彩陶器，文化高度发达。彩陶属于马家窑类型（距今4800年）、半山类型（距今4500年）、马厂类型（距今4000年）等，属于"禹知"（大月氏）文化。他还告诉我们，兰州有个"皋兰山"，山西侧有"雷坛河"，河畔有"华林坪"。这三个地名说明，"夸父逐日"的夸父最后到达这里。"夸父"就是"犬戎盘瓠"的"瓠父"。

2017年6月28日

早晨8：00，从酒店出发，温老师想让大家看看兰州市的中山桥。没想到赶上上班早高峰。在市里堵了两个小时，也没看到桥。我们两车还走散了，分头导航到了盐场堡。盐场堡位于兰州市东郊，是周穆王经过的地方。

温老师说《穆天子传》中提到这里叫"焉居禹知之平"。焉居是生产盐的聚落，禹知就是大月氏。据考证，在盐场堡西北还有两个盐池生产盐。司马迁说大月氏在敦煌、祁连山间，那是遭到秦穆公打击（公元前623年）后，第一次迁徙之地。后来，受到匈奴打击，第二次迁徙新疆伊犁河谷一带。约公元前160年，在乌孙打击下，大月氏第三次才迁徙到阿姆河南岸。最近，北大某教授又提出大月氏起源于新疆哈密巴里坤山，更是毫无根据的猜测。

下一步我们将去天水考察。中午12：00，我们在定西市歇脚，吃中午饭，顺便参观了古玩城老板刘岐江馆长的私人博物馆，有玉器博物馆和彩陶博物馆。他的玉器收藏是从解玉的过程逐步发展布展的，温老师说这很难得。他收藏的玉器，据说都采自马衔山和马鬃山。他收藏的彩陶器中有一件是巨大的鼓，大肚小口形制奇特。

随后，我们一行来到天水市博物馆。温老师的学生、文物处董良毅来迎接我们。进入大门首先看到的是伏羲庙，院子修整得很美。

我们进入文物管理处，王来泉主任热情地与温老师座谈，然后带我们一行参观了博物馆和伏羲庙并宴请众人。

2017年6月29日

早上8：00，从天水市的天成大酒店出发。今天我们要去宝鸡参观宝鸡青铜器博物馆。文物处的小董把我们送到高速口。一路都是高速，就是隧道连着隧道，走不快，十一点多才到宝鸡市。吃过午饭，陕西历史博物馆的文军处长给我们联系了宝鸡青铜器博物院副院长李岐，给我们安排李蓓做讲解员。我们参观了两个小时，温老师决定住岐山县，四点多从宝鸡出发。一个多小时就到岐山县天缘商务酒店住下了。

自古学者们认为岐山是周人的发源地。这次通过《穆天子传》考察团的实地考察，我们发现了周人更早的起源地，是在酒泉市鸿鹭山与北大河之间的狭长地带，是周人祖先"弃"的出生、成长、壮大的地方。周穆王曾到了这里，为祖先遗骨重新埋葬，称这里是"留国之邦"。鸿鹭山有个奇怪的地方叫"骨头泉"。我们也去实地考察了，这就是周朝前辈人的二次葬。穆王在这里"立周室主"。历史与考古是对我们先人的历史进行不断地追根溯源的过程。让历史更加贴近史实。

2017年6月30日

今天在岐山县去看了宝鸡周原博物院。周原是关中平原上海拔900米左右的一片坪原面，因周人迁居于此而著名。

三千年前，古公亶父率领周族迁徙定居于此繁衍生息，奠定了周人崛起的基石，西汉"美阳得鼎"成为周原出土文物的最早史证。公元前771年，西戎、犬戎和申侯伐周，杀周幽王于骊山下。周王室为避犬戎，东徙洛邑。秦襄公以兵护送周平王（宜臼）。平王遂封秦襄公为诸侯，赐以岐山以西之地。周原于是成为秦戎必争之地。双方发生了几次大战役，致使城区毁废殆尽。许多奴隶主、贵族仓皇逃窜，留下许多青铜器窖藏。

此后，列国之争日剧，人们无意重视这块废墟，岁月既久，逐渐埋没，沦为农田。

中午吃了西安的羊肉泡馍后，我们又去陕西历史博物馆会见了文军女处长并与之合影。

下午四点半到了河南省灵宝市,入住灵宝袋鼠艺术酒店。

然后联系了灵宝退休文物专家、66岁的宁建民。他因下乡决定明天一早与我们共进早餐。

2017年7月1日

今天是我们考察的第30天了。我们来到了河南省灵宝市枣乡河边。这是春秋战国时期的磐水。与刚才我们停车的湖水合起来叫盘瓠,是"犬戎盘瓠"部落的发源地。这里的是五彩犬戎,他们支持周穆王并一同征伐白犬戎(在延安地区的白于山)。周穆王回来的时候,盘瓠给周穆王献了良马。

在灵宝市文物局66岁宁建明老师的带领下,我们很快找到了胡城古城遗址,这座古城据温老师分析,西周时期以前就有,这一带地区(西至华山,北至风陵)是五彩犬戎的大本营。公元前771年,他们与申侯一起杀了周幽王,胁迫太子宜臼到申(南阳市),因图谋不轨,遭到晋文侯联军打击,逃亡到湘西沅陵县,成为武陵蛮(仡佬族、苗族、土家族)。谭其骧"春秋战国"地图没有标示。

在胡城古城遗址边,我们看到了一个汉代的碑座,还有汉砖。这座古城,据宁老师讲,是1958年三门峡水库蓄水时废弃的。

下午1:00,我们来到了老百姓所叫的"夸父坟",文物局长觉得名称不雅,改名"夸父陵"。这里是灵宝市阳平镇。夸父山在谭其骧战国的地图上就有标识,但范围很大。这一带的山就是夸父山,主峰海拔2414米。

温老师说,"夸父逐日"的故事,用历史学解读,反映了这个部落向西征伐,已经跨过黄河,过了渭水的尽头,到了兰州附近。夸父这个部落的居住地叫皋兰(皋狼),在兰州有个皋兰山,可能夸父的踪迹到过那里——他们是第一次向西方开辟道路。"夸父"就是"瓠父"。因华夷之别,去掉了"瓜"字。所谓"盘古开天辟地"故事,即源于此地。

2017年7月2日

今天我们来到山西省运城市芮城县风陵渡镇,又到雪花山风景区。雪花山就是穆天子经过的雷首山。《山海经》记载雷首山上有古城。因此,温老师判断,正对着景区大门的山,不是雷首山。它左边的山,才是雷首山。犬戎盘瓠在这里向周穆王献良马四六。

中午我们来到三门峡市博物馆。博物馆的郑立超书记接待了我们,还有温老师的两个学生,贺辉(信阳师范学院老师,专程等待)、张青彦(女)等请我们共进午餐,并与温老师座谈。

下午，郑书记带我们来到"焦城"（"二边"即二城边）遗址所在地，这里已经是工厂厂房了。

下午4：00，我们至渑池宾馆入住。

2017年7月3日

早上我们从渑池县出发，经过"贺滹沱村"（"北循滹沱之阳"），走省道247，经"韶山"（1462米），盘山上到了马岭。我们到了河南渑池县南村乡与山西垣曲县曹家岭之间的黄河古渡口，温老师说这里就是穆天子北过黄河的地点。现在正在建设一条高速公路的跨河大桥。但接下来的10千米路真是太难走了，被运输的大卡车轧出的大坑连着小坑，我们的小轿车在这样的路上艰险异常。商务车还快没油了，红灯亮起，只好把车内的空调关上，忍着高温咬紧牙关往前慢慢爬行，终于开出了这段乱路，松了口气，还好走路没多远就遇到了一个加油站。两辆车各加了一百元的汽油，又冲洗了一下车上的灰尘，继续寻找下一个考察点。路好走了，很快我们就找到了皋落镇，在皋落镇我们吃了大盘鸡后继续奔向洛阳。走了一段高速公路，后遇到高速济源段封闭。我们又转到了省道，正好穿过王屋山、孟津县，看到了更美的风景。

下午6：00，我们顺利来到洛阳市入住在老城闹市中的云天宾馆。温老师的老同事老部下贺志军、张丽明、顾彦芳来给我们接风洗尘。其间，扈新昭从香港归队，还有温老师的学生彭成刚专程从湖南西部赶过来入队。

2017年7月4日

今天的洛阳气温39度，闷热。

早上吃过早饭，温老师的老同事老部下张丽明老师8：00准时来到宾馆，她今天带我们六个人去龙门石窟参观。龙门石窟是温老师"面壁36年"的地方，是他"昼读古史，夜数繁星"的地方，也是他"头枕大藏经，摩挲龙门佛"的地方。

天气这么热，景区的人还是很多，大多是家长带孩子来游览的。每上几步台阶，汗就会泉涌般地往外流，张丽明老师不辞辛苦带我们参观并给我们讲解。我们也热情很高，看到温老师当年工作的办公楼、游泳的禹王池，还有精美的佛造像，感叹古人的精湛技艺。

中午回到宾馆，见到了温老师的老朋友书法家寇北辰老师、画家李艾娴老师和她的女儿王芳。我们在真不同饭店共进午餐。

下午4：00，温老师在郑大的三个学生一起来王城公园与我们会面，与温老师叙旧，我们一起游览了王城公园。这里是"东周王城遗址"所在地。该城平面大体上呈方形，周长约15千米，是全国重点文物保护单位。

晚上三位同学请我们吃了丰盛的晚餐。我们互相留下了微信。有洛阳市文物考古研究院的卢青峰女士和张鸿亮博士。有洛阳博物馆的石艳艳女士。

2017年7月5日

今天是温老师给我们考察队员的福利日。

今天要带我们去登封市中岳庙、嵩岳寺塔和少林寺参观。上午，在宫嵩涛副局长安排下，先参观了中岳庙和北魏嵩岳寺塔（中国第一大塔）。

中午在景区的小饭店吃完中午饭，就去少林寺。下午1:30我们就来到了少林寺，拜见到了释永信方丈。方丈师傅与温老师交谈甚密切。

温老师的专著《少林访古》（百花文艺出版社，1999年），是权威著作。我们就随廷斌和延其师傅，参观了少林寺有名的景点和塔林。

忽然记起，考察路上，温老师给我们背诵明代少林寺高僧古梅大和尚的偈语："休休休处更休休，万事从今一笔勾。誓与青山为故识，愿同绿水作良俦。人间好事如春露，世上浮名若水沤。一任海枯松石烂，此心终不混常流。"

晚上，延斌师傅代表释永信方丈宴请我们。给我们安排住在禅武大酒店住下。明天一早就回北京了。

2017年7月6日

从少林寺—郑州—汤阴县羑里城—（转大广高速）内黄—衡水（大雨）—北京亦庄（晚上6:30）。黄元贞（温教授夫人）在"眉州东坡酒楼"设宴接风。考察团经历七省，行程1万千米，胜利完成了预定的学术考察项目。

2017年7月7日

上午，在亦庄新康家园，温老师作总结讲话并预祝后期工作顺利。北京书法家张秀伦先生挥毫助兴："寻踪穆途"。

附录：2016年8月考察记录

2016年8月15日

14日晚，温与天津王书玉、赵凯相会于兰州大学。15日从兰州出发，经过白银，至靖远县吴家川。得知吴家川岩画近年修公路遭到破坏。北上考察景泰县"黄河石林"，确认就是"燕然之山"。又去芦阳镇双龙寺，找寻"岘台山"，不果。晚，奔青海省西宁市下榻。

2016年8月16日

从西宁市，过日月山，经共和县，在京藏高速2031千米处（角什科寺大桥）下高速公路，向南行，到切吉乡政府，遇到孙广音同志并介绍情况：居民大多数是藏族，有7000人。面积0.4万平方千米。但对"河首"，一无所知。东邻沙珠玉乡〔按，"切吉"仍然存有"枝峙""赐支"古音。意义是"河首"（黄河之首）〕。考古学家指出，共和盆地有独特的"宗日文化"，延续了1500年。午间，去湟源县午餐。再北上海晏县金银滩，并参观西海郡新建的博物馆。晚，回兰州市。

2016年8月17日

上午，洗车，加油，到机场还车。下午温飞回北京。王书玉、赵凯飞郑州（他们从天津开车到郑州）。

"《穆天子传》学术考察团"东巡学术考察日记

顾旭恒

记录者按：

温玉成教授于2018年4月12日至15日首次到新密市考察。陪同人员有杨建敏［编著《溱洧论丛》（河南人民出版社，2016年）、编著《新密佛教文化》（新密市佛教协会，2017年）］、陈智军、张洪涛等同志。重点考察了伏羲山、補国城、力牧台、新砦遗址、响水潭、古城寨遗址、李家沟新石器时代早期遗址、织锦洞旧石器时代遗址及佛教寺院、石窟等。

此次是温教授第二次考察新密市考古遗址，组织了"穆天子传学术考察团"，使用红字黄旗为标志。少林寺方丈永信大和尚特派两位僧人及一辆汽车，以示支持。

2018年9月28日

温玉成教授在龙门石窟研究院讲课后，由路伟副研究员陪同。约11点，送到新密市承誉德大酒店下榻。

下午组成《穆天子东巡学术考察团》。成员：温玉成（教授、著名考古专家，79岁）、李宗寅［领队，66岁，河南大学美术系毕业，原新密市文化局副局长，著有《华夏探源——溱洧史迹考》（中国文史出版社，2004年）、《伏羲·溱洧——人山人水人之源》（中州古籍出版社，2017年）等］、张洪涛（摄影）、少林寺延个（顾旭恒，陕西师范大学硕士，记录员）；少林寺延弨（高金礼，驾驶员）。

目的地：泰山村、华阳故城。

出发地：新密市承誉德大酒店（西大街）。

①泰山村（新郑市）

考察目标：了解泰山村地形；拍摄实地照片。

考察手段：走近泰山村制高点（部队设有雷达站），分别于泰山的西侧、南侧拍照，时间约在下午五点。

考察描述：泰山四周现分别有"领军人物园""千稼集生态乐园""祥和里"等文化娱乐开发设施。泰山景观大受破坏。

②华阳故城（新郑市，传说是炎帝故里）

考察目标：了解故城格局；拍摄实地照片。

考察手段：到达故城墙边，拍摄城墙，时间约在下午五点四十。

考察描述：城墙边立有"全国重点文物保护单位"石碑（2013年3月5日公布，2014年11月1日立）；现保存有两段，一段在西，东西向，一段在东，东西向、南北向，彼此相连。

重要说法如下。

李：历史上泰山与张黄之间有水叫"漯水"。

温：现今"张黄"承源于《山海经》的"张洪海"，该海在泰山周围，东周时就消失了。溱水（溜水）发源于"张洪海"。郦道元《水经注》错误定为"黄水"。

李：泰山附近有个绵山，有介子推传说。

温：齐桓公时的一个大臣最早记录了泰山的祭祀（炎帝、黄帝祭祀泰山），春秋以后就衰落了，被称为"西太山"。

李：华阳，历史上归过新密，即密县，以前叫"华阳城"（附：黄帝故乡，新郑市东北角的"熊庄"，可能与有熊氏有关。20世纪50年代后改名为"能庄"）。

传说华阳城比邻城大两倍。

温：出土过一件青铜器，是周穆王时代的，叫"命簋"。目前器盖在美国费城（？），器身在上海，刻有铭文"王在华"，记录了周穆王到过华阳城，赐予"命"一头鹿，因此命做了这个簋作为纪念。

2018年9月29日

成员：温玉成、李宗寅、张洪涛、延个、延诏。

目的地：神仙洞（附：神仙洞，原来是天然山洞。夏时已有人居住，后来附近形成了一个村）。

考察过程描述如下。

途经"银汞峪"（明代成化年间遗址），证明此地生产水银、硫黄等矿物。相关矿物是炼丹术必备之物。丹砂即硫化汞。

然后驱车往下，到达"神仙洞景区"。温教授考证，这里被《穆天子传》称作"丹黄"。这里是群山环抱的小盆地，在双乳峰下，十分隐秘。神仙洞，为喀斯特溶洞，探明长度约5000余米，大小洞窟六个。目前已开发2300余米。该洞是神仙洞村的重要水源。洞内原有大量石笋，由于景区开发，浇铺入洞观光通道，遭到不同程度破坏。现有石笋景点的名称基本为后加，这些名称多带有浓厚的道教色彩，如"韩湘玉笛""授道厅"。但是洞口附近的一个叫"石炕头"的所在，则见于历史文献。洞内空间大小不一，时闻水声潺潺。很明显，这里曾经是一条地下河。神仙洞景区开发已有二十多年。神仙洞出口处有"大水池"。景区还有新建的"铜佛寺"及"伏羲祠"。

离开神仙洞景区，北上环翠峪，探访"庙子"。近年，旅游部门把这里打造成"嫘祖故里"，毫无根据。为纪念黄帝的这位夫人，旅游部门在古庙旧址基础上，建有一道观，名"太素宫"，作为"嫘祖圣母祠"。道观西南尚存"圣母池"，为天然泉池。温教授推测，"圣母"与纪念羲和、姑洫有关。

出环翠峪后，途经"西流泉"村旧址。即《穆天子传》记载的"留祈"。旧址附近有环形平地，当为蛇谷地段。

上午考察结束，返回承誉德大酒店。

补充：神仙洞为氾水源头；五虎沟与蛇谷相连；"溱水路"接上蛇谷；可以确定环翠峪历史上有过一个古庙，所以称"庙子"，还有个池子。

下午考察换由张朕基摄影。

考察描述：

用餐结束，随即驱车去往附近的"屈嘴村"（下午13：30出发）。

村址现为建设用地，基本铲平，仅存两三处历史遗迹，如"三义祠""五代井"。

"五代井"的三块纪念石碑保存于井亭内的石幢上。

三块石碑分别是光绪十九年癸巳瓜月立、乾隆三十八年三月初二日立（名"彰善碑"），以及一九八五年八月城关镇屈嘴村党支部、村委会立（名"五代井凿记碑"）。

1972年，水利部门曾在五代井开过现场会。会议由陈金瑞（老家山东莒县）主持。此行目的在于考证此地是否为"屈嘴"，也就是传世文献中的"穷咀"（即"后羿"故里）。

出"屈嘴村"后，驱车前往"石贯峪"。途经一露天石堆，共有四层较为平整的大石块叠加累积，疑为上古祭坛旧址。离开此石堆，又经"张华岭村"，得一村干部带领，观看了沟中一肖似"石棺"的大石块。此石有口耳相传的故事。

离开"张华岭村"，我们到达石贯峪村党支部，进行了简短的座谈。了解到，"石贯"名称的得来，与传说中在这里埋了"十贯钱"相关等。该村目前没有发现过重要文物，但是附近有一寺院，叫"槐荫寺"。

温教授介绍，石贯峪附近，春秋战国时叫"戏方"，今有方沟水流过。《穆天子传》记载周穆王曾用两只老虎、九匹狼在此"深蘸"祭祀"伏羲氏"（李：伏羲山尖山地区近年发现有狼）。

附：石贯峪村，南北窄，东西长，2015年以前为"省级贫困村"，人口现有1020口，全部为汉族。全村主要经济来源为种地与打工。这里没有种植特别的果木林，仅有一定数量的散见的柿子树以及杏子树。20世纪60年代以前这里跑出过狼。山峪中有一地名叫"捉坡"，传说李世民在此活捉窦建德。至于窦是否葬于该地，尚乏确证。村民说法，暂备一说。

下一站：穴道村。

目标：寻找"穴道墓"（疑为"颛顼墓"）。

根据村里一位65岁的老汉描述，"穴道村"村名来历甚早，他本人说不清。他曾在青石河大队见过"古墓土"，曾有人食用以治病。他11岁时曾目睹有三个"石人"。他还曾见过一石羊。石羊跪着腿贴着地面卧着，有2～3米长，1米左右高。当地曾在墓地上头建过生产队办公房间，后房间主人应了风水先生之言，于10年后去世。温教授推测，此墓属于汉代至晋代，与颛顼无关。

出村后，去往"老青石河村"，探访青石河故河道。发现河道中尚有极少量的活水流动。经探查，发现河道环绕的中央部分，熟土层很厚，土中有旧砖瓦痕迹。基本断定：这里是一古城遗址，土层规矩、方整，地表约有三层台地。温教授推断，该城址当为"穷桑（或青石、穷石）故城"，少昊氏都于此，后羿死于此地。四周的青石河当为其护城河。李先生表示完全赞同。另外可以断定的是，屈嘴村的水是流到青石河的。

2018年9月30日

成员：温玉成、李宗寅、张朕基、延个、延弨。

上午目的地：補城、札子沟。

考察描述：上午九点左右，到达補城旧址（113°16′57″E，34°31′25″N）。城墙北面三百多米处有一陵，陵前近处露有一冢。北墙东角下方，发现有排水的陶管子。据附近村民介绍，原城四周有较深的"城壕"，即护城河。该壕他们见过，后因农田推进，城壕被填。现城墙夯土高度约有八九米。

我们于南城墙正中发现一寨门，时间为清代，名"龙山寨"。寨门被用砖填实，门前遗存有砖，初步断定为唐砖，密实厚大，寨门前留影拍照。

旧址西南角入口有门，门前有文物保护碑，刻名"补子庙遗址"。进入城内，需要向上爬，有坡度。里面现已无人居住。有房子，原来是煤矿的炸药库。农民引导至北墙正中，正中有缺口，能俯瞰正对的陵冢。该农民现52岁，有入城大门钥匙。据其描述，他十来岁时，尚见当时的炸药库。另外，他小时候补子庙尚在。于庙前旧址，发现有两段完整的明代碑，碑倒伏于地，背面朝上。

我们于10：10左右拍照留影。

几经辗转，来到札子沟村，也写作"渣子沟"（中午11：20左右）。

村里有一海山寺，对面为海山寨。

海山寨体量大致为700米×200米（宋金时代？）。

沟底两岸有大量精美的废弃窑洞,是从原生黄土层开凿的。

据寺内瘸腿佛教居士(三十多岁)通洪介绍:该寺,传说最早建于1523年以前,北魏印第法师时。现大雄宝殿殿基左侧原有一古井,古井内有残碑,已遭痤埋。院内残存明碑、清碑,均断裂。明碑碑身正面有阳刻铭文,清晰可辨,年代不详,但据该居士介绍,是为明碑(附:明碑一通,不完整;清碑一通,不完整)。此地不靠大海,为什么称"海山寺"?温教授说,这里是看守"商奄顽民"的地方。奄国王室姓"子"。"渣子"是贱称。

下午目的地:养钱池、平陌镇。

考察描述:到达养钱池遗址的时间大约是下午3:30。遗址是"郑州市文物保护单位",宋代冶铁遗址,位于新密市牛店镇养钱池村。遗址位于沁水畔小山上。老乡说,附近没有铁矿。温教授说,这里是《穆天子传》记载的"曲山",古代肯定有露天铁矿,宋代以后,开采殆尽。

受村民引导,驱车到达登封市沁水村"大禹庙"。庙内有一清碑,供奉玉皇大帝或大禹(中)、太上老君骑牛(左侧)、红脸关公(右侧)。据李先生介绍,当地煤矿有一个特殊传统,即供奉太上老君。商人则供奉红脸关公。煤矿主都养个戏班,唱河南梆子。常香玉、马金凤都是在煤矿戏班学戏。大约于下午4:20合影于庙门前。

到达平陌镇时间大约是五点。合影于镇政府大院门口即回。温教授说,"平陌"就是《穆天子传》记载的"平泽"。平陌街西侧有新石器时代遗址,面积约5000平方米。

2018年10月1日

成员:温玉成、李宗寅、杨建敏、张朕基、延个、延弨。

目的地:洛水及黄泽(郦道元《水经注》错误认为是"潆水")、曲梁遗址。

考察描述:

拍照时间为上午10:30。

洛水曾经环绕历史上的曲梁城,以水为屏障。曲梁城是黄帝的第一个都城,地名"有熊"。这条水古代叫"洛水",南流称"黄泽",后来称"邻水"。温教授指出,因为居于黄泽、戴黄冠、穿黄衣服,首领被称作"黄帝"。"曲梁城"即《穆天子传》的"曲洛",即洛水环绕的城。现在残存下来的西城墙,初步判定,当为春秋战国时的曲梁城故墙。

随后又驱车前往北面的商周遗址,遗址内的狭窄土路上散碎的古代陶片很多。遗址面积较大,现为林地覆盖,并有面积较大的红薯地。有居民居住。

曲梁遗址于2000年被公布为省保单位,2013年升格为国保单位。

遗址南部,尚存东西向的故河道,中间被约500米宽的台地隔断。

返回曲梁水库合影，水库建于1951年。

下午一点左右到达大樊庄"古郑城遗址"，合影。

古城断墙尚在，城内有古冢。该古城为"古郑城"。据李先生介绍，此城为郑桓公所建。历经郑武公、郑庄公、郑昭公、郑厉公、郑文公。郑文公迁徙至"新郑"（即"郑韩故城"）。

随后去往响水潭，《穆天子传》记载为"黄池"。向东约500米就是"邻国故城"，合影。温教授指出，这里就是《穆天子传》记载的"菟丘之墟，黄帝之闾"，穆天子题铭文："先王九观"，在这里举行了隆重的纪念典礼。此地是黄帝在阪泉战胜炎帝后的都城，俗称"轩辕之丘"。

随后去往甲骨的发现地"黄寨遗址"（《穆天子传》记载为"黄竹"）。这里是五河交汇之地。合影于下午两点半左右。该遗址年代为商周，温教授释读出土的甲骨文两个字为"祀夋"，是典型的西周甲骨文，即祭祀《山海经》多次记载的"帝俊"。

最后一站是考察"洧水"，下午三点左右合影于河道一侧。

李先生说，洧水连接有"毛潭"，据说与毛延寿有关。

2018年10月2日

上午，分别整理文字及图片资料。考察前后，杨建敏、李宗寅先生提供了新密市各乡、镇的地图及文史资料（《溱洧文化丛书》郑观州主编，河南人民出版社，2016年）。

下午，温教授与当地文物、考古、历史工作者座谈。

出席的有李宗寅、杨建敏、王衍村（论文有《人文鼻祖——伏羲后裔姓氏初探》等）、郑国顺（编著《溱洧碑刻》）、张怀洲（编著《溱洧古文》，河南人民出版社，2016年）、李遂涛、延个等先生。

温教授介绍了近几年研究《穆天子传》的情况。应杨建敏局长请求，欣然题词："《穆天子传》真相解读，改写了半部中国上古史"。

温教授指出，新密市有"八大古城"，即伏羲氏（戏方，或以山为城，石贯峪）、黄帝二城["曲梁遗址"（即"曲洛"）和"古城寨遗址"（即"菟丘之墟"）]、少昊之墟（青石河村，后羿亦都此）、颛顼之都（补国城）、帝俊之都（"黄寨遗址"）、启居（"新砦遗址"）、古郑城（大樊庄），为全国所仅见。其次，洛阳有"六大古城"，即偃师二里头城、斟鄩城、洛阳西周城（已毁）、东周城、汉魏城、隋唐城。大家发言十分热烈。纷纷表示，听了温教授的讲话，闻所未闻，对新密市历史有了全新的、突破性认识，确确实实是"胜读十年书"！

下　编

西华县"女娲城"考古调查

河南省周口市西华县城北，有"女娲城"遗址。女娲是"化育万物"的神话人物，关于历史上是否真正存在，学界长期争论不休，莫衷一是。河南省文史研究馆馆员侯耀中先生和西华县原人大主任耿宝山先生多次邀请我去考察。盛情难却，遂于2017年4月19—23日实地考察。

西华县历史文化遗产丰富，除"女娲城"、"盘古寨"（据考证，墓主是武丁之师干盘，即"盘公"之讹）、"习阳城"外，还有"商高宗陵遗址"（周口市文物保护单位）、"聂堆"（据考证，是武丁时宰相傅说墓）、"箕子亭"（箕子，名胥余）、"庄子墓"等古迹，但并没有引起学界重视。

屈原（约公元前340—前278）在《天问》中问道："女娲有体，孰制匠之？……禹之力献功，降省下土四方。焉得彼涂山女，而通之于台桑？"意思是，女娲有蛇的身体，是怎么回事？大禹与涂山女结合是怎么回事？著名学者孙作云（1912—1978）先生经研究确认，屈原被流放时（公元前299年），在郢都（今湖北省襄阳市宜城市郑集镇）看到楚国宗庙壁画后，写出了《天问》[1]。

图一　长沙马王堆一号汉墓
出土帛画

那么，屈原说的"女娲有体"，到底是什么形象？有趣的是，1972年发掘的长沙马王堆西汉墓出土的帛画铭旌（图一），回答了这个问题。在"帛画"的上层，日、月的中间，有一位"尊神"（青衣），是从龙口吐出的气中"化现"出来的，上身是人体，披发，交领衫，袖手而坐；下身蛇体（赤色，有鳞）环绕。而龙身三色（头赤，身白，尾黑）。龙的周围，有一颗开花神树（淡青色），根在大地，花如手掌，盘曲而上，高过太阳。树间布列八日（赤色，加上大太阳，共九日），或曰"日出扶桑"

---

① 河南大学历史文化学院编：《孙作云百年诞辰纪念文集》，河南大学出版社，2014年。

乎？该墓主人是长沙相利仓，死于公元前193年，上距离屈原发出《天问》，仅仅106年而已。此神旧说以为是"蛇身神人"，伏羲氏或浊龙氏（《中国大百科全书·考古学》），又可推断是"女娲氏"（《中国大百科全书·文物博物馆》。按：在西方的月亮下方，还有一位小女神，可能是"西王母"）。

孤证不立，西汉洛阳卜千秋墓壁画（公元前1世纪）中，女娲的形象也是人面蛇身。在夏代帝孔甲时代，有刘累屠龙、食龙的故事（《史记·夏本纪》），所谓"龙"就是蛇的神化，有"蛇化人"在帛画"铭旌"上表现十分明确。后来，人们讨厌蛇的形象，称为"长虫"，以蛇为图腾的部落，自称"长氏"。西华县当地流传的所谓《经歌》，则完全摒弃了"有蛇化人"的故事情节。

更早的考古学证据，是偃师二里头遗址出土的绿松石蛇（龙）形器（图二）。这是表现"有蛇化人"神话最好的图示，也是二里头遗址属于夏代的有力旁证。

商代甲骨文有："壬申卜，贞：侑于东母、西母，若？"（《合集》14335）。依马王堆"铭旌"所画，日边的女神、女娲就是"东母"（东君）；月边的女神，就是"西母"（西王母，《穆天子传》称"西膜"）。

最早记载女娲神话传说的是《山海经·大荒西经》。据今本，文曰："有神十人，名曰女娲之肠。化为神。处栗广之野，横道而处。"文字颇费解。既然"有神十人"，怎么"十人"是一个名字？既然已经是神，怎么又"化为神"？"栗广之野"又怎么讲？通过我们的研究、分析，应该校释为："有神（蛇）十（化）人，名曰女娲之肠（长）。化为神。处栗（泽）广之野，横（圜）道而处。"如此，则意义十分明确，即女娲氏是以蛇为图腾的部落，女娲又化为神。与女娲所处的时代、地理环境完全吻合。由于今本《山海经》的错讹，一些研究大家"强为之解"，得出了"女娲之肠化为十神"（袁珂先生）的奇怪推论。既然"化为十神"，那么，女娲之外，另

图二　二里头遗址出土绿松石蛇（龙）形器

外九神是谁?

《尚书·皋陶谟》云:"(大禹)娶于涂山,辛壬癸甲,启呱呱而泣。予弗子,惟荒度土功。"意思是:大禹辛壬娶了涂山氏女,癸甲生了启,呱呱而泣。(但是儿子必须留在涂山氏,我还是没有儿子。)只好用心治水土之功。反映了母系氏族社会末期向父系氏族社会过渡时的情形。但是大禹执政多年以后,发生变革,父系氏族社会建立。《左传》引《虞人之箴》曰:"茫茫禹迹,画为九州。经启九道,民有寝庙。"商代晚期祖辛青铜器上,"禹"的金文是"鲵鱼"持耜形。《山海经·大荒西经》记载"启"的形象云:"有人珥两青蛇,乘两龙,名曰夏后启。"

《穆天子传》卷五记载:"天子南游于黄□室之丘,以观夏后启之所居。乃□于启室。"这是关于夏后启居住于"夏邑"(新密市洧水新砦遗址)最早的史料(按,嵩山"启母石"故事,应是起源于此)。由于女娲氏与大禹通婚,所以登封市、新密市有许多关于女娲的传说。晚期史料则认为,伏羲与女娲是兄妹关系。

据郦道元《水经注·颍水》记载:"颍水……又东过西华县北。王莽更名之曰华望也,有东,故言西也……县北有习阳城……又南过女阳县北……阚骃曰:本汝水别流,其后枯竭,号曰死汝水,故其字无水。余按汝、女乃方俗之音……未必一如阚氏之说"(按,汉代西华县城在今西华县颍水南岸叶埠口一带,有古城遗址)。

实地考察可知,在今县城西南的后石羊村,有一座古城,即南北朝时称之"习阳城"。古城方形,边长370米,高出地面2~3米。城东南角,出土过春秋战国时代货币。还曾经有一座女娲小庙。这里保存的清代碑刻记载此地是"习阳城长山寨"。据此,我们推断,"习阳城"就是"蛇阳城"。所以,"习"或"希"是夏音,就是"蛇"的同音假借词。"长山寨"之称,不言自明,长者,蛇也。商周时代,文字很少。所以,往往同音假借,此例甚多。

西华县东南,还有"女阳县"。并且,郦道元表示,"女"是"方俗之音",与"汝"字无关。

其实,在原始社会,各部落都有自己的图腾。西王母以虎为图腾,商人以鸟为图腾,周人以熊为图腾,犬戎以犬为图腾,乌孙以狼为图腾,等等。可知,女娲氏以蛇为图腾。

女娲是什么时代的人?大体上,有三种说法。其一,《汉书·古今人表》称"继世相次"者为伏羲氏、女娲氏、共工氏……其二,河南大学李玉洁教授在《先秦史稿》(新华出版社,2002年)中引《潜夫论·五德志》,认为是"五帝"以前的"三皇"(伏羲氏、神农氏、女娲氏或其他)之一。距今约5000多年。其三,河南大学孙作云教授引《史记·夏本纪》"索隐""正义",论证女娲是涂山氏女,大禹之妻,他们生了儿子启。即夏代初年,距今约4100多年(孙作云:《从〈天问〉看夏初建国史》，《光明日报》1978年8月29日）。

按《史记》云，禹娶涂山氏女，生启；"夏之兴也以涂山"。"索隐"引《世本》曰："涂山氏女，名女娲。是禹娶涂山氏女，号为女娲也。"《史记·夏本纪》"正义"引《帝系》曰："禹娶涂山氏之子，谓之女娲，以生启也。"《山海经·大荒西经》记载："有人珥两青蛇，乘两龙，名曰夏后启。"《太平御览》卷七八引《帝王世纪》云："女娲氏，亦风姓也。……蛇身人首，一号女希，是为女皇。"

我们认为，女娲为"三皇"之一说，以及女娲在伏羲氏之后说，目前无法证明其是与非。

女娲为"涂山氏女，大禹之妻"说，除上述文字证据外，还可以作如下考证。

关于女娲城，最早记载见于宋代《太平寰宇记》卷十，"（西华县）县西二十里，旧传女娲之都，本名娲城"。当地百姓称女娲城，位于西华县北部的聂堆镇思都岗村。考古发掘"确认为春秋战国时期城址"（河南省文物局编：《河南省文物志》，文物出版社，2009年），1986年公布为"河南省文物保护单位"。谭其骧先生主编的《中国历史地图集》中，在春秋时代"郑宋卫"图上，此地标示为"赭丘"（"东汉"地图上标示为"赭丘城"）。在"楚吴越"图上，此地标示为"辰陵"。"赭丘"者直白，乃"蛇丘"之避讳也；"辰陵"者文雅，乃"长陵"也。由此可知，在春秋时代，此地早期称"蛇丘"，晚期称"长陵"。与女娲氏图腾完全一致。另外，在"战国时代"图上标示的"长平"，就是"女娲城"东北约10千米的西华营镇。

据发掘者张志华介绍，女娲城平面方形，有内外城。外城每边长约1000米。内城每边长约360米。上层为春秋时代地层，城墙残高3米，底部宽8米。城墙下压着商周甚至龙山文化的文化层。城西有女娲陵，今存高度约6米，直径20多米。古人云"望之如山"。今存明代万历丙子（1576年）《明思都岗龙泉寺记》碑云："西华治北十五里许，有城遗址，半就湮没。相传女娲氏之故墟也。"这是关于女娲城位置最早的石刻文字记录。另外，20世纪80年代初，思都岗村群众取土时，得古砖一块，方形，边长40厘米，厚6厘米，楷书"娲"字。推测是城门上镶嵌的"女娲城"遗物。字体近乎楷书风格。

综上所述，西华县女娲城遗址，是完全可以肯定的女娲氏遗迹。

第一，既然女娲（涂山氏）以蛇为图腾，则该部必生活在沼泽低地地区。涂山者，土山也。在地势较高处，磊土居住。西华县老百姓称"一溜十八岗"，就是对此种地貌的描述。如著名的淮阳"平粮台城"，"城内有10多处高台建筑"即是如此。地理学家认为，涂山氏在安徽省怀远县一带。谭其骧先生《夏时期全图》把涂山氏标示在淮河南，不确。其说来源于《大清一统志》。应该纠正至颍水中游之西华县一带。徐旭生（1888—1976）先生在《中国古史的传说时代》（文物出版社，1985年）

中指出，大禹治水的范围是：山东省西部、南部，河北省东部，河南省东部、南部，江苏省、安徽省的淮河以北地区。所以，涂山氏不在淮河南岸。

第二，涂山氏既然与夏人通婚，则两个部落必相距不远，并且交通方便。查夏人在颍水上游（登封市有夏都"阳城"、禹州有启"钧台之享"等考古遗迹），而涂山氏在颍水中游。

第三，在汲冢竹书《竹书纪年》中，虽然没有记载大禹娶涂山氏女为妻，却记载大禹"即天子位"，"五年，巡狩，会诸侯于涂山"。这说明，"涂山"是水陆交通方便、物产丰盛的地方，与《山海经》所云女娲部"横（圜）道而处"完全吻合。《左传》哀公七年（公元前488年）云："禹合诸侯于涂山，执玉帛者万国。今其存者，无数十焉。"正是这次在涂山大会诸侯，大禹与女娲相爱，才"通之台桑"，留下了《候人兮猗》（候人奚依？"候人"者，等候大禹之人也）的千古情话。

学术界的"夏文化探索"被极端化了。其实，夏代是中国历史大转折的时代。在这个时代，一批大型城市出现了。除了禹都阳城，淮阳平粮城、西华女娲城等，都应运而生。甚至陕西省神木市的石峁古城，比夏代更早。

第四，《淮南子》逸文：传说"启母"（女娲）化为"石"（今登封市嵩山有"启母石"），为神话"女娲炼石补天"提供了线索。

第五，《水经注》记载的"女阳"，或亦为女娲部所在之地，位于西华县东南部。

第六，据我们的考察、研究，西华县女娲城早期地层，是可以确认的河南龙山文化造律台类型（公元前2600—前2000年）。其出土多陶网坠，普遍存在蚌、螺壳堆积，捕鱼和采集经济比较发达。女娲氏是以蛇为图腾的部落，延续久远。例如，昆仑山（今祁连山）"西王母"部，至迟在商朝武丁时代，已经"燎祭"西王母（甲骨文，陈梦家先生考证）；到西周周穆王会见西王母（公元前10世纪），经过了三百年左右。因此，嫁给大禹为妻的女娲，可能是这个部落最后一位女酋长。女娲补天、抟土造人的传说，应该是该部落最初那位女娲时代的故事。其时代，理应在"三皇五帝"之前，距今约5000年或更早。当地民间传说（耿宝山整理《盘古与女娲·经歌篇》，人民日报出版社，2016年），不言大禹及夏启，而言盘古开天、女娲补天、抟土造人。显然那是夏代以前故事，即"民知有母，不知有父"的洪荒时代。

第七，从北部扶沟县而来的贾鲁河，流经女娲城。其上游，古代与涡水相通，是同一条河。推测，名"女娲"者，并不神秘，即涡水流域女酋长之称也。此地位于黄、淮之间，地势低洼，平原沃野，历来属于黄泛区。从鹿邑县太清宫观察可知，宋代地面比现代低200厘米左右。某些古书上，"女娲"写成"女娇"，显然是形误。

据我们的研究，《史记·五帝纪》记载的黄帝"北逐荤鬻"，"荤鬻"是以陕西省窟野河命名，其遗址就是神木县的"石峁城"；"间氏"就是以包头市昆都仑河命名；"渠搜氏"是以甘肃省屈吴山命名；《史记·夏纪》记载的"昆仑氏"是以甘肃省昆仑山命名，等等（温玉成：《探究昆仑邦国与大夏诸国西迁》，2015年，内刊）。

据杨育彬、孙广清专著《河南考古探索》（中州古籍出版社，2002年）的研究，大汶口文化分布在周口市淮阳区、太康县、扶沟县、西华县一带，这里是"夏王朝控制的东部边陲地区"。1997—1998年发掘了鹿邑县太清宫镇古墓（商代末年至西周成王），出土的青铜器上多有铭文"长子""长子口"。这是蛇部族存在的文字证据（河南省文物考古研究所、周口市文化局编：《鹿邑太清宫长子口墓》，中州古籍出版社，2000年）。值得注意的是，该墓还出土了"熊首踞坐人"及"虎首踞坐人"玉雕像。"熊"是周人的图腾（周起源于古昆仑山）；"虎"是西王母部的图腾（在古昆仑山，今祁连山）。则此墓定为周初，毫无疑义，或许与周武王封帝舜后代于陈有关。杨育彬指出："长氏与商王朝关系密切，甲骨卜辞中记载长氏曾向商王贡龟"，后来归附周朝。周代乃改"长"氏为"陈"氏。

那么，何谓"长氏"？"长"字字形，上为丘，下为二蛇，一直，一曲。长氏是蛇的雅称，在形象上，龙代替了蛇。众所周知，古人往往把难听的字，改成同音字。特别是周公"制礼作乐"以后。例如，把"狗"改为"苟"，"猪"改为"朱"，"蛇"改为"长"，等等。至今俗语称"蛇"为"长虫"。正如"大人"是熊的雅称，"玄鸟"是燕子的雅称，"丹头"是鹤的雅称，"强良"是虎的雅称，等等。从而可知，在距今4000多年前，在今周口地区，存在"长氏部族方国"，都邑在淮阳平粮台城址一带。他们以蛇为图腾，雅称"长氏"，三皇五帝时代似乎属于蚩尤系统。

西华县属于"长氏"地区，是女娲诞生地，所以《山海经》云"有蛇化人，名曰女娲之长"就完全可以理解了。我们是女娲的后代，自称龙的传人（讳言"蛇的传人"）。从此，长达四千年历史之谜，彻底揭开！

值得一提的是，辽宁省牛河梁红山文化遗址发现后，有学者提出"红山文化裸体孕妇像为女娲神考"（陆思贤：《神话考古》，文物出版社，1995年），乃"大胆假设"也，难以求证。

汲冢竹书《穆天子传》卷五，记载周穆王在"蒥丘"（黄帝故里，新密市古城寨遗址），"天子遗其灵鼓，乃化为黄蛇"。这是有关"天子"与龙（蛇）联系的最早文献记载（《穆天子传》比《史记》早约800年）。

总之，西华县女娲城的确认，意义非常重大。第一，肯定了女娲氏是一个古老且延续很久的部落。历代女酋长都称女娲。最后一位女娲是夏代初年人，距今约4100年。第二，肯定了"长氏"是部落联盟（方国）。"涂山氏"（土山）是"长氏"的一支，位于颍水中游西华县一带。第三，淮阳县平梁台城址可能是"长氏"方国之都邑。有学者推测属于"诸夷"（严文明）、"有虞氏"（李伯谦）或"太昊氏"（曹桂岑）。该城方形，面积5万平方米。城墙顶宽8—10米，底宽13.5米，距今4500年以前（河南省文物研究所、周口地区文化局文物科：《河南淮阳平粮台龙山文化城址试掘简报》，《文物》1983年第3期）。他们以蛇为图腾，雅称"长氏"，西周改称"陈氏"，位于周口地区。第四，旁证了与"涂山氏"通婚的夏人大禹、启等确实在颍水上游地区。大禹也是以蛇为图腾，所以与女娲氏通婚。第五，涂山氏（今西华县女娲城）是帮助大禹建立夏朝的重要力量；涂山是中国历史上，第一次天子大会诸侯之地。

既然屈原时代楚国宗庙壁画上，女娲神已经与日、月同辉，则女娲补天、创世传说，必有渊源。另外，今人自称"炎黄子孙"、自称"龙的传人"，为什么？

西华县地处黄淮大平原中心地带，是著名的黄泛区。黄河，古称"河"，西汉始称"黄河"，东汉乃有泛滥的记录。此后，日益严重。"以商丘至谷熟为例，现有地面2米7、8以下始见清代文化层，明代在4米以下，宋代在6米左右，唐代在7米左右，汉代在8米以下。10米以下为西周至春秋战国时期，11—12米以下始见新石器时代的陶片"（阎道衡《豫东考古学文化综论》）。那么，西华县大地的下面，埋藏着多少秘密，有待考古发掘呢？

良渚玉琮上的"海神图"

  2019年7月6日，在阿塞拜疆巴库举办的第43届世界遗产委员会决议上，将良渚文化（包含古城遗址）列入《世界遗产名录》。良渚文化的年代为公元前3300—前2200年，分为早期、晚期（《中国大百科全书·考古学》，中国大百科全书出版社，1986年，第271—273页）。

  良渚文化的莫角山古城遗址（公元前2400年），属于良渚文化晚期。显然是以水为城的结构，这与新密市曲梁遗址（黄帝时代以洛水"旋圆为城"）的结构、性质相同。

  破解良渚文化的秘密，关键在于解读反山祭坛遗址（面积2700平方米，高7米）（图一）中，12号墓出土的神人兽面纹玉琮王（黄白色，有紫红色瑕纹。高8.9厘米，外径17.1—17.6厘米，孔径4.9厘米）（图二）的神人兽面纹（参见国家文物局编：《早期中国——中华文明起源》，文物出版社，2009年，第27、28页）。

图一　良渚反山祭坛遗址   图二　神人兽面纹玉琮王

  所谓神人兽面纹，是何方神圣？有何奥秘含义？

  据我们观察，神人兽面纹的形象是由底层图像和上层图像组合而成。

  底层图像：人面，头顶两个尖角，就是舟的入口。头戴羽毛冠，长方形，状如"覆舟"。双耳有蛇形饰物。双臂屈于胸前，双手抚摸两个盘曲的球形物（似"二蛇交尾"）。下面是两只鸟爪（各为三爪）。

  上层图像：人面，头戴"覆舟"状羽毛冠，双耳有蛇形饰物。以"两个盘曲的球形物"（似"二蛇交尾"），变幻为海神的"双眼"，并刻出眼球。加上鼻子和方口双唇，成为海神图（图三）。

据我们研究、考证，这位"海神"在《山海经·大荒东经》中可以找到答案："东海之渚中，有神，人面鸟身，珥两黄蛇，践两黄蛇，名曰禺䝞。黄帝生禺䝞，禺䝞生禺京。禺京处北海。禺䝞处东海，是为海神。"

"禺䝞"原来是"帝俊部"的一支，后来归属黄帝部，以鸟为图腾。而黄帝部以蛇（龙）为图腾。

上述底层图像，就是"禺䝞"："人面鸟身"，人面，头戴羽毛冠，双耳有蛇形饰物；下面是两只鸟爪。唯一不同的，不是足"践两黄蛇"而是"手捉两黄蛇"，即手抚"两个盘曲的球形物（似'二蛇交尾'）"。推测"践"字隶定有误，或许是"捉"字。二者都以"足"字为词根。

上述上层图像，就是"东海海神"。

关于黄帝与东海的关系，《山海经·大荒东经》记载如下："东海中有流波山，入海七千里。其上有兽，状如牛，苍身而无角，一足，出入水则必风雨，其光如日月，其声如雷，其名曰夔。黄帝得之，以其皮为鼓，橛以雷兽之骨，声闻五百里，以威天下。"

看来，黄帝曾经到过"东海"。还有《史记·黄帝本纪》记载黄帝征伐过东海（禺䝞人）为证。

《史记·黄帝本纪》云："天下有不顺者，黄帝从而征之，平者去之。披山通道，未尝宁居。东至于海，登丸山，及岱宗。西至于空桐，登鸡头。南至于江，登熊、湘。北逐荤粥，合符釜山，而邑于涿鹿之阿。"所谓"东至于海，登丸山，及岱宗"，就是黄帝东征到了东海之滨，南起"丸山"，北至"岱宗"（山东泰山）。所谓"天下有不顺者，黄帝从而征之，平者去之"，即不以"消灭"和"占有"为目

图三　良渚玉琮上的"海神图"

的，故"平者去之"。黄帝征伐禺䝤人（部族或邦国）后即离开。

考"丸山"，可能是"方山"的形误。《水经注·浙江水》云："又有会稽之山，古访（方）山也。亦谓之茅山……山形四方。上多金玉，下多玦石……《吴越春秋》称，覆釜山之中，有金简玉字之书，黄帝之遗忏也。山下有禹庙……山上有禹冢……有鸟来为之耘，春拔草根，秋啄其秽。"

《山海经·南山经·南次二经》云："会稽之山。四方，上多金玉，下多玦石。"可见，"会稽之山"，古称"访山"，即"方山"，因"山形四方"而得名。传说此山"有金简玉字之书，黄帝之遗忏也"，可为旁证。

另外，海神是"人面鸟身"，影响深远。在浙江省有许多鸟神的故事，如建德市北有鸟山，有庙，"能致云雨"；余杭区颜鸟，纯孝著闻。有群鸟衔鼓，集颜乌村。鸟护持禹庙等故事（具见《水经注·浙江水》）。

按，五千年前的"东海"，指的是今杭州湾及以东海面（参见谭其骧《中国历史地图集》"旧石器时代图"）。

《山海经·大荒东经》所谓的"夔"，其特征是"状如牛，苍身而无角，一足，出入水则必风雨，其光如日月，其声如雷"。许多学者称作"怪兽"。我们推测是"搁浅"于距离会稽山七十（千？）里小岛（流波山）上的蓝鲸。唯所说的"一足"，值得注意。动物没有一足者。此处"一足"应该是"一柱"，即喷出一个水柱；或者古人误认尾鳍为足。所谓"其光如日月"，指燃烧其脂肪所得之光甚明。所谓"其声如雷"，是指喷出水柱时发出的响亮声音。鲸鱼皮制革，优于牛皮。这是人类关于鲸鱼最早的、真实的记录。

如果我们推断无误，则可以得出如下结论。

1.《山海经·大荒东经》中的"东海"，指的是今之"杭州湾海面"，南起"方（丸）山"（浙江会稽山），北至"岱宗"（山东泰山）；则"北海"应该指今"渤海湾"。

2.《山海经·大荒东经》中的"禺䝤"，指的是今良渚文化的部族或邦国；他们以鸟为图腾，以黄蛇为祖先，被称作"海神"。这是禺䝤人善于航海的美誉，他头戴"覆舟"形羽毛冠，是我国尊崇的第一位海神；是我国海洋文化的奠基者，意义非凡。所谓"南岛语族"之根，或许与此"海神"有关。

3. 禺䝤人以黄蛇为祖先，并非偶然。反映他们可能从内陆迁徙而来。据拙著《穆天子传真相解读》（待刊）研究，伏羲、黄帝也是以黄蛇为祖先的。

4."黄帝生禺䝤，禺䝤生禺京。禺京处北海。禺䝤处东海"。说明"禺䝤"与"黄帝"同时代。黄帝征伐过禺䝤，这一点，非常重要。按"禺京处北海"，《尚书·尧典》云"（尧）分命羲仲宅嵎夷"，则"嵎夷"就是指"禺京"。地点在山东省威海市文登区。

　　黄帝的年代，据美国学者倪德卫（David S. Nivison，1923—2014）的计算，是公元前2402—前2302年（倪德卫著，魏可钦、解芳等译，邵东方校：《〈竹书纪年〉解谜》，上海古籍出版社，2015年）。换言之，就是良渚文化莫角山古城（公元前2400年）的年代。土著的禺䝮人，或许承认黄帝为祖先；或许禺䝮部族有一部分人，是从黄河流域迁徙而来的。因此，良渚文化不是孤立的文化现象，而是华夏文化的一部分。应该属于"中华文明探源工程"的一部分。

　　5.《史记·越王勾践世家》所谓"勾践"，《吴越春秋》称，号曰"无余"；贺循《会稽记》称，号曰"於越"，都是"禺䝮"的省称，即"禺"变成"越"。

　　6. 总之，《山海经·大荒东经》中有关"禺䝮"的记录，是迄今为止发现的有关"良渚文化"的唯一文字史料。内涵丰富，至为珍贵。至此，良渚文化神人兽面纹玉琮王出土33年来，首次揭开了神秘面纱。

　　后记：关于台湾历史，最早见于《太平御览》卷780所引三国吴人沈莹（公元3世纪人）《临海水土志》。所叙"夷州"云："夷州在临海东南，去郡二千里……夷所居。山顶有越王射的，正白，乃是石也"。说明"越王"征服过这里的土著居民，所以当地人民崇拜"越王射的"——白石。越王勾践灭吴，在公元前473年。此后，国势日衰，直至楚国灭越国、杀越王无疆（公元前356—前334年在位）。从此，越国分散为若干小国，逃亡海上。我们推测："无疆"者，丧失国土及王位者也。"琉球"者，流亡海岛之酋长也。推测在公元前334年以后。从此，夷州人接受了越国文化。

说"帝俊"

关于"帝俊"的史料，仅见于《山海经》及1942年9月出土的长沙子弹库楚帛书（约公元前4世纪）。最早解释者皇甫谧（215—282年）云："帝喾名俊也"大约就是《山海经》中所说的帝俊。此后，王国维论述帝喾为商族的始祖时，将帝喾与帝俊及甲骨文中"高祖夒"联系在一起。但是，多数学者持反对意见。至今莫衷一是。

徐旭生先生指出，《山海经》里记载了帝俊"十六事"，堪称"第一煊赫"之人。令人不解的是，为什么《竹书纪年》《史记》等文献中，只字不提"帝俊"呢？有的学者又提出帝俊是"上（天）帝"说等，皆猜想之词也。乾嘉学派的考据学仍然是从文献中找证据，不可能从根本上解决问题。

我们的思路是，从考古调查入手，先确认帝俊的活动地域；再确认帝俊的生存时代；最后说明帝俊为什么被历史"遗忘"。2018年4月12—15日，我们在河南省新密市作了考古调查（市文化局杨建敏、张洪涛、陈志军等同志陪同），取得意外收获。

一、帝俊的活动地域

关于帝俊的活动地域，有两条资料都证明他们活动于今新密市伏羲山区，兹考证如下。

第一，《山海经·大荒北经》云："东北海之外，大荒之中，河水之间，附禺之山，帝颛顼与九嫔葬焉……卫丘方员三百里。丘南帝俊竹林在焉，大可为舟。竹南有赤泽水，名曰封渊……丘西有沈渊，颛顼所浴。"

考"河水"，指黄河无疑。"附禺之山"，即浮戏之山（伏羲之山）。"卫丘方员三百里"，"卫丘"即"洧丘"或"隗丘"，指洧水北大隗山一带。"丘南帝俊竹林在焉"，这个"竹林"，就是周穆王住宿、做梦的"黄竹"，地点在今大隗镇西南。"天子梦羿射于涂山，祭公（父）占之"。"竹南有赤泽水"，今大隗镇东南，有泽水流入洧水。"泽水"，即"赤泽水"也，可谓确证。

考"竹林""黄竹"，就是今来集镇黄寨遗址（河南省文物考古研究院：《河南新密黄寨遗址H1清理简报》，《华夏考古》2021年第3期）（图一）。灰坑H1，出

图一　新密市"黄寨遗址"残存的部分

土了牛肩胛骨刻甲骨文H1：12（西周），我们释读为"祀俊"两字，毋庸置疑（参阅《中国大百科全书·考古学》，胡厚宣："西周甲骨"条。有学者释为"□夏"，非是）。

《穆天子传》记载，周穆王在"黄竹"，作《诗》三章以"哀民"。因他熟知帝俊故事，有感而发。例如，日中大寒，北风雨雪，道路被大雪掩盖，他说："我徂黄竹，□员閟寒。帝收九行，□□□□。"前辈学者解释"□员閟寒"（按，□似为"方"字）云："閟"，闭也。但是明明是大雪寒天，怎么说"闭寒"呢？又有学者解释说，"閟"，开也。其实，閟即宓（Bì），宓国（宓羲国）也。"帝"，特指宓国君主"帝俊"也。"皇我万民，旦夕无穷"（不要像"有穷氏"那样）。"有皎者駱，翩翩其飞"（鸟是帝俊"下友"，故赞美之。皎皎者，俊鸟也，非白鸟之意），等等。先贤不识此意，注释多主观猜想之词。

周穆王"哀民诗"是有关"宓国"（宓羲国、密国）的最早文献记录（公元前10世纪）。周原甲骨文"王其往宓山□（奠）"（H11：80），则是有关"宓国"的最早考古资料。黄寨遗址的甲骨文"祀俊"，是"宓国"国君"帝俊"的唯一考古学证据。

据考，帝俊与颛顼生活在同一地域，或以鸟为图腾。我们已经论证，从黄帝、昌意、颛顼到郐等九位"先王"都居住于"莘丘之墟，黄帝之间"（今称轩辕之丘），即今新密市古城寨遗址。所以，周穆王铭曰"先王九观"。而在古城寨遗址西面，有古城新砦遗址（夏启、少康居之）、河屯遗址、古密国遗址等遗址。

值得注意的是，大隗镇有一座莫名其妙的"机神庙"，既不知所供何神，也不知起于何代。历代文人，无法解释，所以文献无载。今人为旅游需要，讹称"供奉嫘祖"云云。我们推测，这里是帝俊的故乡，"机神"者，或为"帝俊"也。因时代久远，"俊"讹为"机"矣；或因帝俊部族有一系列重大发明而尊称之：制造舟、车、弓箭、琴瑟、百巧等（《山海经·海内经》）。

罗泌《路史·国名记六》云，"補国"是三皇时候伯之国。并说"炎帝伐補遂。史伯云：郐、蔽、丹是也"。"郐"，洧水也。"蔽"，宓山也。"丹"即"丹黄"，今"神仙洞"也。

我们还可以进一步推论，"帝俊"即"帝俊氏"，是崇拜"俊鸟"之意。犹如"黄帝"居地称"有熊"。帝俊是古老的"宓羲氏"的后裔。他真正身份是"宓国"的立国之君。

第二，《山海经·大荒南经》云："大荒之中，有不庭之山，荣（荥）水穷焉。有人三身。帝俊妻娥皇，生此三身之国，姚姓，黍食，使四鸟。有渊四方，四隅皆达。北属黑水，南属大荒。北旁名曰少和（少昊）之渊；南旁名曰从渊，舜之所浴也。"

据考，"荣水"显然是"荥水"之讹。荥水发源于伏羲山，北流入黄河。故曰"荥水穷焉"。"不庭之山"，疑即"宓庭之山"，宓（密）山也。"宓山"，山中有洞穴之意，此山原名也；伏羲山，乃因伏羲氏居此而得名也。所以，又称宓羲山。

在大荒时代，伏羲山东部是浅山区，坡田处处，河湖纵横，气候温和，草木茂盛，野兽成群。所以，他们的独特习俗是"食兽"（见于《山海经》季厘、中容、晏龙部）。我们已经论证，周穆王在此山"深藿"（今石贯峪），"得二虎九狼，乃祭于先王（伏羲氏）。命庖人熟之"，就是依据这种奇特的"食兽"习俗。

最难理解的是中容、晏龙、帝鸿、黑齿、三身等各部都"使四鸟（虎豹熊罴）"。据考，所谓"使四鸟"，即"以鸟纪官"。他们把捕获的野兽，一时吃不完，就暂时饲养起来，由"鸟官"负责管理。这种"以鸟纪官"的制度，后来被少昊帝继承。少昊氏生活于洧水支流子节水流域。帝俊喜欢"五彩之鸟"，以为"下友"，所以"帝下两坛，彩鸟是司"（《山海经·大荒东经》），可谓旁证。

二、帝俊的生存时代及其消亡

帝俊后裔有帝鸿氏（与黄帝同时代，在新密南部）、少昊氏（与颛顼同时代，在子节水流域）。

帝俊部落与羲和部落，同在伏羲山区，长期联姻。所谓"羲和者，帝俊之妻，生十日"；"帝俊妻常羲，生月十有二"。时代是，大约从尧到夏代前期。我们已经论证，所谓羲和浴日、浴月，就是"羲和"（宓和）与"湎"这两位女巫师，演示日月运转的情形。地点在伏羲山西北部"丹黄"（今"神仙洞"）一带。

《山海经·海内经》云，"帝俊赐羿彤弓素矰，以扶下国"。可见，后羿属于帝俊部落联盟。后羿原居住地在"屈咀"。

据《竹书纪年》记载，太康时，"羿入居斟鄩"，篡夺政权，到帝相"八年，寒浞杀羿"于穷桑城。而"穷桑城"就在青石河村。诸侯"奉少康归于夏邑"。夏邑就是新密市新砦遗址。推测在此之前，诸侯消灭了帝俊的势力，以保障少康的安全。

所谓"帝俊"部落联盟，有"八子"（八个分支部落），包括：①季厘（含"少昊氏"）；②禺䝞；③中容；④晏龙；⑤帝鸿；⑥黑齿；⑦三身（姚姓，含"帝舜"还应该加上"下国"）；⑧"有穷氏"（其最后一位酋长叫"羿"）。

由于有穷氏羿曾经废太康，以代夏政（《左传》襄公四年），最后被杀，成为"历史的失败者"。所以先秦史书，不载帝俊之事；后羿，也成为"反面人物"。据我们考证，羿居住的"鉏"，可能是新密市老城西的"屈咀"（穷鉏）。"羿射九日，落为沃焦"的"沃焦"，就是"卧蛟"，在伏羲山西北的"卧龙台"（属汜水）。

据考，《楚帛书》云："……帝俊乃为日月之行。共攻夸步十日……母思百神风雨，晨祎乱乍，乃逆日月。以（传）相土，思又宵又朝，又昼又夕。"

我们的解读是：这里说明，帝俊一度夺取了"运行日月"的权力，企图使"百神风雨，晨祎乱乍，乃逆日月"。他被打败后，相土继仲康而立，日月顺行，所以才"又宵又朝，又昼又夕"。在母系社会，女人生子，归属女方部落。羲和生"十日"，而帝俊攻打之，不足为怪。

所谓"后羿射日"，就是后羿奉帝俊之命，征伐"十日"也。或以为"十日"，是以"日"（太阳）为图腾的多个小国。这被认为是后羿的历史罪状之一。

但是，在周穆王时代，还没有后来的儒家正统历史观念。所以，《穆天子传》记录是可信的史实。

三、关于"帝俊生后稷""帝俊生帝鸿，帝鸿生白民"

《山海经·大荒西经》云："有西周之国……帝俊生后稷。"把"姜嫄"的丈夫说成是"帝俊"，十分荒谬。因为姜嫄是"见巨人迹"，"践之而身动如孕者"，生了"弃"（后稷），这是母系社会常常采用的"托词"。何况，帝俊在河南新密，姜嫄在甘肃酒泉，相隔数千里，如何相见？可见，这为的是把西戎的"周族"，与中原的"炎黄"拉上关系，附会之词也。

《山海经·大荒东经》云："有白民之国。帝俊生帝鸿，帝鸿生白民。白民销姓，黍食，使四鸟：虎、豹、熊、罴。"

"帝俊生帝鸿"，说明帝俊部比黄帝部更古老。到黄帝统一各部时，帝俊后裔帝鸿氏及"禺䝞部"，归属于黄帝。我们已经论证，黄帝之臣帝鸿（大鸿），"北逐荤鬻"（陕西省神木县石峁遗址），战死，号"鬼臾区"，埋藏于陕西省神木市"鸿冢"。"鬼臾"即"荤鬻"也，甲骨文称为"鬼方"。

所谓"帝鸿生白民"，推测白即"補"或"宓"之讹，指的是帝鸿部的后代就是"宓氏"，详情则不可考矣。

总之，帝俊部是比黄帝部更古老的部族，生活于伏羲山区南部。他们以鸟为图腾，建立了"宓国"，以帝俊为首领。该部族分支及人口众多，并有许多发明创造。其中的"禺䝞部"曾经跟随黄帝南征海隅。良渚文化出土的"神人兽面纹玉琮"上的"神人"，人面鸟身，就是难得的考古学物证。

但是，由于帝俊部下属的有穷氏"羿"，曾经废太康，以代夏政（《左传》襄公四年），最后被杀，成为"历史的失败者"。所以先秦史书，不载帝俊之事；后羿，也被认为是"反面人物"。

"犬戎槃瓠" 真相与 "武陵蛮" 来源解读

——附论 "夸父逐日"

一、白犬戎与彩犬戎 (犬戎盘瓠)

"槃瓠" 的传说, 多以为首先见于《后汉书·南蛮传》。文云: "昔高辛氏有犬戎之寇, 帝患其侵暴而征伐, 不克。乃访募天下有能得犬戎之将吴将军头者, 购黄金千镒, 邑万家。又妻以少女。时帝有畜狗, 其毛五彩, 名曰槃瓠。下令之后, 槃瓠遂衔人头造阙下。群臣怪而诊之, 乃吴将军首也。帝大喜, 而计槃瓠不可妻之以女, 又无封爵之道, 议欲有报而未知所宜。女闻之, 以为帝皇下令, 不可违信。因请行, 帝不得已, 乃以女配槃瓠。槃瓠得女负而走入南山, 止石室中……经三年, 生子一十二人, 六男六女。槃瓠死后, 因自相夫妻。织绩木皮, 染以草实, 好五色衣服, 制裁皆有尾形……名渠帅曰精夫, 相呼为姎徒。今长沙武陵蛮是也。"《说文》曰, 姎, 女人自称。音胡朗反。注, 引鱼豢《魏略》曰: "高辛氏有老妇, 居王室, 得耳疾, 挑之, 乃得物, 大如茧。妇人盛瓠中, 覆之以槃。俄顷化为犬, 其纹五色, 因名槃瓠"(按, 槃瓠部发展出六个母系部落)。

上述故事说明, 犬戎槃瓠可能是高辛氏西部属下, 牧马部落的首领, 以五彩犬为图腾, 不是什么 "御犬官"。他战胜了白犬戎 "吴将军", 即巫将军, 可能是巫师兼军事首领。

考据得知, 盘古故事最早见于西周初年姜尚《六韬·大明》, 云 "召公对文王曰: 天道净清, 地德生成, 人事安宁。戒之勿忘, 忘者不祥。盘古之宗, 不可动也, 动者必凶"(清代《古今图书集成·岁功典》卷83引)。说明周文王时代就认识到, "盘古之宗" 势力强大, "不可动也, 动者必凶"。

从而可知, 显然存在两种犬戎。《山海经》确实也记载了两种犬戎。

《山海经·大荒北经》云: "大荒之中, 有山名曰融父山, 顺水入焉。有人名曰犬戎。黄帝生苗龙, 苗龙生融吾, 融吾生弄明, 弄明生白犬。白犬有牝牡, 是为犬戎"。据我们研究, 白犬戎(严允)主要分布在陕西省北部以白于山为中心的延安地区、榆林地区、甘肃省庆阳地区。宝鸡出土的"虢季子白盘",明确记载"严允"在"洛之阳"(拙著《〈穆天子传〉真相解读》,待刊)。

《山海经·海内北经》云:"犬封国曰犬戎国,状如犬。有一女子。方跪进杯食。有文马,缟身朱鬣,目若黄金,名曰吉量,乘之寿千岁。"这部分犬戎的地区,盛产马,称作"吉量"(按,"吉量"可能是"吾量"之讹。据《华阳国志》卷四,夷人称"马"为"无梁"。又见《水经注》卷36,存水条),已经建立邦国,即所谓"犬封国"。至于"有一女子。方跪进杯食",当作"奇闻"记录下来,可知此"女子"并非犬戎人也。

那么,"犬封国曰犬戎国"在什么地方?"犬戎檠瓠"在什么地方?历史学家指出,高辛氏,是黄帝的曾孙,都亳,在河南省偃师县一带(参看李玉洁《先秦史稿》,新华出版社,2002年,第43页)。地理学家指出,春秋战国有"雷首山"、"封陵"(今称"风陵渡")、"湖(瓠)"、"夸父山(即瓠父山)",见谭其骧《中国历史地图集》战国时代"韩魏图"。四处地名,标示在陕西省、山西省、河南省三省交界处,绝非偶然现象。这里是东西、南北水陆交通咽喉(按,风国,最早见于《竹书纪年》。文云,夏朝"帝相,元年即帝位,居商。征淮夷。二年征风及黄夷"。帝相,大约在公元前19世纪)。

"夸父山"最早见于《山海经》之《中山经·中次六经》:"又西九十里,曰夸父之山……其阳多玉,其阴多铁,其北有林焉,名曰桃林,是广员三百里,其中多马。湖水出焉而北流注于河。"显然,夸父山在今河南省灵宝市。《史记·赵本纪》也记载桃林产好马,"造父取骥之乘匹,与桃林盗骊、骅骝、绿耳,献之穆王。穆王使造父御,西巡守,见西王母,乐之忘归"。

《穆天子传》记载,周穆王西征犬戎,"犬戎□胡飨天子于当水之阳,天子乃乐,□赐七萃之士战";又记载周穆王回程到达雷首山,"孟冬壬戌,至于雷首,犬戎胡觞天子于雷首之阿,乃献食(良)马四六。天子使孔牙受之"(公元前10世纪)(按,雷首山,在今山西省永济市雪花山,主峰高1993米)。

《水经注·河水四》云"雷首山,山临大河,北去蒲坂三十里。《尚书》所谓壶口、雷首者……山上有故城,世又曰尧城。……按《地理志》曰,县有尧山,有祠。雷首山在南,事有似而非,非而是。千载渺渺,非所详耳"。郦道元认为,把雷首山上的"故城",说为"尧城",是错误的。我们推测,这里是"犬封国"故城,附近有"封陵"。《尔雅·释天》曰"祭风曰桀",即杀犬以止风。皆可谓旁证。

那么,"犬戎□胡""犬戎胡"如何解读?今河南省灵宝市的阳平河,古称"瓠(胡)水",黄河边有"瓠(胡)城"(图一),春秋战国时代称"胡县"、"胡关"(汉武帝改为"湖县")。

2017年7月1日,我率领的"《穆天子传》学术考察团"实地考察。得到当地文物

图一　灵宝市黄河边上残存的胡城

专家66岁宁建民先生的帮助。灵宝市南部有夸父山，流出盘涧（今称枣乡河）、瓠水（今称阳平河）。两河之间有"北阳平遗址"，面积约100万平方米，属于仰韶、龙山文化。1987年、1999年作过试掘。瓠水下游入黄河处有"古城"一座，即历史上有名的"瓠（胡）城"。因1958年建设三门峡水库，该城大部分冲毁，少部分残存。

　　"胡"字，在陕西省岐山县凤雏村出土的西周甲骨文卜辞写作"害夫"（H11：232），唐兰先生释为"胡"（唐兰《西周青铜器铭文分代史征》，中华书局，1986年，第507页）。我们考释，"害"的字形，上部似槃；中间似王，下部似瓠，应该释为"瓠"，胡音，与传说吻合。

　　《水经注·河水四》云"（潼关）关之直北，隔河有层阜，巍然独秀，孤峙河阳，世谓之风陵……河水又会槃涧，水出湖县夸父山北，又北流入于河。河水又东，经湖县故城北，昔范叔入关，遇襄侯于此矣。湖水出桃林塞之夸父山……其中多野马，造父于此得骅骝、绿耳、盗骊之乘，以献周穆王，使之驭以见西王母……《晋书地道记》、《太康记》并言胡县也，汉武帝改作湖"。又引《山海经·中山经·中次六经》加以论证。

　　换言之，从"夸父山"流出槃涧、胡水两条小河，流入黄河。据此可知，槃、瓠原来是两条小河，犬戎原来在此地居住。"夸父"，我们推断就是"瓠父"。整理者可能在周公"制礼作乐"以后，有意区别华、夷，去其"瓜"，模糊其犬戎族属，实即犬戎槃瓠也。按《礼记》记载三代用于祭祀的酒器云："夏后氏以鸡彝，殷以斝，周以黄目。""黄目"者，壶也。不直呼为壶，亦避讳"胡"字。

　　古代演义出"夸父逐日"的故事，应该在夏代以前。《山海经·大荒北经》云："大荒之中，有山名曰成都载天。有人珥两黄蛇，把两黄蛇，名曰夸父。后土生信，信生夸父。夸父不量力，欲追日景，逮之于禺谷。将饮河而不足也。将走大泽，未至，死于此"（按，"成都"系"咸者"之讹）。

　　《山海经·海外北经》云："夸父与日逐走，入日。渴欲得饮，饮于河渭，河渭不足，北饮大泽。未至，道渴而死。弃其杖，化为邓林。"我们的解读是，槃瓠的骑兵，从今河南省灵宝市，沿着黄河向西；再沿着渭河向西，可能到达了渭河以西，大约到了今兰州一带。

兰州一带是"禺知"（"大月氏"）原居地，即"禺谷"乃禺知之山谷也。兰州至迟在西汉时，已有"皋兰山"。山西侧有"雷坛河"，河畔有"华林坪"。这一组地名，耐人寻味。"皋兰山"，或曰羌语；或曰匈奴语，皆无根据。似乎与"皋洛氏"有关。据《史记·赵本纪》，"孟增幸于周成王，是为宅皋狼……皋狼生衡父，衡父生造父"。则皋狼氏（皋洛氏）原居地在"桃林"，乃犬戎盘瓠原居处之地名。

夸父又拟向西北方奔跑，奔向青海湖（大泽？），半路而死。反映了槃瓠西征羌、戎各部的一次伟大壮举，成为奋进不止的千古英雄，他被尊称为"瓠父"。

夸父（槃瓠），推测是打通中原至"西土"交通的第一人（约公元前23世纪）。查《史记》云：黄帝"西至崆峒"（陇右）；颛顼"西至流沙"（不详）；帝尧使"和仲居西土"（昧谷或柳谷，不详）。《竹书纪年》云帝尧时，"渠搜氏来宾"、"僬侥氏来朝"。据我们考证，渠搜氏位于今甘肃省屈吴山一带；僬侥氏在今甘肃省永昌县、民勤县一带。这就是说，在帝喾高辛氏以前，中原人最西到了陇右地区。但是，在"夸父逐日"以后，西至河西走廊西部。《竹书纪年》记载，到帝舜时代，"西王母来朝，献白环玉玦"。西王母在古昆仑山（今酒泉南山）。因此，应该是槃瓠开辟了中原至西土这条道路，被誉为"开天辟地"。这是值得深入研究的伟大历史事件。

据陕西省岐山县凤雏村出土西周甲骨文卜辞云"其于伐（害夫）囗"。唐兰先生释（"害夫"）为"胡"。我认为，应该释为"槃瓠"（按，"夫"为音，"害"为形。即下部囗为瓠形；中间似是王字；顶部为槃形），简称"瓠"。《利簋》金文中，武王就是二字合为一字。另外，陕西省蓝田县草坪村，曾经出土西周晚期《胡（害夫）叔鼎》，证明"胡"（槃瓠部）早已进入青铜时代；也证明二地虽然相距100多千米，但仍有密切联系（参看郑杰祥《郑州商城与早商文明》，科学出版社，2014年，第273页）。

另外，在宝鸡市扶风县马家村，出土了"伯夸父作宝盨"，属于西周晚期青铜器（李伯谦主编《中国出土青铜器全集》陕西下卷，科学出版社，2019年，第608页）。说明"夸父"部族西周时代仍然存在。

犬戎槃瓠的辈分，与帝尧同辈。据《汉书·古今人物表》，高辛氏妃生尧；而高辛氏女嫁给槃瓠。《竹书纪年》云："帝尧陶唐氏……五十年，帝游于首山，乘素车玄驹"（按首山即雷首山），可能是去看望槃瓠部。

以上分析，为我们解开了历史谜团：《穆天子传》中的"犬戎囗胡"，就是"犬戎槃瓠"，或简称"犬戎胡"。《左传·庄公二十八年》，晋献公"又娶二女于戎，大戎狐（胡）姬生重耳；小戎子生夷吾"（按"大"者，"犬"也，讳言之）。他们都是"犬封国"遗民。

东起函谷关，西至华县，犬戎盘瓠控制着中原通往关中及沿黄河通往北方的水陆要冲。他们在经济、文化方面，最早建立邦国并与华夏族交融，社会形态比较进步。反之，陕西省北部的白犬戎，虽然地域广大，但因经济、文化落后，高山深谷，交通阻隔，始终没有建立统一邦国。

二、犬戎盘瓠与申侯、缯国、西夷共同消灭周幽王

西周末年（公元前771年），与申侯（南阳）、缯国（方城）、西夷（天水、兰州一带）共同消灭周幽王的犬戎，肯定是"犬戎槃瓠"部。因为他们比较强大，并且离骊山最近。这次征战，四方协力，使犬戎槃瓠名声大震。公元前770年，周平王（宜臼）携七姓东迁于申（南阳），再迁于洛邑。

按，传说周宣王封申伯于申。但是，1981年2月在南阳市独山出土的"南申伯仲爯父簋"，有铭文45字。仲爯父称"周夷王"为"皇祖考"。则仲爯父是周夷王之孙。《竹书纪年》记载周孝王元年，"命申侯伐西戎"。故周孝王时代或稍早，已经分封了申伯。

值得注意的是，西戎各部都承认"槃瓠"为祖先。《三国志·魏志》注引鱼豢《魏略·西戎传》说："氐人有王，所从来久矣……其种非一，称槃瓠之后……其自相号曰盍稚……其俗语不与中国同及羌杂胡同……其自还种落间则自氐语。""盍稚"就是"河氏"；"氐语"就是西戎语、河氏语（即吐火罗语）。据此推测，犬戎盘瓠属于大河氏的一部分。武陵夷蛮也承认槃瓠为直系祖先（按，楚国及秦代黔中郡在沅陵县。西汉武陵郡在义陵溆浦县。东汉武陵郡东迁至常德市）。

那么，武陵蛮是什么时代、为什么迁移到湖南西部呢？

《后汉书·南蛮传》云："其在唐虞，与之要质，故曰要服。夏商之时，渐为边患。逮于周世，党众弥盛……是以抗敌诸夏也。平王东迁，蛮遂侵暴上国。晋文侯辅政（公元前780—前746年在位），乃率蔡、共侯击破之。……楚庄王（公元前613—前591年在位）……自是遂属于楚"，楚以为黔中地。公元前277年，秦昭王夺得之，立为黔中郡（按，公元前770年，晋文侯、郑武公、卫武公、秦襄公等国联军护送周平王入洛邑）。

盘瓠部被"击破"前，一支北迁，成为"东山皋落部"，在今山西省垣曲县南部。"击破"后，大部分南迁，其中心在辰州沅陵县西南的盘古乡一带。后来向西北、西南发展。还有一部分盘瓠，从陕西省华县向大西南方迁徙，惜无记载。

三、湘西武陵蛮实地考察

我们在湘西实地考察时（2017年8月24—29日），里耶秦简博物馆馆长彭成刚向我们介绍了八支祭祀"先农"（即神农氏）的秦简。其中说"卅二年三月丁丑朔丙申（公元前215年），仓是佐狗出，祠先农，余彻"。祭祀用盐四分升一、羊头一、足四、豚肉半斗、黍米四斗、酒一斗半等。我们的解读是，"佐"即"佐者"，见于《穆天子传》卷五。"仓是佐狗"，即仓库管理人员陪同着巫师"狗手"。"手"通"首"，见西周后期青铜器"不其簋盖铭文"。因此，"狗手"即"狗首"，戴着"狗首傩面"的盘瓠族巫师或首领，参加祭祀先农氏（或曰神农氏；或曰后稷氏）活动。可见盘瓠（狗）独特尊崇的地位。这是一种奇特的祭祀仪式。

彭成刚馆长（土家族）还介绍了里耶秦简的《九九表》，湖南学者称这是中国最早的"九九表"。我告诉他，公元前10世纪的《穆天子传》中，周穆王已经采用"九九表"记数法（如：二六、二九、三五、三六、四六、四七等等），则"九九表"的出现必远在周穆王以前矣。还有，"里耶"的确切含义，就是"辟地"，乃承"盘古开天辟地"之古义也。

关于里耶城（迁陵县），犹有一事不明：秦灭蜀国在公元前316年；秦灭巴国，置巴郡，在公元前314年。秦夺楚黔中地，置黔中郡，在秦昭王卅年（公元前277年）。即公元前277年以后，里耶、沅陵等地已经归属秦国，洞庭郡是秦经营楚国及岭南地区的前沿基地。但是，里耶秦简最早见于公元前222年。那么，为什么没有公元前277年—前223年的秦简呢？当然，人们也期待着2号井及其他地点的发掘成果。

《后汉书》记载，公元48年，武陵蛮攻临沅县，遣马援等击之。公元49年，马援卒于军。十月，武陵蛮大败。《三国志·吴志·潘睿传》记载，公元234年十一月，潘睿征服五溪蛮，"斩首、获生，盖以万数。自是群蛮衰弱，一方宁静"。

考古学家、武汉大学毕业的龙京沙（苗族）告知，湘西在商周时代有黄河考古文化传入的证据（8月28日）。

吉首大学明跃玲教授（女，土家族）介绍云（8月27日）："信仰盘瓠的族群主要是……瓦乡人……世代居住于沅水中上游流域的泸西、古丈、沅陵、辰溪、溆浦等县……面积约6000平方千米，总人口约50万人。"唐代李吉甫《元和郡县志》、宋代朱辅《溪蛮丛笑》、陆游《老学庵笔记》中，都把瓦乡人称作"仡佬人"。据此我们推断，当地的"仡佬"人就是从"皋狼"（或写作"皋落"）迁移来的盘瓠直系后裔。所谓"瓦乡"或即"话乡"之音变。西周之倒装词，就是讲家乡话（如"中国"，国之中也；"嫫纠"，纠之母也等）。他们的语言，属于中古汉语的一种方言

（参阅王辅世《湖南泸溪瓦乡话语音》，《语言研究》1982年第1期），完全证实了这次迁徙的真实性。他们自称"国雄（果熊）"，相当长时期内，可能不与外族通婚。

仡佬人在元明以后，有部分人迁徙到贵州省东北部务川、道真等地，或与僚人融合，而文化则已异化矣。

盘瓠部迁徙湖南西部后，"创造"出许多有关盘瓠的景点。宋代《太平广记》卷397引唐代张鷟氏《朝野佥载》记载，"夸父山，辰州东有三山，鼎足直上，各数千丈。古老传曰：邓夸父与日竞走，至此煮饭。此三山者，夸父支鼎之石也"；卷482引唐代段成式《酉阳杂俎》记载，武陵蛮好着"芒心接离"，名曰亭绥。以稻纪年月，舞时，以簪向天，谓之刺北斗。相传盘瓠初死，置于树上，以簪刺之，其后化为象……（这是关于"茅古斯舞"的最早记录）。"刺北斗"者，盼望回归北方故土之意。宋代罗泌在《盘瓠辨》中，列举泸溪县西南三十里有"盘瓠祠，栋宇宏壮"等等。

近年，湘西有学者，又把纪念盘瓠的"盘瓠洞"（或云在凤凰县三拱桥乡麻冲；或云在泸溪县上堡乡吼狗村）、"盘瓠祠"（泸溪县西南）、"辛女山"、"辛女祠"等等，也"搬到了"湘西地区，以示纪念。

宋代、元代以前，不见武陵山有苗族、土家族等的记录。只有仡佬族的记录。可见，苗族（不是"三苗"后裔）、土家族（不是"巴人"后裔）、瑶族等也都是盘瓠的支系，他们或与外族通婚，语言有较大变化。土家族自称"毕斯卡"或"密基卡"（意为：哭泣者），反映了盘瓠部在申地（河南南阳）战败后、又背井离乡、长途跋涉迁徙的痛苦。

清代陆次云，以"亲身见闻"著《峒溪纤志》（三卷）。纪苗族云："揉鱼肉于木槽，扣槽群号以为礼"。

刘锡蕃著《岭表纪蛮》（1933年成书）云："狗王惟狗瑶祀之。每值正朔，家人负狗环行炉灶三匝，然后举家男女向狗膜拜。是日就餐，必扣槽蹲地而食，以为尽礼"（按，狗瑶，瑶寨祭祀之首领也）。

上述习俗，就是模仿古代"犬封国曰犬戎国，状如犬。有一女子。方跪进杯食"。所谓"扣槽蹲地而食"者，乃"跪进杯食"也。有人以为这是"伏羲氏"、"蚩尤氏"遗俗，大错特错也。

永顺县南部的"老土司城"，保存有著名的"溪州铜柱"（940年），是五代十国时代楚国王马希范（932—946年在位）与彭士愁结盟而设立。按，马希范是马援的后裔。李宏皋撰写的铭文云："盖闻牂牁接境，盘瓠遗风。因六子以分居；入五溪而聚族。上古以之要服；中古渐而羁縻。泪师号精夫，相名姎徒……"（清·王昶《金石萃编》卷120）。

有趣的是，至今湘西土家族、苗族保留一种独特的习俗——"哭嫁"。溯其根源，是当年高辛氏女儿远嫁盘瓠时，因为这不是一般的婚礼，而是一场生离死别。所以亲属们，哭作一团。特别是母亲，哭得死去活来。中原三千年前的古语，中原三千年前的古民俗遗风，尚存于湘西之今日，证明中华文明的强大生命力，奇哉！

"平王东迁"是历史上划时代的重大事件。《竹书纪年》记载："（周幽王）十一年春正月……申人、鄫人及犬戎入宗周，弑王及郑桓公。犬戎弑王子伯服，执褒姒以归。申侯、鲁侯、许男、郑子立宜臼于申。虢公翰立王子余臣于携……晋文侯十一年，王东徙洛邑。锡文侯，命晋侯会卫侯、郑伯、秦伯以师从王入于成周"（按，秦伯即秦襄公）。

据此可知，公元前771年，申侯、犬戎盘瓠联合杀掉周幽王后，申侯等把太子宜臼（周平王）带到申地（今南阳市），"立宜臼于申"，显然有"挟天子以令诸侯"的野心。

犬戎盘瓠也企图趁机挟持太子宜臼，这就是所谓"平王东迁，蛮遂侵暴上国"的原因。"侵暴上国"，显然指的是对周平王的武力冒犯。但是，申侯与盘瓠的企图，遭到了晋文侯率领的"蔡、共侯击破之"。因此，在南阳的犬戎盘瓠主力部队，在晋文侯率领的联军打击下，遂由南阳向鄂西、湘西山区溃逃。时在公元前770年（辛未年）—前768年（癸酉年。推测"酉水"得名，与盘瓠酉年到达有关）。谭其骧《中国历史地图》"春秋卷"没有标示。

从春秋时代开始，留在灵宝市的犬戎槃瓠残部，也进入了势力扩张的阶段。史籍上称作"胡（瓠）"、"狐"。又称"狄"，狄者，犬也（初，"狄"专指槃瓠部。如晋公子重耳居"狄"12年）。大约公元前7世纪，白犬戎也南下争雄，其后乃与槃瓠融合，有"赤狄"之号（为区别于原居地的"白狄"），建立了"中山国"等等。

原来，盘瓠居住地中，有一处叫"皋狼"。所以盘瓠向东迁徙的一支，自称"东山皋洛氏"。后来赤狄分化出：潞氏、甲氏、留吁氏、铎辰氏等。赤狄鲜虞氏建立了"中山国"（公元前296年灭亡）。从此，历史上赫赫有名的"槃瓠"，乃融入其他部族，在北方渐渐销声匿迹矣。

从上述史料可知，"盘瓠"，湘西人称"盘古"。东汉以前，已有"盘古开天辟地"故事。到三国时代，徐整著《五运历年纪》，乃记载"盘古之君，龙首蛇身，嘘为风雨，吹为雷电。开目为昼，闭目为夜。死后骨节为山林，体为江海，血为淮渎，毛发为草木"，创造了"盘古开天辟地"故事。不过，这个故事离史实太远，多为文人虚构之词，不足道焉。

东汉献帝时，蜀郡太守高鋲，在成都建立"周公礼殿"。自西晋以后，有人在"周公礼殿"梁上画"先圣名贤"像，乃有盘古、李老君等像（刘琳校注《华阳国志》，巴蜀书社，1984年7月刊）。据我们的考证，"蜀族"起源于甘肃省的岷县、宕昌县一带。夏代帝癸，派扁率师伐之。蜀族乃向南迁徙至四川省阿坝州岷山以南地区，后来才进入成都平原，发展壮大，遂有"三星堆"遗址、"金沙"遗址的重大发现（拙著《论中华文明的三个板块》，兰州大学内刊），故蜀人也崇拜槃瓠。

论古蜀族的起源与三星堆文化

一、关于古蜀族的起源及与颛顼的关系

我们在《〈穆天子传〉卷五真相解读》中，已经考证，颛顼帝是黄帝的重孙（即黄帝—昌意—韩流—颛顼）。帝颛顼，继承少吴氏而称帝，建都于"濮"，即今河南省新密市"补国城遗址"，而不是河南省濮阳（拙著《〈穆天子传〉真相解读》，待刊）。黄帝族以蛇为图腾，夏代乃称为"龙"。

关于颛顼后裔的迁徙。值得注意以下内容。

《山海经·大荒西经》记载："有鱼偏枯，名曰鱼妇，颛顼死即复苏。风道北来，天乃大水泉，蛇乃化为鱼，是为鱼妇。颛顼死即复苏。"

《山海经·海内南经》云："氐人国在建木西。其为人，人面而鱼身，无足。"可知，颛顼以蛇（龙）为图腾。"颛顼死即复苏"，说明颛顼的一支（"有不才子"梼杌）被流放"四裔"后，重新建立鱼妇邦国也。

《左传》文公十八年（公元前609年）记载："颛顼有不才子……天下之民谓之梼杌……舜臣尧，宾于四门，流四凶族……投诸四裔，以御魑魅。""流四凶族"，其中就有颛顼氏的后裔梼杌一支。可见，颛顼后裔一支被流放，是历史事实。

在四川省凉山州盐源县老龙头遗址，采集到一件独特的春秋时代青铜俎，呈长方形（图一）。长44.5厘米，宽16.8厘米，高16.4厘米。四周雕塑蟾蜍32只。中间的图案是"两条大蛇口中皆含鱼"。蛇者，象征"帝颛顼"也；鱼者，象征"鱼妇（鱼凫）"也，就是两个以鱼为图腾的女部落酋长。这显然是供奉祖先之"宗庙祭坛"。此"宗庙祭坛"，与《华阳国志》云：鱼凫王"忽得仙道，蜀人思之，为立祠"相吻合（凉山彝族自治州博物馆、成都文物考古研究所：《老龙头墓地与盐源青铜器》，文物出版社，2009年）。

所谓"风道北来"，大风引导，从北方而来；所谓"天乃大水泉"，来到"步北泽""邛池泽"一带。这与"颛顼死即复苏⋯蛇乃化为鱼"（鱼妇）完全吻合。

盐源县古人自称"笮人"，推测是"颛"字的音变。西昌古人自称"嶲人"，可能是"顼"字的音变。即颛顼部后裔分裂为两部，毗邻而居，共同祭祀祖先帝颛顼。

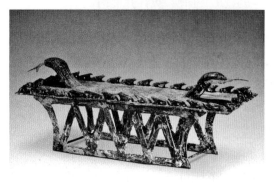

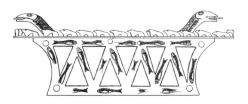

图一　盐源老龙头祭祖神坛

又因盐源县有雅砻江，古称"若水"。《史记·黄帝本纪》所谓"昌意降居若水"，是洧水（在新密市），错成了"若水"。可能其后还有"颛顼子生于若水……"，此句丢失，产生了很大混乱（《〈穆天子传〉真相解读》）。不少学者据此推测颛顼活动中心在四川西部，大错。

近年，有位研究《山海经》的老学者称，颛顼就是耶稣，死后葬于吉林省扶余市，"有邰氏"就是"犹太"云云。最近从郑州传来消息称，又有位学者声称"黄帝时期属于红山文化；颛顼及帝喾时期，属于良渚文化"云云。依其所言，黄帝时期在内蒙古东南部、辽宁西部；至黄帝重孙颛顼时期，大约百年，已经到了浙江省东部。显然，这些都是不作深入研究而"意断妄说"（语出《晋书·葛洪传》），乃至"狂言鬼语"（语出龙门石窟"药方洞"）。

关于古蜀族的来源，顾颉刚先生认为，"古蜀国的文化究竟是独立发展的"。文学家扬雄（公元前53—公元18年）作《蜀王本纪》，大概是他四十岁以前的文稿，只是有关蜀王传说的记录而已，早已佚失，《汉书·扬雄传》并无记载。据《全汉文》卷五十三所云"蜀之先，称王者有蚕丛、柏灌、鱼凫、开明"，学者们指出"除蜀王名号外，无可稽考"。大多学者以为是前后四代蜀王，例如晋代常璩撰《华阳国志》

即是如此解读。现代校注者刘琳,沿袭此说。

据我们考证,破解了其中的"奥秘"。这是说古蜀族的四个来源,即蚕丛,蟾蜍也;柏灌,白鹳也;鱼凫,鱼妇也;开明,虎也。各部皆以动物为图腾。

杜宇可能是白鹳部("子鹃鸟")首领,统一了各部。至杜宇及开明时代,蜀族强大起来。开明部是从昆仑山(日月山)迁徙而来。

在殷墟甲骨文中,"蜀"字有多种写法。其象形字是:上部作"二目",下部作"圆身"。恰恰是蟾蜍的形象。由此可知,"蜀"即"蜍"也(把青蛙称作蟾蜍,可能是西戎语)。童恩正先生指出,"在甲骨文中,除了蜀字之外,另有蚕字⋯⋯与蜀字迥然不同"(童恩正:《古代的巴蜀》,重庆出版社,1998年,第44页)。而许慎没有见过甲骨文,他在《说文解字》中则云:"蜀,葵中蚕也。"大误,后代多因之而误。

在兰州市一带出土的彩陶器上,绘画蛙纹(蟾蜍纹)者多件,属于马家窑文化半山类型、马厂类型。可知,古人以蛙(蟾蜍)为图腾历史悠久(俄军主编:《甘肃省博物馆文物精品图集》,三秦出版社,2006年)。

据我们考证,所谓蜀人起源于"岷山",不是指阿坝州的岷山。因为此地海拔高,天气寒冷,蛙类无法生存。岷山是指洮河流域的甘肃省岷县、宕昌县的岷山、岷峨山。今岷县保留有上蛤蚂石、立哈、哈地哈等地名。因此,蜀人(蟾蜍部),可能是从兰州地区迁徙而来的,时代在仰韶文化末期。

考古学证据是在甘肃省卓尼县木耳镇(洮河南岸),出土的属于仰韶文化末期的蛙纹衣陶人(图二),这是可以确认的、最早的古代"蚕丛族"(蟾蜍)人物形象。

今本《竹书纪年》记载,在夏代末年帝癸时代(公元前18世纪),有"扁帅师伐岷山"及"(岷)进女(琬与琰)于桀"的记录。或许因受此打击,蜀人向南迁徙,直至四川西部地区。

所谓"蚕丛",有"纵目"。恰恰是形容蟾蜍双目外突也。1986年三星堆出土的"青铜纵目人"头像(高60厘米,宽134厘米),两个眼球外突30厘米(图三)。极度夸张地表现了蜀族先祖"蚕丛"之神秘性。我们认为,"青铜纵目人"头像,本来应该有木制的身躯,已经腐烂或烧毁。"蚕丛"与"蚕",根本没有关系。

张政烺先生考证《释(它示)—论卜辞中没有蚕神》(载《古文字研究》第一辑,中华书局1979年8月刊),所言极是。

有趣的是,四川省甘孜州、阿坝州等地西羌族人,以及云南省的普米族,把蟾蜍叫"舅舅"(波底阿扣),反映古代种族通婚的历史。

所谓"鱼凫(蒲泽)",是指"鱼妇"部生活在"蒲泽"一带。"蒲泽",西汉尚存,称"步北泽",在今盐源县干海乡一带(见谭其骧《中国历史地图集》西汉时期地图)。1986年三星堆出土的青铜人像中,只有一件女性祖先像,头后下垂发辫

图二　卓尼县木耳镇出土蛙纹衣彩陶人

图三　三星堆青铜人像

（通高37.5厘米），推测是"鱼凫"（鱼妇）。

上述老龙头遗址出土的青铜俎，印证并展现了这个历史传说是完全可信的。

"白鹳部"（子鹃鸟），来源待考，可能也是从昆仑山迁徙而来的。蜀人领袖杜宇的部落，可能属于"白鹳部"。《水经注·江水》引来敏《本蜀论》云："望帝者，杜宇也，从天下。"或曰杜宇"从天坠止"，这是说他从"天帝之下都"（昆仑山）而来。他教民务农，统一各部，国土空前扩大，始称"大王"（羌语"薄卑"），深受蜀人拥护。后来，他把大王位，禅让给了开明。

"开明王"是从西王母所居的"昆仑之墟"下来的一支部落。开明大王的功劳是兴修水利，《水经注·江水》云："江水又东，别为沱，开明之所凿也。"

据《山海经·海内西经》的记载，"开明兽"，"身大类虎"，是守护"帝之下都"（昆仑山）大门的神兽；"开明"又是地名或邦国名。所以《山海经·海内西经》记录："开明西"有凤凰、鸾鸟等；"开明北"有视肉、珠树等；"开明东"有巫彭、巫抵等；"开明南"有树鸟、六首等。这个开明邦国，显然是个泱泱大国，原来就是古蜀国也。

参考三星堆出土的大型神树以及神鸟、老虎、燎祭等因素，与西王母文化关系密切。《汉书·天文志》云，建平四年（公元前3年）"三月……祠西王母。又曰：纵目人当来"。西王母三青鸟部，原住地在青海湖周围，自古有"宗日文化"。所以，三星堆出土的"金杖"上端，有平雕"戴冠人头"、"鸟"和"鱼"的图像（图四）。

而1986年三星堆出土的"青铜大立人"像，高172厘米，加上铜座高260厘米，可以确认是统一蜀族四部的"开明大王"的光辉形象。

我们观察"青铜大立人"像，他头戴宝冠（回纹筒状，加兽面饰片），耳有三漏门，身穿左衽长袖深衣，上饰蟠曲龙纹。双手握成环形，似乎持物，气势逼人。他的铜座上，是"开明兽"的形象：状如虎头，双耳上竖、圆目直视、张口露齿、口呈"门"形（象征昆仑山山门）（图五）。与《华阳国志》记载，完全符合。

《华阳国志》云："开明帝，始立宗庙。以酒曰醴，乐曰荆，人尚赤，帝称王。"

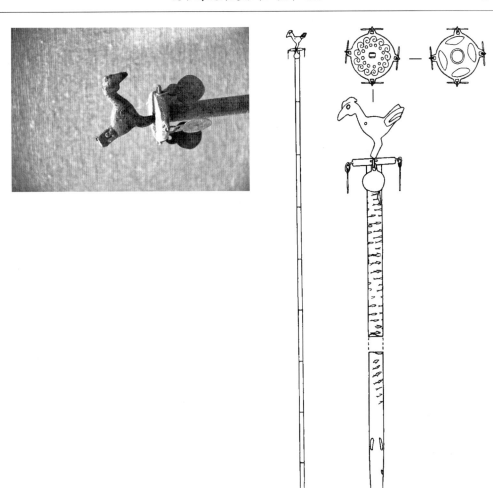

图四　老龙头祭祖神杖及局部

图五　盐源县出土的双虎

所谓"帝称王",指巫师开明,以"天帝"的化身自命,后来做了蜀国的"国王"。

这说明,古蜀族到了开明王时代,建立国家,始立宗庙,首领称"王"(西戎语称"野")。这是划时代的大事。

有些学者认为,成都市新都区斑竹园街道木椁墓可能是开明帝(鳖灵)之墓,只是猜想,毫无根据。出土的"邵之飤鼎",即是反证。

三星堆出土的人物形象,据四川大学林向先生统计,共有133件,并做了细致的分析(《三星堆青铜艺术的人物造型研究》,《四川大学考古专业创建四十周年暨冯汉骥教授百年诞辰纪念文集》,四川大学出版社,2001年)。

其中值得注意的是"青铜龙虎尊"上浮雕的"全身作蛙形的人"(K1∶258),旁证了"蚕丛"就是蟾蜍;还有"青铜圆雕神坛四立人像"(K2∶296),四人头冠上有"反时针方向的万字符号",也就是苯教"雍仲"符号。"雍仲"符号最早发现于青海省乐都区柳湾遗址出土的陶器上(青海省文物处编著《青海文物》,图45,文物出版社,1994年4月刊)。那么,古蜀族是否已经信仰原始苯教了呢?

我们已经论证,苯教源自西王母祭祀文化,这是重大的理论突破(温玉成:《探究西王母祭祀文化与苯教源头》,《康巴文化高峰论坛论文集》,2019年,内刊)。

二、关于"权杖"西来说批判

1986年三星堆二号祭祀坑出土的"金杖"残件,应该是金皮包卷木心,顶端缺失,长142厘米,直径2.3厘米。在"金杖"上端,有一段长46厘米,其上平雕三种纹饰:"对鸟"、"对鱼"和"戴冠人头"图像(屈小强、李殿元、段渝主编:《三星堆文化》,四川人民出版社,1993年)。

最近,有学者把这三个图像,解读为"鱼、凫、王"。他们不知道"鱼凫"就是"鱼妇",以为鱼凫是"鱼"和"鸟"。属于牵强附会。

我们考证,"木心"者,来源于"木制图腾柱"也。黄帝时代已有图腾柱,称作"建木"。《山海经·海内经》云:建木"百仞无枝,上有九欘,下有九枸……大皞爰过,黄帝所为"。

《山海经·海内西经》云:在"开明南"的"九丘","于表池树(竖)木,颂鸟、鹔、视肉"。

"表"即是测量日影长度的尺子,俗称"量天尺"。"表池"即安置表的设施,古称"灵台"。如河南省登封市的西周灵台,又称"周公测景台"(今存元代遗物)。在"表池"旁,树立"木"(图腾柱),用来"歌颂"鸟、鹔(老雕)、视肉(老虎?)等祖先图腾。因此,上述"金杖",可称为"祭祖神杖"。

关于三星堆遗址出土的"金杖",学者们大多以为是来源于西亚或埃及的"权杖"。法国考古队于1901—1902年发掘苏萨城（Susa）遗址,出土的"汉谟拉比法典石雕"（汉谟拉比,公元前1792—前1750年在位）上,太阳神夏玛希手握的"权杖",是一根短棍,中部还有一个圆环（图六）。另外一件,"国王在太阳神前浇祭场景石碑"上,太阳神手握的,也是有环短棍权杖。时代在公元前3000年末。有表现"君权神授"的意义（参见台湾历史博物馆主编：《文明曙光：美索不达米亚：罗浮宫两河流域珍藏展》,2001年,第170、171、175页）。

图六　汉谟拉比法典造像

这种西亚"有环短棍式权杖"与三星堆出土的"长的祭祖神杖",形态不相同；文化内涵更是完全不同。

其实,在新疆若羌县小河墓地,2002—2005年考古发掘古墓167座,就出土了一件"木杖形器"（又称"神器"）,长66厘米。在其骨雕"杖头"上,雕刻高鼻子人像两个。时代是公元前2000—前1450年（新疆文物局等主编：《新疆历史文明集粹》,新疆美术摄影出版社,2009年）。

甘肃省玉门火烧沟遗址,出土了石雕"球形杖头",不见杖身,可能是木制,已经腐朽。时代属于四坝文化（距今3900—3400年）。

甘肃省永登县榆树沟出土了王杖的青铜鸠首,时代属于沙井文化（东周）。

《山海经·海内西经》记载"西王母梯几而戴胜杖"。学者们认为"杖"是衍生字。但是,在四川省中江县民主乡筒车湾出土的东汉"石棺画像"上,西王母手持长杖,而杖头有三个圆环。

最有说服力的是四川省凉山州盐源县老龙头墓地,除出土蜀族祭祖的青铜俎外,还出土了青铜杖12件。其中有多件顶端是立鸟。代表性的"九节鱼纹鸡首杖",长134.8厘米,直径1.4厘米。顶端有圆盘,"鸡"（鹳）立于其上,亦旁证了来源于图腾柱之说。西亚根本没有这种类型的权杖。这些都属于"祭祖神杖",与西亚"权杖"所表达的"君权神授"观念,完全不是一个系统。

到了汉代,"王杖"（鸠杖）才演变成敬老的信物。武威市磨嘴子汉墓出土的竹简云："高年赐王杖,上有鸠,使百姓望见之。"

美索不达米亚的"君权神授"观念,也被波斯"火祆教"（琐罗亚斯德教）所吸收。不过,巴比伦的"太阳神"变成了波斯的"胡天神"——阿胡拉·玛兹达。因此,汉代严禁火祆教传播,以杜绝诸王借"胡天神"造反的阴谋（参见拙著《天神传入中国内地的最早史料》,《龟兹学研究》第四辑,新疆人民出版社,2012年）。

三、青铜面具上的三角纹

　　三星堆出土的青铜面具上，双目下方，有独特的三角纹。这种做法，从何而来？查资料可知，在新疆阿勒泰市切木尔切克古墓的"石人"面部，有这种做法。王博在《石人、鹿石，草原的守望》中报道：切木尔切克古墓"有一列5尊石人，圆雕，与真人一样高大。气势非常宏伟。似乎刻有头饰（按，即面具）。圆形脸上，饰以三角纹"。他还比较了出土的"橄榄形素纹陶"，认为是南西伯利亚阿凡纳谢沃文化（Afanasievo Culture）的典型器物。年代在公元前3000年中后期至公元前2000年初。所以，新疆石人出现的时间，不会晚于公元前1000年（载祁小山等主编《丝绸之路 新疆古文化》，新疆人民出版社，2008年）。

　　我们在研究突厥族起源时，曾经指出，新疆阿勒泰市一带，恰恰是突厥祖先"白鸿部"原住地（拙著《论索国与突厥部的起源》，《新疆师范大学学报》2011年第1期）。

　　那么，有独特三角纹面具的蜀人"白鹳部"，与新疆阿勒泰的"白鸿部"，在遥远的古代，有没有什么联系呢？是否是通过西王母"三青鸟部"取得联系的？值得进一步研究。

　　由上述论证可知，三星堆遗址辉煌的青铜文化，就是我国西戎文化高度发达的典型代表（纵目人、虎崇拜、神树、神鸟、祭祖神杖等）。当然也吸收了华夏文化因素。华夏文化、西戎文化、北狄文化构成"中华文明的三个板块"（拙著《论中华文明的三个板块：华夏、西戎、北狄》，《永昌县与丝绸之路学术讨论会论文集》，内刊，2016年）。

　　总之，有关三星堆文化的内涵，需要深入的研究、探讨。三星堆文化主要继承了以西王母文化为代表的西戎文化，也融合了部分华夏文化因素（如"龙"图腾）。关于三星堆文化的"西来说"（近年还有主张来自"埃及"者）或"东来说"（山东省），都是异想天开的猜测，或者仅仅是信口开河而已，何足论哉。

论西周有邰氏及弃起源于古昆仑山

关于西周姬氏起源问题，学术界长期争论不休，似乎以陕西省岐山周原，作为"定论"。依《史记·周本纪》云，西周的传承是："姜嫄（有邰氏女）—后稷（弃）—不窋—□□—公刘……古公亶父—季历—西伯昌（周文王）—周武王—周成王"等。《竹书纪年》记载"不窋"是夏朝少康时代的人。据此，则姜嫄大约是夏朝仲康时代的人。仲康时代发生了一次著名的日食（公元前1876年）。因此推测姜嫄是公元前19世纪的人。

《山海经·大荒西经》中，有关于西周早期历史的记述："有西周之国，姬姓，食谷。有人方耕，名曰叔均。帝俊生后稷，稷降以百谷。稷之弟曰台玺，生叔均。叔均是代其父及稷播百谷，始作耕。有赤国妻氏，有双山。"

《山海经·海内经》云"后稷是播百谷。稷之孙曰叔均，是始作牛耕。大比赤阴"。"大比"者，"大庇"也；"赤阴"者，"赤乌"之讹也。这里把后稷又向前提了一代（帝俊或帝喾）。同时指出后稷之弟曰台玺，台玺之子是叔均。是叔均代其父及稷播百谷，始作牛耕。有赤国妻氏。

很显然，"帝俊生后稷"是后代编造出来的。据我们研究，"帝俊"部在河南省新密市伏羲山区，出土了甲骨文"祀俊"，而后稷部在甘肃省嘉峪关南山，两地相距数千里。还有，姜嫄（有邰氏女）是"见巨人迹"，"践之而身动如孕者"。据孙作云先生考证，"巨人"即熊。从民族学可知，姜嫄（有邰氏女）是以熊为图腾的部落。他们还处在"民知有母，不知有父"的母系社会。在汉代画像石上，有"熊人"牵公牛阉割的画面（图一）。生动地反映了周人以公牛驾犁的情况。同理，西王母部以虎为图腾。所谓昆仑山神陆吾，与雄虎交媾而有后代西王母（女性祖先）。四川省金川县发现了女神与雄虎交媾岩画。

稷（弃）是姜嫄之子，开始种植百谷。到了叔均，已经使用牛耕，即将"黄牛"阉割，用以耕田，称作"佣牛"。"黄牛"原产西亚，不知何时输入中国。南阳市汉代画像石上，有"熊状之人"牵引黄牛，另外一人在阉割黄牛（图一）。牛耕大大提高了生产力，也为周部族发展奠定了坚实的经济基础。公刘建"邑"，获得初步发展。到古公亶父建立邦国（所谓"始作西土"）。古公亶父东迁岐山，"作周"，发展脉络十分清晰。

图一　南阳画像石：熊人（即周人）阉割公牛图

　　周人对祖先开始牛耕的崇拜，反映在西周青铜器上。1981年9月，在宝鸡市西关纸坊头村1号西周墓出土了西周早期"鱼伯簋"（高31厘米）。簋的双耳饰以牛头像。牛头上顶戴"熊状周人祖先像"（被误认为是"猛虎"）。另外，1976年宝鸡市益门乡出土了西周早期"伯各卣"二件（分别高33.6、27.5厘米），每个提梁上装饰两个牛头像［参阅《中国文物精华（1993）》，文物出版社，1993年］。

　　《穆天子传》早于《史记》约800年。《穆天子传》云："赤乌氏先出自周宗。大王亶父之始作西土，封其元子吴太伯于东吴，诏以金刃之刑，赇用周室之璧。封其（兀）璧臣长季绰于春山之虿，妻以元女，诏以玉石为刑（形），以为周室主。天子乃赐赤乌之人□其墨乘四……"

　　我们已经论证，"赤乌氏"，就是"赤国妻氏"，赵俪生先生也认为"赤乌氏"很可能是"赤国妻氏"。叔均娶妻于赤国，完全是有根据的。因此，周穆王说"赤乌氏先出自周宗"。既然"赤乌氏"（"赤国"）在今甘肃省瓜州县，与之通婚的叔均居第，必然相距也不远。"以玉石为形，以为周室主"就是玉雕人头像。此类石头制造的人头像，在陕西省神木石峁遗址、甘肃省永昌县鸳鸯池遗址都有发现。周武王伐纣时"为文王木主，载以车（于）中军"也是例证。

　　"赤乌"是一种水鸟，因其羽毛呈赤褐色。今莱茵河下游荷兰，有广泛分布，称作"水乌"。赤乌在中国似乎已经灭绝。

　　另外，所谓"墨乘"即"墨承"，就是漆成黑色的食器，如盘、碗之类。《韩非子》卷三《十过》云："尧禅天下，虞舜受之。作为食器……流漆墨其上……舜禅天下，而传之于禹。"可知，上古漆器多为墨色，十分珍贵。

　　"大王亶父之始作西土"的记载与《史记·匈奴列传》相合。这是重要的历史信息。即周人亶父开始在西土建立政权或从昆仑邦国独立出来。《史记·匈奴列传》云："夏道衰，而公刘失其稷官，变于西戎，邑于豳。其后三百有余岁，戎狄攻大王亶父，亶父亡走岐下，而豳人悉从亶父而邑焉。作周。其后百有余岁，周西伯昌伐畎夷氏……"

　　这里说"公刘失其稷官，变于西戎，邑于豳"，显然这个"豳邑"在西戎地区，是周人建立的第一个"聚邑"（所谓"周道之兴也"），应该在鸿鹭山地区，当然不在关中地区。学者们错误地把"豳邑"，解释为关中的豳县。据我们考证，豳邑的地名被从西戎搬到了关中地区。"其后三百有余岁"，即亶父建立政权（"始作西土"）不久，遭到西戎打击，被迫迁徙。合理的解释是，亶父首先迁徙至豳邑，不久商朝武乙赐给歧邑。所以《竹书纪年》云：武乙元年"王即位，居殷。邠迁于歧周。三年，自殷迁于河北。命周公亶父赐以歧邑"。邠、豳、彬通假。今陕西省邠县，1964年改为彬县。

　　我们必须质疑《诗经·公刘》。该诗所说的高山（巘）、大平原（溥原）、百泉、皇涧、过涧等景象；用"舟"运输玉、瑶、厉、锻等大戈壁矿产，与关中地理不合。况且，豳在泾河流域，不在渭河流域。当年，也没有"京师"观念。该诗大肆赞扬京师（周原）。显然，此诗被后人篡改过。据我们研究，"渭"河，可能是嘉峪关之"黑"河之讹；"豳"，可能是嘉峪关南之"冰"（沟）之讹。

　　关于"亶父亡走岐下"的时间，据《竹书纪年》记载，在商代武乙时期（约公元前1147—前1113年）。《竹书纪年》还记载亶父死于公元前1127年。季历在位是公元前1127—前1102年。这些记载是具体而可信的。

　　有人说，"不窋"已经迁徙到甘肃省庆城县（有所谓"周祖陵"），不知根据何在。

　　不过，《陕西岐山凤雏村发现周初甲骨文》（陕西周原考古队《文物》1979年第10期）指出：周在武丁时已是殷的附属国。可见"亶父亡走岐下"的时间，必在武丁之前。此说有待考证。

　　《史记·吴太伯世家》云：文王的伯父"太伯之奔荆蛮，自号句吴，荆蛮义之，从而归之千余家"。《穆天子传》说"大王亶父之始作西土，封其元子吴太伯于东吴，诏以金刃之刑，赇用周室之璧"。"太伯之奔荆蛮"在何处？据清代钱大昕《廿二史考异》，在安徽省当涂县横山（古称"衡山"）。

　　2017年11月24日，我们到博望区横山考察，在"石门"摩崖上，有琢刻的、象征昆仑山的"日月合璧纹"，这个考古学证据，证实了吴太伯确实栖居此地。这里就是吴国的起源地。屈原于公元前299年写的《天问》中说，"吴获迄古，南岳是止。孰期去斯，得两男子"。意思是：吴国获得古代史，以吴太伯兄弟到南岳居止为起点。这里的"南岳"就是衡山（参见谭其骧《中国历史地图集》"春秋·楚吴越图"）。

《穆天子传》还说，"甲申，至于黑水，西膜之所谓鸿鹭。于是降雨七日。天子留骨六师之属。天子乃封长肱于黑水之西河。是惟昆仑鸿鹭之上，以为周室主。是曰留国之邦"。

这段记载十分重要，周穆王在"黑水之西河"（今酒泉北大河西段），有西膜所谓之鸿鹭部。因降雨七日，坟墓被冲毁。所以周穆王下令六师之属，乃封长肱于黑水之西河。即"留骨"（长肱）于此，以为"周室主"。周穆王确认这里是"留国之邦"。"留国"者，周人祖先之故国也，即有邰氏故地，意义重大。

《史记·周本纪》云，有邰氏女姜嫄生子后，"以为不祥，弃之隘巷，马牛过者皆辟不践。徙置之林中，适会山林多人。迁之而弃渠中冰上，飞鸟以其翼覆荐之。姜嫄以为神，遂收养长之"。这个故事描述的有邰氏居住环境，有台地，有聚落，有山林，有水渠。最后拯救小儿"弃"的是"飞鸟"。我们考证，"飞鸟"就是指鸿鹭部。它位于酒泉西南30千米的北大河东岸、肃南县祁丰乡及以南的山区。这里林泉秀美，涧壑寂寥。文殊山元代称嘉峪山，与北部的嘉峪关相连。嘉峪山南部，古名鸿鹭山，宋代《太平寰宇记》也有记载。

2017年6月15日及6月20日，《穆天子传》学术考察团两次实地考察，确认鸿鹭部确实在此地。今鸿鹭山东侧，是荒凉的戈壁，成为部队的装甲车演练场；鸿鹭山西侧则是茂密的良田。另外，在附近有个奇怪的地名"骨头泉"，泉水在一个广大坪台下方约3米处。这个坪台面积，约2平方千米，应该是"有邰氏"的居住地。证明周穆王在"留国之邦"，立"周室主"，记载完全可信。

周穆王还两次提到"先王"在昆仑山的活动。第一次在西王母邦国之春山（今酒泉南山）东沟河口东侧之东坪，云"先王所谓悬圃"；第二次在羽陵（汉代渊泉县）、群玉之山（今肃北县马鬃山），云，此地是容成氏所居，"先王所谓策府"。即容成氏"迎日推策"，创造了"历法"。周人必然接受这种历法。这里周穆王两次说的"先王"，显然是指周穆王的祖先，非常熟悉这里。还有，在《穆天子传》卷六，明确记载周穆王爱姬"盛姬"是"天子西北□姬姓也，盛柏之子也。天子赐之上姬之长，是曰盛门"。

因此，完全可以推断，西周之姜嫄、后稷（弃）、台玺、不窋、叔均、公刘，至古公亶父等，都生活于古昆仑山地区，经历七八百年之后才东迁岐山。因此，《史记》记载不窋、公刘都在戎狄间，就不难理解了。

被誉为"百年巨匠"的香港饶宗颐先生，早就注意到西周祖先可能与赤乌氏有关，但没有找到证据，也不知道赤乌氏在何处。我们已经论证，"赤乌氏""赤国"就是今甘肃省瓜州县一带。"春山之虖"，是指从鹰嘴山向东北流出的踏实河（今称榆林河）。"虖"即虖河也。此地涉及西周早期历史。

《史记·周本纪》云：大王亶父有二子（太伯、仲雍）皆亡入荆蛮。未提及长女嫁赤乌氏。但是，西周的祖先早年居住在昆仑山地区，与西戎、赤乌氏多次联姻。"周室主"者，与西周姬氏联姻之宗室也。《史记·周本纪》还说，帝舜封弃于邰。《正义》引《括地志》云，"邰"在雍州武功；近代学者认为在汾水、涑水间；或以为在阳陵，显然都是错误的。因为，"邰"者，有邰氏所居处，据考证在酒泉西南之文殊山以南的台地（古代鸿鹭山）。《诗经·大雅·生民》云"厥初生民，时维姜嫄"。

从上述分析可知，《穆天子传》记载的、周穆王确认的两处"周室主"、两处"先王"命名的地点，无疑是最具有权威性的。对于周穆王而言，昆仑山之行，也是一次寻根之旅。《山海经·大荒西经》也证明叔均是代其父及稷播百谷，始作牛耕。有赤国妻氏。赤国就是赤乌氏，在今瓜州县。

需要说明的是，许多学者以《国语·晋语四》的"黄帝以姬水成，炎帝以姜水成"，作为周族起源的地理根据。我们在《穆天子传》卷五中，考证了"蒡丘之墟，皇帝之闾"（河南省新密市古城寨遗址，在洧水畔）就是周穆王承认的黄帝故里。所以，《国语》的"说辞"，必是周穆王以后所编造。目的是把西戎的周族说成与华夏炎、黄同祖，以利于周朝统治中原也（按黄帝所在的洧水又称"洎水"，故附会为"姬水"；炎帝所在的"溱水"，被附会成"姜水"）。

总之，西周姬氏起源于古代昆仑山（今祁连山）地区，是毋庸置疑的结论。西周姬氏，从夏代的后稷起（公元前19世纪），到商代武乙时代的古公亶父（公元前12世纪）止，在昆仑山地区生活了七八百年。此后，才向东方迁移的。《左传·昭公二十九年（公元前513年）》云："周弃亦为稷，自商以来祀之。"

因此，我们对于《诗经·周颂·天作》有了新的解读。"天作高山，大王荒之。彼作矣，文王康之"。意为：天生的高山（指鸿鹭山），大王（古公亶父）撂荒了。他又作周，文王在此发展起来。

我们已经论证，"西王母"是西戎语"咸野嬷"之意译。同理，"西伯"就是"咸伯"。"咸"者，巫师也。皇甫谧《帝王世纪》记西伯"龙颜虎骨"，或云"日角鸟鼻……圣智慈理"，以表现西伯的独特相貌（与西王母部崇拜日月、虎、鸟等相关联）。

周文王姬昌称"西伯"，西、辛、厮，都是"西王母祭祀文化"中的"咸"（巫师）。所以《帝王世纪》云："文王之长子曰伯邑考，质于殷，为纣御。纣烹为羹，赐文王，曰：'圣人当不食其子羹。'文王食之。纣曰：'谁谓西伯圣者？食其子羹尚不知也。'"商纣王称周文王为"圣者"，因为他兼为"西"——巫师也。这是古代对于"西"（"辛""厮"）的最早的解释。这也间接证明了周文王（西伯）与西王母祭祀文化的密切联系。

周武王伐纣，"至于盟津，为文王木主，载以车，（置）中军"。可知"木主"是周文王灵魂的象征。

值得关注的，除了"历法"，还有"明堂"。《史记·封禅书》记载，汉武帝拟封禅，"欲治明堂……未晓其制度。济南人公玉带上黄帝时明堂图，明堂图中有一殿，四面无壁，以茅盖，通水，圜宫垣为复道。上有楼，从西南入，命曰昆仑，天子从之入，以拜祠上帝焉"。"明堂"是上古时代最重要的礼仪建筑。公玉带提供的明堂图，应该是齐鲁地区保存的《周礼》制度。天子从"昆仑（门）"进入，拜祠上帝。推测明堂制度起源于昆仑山。

在中华文化中，孔子（公元前551—前479年）继承了"周公之礼"，儒家成为中国传统文化的主流。这是众所周知的史实。不过，我们需要强调的是，周公之礼植根于古昆仑山的西戎文化中，却是学者们"忘却"了的、中国上古史之最重大之史实！

商周时代，已经有"东土""西土"的观念。所谓"秦始皇统一中国"，其国土，西不过兰州，北不过长城。总面积只占今国土面积的三分之一。还有一个极端重要的历史事实，儒家学说从来没有在中国新疆，西藏，青海，四川阿坝州、甘孜州，滇西北等西部地区扎根。因为这里是"西戎文化区"。它与"中原文化"（传统意义上的"华夏文化"）、"北狄文化"（长城以北地区）共同构成了"中华文明"的三个板块（参见拙著《论中华文明的三个板块》，兰州大学主办："永昌县与丝绸之路学术讨论会"，2016年7月，内刊论文）。

论白犬戎（獫狁）

《山海经》对犬戎有过不少记载。《山海经·大荒北经》："大荒之中，有山名曰融父山，顺水入焉。有人名曰犬戎。黄帝生苗龙，苗龙生融吾，融吾生弄明，弄明生白犬。白犬有牝牡，是为犬戎，肉食。有赤兽，马状无首，名曰戎宣王尸。""融父"即"戎父"。"顺水"，今称无定河。从而可知，融父山就是今白于山。

《山海经·西山经》对"白於之山"的记载："白於之山，上多松柏，下多栎檀，其兽多㸲牛、㸲羊，其鸟多鸮。洛水出于其阳，而东流注于渭；夹水出于其阴，东流注于生水。""生水"，今上游称红柳河，下游称无定河，注入黄河。

考"白於之山"，可能是"白夷之山"或"白戎之山"的音变。所谓"弄明生白犬。白犬有牝牡，是为犬戎"，可为证明。值得注意的是，以今白于山（主峰1890米）为中心，陕西省9县（吴起县、定边县、靖边县、志丹县、甘泉县、富县、洛川县、黄龙县、安塞县）、甘肃省环县等7县区（环县、华池县、合水县、庆城县、镇原县、宁县、西峰区）、宁夏固原等4县（固原市、彭阳县、盐池县、同心县）都有地名"崾岘"者，据不完全统计有166处。"崾岘"者，北俗称"严允"也。令人感兴趣的是白于山定边县有"蔡崾岘庙"，显然是"犬崾岘庙"的美化之词。甘肃省镇原县还有一处"苟家庙"（即狗家庙）。

关于"崾岘"一词，百度百科提出的解释是："在两侧山峁降雨径流长期作用下，山凹处不断溯源侵蚀而形成的一种地形。"但是，我们注意到，在上述三省相关连片地区之外，同样地形，并不称作"崾岘"。例如，黄河以东的山西省，陕西省延安以南地区、榆林以北地区、秦岭山区，甘肃省黄河左右等地区，同样地形，都没有一处称"崾岘"者。这是有力的旁证。

《竹书纪年》中夏桀时代有"犬夷入于岐以畔"的记载。岐即岐山。犬夷从陕北入侵之，并趁机背叛了夏朝。这是史书上第一次记载犬戎。商代甲骨文上，为什么没有见到犬戎？（按，羌族、戊族见于同版甲骨文。戊族或即夷族，即白于也）。

西周，"西伯昌伐犬夷"。此时，西伯昌已经在岐山一带，方圆百里（《史记·匈奴列传》）。

《竹书纪年》周穆王十二年"毛公班、井公利、绛公固帅师从王伐犬戎"。

《穆天子传》：周穆王十七年"天子北征于犬戎。犬戎□胡觞天子于当水之阳，天子乃乐。赐七（甲）萃之士战"。由此可知，当时有不属于白犬戎的"犬戎□胡"参加战斗，清代檀萃考证，即"泾胡"，不知何据。据我们考证，是犬戎槃瓠（胡）。周穆王认为攻打犬戎时机已到，下令开战。"当水"即吴起县"头道川"。有学者认为"当水"是"今湟水""古恒水""滹沱河上游"等，均为脱离实际的猜测之词。《史记·周本纪》云，周穆王伐犬戎"得四白狼、四白鹿以归。自是荒服者不至"。

西周时代，《诗经》及青铜器铭文中多见严允（玁狁），或是犬戎之自称也。例如《诗经·小雅·采薇》云"靡室靡家，严允之故；不惶启居，严允之故"。青铜器多友鼎、逨鼎都有征伐严允的记录。不其簋盖铭文称"朔方严允"，即北方的严允。更重要的是宝鸡出土的虢季子白盘（公元前816年），铭文云：周王十二年正月，虢国子白奉命"薄伐严允"，"于洛之阳"（图一）。据我们考证，"洛之阳"即陕西省洛河上游头道川以北地区，今志丹县、吴起县北部一带，即以白于山为中心的地区。吴起县西有古城（铁边城遗址），西汉设归德县（公元前205年），隋代改为洛源县。西周往往在正月伐犬戎，因当地是青黄不接之时也。傅斯年先生亦云"薄伐严允、瞻彼洛矣涉及西周"。

总之，白犬戎分东、西两大部，东南部在以陕北白于山为中心的延安地区和榆林地区；西北部在以甘肃省环县为中心的庆阳地区。《穆天子传》记载的"犬戎□胡"，据清代檀萃考证，认为是"犬戎泾胡"。居住在泾水环江上游的犬戎西支（东部有四白狼、四白鹿部；西部属于五王部，即商代的"糸方"），不知何据。

《竹书纪年》记载，周懿王时（公元前9世纪），"虢公帅师北伐犬戎，败逋"。周厉王时代"严允侵宗周西鄙"。

周宣王五年（公元前823年），"尹吉甫率师伐严允，至于大原"（《汉书·陈汤传》引刘向云"昔周大夫方叔、吉甫为宣王诛严允而百蛮从"）。"大原"，今固

图一　周代青铜器虢季子白盘及铭文

原至镇原一带。这年六月，是严允粮草充足的时候。他们沿着环河、马莲河、泾河南下，驻军于焦获泽及泾阳县一带，严重威胁镐京安全。吉普等奉命征伐，举着"鸟纹"大旗，以戎车十乘为先锋，英勇征战，取得胜利。《诗经·六月》恰恰反映了这次征战的胜利。云"薄伐猃狁，至于大原。文武吉普，万邦为宪"。

公元前771年，申侯、鄫人，联合犬戎（据考证，是犬戎獒瓠部）、西戎（西夏氏），推翻了西周政权。犬戎杀周幽王、伯服于骊山，执褒姒以归。公元前770年，周平王携七姓东迁于申（南阳），再迁于洛邑，东周开始。

《左传》鲁闵公二年（公元前660年），"虢公败犬戎于渭汭"（可能是犬戎獒瓠部）。这是关于犬戎较晚期的记录。

总之，犬戎有两大支系，白犬戎和獒瓠（彩犬戎）。白犬戎又分为东西两个部分。犬戎是自三皇五帝以来的古老部族。但是，目前还不知道它的起源地。在古代神话传说中，开天辟地的"獒瓠"，就是以狗为图腾的部落（孙作云考证）。据我们考证，獒瓠部起源于河南省灵宝市一带，"夸父逐日"故事中的"夸父"就是瓠父（獒瓠）。

考古资料显示，三犬纽盖陶方鼎出土于甘肃省玉门火烧沟遗址（四坝文化，距今3900—3400年）。犬首人身纹彩陶罐出土于甘肃省临洮四洼山遗址（辛店文化，距今3400—2800年）。它们与犬戎的关系，不得而知。

在三皇五帝时代，犬戎之一部，已经建立"犬封国"。他们控制了水陆交通要道（风陵渡至函谷关，待考）。帝喾高辛氏与之通婚。从夏代起，白犬戎大部已经定居在陕甘宁交界地区。夏朝末，犬戎渐渐强大。西周时代，彩犬戎最为强盛，参加了消灭周幽王的征战。犬戎的部落首领，似乎称"树敦"，如大毕、伯士等人。靖边县有大墩山（1823米）、双墩梁（1770米），吴起县有凤凰寺墩（1645米）等诸山，似乎与犬戎首领"树敦"有关。值得探讨。唐代张说（667—730）云"《周语》曰：犬戎树敦，守终纯固"，可供参考。

值得注意的是，在青海省兴海县黄河西岸的羊曲村遗址，汉代称"赤水"，西魏至唐代称"树敦"。它与犬戎的关系待考。

虽然白犬戎地域广大，然多为山谷纵横之地，干旱少雨，物产有限，交通十分不便，生活艰苦。因此，犬戎社会发展缓慢，始终是一个松散的部落联盟（西周时至少分为九部）。从未建立强大、统一的国家。所以，东周以后，特别受到秦昭襄王（公元前306—前251年在位）的打击，渐渐分裂、与其他部融合。秦昭襄王筑长城，就把犬戎分割为两大部。

近代，有学者认为犬戎后来并入了匈奴，其实，并无根据。因为，据我们的研究，匈奴起源于今宁夏中宁县一带。战国末年，匈奴五大部（熏奴、阏氏、呼延氏、兰氏、须卜氏）在内蒙古大青山以北，并没有犬戎或严允氏加入。因此，即使有白于山以北的少量犬戎人加入匈奴，也不构成重要成分。

阳纡山、河宗氏与"殷人主"

一、有关河宗氏及殷人的文献资料

有关河宗氏及殷人的文献资料可列举如下。

《山海经·大荒东经》："有因民国，勾姓，黍食。有人曰王亥，两手操鸟，方食其头。王亥托于有易、河伯仆牛。有易杀王亥，取仆牛。河伯念有易，有易潜出，为国于兽，方食之。名曰摇民。帝舜生戏，戏生摇民。"

《山海经·海内北经》："阳汙之山，河出其中；凌门之山，河出其中。"

《竹书纪年》帝芬时代"洛伯用与河伯冯夷斗"（按，洛河有二。其一，在陕西省渭南入黄河；其二，在河南省巩义市入黄河，古称雒河。这里似乎是指陕西省之洛河。按"洛伯"即洛河之神；"河伯"即黄河之神）。

《竹书纪年》帝泄时代"殷上甲微假师于河伯，以伐有易，灭之"（按，此项记载与《山海经·大荒东经》记载有关。值得注意的是，接近有易氏的"河伯"，应该在今河南省浚县至河北省沧州段古黄河。早已干涸）。

《穆天子传》周穆王十七年（公元前985年）"天子西征，骛行，至于阳纡之山。河伯无夷之所都居，是惟河宗氏"（按，这是第一次记载"河伯无夷"居住在阳纡山）。

司马贞《史记索隐》公元前417年，"秦初以君主妻河伯"（按，秦灵公时代，这是有关河伯的最后信息）。

《水经注》："河水又出于阳纡、陵门之山，而注于冯逸之山。"

二、关于河宗氏

考证河伯最初居住地"阳纡山"是关键问题。有学者把"阳纡山"解读为在"陕西三原、泾阳一带"；有学者引《孟津铭》认为河伯在河南孟津；更有学者认为"阳纡山"就是内蒙古大青山（同时认为"陵门之山"就是龙门山，"冯逸之山"就是中条山）。此外，还有"今河套北""今贺兰山""阴山""今绥远乌拉特旗河套北岸"等说法。

其实，"阳纡山"简称"阳山"，见于《史记·蒙恬列传》。公元前214年，蒙恬筑长城，从今兰州以西，至今靖远县（参阅谭其骧《中国历史地图集》第二册"关中诸郡图"），"于是渡河，据阳山"。靖远县是祖厉河入黄河处，为确保安全，必须控制黄河北岸的阳山。据我们实地考察，黄河北岸的阳山，指的是今"荒草梁山"（2019米），大体呈南北走向，山谷称吴家川。吴家川本来有古代岩画，近年遭到破坏。"阳山"地名，秦代以后消失。从"阳山"向北的黄河边，是"缠阴古渡"。再沿着黄河向东北，是"黄河石林景区"，黄河在这里作S形转弯。这就是"陵门之山"，《穆天子传》称"燕然之山"。陵门、燕然、石林，都是形容之词。从"黄河石林"沿黄河向北，就是景泰县"米家山""岷台山"。从靖远县城到岷台山，地图测量，直线距离约60千米。

宁夏中宁县一带，《穆天子传》称"阳纡之东尾"。可见，周穆王时代，"阳纡山"泛指从靖远县到中宁县沿黄河的两岸山脉。据《水经注》的解释，又可称作"冯逸之山"。由此可知，"冯逸""无夷""冯夷"都是山名。古老的河宗氏的河伯部就诞生于这里。如以山命名，故又称"无夷氏"（或"冯夷氏"）。

《穆天子传》记载，这里居住着河宗氏，"河宗柏夭逆天子燕然之山……癸丑，天子大朝于燕然之山、河水之阿……天子授河宗璧，河宗柏夭受璧，西向沉璧于河，再拜稽首。祝沉牛马豕羊"，这是祭祀河神。其中，"河宗柏夭受璧，西向沉璧于河"句最为费解。因为，周穆王、柏夭等人，当时在黄河西岸，"西向沉璧"岂不是背对着黄河？经实地考察才明白，黄河在石林处，作S形转弯。所以，在石林景区入口处的老龙湾，恰恰是必须"西向沉璧于河"。这一独特的细节，完全证实"石林"就是"燕然之山"。关于"燕然之山"的位置，学者们提出了"今甘肃境""今扎陵湖东北乌兰得什山""穆尼乌拉山"诸说，皆不着边际。

三、关于"殷人主"

《穆天子传》在叙述周穆王在"枝渟"（青海省共和县切吉草原）活动后，记载"柏夭曰：封膜昼于河水之阳，以为殷人主"。据我们的研究，"膜昼"就是"母纣"，纣之母也（按，西戎语称"母"为"媄"）。上述之景泰县"米家山"，就是"母家山"。"岷台山"就是"羡台山"。上古时代，"台"字有特殊意义。《尔雅·释诂》云："台，从口，乙声。义，悦也。又予也"。所以夏代有钧台；周代有祭祀武丁的丁台。商纣王的父亲帝乙，名羡，故有"羡台山"，设立"殷人主"（即石制供奉帝乙"羡"的牌位），以供祭祀。而附近的"缠阴古渡"，是纣的母亲家族朝拜殷王朝的黄河渡口，应即"朝殷古渡"也。"缠阴"县，最早见于《汉书·地理志》。3000多年前的古地名保存至今，令人惊叹。由此可知，这一段记载应该放在"天子大朝于燕然之山"之后。

殷王帝乙，《史记》曰名"发"（《太平御览》引古本《竹书纪年》曰"一名后敬，又曰发惠"）。今本《竹书纪年》曰帝乙名"羡"，得到了证明。《史记》也没有关于帝乙王后的记载。

我们考证，王后是河宗氏人，补记了历史文献之缺；还证明，商代西陲的领土，到达了今甘肃省中部。这是研究商代地理者，未之闻也。还有，《世本》说，帝乙与纣是兄弟，亦大错特错矣。"朝殷古渡"，因为当时殷朝国都在朝歌（今河南省淇县），所以需要渡过黄河东行。

甲骨文中，殷人祭祀"河"的卜辞中，有称河为"高祖"者（郭沫若《甲骨文合集》32028、33339）。有学者指出："河伯是与殷人世代通婚的外高祖，其女是殷人的高妣。殷人也均是河伯外孙"（王晖《商周文化比较研究》，人民出版社，2000年刊）。我们为此说找到了真实根据：纣的母亲是河宗氏人。

《穆天子传》："天子大朝于黄之山，乃披图视典。""黄之山"就是黄河石林东北方向的、黄河东岸的"大茆槐山"（3018米），推测是河宗氏的神山。附近有"三角城"古代城址。它已经靠近"阳纡之东尾"（即黑山峡、红山峡一带）。"天子大朝于黄之山"时，有"鹿人"参加。在景泰县"米家山"之西约60千米，有"寿鹿山"（3321千米），可以为证。

四、周人为什么常常自称"夏人"

周人为什么常常自称"夏人"？众所周知，周人祖先不窋、公刘，皆在戎狄间。但是，他们的行踪已不可考。周穆王在河宗氏"燕然之山"举行的"大朝"，应该是一次隆重的"禘祭"典礼（即把天帝与祖先合祭）。地点在今石林老龙湾。因此，河神、河宗氏祖先"河伯"，由巫师柏夭以萨满教形式现身（所谓"河宗受命于皇天子"），代表"天帝"向穆满（周穆王）发布两项旨意。"天子受命，南向再拜"。这次"禘祭"，证明周人祖先在东迁的过程中，其母系确实有河宗氏血统。我们知道，古代"大夏"读作"大河"，即河宗氏也。从而可知，周人常常自称"夏人"（即河氏），乃就母系而论，是有根据的，不足为怪。孙作云指出，《诗经》的《大小雅》即"大小夏"，西周的根据地也是夏人的故地（参阅《孙作云百年诞辰纪念文集》，河南大学出版社，2014年，第8页）。建立北魏的拓跋部，本来是黑龙江北岸的索离人。他们在南下过程中，不断与鲜卑人通婚，因此，也自称鲜卑人。

《史记索隐》曰：公元前417年，秦国初以君主妻河伯。这是有关河伯的最后记载。

据鱼豢的《魏略·西戎传》记载，到汉代，河宗氏自称"盉稚"，属于西戎系统。"盉稚"就是河氏也；公元前623年，"大夏国"受到秦穆公的打击，西迁到新疆南部，被称为"吐火罗国"。河首析支西迁到新疆和田，建立于阗国。

据《穆天子传》可知，黄河中、上游沿岸的俪伯、柏夭、大月氏、西夏氏、河首析支等，都属于河宗氏，他们有共同的语言、习俗。

太伯"作吴"居横山考

2017年11月24日,我们一行六人:华夏石刻艺术发展研究院吴杰森院长(上海)、王书玉院长(天津)、北京石刻艺术博物馆刘卫东研究员、中央电视台熊斌先生、中国人民大学刘先生,应邀考察了马鞍山市当涂县博望新区的横山景区。受到博望区宣传部长汤德生,当涂县文联施长斌,横山风景区管理处主任姚小平、尹百川、王辉等同志的热情接待。

他们介绍说,"横山",据清代学者钱大昕《廿二史考异》考证,就是南岳"衡山"。当年吴太伯兄弟奔吴,断发文身,就居住在此地。横山(主峰凉帽山,海拔458米)东北距离南京50千米,是南京西南方的天然屏障。

的确,"楚共王伐吴至衡山"(公元前570年)的"衡山",就在当涂县横山(参阅:谭其骧《中国历史地图集》,春秋时代,楚吴越图)。即楚共王(公元前591—前560年在位),攻打首次称"王"的吴王寿梦(公元前585—前561年在位),结果是楚国"所获不如所丧"。

"南岳"三迁:古代南岳衡山即今当涂县之横山("横"通"衡")。第一个证据是屈原的《天问》。

据河南大学孙作云先生考证,《天问》是屈原于公元前299年写于郢都(湖北省宜城市郑集镇)。此时,越国勾践灭吴已经174年矣(公元前473年,吴国夫差自杀,国亡)。吴国史历经约700年。文云:"吴获迄古,南岳是止。孰期去斯,得两男子?"意思是:吴国获得其开国古史,以南岳为止。什么时候去到那里,得此两个男子(指吴太伯、仲雍兄弟)。"子",尊称也。简言之,即吴太伯兄弟"作吴"于南岳也。

第二个证据是《水经注》引《吴越春秋》。文云:"禹登衡山,血白马以祭。梦玄夷(衣)使者告以神书。发覆釜山,得金简玉字,通水之理。"查当涂县地图,在新市镇以南,有村名"釜山",靠近石臼湖,可谓旁证。这与《史记·夏本纪》记载的"禹东巡狩,至于会稽而崩"相吻合。

秦汉时代之南岳"衡山"在安徽省霍山(别名"天柱山"),秦代衡山郡首府在湖北省黄冈市。

《汉书·郊祀志》云,元封五年(公元前106年),以"天柱山"号曰"南岳"。西汉时代的"五岳"是中岳嵩山、东岳泰山、西岳华山、南岳霍山(天柱山)、北岳常山。"四渎"是黄河、长江、淮河、济水。据《水经注》引郭璞《尔雅注》云,汉武帝以衡山辽远,谶纬以霍山为岳,故祭之。隋代开皇九年(589年)改湖南衡山为南岳,在湖南省衡山县东部。

著名的青铜器宜侯夨簋,1954年6月出土于丹徒县烟墩山(图一)。铭文记述周康王(约公元前1020—前996年)封"夨"为"宜侯",赏赐以器物、土田、奴隶等。铭文称夨的父亲是"虞公"。据郭沫若、唐兰先生考证,认为"虞公"就是周章。我们考证认为,"虞公"乃是吴国五世传人周章的弟弟虞仲(按,周章与周成王同辈)。所以,有学者认为"宜"地在大港(参阅《中国大百科全书　考古学》)。据《竹书纪年》记载,周康王十六年"王南巡守,至九江庐山"。推测夨侯这次得到封赏,与周康王南巡、会见诸侯有关。值得注意的是,该铭文记载,周康王是在看了"《武王、成王伐商图》,遂省《东国图》"之后做出的决定。证明武王伐纣时(约公元前1040年),已有地图。

图一　宜侯夨簋及铭文

考察中,我们在横山"石门"峭壁上看到,"石门"(落款篆书"南訾")二字的右侧下方5米处,赫然刻着象征昆仑山的"日月合璧纹"(图二—图四)。日月纹的布局,与青海德令哈市怀头他拉岩画相似,颇令人吃惊。这种"日月合璧纹",目前只在青海省发现三处(格尔木野牛沟、德令哈市怀头他拉、乌兰县巴里)、西藏发现四处(日土县任姆栋、曲嘎尔羌、藏北东香布和日阿多)(图五、图六)。其中,经过微腐蚀法检测的格尔木野牛沟岩画年代,是距今3200年。

那么,为什么在江东的当涂县横山出现了"日月合璧纹"呢?

原来,《穆天子传》记载,周穆王在"赤乌氏"之国(今甘肃省瓜州县)说:"大王亶父之始作西土,封其元子吴太伯于东吴。诏以金刃之刑(形),贿用周室之璧。封其璧臣长季绰于春山之虱(按,即赤乌氏),妻以元女。诏以玉石之刑,以为

图二　石门与日月文

图三　石门

图四 石门上刻的日月合璧纹

图五 青海格尔木野牛沟岩画

图六 日土县曲嘎尔羌岩画

周室主。"这是有关吴太伯最早的史料,比司马迁《史记》早800年。所谓"封其元子吴太伯于东吴",似乎是溢美之词。因为古公亶父时代,周人刚刚从昆仑山迁徙到岐山,站定脚跟,不可能"分封"吴太伯去东吴。另外,吴太伯兄弟去东吴,是得到亶父财物支持的,没有提及江东"采药"之事。《竹书纪年》云,古公亶父是在商朝武乙时代(公元前12世纪)迁徙到陕西省岐山的。看来,古公亶父封吴太伯、封女婿,是在迁徙陕西省岐山之前、在昆仑山时代的决定,即在"大王亶父之始作西土"时代。

古公亶父时代,据《竹书纪年》,古公亶父死于公元前1127年。季历的在位时间是公元前1127—前1113年。

据此,我们推测,吴太伯到达横山的时间,如果在古公亶父死前10—30年,则约在公元前1157—前1137年之间。而另外一种推测方法如下。据记载"太伯作吴,五世(周章)而武王克殷"。武王克殷在公元前1040年。所谓"五世",实际上是四代。每代平均30年。则吴太伯到横山,在公元前1160年。

我们已经在《〈穆天子传〉真相解读》中论证，周人以熊（美称"大人"）为祖先神。属于西戎部族西王母部，起源于古昆仑山之鸿鹭山一带，即今祁连山嘉峪关南山，尊鸟为图腾。周人起源问题，是重大历史课题，我们已经完全破解（详见《〈穆天子传〉真相解读》，待刊）。

因此，横山的日月合璧纹图像，证明了吴太伯兄弟不但生活于此地，而且死后也埋葬于此地。因为，昆仑山是西戎人灵魂归宿之地（参见《日月合璧止于昆仑》，《大众考古》2017年4期）。有趣的是，在"日月合璧纹"的下方，还有一个"月亮纹"。这个月亮纹可能代表吴太伯的弟弟仲雍（按《汉书·古今人表》，太伯之弟是仲雍）。我们已经证明，月亮代表男性。

横山景区包括横山南麓的三镇：丹阳镇、博望镇、新市镇。东起当涂县，西通江苏省溧水区，东西20多千米，南北宽约3千米。南面就是石臼湖。丹阳镇自秦代设县，是水陆交通之要道。今有103、313、314三条省道交会。这里背山面水，气候宜人，田土肥沃，交通便利，是古人居住、生产的好地方。

《史记·夏本纪》云"彭蠡既都，阳鸟所居。三江既入，震泽致定"。"彭蠡"是九江东北的大湖，南连鄱阳湖。"震泽"即今太湖。这是说，在上古时代，长江到了芜湖一带，分为三条江，即"北江"（今长江主干道）、"中江"（从芜湖东北，经过当涂县，过丹阳镇，溧阳区、宜兴市，入太湖）、"南江"（从芜湖，经过高淳，北入溧阳、太湖）。可见，在夏商周时代，丹阳镇是长江边的一个重要口岸（参见郭沫若《中国史稿地图集》"夏代黄河长江中下游地区图"）。

《史记·吴太伯世家》记载，"太伯之奔荆蛮，自号句吴。荆蛮义之，从而归之千余家"（按，"句吴"者，或许是地名）。

总之，横山是"太伯作吴"之地，即吴国文化起源之地，当无异议。横山就是自大禹以来的南岳，也可以确认。

查"360百科"，介绍吴太伯说，他生于公元前1285年正月初九，去世于公元前1194年三月初三，不知证据何在？又说吴太伯是华夏族，证据又何在？说吴太伯埋葬于无锡鸿山（古称皇山），更不知证据何在？

我们只知道，无锡梅村镇的"泰伯庙"是汉桓帝时代（154年）所立。

不过，说吴太伯是华夏族，并不是"360百科"的错误。自周公"制礼作乐"（公元前1058年）以来，直至孔子（公元前551—前479年），对"周公之礼"梦寐以求，乃有儒家"华夷之辨"的历史观。从孔子到司马迁，他们不承认，也不知道"周人"是"西戎人"。这种以华夏为中心的历史观，无形地延续至今。但是，历史的真相是，周公的"制礼作乐"，植根于西戎文化，又吸收了华夏文化。

吴国的文化，主流来自于吴太伯兄弟。当然，他们也必然结合本土文化。

我们多年在中国西部考古调查，对此深有体会。明确指出，“中华文明”是由“华夏”、“西戎”及“北狄”三个文化板块构成的（参见拙稿《中华文明的三个板块》，2016年8月12日，兰州大学在甘肃省永昌县举办《丝绸之路与圣容文化国际学术研讨会》论文），需要进一步研究、阐述。

探究"昆仑邦国"与大夏诸国西迁

自古至今，讨论"昆仑邦国"与"昆仑山"的话题，历时近3000年，论著则汗牛充栋。有现代学者感叹说："古来言昆仑者，纷如聚讼。"近现代以来，学者们更是面向西方，"联想"翩翩。以西王母所在地域为例，提出了苏美尔、迦勒底、波斯、阿拉伯、兴都库什山、阿富汗喀布尔、哈萨克斯坦、塞种、新疆塔什库尔干等说。最近，又有人提出西王母形象来源于希腊雅典娜。到2017年，还有人肆言：新疆呼图壁县康家门子岩画，是西王母遗迹[①]。

对于唐代以前的种种论说，道宣（596—667）在《释迦方志》中，严厉而中肯地批判说："然此种神州所著书史，寓言臆度，浮滥极多……都皆芜秽！"对于近现代种种论说，我以为，先生们虽然旁征博引，但大多断章取义，语音比附，背离了时空交叉的历史观，近乎演义。例如，苏美尔时代（Sumer，约公元前3500—前2341年），昆仑邦国还没有诞生；迦勒底时代（Kaldi，公元前612—前538年），昆仑邦国已经存在约1500年了。且不说给周穆王当翻译的河宗氏柏夭，如何懂得古代两河流域的语言？或古波斯语、古阿拉伯语、古希腊语？

一、昆仑邦国与昆仑山的位置

在我国正史中，昆仑邦国首见于《史记·夏本纪》，云大禹时代（约公元前21世纪），"织皮、昆仑、析支、渠搜，西戎即序"。孔安国解释说："此四国在荒服之外，流沙之内，羌髦之属。""荒服"，是指距离禹都"阳城"（今河南省登封市南）2500里以外的地方。"流沙"，是指汉代张掖郡居延县（今内蒙古阿拉善右旗）

---

① 近现代以来，关于昆仑山及西王母诸说，参考：李淞《论汉代艺术中的西王母图像》，湖南教育出版社，2000年，第28页；黄烈编《黄文弼历史考古论集》中《古西王母国考》，文物出版社，1989年；《南亚研究》编辑部编《印度宗教与中国佛教》，中国社会科学出版社，1988年；芮传明、余太山《中西纹饰比较》，上海古籍出版社，1995年，第24—25页。CCTV10，在2017年2月8日晚还有巫新华宣称，新疆呼图壁县康家门子岩画是西王母遗迹。

的巴丹吉林大沙漠。"西戎",指大夏河流域的古国。广意上,也泛指古代甘青地区从事农业、畜牧业,文化发达的民族,他们饲养羊、牦牛等。以上已经说明了五国的大体范围及生存状态。

最早指出昆仑山确切位置的是前凉国酒泉太守马岌。永和元年(345年),马岌上言:"酒泉南山,即昆仑之体也。周穆王见西王母,乐而忘归,即谓此山。此山有石室、玉堂,珠玑镂饰,焕若神工,宜立西王母祠,以裨朝廷无疆之福。"凉王"(张)骏从之"①。这位马岌曾经亲自考察过酒泉南山,《晋书·宋纤传》云:宋纤隐居酒泉南山讲学,有弟子三千余人。"酒泉太守马岌,高尚之士也,具威仪、鸣铙鼓造焉。"道宣也肯定说:"寻昆仑近山,则西凉酒泉之地也,穆后见西王母之所,具彼《图经》。"道宣所依据的《图经》,应该是隋代长期经营西域的裴矩编辑的《西域图记》三卷②(按,周穆王(公元前976—前922年在位),会见西王母在公元前960年左右)。

郦道元《水经注·河水》,引"《山海经》云,自昆仑至积石一千七百四十里"。我们按现代公路计算:自临夏(积石山在其西)至兰州市,149千米;兰州市至张掖市,518千米;张掖市至酒泉市,226千米。全程合计893千米,即1786里,与《山海经》所记,相当接近。这也说明"积石山"不是"阿尼玛卿山"。

从上述三项可信记录判断:昆仑山主峰在酒泉南山,是可以肯定的。历史地理学家一直(清代以前)把祁连山表示为"昆仑山"。孙作云即指出:"此虎齿豹尾的西王母……可能是她的图腾服饰……一直到西周时代,是西方甘、青之间的女酋长。"

2015年9月我们实地考察也是有力的旁证。今酒泉市南山的清水镇至东洞乡,海拔1500—1800米,可能是"昆仑丘"地区。唐代李泰《括地志》云"昆仑山在肃州酒泉县南八十里",恰好就在这里。

考古工作者在清水镇东南,发掘了"西河滩遗址",面积约50万平方米,属于甘肃省"四坝文化",距今约3900—3400年,相当于夏代中期。其中,也应包含"骟马文化"(约公元前1400—前600年)。从遗址向东南10余千米,还有个"东河滩"。东西河滩之间,有"城河村",似乎是古城留下的地名。丰乐乡干骨崖遗址,出土了彩陶靴(约距今4000年)。总寨镇三奇堡出土了石器时代的石刀、彩陶罐、双耳彩陶杯(绘画56个女子手拉手跳舞等)。所谓"昆仑墟"就是"昆仑邦国"王城的废墟,如"夏墟""殷墟"等,其地点大约在酒泉市肃州区金佛寺镇至丰乐乡一带。期盼将来更多考古发掘证实。另外,从地势上观察,它的东、南、西三面被黑水(若水)环绕,与《山海经》所云昆仑"其下有若水之渊环之"符合;它的西南方是今祁连山主

① 《晋书·张轨列传》。古昆仑山即今祁连山,其主峰周围是一组庞大的群山。以洪水坝河为界,东部是主峰日月山;西部是北斗状群山。
② 《隋书·裴矩传》。

峰（海拔5547米），山间多处有山泉（"醴泉"）、高山湖泊如"大海子"（"瑶池"）。它的西北方是玉门市，蕴藏丰富的石油、天然气，有石油河，即《后汉书·郡国志》记述酒泉郡延寿县出产的"石漆"，与《山海经》云昆仑山"其外有炎火之山，投物辄燃"符合。祁连山地区十分辽阔，山区森林密布，坡地草原辽阔，水草丰美，动植物多样，是古代发展农牧业的好地方。

西王母是昆仑邦国的国王兼祭司，至迟在商代武丁时期，就叫"西嫫"——西母，或称"西膜国"。周穆王时代，已称西王母。那种认为西王母是塞种人的观点，毫无根据。西王母祭司文化，是西戎文化的代表，成为苯教文化的源头。"西戎"，在春秋时代以前，专指大夏诸国。秦汉以来，则泛指诸戎。我国西部广大地区的西戎、西羌诸族、纳西、彝族、党项羌、苏毗、羊同、吐谷浑、匈奴等民族，都信奉苯教，影响极为深远（参阅笔者《探究西王母祭司文化与"苯教"源头》，待刊）。

二、秦穆公伐西戎与大夏诸国西迁

公元前623年，秦穆公为扩大领土，发动了一场大规模征伐西戎的战争，引发了中国古代史上一次大规模民族迁徙运动。历史学家对此缺乏重视与研究。《史记·秦本纪》秦穆公（公元前660—前621年在位）三十七年（公元前623年）云："秦用由余谋，伐戎王，益国十二，开地千里，遂霸西戎。"被秦国消灭的十二国中，有"八国服于秦"，就是有八国投降了秦国。即绵诸、狄、獂、犬戎、义渠、大荔、乌氏、朐衍八国[1]。显然有四国逃遁。

据我们研究，这逃遁的四国是：大夏（西戎的主体）、大月氏、析支和织皮。它们向西迁移到新疆、西藏乃至中亚，比张骞通西域还早500多年，历史意义重大。只是因为它们都在西部边陲，汉文史料缺如也。

甲、大夏国是秦国西部的"邻国"，是历史悠久的邦国，是西戎种族的主体。《史记·夏本纪》称为"和夷"，即河氏（又作"盍稚"，羌人音变为"戈基"）。分布于洮河、大夏河（古称"漓水"）、黄河两岸。西周初年，在太庙祭祀周公时，还要跳"大夏舞"。《礼记·明堂位》云，祭祀时要"皮弁素绩，裼而舞大夏"（按，酒泉出土过陶靴；青海乐都也出土过"陶靴"，属于辛店文化。这里表现的是舞蹈时，穿靴踢腿的动作）。到周厉王（公元前877—前841年在位）时，"西戎反王

---

① 《史记·匈奴列传》："秦穆公得由余，西戎八国服于秦。"秦灭八国后，到秦始皇时代，仍然保存下来的，只有乌氏戎王的统治权（参见《史记·货殖列传》乌氏倮）。所以，西戎乌氏在泾川县的王母宫也保留了下来。其他小国，陆续被消灭。公元前461年，灭大荔；公元前361年斩獂王；公元前270年灭义渠王，消灭了义渠国。

室，灭犬丘、大骆之族"（西垂，今甘肃省礼县）。公元前771年，"西戎、犬戎与申侯伐周，杀幽王于骊山下……周避犬戎难，东徙洛邑"，史称"东周"（《史记·秦本纪》）。

在春秋时代，齐桓公（公元前685—前643年在位）曾经征伐"白狄"（在今陕北榆林市一带），西至"西河"（今黄河宁夏段）"乘桴济河"，过黄河，到了北岸的"石抗"（今中宁县石空镇一带），悬车束马上"卑耳山"（今贺兰山南段，或曰三危山之俗称），又西涉流沙。"拘秦、夏"，即拘留了或约束了秦国和大夏国首领，"而秦、戎始从"，即他们表示服从齐国的霸权。"西服流沙、西虞"。"西虞国"即是古国"渠搜"，应是祖厉河东北部屈吴山一带的国家（《管子·小匡篇》）。（按，管仲卒于公元前645年）。这次西伐时间大约在公元前650—前649年。这就是《史记·封禅书》所说的"齐桓公西伐大夏，涉流沙"。所谓"西伐大夏"，有学者把大夏解释为并州晋阳，大误。齐桓公这次西伐，已经到了黄河北岸的石空镇，似乎目标是西边的武威，因遇流沙（今腾格里沙漠）受阻。如果目标是伐大夏，就不应该北渡黄河，而应挥师南下。

《逸周书·王会篇》云"禺氏騊駼，大夏兹白牛"，即禺氏（即月氏、焉耆）的特产是马驴交配所生的"騊駼"；大夏的特产是白色牦牛（"兹"，今藏语称野牦牛）。

《新唐书·西域传》云"大夏即吐火罗也"。据王国维（1877—1927）、张星烺（1889—1951）、黄文弼（1893—1966）、李文实（1914—2004）等的研究，"大夏"古读"大河"（Dahe），他们自称河氏（"盍稚"），就是西方人所称的吐火罗（Tokharian）。

丁谦提出大夏国西迁的论断，但西迁的原因及年代，则未加说明。王国维也论证了大夏国西迁。他认为"其徙葱岭以西，盖秦、汉间之事"（《观堂集林》13，《西胡考》下）。黄文弼先生也论证大夏国西迁的历史，认为西迁年代"疑当在西汉之初"（黄烈编《黄文弼历史考古论集》，文物出版社，1989年）。

我们的研究认为，作为西戎主体的大夏国受到秦穆公攻击（公元前623年），向西逃遁，到了新疆南部。斯坦因确认在今民丰县东北一带。他认为"安得悦遗址"（Endere），就是玄奘《大唐西域记》卷12，大流沙以东行程所说的"睹货逻故国"。后来，大约在前160年，大夏第二次西迁至阿姆河南岸[①]。

---

① 这段历史，极为复杂难理。先贤王国维、张星烺、黄文弼等先生都做过深入研究。但未能找到大夏西迁的原因及其年代等。迄今为止，考古发现的有文字的大夏文物，是1990年在甘肃省酒泉市总寨镇三奇堡村八组墓葬出土的"大夏长印"铜印章（边长2.7厘米，汉代）。推测是秦穆公时代，大夏残部跟随大月氏迁移至此地。

　　我们的研究证明，《汉书·西域传》里隐藏着西戎人西迁的秘密。《汉书·西域传》云："西夜国王号子合王，治呼犍谷……东与皮山，西南与乌秅，北与莎车，西与蒲犁接。蒲犁及依耐、无雷国，皆西夜类也。西夜与胡异，其种类羌氐行国，随畜逐水草往来，而子合土地出玉石。"这段史料，徐松在《汉书西域传补注》（1829年）中，引证古今各家之说而难有定论者，因诸位不理解"西夜"即"西戎"之异译，不理解"号子"即"河氏"之异译也。

　　这段史料讲得很明白，西戎国的国王叫"号子合王"。蒲犁及依耐、无雷国，都是西戎种类的人。西戎人与胡人异类，他们是羌、氐游牧民族。从而可知，这些西戎人建立的小国，早在西汉以前已经迁移并居住在南疆地区直到帕米尔高原。后来的史料也进一步证明了这点。《后魏书》云"悉居半国，故西夜国也。一名子合，其王号子，治呼犍……"。所谓"其王号子"，就是说国王姓"号子"。号子是"盉稚"的异译，即河氏。所谓"号子合王"就是河氏联合之王，后来简称"子合"。因大夏主体约公元前160年已经西迁阿姆河，余部则联合为国。

　　因此，所谓"睹货逻故国"，推测在古叶尔羌河［即徙多河。《水经注》之"南河"。参阅黄文弼《谈古代塔里木河及其变迁》，《西域史地考古论集》，商务印书馆，2015年］一带。公元前7—前3世纪，叶尔羌河水系必有巨大变化矣。

　　大夏国西迁后，残部南越白龙江，到达白水江、松潘至甘孜州地区，秦汉时称为"冉駹"（因大夏人崇拜马面龙也）。我们在九寨沟县考察，发现了约公元前7—前5世纪的岩画"土伯御龙"。大夏北部有一部分人随着大月氏到了祁连山。酒泉出土了西汉铜印"大夏长印"（图一），就是证据。

　　乙、与大夏国同时西迁的是析支国。析支也是古老的邦国，居住在今青海省玛沁县至共和县的黄河"河首"地区。这段黄河是由南向北流的，古称析支河。《水经注·河水》引司马彪曰："西羌者，自析支以西，滨于河首左右居也。"《禹贡》云"导河积石，至于龙门"。应劭解《禹贡》曰："析支属雍州，在河关之西。东去河关千余里，羌人所居，谓之河曲羌。"《穆天子传》称作"枝侍"。《后汉书·西羌传》云"赐支者，《禹贡》所谓析支者也"。析支西迁，最后定居在新疆和田河流域。西汉时称"于阗国"。析支西迁后，残存余部及西羌人称作"赐支"，赐即"兹"，牦牛也。即牦牛部。今兴海县、共和县有"切吉草原"即源于此。

　　丙、织皮国，也是古老的邦国，原居在青海省东南部，西顷山西北，今泽曲流域。织与泽，音近也。《尚书》郑玄注曰："织皮，谓西戎之国也。

图一　酒泉出土的汉代"大夏长印"

西顷，雍州之山也。雍、戎二野之间，人有事于京师者，道当由此州而来。"织皮在秦国攻击下，向西藏东北部、西北部及新疆东南部迁移，分布地域广阔，称作"苏毗"。清代《续文献通考·舆地考》云"西藏，上古三危之地，虞舜流三苗于此，亦即昆仑、织皮，西戎之一，汉魏为西羌"。我们已经证明，《汉书·西域传》记载的"乌秅国"，就是苏毗人建立的国家。地点在西藏阿里地区的日土县。约3—4世纪，向南部迁移，称"权於摩"，即《北史·西域传》记载的"女国"。於摩是西戎语，意即王母[①]。

另外，敦煌唐代写本《沙州、伊州地志》残卷（S367）记载的"萨毗城"、"萨毗泽"（有苏鲁皮小河流入），在新疆若羌县（石城镇）西南240千米，即若羌县的阿牙克库木湖畔，邻近祁漫塔格山。这里显然古代就是苏毗人的一个据点，是通往青海省的古道。

有外国学者考证苏毗"意为寡妇村或女儿国"；有国内学者称"苏毗本是新疆昆仑山的古代游牧部落"等，都是没有根据的猜测之词。

丁、大月氏原居地，"月氏"得名于"騶騵氏"，简称"禺氏"。说者多以为在河西走廊敦煌、祁连间，皆源自《汉书·西域传·大月氏》。

其实，大月氏原居地在大夏国北部，洮河以北，即今兰州市一带。最早的记载是《穆天子传》所说周穆王到了"焉居禺知之平"（约公元前938年）。据我们考证，"焉居"即是"盐居"，在兰州市东郊、黄河北岸。《吕氏春秋·当赏》记载秦国公子连（秦献公）去入翟，从焉支塞入之。"焉支"就是"月氏"。此地当然不可能在河西走廊。又按《汉书·地理志》金城郡下有榆中县，"榆中"音似"月氏"。《水经注·河水》记榆中县曰"昔蒙恬为秦，北逐戎人，开榆中之地"。这项记载，有一个错误，把秦穆公征伐大月氏的大将，说成了秦始皇的大将蒙恬。据《史记·蒙恬列传》可知，蒙恬没有到过这里。《汉书·地理志》安定郡下有"月氏道"，即有月氏人的县。应在祖厉河以西，可谓旁证。

更重要的证据是，当秦穆公攻打大月氏时，他们向河西走廊逃跑并向晋国求救，也证明了这一点。《左传》鲁襄公十四年（公元前559年），晋国执政官范宣子训斥"戎子驹支"（月氏首领）云："来！姜戎氏！昔秦人追逐乃祖吾离于瓜州，乃祖吾离被苫盖，蒙荆棘以来归我先君。"对曰："昔秦人负恃其众，贪于土地，逐我诸戎。"驹支还说"我诸戎饮食、衣服不与华同，贽币不通，言语不达"。

这段最早的史料很重要，它证明：第一，大月氏是西戎人，来源于姜戎氏。第二，大月氏是六十四年前（公元前623年）被秦穆公攻击，从原居地兰州逃跑到河西走廊（瓜州）的。当时大月氏首领吾离曾经狼狈地向晋国求救，落下了笑柄。第三，它

① 参考温玉成《"乌秅国"与"权於摩国"》，《大众考古》2015年第10期。

还证明，西戎人与中原华人在语言、衣服、饮食、赘币等方面不同。

秦国军队撤离后，大月氏占领了今武威、张掖、酒泉、敦煌地区。他们赶走了原住民昆仑邦国、渠搜邦国，西部的乌孙则投降匈奴。大月氏以渠搜国的昭武城（王莽时曰"渠武"）为王城。山丹县"焉支山"（月氏山）即得名于此时。

戊、昆仑邦国被迫南迁河湟地区，因为那里有他们同一部落联盟的三青鸟部：大鹜、少鹜和青鸟部落。他们把"昆仑山"名称也移到了河湟地区。而旧有的"王城"，则成了"昆仑墟"。

公元前623年以后，河湟地区的昆仑山位置，即指青海省"日月山"。《穆天子传》称作"河首襄山"（鲜山或仙山）。汉代的昆仑山有明确的记载。《汉书·地理志》云："临羌西北塞外，有西王母石室、仙海、盐池。北侧，湟水所出，东至允吾入河，西有须抵池、若水、昆仑山祠。"《后汉书·郡国志》记载金城郡"临羌有昆仑山"。《水经注》说"湟水又有勒姐之名"，勒姐又写作么姐，可能是西王母邦国中一个氏族名称。到了汉代，昆仑邦国早已经分裂，与诸羌、戎混合，形成了"西零羌（先零羌）"，即"咸·勒姐"部也。

历史上。"河出昆仑"说，只能形成于公元前623年以后的时代。屈原在《河伯》中写道："与女游兮九河，冲风起兮水扬波……登昆仑兮四望，心飞扬兮浩荡……"。屈原（公元前340—前278年）是楚怀王（公元前328—前299年）时代的人，他"登昆仑兮四望"的昆仑山，显然已经在黄河附近了。

《晋书·北凉·菹渠蒙逊传》记载，415年，他率领军队"循海西而至盐池，祠西王母寺，寺中有玄石神图。命中书侍郎张穆赋焉，铭于寺前"。可知此寺在今青海省茶卡盐池附近。

应该特别关注的是，在藏区（所谓"康巴"地区）也有一座"昆仑山"，指的是青海省阿尼玛卿山。这座山，古代《禹贡》称"积石山"。昆仑山可能是公元前623年以后，西王母部迁入后改名。此后，部分羌戎人逃入河源地区。在唐代（821年），去吐蕃会盟的使臣、大理卿兼御史大夫刘元鼎，经过了"昆仑山"。《新唐书·吐蕃传下》曰：有三山"中高而四下，曰紫山，直大羊同国，古所谓昆仑者也。虏曰闷摩黎山。东去长安五千里。河源期间……故世举谓西戎地，曰河湟河源"。到了元代（1280年），令学士蒲察都实考察的"昆仑山"，的确在河源地区，他还向西到了星宿海。《元史·地理志·河源附录》云"朵甘思（按，即朵甘思都元帅府，在灵卡，今德格县之俄支乡）东北有大雪山，名亦耳麻不莫剌，其山最高，译言腾乞里塔，即昆仑也"。所云译言"腾乞里塔"，就是蒙古语"腾格里"之异译，意为天、天神。查匈奴语之"祁连山"即是天山之意，原来指酒泉南山。从而可知，从匈奴到蒙古，都把昆仑山叫天山。这座昆仑山就是青海省兴海县与玛沁县交界处的阿尼玛卿雪山，主峰玛卿岗日山高6282米。

在这里，对比刘元鼎记录，所谓虏曰"闷摩黎山"。这是汉人听了"藏语"的记录；而"亦耳麻不莫刺"则是蒲察都实听了"藏语"作的记录。亦耳麻，对应"闷"；不莫刺对应"摩黎"。所以指的是同一座山。刘元鼎还特别说明这是古代地名，并且指出是古代西戎地，很有意义。由于地处偏僻，郦道元《水经注》没有记载这座"昆仑山"。《禹贡》"导河积石，至于龙门"，就是说大禹疏导黄河从积石山开始。谭其骧先生把阿尼玛卿山标示为"积石山"，是对的。这是古代的积石山。河州积石山是后代的名称。我们从《新唐书·西域传·吐谷浑传》可知，635年，唐朝大将征讨吐谷浑，侯君集等"行空荒二千里……阅月，次星宿川，达柏海上（扎陵湖），望积石山，览观河源"。这里的"积石山"是指阿尼玛卿雪山。

己、渠庾也是古代邦国，或附属于西膜国。它原居地在张掖市黑河旁，有昭武城（《汉书·地理志》王莽时曰"渠武"）。《后汉书·梁懂传》注"昭武故城，在张掖西北"。《穆天子传》云"庚寅，至于重拥氏黑水之阿。爰有野麦，西膜之所谓木禾"。有趣的是，2015年9月我们在武威作考察时，得知肃南县裕固族人至今把小麦叫作木禾。"重拥"与"昭（渠）武"音相近也。这样，"重拥""渠武""渠庾""粟弋"，所指是同一个地方或氏族。公元前623年，在大月氏驱逐下，他们向西方远徙至今中亚撒马尔罕地区，即《史记》《汉书》《晋书》所称之"大宛国"。《隋书·西域传》记"镫汗国"曰："都葱岭西五百余里。古渠搜国，王姓昭武。"这条记载，虽然时代较晚，却明确说明了"古渠庾国"与"昭武城"的关系。学术界有人否认汉代以前有昭武城，以为是"无稽之谈"，甚至认为"昭武"是突厥"叶护"的转音（张毅笺释《往五天竺国传笺释》，中华书局，1994年，第118—120页）。"叶护"者，西戎语，王侯也。撒马尔罕的古城叫阿夫拉西阿卜（Afrasiab），建于公元前6世纪，城市平面呈三角形（《中国大百科全书　考古学》"中亚粟特遗存"）。查这种独特的"三角城"，不见于古代波斯、古代两河流域及古代印度，恰恰在中国甘青地区保存了七个叫三角城的地名，证明古代这里有过三角城①。是昭武九姓胡人把这种文化带到了中亚。还有，九姓胡人认祖归宗于昭武城，必有历史根据。他们一直保存有"祖庙"，《隋书·西域传》康国传记载，"国立祖庙，以六月祭之。诸国皆来助祭"。不可能一个民族都认错了祖宗！

由于渠庾西迁在公元前623年前，历史过去了几百年。所以汉代人对于大宛很陌生，已经不知道它的来源。因此，《史记·大宛列传》才说"大宛之迹，见自张

---

① 甘青地区保存有"三角城"地名的有：青海省祁连县东南方"古三角城"；海晏县有汉代西海郡故城址（方形），但当地俗称"三角城"，说明此郡城之前，有过三角城；刚察县东南有"三角城"；甘肃省民勤县北有"三角古城"；安西县东南的"破城子"，可能原来是三角城，今汉人称作破城子；金昌市北有三角城遗址；高台县三弯城。

骞"。由于渠庾、大月氏先后都以昭武城为王城；又先后迁移西域，所以文献记载带来了混乱。如《隋书·西域传》曰"康国者，康居之后也……其王本姓温，月氏人也。旧居祁连山北昭武城，因被匈奴所破，西逾葱岭，遂有其国。支庶分王，故康左右诸国，并以昭武为姓，示不忘本也……国立祖庙，六月祭之"。首先，康国不是康居之后，是汉代大宛的一个"邑"发展的国家。而康居在大宛西北，可二千里，南羁事于月氏，东羁事匈奴（《史记·大宛列传·康居》）。其次，康居也不是大月氏，大月氏在阿姆河。很显然，《隋书》把大月氏西迁的历史当成了渠搜国西迁的历史。因为秦汉以来人们已经不知道这段历史了。所以，有学者把粟弋当成大月氏（《中国大百科全书　考古学》，中国大百科全书出版社，1986年）。

有趣的是，九姓胡人崇拜的"祖先""圣王"叫"西雅乌什"。据我们的研究，"西雅乌什"就是"咸野嬜"（西王母）。这位祖先还与太阳一起供养，这又与昆仑山（日月山）相关联。粟特人崇拜的大神——"得悉神"，也是西王母（大悉神）。到南北朝时期，来华的男性粟特人长者头冠上，往往有"日月合璧纹"——永恒的昆仑山标记（有学者不明来源，以为是波斯纹样，称作"星月纹"）。

三、匈奴人称"昆仑山"为"祁连山"

大月氏据有河西走廊东段以后，就与匈奴为邻。匈奴头曼单于时，大月氏强势，遂纳头曼之子冒顿为人质。冒顿单于执政时代（公元前209—前174年），匈奴强大起来。"冒顿既立……遂东袭击东胡……大破灭东胡王……既归，西击走月氏……是时，汉兵与项羽相拒，中国罢于兵戈。以故冒顿得自强，控弦之士，三十余万。"王明哲、王炳华分析说，这"证明月氏之离开河西走廊西迁伊犁河流域，是在公元前3世纪末楚汉相争之时"[①]。他们破走塞王，塞王南越悬度。从而可知，匈奴"击走"月氏，在公元前209年后不久，并且摧毁了昭武城。匈奴人谓"天"曰"撑犁"，把昆仑山改称"天山"——祁连山（撑犁山）。美国汉学家梅维恒考证说："祁连应译自和拉丁语同源的某个吐火罗语词"，乃臆说也（转自林梅村《汉唐西域与中国文明》，文物出版社，1998年）。

此后，大约在公元前161—前160年，匈奴老上单于（稽粥）又"击走"了河西走廊西段及新疆的乌孙。乌孙昆莫猎骄靡（约公元前177—前104年）则西迁伊犁河，杀大月氏王，赶走了伊犁河谷的大月氏。大月氏则在国王夫人率领下，西上阿姆河北岸，臣于大夏（时约公元前145年，以"艾哈农城"陷落为标志）。

---

① 王明哲、王炳华：《乌孙研究》，新疆人民出版社，1983年，第64—65页。

在大月氏西迁过程中，或许有诸羌戎同时西逃，所以"敦煌、西域之南山中，从婼羌西至葱岭数千里，有月氏余种葱苜羌、白马、黄牛羌，各有酋豪，北与诸国接，不知其道里广狭……"（《三国志·魏志·乌丸等传》注引《魏略》）。例如焉耆国，就是大月氏人国家。时人则不能深察，竟断言"大月氏故乡实际在今新疆天山东部巴里坤山、博格达山和阿尔泰山之间广大草原地带"，实大谬论也（林梅村《古道西风》，生活·读书·新知三联书店，2000年，第6页）。还有学者认为大月氏是斯基泰人。

四、张骞探"河源"与汉武帝命名于阗南山为"昆仑山"

公元前127或公元前126年，张骞出使大夏、大月氏回国途中，奉命往于阗国考察"河源"——黄河的发源地。考察及论证的过程，未见记录，而考察的"结论"却是明确的。《史记·大宛列传》中，司马迁曰："汉使穷河源，河源出于阗，其山多玉石采来。天子案古图书，名河所出曰昆仑云。"因此，《汉书·于阗国传》明白记述"于阗国，王治西城……其东，水北流，注盐泽，河源出焉"。

那么，张骞的实地考察，为什么会认定今和田河就是黄河呢？《周书·异域传》记于阗国云："城东二十里有大水北流，号树枝水，即黄河也。"《北史·于阗国》云："所都城方八、九里……自高昌以西诸国人等，深目高鼻。唯此一国，貌不甚胡，颇类华夏。其东二十里有大水北流，号树枝水，即黄河也，一名计试水……"这两项记载透露，于阗国东边"有大水北流"，叫"树枝水"（或试计水），就是黄河。很显然，被秦穆公伐西戎时击走的析支国迁徙到了这里，他们把故乡的"析支河"名称也带到了这里，把今和田河叫作"树枝水"。树枝水者，析支水也，黄河也。析支邦国是西戎的一支，所以"貌不甚胡，颇类华夏"就自然可解了。

大约在印度阿育王（Ashoka，约公元前273—前232年在位）的晚年，他因儿子驹那罗被挑双眼，大肆烧杀得叉尸罗城（Takshashila，今巴基斯坦伊斯兰堡西郊），部分人向北方逃难，越过大雪山，居住在和田河流域。他们（传说中的"西主"）与析支（传说中的"东帝"）经过战争而融合（"建国"）。这个建国的时间节点，大约在阿育王晚年。析支人不久就接受了先进的西方及印度文化。因为从波斯大流士时代（公元前522—前485年）起，就开辟了从得叉尸罗城到以弗所（今土耳其爱琴海滨的库莎达瑟）的"御道"。向达翻译的《斯坦因西域考古记》中，说斯坦因称"据说和阗地方在西元前两世纪左右，曾被……坦叉斯罗……所征服，夷为殖民地"。

另外，在得叉尸罗城使用的钱币上，刻有婆罗迷文和佉卢文两种文字。在于阗国，也用过佉卢文和汉文两种文字钱币（和田马钱）。更有意思的是，公元前326年，亚历山大大帝征讨印度河时，与一小国王波鲁斯（Porus）作战。今存一枚纪念银币，表现骑马的亚历山大大帝和骑象的波鲁斯王对阵。银币上铸造出一个汉字"王"字。这个王的观念和王字，应该是从于阗国传播过去的。在中国西部的巴蜀文字中，战国时代已有多例"王"字印章出土。

于阗人自称"于遁"，唐代龟兹人礼言《梵语杂名》译其音为"憍—慄多—囊"（Korittana）。据我们考证，就是佛姓"乔达摩"（Gautama）的俗语音变。或译为"瞿昙"者也。玄奘称"印度谓之屈丹"；伯希和说，"古音Godan"，都是这个意思。专家们过度地从"语音"上考证，反而得出了于阗人自称"于遁"，"目前尚不能解释"的结论（季羡林等校注《大唐西域记校注》，中华书局，2000年，第1002—1003页）。

由此可知，佛教传入于阗国的时间，上限在阿育王去世后不久，下限在张骞到达西域之前。估计在僊伽王朝（公元前185—前73年）前期。因为僊伽王朝曾经迫害佛教徒。然而当时于阗国信佛者只是少数上层。但是，这才是中国与印度文化交流的起点！张骞考察河源时，距离析支国西迁已经约五百年，由于析支没有文字，老百姓对于西迁的历史或许淡忘；或许张骞考察时有所遗漏。和田河流域，被吐蕃人称作"李域"（Liyu），是因为"大夏河"古称"漓水"。藏人的祖先知道大夏人是曾经在"漓水"居住过的人①。有的学者以班超到于阗国时（73年），巫师要求杀马祭祀，来证明佛教还没有传入于阗。这是错误的。因为当时民间基本信仰是西王母祭祀文化（笃苯），而部分人已经皈依佛教。

但是，汉武帝命名的"昆仑山"（于阗国南山），与古史记载多相矛盾。博学多闻的司马迁也大感困惑，"太史公曰，《禹本纪》言，河出昆仑，昆仑其高二千五百余里，日月所相避隐为光明也。其上有醴泉、瑶池。今自张骞使大夏之后也，恶睹乎《本纪》所谓昆仑者乎。故言九州山川，《尚书》近之矣。至《禹本纪》、《山海经》所有怪物，余不敢言之也"。而面对这座新的昆仑山，道宣则云"若昆仑远山，则香山，雪山之中也，河源出焉"，以调和之。郦道元《水经注》则用"河水潜流"而后出于积石山来做解释。故"河源"之谜，在唐代刘元鼎（821年）出使吐蕃以前，一片模糊。

---

① 阿育王晚年，有印度人越过大雪山到和田河流域，有多项史料。而学者们多以为佛教传入于阗国在公元前80年左右。参考温玉成《于阗国的来源及国名考》（待刊）。

五、昆仑山的意译是日月山

早在夏代（公元前21世纪），甘青地区已成为中华文明起源地之一。大约在公元前11世纪，形成了西戎民族共同体及西戎文化，他们有共同的语言。考古学家俞伟超指出，洮河流域的辛店文化应该是西戎诸部的文化。我们应该补充说，寺洼文化也是西戎文化的组成部分。历史学家对此，缺乏系统研究。《水经注》卷2，记"狄道故城"（今甘肃省临洮县）的语音时，引应劭曰"反舌左衽，不与华同，须有译言乃通也"。这种"反舌"的非汉、非羌的语言，就是"氐语"。《三国志·魏志·乌丸等传》引鱼豢《魏略》云："《西戎传》曰，氐人有王，所从来久矣。自汉开益州，置武都郡，排其种人，分窜山谷间。或在福禄，或在汧陇左右，其种非一，称槃瓠之后……其自相号曰盍稚。各有王侯，多受中国封拜……其俗语不与中国同及羌杂胡同。各自有姓，姓如中国之姓矣。其衣服尚青绛，俗能织布，善田种，畜养豕、牛、马、驴、骡……皆编发，多知中国语……其自还种落间则自氐语……此盖乃昔所谓西戎。"《西戎传》早已佚失，这段史料，至关重要。它说明：第一，汉代所谓的"氐人"，"乃昔所谓西戎"。第二，西戎人"其自相号曰盍稚"。盍稚即"河氐"之音变。反映西戎是以大夏（大河）为主体的[1]。第三，西戎人早就建立过若干邦国，有国王。"氐人有王，所从来久矣。"第四，他们自称是"槃瓠"的后代，不是炎黄子孙（按，以槃瓠为祖先的应主要是犬戎，而不是全部西戎人）。第五，他们有不同于汉族、羌族的语言——"氐语"。所谓氐语就是西戎人的大夏（Dahe）语，后来西方人所谓之吐火罗语也[2]。

大约4000年前，已经有昆仑山。自古以来，人们不知道昆仑山是什么意思。近代学者猜想，昆仑山是"混沌""囫囵"的意思。更有人提出"昆仑是汉语中最早的印欧语借词"。还有人提出"昆仑"是干阗的古音，很是荒唐。我们推断，昆仑山是大夏语，意译为日月山。今证明如下：第一，司马迁引《禹本纪》言，昆仑山乃"日月所相避隐为光明也"，即日月不发光时避隐之地。这里似乎包含一个神话故事（在西

---

[1]　岷江上游羌族传说，他们的祖先大战"戈基人"，取胜后留在这里。林向《"羌戈大战"的历史分析——岷江上游石棺葬的族属》（《四川大学学报丛刊》第20集，四川大学出版社，1984年）、童恩正《岷江上游的石棺葬》（童恩正著《古代的巴蜀》，重庆出版社，1998年）都认为"戈基人"文化比羌人进步，可能是"氐人"。我们的研究可以证实，戈基人就是盍稚人（河氐）的音变。他们是西戎人，汉代又称作"和夷"。

[2]　如果我们的研究无误，则随着大夏国西迁阿姆河流域，大夏（大河）语也带到了中亚，这就是赫赫有名的"吐火罗语"。

藏古老的岩画中，有"日月合纹"，就是象征昆仑山。此纹传入中亚，学者们误读为"星月纹"）。第二，《山海经·大荒西经》，在"轩辕之国"及"西海渚"之后云"大荒之中有山，名日月山，天枢也"。"西海"即青海湖；日月山在其附近。"天枢"，往往说昆仑山有之。第三，屈原《涉江》云"登昆仑兮食玉英，与天地兮同寿，与日月兮同光"。第四，青海的昆仑山，汉代称为日月山。第五，《史记·匈奴列传》引《西河旧事》，解释祁连山云"山在张掖、酒泉二界上，东西二百余里，南北百余里。有松柏五木，美水草，冬温夏凉，宜畜牧养。匈奴失二山，乃歌曰：失我祁连山，使我六畜不蕃息。失我焉支山，使我嫁妇无颜色。祁连，一名天山，亦曰白山"。这里的"亦曰白山"是"亦日月山"的误写。第六，法国学者伯希和、烈维著《吐火罗语考》中，指出"昆（Kun）"就是太阳[1]。昆仑山即日月山，引申意义为天山。所以，匈奴称作祁连山；蒙古称作腾格里山（腾其里塔）。《元史·宪宗本纪》四年（1254年）"是岁，会诸王于颗颗脑儿之西，乃祭天于日月山"。

特别令人关注的是，西戎人创作了象征昆仑山的图像符号——"日月合璧纹"，即日在上，月在下的纹样。这种"日月合璧纹"，在青海、西藏北部、西部岩画中多次出现（参阅张亚莎《西藏的岩画》，青海人民出版社，2006年）。2015年9月，笔者考察祁连山时，从美国谷歌卫星地图上，下载祁连山主峰"素珠链"地图（39度14分2848北，98度29分0360东）。令人震惊的是，主峰地图竟然是这种"日月合璧纹"形象。这种日月合璧纹，公元前623年以后，被西戎人带到了中亚（大夏、粟弋），影响到波斯。有专家认为，这种"日月合璧纹"是象雄文的"明"字。

六、余　论

据今本《穆天子传》[2]，昆仑山距西王母之邦很遥远，从"昆仑之丘"到"西王母之邦"，用时六十日（甲子—癸亥）。文云："戊午日，宿于昆仑之阿鹊鸟之山。辛酉日，升于昆仑之丘，以观黄帝之宫。"此后，过"群玉之山"，又过"玄池"。这段文字，多有错简。理由是：第一，昆仑山与西王母之间距离遥远，与先秦各种记述相矛盾。第二，黄帝不可能到过昆仑山。《史记·五帝本纪》记载黄帝一生中，"东至于海，登丸山及岱宗；西至于空桐，登鸡头；南至于江，登熊湘；北逐荤粥，合符釜山"。也就是说，黄帝最西边到过空桐山。空桐山，似在陇西地区。今甘肃省平凉市西郊的空桐山，似唐代所建。第三，昆仑山不可能有"黄帝之宫"。因为西戎

---

① 〔法〕伯希和、烈维著，冯承钧译：《吐火罗语考》，中华书局，1957年。
② 《穆天子传》，上海古籍出版社，1990年。

人自认为是"槃瓠"的后代,不是炎、黄的后代。这里所讲的"黄帝",也可以写作"皇帝",乃"皇天上帝"(见于《史记·周本纪》)之意。"皇"是修饰词,神圣意也,如西周青铜器"番生簋"记"皇祖考"同例("师询簋"则写作"圣祖考")。考古调查说明,祁连山红水河畔的"玉石房子",可能就是"黄帝之宫"遗址。

　　附记:本文初稿,由北京大学考古文博学院、河南省文物考古研究院、郑州中华之源与嵩山文明研究会主办的《夏商周时期的中原与周边——纪念郑州商城发现60周年暨韩维周、安金槐、邹衡先生学术贡献研讨会》,收入内部论文集中,2015年7月18日印制。2015年9月我们考察祁连山后,又有补充。2017年2月8日,再次补充。

祁连山（古"昆仑山"）考察纪要

我在《探究"昆仑邦国"与大夏诸国西迁》（《夏商周时期的中原与周边——纪念郑州商城发现60周年暨韩维周、安金槐、邹衡先生学术贡献研讨会论文汇编》，郑州，2015年7月18日）一文中，用古代史料论证了古代昆仑山在今甘肃省酒泉南山，并指出"昆仑"乃西戎语"日月"之意。新疆和田的昆仑山，是汉武帝命名的（见《史记·大宛列传》）。昆仑山神是"厉（陆吾）神"。西母（西膜）是公元前13世纪左右（相当于商代武丁时期）昆仑邦国的女祭司兼女部落酋长，已见于甲骨文。该部落以白虎（西戎语称"於菟""顾菟"）为图腾。公元前10世纪，周穆王会见西王母（咸野嬷）时，她已经是祭司兼女王，领有黑水河的渠搜部（即重拥、昭武部）和青海湖的三青鸟部（大鹜、少鹜、青鸟）。西王母祭司文化是西戎文化的代表，成为苯教文化的源头。

昆仑邦国是西戎诸国之一，公元前21世纪（夏代）已经存在。公元前623年，秦穆公伐戎王（大夏），大月氏从今兰州一带逃亡到昆仑山地区。公元前209年左右，匈奴击走大月氏，把昆仑山改称祁连山，意为天山，自然也接受了当地的苯教。公元前121年，汉武帝派霍去病大败匈奴休屠王，获其"祭天金人"（按，此时匈奴占据祁连山已经88年）。所以，此"金人"就是"西王母铜像"（内蒙古包头市召湾西汉匈奴墓出土的黄釉陶樽上，浮雕了一组西王母故事，就是明证），不是佛像。不久，浑邪王（即日逐王）杀了休屠王，投降汉朝。公元前115年，设立酒泉郡（据考察得知，如张掖市高台县、酒泉市肃州区清水镇等地的现代当地居民，大都来自山西、陕西，喜欢听"秦腔"）。

为此，我带领中央民族大学在职研究生王文秀、扈新昭，在北京赵远景、赵鹏先生支持下，到甘肃省张掖市、酒泉市、玉门市作考古调查。时间是2015年9月7—13日。

从广义上说，祁连山脉西起酒泉市肃北蒙古族自治县的大雪山（海拔5483米）以西，东到张掖市山丹县胭脂山（主峰大黄山，海拔3977米）以东，全长约1000千米，即所谓河西走廊中段及西段（图一、图二）。

祁连山的主峰"素珠链"，地理坐标是39度14分2848北；98度29分0360东。海拔5547米。冰川面积3平方千米，厚度500米左右。主峰山区南北50千米，东西38千米。

图一 祁连山雪山

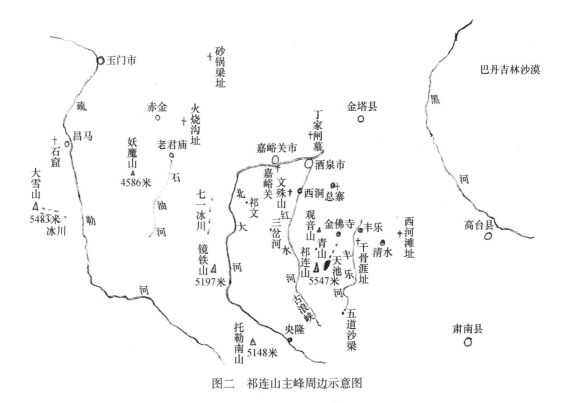

图二 祁连山主峰周边示意图

以此为祁连山的中心区，是我们考察的重点。大雪山、镜铁山（海拔5197米）、祁连山主峰，由西向东依次排列。

由祁连山发源的诸河，都是内陆河，自成体系。从祁连山向北方流去的河流，在镜铁山以西有三条。从西起依次是榆林河、疏勒河、石油河。疏勒河西侧有大雪山，大雪山北侧有"透明梦柯"（蒙古语，意为高大宽广的大雪山）冰川203条。其中老虎沟有44条冰川。疏勒河上游有硫磺山。镜铁山北有"七一冰川"。在镜铁山以东有河流五条，从西起依次是北大河（《穆天子传》称"黑水"）、红水河（《穆天子传》称"赤水"）、观山河、丰乐河、马营河。北大河东侧的祁文村，有暖泉海子。当然，更远的东方还有今黑水河（古称"弱水"），迂回曲折，向北流入大沙漠中。

祁连山的主峰素珠链东北有"大海子"，是高山湖泊，长2.8千米，宽0.4—0.8千米，水深8—9米，面积2.42平方千米。湖水蓝蓝如镜，水味甘甜如露，这里是古代的"瑶池"。附近有地名曰"叶家羊圈"，"叶"（野、於）是西戎语"国王"的意思。所以，这里原来是王家羊圈。

红水河穿越了祁连山主峰的中心区，其东部雪山是"日月合纹"形状；西部是"北斗七星"（古人认为"斗"是"帝车"）形状。《穆天子传》卷6（即《周穆王美人盛姬死事》）记载，祭奠中有"日月之旗，七星之文"。推测是魂归昆仑山之意。红水河上游有古浪峡、俗称的"玉石房子"（面积约20平方米，可能是《穆天子传》记载的"黄帝之宫"）、神秘的地下通道（长约1000米，用途不详，或许就是《大荒西经》所谓西王母"穴处"之地）。考古工作者曾经一度进入其中，采集到金纽扣、干枯完整的老鹰遗骸（苯教崇拜之所谓"琼"，即汉文"鹜"之音变）、奇特的青蛙、太岁（即"长生不老药"）等。红水河西侧的三岔河，其南面正对着"北斗七星"。这里有所谓"三道石人"，是古代煨桑（燎祭），杀人、牛、羊，血祭"天皇上帝"之所。

红水河东侧、在主峰正北方的青山顶（藏语称"阿米高"，满族语称"鄂博"，蒙古语变为"敖包"），有祭祀山神的神仙洞。该洞直径约1米，上下耸立，深度莫测，山风吹之，四季吼声不断，令人畏惧。东纳藏族在此供奉苯教"拉才"。据我们考证，苯教"拉"神，就是昆仑山女山神——"厉神"（即《山海经》所谓"司天之厉"、屈原《天问》所谓"厥利维何"、昆仑山神"陆吾"）。她是一位能通天的、凶猛的、性格暴烈的女神。因与雄虎交配，产生了后代，即白虎部落（按，四川省金川县已经发现昆仑山女神与雄虎交配的岩画，待公布）。《穆天子传》记载的"丰隆之藏"，"隆"应该是厉神。

当地藏族流传格萨尔大王征服"九头妖魔"的故事。据我们在四川省甘孜州考察证实：灵·格萨尔大王是北宋时代藏族多弥部伟大的民族英雄（10—11世纪人）。"灵国"的王城在今四川省德格县俄支乡。令人感兴趣的是，祁连山"东纳"藏族，就是格萨尔的"多弥"部，是格萨尔王大战"霍尔"时留下的人。"霍尔人"指的是肃州南部的"黄头回纥"。祁连山主峰南有地名"九道沙梁"，传说是格萨尔大将牧马的地方，霍岭大战后，把霍尔国的人安置在祁连山北麓草原上（按，多弥部早见于《后汉书·显宗孝明帝纪》，74年"动粘"部到洛阳贡献。657年唐朝出使印度的王玄策，经过多弥国。7世纪下半叶，归入吐蕃）。

祁连山区的动物有藏羚羊、麋鹿、藏野驴、大头盘羊、野牦牛、长尾白狐（传说的"九尾狐"）、短尾石兔、雪豹、黑熊、狼、黄羊、旱獭及各种禽鸟（白天鹅、雪鸡、野鸭、老鹰等）。

《穆天子传》记载，当地人把小麦叫"木禾"。考察中得知，至今祁连山中肃南裕固族自治县裕固族仍然称麦子为木禾。近3000年前的名称流传至今，令人赞叹！

祁连山区的气候，我们参考镜铁山气象站（海拔3388米）数据：平均年降水量205.3毫米，7月平均气温10.9摄氏度，12月平均气温负14摄氏度。

祁连山向北的山坡是平缓的，这就是"昆仑丘"，海拔为1500—2000米，宜于人类生存。西王母时代的"王城"大约在今金佛寺镇、丰乐乡一带。《穆天子传》记载的方三十里的"珠泽"，应该是今之酒泉，但已大大萎缩。当年周穆王乘四马驾车上王城，会见西王母，完全没有问题（西周的马车已经在甘肃省灵台县出土）。公元前623年秦穆公伐西戎后，西王母部南迁青海湖，这里才成了"昆仑墟"。岁月沧桑，古代的"王城"遗址已经很难寻觅。

但是，酒泉周围的考古遗迹还是透露出历史信息。新石器时代至青铜时代的遗址有：玉门市清泉乡火烧沟遗址、骟马遗址，酒泉市肃州区下河清遗址、丰乐乡干骨崖遗址、清水镇西河滩遗址、总寨镇三奇堡遗址等，属于四坝文化（距今约3900—3400年）、骟马文化（距今约3400—2600年）。此外，在酒泉还有二处古代冶铜遗址（白山堂、火石梁，距今3500—3000年）。

重要的出土文物有单耳靴形彩陶壶（距今约4300—3600年，为迄今为止发现的世界最早的靴子形器物）（图三）、双耳舞人彩陶杯（距今约4300—3600年，绘了56个女人牵手跳舞）（图四）、提梁彩陶罐（距今约4300—3600年）（图五）、老鹰形铜牌饰（骟马文化、苯教崇拜物）（图六）；管銎铜斧（骟马文化，属于北方草原文化）（图七）等。更为有趣的是，总寨镇三奇堡遗址出土了西汉时代的铜印"大夏长印"，这说明有一部分大夏人，跟随大月氏人迁移到昆仑山地区。这是有关著名的大夏国唯一的考古文字资料。

更令人高兴的是，近年在马鬃山周围发现了两群采玉坑，玉的质量为透闪石，堪比和田玉。矿坑的时代，属于夏商周至西汉。这为寻找《穆天子传》的"群玉之山"及古玉门关提供了线索。

曾经有专家认为"骟马文化"是乌孙文化。我们认为，骟马文化恰恰是属于西

图三　单耳靴形彩陶壶

图四　双耳舞人彩陶杯

图五　提梁彩陶罐

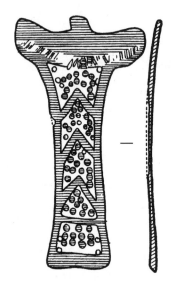

图六　老鹰形铜牌饰

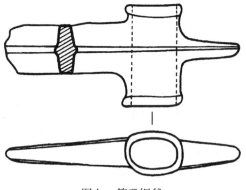

图七　管銎铜斧

王母时代的文化。而乌孙族的活动地区，在敦煌西南，今阿尔金山（海拔5798米）周围，考古资料证明他们不属于亚洲人种。

此次考察中，从谷歌卫星地图上，下载了祁连山主峰地图。令人震惊的是，主峰东部雪山是"日月合璧纹"形状；西部雪山是"北斗七星"形状！所谓"日月之旗，七星之文"，真乃不可思议也。有人质疑，三千年来，雪山没有变化吗？地质学家告诉我们，祁连山主峰冰雪厚度是500米。3000年能融化多少米？

总之，此次实地考察，充分证明了昆仑山就是酒泉南山，是西王母祭司文化发源地。昆仑之意，就是"日月山"，不是学者们猜想的"混沌""囫囵"之意。这里是西王母"穴处"之地，内有奇特青蛙、太岁（长生不老药），山间还有"瑶池"（今称"大海子"）。西王母祭祀文化中已经包含老鹰（鹫）崇拜（琼）、白虎图腾崇拜、昆仑山山神（"厉"神）崇拜、树神崇拜、燎祭（藏语"煨桑"）、杀生血祭天神等内容，成为象雄苯教发展的源头（图八—图一〇）。苯教是西戎文化的结晶，从古至今影响着我国广大西部的各族人们（西戎各族、西羌各族、象雄、苏毗、纳西、白族、彝族、匈奴、多弥、吐谷浑、党项、藏族、珞巴、门巴等）。

此次考察的另一个意外收获是，祁连山的"东纳"藏族，竟然是英雄格萨尔大王的"多弥部"。与格萨尔大战的"霍尔"人，竟然是黄头"回纥"人，他们自称"尧乎尔"。格萨尔"灵国"的北界达到祁连山，这是研究格萨尔的专家们从未想到的。

还应指出，随着西王母部南迁，青海湖畔出现了"日月山"（即昆仑山）；另外，青海玛沁县阿尼玛卿山（主峰海拔6282米），《禹贡》所云"导河积石，至于龙门"，这是黄河河首，古称"析支""积石山"（《穆天子传》记载为"枝渍"）。唐代刘元鼎记录为藏语"闷摩黎山"；元代蒲察都实记录为藏语"亦耳麻不莫剌山"，并译蒙古语为"腾乞里塔"（即"天山"也）。西戎人也曾经称之为"昆仑山"（公元前623年以后）。

图八　酒泉东王公形象

图九　酒泉西王母形象

图一〇　酒泉树神形象

后记：此次考察得到酒泉市肃州区博物馆王保东馆长、公路局惠勇局长的帮助。西局长还赠送了他编著的《素珠链——一部揭示古老而神奇山水的实物书信》（甘肃文化出版社，2011年）一书。本文地理部分，多有参考。特表谢忱。

古僬侥国在甘肃番禾（今永昌县、民勤县一带）

在中国古代（大约在公元前21世纪的夏代），有一个"僬侥国"。《山海经·大荒南经》记载："有小人，名曰僬侥之国，几姓，嘉谷是食。"今本《竹书纪年》记载，帝尧时代（约公元前2026—前1969年），"僬侥氏来朝，贡没羽"。《穆天子传》记载，周穆王十七年（约公元前938年），周穆王从西王母国（酒泉南山）返回洛阳时，由"文山"［公元前623年，大月氏从兰州地区（焉居禺知）西迁后，改名"焉耆山"。今山丹县胭脂山］经过僬侥国（即"浊繇氏"），去了"苏谷"（其后，匈奴曰"休屠"，在武威北的民勤县苏武乡）。"西膜之人"即西王母部族的人（中心在酒泉南山金佛寺镇一带）送周穆王至文山脚下的泽索谷（绣花庙），并赠送食马三百、牛羊二千、稷米千车。文山人归遗，也赠送了良马、用牛、守狗、牦牛（参见拙著《〈穆天子传〉真相解读》，待刊）。

那么，这个僬侥氏国（即周穆王称"浊繇氏"）在什么地方呢？

我们知道，春秋战国时代，在今民勤县北部有大泽，名称"猪野泽"（参看谭其骧先生主编《中国历史地图集》中的"战国时期全图"）。"猪野泽"，唐代设白亭守捉，元代称白海，一直存在到明代，称白亭海，清代基本消亡。"猪野"就是"僬侥"的意译。我们已经论证，"野""於"是西戎语，意为"王"（参见拙著《说"王"》，《大众考古》2017年第6期）。所以"猪野"就是猪王，即以猪为图腾的部族。今永昌县东南保存的古代地名"朱王堡"，有许多朱姓百姓，推测与"猪王"有关。

周穆王巡游的僬侥国中心，早期应该在河西堡鸳鸯池遗址一带，晚期在三角城遗址一带（沙井文化）。理由如下：第一，该遗址在金川河畔。"金川"应该是"几川"之讹。因僬侥国"几姓"也。第二，该遗址靠近矿区。这里的铀矿、钴矿等具有放射性。人们世世代代在此生活，身高变矮。所以说"有小人"。第三，"嘉谷是食"，从《穆天子传》记载来考察，河西走廊的所谓"嘉谷"（"木禾"），指的是小麦。夏商周以来，河西走廊已经普遍种植小麦；而内地尚未普及。因此，周穆王带回"中国"（洛阳）许多小麦良种。僬侥国生产的小麦，可能因受到辐射，具有抗病虫害能力（参见拙著《〈穆天子传〉真相解读》，待刊）。第四，鸳鸯池遗址出土了僬侥国人祖先石雕像。第五，金川河谷，唐代记载称"御谷"，"御谷"就是"於

图一　永昌县出土的僬侥国人祖先石雕像

谷"，西戎语"王谷"也。这条山谷大约从红山窑乡，沿着金川，过著名的圣容寺，到河西堡、宁远堡以北，恰恰经过鸳鸯池遗址一带。间接证明王城在此山谷之中。

有趣的是，鸳鸯池遗址出土了一件石雕人头像（图一），生动表现了"僬侥国"人的形象（参见俄军主编《甘肃省博物馆文物精品图集》，三秦出版社，2006年，第59页）。特别令人瞩目的是他的黑眼圈，显然是僬侥国人世世代代受到放射性辐射的结果。这尊石雕人头像，正式名称应该叫作"僬侥人主"，即部落供仰之祖先神主。《穆天子传》两次提及"周室主"（特别说到"诏以玉石之刑，以为周室主"），一次提及"殷人主"，类似此意也。

有关僬侥国最后的信息，见于《后汉书·明帝纪》。永平十七年（74年），"西南夷哀牢、儋耳、僬侥、槃木、白狼、动黏诸种，前后慕义贡献"。我们知道，哀牢分布于云南省西南部；儋耳分布于海南省北部；白狼分布于青海省南部巴颜喀拉山；动黏（多弥）分布于川西甘孜州金沙江畔。

僬侥人何时向大西南迁移的？为什么迁移？找不到记录。但是，我们的研究表明，僬侥国的南部，今武威以南至黄羊镇一带是"阏氏胡"，即是匈奴母族。从春秋战国时代起，永昌县、民勤县一带被匈奴王统治。因此，推测是匈奴人（包括阏氏胡）消灭并占据了僬侥国。从此，僬侥人只有向大西南迁移。

总之，今永昌县、民勤县的广大地区是古代僬侥国地域。四千年前已经存在。其北部有巨大的僬侥泽（春秋战国时代称"猪野泽"）。他们是以猪为图腾的部族，物产丰盛。

大约公元前960年，周穆王西巡，从昆仑山（今祁连山）西王母邦国（今酒泉南山）返回洛阳时，路过"浊繇氏"。这个"浊繇氏"就是古"僬侥国"。周穆王西巡最西到达今甘肃省瓜州（赤乌氏）。周穆王西巡路线，贯穿了河西走廊（瓜州、酒泉、张掖、武威、白银、中卫），比张骞通西域早800年。从而可知，永昌县在三四千年前，已经在中国内地通向西域的道路上，具有重要历史地位。

"大月氏"真相解读

关于大月氏的研究，始于20世纪初叶，20世纪80年代以来，取得了长足进步。王国维、冯家升、黄文弼、张广达、马雍、王炳华、岑仲勉、余太山、杨建新、陈建文、苏北海、林梅村、候丕勤等学者，都做了研究。此外，还有一些外国学者也参与了研究。但是，迄今为止，有三个基本问题仍然没有解决（参阅达力扎布主编《中国民族史研究60年》，中央民族大学出版社，2010年，第279—283页）。

第一，大月氏是什么民族？学者们先后提出：土著人，介于氏、羌、突厥之间，介于羌、突厥、乌孙之间。近年又有高加索种（陈健文）、斯基泰种（G.Haloun）、粟特种（张广达）、大夏种诸说。

第二，大月氏的原始居住地在哪里？学者们大都认为在河西走廊（敦煌祁连山间），也有人认为在新疆哈密地区，巴里坤山就是祁连山（林梅村）。还有人认为在南西伯利亚等。

第三，"大月氏"是什么意思？"月氏"读音是什么？

解决上述三个问题的关键资料为《左传·襄公十四年》（公元前559年）中的这段史料：晋国执政官范宣子对"戎子驹支"首领说："来，姜戎氏！昔秦人迫逐乃祖吾离于瓜州。乃祖吾离披苫盖、蒙荆棘，以来归我先君……对曰，昔秦人负恃其众，贪于土地，逐我诸戎……我诸戎饮食衣服不与华同，贽币不通，言语不达，何恶之能为？"该文还指出"晋惠公……谓我诸戎是四岳之裔胄也"。

第一，"昔秦人迫逐乃祖吾离于瓜州"，我们已经论证，这是指秦穆公伐戎王，即公元前623年的历史事件。此时上距秦穆公伐戎王计64年，所以"吾离"是"戎子驹支"之祖，符合史实。

第二，范宣子称"戎子驹支"为"姜戎氏"，"戎子驹支"也自称"诸戎"。"姜戎氏"，最早见于《竹书纪年》周宣王（公元前827—前782年在位）"王师伐姜戎，战于千亩，王师败逋……戎人灭姜邑"。姜戎活动中心在今陕西省岐山一带，周人自古公亶父起，就与姜戎通婚，甚至被当作姜邑的一支。所以，大月氏与西周有密切关系。古公亶父从昆仑山东迁岐山，在商代武乙时期（约公元前1147—前1113年在位）。

　　第三，《穆天子传》称"甲午，天子西征，乃绝隃之关隥。己亥，至于焉居禺知之平"。据我们考证，"隃"就是"禺谷"，今兰州。"焉居"就是盐聚，生产盐的聚落，地点在兰州盐场堡。《左传》称大月氏为"驹支"。《逸周书·王会解》介绍各地特产云"禺氏騊駼，大夏兹白牛……犬戎文马"。《管子》"玉出于禺氏之旁山"。"兹白牛"，"兹"，西羌语，牦牛也。"文马"，赤鬃白马也。"騊駼"（xuyu），就是马与驴交配的后代。东汉许慎《说文解字》，"赢（luó），驴父马母者也"。从中可以看出，大月氏是以培育"騊駼"而著名的部族。故称"騊駼氏"。古人汉音简化为"駼氏"，也写作"駼（禺）"氏。不过，当地西戎人读作"瀛"。但是汉文"瀛"字，写与读比较困难，乃简化为"月"或"焉"。从而出现了"月氏""焉氏（支）"的两种记录。以特种动物命名的部族，如犬戎、白马羌、白狼羌、白狗羌等，不一而足。总之，月氏就是騊駼氏，简称月氏、禺氏。西汉时代于阗国王姓"尉迟"，也应该是禺氏之译音也。

　　这个部族，《山海经·海外北经》记云"北海内有兽，其状如马，名曰驹騊"。公元前10世纪的《穆天子传》（卷一）也记载，"千亩"一带（甘肃省景泰县）有"距虚"。

　　探求大月氏的原居地是最困难的问题。就连司马迁写《史记》时，已经不知道原委。因为大月氏经历了"原居地"—"河西走廊"—"伊犁河谷"—"阿姆河流域"三次大迁徙。研究这个问题，可参考的资料如下。

　　第一，今本《竹书纪年》记载，帝尧陶唐氏时代"乘素车玄驹"，则"驹"早已培育成功。

　　第二，《穆天子传》记载，约公元前938年，周穆王北征"犬戎"后，西征至于"阳纡之山"（按，在祖厉河入黄河处），转向西南的"焉居禺知之平"，再向"西夏"前进。禺知即大月氏。从"阳纡之山"去"西夏"（大夏河），必经兰州地区。据我们考证，"焉居"，就是盐居（聚），在兰州市东北盐场堡一带。其北有盐池沟、石门沟生产盐卤，自古熬盐。当地传说，"先有盐场堡，后有兰州城"。这是关于大月氏最早的记录。

　　第三，秦穆公伐戎王时（公元前623年），"驹支"首领吾离向晋国求救，说明大月氏距离晋国较近。大夏、大月氏在秦国之西方，并且相邻。

　　第四，《吕氏春秋·古乐篇》云"伶伦自大夏之西，乃至阮隃之阴"。阮隃即騊駼氏（有人解释为昆仑，不对）。可见大月氏在大夏东北方。

　　第五，《山海经·海内西经》云"流沙（按，古代流沙，今腾格里沙漠）出钟山，西行又南行昆仑之虚……国在流沙外者，大夏、竖沙、居繇、月支（月氏）之国"。可知，大月氏在流沙东南，与居繇相近。居繇即后来的"朐衍"，在今屈吴山一带。

第六，西戎王的"谋主"由余，"其先晋人也"。说明西戎越过秦国，与晋国早有联系。

第七，《管子》多次说到"玉出于禺氏之旁山"。是大月氏迁徙至昆仑山后的物产"昆仑玉"。

第八，《吕氏春秋·当赏》云秦献公（公子连，公元前385—前362年在位）从"焉氏塞"入翟。有学者把"焉氏"解释为"乌氏"，显然是错误的。"翟"即狄道，今临洮。所以，"焉氏塞"应该在临洮以东（秦昭襄王时临洮是边界）。

第九，大月氏迁徙后，仍然有余部留存。王莽时在今兰州市设立榆中县。疑"榆中"之音来源于"月氏"也。另外，西汉设立"月氏道"于安定郡等，亦供参考。

第十，令人兴奋的是，我们在王昶（1724—1806）编著的《金石萃编》（成书于1805年）卷三（周代）中，找到了大月氏国的一件青铜器——"仲驹敦"。高一尺六寸，深九寸二分，围五尺一寸。"仲驹敦"铭全文曰："录旁仲驹父，作仲姜敦，子子孙孙永宝用享孝。"这是"仲驹父"为母亲或祖母"仲姜"而作的青铜敦，以尽孝道。可知，大月氏与姜氏是通婚的。"录旁"，待解。但是，这件文物没有记载出土地点。王昶自称"两仕江西，一仕秦，三年在滇，五年在蜀，六出兴桓而北"。我们推测"仲驹敦"出土于兰州地区，被带到西安（秦）出售。查阅《西清古鉴》可知，还有一件"仲驹尊"。《西清古鉴》专门收集清代皇宫青铜器，在1755年编定。这说明，这批大月氏青铜器出土于乾隆以前。

第十一，《山海经·大荒北经》云："大荒之中，有山名曰成都载天。有人珥两黄蛇，把两黄蛇，名曰夸父。后土生信，信生夸父。夸父不量力，欲追日景，逮之于禺谷。将饮河而不足也。将走大泽，未至，死于此。"

第十二，兰州一带是"禺知"（"大月氏"）原居地，据我们考证，就是《山海经·大荒北经》记载的"禺谷"，乃禺知之山谷也。兰州秦代属边界，西汉时有"皋兰山"（山的西侧有雷坛河，河畔有华林坪。上述三个地名耐人寻味）。"皋兰山"得名，或曰羌语，或曰匈奴语，或曰兰草，皆无根据。实际上与"皋洛氏"有关。据我们考证，"夸父逐日"的"夸父"就是盘瓠的"瓠父"。所谓夸父逐日就是西征，到了兰州一带。据《史记·赵世家》，"孟增幸于周成王，是为宅皋狼·皋狼生卫父，卫父生造父"。则皋狼氏（皋洛氏）原居地在"桃林"，乃犬戎盘瓠原居处之地名，在今河南省灵宝市。

综上所述，古大月氏，可于秦国以西、大夏（大夏河流域）至屈吴山一带求之。我们据此推测，古大月氏的范围，南至洮河，与大夏为邻；东至祖厉河，与渠搜（今屈吴山）为邻；西界黄河、湟水、庄浪河交界处，与昆仑邦国三青鸟部为邻；北边界限不详。大体上就是兰州市及榆中县所在的地区。大月氏何时西迁至此地，已不可考。他们来到此地后，必然与当地诸戎、西羌等融合，壮大自己。

我们确认大月氏的原始居住地，可以验证如下。第一，当年秦穆公的军队来攻打时，驹支首领吾离紧急向晋国求援，实属必然。如果大月氏在新疆哈密，他们如何绕过秦军去晋国求援？第二，由于大月氏与大夏长期为邻、十分友好。所以他们从伊犁河谷被迫南迁时，投奔了阿姆河畔的大夏。第三，秦昭襄王的长城以临洮为界。临洮以西，非秦国土地。第四，高昌国王麴文泰，其祖先麴嘉，金城郡榆中人。"麴"即"驹"（驈騟）之音变也。而建立贵霜帝国的大月氏人丘就却，也应该译为麴（丘）就却。

兰州地区的新石器时代文化发达，马家窑类型（距今4800年）遗址有小坪子、王保保城、榆中县马家坬；半山类型（距今4500年）遗址有花寨子、关庙坪、沙井驿、土谷台；马厂类型（距今4000年）遗址有土谷台、华林坪等。但是，缺乏系统、深入的研究。

大夏（即大河）、大月氏、析支、织皮、昆仑等诸戎已经有共同的语言——"西戎语"（又称氐语），不同于汉语、羌语。他们都自称"盍稚"即河氏、和氏，羌族音变为戈基（《三国志·魏书·乌丸鲜卑东夷传》引《魏略·西戎传》）。从文化层面上看，大夏、大月氏在原居地时代必然吸收了先进的秦国、晋国文化。

在秦穆公军队的打击下，公元前623年，大月氏第一次迁徙到河西走廊的今武威市、张掖市、酒泉市地区。考古资料显示，有一支大夏人也随从大月氏迁徙。大月氏赶走了居住在黑河流域的"曹奴"种族，曹奴远远迁徙至中亚。这就是后来称作"粟弋"的种族（唐代称"粟特"，即昭武九姓胡）。大月氏还赶走了昆仑山主峰下的西王母部族。西王母部南下青海湖地区，投奔了三青鸟部。昆仑山旧有的王宫，开始被称为"昆仑墟"（如殷人故地称"殷墟"）。《管子》所谓禺氏出玉，指的是这个阶段。因为兰州市不出产玉，而祁连山及马鬃山出产玉。《山海经》所谓"国在流沙外者"，也指的是这个阶段。河西走廊还有一个地理坐标——山丹县"焉耆山"（今讹为胭脂山），证明大月氏确实是迁徙到了这里。大月氏余种"葱茈羌"可能到了新疆哈密。河西走廊西段的乌孙人（"青眼赤须"），也归附之（后来投降了匈奴）。

大月氏占领河西走廊约413年（公元前623—前209年），他们自然融合了一部分原居民（渠谀、昆仑及西部的乌孙）及其文化。可能也有居延海的塞种人（即"戊地"人）。渠谀包括"昭武九姓"胡人；渠搜指屈吴山的戎人，包括北部的僬侥人（猪野泽）。但是，不可能有高加索人。更不可能有突厥人。因为突厥部始见于90—126年间，西晋时才南下新疆北部［参见拙著《论"索国"与突厥部的起源》，《新疆师范大学学报》（哲学社会科学版）2011年第1期］。大月氏的物质、文化影响到新疆哈密，是很自然的事。但是不能证明大月氏起源于哈密。在考古学上，河西走廊的四坝文化、骟马文化已经影响到了哈密。哈密焉不拉克墓地出土的文物，说明在公元前1000年以前，当地已经使用铁器。

从文化层面上看，大月氏主要继承了昆仑邦国的西王母祭祀文化。崇拜日月、天神、青鸟、昆仑山神（厉）、树神、土地神（马面龙，藏语"鲁"）、虎豹、西王母神、鸟卜、燎祭（藏语"隈桑"）等。这是苯教的源头和初级阶段（笃苯）。西王母成为苯教最高护法神（藏语："伊西瓦姆""叶仙"）。我们已经论证，"昆仑"是西戎语，意为日月。"日月合璧纹"是昆仑山和天堂的标志，在青海、西藏有许多岩画表现。被曹奴人带到了中亚。西王母神，是神圣、祖先的标志。后来也传播到西域其他地区（新疆、帕米尔及两河流域）。吐火罗信仰的"夜摩"（Yama）神（意为"王母"），粟特信仰的"西雅乌施"神、"得悉神"，都是西王母（西戎语：咸野嫫）的译音（参见拙著《探究"昆仑邦国"与大夏诸国西迁——公元前7世纪大夏、析支迁往新疆》，《2015丝绸之路与泾川文化学术研讨会论文集》，2015年）。高昌、敦煌一带音变为"大坞阿摩"（意为"大巫王母"）神。

匈奴冒顿单于击走大月氏，据王明哲、王炳华的研究，在公元前209年前（《乌孙研究》，新疆人民出版社，1983年）。这是大月氏第二次西迁。同时，也有其他小部落随从西迁。匈奴冒顿单于占领昆仑山，改称祁连山（意为"天山"）。匈奴西部的"昆邪王"就是汉语的"日逐王"。西戎语"昆"，日也；"邪"，王也。乌孙王号"昆莫"。昆，日也。莫，母亲也（参见拙著《说"王"》，《大众考古》2017年第6期）。匈奴人开始接受西王母祭祀文化。老上单于自称"天地所生、日月所置匈奴大单于"。我们已经证明，匈奴休屠王的"祭天金人"就是西王母神（参见拙著《匈奴休屠王"祭天金人"考》，《大众考古》2016年第1期）。

匈奴驱逐乌孙，据王明哲、王炳华的研究，在老上单于末年（公元前161—前160年）。

公元前209年前，大月氏在匈奴打击下，第二次西迁到伊犁河、伊塞克湖地区，赶走了当地塞种人（波斯称"戴尖帽者"）。大月氏在此地居住约40年。《汉书·西域传》乌孙条云"大月氏西破走塞王，塞王南越悬度……后乌孙昆莫击破大月氏，大月氏徙西臣大夏"。换言之，公元前161年前，乌孙击破大月氏。大月氏第三次西徙，到达阿姆河年代不详。或以为在公元前150—前145年左右。因为战败，"昆莫略其众"，衰落的大月氏迁徙到阿姆河北，臣服于大夏（有些学者称大月氏从此统治了大夏，误读也）。

公元前623年，大夏从大夏河流域迁徙到新疆南部，在于阗国东北安得悦一带（玄奘称"睹货逻故国"）。约公元前160年左右，再次西迁。据希腊地理学家斯特拉波（Strabo，约公元前63—24年）《地理志》记载，吐火罗联合塞种人等四部，击败了阿姆河流域之巴克特里亚（Bactria）。巴克特里亚的最后一位国王是赫里奥克勒斯（Heliocles，公元前145—前130年在位）。

大约公元前150年，大夏、大月氏两部族分别了470多年后，重新聚合在阿姆河畔，具有重要历史意义。大月氏人经历了三次亡国、三次大迁徙，变得更加顽强、更加勇敢，社会发展形态更加进步。而大夏人"本无大君长"，"民弱畏战"，仍然处于比较落后状态。所以，过了不久，大月氏五翕侯（按，西戎语"翕侯"，读作"叶侯"或"野侯"，汉语"王侯"也）便统治了大夏。有一位贵霜翕侯萨那布，还制造过钱币（年代不详）。终于在公元1世纪下半叶，丘就却建立了赫赫有名的贵霜帝国（有学者考证在50—55年）。

经过100—150年的文化融合，大夏出现了崭新的文化面貌。阿富汗北部希比尔甘城（Shibirgan）的黄金之丘遗址（Tillya Tepe）发掘了6座大夏古墓，仅出土黄金艺术品达2万多件，时代属于公元前50—50年，震撼了世界学术界。西方学者研究后指出，遗物包含罗马、安息、印度、塞种等文化因素。除了一面西汉青铜镜外，似乎没有大夏因素。我们深入研究后认为，其中基本文化元素是"西戎文化"（如万字纹、心纹、钩爪纹、纵目、两轮辂车、土伯御龙等）。

非常令人遗憾的是，"西戎文化"是中国文化三个板块之一，至今还没有引起中国学者应有的重视。因为他们早就被边缘化，没有话语权。《春秋》《左传》极少提到西戎，《史记》则语焉不详。

大夏、大月氏共同的"氏语"（即"大河"语），被西方学者称作"吐火罗语"。吐火罗者，大河之译音也。大夏居新疆南部460多年（公元前623—前160年），应该早有吐火罗之称。塔克拉玛干大沙漠称呼，由来已久。隋代称"图伦"，即吐火罗（黄文弼）。有学者据《突厥语大辞典》（11世纪）解释"塔克拉玛干"是所谓"废弃的地方"。但是，突厥人于公元5世纪才进入新疆。那时覩货逻故国已经废弃500多年。突厥人显然继承了更古老的称呼："塔克拉"（"图伦"）。所以，新疆塔里木盆地周围的库车、焉耆、楼兰、于阗等国都有吐火罗语。吐火罗文字（借用希腊字母）的出现，在伽腻色迦大王之后。彼时自然吸收了当地的印欧语言。有西方学者考证说，"祁连应译自和拉丁语同源的某个吐火罗语词"；中国学者则跟进一步，考证说"昆仑大概是汉语词汇中最早的印欧语借词"（林梅村《汉唐西域与中国文明》第一编三节，文物出版社，1998年），这真是典型的本末倒置。众所周知，"祁连"或"撑犁"是匈奴语，汉译为天；"昆仑"是西戎语，汉译为日月。"昆仑"一词至迟出现在夏代（《史记·夏本纪》，公元前20世纪）。昆仑邦国的人（今酒泉南山），在4000多年前，如何向"印欧语"借词呢？一些学者研究问题不能追本溯源、通观全局，就把这个问题全搞乱了。

说 "昆仑山" 与司马迁的困惑

司马迁在《史记·大宛列传》中，记载了张骞探寻黄河河源的经过："汉使（张骞）穷河源，河源出于阗。其山多玉石，采来。天子（汉武帝）案古图书，名河所出山曰昆仑云。"

司马迁对于这个汉武帝命名的"昆仑山"，大感困惑。他在《史记·大宛传》结尾感叹："《禹本纪》言，'河出昆仑。昆仑其高二千五百余里，日月所相避，隐为光明也。其上有醴泉、瑶池'。今自张骞使大夏之后也，穷河源，恶睹《本纪》所谓昆仑者乎？故言九州山川，《尚书》近之矣。至《禹本纪》、《山海经》所有怪物，余不敢言也。"

一、古昆仑山在何处

自古至今，讨论昆仑山、西王母的话题，历时近3000年。论著则汗牛充栋，所谓"古来言昆仑者，纷如聚讼"。唐代道宣（596—667）严厉而中肯地批判说"然此神州所著书史，寓言臆度，浮滥极多……都皆芜秽"（《释迦方志》）。近现代以来，学者们更是面向西方，"联想"翩翩。以西王母所在地为例，提出了苏美尔、迦勒底、波斯、阿拉伯、兴都库什山、喀布尔、哈萨克斯坦、塞种、新疆塔什库尔干等地区。这些令人尊敬的前辈学者，虽然旁征博引，却多断章取义，或语音比附，背离了时空交叉的历史观，近乎演义。我们不禁请问：当年给周穆王当翻译的河宗氏柏夭，如何懂得古代两河流域的语言？或古波斯语、古阿拉伯语？

其实，在我国古代文献中，古昆仑山在酒泉南山，即今祁连山主峰（海拔5547米），记载是明确无误的。

第一，《史记·夏本纪》云，大禹时代（约公元前21世纪）"织皮昆仑、析支、渠搜，西戎即序"。孔安国解释说，"此四国，在荒服之外，流沙之内，羌髳之属"。所谓"荒服"，是据夏都（一说在河南省登封"阳城"）2500里以外；所谓"流沙"，今巴丹吉林大沙漠。

第二，前凉国酒泉太守马岌于永和元年（345年）上言："酒泉南山，即昆仑之体也。周穆王见西王母，乐而忘归，即谓此山。此山有石室玉堂，珠玑镂饰，焕若神宫。宜立西王母祠，以裨朝廷无疆之福。"凉王张骏从之（《晋书·张轨传》）。这位酒泉太守马岌被誉为"高尚之士"，曾经亲自上昆仑山拜访隐居学者宋纤。可知马岌对昆仑山、西王母遗迹是做过实地考察的（《晋书·宋纤传》）。

第三，郦道元《水经注》引《山海经》云"自昆仑至积石，一千七百四十里"。按，古积石山在今青海省果洛州玛沁县西北之阿尼玛卿雪山（海拔6282米），即《尚书·禹贡》所记"导河积石，至于龙门"的积石山。但是，郦道元《水经注》没有记载这个古积石山。他记载的是甘肃省临夏州的晚期命名的积石山。据测算，从临夏积石山经兰州、张掖至酒泉，大约1786里。

第四，道宣《释迦方志》云："寻昆仑近山，则西凉酒泉之地，穆后见西王母之所，具彼《图经》。若昆仑远山，即香山、雪山之中也，河源出焉。"他还引《书》云"积石去昆仑丘千七百四十里"。道宣所谓"昆仑近山"，显然是指古昆仑山，根据的是《图经》（推测是隋代裴矩编著《西域图记》，今佚）。所谓"昆仑远山"，显然是指汉武帝命名的于阗国南山。

第五，唐代李泰《括地志》云"昆仑山在肃州酒泉县南八十里"，恰好就在这里，是祁连山主峰。

第六，2015年9月，我们对祁连山主峰（古昆仑山）周边做了考古调查，证明《山海经》《穆天子传》等古文献的记载是可信的。主峰北侧的"大海子"，湖面蓝蓝如镜；水味甘甜如露，就是古代的"瑶池"。河西走廊的考古学"骟马文化"，很可能是昆仑邦国的文化。

第七，需要补充说明的是，青海省玛沁县的黄河河首的阿尼玛卿山，古代（西周）称"积石山"。公元前623年以后，有西王母部一支迁入此地，把积石山改称"昆仑山"（《新唐书·吐蕃传》下）。历史上"河出昆仑"说，即源于此。从而可知，此为战国时代之说也。

二、张骞为什么把黄河河源定在于阗国

公元前126年，张骞从大夏国返回内地时，奉命经过于阗国，考察黄河河源。于阗国有一条大河，发源于南山，向东北流入塔里木河。当地百姓称作"试计水"（或写作"树枝河"），今称和田河。"析支"是西戎语，意为"河首"。我们已经论证，古老的析支邦国，原来居住在青海省玛沁县至共和县一带。《禹贡》云"导河积石，至于龙门"。古积石山就是今青海省玛沁县的阿尼玛卿山，汉代称"河首积石山"（《后汉书·段颎传》），唐代仍然称"望积石山，观览河源"（《新唐书·吐谷浑

传》）。公元前10世纪，周穆王到河首，称他们是"河宗氏之所游居"。公元前623年，析支国在秦穆公打击下，西迁到新疆南部和田河流域。他们把家乡"析支河"（试计水）的名称也搬到此地。张骞来此地考察时，上距析支邦国西迁已经过去了497年。析支国没有文字，张骞只能从百姓传说中，得知这里就是黄河河源。因此张骞做出了误判。这个误判又导致了汉武帝错误地命名了昆仑山。郦道元《水经注》据此得出了黄河是"重源潜发"的结论荒诞（拙著《探究"昆仑邦国"与大夏诸国西迁》，《夏商周时期的中原——纪念郑州商城发现60周年暨韩维周、安金槐、邹衡先生学术贡献研讨会》，郑州，2015年7月18日）。析支国、大夏国迁入新疆后，都被称作"汉那"——即河氏（盉稚，即河宗氏）。

阿育王时代，有印度人从塔克西拉逃难至此，融入"汉那国"。他们带来佛教，改称于阗国（又称于遁、瞿昙），而称仇敌"秦国"为"支那国"。

明代高僧宗泐，1380年考察黄河河源，写有《望河源诗》，诗云："汉使穷河源，要领殊未得。遂令西戎子，千古笑中国"（"西戎子"，青海藏族人）。

三、"昆仑"是什么意思

近年，有学者对"昆仑"提出了新解释。

有一位学者通过美国汉学家梅维恒（Victor Henry Mair）考证发现"祁连应译自和拉丁语同源的某个吐火罗语词"。该学者进一步推论云："昆仑应是吐火罗语……最早的汉语译名……昆仑大概是汉语词汇中最早的印欧语借词"（林梅村《汉唐西域与中国文明》第一编三节，文物出版社，1998年）。令人诧异的是，4000多年前昆仑邦国的人们，对于世代居住的大山，怎么会去"印欧语"借词呢？其实，这是本末倒置。须知，大夏、大月氏西迁阿姆河后，才把西戎"大河语"（吐火罗语）带到那里（当然，吐火罗语后来也受到了当地语言的影响）。

一位研究西北史地的学者认为，"昆仑语源当来自阿尔泰语系。称黑为昆仑"（李文实《西陲古地与羌藏文化》，青海人民出版社，2019年，第67—69页）。

另外一位学者则考证云"昆仑到底是什么意思，这是自古以来没有破译的一个悬案……昆仑—干阗。干阗两个汉字没有涵义，它只是上古音的注音符号……干阗是高的意思，昆仑山即干阗山就是高山"［杨鸿勋《古蜀大社（明堂·昆仑）考——金沙郊祀遗址的九柱遗迹复原研究》，《文物》2010年第12期］。

较早解释"昆仑"的学者是劳榦，他认为"昆仑是一个复音节的名称，若用单音节可以叫作昆，也可以叫作仑。从语源学的角度，它又可能多少有些圆的意思……"（劳榦《古代中国的历史与文化》，中华书局，2006年，第640—641页）。

其实，古人对"昆仑"有明确的解释，简而言之，日月也。证据如下。

第一，"《禹本纪》言：河出昆仑。昆仑其高二千五百余里，日月所相避，隐为光明也。"这就是说，昆仑山是日月不发光时，休止于此处。这里包含着一个神话故事。

第二，《山海经·大荒西经》在介绍"西王母之山"和"三青鸟"之后云："大荒之中，有山名曰日月山，天枢也。吴姬天门，日月所入……处于西极，以行日月星辰之行次。"

第三，《史记·匈奴传》引《西河旧事》解释祁连山云："祁连，一名天山，亦曰白山。""亦曰白山"，是"亦日月山"之"形"误。公元前623年，在秦穆公打击下，大月氏从兰州一带迁徙至昆仑山区。他们驱逐了昆仑邦国原居民（西王母部）。西王母部南下青海湖周边，把"日月山"（昆仑山）这一称谓也搬到了青海湖畔。

第四，匈奴冒顿单于在公元前209年前后占领了昆仑山区，把"昆仑山"改称祁连山（匈奴语，意为"天山"）。他们统治祁连山达88年之久。

第五，伯希和、烈维在《吐火罗语考》中指出，吐火罗语"昆（Kun）"，就是"太阳"（冯承钧译，中华书局，1957年）。

当然，匈奴人也继承了昆仑山文化。第一，匈奴人接受了西王母祭司文化〔包头市召湾匈奴贵族墓出土黄釉陶樽上，有完整的西王母故事（图一）〕；第二，老上单于自称"天地所生日月所置匈奴大单于"。这里加上了"日月所置"四字，显然来源于昆仑山。第三，匈奴西部的"昆邪王"，"昆"，日也；"邪"，西戎语"王"也。因此，汉语翻译为"日逐王"。第四，生活在祁连山西部的乌孙人，首领称"昆莫"或"昆弥"。"昆"，日也；"莫（嬺、弥）"，母也。例如，甲骨文"燎祭西膜"，西膜，西（王）母也。所以，"昆莫"或"昆弥"，就是以太阳为母亲的部族。

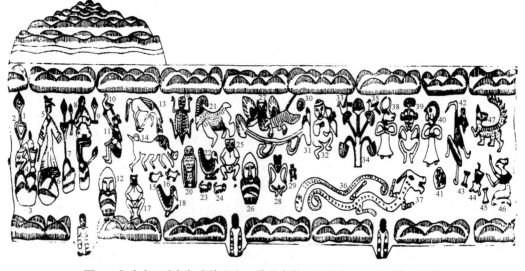

图一　包头市召湾匈奴贵族墓出土黄釉陶樽上的昆仑山西王母神话故事

四、昆仑文化的继承与发扬

众所周知，公元前221年，秦始皇统一中国。但是，秦始皇统一的"中国"，仅占今中国领土的三分之一。我们认为，中华民族的古代文化是由三大板块构成，即中原及南方的华夏文化、中国西部的昆仑文化（西戎文化）和中国北部的北狄文化。秦始皇统一的中国，只是华夏文化区。令人遗憾的是，昆仑文化（西戎文化）不断被边缘化，甚至被遗忘。实际上，昆仑文化（西戎文化）不但被汉族所吸收、融合；而且至今仍然存在于广大西部民族之中。昆仑文化（西戎文化）还影响到新疆、中亚广大地区。兹论证如下。

第一，昆仑山神话系统。中国上古时代认为，昆仑山是天下最高的神山，是能通天之所在（通过"神树""青鸟""燎祭"），是可以长生不老的仙境（有奇特的长生不老药）。不过，昆仑山的"天门"有神兽把守。昆仑山神——"厉神（陆吾）"也能降灾等。屈原在《河伯》《涉江》《天问》中表达了对昆仑山的崇拜与神往。

第二，从商朝武丁时代（约公元前1250—前1192年在位）"燎祭西膜"起，经过周穆王会见西王母（约公元前938年），中原民众崇拜西王母神（含崇拜"天帝使者青鸟公"），绵绵不断，地域包含大半个中国，直到汉代把西王母纳入道教之中，延续至今。文献及考古资料极多，此处不再详述。

第三，中国礼治中的"明堂"制度，起源于昆仑山西王母部祭祀天地日月。明者，祭祀日月也。

《史记·封禅书》记载，汉武帝"欲治明堂……未晓其制度"。济南人公玉带上黄帝时《明堂图》，"明堂图中有一殿，四面无壁，以茅盖，通水……上有楼……命曰昆仑。天子从之入，以拜祠上帝焉"。这里所谓"黄帝时《明堂图》"者，托古之词也。据考证，黄帝没有到过昆仑山（黄帝"西至于崆峒"即今甘肃省临洮一带）。历史上传颂的"周公制礼作乐"，周人早期就生活在古昆仑山地区900多年。考古调查表明，大型"九柱"建筑祭祀遗址，仅发现于青海省民和县喇家遗址和四川省成都金沙遗址，都不在中原。但是，传统的学究们不愿意承认这一点。

第四，西王母祭司文化是苯教之根，在象雄布德大王时代（公元前3世纪），又吸收了兴都库什山恰菲儿人的火袄教"异道"，演变为苯教（恰苯），意即布德大王之教也。至今影响着藏族、羌族、土族、纳西族、彝族、珞巴族等广大西部民众。西王母成为苯教最高护法神，藏语称作伊西瓦姆或叶仙。兹事体大，详参拙著《对甘孜地区历史文化的考古调查》（《社会科学战线》2013年第3期）。

第五，西戎昆仑邦国创造的独特图像——"日月合璧纹"与神鸟"琼"（抽象化为"雍仲"，与佛教融合为大鹏金翅鸟）。

五、西戎昆仑文化向新疆、中亚的传播

100多年以来，研究中西文化交流者，大谈中国丝绸、瓷器、漆器、挖井术、服饰及仪仗、造纸术、印刷术、火药等向西方传播；同时，也介绍火祆教、摩尼教、基督教聂斯脱里派（景教）、伊斯兰教等如何从西方传入中国。偶尔，也介绍一下道教传入印度。那么，中国的"非物质文化"是否也传播到西方（新疆以西）呢？迄今为止，没有引起学者们的重视，更没有人作过系统研究。

据研究，从公元前623年秦穆公伐戎王，益国十二，其中"八国服于秦"（投降），四国远遁。这"远遁"的四国如下。

第一，析支国从青海黄河河源迁徙到新疆和田地区，建立于阗国。

第二，大夏国（大河）从洮河流域西迁到新疆和田东北地区。

第三，织皮国从青海泽曲分散迁徙到西藏北部、阿里地区和新疆东南部，被称为苏毗。

第四，大月氏国从兰州一带西迁到昆仑山地区，并赶走了西王母部（南迁青海湖，后来称"先零""西零"）、渠叟（粟弋、昭武九姓，西迁中亚）。

稍晚，乌孙国也西迁至伊犁河流域。上述四国中，只有大夏西迁，引起了历史学家王国维、张星烺及黄文弼等先生的关注，但未能找出西迁的原因和年代（参阅黄烈编《黄文弼历史考古论集》，文物出版社，1989年，第76—84页）。

公元前7世纪这次西戎人大规模西迁，影响巨大而深远。他们把中国西部的西戎文化带到了西方。考古资料证明，昆仑山神话、西王母祭司文化以及三角城的特殊平面布局等都带到了西藏、新疆、中亚广大地区。兹论述如下。

第一，西戎昆仑邦国创造的独特图像——"日月合璧纹"。

考古调查表明，日月纹图像共有以下三种类型。

第一种，日月横向分布。青海省格尔木西南野牛沟岩画。中间是羽冠巫师站立，左手持一鸟（象征鸟卜、通天，或为"琼"）。巫师右侧画日月横向并列，月弯向下，日月皆不发光（表示"隐为光明也"）。巫师左侧下方画双峰骆驼。年代：距今3200年。还有日土县任姆栋血祭岩画，日月横向分布，太阳发光，似乎年代早于野牛沟岩画。

第二种，日月上下分布。青海、西藏北部、西藏西部岩画中广泛存在。青海省德令哈市西边怀头他拉岩画，日在上，下有新月相抱。不发光，我们称之为"日月合璧纹"。最近，在安徽省马鞍山市横山，也发现了"日月合璧纹"（与吴太伯有关）。另外还有两个神鸟（抽象化为"雍仲"）。西藏阿里地区日土县曲嘎尔羌岩画，在

"日月合璧纹"左侧画树木（象征通天的"树神"）及三个雍仲。其年代，距今约2500年。我们已经证明，西汉时代的"乌托国"，就在日土县（拙著《"丝绸之路"上的古国探秘 "乌托国"与"权於摩国"》，《大众考古》2015年第10期）。以月抱日，似乎包含一个神话故事。至今有一部分西藏民众称青蛙（象征月亮）为"舅舅"，应该与这个神话有关。

第三种，图案化的日月合璧纹。出现较晚，大约到了公元前1、2世纪。最典型案例，是新疆和田二体钱，至今发现100多枚（图二）。和田二体铜钱有两种（六铢、二十四铢），六铢钱背面是单峰骆驼，四周环绕佉卢文。正面中心是"日月纹"下加人字。过去有学者推测是"月桂纹"。我们考证，这是"昆仑人"三字合体。日月，昆仑也。"昆仑人"外环绕"六铢钱"三个汉字。年代是东汉，即贵霜帝国时代。更有趣的是，斯坦因从丹丹乌里克发掘的唐代于阗国木板画上，菩萨骑在马上，马头上顶着日月纹饰品。

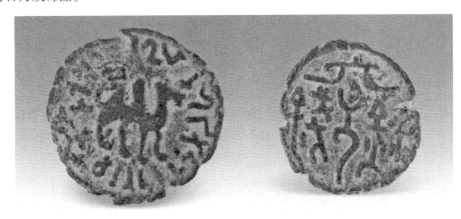

图二　新疆和田二体钱

　　第二，日月纹在中亚的传播，主要在粟特地区，渐渐传到波斯。

　　需要说明的是，古代两河流域，在苏萨出土的公元前12世纪"梅里希舒二世国王大界碑"上，就雕刻出女神头上有星星、新月、太阳（放光）。但是，不是月亮抱着太阳。所以，其构图及文化内涵与昆仑山日月合璧纹来源完全不同。

　　有些学者，不加深入研究，把粟特许多图像归结为火祆教图像。有学者指出"粟特人的拜火教和当时伊朗萨珊王朝典型的拜火教有很大区别。它的特点是保留了当地古代祭祀部分（包括祭祀祖先和天体——太阳和月亮）"〔〔苏〕Б·Г·加富罗夫《中亚塔吉克史》，中国社会科学出版社，1985年，第121页〕。

　　典型例证是乌兹别克斯坦花剌子模城（今图尔帕克卡拉）北出土的粟特人雪花石膏纳骨器（公元7世纪末，今存俄罗斯艾尔米塔什博物馆）。纳骨器上彩绘三幅画面：上面第一幅，中间是大门，门两侧有七个举哀者；门的顶端画日月合璧纹。显然，日月纹象征灵魂最终归处——昆仑山。大门就是进入昆仑山的"天门"。第二幅，画男性死者仰面躺在床上，左右画告别的大人及小孩。床前下方，画展翅的青鸟，它是"天帝使者青鸟公"，负责上帝与人间的沟通。第三幅，画女性死者侧卧床上，周围是哭丧的大人及小孩等。

　　粟特人是尊重历史传统的种族，他们在康国，"国立祖庙，以六月祭之"，"示不忘本也"。粟特人的这种丧葬传统应该久已有之，可惜考古资料稀少。南北朝以来，粟特人还不断回归张掖、长安、洛阳等地。他们还把"日月合璧纹"纳入火祆教图像中（例如北周史君墓、北周安伽墓、隋代虞弘墓等）。

　　粟特人把"日月合璧纹"传播到波斯。4—7世纪波斯萨珊朝的王冠上，往往使用"日月合璧纹"（参阅日本《文化遗产》，2002年4月号）。萨珊王库思老二世（590—628年在位）金币上，圣火守护者也头顶日月纹。在波斯，有时"日月纹"演变为星月纹。更令人惊讶的是，在西突厥统治下犍陀罗的洪德（今巴基斯坦，喀布尔河入印度河口西部附近），出土了一枚拂林阇婆钱币（739—746年），背面中心是圣火坛，左右祭司头顶是日月纹。边缘有四个星月纹〔〔俄〕李特文斯基主编，马小鹤译《中亚文明史》第三卷，中国对外翻译出版公司，2003年，第322页〕。一些学者不明真相，说日月纹或星月纹是从粟特或波斯传入中国的。

　　第三，在粟特地区，西王母崇拜历久不衰。

　　花剌子模粟特人神话中的祖先、圣王"西雅乌什"女神就是西王母（西戎语"咸野嫫"）。花剌子模历史学家比鲁尼（973—1048）在《编年史》中认为，花剌子模建国于"西雅乌什"。在塔吉克斯坦北部片治肯特城址，神庙的哭丧图中，有"西雅乌什"女神。在乌兹别克斯坦南部小城出土的陶像（公元五六世纪），头戴宝冠，上身穿圆领衫，束腰带，下穿皮裙，左手持三叉棍，右手提虎头面具，腿间有一只老虎，张口、卷尾。这就是西王母女神（《南乌兹别克斯坦遗宝 中亚丝绸之路》，日本创价大学出版会，1991年，图143）。

据我们研究确认，昭武九姓粟特人信仰的西王母神，称作"得悉神"，"自西海以东诸国并敬事之。其神有金人焉"。祭祀"得悉神"需要杀骆驼、马、羊，还需要酒（《隋书·西域传·曹国》）。《新唐书·康国传》记载，供奉该女神的金器具上题款为"汉时天子所赐"。这证明"得悉神"是汉朝与昭武九姓唯一共同信仰的女神——西王母女神（"得悉神"或即"大西神"也）。

第四，乌兹别克斯坦的古城撒马尔罕，《魏书》称"悉万斤"；《隋书》称"康国"；玄奘称"飒秣建国"。考古学家发掘了撒马尔罕古城——"阿夫拉西阿卜城"。它建于公元前6世纪，是粟特地区最古老的城市，平面呈三角形（见《中国大百科全书·考古学》）。另外，在阿富汗的昆都士城北，也有一座"三角城"（公元前4世纪）。这种独特的"三角形"城市平面布局，既不见于古埃及、古两河流域、古波斯，也不见于古代印度。那么"三角城"来自何处？

我们的调查显示，在青海省北部和甘肃省西部（河西走廊），今有七处"三角城"：青海省祁连县、海晏县、刚察县，甘肃省民勤县、安西县（破城子）、高台县、永昌县。永昌县还保存有"三角城遗址"（属于沙井文化）；民勤县有"三角城古址"。

很显然，是当年"渠谀（粟弋）"西迁的时代，把"三角城"（昭武城）形制带到了中亚。"三角城"是西戎人的创造：都是北部城墙宽，南部城墙窄，目的是抵挡并消减狂烈的北风。

六、对司马迁困惑的解答

通过上述讨论，我们知道，中国古代的昆仑山，最早（汉武帝以前）指的是甘肃省酒泉南山（今祁连山主峰周边），是西王母部、大月氏族及渠谀部（粟弋、昭武九姓）、乌孙部居住地。《山海经》《穆天子传》等古籍，记载的是这座神山。

公元前623年，秦穆公讨伐西戎后，西王母部南迁（汉代称"西零"羌）青海湖（汉代称"鲜水"）、阿尼玛卿山一带。昆仑山的西王母王宫被称作"昆仑墟"。青海湖周边出现了"日月山"（西戎语的汉译）；阿尼玛卿山，《禹贡》称"积石山"。西王母部来到后，把它改称"昆仑山"。"河出昆仑说"只能诞生于此时，即春秋末至战国时代。司马迁所引用的《禹本纪》、屈原的诗歌，都只能是这个时代的作品。

公元前209年，匈奴冒顿单于占领昆仑山，把它改称"祁连山"（匈奴语，汉译为天山）。公元前121年，汉武帝收复祁连山地区。

公元前126年，张骞实地考察的新疆和田河，是公元前623年，析支国从析支河（黄河河首）西迁后，把和田河改称析支河（试计水）。析支国初称河那，后来改称于阗国。由于张骞的误判，汉武帝据此把于阗国南山，命名为昆仑山。张骞的误判，又引起郦道元《水经注》说，黄河是"重源潜发"的荒诞结论。因此，明代1380年考察过河源的高僧宗泐，写《望河源诗》嘲讽说："汉使穷河源，要领殊未得。遂令西戎子，千古笑中国。"

古昆仑山的象征性图像是"日月合璧纹"。从青海、西藏的岩画，到于阗国的钱币、木板画上，都有考古学印迹。崇拜天地日月，在汉族中，发展成为礼制的"明堂"。粟特人也以昆仑山（以日月纹表示）为灵魂最后之归宿。日月纹也通过粟特传入波斯。萨珊王朝的王冠上，顶戴日月纹。

在汉族文化圈，西王母神最终被纳入道教之中，是第一位长生不老的神仙。

西王母祭司文化（包含树神、鸟卜、"琼"崇拜、燎祭等），在西藏象雄布德大王时代，西征兴都库什山、葱岭地区，演变成苯教。西王母神成为苯教最高护法神——藏语称"伊西瓦姆"（或译为"叶仙"）。

在粟特地区，把西王母神称作祖先、圣王、"西雅乌什女神"，也称作"得悉神"，受到广泛、隆重的祭祀。

渠谀（粟弋）人，还把"三角城"的独特建城技术，从河西走廊带到了中亚地区。

公元前623年，大夏国西迁到新疆于阗国东北等地区，约公元前145年左右，第二次西迁阿姆河流域。后来与大月氏融合，建立了赫赫有名的贵霜帝国（公元1世纪）。贵霜崇拜的大神"夜摩"，也是西王母神。

大夏读为"大河"，隋代译称"图仑"（突厥人译称"塔克拉"），唐代译称"吐火罗"。由此可知，所谓"吐火罗语"，即古代中国西部的"西戎语"（与羌语不同），随着大夏、析支、织皮等的西迁，带到了新疆广大地区，然后，又随着大夏、渠谀、大月氏等的西迁，带到了中亚两河流域。斗转星移，他们还吸收了一些当地语言。西戎人可能没有文字（有学者认为西戎人有"巴蜀图语"）。后来，大夏人借用希腊字母，创造了"吐火罗文"。

中国西部人的灵魂归宿

——日月合璧止于昆仑[*]

在我国，类似日月纹的纹样，最早见于山东莒县陵阳河遗址出土大汶口文化陶器上的刻划符号（图一），距今约5000年。纹样上为太阳，下为云。于省吾先生释作"旦"，即日出云上也。

在史前社会，人们崇拜天上的太阳、月亮、星星，是比较普遍的现象。例如古埃及信仰太阳神"拉""阿蒙"；西亚的乌尔王朝，通天塔上供奉月神"南娜"；古巴比伦供奉太阳神"沙玛什"（图二）；亚述时代供奉日神"亚述尔"（飞鹰载着日轮）、月亮女神"伊什塔"（八角星）等。总之，他们画的太阳，一定是放光的。

中国的日月纹来源于"昆仑山"。"昆仑"是西戎语，意为日月。确切地说，是

图一　陵阳河遗址出土大汶口文化灰陶尊

图二　巴比伦国王界石（公元前12世纪）

*　原载《大众考古》2017年第4期。

日月不发光时，休止于昆仑山。所以，西戎人画的太阳，是不放光的！并且创造出以月抱日的"日月合璧纹"。古昆仑山就是今甘肃酒泉南山至祁连山主峰一带。

公元前623年，在秦穆公打击下，昆仑国西王母部南迁青海湖畔，把青海湖东南部的大山，改称日月山即昆仑山。公元前209年左右，匈奴冒顿单于占领昆仑山后，把昆仑山改称祁连山，意为天山。公元前174年，老上单于继位，自称"天地所生、日月所置匈奴大单于"。匈奴最西边的"昆邪王"，汉译为"日逐王"，乌孙王称"昆弥"等，都来源于昆仑山。张骞通西域后，汉武帝才把新疆和田南山命名为昆仑山，由此带来了不少毫无意义的"争论"。

昆仑山最早见于《穆天子传》《山海经》《史记·夏本纪》等古籍。但是，"昆仑到底是什么意思，这是自古以来没有破译的一大悬案"。有著名学者劳榦提出，"昆仑"是一个复音节名词，从语源学角度来看，多少有些圆的意义①。有学者提出"昆仑应是吐火罗语……最早的汉语译名"②。4000多年前，昆仑山地区的居民（主要是西王母部族）连自己所居住的大山的名字，也要借千里之外吐火罗的词汇？其实，恰恰相反，是大夏及大月氏西迁阿姆河流域时，带去了吐火罗语（"吐火罗"者，"大河"也③）。还有学者提出"昆仑"的古语就是"干阗"，"干阗两个汉字没有涵义，它只是上古音的注音符号……昆仑山即干阗山，就是高山"④。

就目前所知，早期日月纹岩画分布于祁连山以南地区的青海、西藏一带。在中亚两河地区（锡尔河、阿姆河）也有分布（图三），但是起始年代不详。据张亚莎《西藏的岩画》⑤介绍，青海有日月纹岩画3处：格尔木野牛沟、德令哈市怀头他拉、乌兰县巴厘；西藏有日月纹岩画4处：日土县任姆栋、曲噶尔羌、藏北东香布和日阿多。

需要指出的是，野牛沟岩画距今3200年，日月形象还没有形成合璧纹（图四）。推测"日月合璧纹"出现于秦穆公伐戎王（公元前623年）以后。笔者最早指出日月合璧纹的含义："象征日月休止于昆仑山。"⑥有的学者，不明白日月纹的来源及文化内涵，主观臆断，将其称作"星月纹"。

《穆天子传》卷六《周穆王美人盛姬死事》中记载，周穆王美人盛姬死时以"皇

---

① 劳榦：《古代中国的历史与文化》，中华书局，2006年，第641页。

② 林梅村：《汉唐西域与中国文明》，文物出版社，1998年。

③ 详见温玉成《探究"昆仑邦国"与大夏诸国西迁》（《夏商周时期的中原与周边——纪念郑州商城发现60周年暨韩维周、安金槐、邹衡先生学术贡献研讨会论文汇编》，郑州，2015年7月）。

④ 杨鸿勋：《古蜀大社（明堂·昆仑）考——金沙郊祀遗址的九柱遗迹复原研究》，《文物》2010年第12期。

⑤ 张亚莎：《西藏的岩画》，青海人民出版社，2006年。

⑥ 温玉成：《"丝绸之路"上的古国探秘"乌托国"与"权於摩国"》，《大众考古》2015年第10期。

图三　中亚两河地区岩画上的日月纹

图四　青海格尔木野牛沟岩画图案

后葬法"，用了"日月之旗，七星之纹。鼓钟以藏，龙旗以导"，可能表示魂归昆仑山。这说明，早在此时已经认识了昆仑山的"真形"，并且产生了魂归昆仑山的观念。谷歌卫星图片显示，昆仑山的形状，东侧是日月纹，西侧是北斗七星纹。令人十分惊叹！

　　在内地，汉代"画像石"或"石棺"上，画面表示"灵魂"要去昆仑山仙境，必须通过"天门"。而天门由虎、豹等野兽或武士把守，需要持"节"才可以进入，或者由"天帝使者青鸟公"引领，这就是所谓"持节升仙"[1]。

---

①　参看巫山画像石。

图五　长沙马王堆1号墓
出土彩绘帛画经幡

令人感兴趣的是，长沙马王堆汉墓1号墓出土的彩绘帛画经幡（图五）上，上段表现的就是昆仑山"仙境"：日月在左右，女娲神居中央。其左侧有龙吐气，环绕女娲，象征"有蛇化人"。这是甲骨文中的"东母"。在左方龙的翅膀上，还有一位小女神西王母，这是甲骨文中的"西母"。"日"中有"金乌"，"日"下有"七星之纹"。"月"中有玉兔与"蟾蜍"。二武士守护天门。"天门"下面是"天帝使者青鸟公"，前来迎接亡灵（按，山东省东汉画像石上，西王母头顶上就有青鸟）。其下，是告别亡灵的场景（幻想）。最下面，是亲属供祭的场景。

又例如，洛阳卜千秋墓壁画，日月之间是伏羲、女娲。还有，甘肃省武威（姑臧）出土的2件汉代"彩绘墨书铭旌"上，都是左上角画太阳（内画三足青鸟及九尾狐），右上角画月亮（内画蟾蜍及长耳兔）。在为死亡者制作的"铭旌"上画出日月，显然寓意也是希望死者魂归昆仑山。

特别令人兴奋的是，在新疆和田地区出土的"汉佉二体铜钱"（图六）上，有"日月人"合组的文字。"汉佉二体钱"大多出自古于阗国，其中一种是六铢钱，正面中央，就是日月人合组的文字，意为"昆仑山之人"。外围是汉字"六铢钱"三字；背面中央是骆驼，外围佉卢文。过去，学者们认为六铢钱正面中央的图像，是"月桂树"。经论证，于阗国是公元前623年从青海河首迁徙而来，他们原来是"析支国"，属于西戎一支，信仰昆仑山西王母祭祀文化（即苯教）。这"六铢钱"为于阗国的来历提供了考古学的文字证据。

图六　汉佉二体铜钱（采集于民丰县夏羊塔克古城）

1950—1957年，在新疆吐鲁番高昌故城，出土三批波斯萨珊王朝银币。银币的圆圈内，有三个或四个日月合璧纹。在吐鲁番出土的"高昌章和五年（535年）取牛羊供祀帐"上，供祀的神灵有"大坞阿摩"。据考证，就是"大巫王母"——西王母神。

有趣的是，在云南西北部的普米族，信仰苯教，即天地诸神（日、月、星辰、风雨、雷电、山神树、龙潭）。以白额虎为祖先，自称为"虎人"。他们还称蟾蜍为"舅舅"（波底阿扣）[①]。

那么，为什么称蟾蜍为"舅舅"（波底阿扣）呢（部分藏族也有此称呼）？我在康巴藏区考察时，藏学家根秋多吉告诉我，如果一只蟾蜍突然跳进藏族家里，藏族同胞会高兴地喊叫："舅舅来了！"以为吉利。舅舅是母亲的兄弟。如果母亲是与老虎交配的"厉神"（即昆仑山太阳女神），则其兄弟是月亮（蟾蜍），从神话角度就解释通了。在《后汉书·西南夷传》中，记录了白狼国诗歌，白狼语"且"就是日（太阳）。且与姐声音相通，所以太阳就是姐姐。在汉代图像中，月亮里画有"蟾蜍"，也就明白了。

更有趣的是，在西藏阿里日土县多玛乡曲嘎尔羌赭绘岩画中，有日月合璧图，表达的意思是："日月"是兄妹（或姐弟）和昆仑山的象征。我们已经论证过，昆仑山的含义是日月山。有学者说"日月合璧图"（误称为"星月纹"），是从波斯萨珊王朝传入的。实为颠倒因果之大误。《史记·匈奴传》记载，匈奴人"月盛壮则攻战，月亏则退兵"。可见"月盛壮"代表男丁多多，故可战斗。所以，"蟾蜍"者，"兵"之象也。

南北朝时期，粟特人尊者的头冠上，往往也顶戴"日月合璧纹"，例证很多[②]（图七）。

花剌子模出土的"雪花石膏纳骨器"（7世纪末）（图八）上，日月纹在最高处，其下是天门，举丧者在门左右。下面是男性死者仰卧床上，床下有琼（青鸟，天帝使者）。表现粟特人死后，灵魂通过天门，进入天国（昆仑山）的景象[③]。

在中亚粟特人分布地区，有一位祖先兼女神，称作"西雅乌什"，就是西王母（西戎语：咸野嫫）。昭武九姓崇拜的大神"得悉神"，贵霜帝国崇拜的大神"夜摩"，也是西王母神[④]。

[①]　参看《中国大百科全书·宗教》（中国大百科全书总编辑委员会《宗教》编辑委员会编，中国大百科全书出版社，1988年）。

[②]　参看《北周史君墓》（西安市文物保护考古研究院编著，杨军凯著，文物出版社，2014年）等。

[③]　许新国：《西陲之地与东西方文明》，北京燕山出版社，2006年，第278页。

[④]　温玉成：《论粟特人的"得悉神"信仰》，《石河子大学学报》（哲学社会科学版）2016年第5期。

图七　北周史君墓石刻上可见一人头戴日月合璧纹冠

图八　花剌子模出土雪花石膏纳骨器上哀悼场面素描

　　新疆和田出土的唐代木版画上，有四臂女神，上方两手举日月。花剌子模的四臂女神，头戴波斯式宝冠，上方两手举日月，坐于老虎身上（有的老虎换成了狮子）。很显然，"娜娜女神"就是通天塔上的"南娜女神"，或许是已经被祆教化了的西王母神。

　　学者们向来喜谈中国丝绸、瓷器、火药、造纸术、印刷术等物质文化西传；又喜谈火祆教、佛教、摩尼教、景教、伊斯兰教等精神文化东传，连篇累牍。但是，中国古代精神文化是否也西传过呢？几乎没有人讨论这一重大问题。本文用考古资料，给出了不容置疑的回答。

　　总之，"日月合璧纹"是古昆仑山的象征，出现于距今3000年以前。昆仑山是古代中国西部人（西戎）的灵魂归宿。古礼祭拜天帝、祖先的"明堂"制度也起源于此。昆仑山"西王母神"是苯教最高护法女神。早在公元前7世纪，随着大夏、析支、织皮、大月氏、粟特等部族西迁，把"西王母祭祀文化"（苯教）带到了新疆及中亚两河流域。因此，高昌人信仰的"大坞阿摩神"，粟特人普遍信仰的"得悉神"，贵霜人信仰的"夜摩神"都是大西王母神。

内蒙古考古文化与蒙古族起源

一、内蒙古中南部的两种青铜时代文化

在内蒙古中南部，存在两种青铜时代文化，即20世纪70年代发现的"大口文化"与"朱开沟文化"（后来被鉴别出甲组、乙组。本文以早期的甲组文化代表朱开沟文化）。

据我们研究，"大口文化"的来源，是20世纪80年代发现的包头"阿善遗址""西园遗址"等（仰韶文化早、中期）。仰韶文化晚期，在清水河县"白泥窑子遗址"发现。当然，至龙山文化中间还有缺环。包头的昆都仑河流域，是这种文化的中心区域。"昆都仑"，商代甲骨文称"圁方"（甲骨文写作"工"下加"口"，唐兰先生释为"工方"，误）。西周《穆天子传》（公元前10世纪）称"剞圁氏"，还在此地祭祀"铁山"。春秋战国时代称"林胡"。战国末年，赵武灵王伐之，乃遁于大青山以北，并入匈奴部族，称"兰氏"。由此可见，"圁方""剞圁氏""林胡"、"兰氏"（或"栗借"氏）等，他们都是以昆都仑河而命名的，演变线索十分清楚。

"朱开沟文化"的来源，是陕西省神木的"石峁遗址"（龙山文化晚期—夏代早期，有中国最早的城址）。此种文化的中心区域是窟野河流域。据《史记》可知，这里自古称"荤鬻"（黄帝"北逐荤鬻"）、"荤育"。商代武丁亦征伐之。迫使荤育向北迁徙，至于窟野河上游（今内蒙古称乌兰木仑河）。匈奴冒顿单于（公元前209—前174年在位）征服"荤育"，他们并入匈奴部族，称"呼衍氏"。由此可见，"荤鬻""荤育""呼衍氏"等，他们都是以窟野河而命名的，演变线索十分清楚。石峁遗址发现以来，有些学者推断它是黄帝的遗迹，实际上早于黄帝时代。

二、关于杭锦旗阿鲁柴登的"鄂尔多斯式青铜器"

众所周知的"鄂尔多斯式青铜器"，时代在战国后期，学者们推断它属于匈奴

文化。这是可以肯定的。但是，阿鲁柴登出土了赫赫有名的"鹰形金冠饰""金冠带""虎咬牛纹金饰牌"的文化内涵，却值得深入讨论。据我们的研究，这是西王母祭祀文化的巫师用品。甘肃省酒泉骟马文化发现的"鹰形铜牌饰"，也应该是冠上饰品。陕西省神木市纳林高兔发现了"鹿形鹰喙怪兽""金冠顶饰""金虎形带饰"，也是匈奴族的遗物。

西王母祭祀文化是苯教的源头（笃苯）。在公元前3世纪，由于象雄大王布德贡甲西征，建国于帕米尔高原。辛饶·米沃且吸收了"恰菲尔人"的火袄教外道，发展成为"苯教"。苯教巫师的形象特征是"鸟冠、虎带、击鼓"。从而可知，"鹰形金冠饰""金冠带"者，鸟冠也。"虎咬牛纹金饰牌"者，虎带也。唯一没有发现木鼓，可能腐烂矣。当然，匈奴首领（单于及左右贤王等）也可能兼为巫师。匈奴这种"西王母祭祀文化"，也影响到内地。山东邹城出土的汉代画像石（142年）上，就出现了头冠上有青鸟的西王母立像（参看胡新立《邹城新发现汉安元年文通祠堂题记图像释读》，《文物》2017年第1期）。

那么，匈奴人为什么信仰西王母祭祀文化呢？这又涉及匈奴起源问题。而匈奴起源，讨论了几十年。虽然众说纷纭，却未能触及根源。据我们对《穆天子传》的研究，公元前10世纪，"阏氏胡"在今武威南，古浪县北部地区。夏朝灭亡时，桀之子"熏粥"率部逃亡至此，成为渠渶部的奴隶，故称"粥奴"或"熏粥"，在今宁夏中宁县，以"寺口子"为中心（西汉称"眴卷"，即"熏粥"，犹存古音），北部至吴忠。大体上属于昆仑山（今祁连山）东部地区。而昆仑山是西王母部族根据地（中心在酒泉南山）和西戎文化的中心。所以，他们接受西王母祭祀文化是很自然之事。另外，匈奴从冒顿单于占领祁连山，长达88年（公元前209—前121年），也必然接受了西王母祭祀文化。大约在西周末年至春秋初年，"熏粥"和"阏氏胡"通婚、联合，强势崛起。战国前期，向东北方发展，联合了荤育部（呼衍氏）。战国末期，越过大青山，又联合了林胡（兰氏）及西嘿（须卜氏，在呼伦贝尔）。

所以《史记·匈奴列传》总结云："诸大臣皆世官。呼衍氏、兰氏，其后有须卜氏。此三姓，其贵种也。"由此可知，匈奴存在特有的"种姓"制度。中行说解释云："父子兄弟死，取其妻妻之，恶种姓之失也。故匈奴虽乱，必立宗种。"

三、关于"扎赉诺尔墓地"的文化属性

在内蒙古呼伦贝尔，发掘了"扎赉诺尔墓地"（53座）、额尔古纳市"拉布达林墓地"（24座），时代下限在汉代。学者们将其归入鲜卑文化。这显然是错误的。据我们的研究，拓跋部本来是黑龙江北部的索离人。大约在公元90年，沿着大兴安岭东麓，南迁至嘎仙洞一带。130年左右，又南迁"大泽"（今齐齐哈尔一带）。这时，他们遗存的考古学文化，是黑龙江省泰来县的平洋砖厂墓地（两种类型，共97座）和嫩江流域的二克浅墓地、红马山墓地。出土典型陶器是，手工制作的陶壶、陶碗、平底筒形罐。相当原始、落后。这与呼伦贝尔的出土陶器，很显然不同。

因此，我们推断，呼伦贝尔各墓地，只能是属于"西嚼文化"，或即匈奴所谓的须卜氏、"须卜文化"。可惜，学术界还没有"西嚼文化"的概念（谭其骧《中国历史地图集》"三国图"，错误地把扎赉诺尔墓地标示为"鲜卑墓群"）。匈奴灭亡后，南北朝时期，"西嚼"被译作"室韦"，是蒙古族的主要源头。匈奴"西嚼氏"（须卜氏），就是《魏书·官氏志》记载北魏献帝时代"八部大人"中的"普氏"。也就是辽金史中所谓的"阻卜"族。这是蒙古族（鞑靼）之主要一部（见王国维《鞑靼考》）。蔡美彪《元代文献中的达达——读史笔记》以为："阻卜"一词的语源，仍然未得到解决（《南开大学历史系建系七十五周年纪念文集》，南开大学出版社，1988年）。

其实从"西嚼"—"须卜"—"室韦"到"普氏"—"阻卜"的演变，线索历历可寻。

四、关于凉城县"小坝子滩沙虎子沟窖藏"的性质

1980年，米文平发现嘎仙洞北魏太武帝"祭祖祝文"（443年）。此后，学术界大为震动，以为找到了"崭新的、鲜明的"地理学、民族学"坐标"。依此为据，考古学家论述鲜卑南迁路线；地理学家则改大兴安岭为"大鲜卑山"。我们在《嘎仙洞遗迹考察》（《中国国家博物馆馆刊》2011年第10期）、《论拓跋部源自索离》〔《新疆师范大学学报（哲学社会科学版）》2012年第6期〕中论证了：最初，嘎仙洞是八部联盟之地；拓跋部不是鲜卑人，而是索离人。他们在南下过程中，不断与鲜卑族通婚。因此，拓跋部母系中，有鲜卑血统。

同样，学者们把1956年发现的凉城县"小坝子滩沙虎子沟窖藏"定为拓跋部猗㐌（？—305）的文物。这里出土了西晋金印2件、银印1件、兽形金饰牌5件、金戒指、金耳坠等。动物图案有狼、狐狸、马等。其中一件"四兽形金饰牌"的背面，錾刻"猗㐌金"3字（《中国大百科全书·文物　博物馆》，"鲜卑金银器"条目）。有学者据此进一步研究"鲜卑文化"及"鲜卑祖源"等问题。其实，"小坝子滩沙虎子沟窖藏"，只是猗㐌在其执政五年间"西略二十余国"的战利品而已，根本不属于拓跋部文化。因为此时拓跋部的文化、技术水平，还不能制造金器。从图腾崇拜上考察，

拓跋部及鲜卑族，也没有崇拜狼和狐狸的传统。而突厥系统的民族是崇拜狼、以狼为祖先的。

五、清水河塔尔梁壁画墓

《文物》2014年第4期发表了《内蒙古清水河塔尔梁五代壁画墓发掘简报》。这是党项羌族的墓葬。壁画上有苯教崇拜的"琼"——"大鹏守护牦牛图"（上面大鹏黑目，下面牦牛红目），被误认为是"朱雀"；苯教"血祭"图，被误认为是"侍宴图"；苯教"法师飞翔图"，被误认为是"孝子图"等。壁画中党项羌贵族已经穿宋代官服，所以此墓不是五代的，已经到了宋代。党项羌是从大金川流域迁徙而来的。他们早就信仰苯教。西夏国把苯教法师称作"厮"（藏语称作"辛"），都是来源于盉稚语"咸"。盉稚语者，西戎语也。

六、阿尔寨石窟（"百眼窑石窟"）

1956年发现的内蒙古鄂托克旗百眼窑石窟（今称"阿尔寨石窟"），位于内蒙古鄂托克旗公卡汉乡西南30千米。是一座椭圆形红砂岩小山。东西长约400米、南北宽约200米、高约80米。共有编号石窟54窟，壁画近1000平方米。这是我国最后一座大型石窟寺。

1972年，田广金同志陪同北大吕遵谔教授考察旧石器时代遗址时，在内蒙古鄂托克旗"再次发现"了百眼窑石窟。田广金同志早在1981年指出，百眼窑石窟的年代，"可能为元代或稍晚些"。

我根据田广金同志提供的第一手资料，参考青海省乐都县瞿昙寺壁画（明代前期），加以研究，发表了《鄂尔多斯沙漠中的百眼窑石窟》（《中国文物报》1990年4月12日），指出百眼窑石窟的年代，"若以佛塔及壁画观之，我觉得定为明代后期为妥"。后来，在拙著《中国石窟与文化艺术》（上海人民美术出版社，1993年）中进一步推断："百眼窑石窟……开凿的时间应在明万历末至清前期，亦即黄教传入内蒙古各部之后"（第194—195页）。

此后，当地学者做了大量调查研究。重要论文有王大方、巴图吉日嘎拉、张文芳的《百眼窑石窟的营建年代及壁画主要内容初论——兼述成吉思汗在百眼窑地区之活动》（《内蒙古文物考古文集》，中国大百科全书出版社，1994年，第566—578页）。

1994年6月9日在《中国文物报》上，内蒙古文化厅公布了《百眼窑石窟综合考察获重大成果》。宣称：确认"阿尔寨石窟"，"开凿于西夏，延续至明"。还特别宣称，"还有一幅祭祀图，描绘的可能是成吉思汗及三位夫人和四个儿子被祭祀的场面"（按，指第31窟门内左侧图）。

此后，更有甚者，把石窟开凿时间，提早到北魏中期。在"首届鄂托克·阿尔寨文化高层论坛"（2010年8月31日）上，宁夏大学陈育宁教授宣称："阿尔寨石窟始凿于北魏中期，以西夏、蒙元时期最盛，直到明末清初停止开凿及佛事活动，前后绵延近1300年"。但是，他并没有提出可信的证据（《祥瑞阿尔寨　幸福鄂托克首届鄂托克·阿尔寨文化高层论坛文集》，内蒙古大学出版社，2011年）。

2014年7月，我们作实地考察，受到苏·德力格尔同志热情接待。考察、研究后，我们再次确认，百眼窑石窟开凿于明代万历至清代乾隆时期。不排除元代晚期在这里已有禅窟及雕刻佛塔。

众所周知，万历六年（1578年）五月，蒙古土默特部俺答汗（1507—1583）在青海湖畔仰华寺，尊奉藏族高僧索南嘉措为"圣识一切瓦齐尔·达喇·达赖喇嘛"（1543—1588，即"三世达赖喇嘛"）。索南嘉措曾经任哲蚌寺堪布、色拉寺住持，是格鲁派公认的领袖。

俺答汗（阿拉坦汗），是北元灭亡以后蒙古族的一位伟大汗王。虽然自嘉靖辛丑（1541年）以来，扰边达三十年。1559年，他率蒙古土默特部进军青海。1565年，潜号"大明金国"。但是，1571年终于归顺朝廷，明隆庆帝诏封他为"顺义王"。他的伟大历史贡献，是把喇嘛教（黄教）引进蒙古族社会，废除萨满教"昂古特神（翁贡）"信仰。这为清朝统一蒙古各部奠定了基础（见北京雍和宫乾隆皇帝御制《喇嘛说》碑文，1792年）。

俺答汗之侄、统治河套地区的洪台吉、博硕克图彻辰济农（1529—1586），是这次与达赖会盟的主谋者（张其勤《西藏宗教源流考》，西藏人民出版社，1982年）。他早于1566年率军攻打青海藏区，并带回三个喇嘛。其中，"阿斯多克·赛音班弟"，就是"希日巴"（阿兴喇嘛）。1571年，洪台吉被朝廷授予"祆尔都司"的都督同知，大权在握。他的女儿就是大名鼎鼎的"三娘子"钟金哈屯（《明史·王崇古传》）。

参加会盟的青海藏族喇嘛阿兴（约1550—1636，意为舅父），本名希日巴（赛音班弟），青海阿木多地方人。曾经学佛法于哲蚌寺。早在1566年就随洪台吉进入蒙古各部传佛法。后来受洪台吉邀请，主持了阿尔寨石窟建造。1585年，三世达赖喇嘛曾经到阿兴喇嘛的石窟寺坐禅三个月。后来，阿兴喇嘛东游喀喇沁、巴林。1629年受到皇太极（1592—1643）邀请，到达奉天。1632年游法库、1633年至库伦。1636年，漠南蒙古16部49旗归附"后金"，尊皇太极为"博克达彻辰汗"。阿兴喇嘛东游后，他的弟弟囊素或弟子继续开凿石窟。

此地山顶有寺院遗址，可能是丹巴道尔吉喇嘛住持过的寺院。时代是明代后期（约1569—1649年间），见于1861年蒙古文奏章《上奏额尔克·绰尔吉转世本源之抄本》。

31号窟门内左侧图，主尊是"财宝天王"。"财宝天王"库毗罗是元代才传入西藏的财神形象。其下面是供养人像，共有八人并坐。中心是头戴五佛冠者，推测是阿兴喇嘛，被错误地认为是成吉思汗。无论如何，成吉思汗也不可能头戴"五佛冠"。壁画中的蒙古袍，有"比甲"（护肩），是元代察必皇后（？—1281）开始有的蒙古人装束，成吉思汗时代还没有"比甲"。

32号窟有"优婆塞达摩多罗"的回鹘蒙古文榜题，也应属于16、17世纪文字（参见纳·巴图吉日嘎拉《阿尔寨石窟回鹘蒙古文榜题研究》，内蒙古人民出版社，2010年）。值得注意的是，在十六罗汉之外，还出现了在贺兰山修行的"优婆塞达摩多罗"。此优婆塞的"原型"，就是阿拉善第二代扎萨克阿宝王。他冒着风险保护并供养了"六世达赖喇嘛"仓央嘉措。从而可知，32窟"回鹘式蒙古文榜题"的时间下限是，仓央嘉措化名"阿旺曲扎嘉措"，于1716年来到了阿拉善地区以后。

清代《诸佛菩萨圣像赞》收有"优婆塞达摩多罗"立像，椎髻，交领长袍，束带。右手托宝塔及佛像；左手持棍。有头光、身光。有满、蒙、藏、汉文题记。

据考证，"六世达赖喇嘛"仓央嘉措（1683—1746），被"解往京师"途中，于1707年从青海湖畔"遁去"，改名阿旺曲扎嘉措，游历各地，1716年来到阿拉善地区，后住阿拉善左旗之"南寺"（1760年皇帝赐名"广宗寺"）。康熙皇帝时代，西藏政局动荡，先后有三位"六世达赖喇嘛"（仓央嘉措、耶歇嘉措、格桑嘉措）。

才华横溢的仓央嘉措就是著名的《仓央嘉措情歌》作者。汉文、英文译于道泉（1901—1992），1930年刊。

阿尔寨石窟壁画，显然有两种风格。明代的壁画，线条流畅，敷彩清雅，继承了青海乐都瞿昙寺明代画风。清代的壁画，线条粗犷，敷彩浓烈，具蒙古族特有的奔放风格。另外，在人物舟形背光的上面，加上云纹、山纹，其独特的表现形式，为明代以前所未见。

宋代欧阳修《新五代史·四夷附录》云"鞑靼……散居阴山者，自号鞑靼"。北元灭亡后，蒙古各部四分五裂。大体上分为东部鞑靼、西部瓦剌两个区域。东部的鞑靼，活动于河西走廊以北至辽河以西广大地区。明代嘉靖年间，朝廷始设"袄尔都司"，或写作"我儿都司"，以袄尔山（阿尔山）命名，守护黄河并管辖河套内外的蒙古诸旗事务。"都司"的主官是"都督同知"。衙门地址在都思兔河入黄河口处北岸，大约在今乌海市海南区陶斯图村一带，有待考古调查（参看谭其骧《中国历史地图集》"明时期全图二"，但是不知道衙门的地址）。后来，"阿尔都司"演变成地名"鄂尔多斯"，今人多不知其原委。

总之，阿尔寨石窟是明代晚期至清代前期开凿的藏传佛教石窟，是我国最后一座大型石窟艺术宝库。这座石窟，与蒙古俺答汗（明代封"顺义王"）、西藏三世达赖喇嘛索南嘉措、明代"袄尔都司都督同知"博硕克图彻辰济农、满族皇太极、西藏六世达赖喇嘛仓央嘉措等历史人物，关系密切。它反映了汉族、藏族、蒙古族、满族的民族团结与文化交流，具有特殊重要的历史和艺术价值，值得深入研究。

论匈奴起源的真相

——附阏氏胡、荤鬻氏、刿间氏、须卜氏

关于匈奴起源，首先见于《史记·匈奴列传》："匈奴，其先祖夏后氏之苗裔也，曰淳维。"又曰"自淳维以至头曼千有余岁，时大时小"。还说"当是之时，东胡强而月氏盛。匈奴单于曰头曼。头曼不胜秦，北徙。十余年而蒙恬死，诸侯畔秦"。乐彦《括地谱》解释云："夏桀无道，汤放之鸣条，三年而死。其子熏粥，妻桀之众妾，避居北野，随畜移徙，中国谓之匈奴。其言夏后苗裔，或当然也。"可见"夏后氏之苗裔"淳维，就是夏桀之子熏粥（xunzhou）。

荀悦（148—209）《汉纪》云："匈奴者，其先夏后氏之苗裔，其在于古，曰淳维。匈奴始祖名熏粥氏……始祖居于北边……居无城郭……食肉衣皮。"

商汤伐夏桀（帝癸）大约在公元前1598年（按《竹书纪年》记载推算，在公元前1555年）。在夏朝的历史上，"太康"失国，夏后"相"被灭，相之子"少康"逃难至有仍氏，作了"牧正"。

司马迁、荀悦言出之后，两千多年以来，无人能证明其言论之是与非。笔者近期经研读《穆天子传》后发现，周穆王从"西王母之邦"（甘肃省酒泉南山）返回洛阳过程中，从"积山之边"（今甘肃省武威东南大山，犹有古地名"截山"），南征到了"瓜纑之山"（即古浪之山，今甘肃省古浪县西北部之山），说这里是"阏氏胡氏之所保"（按，谭其骧《中国历史地图集》西汉时代"凉州刺史图"，把此地标为"媪次"，仍然保存"阏氏"古音）。媪次县，见《汉书·地理志》。

经我们于2017年6月11日实地考察后证实，阏氏胡氏（西汉媪次县城）就是今武威市黄羊镇包家城村，土地肥美。周穆王时代，还没有"城"。

接着，周穆王"遂东南翔行，驰驱千里，至于巨蒐之人粥奴"（在今宁夏中卫市一带）。汉武帝于公元前114年设安定郡"眴卷县"（xunjun，犹存"熏粥"之古音也）。周穆王又从"粥奴"过"避移之谷"（今贺兰山南段）到达"奇苑"。从而证明，司马迁、荀悦的记载是完全可信的（拙著《〈穆天子传〉真相解读》，待刊）。

"巨蒐"就是《竹书纪年》记载帝尧时代"渠搜氏来宾"的渠搜。《史记·夏本纪》也记载了古国"渠搜"。渠搜与织皮、昆仑、析支都属于西戎文化圈。春秋时

代写作"朐衍"，更接近原音。他们是以"屈吴山"为中心的部族，即以山命名的部族。

"巨蒐之人粥奴"恰恰位于"渠搜"北部边缘地区。可知，当年夏桀之子熏粥逃难到此地，做了"渠搜"部的奴隶，并非偶然。因为，此地远在商朝统治区域之外。他们被称作粥奴或熏奴。从而可知，春秋战国以来汉族所言之"匈奴"者，"熏奴"之音变也。宁夏海原县"菜园文化遗址"，属于新石器时代晚期，文化面貌独特，我们推断属于渠搜（朐衍）邦国文化。

由此可知，早期匈奴继承了夏文化，如：崇拜"龙"，首府称"龙庭"。宁夏中卫考古出土了一件"双龙人物纹青铜钺形牌饰"（西周晚期）（图一），可谓崇拜龙的物证。匈奴也接受西王母祭祀文化和周文化。但是他们排斥商代文化。在他们南部的河宗氏（景泰县），与商代联姻，与匈奴应该是相互排斥的关系。

令人大感意外、颠覆我们认知的是，匈奴居然是夏代的"正统"继承者！

因此，匈奴在中国北方有强大而神圣的影响力。

图一　宁夏中卫出土双龙人物纹青铜钺形牌饰

匈奴被认为是"游牧民族"，是战国末期匈奴迁移到了大青山北边以后的事情！

《史记·封禅书》引齐桓公在葵丘会盟时（公元前651年）云："寡人北伐山戎，过孤竹；西伐大夏，涉流沙，束马悬车，上辟（卑）耳之山。"《管子·小匡篇》云："西征攘白狄之地，遂至于西河。方舟投柎，乘桴济河，至于石抗（沈）。悬车束马，逾太行与卑耳之谿。拘秦夏，西服流沙西虞，而秦戎始从"（按，管子是周穆王的后裔）。齐桓公（公元前685—前643年在位）曾经征伐白狄（白犬戎，在今陕北延安、榆林一带），西至西河（今黄河陕西省段），"乘桴济河"，又向西到了"石抗"（今中宁县黄河北石空镇），"悬车束马"上"辟耳山"（西汉称卑移山，今贺兰山），又西涉流沙，"拘秦夏"，而秦戎始从。齐桓公及管子所说的"流沙西虞"，就是"渠搜"（巨蒐）北部。"辟移（耳）山"就是"避移山"，地理位置完全符合（今解读《管子·小匡篇》者，因不了解古代地理，多有谬论）。我们注意到，齐桓公时代（约公元前651年之前），粥奴仍然是"渠搜"（西虞）的奴隶部落，没有引起齐桓公特别关注。

从而可知，今贺兰山，在商代初年称"避移山"，推测是夏桀之子熏粥的命名；周穆王称"避移山"（公元前10世纪）；齐桓公称"辟耳山"（公元前7世纪）；西汉称"卑移山"（公元前2世纪）。而今当地学者只知西汉名称，其余则尚不知也（牛达生、许成《贺兰山文物古迹考察与研究》，宁夏人民出版社，1988年）。

而众所周知，与匈奴单于联姻的王后"阏氏胡氏"，却原来是一个部族名称。顾颉刚云："阏氏胡氏"，"是匈奴单于后的传讹"（1951年）。熏奴在东，阏氏在西，两个部族隔着长岭山及沙漠，比邻而居。

粥奴热情接待周穆王，"觞天子于焚留之山。乃献马三百、牛羊五千、秋麦千车、膜稷三十车"等。然后，一直把他送到"奇苑"（据我们考证，在今宁夏青铜峡市东郊陈袁滩一带）。周穆王在此乘船离开。匈奴有"马革船"（《后汉书·南匈奴传》）。处理马皮需要盐硝，中卫西南恰有盐田。说明粥奴的势力范围，已经达到宁夏银川地区。

据我们于2017年6月7日实地考察，"焚留之山"就是今中卫市寺口子旅游区。

这里是红砂岩丹霞地貌，俗称"赤龙犹在"，这里就是粥奴（匈奴）早期的大本营。所谓"寺口子"，就是东西两山的峡口，宽约8米，长约100米。过了峡口，地势开阔。东西两山，各有一个大石窟，即"睡佛寺"（长14米、宽9米）、"苏武庙"（内室长7米、宽5米、高3米；外室约5平方米）。此外，还连接另外的平台，面积约100平方米。关于寺口子石窟，没有留下任何文字记载。

考古资料证明，中宁县西北的照壁山，发现春秋时代铜矿。寺口子旅游区的北部，发现狼窝子坑匈奴青铜短剑墓11座，属于春秋至汉代（周兴华《宁夏中卫县狼窝子坑的青铜短剑墓群》，《考古》1989年第11期），出土青铜器、陶器等文物440件。其中鄂尔多斯式青铜短剑、鹤嘴镐、铜锛等属于匈奴文化。特别是出土青铜"透雕龙纹牌饰"一对，反映匈奴人对"龙"的崇拜，与夏朝一致。很显然，山口子的地形，具有军事防御的性质。

匈奴的住处，据《盐铁论》记载"织柳为室，旃席为盖"。这证明在西周中期，粥奴在农业、畜牧业、矿业方面已经有相当的经济实力。并且，他们还有盐田。但是，推测当时（公元前10世纪）粥奴、阏氏两个部族还没有通婚、联合。

周穆王时代，"粥奴"的大致范围是，西界在甘肃省景泰县与宁夏中卫县交界的长岭山；东界在中宁县以东；南界在清水河下游桃山一带；北界到了宁夏银川市一带。即包括甘肃省景泰县寿鹿山以北、米家山以北；靖远县哈思山北部；宁夏中卫市中宁县以北至贺兰山青铜峡一带。"阏氏胡氏"的大致范围是，今武威以南，古浪县乌鞘岭以北地区，东至长岭山区。当时，匈奴首领还没有"单于"尊称，大约到了头曼（？—前209年）时代，始称"撑犁孤涂单于"，意为广大地域之天子（《史记·匈奴传索隐》）。

学术界普遍把匈奴定位于"游牧民族"，那是秦汉以后的情形。在周穆王时代，匈奴是以畜牧业、农耕业为生产基础的民族。

大概在西周晚期或春秋时代初期，粥奴、阏氏两个部族开始通婚、联合。

　　有趣的是，元代马可波罗游历中国时，到了"额里湫国"（Ergiuul，凉州，武威）。然后向东南行，见有一城，名称"申州"（Singuy）。诸家注解皆曰"其地无考"。据我们考证，所谓"申州"就是"熏粥"，西汉之"眗卷"也。可见，到了西夏、元代，这里仍然俗称"熏粥"（今宁夏中卫、中宁一带）。

　　另一方面，在今黄河河套内鄂尔多斯高原东南部，有古国荤鬻。《史记·五帝本纪》就记载黄帝"北逐荤鬻"。据我们考证，黄帝之臣大鸿氏，战死并埋葬于此。商代称"荤育"。南界在宁夏盐池县、陕西省靖边县一带。陕西省神木市高家堡镇，有石峁古城遗址（龙山文化晚期至夏代。距今4300—3800年，面积400万平方米），在黄河支流窟野河一带，应是荤鬻部族遗址。"窟野河"见于公元前350年以前。我们推断"荤鬻"或"荤育"就是窟野的异译。从而可知，该部族以河流命名。他们后来向北迁徙，内蒙古伊金霍洛旗"朱开沟文化"早期，属于夏商文化，应该是荤育人的文化。在冒顿单于时代被征服，所谓匈奴"北服浑庾"。此后，荤鬻部融入匈奴部落联盟，被称作呼延氏。

　　证据是：《史记·卫将军骠骑列传》记载，公元前119年，霍去病征伐匈奴，大获全胜回长安。汉武帝下诏曰"骠骑将军去病率师，躬将所获荤鬻之士……"。《汉书·霍去病传》写作"荤允"。服虔注："荤允"，獯鬻也。尧时曰獯鬻，周曰獫狁，秦曰匈奴。

　　在包头，有一条昆都仑河，这里就是夏商周就有的古国"间方"或写作"吕方"（杨向奎，1955年）。吕方因河得名，不是由于吕字形房屋。吕，甲骨文写作上工、下口之形，唐兰先生释曰从口工声。丁山释"吉"；胡厚宣释"共"等，俱误。杨向奎释为"吕"，正确。商代时间方是很强大的方国，是武丁时期主要的西北敌国，甲骨文有五百多条征伐间方的卜辞。征伐间方往往用三千人、五千人，后来归附商朝。内蒙古准格尔旗"大口文化"，属于殷墟一期商代文化，可能是间方文化（田广金《内蒙古朱开沟遗址》，《考古学报》1988年第3期）。"間方"，《穆天子传》称作"剞閭氏"，春秋战国简称作"林胡"，皆因包头有昆都仑河而得名。周穆王祭祀的"铁山"，恰恰是包头市东北部固阳县的铁矿山（梅岭山古都遗址）。

　　春秋战国时代，間方被称作"林胡"。内蒙古博物院收藏有一件青铜圆鼎，口径13.7厘米、高20厘米。外腹部铸造"閭父"二字。这是閭方唯一的青铜器。公元前307年，赵武灵王胡服骑射。不久"北破林胡、楼烦"，"林胡王献马"。公元前301年，赵国筑造长城，自五原河曲，东至阴山。这说明，此前林胡已经被驱逐至阴山、大青山以北的草原地区，并可能与当地的匈奴联合，乃称兰氏。

　　《山海经·海内北经》记载"匈奴、开题之国（按，应是"荤鬻"）、列人（林胡）之国，并在西北"，这应该是反映西周及春秋时代的情形。

　　公元前214年，秦国大将蒙恬击败匈奴，掠取河南地，置四十四县并增筑长城。当在此时，匈奴也北遁大青山以北地区，并开始与林胡、须卜氏联合。

匈奴北徙大青山以北的年代，应该在公元前214年之前。据司马迁的记录，头曼向大青山以北迁徙，是在蒙恬死（公元前210年）的"十余年"前。即公元前221年之前若干年。司马迁所云"自淳维以至头曼，千有余岁"。夏桀灭亡在公元前16世纪，到头曼（公元前3世纪），大约是1300年。

头曼单于北迁后，新的、强大的匈奴联盟初步形成。其核心包括世代联姻的粥奴部与阏氏部。粥奴部能够成为核心，除经济等因素外，粥奴部是夏天子桀的后裔，这在北方边远地区，具有巨大且神秘的号召力、影响力。

此外，"匈奴联盟"还包括荤鬻氏部（呼延氏）、兰氏（即间方、刭间、林胡）、须卜氏（又见《魏书·官氏志》）。

须卜氏分布于今蒙古国克鲁伦河流域（古称弓卢水，发源于肯特山，经过温都尔汗、乔巴山，流入中国呼伦湖），西汉称作"西嗕"，中心在温都尔汗、乔巴山一带（谭其骧《中国历史地图集》"西汉图"）。据考古资料，内蒙古满洲里的扎赉诺尔古墓群、额尔古纳右旗拉布达林墓群，时代在西汉或略晚，文化上"自成一系"。我们推测就是西嗕（须卜）族文化，而绝不是鲜卑文化（参阅陈雍《扎赉诺尔等五处墓葬陶器的比较研究》，《北方文物》1989年第2期）。

匈奴"西嗕氏"（须卜氏），就是《魏书·官氏志》记载北魏献帝时代"八部大人"中的"普氏"。也就是辽金史中所谓的"阻卜"族。这是蒙古族（鞑靼）之主要一部（见王国维《鞑靼考》）。蔡美彪《元代文献中的达达——读史笔记》以为："阻卜"一词的语源，仍然未得到解决（《南开大学历史系建系七十五周年纪念文集》，南开大学出版社，1988年）。

因此，《史记·匈奴列传》云："诸大臣皆世官。呼衍氏、兰氏，其后有须卜氏。此三姓，其贵种也。"匈奴人极度重视"种姓"。中行说曰："父子兄弟死，取其妻妻之，恶种姓之失也。故匈奴虽乱，必立宗种。"

匈奴"兰氏"，汉代也译写为"栗借"（内蒙古出土了"汉匈奴栗借温禺鞮"铜印）、"骊轩"（lijian）。《汉书·地理志》云：骊轩，"土俗人呼……曰力虔"。此地被某些学者认为是公元前60年溃散的"罗马军团"所建，大谬也；实际上是西汉政府安置匈奴贵族兰氏而建（约公元前111年）。"兰氏"，唐代又译写为"论苴"（lunjian，《新唐书·吐蕃传》）。我们的研究证明，吐蕃贵族源自匈奴（东汉时，混入鲜卑）等。

值得注意的是，在内蒙古杭锦旗北阿鲁柴登遗址，出土了大批鄂尔多斯式青铜器，属于战国时代。考古学家田广金认为属于匈奴文化。其中最令人关注的是，出土了"鹰形金冠饰"（图二）及"龙形金饰牌（即龙形金腰带）"（参见《内蒙古历史文物》，1987年）。这证明，匈奴继续了夏代崇拜龙的传统，又融合了西王母崇拜鸷

图二　内蒙古杭锦旗出土鹰形金冠饰

鸟（"琼"）的传统。

西王母祭祀文化中，巫师（咸、辛）的典型形象是："鸟冠、虎带、击鼓"（参见拙著《匈奴休屠王"祭天金人"考》，《大众考古》2016年第1期）。

山东省邹城、微山出土的汉代画像石上，有头戴鸟冠的西王母像（胡新立《邹城新发现汉安元年文通祠堂题记及图像释读》，《文物》2017年第1期）。从而可知，"鹰形金冠饰"及"龙形金饰牌"，恰恰是匈奴"大巫师"的用品。当然，匈奴王也可以兼大巫师。我们已经论证，从头曼单于、冒顿单于占领昆仑山88年（公元前209—前121年），自然接受了西王母祭祀文化。后来，西王母祭祀文化发展成为苯教。内蒙古包头市召湾西汉时代的匈奴墓葬中，出土的黄釉陶樽上，画满了西王母故事，更是匈奴人信仰西王母的有力证据。许多学者，不明真意，说"鹰形金冠饰"，这是表现"草原游牧民族竞争的生存意识"（中宣部、国家文物局中央电视台：《如果国宝会说话》纪录片，2018年7月）。

《史记·匈奴列传》云：匈奴"五月，大会龙城（《后汉书》曰'龙祠'），祭其先、天地、鬼神"。众所周知，龙是蛇的神化。夏代以龙为图腾。大禹、女娲都是以蛇为图腾。《山海经·大荒西经》云"有人珥两青蛇，乘两龙，名曰夏后开（启）"。从而可知，匈奴人祭祀龙神，是源自大禹和启。

关于匈奴的起源，现代学者研究几十年，众说纷纭，源自司马迁记载的模糊性（参见达力扎布《中国民族史研究60年》第四章第一节，中央民族大学出版社，2010年）。虽然各家之说，有一定的道理；但是，各家所论，多纸上谈兵，文献拼合，皆未能真正触及其根源也。

众所周知，441年，西匈奴阿提拉率军打到欧洲。王城在马格城。453年，阿提拉去世。

众所不知的是，440年，匈奴后裔秃发樊尼率部众，从祁连山迁徙到西藏，称"悉勃野"，建立了吐蕃政权。被尊称"聂赤赞普"（所谓"天降赞普"）。

匈奴休屠王"祭天金人"考*

据《汉书·武帝纪》等记载,公元前121年春,霍去病击匈奴,"破得休屠王祭天金人"。同年秋,匈奴昆邪王杀休屠王并率领兵众投降汉朝。

关于匈奴休屠王"祭天金人"是什么神像,学界一直争论不休。一派学者认为是匈奴"祭天主",例如东汉班固《汉书·金日磾传赞》、三国曹魏孟康《汉书音义》等;另外一派学者认为是佛像,例如北齐魏收《魏书·释老志》、南朝梁刘孝标《世说新语注》等。

任继愈先生主编的《中国佛教史》第一卷中,经过考证,正确地指出:"实际上,汉武帝时(公元前2世纪)印度佛教还处于部派佛教时期,社会上既没有成文佛经,也没有制造佛像……因此,说汉武帝时已有佛像祭祀是不能成立的。"①

但是,到目前为止,还没有人考证这个匈奴"祭天金人"到底是何方神圣。既然不是佛像,是不是火祆教"天神"——阿胡拉·马兹达(图一)呢?火祆教在战国、西汉时已经传入新疆地区,但目前仅仅发现了青铜圣火祭坛(图二)。资料显示,波斯以东,从未发现过阿胡拉·马兹达的形象。所以,匈奴的"祭天金人"也不太可能是火祆教天神。

众所周知,匈奴早有"祭其先、天地、鬼神"的传统(《史记·匈奴列传》),这是一种萨满教式的仪式。"天、地"还没有具体形象出现。到了冒顿单于执政时期(公元前209—前174年),匈奴强大起来,东击东胡,西逐月氏,控弦之士三十万。大约从公元前209年起,占领了昆仑山地区,改"昆仑山"为"祁连山"。他在给汉文帝的书信中自称"天所立匈奴大单于"。后来,老上单于继位(公元前174—前161年),自称"天地所生、日月所置匈奴大单于"。老上单于自称"日月所置",显然是来源于昆仑邦国的西王母祭司文化。昆仑山是日月休止、南北斗之间的中心地区。西王母是天帝之女。匈奴占领祁连山地区88年(公元前209—前121年),自然接受了

---

* 原载《大众考古》2016年第1期。

① 任继愈主编:《中国佛教史》,中国社会科学出版社,1981年,第61—64页。

图一　被塑造为鹰形象的阿胡拉·马兹达

图二　火祆教青铜圣火祭坛

西王母祭司文化①。"昆仑山"是西戎语,意译"日月山"。"昆",日也;"邪"(叶、野),王也。"昆邪王"就是匈奴西部之"日逐王"。昆邪王统治酒泉地区,休屠王统治武威地区,他们都在祁连山地区。由此可知,匈奴人祭天的神灵,应该是"天帝之女"——西王母。

考古资料完全印证了这个推论。1981年5月,包头市文物管理所在召湾发掘了一座汉代的匈奴贵族墓。该墓编号为M47,是竖穴土坑墓,双室木椁。出土瓦当上的文字有"单于天降"(图三)、"单于和亲"、"四夷尽服"、"千秋万岁"。最令人瞩目的是出土了黄釉陶樽,通高22.2、口径18.3厘米(图四)。陶樽上浮雕一周西王母神话故事②(图五)。图像中西王母端坐在几案后,其左是三足青鸟、神蛙、厉神及虎崽、有翼白虎(部落神)、后羿射日、树神及牛、羊神;其右是仙女、玉兔捣药、九尾狐、二仙人(有羽)饮酒。下边部位有二龙、戴胄武士、鸟等③。

目前,国内发现的有关西王母的壁画、画像砖、画像石图像不少。东汉、三国西王母信仰流行极广。东汉后期又创造出东王公,似乎表现的是周穆王会见西王母的故事④。召湾汉墓陶樽上,还没有出现东王公。因此,它的年代,应是东汉前期。东汉时期匈奴分裂为南北匈奴,南匈奴归顺于汉朝政权(48年以后),北匈奴则西迁至河西走廊一带,同时随之消失在中国古代的典籍当中,因此,召湾汉墓的墓主,肯定是

图三 "单于天降"瓦当

① 温玉成:《探究"昆仑邦国"与大夏诸国西迁》,《夏商周时期的中原与周边——纪念郑州商城发现60周年暨韩维周、安金槐、邹衡先生学术贡献研讨会论文汇编》,郑州,2015年7月。

② 内蒙古博物馆:《内蒙古历史文物——内蒙古博物馆建馆三十周年纪念》,1987年,第4—45页,内刊。

③ 何林:《召湾汉墓出土釉陶樽浮雕浅释》,《包头文物资料》(第一辑),包头市文物管理所,第80—85页,内刊。本文线图采自何林。

④ 李凇:《论汉代艺术中的西王母图像》,湖南教育出版社,2000年。

图四　匈奴贵族墓M47出土黄釉陶樽

图五　黄釉陶樽浮雕展开图

南匈奴人。

　　总之，经查阅资料可知，在全国，唯有包头市召湾陶樽上的西王母故事图像内容最丰富。匈奴人自冒顿单于以后，信仰西戎文化的西王母神，得到充分体现和证明。所谓"金人"，就是铜人或鎏金铜人。如此说来，匈奴休屠王的"祭天金人"就只能是西王母神的铜造像。同时，既然可以车载，该像应是铜造像或鎏金铜造像（金人）才对。

　　需要补充的是，"西王母神"不但被汉族吸收，并早已被纳入道教信仰；也被羌人、西戎人、匈奴人当成大神供奉，影响一直到中亚。西王母神还是广大藏区苯教的源头和最高的女护法神。

　　唐代段成式《寺塔记》记载，长安宣阳坊静域寺佛殿内"西座番神甚古质，贞元（785—805年）已前西番两度盟，皆载此神，立于坛而誓。相传当时颇有灵"。这里的"番神"，是唐朝与吐蕃会盟大典的监盟之神，必须是双方都信奉的神。由此推测，应该是"西王母神"。云南丽江出土的"格子碑"，据我们研究，是8世纪吐蕃与么些族会盟之碑（图六）。监盟之神正是西王母神①，也旁证了长安"番神"就是西王母神。

图六　云南丽江西王母监盟碑及拓片（云南大学李昆声教授提供）

① 温玉成：《云南丽江县"西王母监盟碑"》，《时代特色人间佛教与亚洲的历史与现实——2015崇圣（国际）论坛论文集》，宗教文化出版社，2016年。

从"殷人东渡"说到"挹娄人"*

2000年5月，到安阳、林州考察佛教遗迹时，党相魁同志以《安阳史志》相赠。回洛后偶阅欧阳可亮《殷人东渡美洲三千年之探索》，颇感振奋。"印地安"确为"殷地安"乎？为探索这段迷离的历史，笔者也想谈点看法。

一、访问印地安人处马什部落

1999年7月9日，我在女儿温霏陪同下，访问了印地安人保留地之一——处马什部落。"处马什（Chumash）"部落在美国洛杉矶西北数十千米的海滨，濒临太平洋。现在有一个小小的纪念馆。馆长是一位身材高大的处马什人。他告诉我，他一家人已作过"遗传基因"鉴定，属蒙古人种。但处马什人认为自己是本地土生土长的"空中的人"。他们自古以渔猎为生，没有猪，没有车、马；有独木舟可远航，依河海而生存。他们的祖先在大洪水中，被乌鸦救出。有萨满为他们治病。又据说，印地安人指纹中，有箕无斗。馆长还向我演示了一张表现处马什人"宇宙观念"的幻灯片：世界分三层，上层是天，天上有龙鸟；中层是人间；下层是地下。大地被两条有角的"地蛇"托着，地蛇动则地震。沟通"天上"与"人间"的是老鹰。三层世界的周围，被"天蛇"（龙？）环绕着。我要求复制一份幻灯片，他不同意，我只顺手画了一张示意图。

二、北美印地安人概述

北美洲没有发现过类人猿或直立猿人，所以通常认为，北美的古人类是25000年前从外地移入的。多数人主张，是通过白令海峡从亚洲移来。也有人主张是从欧洲或大洋洲移来的。北美印地安人（Indian），从语言学上分为两大类，即"加诺尼亚人"

---

* 原载《海交史研究》2000年第2期。

（意为"弓矢之族"）与"爱斯基摩人"（意为"吃生肉的人"）。

　　散布在加拿大、美国及墨西哥各地的"加诺尼亚人"又分为以下九大部落：阿尔贡金诸部落、易洛魁人、卡杜安诸部族、马斯克金诸部落、西荷诸部族、绍绍尼诸部族、沙哈普田诸部落、萨利斯汗诸部族及阿萨帕斯堪诸部落。

　　"爱斯基摩人"到北美洲的时间较晚，该部族散居在北冰洋地带，东自格陵兰，西抵阿留申群岛及俄罗斯远东的北部[①]。

　　至1492年哥伦布抵达美洲的圣萨尔瓦多时，美洲印地安人的人数大约在1500万—2000万之间。

　　阿留申群岛及阿拉斯加，原属俄罗斯，1867年，俄罗斯以720万美元卖给了美国。

　　关于印地安人的文化，受亚洲影响最明显的有两大阶段，即旧石器—中石器阶段及文明初期阶段。旧石器—中石器阶段的基本文化特征，是所谓"亚美巫教（Asian-American Shamanism）"。从事此项研究的代表人物是彼得·弗斯特（Petert Furst）。这是由于25000年以来，一批又一批亚洲人穿越白令海峡到达美洲而带来的文化。

　　印地安人的文明初期阶段，则以中美洲的奥尔梅克（Olmec）文化为代表，时间大约是公元前1000年至前300年左右。它影响了马雅文化（Maya）、阿兹台克文化（Aztec）、米斯台克文化（Mixtec）等。中国殷商的青铜文化发现后，许多学者发现它与北美西北海岸印地安人美术有惊人的类似性。邵邦华（Paul Shao）在1983年出版的《古代美洲文化之起源》一书中全面地比较了中美文化相同的因素。在图像方面，表现如下：龙祖先的崇拜；人形的龙；超自然力量的象征；穿越地界的龙；雨神；图像的服装；人与动物的互换界；具火焰状眉的神像；鸟人神像；牛命之珠；眼、爪、翼丛体；身体语言；图腾基础；十字形；宇宙和历法形象等[②]。

　　近年来，更有学者找到不少中美共用的文字或符号[③]，而文字是连接两种文化的最高形式。

三、关于"殷人东渡"的问题

　　对于这种相似的文化现象，有两种理论阐释，一种是认为这属于"超越太平洋的传播（Trans-pacific Diffusion）"，主要指中国文化的传播。早在1761年，法国汉学家德·吉涅（J. de Guignes）在向法国文史学院提交的研究报告《中国人沿美洲海岸航行

---

① 黄绍湘：《美国史纲》，重庆出版社，1987年，第6—10页。

② *The Origin of Ancient American Cultures*。

③ 许辉：《中美洲文明的文字证据——起源于太平洋彼岸？》，《殷都学刊》1999年增刊。

及居住亚洲极东部的几个民族的研究》中，最先提出了新奇的"中国人最早发现美洲说"。到19世纪中叶以后，引起西方汉学家广泛的兴趣和激烈的争论。论文及专著，不少于30种。赞成派的代表作，是1885年艾·文宁（E. P. Vining）所写的《无名的哥伦布;或慧深与来自阿富汗斯坦的佛教僧团于五世纪发现美洲的证据》一书，长达700多页。反对派中最有力的著作，当推希勒格（G. Schlegel）的《扶桑国考证》，他认为扶桑国不在美洲而在库页岛。

此外，又有"非洲黑人发现美洲说""阿拉伯人发现美洲说""古埃及人发现美洲说""印度人发现美洲说""大洋洲人发现美洲说"等[①]。

在中国学者中，章太炎提出《法显发现西半球说》[②]。1920年，陈汉章又重提《美洲为古幡木地说》[③]。1940年，陈志良在《中国人最早移殖美洲说》中，提出殷人东迁、窦宪征北匈奴，引起中国人东渡美洲。同年，朱谦之著《扶桑国考证》一书，认为中国僧人发现美洲之事"绝无可疑"[④]。20世纪60年代以来，有更多的学者同意"中国人发现美洲说"，如卫聚贤、达鉴三、马南邨、凌纯声、房仲甫等。但持反对意见的人也不少，代表人物是罗荣渠。

在美洲，接受"超越太平洋的传播"论者并不多。张光直认为："因为中国和美洲的古代文明的相似面是非常广泛的，也代表了相当长的时间。如果考虑到二者之间遥远的空间距离，即使有所接触，也不会是全面的、连续的。一些偶然的接触又不太可能造成这样广泛的相似性。我新近得到另外一种解释这个问题的途径：虽然它们起源不同，但中国文明和中美文明实际上是同一祖先的后代在不同时代、不同地点的产物。我把这一整个文化背景叫作'马雅—中国文化连续体'。"[⑤]张先生的论述，前提与结论相矛盾。既然承认中、美古代文明"相似面是非常广泛的，也代表了相当长的时间"，就应当追索中国古代文明是怎样广泛地传入美洲的，而不应当归之于"同一祖先的后代在不同时代，不同地点的产物"。

迄今为止，主张"殷人东渡"说的，就有美籍华人邵邦华以为殷代亡国后殷人曾连续渡海来到美洲。房仲甫更提出，武王伐纣后，周公旦东下攻占"人方"（今山东省），殷军国破家亡，遂逃向海外。"可能选择了当时最合理的沿海岛东航的阿留申

---

① 罗荣渠：《中国人发现美洲之谜——中国与美洲历史联系论集》，重庆出版社，1988年，第70—86页。

② 连云山：《谁先到达美洲》，中国社会科学出版社，1992年。书中再次肯定了法显到达过美洲。

③ 日本学者白鸟库吉在1907年即提出此说。

④ 朱谦之：《扶桑国考证》，商务印书馆，1940年。

⑤ 张光直：《考古学专题六讲》，文物出版社，1986年。

航线"①。也有学者认为，殷亡之时，纣王下令在攸（今江苏省睢宁县）的侯喜，"率十万殷军主力及十五万军属殷民，到商殷祖先之扶桑日出国去"。他们横渡太平洋，到达中美洲②。

笔者认为，迄今的学者把"殷人东渡"简单化了，难以令人信服。这也是由于这些学者对中国东北地区及俄罗斯濒太平洋地区考古所知甚少所致。

"殷人东渡"的历史可以概括为：殷代亡国后，部分殷"顽民"迁移到了冀北、辽西地区。那里早有同民族的"孤竹国"的存在。山戎入侵，迫使他们继续向肃慎地区逃亡。他们到了冰天雪地的鄂霍次克海周围，并与那里的部族相融合。在严酷的条件下，他们固有的文明部分（如制车、养马的技艺等）退化了。但是，他们找寻"日出之国"的神圣使命，启发他们向东方追寻。他们已成为半海洋民族，以渔猎为主要生活方式。所以他们散布到了阿留申群岛，直至北美洲。几百年间（约公元前8—前4世纪），他们不断地移入美洲，在那里找到了更优越的生活空间，并与那里的原始居民融合。

四、东北地区的商周文化

孔安国《尚书大传》云："海东诸夷驹丽、扶余、轩、貊（貊）之属，武王克商皆通道焉。成王即政而叛，王伐而服之，故肃慎氏来贺。"这段话概述了商周与东北民族的关系。郭大顺指出："商周以来，辽西已是燕国辖境……其中如宁城南山根、凌源三官甸子、喀左南洞沟等大型墓葬随葬成套的典型中原式礼器和兵器。……随着战国时期以来燕国遗存向辽东的分布，发生了政治中心与周围各族散居的关系。"③

在辽西，大量的青铜器"全都是殷墟期以后的器物。……进而到了西周前期，其数量有了飞跃地增多"④。

殷人迁移至辽西的典型物证是辽宁喀左山湾子窖藏出土的"入父甲簋"（西周早期器），入族是由中原迁来的⑤。有人称之为"入"族。

---

① 房仲甫：《扬帆美洲三千年——殷人跨越太平洋初探》，《人民日报》1981年12月5日。

② 欧阳可亮：《殷人东渡美洲三千年之探索》，《安阳史志》1999年第1、2期。

③ 郭大顺：《辽东地区青铜文化的新认识》，《东北亚考古学研究——中日合作研究报告书》，文物出版社，1997年。

④ 广川守著，蔡凤书译：《辽宁大凌河流域的殷周青铜器》，《东北亚考古学研究——中日合作研究报告书》，文物出版社，1997年。

⑤ 喀左县文化馆、朝阳地区博物馆、辽宁省博物馆：《辽宁省喀左县山湾子出土殷周青铜器》，《文物》1977年第12期。

箕子走朝鲜，更是众所周知的殷人东迁的历史事件。"武王封箕子于朝鲜而不臣也。"

但是，东迁的殷人中，有一部分归顺了周朝，而不愿归顺的仍大有人在。于是，周成王时乃有召公北征之举。燕国是西周在北方的最大据点。但从西周到春秋前这三百年时期，燕国历史绝少记载。而到春秋时，燕国与中原诸国又长时间是隔绝的。"考其原因，应是穆王以后王室渐衰，北方戎狄民族转盛。"[①]

山戎等转盛并占据大凌河流域，迫使原居殷人继续向东北方向的肃慎部族迁移。时间应在西周末、春秋初的公元前8世纪，即殷人东渡应在公元前8—前4世纪之际。

五、肃慎—挹娄人

肃慎是我国东北方向的古老民族。《竹书纪年》称："（帝舜）二十五年，息慎氏来朝。贡弓矢。"《山海经·大荒北经》云："大荒之中，有山名曰不咸，有肃慎氏之国。"《山海经·海外西经》云："肃慎之国，在白民北。有树名曰雄常，先入伐，帝于此取之。"

《山海经·海外西经》中的这段文字，从未有人详释。笔者认为"先入伐，帝于此取之"，应断句为"先/入伐/帝于此取之。"入伐，即迁至辽西的殷人"入族"征伐过肃慎，获得了雄常木，发现这种树皮可以制衣服。对此，郭璞注云："其俗无衣服，中国有圣帝代立者，则此木生皮可衣。"如此看来，"圣帝代立者"应是入族的首领。"雄常"也写作"雄裳""雒裳"或即是"扶桑"木也。这是有关殷人到达肃慎的唯一文献史料。

肃慎分布的地域，张博泉考证为："北及东际海，即今鄂霍次克海及日本海，西至今黑松两江合流处，南至兴凯湖一带。"[②]

那么，在俄罗斯的黑龙江下游及滨海地区是否存在这种肃慎族的文化呢？奥克拉德尼科夫指出：从新石器时代起，黑龙江上游与下游的差别是令人注目的。黑龙江下游含有丰富曲线花纹陶器的新石器文化，以及在此基础上形成的当地的青铜文化，是同今天的尼福赫人和那乃人的祖先有联系。而这种人，大规模地季节性捕鱼又决定了他们的定居生活。

他还以在哈巴罗夫斯克（伯力）以东90千米的萨尔奇—阿良岩画为例，指出在黑龙江、乌苏里江流域的古代，存在着一个强大的原始艺术发源地。这些岩画，从新石

---

① 李学勤：《燕史纪事编年会按》序，北京大学出版社，1995年。
② 张博泉：《肃慎、燕亳考》，《东北考古与历史》（第一辑），文物出版社，1982年。

器时代延至青铜时代。从人物面相上分析，表现了蒙古种族的脸形[1]。他们可能就是自古居住在此地的肃慎人。

东汉时，肃慎被挹娄取代。挹娄可能是肃慎的一个部落，原居松花江依兰一带。挹娄强大后，向东北方扩张，取代了肃慎。俄罗斯东西伯利亚的"波尔采文化"，应属挹娄文化。有人认为，"挹娄"一词是"殷人"和"黎人"的合称[2]。顺便指出，俄罗斯外贝尔湖地区出现的"三足器"，也表明殷周文化影响到了该地区。

挹娄人，首见于《后汉书·东夷列传》，附见于东沃且。"挹娄人喜乘船寇钞，北沃且畏之。每夏则藏于岩穴。至冬，船道不通，乃下邑落。"显然是个海洋民族。《三国志·魏志·乌丸鲜卑东夷传》始设专传，称其"在扶余东北千余里，滨大海，南与北沃且接，未知其北所极。其土地多山险，其人形似扶余。言语不与扶余、句丽同。有五谷牛马麻布，人多勇力，无大君长，邑落各有人大。……古之肃慎氏之国也"。

挹娄人的分布，南自黑龙江省的三江平原，北至俄罗斯鄂霍次克海沿岸。大约在南北朝初期（5世纪上半叶），族群北移。故地被勿吉、豆莫娄占有。留下的一部分人，唐代并入鞑靼，成为"虞娄部"。重心北移的挹娄人，与从北极南下的部族融合，大约在7世纪初叶，形成了"流鬼国"（《新唐书·东夷传·流鬼》）。

早有专家指出，"挹娄人"就是"阿留人（Aleut）"[3]。阿留申群岛因居住阿留人而得名，应是2世纪以前的事情。"阿拉斯加"之得名，恐与阿留人东进时的称呼有关。

那么，殷人东渡是否是借助了肃慎人（挹娄人的祖先）的帮助呢？

245年，毌丘俭征高句丽时，高句丽东川王位宫逃至挹娄。毌丘俭派玄菟太守王颀追之，尽其东界。王颀向当地耆老询问："海东复有人否？"耆老们回答时，说了四件事。

一是，国人乘船捕鱼，遭风吹数十日向东，到一岛上。岛上有人，言语不相晓。其俗，常以七月取童女沉海祭祀。

二是，有一国在海中，纯女无男。

三是，从海中浮出一衣，其状如中国人衣，其两袖长二丈。

四是，有一破船，随波漂在海岸边。船中有一人，顶中复有一面。与语，不相通。不食而死。

从上述实地访问可知：在挹娄以东的大海中，还有一些岛国。他们仍处于原始社

① 转引自冯恩学：《苏联滨海和黑龙江中下游地区的青铜时代》，《辽海学刊》1990年第1期。

② 常征：《古燕国史探微》，聊城地区新闻出版局，1992年，第185页。

③ 唐德刚：《从挹娄·阿留·阿伊努之史足迹看一个中日亚美民族文化圈》，台湾《传记文学》，1997年11月。

会状态。他们的语言与挹娄人不同。而海中浮出的"状如中国人衣"，似表明岛国中有中国人居住。更令人注目的是某岛国"常以七月取童女沉海"的祭祀，似是殷人遗风。甲骨文中即有："丁已卜，其燎于河，牢，沉妾。"陈梦家先生释为祭河神，用玉及奴妾沉于河。

上述岛国中的居民，是否是殷人东渡中留下来的人呢？

《诗经·商颂·玄鸟》云："天命玄鸟，降而生商。"玄鸟即黑色的鸟，旧解为"燕子"，笔者认为应解为"乌鸦"。这与印地安人关于乌鸦在大洪水中救了印地安人是否来源于同一个神话？而以乌鸦代表太阳，是否与此有关呢？

还有，北美最发达的"易洛魁"人，与"挹娄"人是否有关系呢？"绍绍尼"与"肃慎（息慎）"是否有关系呢？这是待解之谜。

耆老们讲的第四件事，说船中人"顶中复有一面"，应是头顶戴上了人面型头盔。

我们从王颀所了解的情况，是否可以找到殷人沿阿留申群岛东渡的一些蛛丝马迹呢？

六、关于"流鬼人"

《新唐书·东夷传·流鬼》云："流鬼去京师（西安）万五千里，直黑水靺鞨东北，少海（鄂霍次克海？）之北。三面皆阻海，其北莫知所穷。人依屿散居，多沮泽，有鱼盐之利。地早寒，多霜雪。以木广六寸、长七尺系其（足？）上，以践冰，逐走兽。土多狗，以皮为裘。俗被发，粟似莠而小，无蔬瓜它谷。胜兵万人。南与莫曳、靺鞨邻。东南航海十五日行乃至。贞观十四年（640年），其王遣子可也余莫貂皮更三译来朝。授骑都尉，遣之。"

这段记述，生动地描述了流鬼（阿留申群岛）的生活状态。这与现代爱斯基摩人（Eskimo）的生活相差无几。应是北极人南下所建之国。到长安的"可也余莫"，是否也可译写作"可也基摩"呢？而"可也基摩"又是什么意见呢？是否是指"可也人"即"库页人"呢？

总之，阿留申群岛是沟通亚、美两大洲最方便的桥梁。历史上，殷人东渡是否借此路而到达美洲呢？这虽有待进一步探讨，但我们的研究表明，殷人东渡绝非子虚乌有。值得注意的是，东汉时挹娄人可能也到过美洲，这有待进一步研究。

殷人东渡美洲的甲骨文证据[*]

2000年，笔者发表了论文《从"殷人东渡"说到"挹娄人"》（刊于《海交史研究》2000年第2期）。论文中，笔者以辽宁省喀喇沁左翼蒙古族自治县山湾子青铜器窖藏出土的"入父甲簋"（西周早期器）为例，证明商代灭亡后，有殷人遗民"入族"一支，移居辽西地区。并且考释《山海经·海外西经》中"有树名曰雄常。先，入伐，帝于此取之"，论证"入族"征伐过肃慎，到达了黑龙江下游地区。论文批评了张光直先生的"玛雅—中国文化连续体"说，指出"殷人东渡绝非子虚乌有"，并认为"阿留申群岛是沟通亚、美两大洲最方便的桥梁"。

2012年11月，笔者出席河南大学"纪念孙作云教授百年诞辰暨古代中国历史与文化国际学术研讨会"，见到了多年未曾晤面的老朋友、南京大学范毓周教授。他赠笔者一篇重要论文《殷人东渡美洲新证》（刊于《寻根》2011年第2期）。

原来，2001年3月，范毓周教授与中、美学者一起赴墨西哥就"商朝与奥尔梅克文化间的跨太平洋联系研究"作专题考察。他们重点考察了墨西哥塔巴斯科州（Tabasco）毕尔霍摩萨城（Villahermosa）的拉文塔遗址（La Venta）。在拉文塔4号祭祀遗址中，出土了16个小玉人和6根玉圭（图一）。其中，红色玉人1个，绿色玉人12个，白色玉人3个（他们全无头冠，原有头冠是否都已腐朽？）。该遗址的时代，在公元前900年左右。

在编号为5号及6号的玉圭上刻有明晰的文字，范教授等学者做了细致的研究。5号玉圭文字竖行，对照甲骨文，释读为"十示二，入三，一报"（图二）。6号玉圭文字竖行，对照甲骨文，释读为"小示"（图三）。

范教授指出，文字解读后，"我们会发现，它所叙述的内容竟然与……玉人摆放的情景惊人地吻合"。12个绿色玉人就是"十示二"，即盘庚至帝辛（殷纣王）共12代商王。"一报"，就是地位最尊的红色玉人——商代的始祖。我们可以进一步明确指出，这位商代建国的始祖就是成汤。《史记·殷本纪》云："天乙立，是为成汤。"集解云，殷人尊汤，故曰天乙。天亦帝也。从而可知，天乙（成汤）就是帝乙，帝一，就是商代开国第一人之义。乙、一通也。所以，"一报"就是对"一

　　* 原载《大众考古》2014年第12期。

图一　拉文塔4号祭祀遗址发现的玉人和玉圭

图二　5号玉圭及其上的文字释读

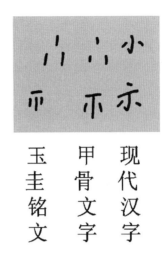

图三　6号玉圭及其上的文字释读

（乙）"的报祭。在玛雅文化中，红色是东方的象征，太阳升起的地方，可以重生。

范教授也指出，"入三"是3个白色玉人，他们身边的6号玉圭上刻"小示"二字，"表明三个走进来的白色玉人可能是属于旁系的祖先"。我们可以进一步明确指出，殷商遗民"入族"，在西周初迁移到辽西喀左一带。山湾子窖藏出土了青铜器"入父甲簋"，可以推测为入族迁移的第一代。入族征伐过黑龙江下游的肃慎，可称为入族第二代。到了入族的第三代，率部东渡，到达美洲。恰好就是"入三"了。"入三"应该是"入父丙"。公元前11世纪末叶，周武王伐纣，殷商亡国。再经历三代，大约也就是公元前900年前后，这与遗址的年代完全吻合。当然，亚洲人东渡美洲也许还有多次。

历史语言学家指出："爱斯基摩—阿留申语系"中，有一支尤皮克（Yupik）语，分布在西伯利亚极东部及阿拉斯加西南部，跨越白令海峡。语言非短期可以形成，从而证明这两个地区联系十分悠久（〔德〕哈杜默德·布斯曼著，陈慧瑛等编译：《语言学词典》，商务印书馆，2003年，第139页）。

墨西哥拉文塔4号祭祀遗址的甲骨文解读，宣告了殷人东渡美洲是不容置疑的历史事实，应该结束400多年的争论（1590年以来），重新审视亚洲与美洲文化交流的历史，意义十分重大。

殷人东渡美洲，不可能走横渡太平洋的航路。他们只有两条可行之路，一条是借阿留申群岛岛链（全长2250千米，70多个岛屿，可以居住者三四个而已）；另一条是跨越白令海峡〔海峡中间有属于俄罗斯的大代奥米德岛（Big Diomede），距离亚洲及美洲大陆，各有80—100千米〕。当然，这迁移路线还需要考古资料加以证明。美洲的原始社会至青铜时代文明，需要重新审视与研究。

探究罗布泊与疏勒河

——消失两千年的"单桓国"

新疆若羌县罗布泊地区是一片荒漠。罗布泊于1962年完全干涸。1964年10月16日，我国第一颗原子弹在这里爆炸；1967年6月17日，我国第一颗氢弹在这里空投爆炸。然而，罗布泊在古代是怎样的呢？

罗布泊西边是著名的"楼兰古城"，于1901年3月发现。斯文赫定考古发掘证明，出土文物属于汉晋时代。佉卢文木简称它为"Kroraina"（库罗来那，即楼兰）。推测它出现于战国时代，公元4世纪中叶灭亡，大约存在了五六百年。古城呈方形（南北约33米、东西约33米。城中遗存有犍陀罗式古塔等建筑遗迹）。

值得注意的是，在"楼兰古城"西南75千米处的"小河墓地"（长74米、宽35米），发掘古墓167座。有显著的"男根""女阴"崇拜，时代距今4000—3500年（相当于内地夏商时代），已经进入"青铜时代"。人种非常复杂，包含欧、亚两大洲成分（详见新疆维吾尔自治区文物事业管理局等编《新疆历史文明集粹》，新疆美术摄影出版社，2009年，第21—25页）。

另外，1980年4月，穆舜英率领的新疆文物考古研究所考察队，在孔雀河铁板河1号墓，发掘女性干尸一具，距今3880年左右，属于古代雅利安人种。

颜师古引《逸周书·王会解》，称西域建国，昉乎夏殷。

"罗布泊"是元代以来的称呼（"罗布"，维语，水汇聚处）。古代称"坳泽"；西汉称"盐泽"；东汉称"蒲昌海"；北魏称"牢兰海"等。

《汉书·西域传》云："自敦煌西至盐泽，往往起亭。"盖汉武帝时（公元前2世纪），有邮传之设。可知，一千三百里邮路畅通。此时罗布泊周围有人口700—1000户，约3500—5000人。黄文弼于1930年在罗布泊北岸调查了一处西汉时代的烽燧亭遗址。该遗址北5里许，有东西行大道。

400年，高僧法显从敦煌西行，渡过"沙河"（疏勒河河道，又沿着罗布泊南缘西行）一千五百里，行十七日，到达鄯善国（若羌）。《佛国记》记载："沙河中多有恶鬼、热风，遇则皆死，无一全者。上无飞鸟，下无走兽。遍望极目，欲求度处，则莫知所拟，唯以死人枯骨为标识耳。"依此推测，350—450年间，罗布泊遭遇极度干旱枯水时期。

到北朝时代，罗布泊称"牢兰海"，显然罗布泊水位有所恢复。郦道元《水经注》记载，此海"东去玉门阳关一千三百里。广袤三百里。其水澄渟，冬夏不减"。罗布泊西岸有两个"受水口"。北端是今孔雀河，南端是今车尔臣河。

到隋唐时代，罗布泊似乎又进入一个枯水期。隋代裴矩《西域记》云："四面危道，路不可准记，行人唯以人畜骸骨及驼马粪为标验。以其地道路恶，人畜即不约行，曾有人于碛内时闻人唤声，不见形，亦有歌哭声，数失人，瞬息之间不知所在。"

玄奘《大唐西域记》记载，644年，高僧玄奘回国时，到了㳽末（且末）县。"复此东北行千余里，至纳缚波故国，即楼兰地也。"据我的考证，"纳缚波"，"纳"即藏语黑色，"缚波"即苏毗也。因此部占据了罗布泊北岸的"黑山梁"而得名。时代约在450—550年间。按，这支苏毗人原来居住在若羌县东南"苏毗泽"畔（今名"阿牙克库木湖"），见于《沙州伊州地志残卷》（885年）。

张说《赠太尉裴公神道碑》云，"公之送波斯也，入莫贺延碛中，遇风沙大起，天地暝晦，引导皆迷。因命息徙，至诚虔祷。询于众，曰：井泉不远。须臾，风止氛开，有香泉丰草，宛在营侧。后来之人，莫知其处"（按，"莫贺延碛"，即大盐碛也）。

敦煌出土大周《李君莫高窟佛龛碑》（698年）明确记载，敦煌"东接三危峰"，"西连九陇阪"。

到五代时期，罗布泊水系有了改善。后晋高居诲《使于阗记》云："沙州西曰仲云族。自仲云界西，始涉盐碛"（938—939年）。这是关于罗布泊东邻地区的唯一记录。"仲云"，也写作"众熨"，是突厥人的一支。他们何时、从何地迁入，已不可考。

1266年，意大利旅行家马可波罗来到"罗布城"（今若羌县）。他说：罗布城是一座大城。此城臣属于大汗，居民崇拜摩诃末。必须住此一星期，以解人畜之渴。然后才能度过罗布泊周围大沙漠。他记录，此沙漠"狭窄之处，须时一月，方能渡过。沿途尽是沙山、沙谷，无食可觅……禽兽绝迹"；沙漠中，时闻鬼语，时闻乐声、鼓声，数次使人迷途失道。至少有向导指引，过二十八处甘水，乃可渡过，到达沙州（敦煌）（冯承钧译，〔法〕沙海昂校《马可波罗行纪》第五六章，商务印书馆，2012年）。

明代，缺乏记录，情况不明。

到清代前期，乃有记载。康熙六十一年（1722年），清兵赴吐鲁番，筑城垦地，罗布泊人千余家内附。

乾隆二十三年（1758年），阿里衮等上奏朝廷云："臣等于二月初九日至罗卜淖尔。地甚宽广，林木深密。有回人头目哈什哈等投见。据称……现在尚有六百余人，以渔猎为生。四十年前大兵平定吐鲁番时，将军等曾经招抚，赏给缎布、茶叶。撤兵之后，为准噶尔所据。近闻大兵平定准噶尔，前年曾进贡仙鹤……臣等询问罗卜淖尔通达何处……哈什哈告称，此水甚大，周行须两月余。"

乾隆二十六年（1761年），参赞舒文襄公报告：罗布淖尔分两个部落。其人不食五谷，以鱼为粮，织野麻为衣，取雁毳为裘，籍水禽翼为卧具。言语与诸回不通。今其族凡二百八户，男女千二百六十余口。每年向吐鲁番郡王进贡獭皮九张。可知，罗布淖尔两个部落不是维吾尔人，"言语与诸回不通"。

徐松（1781—1848）著《西域水道记》（1838年刻印出版）称，罗布淖尔东西二百余里，南北百余里，冬夏不盈不缩。"受水口"只有西岸北端一个。罗布淖尔之北，有小圆淖尔三个；南有小淖尔四个。在吐鲁番镇城西南九百余里。没有关于民族及人口的说明。推测，到19世纪，罗布淖尔又进入干涸期。据调查，1942年时，罗卜泊面积达到3000平方千米，湖面海拔780米。

追溯罗布泊的历史，最早的记载见于《山海经》。

第一，《山海经·北山一经》云："敦薨之山……敦薨之水出焉，而西流注于泑泽。出于昆仑之东北隅，实惟河原。其中多赤鲑。其兽多兕、旄牛。其鸟多鸤鸠。"

第二，《山海经·西次三经》云："槐江之山，丘时之水出焉，而北流注于泑水。"

第三，《山海经·西次三经》云："不周之山……东望泑泽，河水所潜也。其原浑浑泡泡。"

《山海经·北山一经》记载的"敦薨之水出焉，而西流注于泑泽"。据李正宇考证："敦薨之水"就是今疏勒河；"泑泽"就是今罗布泊。"昆仑山"就是今祁连山（《"敦薨之水"地望考——兼论"敦薨"即"敦煌"》，《敦煌研究》，2011年）。

据我们调查，疏勒河发源于祁连山，今青海省天峻县西北的疏勒南山（主峰岗则吾结）。有"苏里乡"，旧称"豆库尔"。按，"豆库"音近"敦薨"，推测是西戎语，涵义不明。我们在《〈穆天子传〉真相解读》中，论证"咸野嫫"是西戎语，涵义"西王母"（"咸"，巫师也；"野"，王也；嫫，母亲也）。论证"昆仑"是西戎语，涵义"日月休止处"也。山区生产牦牛。苏里乡西，有"鱼儿红沟"，生产鲑鱼。所以，《山海经·北山一经》的记载，翔实可信。它所反映的，大约是夏商时代。因此可以推断，"敦薨"是西戎语，而不是大月氏语。大月氏是公元前623年迁徙到昆仑山区的。

李正宇指出：疏勒河发源后，"西北流，穿过讨来南山峡谷，过昌马盆地。自昌马峡口出山北流，年径流量7.81亿立方米。至瓜州县东部的蘑菇滩折而向西，过瓜州县城北；又西，过敦煌市土窑子北，又西过故汉玉门关北，又西过白龙堆北，又西入新疆罗卜泊"。古河道经过敦煌郡境，长约700千米（按，进入甘肃省玉门市一段，今称

"昌马河"。西北流,至玉门镇、桥湾城,复称疏勒河,西流)。

《山海经·西次三经》所云"丘时之水出焉,而北流注于渤水",据我们在《〈穆天子传〉真相解读》中考证,周穆王时代的"丘时之水"(公元前10世纪),就是甘肃省瓜州县的"踏实河"(今榆林河),北入疏勒河。

从而可知,古代的"敦薨之水",因为流入"渤泽",又别称"渤水"。今疏勒河河道直达罗布泊。新疆考古所穆舜英率领的考察队,于1980年4月从敦煌西行,沿着疏勒河故道,到达罗布泊。沿途看到西去的流水、野骆驼、黄羊、大马鹿等。她得出结论称"这说明,古代的疏勒河是直接流入罗布泊的"(穆舜英《神秘的古城楼兰》,新疆人民出版社,1987年,第57页)。这个实地考察结论,完全证实了《山海经·北山一经》的可信。

至于《山海经·西次三经》所云的"不周之山",是指今博斯腾湖周围诸山。其北,查罕通格山;其南,博罗图山;其西,焉耆诸山;其东,无山。

所以才能"东望渤泽,河水所潜也。其原浑浑泡泡"。又据《山海经·大荒西经》云,"西北海之外,大荒之隅,有山而不合,名曰不周,有两黄兽守之。有水曰寒暑之水。水西有湿山,水东有幕山。有禹攻共工国山"。《大荒西经》四次提及"西北海"。那么,"西北海"是否是"罗布泊"呢?

但是,郦道元《水经注》把"敦薨之水"错误地解释为今"焉耆河",造成混乱。清代徐松《西域水道记》沿袭其谬。

汉武帝设"敦煌郡",东汉应劭解释说:"敦,大也;煌,盛也。"这是望文生义。其实,敦煌者,敦薨也。因敦薨之水流经敦煌郡北部。近代又有学者说,"敦煌"是藏语,意思是"颂经处",亦不值一驳。我们的研究表明,西汉时,不少地名取自古代当地地名。例如:"姑臧"(武威郡)、"媪次"(今武威黄羊镇包家城)、"骊靬"(甘肃永昌县南)、"榆中"(兰州东)、"眴卷"(宁夏中宁县)、"擽得"(张掖郡)等(详见拙著《〈穆天子传〉真相解读》,待刊)。

研究罗布泊最大难题,是罗布泊东临的"姜赖之墟"问题。

《水经注》云:"渤泽,即《经》所谓蒲昌海也。水积鄯善之东北,龙城之西南。龙城,故姜赖之墟,胡之大国也。蒲昌海溢,荡覆其国,城基尚存而至大。晨发西门,暮达东门。浍其崖岸,余溜风吹,稍成龙形,西面向海,因名龙城。地广千里,皆为盐而刚坚也。行人所迳,畜产皆布毡卧之,掘发其下,有大盐方如巨枕,以次相累。类雾起云浮,寡见星日。少禽,多鬼怪。西接鄯善,东连三沙,为海之北隘矣。"据《太平御览》引《凉土异物志》云:"姜赖之墟,今称龙城。恒溪无道,以感天庭。上帝赫怒,海溢荡倾。刚卤千里,蒺藜之形。其下有盐,累棋而生,即此事也"(按,所谓"蒺藜之形",戈壁中彩色砂砾、风凌石之类)。

简而言之,这故事说:在古代,罗布泊东岸,敦薨水畔,有一个"胡人"建立的

"姜赖国"。国都城很大,建在"刚坚"的盐矿石上。后来,盐矿石渐渐消溶,所谓"海溢荡倾"。国家灭亡或迁徙。只存废墟。那么,《凉土异物志》所说的"恒溪无道,以感天庭。上帝赫怒,海溢荡倾",如何解释?

王国维先生称,《水经注》所述之"龙城,故姜赖之墟",居卢、姜赖一声之转。一言中的。

黄文弼先生在罗布泊北岸、西汉时代的烽燧亭遗址发掘的汉简中,有四件记载了"居卢砦仓"。其中一件记载"居卢砦仓以邮行"。可知,"姜赖之墟"变成了"居卢砦仓",即仓库兼邮亭。

《魏略·西戎传》云:"从玉门关西出,发都护井,回三陇沙北头,经居卢仓。"

西北科学考察团陈宗器先生于1931年考察罗布泊时,称出三沙不远,有废垣址可辨,想即居卢仓遗迹(见《罗布淖尔与罗布荒原》,《地理学报》1936年3期卷1)。

黄文弼先生认为:"《水经注》述姜赖国之传说,语多虚诞,未足取信"(黄文弼《西北史地论丛》,上海人民出版社,1981年,第173页)。未深考也。

我们认为,"恒溪"即指"单桓水(敦薨水)",代指"单桓国"。公元前126年,张骞探险西域回到长安,向汉武帝报告西域三十六国情况。荀悦《汉纪》记载,西域小国有若羌、单桓等二十七国。小者七百户;上(大)者千户。西域大国有于阗、龟兹等九国。小者千余户;大者六七千户。在我国古文献中,只有荀悦《汉纪》记载了"单桓国"。近代研究西域史地的学者,或认为"单桓"在北疆,始终未必了了。

显然,"单桓"就是"豆库"、"敦薨"或"敦煌",就是西戎语之同音异译。均指敦薨水(今疏勒河),一水四个译名。国以水命名。姜赖,城名也,后人称为"居卢仓砦"。

《汉书·西域传》云:"楼兰国最在东垂,近汉,当白龙堆,乏水草。""白龙堆"恰恰是指罗布泊东边的雅丹地貌区(东经91度、北纬40度50分),呈东北—西南走向。宽约35千米,长约100千米,是罗布泊东方的一道屏障。所以,这里说的"楼兰",只能是"单桓"。同理可知,公元前176年匈奴冒顿单于给汉文帝书中的"楼兰",亦是后人的理解。

其实,"楼兰国"之名,首先见于公元前108年,赵破奴俘虏楼兰王。公元前104年,任尚文抓捕楼兰王。

由此可知,从公元前126年至公元前108年,"单桓"变成了"楼兰",这正是"姜赖城"迁徙到罗布泊西岸的时期。

那么,《水经注》说得如此详细,"姜赖城废墟"是否留有遗迹?答案是肯定的。

请看王树枬总纂《新疆图志·道路志》(1911年)记载,从敦煌西行到罗布泊

（芦花海子）共有二十站。"二十站无人，皆堆石、立杆题字"（按，"堆石"，满族称"俄博"，蒙古族称"敖包"，分界标志也）。

《新疆图志·道路志》记录，"北道，出敦煌西门"，第7站是"芦草沟"（白龙堆沙）。第10站是"甜水泉"（库什库都克。今称"八一泉"。西北有山，称"阿克塔格山"。海拔1231米），向西南六十里，是第11站"沙沟"（库木库都克），敦煌县界止于此（按，这里也是兰州部队与新疆部队的交接点）。西南行八十里，是第12站"星子山"。西行八十里，是第13站"土山台"。附说明云："潮碱戈壁，途中兽迹纵横，有土堆如颓废城郭，汉楼兰国东境也。西南有山，有柴草，无水、掘井咸。"

显然，在库木库都克西南一百六十里的"土山台"，应该是"姜赖国废墟"。从地理位置可知，从来没有考古学家到过这里，这是"考古空白区"。推测这个"姜赖国"，大概在公元前二世纪末迁徙了，有待考古调查、发掘。

从"土山台"西北行七十里到第14站"野牲泉"。西九十里第15站"咸水泉"，西九十里第16站"蛇山"，九十里第17站"土梁子"，西七十里第18站"沙堆"，八十里第19站"黑泥海子"。四十里到第20站"芦花海子"，即终点站罗布泊。换言之，从"土山台"西行530里（265千米）才到罗布泊。

如果姜赖国都毗邻罗布泊，则罗布泊水需要向东530里左右才可能。如果真的如此，则夏商周时代的罗布泊之巨大，应该是徐松所记罗布泊面积（"东西二百余里，南北百余里"）的2.5倍，超乎想象！

当然，罗布泊西部水源，来自葱岭大雪山（帕米尔）及于阗南山；东部水源来自昆仑山大雪山（祁连山）。大雪山水源充沛时，形成巨大湖泊，也是可能的。那是传说中的"大洪水时代"么？它是不是《山海经·大荒西经》中，四次提到的"西北海"呢？《山海经·大荒西经》特别提到"不周山"，"有禹攻共工国山"，把它与大禹治水联系起来，为什么？

后记：2020年6月8日草稿，曾经发给新疆朋友征求意见。2021年3月19日发给敦煌研究院杨富学。

河南西华商高宗陵与箕子亭*

河南省西华县县城东北15千米田口乡陵西村东，有一座现存高度约6米、长宽各100米的土包，被认为是商高宗武丁陵（图一、图二）。据清代史书记载，其"望之如山"。由于历代河水淤积，原来周围散落很多祭祀石碑，皆被破坏，今仅存清代石碑若干（图三）。当地传说，当年蝗虫成灾，武丁及干盘、傅说来此视察，遇传染病，病逝于此，天气炎热，就地安藏。《大清一统志·陈州府》云："商高宗陵，在西华县北廿里。今载祀典。陵前有宋王汾碑记。"经查，"宋王汾"就是宋太宗第四子赵元份，宋真宗之弟，生卒年月不详，37岁去世。有学者认为商代帝王陵都在河南安阳，故此陵真伪不可辨。

我们于2017年4—5月，两次实地考察，在西华县县城，有箕子亭。在商高宗陵西北有"聂堆"，当地

图一　商高宗陵

图二　商高宗陵遗址文物保护单位标识牌

图三　原陵前石碑

---

* 　原载《大众考古》2017年第10期。

传说是跟随武丁而来的"聂王"墓。商高宗陵东南有"墓岗",传说是武丁的老师干盘的墓,出土的砖上雕刻有"盘古寨"三字(图四),还出土有明代铁质焚帛香炉。分析可知,所谓"聂王",就是傅说,yue读成了nie;盘公,讹成了盘古。三座墓排列,符合礼制:武丁帝居中,老师干盘居左,宰相傅说居右。赫赫然三座巨冢,难道会是假的吗?

图四 雕刻有"盘古寨"三字的砖

图五 西周甲骨文卜辞(H31:2)

关于"盘古",我们已经完全破解。盘古就是"犬戎盘瓠",原居地在今河南灵宝一带。约公元前770年,迁徙至湖南西部沅水流域,成为"武陵蛮",是今土家族等的祖先。"盘古"与西华"盘古寨"毫无关系。

的确,3000多年前的真相究竟如何,毕竟难以定论。

翻检考古资料,突然有了意外大发现。陕西岐山凤雏村出土的西周甲骨文卜辞(H31:2)(图五)云:"惟衣(殷)鸡(箕)子来降,其执众□吏,在旃,尔卜曰:南宫(台辛)其笮。"①大意是箕子率领随行人员,来向西周武王投降。武王囚禁了随行人员,在旃地举行仪式,占卜曰:使南宫负责加以看管。有趣的是,箕子写作"鸡子"。商人以鸟为图腾,"鸡子"应该是箕子的本义。读此,令人大惑不解。箕子受商纣王迫害,周武王"命召公释箕子之囚",还"赐贝千朋",从牢狱中解放了

---

① 陈全方、侯志义、陈敏:《西周甲文注》,学林出版社,2003年,第33页。

他，并且给以财产、封邑，还向他请教治国之道。《尚书大传》云："武王胜殷，继公子禄父，释箕子之囚……箕子既受周之封，不得无臣礼，故于十三祀来朝。武王因其朝而问《鸿范》。"既然如此，为什么还要把箕子"使南宫负责加以看管"呢？

重新研究这片甲文后，笔者认为"南宫（台辛）其竽"释读有误。（台辛）应该是（台丁）。据《尔雅·释诂》云，台，从口，乙（yi）声。义悦也，又予也，即赠给、祭祀武丁之意。南宫，即南方的住处，不是宫殿之意，也不是人名。《竹书纪年》云："帝尧陶唐氏……八十九年，作游宫于陶。"

所以，我们的解读是："殷箕子来降，他还带来了众员吏。在旂地，占卜曰：到南方作宫室于丁台之地，享其祚。"即封箕子于"丁台"（甲骨文系"合文"）之地，延续武丁之祚。"丁台"，也引申指武丁之台，即武丁之陵，如启飨诸侯于"钧台"，桀囚汤于"夏台"等。这完全符合周武王的思想。

周武王灭商后，立即大肆分封，广泛团结各方人士。第一类是姬姓家族（如周公、康叔、叔虞、召公等）、异姓姻亲及功臣谋士；第二类是商纣王子禄父、殷之余民；第三类是"先圣王"之后代（如封帝舜之后于"陈"，即今河南淮阳；封夏禹之后于"杞"）等。

把箕子封于武丁陵一带是有重要历史意义的。武丁是商代圣帝；箕子是商代贤臣，又是商帝后裔。分封于此，延续武丁祭祀，合情合理。在政治上，也是一步好棋。

总之，西周初年的甲骨文，证明了箕子封于商王武丁陵一带，是完全可信的。西华县既有武丁陵，又有箕子亭，从而也证实了这一史实。同时也证明了干盘墓、傅说墓是完全可信的。这构成一组证据链。至于在安阳，如果有武丁陵，也只能是衣冠冢之类。武丁妃子"妇好墓"，也是单独下葬的。

论"马来人"称呼源自"马留人"*

马来人是东南亚地区主要民族之一，共约7000万人。他们广泛分布于南中国海周边的马来西亚、新加坡、泰国、菲律宾、印尼及文莱等地区。专家们早就指出，在人种上，马来人，属蒙古利亚种的巴来安人，语言属南岛语系印尼语族。使用马来语者约有1000万人。

关于马来人的人种来源，多数学者认为来自中国华南，即古越族流播于南中国海者也；但也有学者主张马来人源自南洋马来群岛。

值得注意的是，住在马来西亚的马来人，自称为"马来由人"（Malays）。关于"马来由人"称呼的来源，早就有陈荆和先生以对音为据，认为就是"马留人"①。但是著名的南洋史专家许云樵先生却不以为然，他写道："至所谓马留人者，既居象林，应即占婆人。其言马援遗卒之流寓者，自出附会。顾事有可异者，越佚书《胡孙旧史》以占城人为胡孙精之后。胡孙，越语猴也。今吴语犹呼猴为'或孙'，粤方言则作马留ma-lao，人因疑'马流'殆即写'马留'之伪，今马来malay一名所由出，占人盖即马来种也。"②

许先生所言，是很可质疑的。"占婆人"的主体，应是当地的原住民族。所谓"夷椎蛮语，口食鼻饮，或雕面镂身"者，即是此等民族。移入该地区的汉人、印度人，尽管传入了先进的文化，甚至成为统治者，但毕竟是少数人。《胡孙旧史》仅仅是印度上古口传的史诗《罗摩衍那》（Ramayana），占婆的主体民族未必认可他们的祖先是胡孙精。况且，在中国史书中亦无占婆人是胡孙精的记载。再从语言上讲，ma-lao与malay并不一致，"马来由"应是"马留"的缓读所致。

许先生认为将"马留人"解释为"马来由人"是一种附会，似较武断。今特撰文讨论之。

---

* 原刊《河洛文化论丛》（第四辑），国家图书馆出版社，2008年。

① 陈荆和：《林邑建国之始祖人物：区怜、区逵》，《学术季刊》5卷2期。

② 许云樵：《南洋史》上卷，第一章古代史，新加坡世界书局，1961年。

一、关于马援铜柱及"马留人"史料

据《后汉书·马援传》可知，马援（公元前14—49年），字文渊，陕西扶风茂陵人，诏受伏波将军。建武十六年（40年）二月，交趾女子征侧、征贰造反，九真、日南、合浦并响应之而变乱。十八年（42年）四月，马援奉诏出讨。率长沙、桂阳、零陵、苍梧兵万余人往征之。十九年（43年）正月，斩征贰等。二月，击九真、日南。二十年（44年）秋，自交趾还洛阳。子四人（廖、防、光、客卿），女三人。小女即汉明帝皇后——明德皇后（39—79）。马援以功封新息侯，建初三年（78年），又追封为忠成侯。洛阳出土的《贾武仲妻马姜墓志》，马姜（34—106）就是马援的次女，志称："夫人马姜，伏波将军、新息忠成侯之女，明德皇后之姊也。"与历史记载完全符合（拓本存国家图书馆）。

关于马援在象林县象浦树立二根铜柱，《后汉书》及《资治通鉴》虽无记述，但稍晚的史书记载不少，应是可信的。《后汉书·马援传》章怀太子注云，"《广州记》曰：援到交趾，立铜柱，为汉之极界也"。

《晋书·四夷传·林邑国》云："林邑国，本汉时象林县，则马援铸柱之处也……其王服天冠，被缨络……其书皆胡字……"又《晋书·地理志》曰南郡象林县云："自此南有四国，其人皆云汉人子孙。今有铜柱，亦是汉置此为界，贡金供税也。"

郦道元（466或472—527）在《水经注》卷36引杨氏《南裔异物志》云："昔马文渊积石为塘，达于象浦，建金标为南极之界。"又引俞益期《笺》曰："马文渊立两铜柱于林邑岸北，有遗兵十余家不返，居寿泠岸南而对铜柱，悉姓马，自婚姻，今有二百户。交州以其流寓，号曰马流。言语饮食尚与华同。山川移易，铜柱今复在海中，正赖此民以识故处也。"

郦道元又引《林邑记》云："建武十九年，马援树两铜柱于象林南界，与西屠国分汉之南疆也。土人以之流寓，号曰马流，世称汉子孙也。"

俞益期，豫章（今江西南昌市）人，大约在南朝宋、齐之际，因"性气刚直，不下曲俗，容身无所，远适在南"。看来他亲历了象浦，调查了马留人的现状，记述具体而翔实，应是可信的资料。

《旧唐书·地理志》亦有类似记载："后汉遣马援讨林邑蛮……至林邑国。又南行二千余里，有西屠夷国。援铸二铜柱于象林南界，与西屠夷分境，以纪汉德之盛。其时以不能还者数十人，留于其铜柱之下，至隋乃有三百余家，南蛮呼为'马留人'。"

　　段成式（？—863）《酉阳杂俎》前集卷四云："马伏波有余兵十家不返，居寿泠县，自相婚姻，有二百户。以其流寓，号马流，衣食与华同。山川移易，铜柱入海，以此民为识耳，亦曰马留。"段氏所记，显然取自俞益期之言。

　　《新唐书·南蛮传·环王传》记此事云："环王，本林邑也，一曰占不劳，亦曰占婆，直交州南，海行三千里。地东西三百里而赢，南北千里。西距真腊雾温山，南抵奔浪陀州。其南大浦有五铜柱山，形若倚盖，西重岩，东涯海，汉马援所植也。又有西屠夷。盖援还，留不去者，才十户，隋末孳衍至三百，皆姓马，俗以其寓，故号'马留人'，与林邑分唐南境。"这项记载中"五铜柱山"与此各项记载中的"二铜柱"不合，不知何故（或应标点为"其南大浦有五，铜柱山形若倚盖"？）。

　　此外，《通典》《太平寰宇记》等书中，也有类似记载[1]。

　　依据上述资料可知：

　　第一，马援于建武十九年（43年）立二铜柱于象林县象浦。具体位置在寿泠江入海口的北岸。大约是今越南岘港以南的会安附近，武嘉河入海口处。海口外就是占婆岛（即唐代所称"占不劳山"）。寿泠，又写作寿灵，陶维英《越南古代史》认为寿灵即今横山关以南的灵江；韩振华先生考证在今岘港附近[2]。依地形观之，可判断寿泠江即武嘉河也。岘港因江而得名。东晋葛洪（284—364）在《太清金液神丹经》中就记载了秦南浦（寿泠浦）是通向南海的大港。

　　第二，马援撤兵后，留下军屯户十余家，住寿泠江南岸，北对铜柱，戍守南界。这里既是优良的海港，港外又有从交州南小的海路枢纽占婆岛，战略地位十分重要。这批留驻的军屯户，在五世纪末已发展到二百余家，在隋末（618年）达到三百余家。他们被称为"马留人"或"马流人"。他们自相婚姻，言语饮食保留着华人的传统。

　　第三，马援铜虽然在五世纪末或六世纪初已没入海中，但仍有"铜柱山"及居住此地之"马留人"以识故处，成为中国人心目中的一个地理坐标。例如义净在《大唐西域求法高僧传》（作于691年）自序中，即称颂求法者"独步铁门之外，亘万岭而投身；孤漂铜柱之前，跨千江而遗命"云云。他记述了荆州江陵人道琳法师"遂欲寻

---

　　①　唐代刘恂《岭表录异》亦记有关铜柱故事。另外，东汉初年，马援曾经在今云南省安宁市立过铜柱。《新唐书·南蛮传·南诏传》云："（天宝）七载（748年），归义（即皮逻阁）死，阁罗凤立，袭王，以其子凤迦异为阳瓜州刺史。初，安宁城有五盐井，人得煮鬻自给。玄宗诏特进何履光以兵定南诏境，取安宁城及井，复立马援铜柱，乃还。"据《后汉书·马援传》可知，马援在建武元年（25年），曾南下成都，一度投公孙述。又据《后汉书·公孙述传》，时公孙述在成都，先自立为"蜀王"；建武元年更自立为"天子"，年号龙兴。时邛笮君长，皆来贡献。所云马援于安宁立铜柱，当在建武元年至三年之间。直到元朝，仍在思州南立铜柱，与越南分界。

　　②　韩振华：《魏晋南北朝时期海上丝绸之路的航线研究》，《中国与海上丝绸之路》，福建人民出版社，1991年。

流讨源，远游西国。乃杖锡遐逝，鼓舶南溟。越铜柱而届郎迦，历诃陵而经裸国"。江陵人慧命禅师，"泛舶行至占婆，遭风而屡遭艰苦。适马援之铜柱，息匕景而归唐"。这是说慧命禅师已经到了占婆，但遭恶风，又北还铜柱山大浦，又经比景返回唐朝。

二、关于马援铜柱的形制及铭文

马援铜柱的形制及铭文，史记均无载。但立柱祭祀或盟誓，应是南方民族的古老巫术文化传统。云南省昆明市晋宁区石寨山滇王族墓地出土的青铜器中，有二件贮贝器的器盖上，铸造有"杀人祭铜柱"的仪式，柱顶端立一虎，柱身缠绕二蛇。而江川李家山滇墓出土的"播种"铜贮贝器上，也有祭柱的场景，柱为圆形。保存至今的著名"南诏铁柱"，残高3.3米，圆形，围1.05米，上正书阳文"维建极十三年岁次壬辰四月庚子朔十四日癸丑建立（872年）"，现存云南省弥渡县太花乡铁柱庙内[①]。

今存日本京都有邻馆的《南诏图传》，约作于898年，绘画中有一圆形铁柱，上端有盖帽，顶上立一鸟，柱下有三级方形柱础石。柱下有九人共祭天于铁柱侧。柱高9.7尺[②]。

特别值得重视的是后晋天福五年（941年）由马希范所立的溪州铜柱。《旧五代史·马殷传附见马希范传》云："晋天福中，授江南诸道都统，又加天策上将军。溪州洞蛮彭士愁寇辰、澧二州，希范讨平之。士愁以五州乞盟，乃铭于铜柱。希范自言汉伏波将军援之后，故铸铜柱以继之。"

李宏皋撰《复溪州铜柱记》刻于八棱石柱上，收入王昶《金石萃编》卷120。该铜柱圆形，高一丈二尺，内入地六尺，重伍千斤，有石莲花柱础。宋天禧元年（1017年），铜柱移入辰州府。《复溪州铜柱记》云："粤以天福五年，岁在庚子，夏五月，楚王（马希范）召天策府学士李宏皋，谓曰：我烈祖昭灵王，汉建武十八年，平征侧于龙编，树铜柱于象浦，其铭曰'金人汗出，铁马蹄坚，子孙相连，九九百年'，是知吾祖宗之庆，胤绪绵远，则九九百年之运，昌于南夏者乎！"文中言及彭士愁"衔恩向化，请立柱以誓焉"，"彭士愁与五姓归明，众具件状，饮血求誓。楚王略其词，镌于柱之一隅"。

这项珍贵资料，对于复原马援铜柱形制，有重要参考价值。特别是马援铜柱上的铭文，唯赖此记而可知。马希范在马援之后九百年，但仍保留着马援铜柱的相关资

① 李昆声：《云南艺术史》，云南教育出版社，2001年。

② 李霖灿：《南诏大理国新资料的综合研究》，台北故宫博物院，1982年。

料，难能可贵。

推测当年马援立二铜柱，必是马援与两个地方势力（象林夷蛮及越人？）盟誓后所立也。"金人汗出，铁马蹄坚，子孙相连，九九百年。""金人"或许是指象林夷蛮及越人供奉的某种神像；"铁马"或许是指东汉的军队。盟誓的核心内容是"子孙相连，九九百年"也。

马援所立之铜柱，被当地人视为"神物"，也是马留人能长期孤悬海外的精神支柱和不受侵扰的保障。

三、关于宋代的"丹眉流"与元代的"麻里子儿"

两唐书以后，不再有关于"马留人"的记载。唐肃宗以后，林邑环王渐盛，七至九世纪最强大。元和初，不再向中国朝献。马留人是夹在两个强权下的弱势群体。它南方的环王拒绝向中国朝献，可视为它打击马留人的先声。而它北方的越南，也在939年脱离中国而独立。对此，马留人要生存必须选择的策略一是迁移；二是扩大势力。扩大势力的办法，一是联合周边少数民族；二是放弃"自相婚姻"。推测马留人在十世纪前半叶已开始向西南方向迁移，最后到了今泰国南部碧武里一带，史称"丹眉流"。这次大迁移，必是避实就虚的艰巨之旅。是一次完成还是中间驻留过别的地方，我们一无所知。在这次历史大变革中，他们只有异族化，才能壮大、发展。这种情形，历史上并不少见。《水经注》卷36引《江东旧事》就讲了一个例证。东晋时扬州人范文，十五六岁被劫掠为奴，先被卖到交州，后被卖到林邑。他学习当地人"夷椎蛮语，口食鼻饮，或雕面镂身"，后来竟自立为林邑王。马留人移止于碧武里推测有下列原因：第一，这里是几个强势政权的边缘地带，有他们立足的空间；第二，这里是古代孟族建立的"金陈国""堕罗钵底国""罗斛国"的旧壤，上座部佛教及大乘佛教流行。在文化上与马留人接近。

所谓"丹眉流"，元代汪大渊《岛夷志略》也称"丹马令"。猛语（Mon）称城邦或地区为"丹""单""登"。如鲁扶丹（罗斛）、文丹（万象）等。所以，丹眉流或丹马令，指眉流（马令）城（或地区），一个政治上独立的地区，而不是一个国家。丹眉流首见于范成大的《吴船录》卷上。眉流、马令，均是马留的异译。

《宋史·丹眉流国》云："东至占腊五十程，南至罗越水路十五程，西至西天三十五程，北至程良六十程（按：一程约30华里）……其俗以版为屋，跣足衣布，无绅带，以白缏缠其首，贸易以金银。其主所居，广袤五里，无城郭。出则乘象车，亦有小驹……四时炎热，无霜雪。未尝至中国。咸平四年（1001年），国主多须机遣使打古马、副使打腊、判官劄皮泥等九人来贡……召见崇德殿，赐以冠带服物。及还，又赐多须机诏书，以敦奖之。"《宋史·真腊国》又说："西南与登流眉为邻，所部有六十余聚落。"

从以上两项记载来看，21世纪初的眉流地区，是由60多个聚落组成的联盟。所谓"其主所居，广袤五里，无城郭"云云，应是马留聚落的中心区域，以木排栅为城。它的文化，也融和于当地民族之中。

到了元朝，这批驻足暹国南部的眉流（马留）人，被称作"麻里子儿"。《元史·暹国传》云："暹国，当成宗元贞元年（1295年），进金字表，欲朝廷遣使至其国。比其表至，已先遣使，盖彼未之知也。赐来使素金符佩之，使急追诏使同往。以暹人与麻里子儿旧相仇杀，至是皆归顺，有旨谕暹人，'勿伤麻里子儿，以践尔言'。"

这里提及的"麻里子儿"，应是原在宋代居于暹国南部的眉流人（马留人）。他们肯定比暹罗国使臣抢先一步来到元大都，表示归顺元朝并报告了他们受到暹国仇杀的情形，所以元成宗才"有旨谕暹人，'勿伤麻里子儿'"。

泰族于1238年从高棉中独立出来，建立了速古台王朝，并不断向外扩张版图。1350年，在其南方的罗斛投降，国号始称暹罗。在强大的暹罗压力下，眉流人只有再向南迁移，约十四世纪下半叶，它们迁到了古代典逊国的故地，即马来半岛的中南部，与那里的人融和，开始了新的生活。这期间的最大变化是伊斯兰化。因为十三世纪末，伊斯兰教已由印度古吉拉特邦传入苏门达腊岛北部、马六甲及爪哇等地。

四、关于《明史·满剌加传》

在明永乐元年（1403年）之前，满剌加仍是一个以城邦为中心的族群，还没有形成国家。其人口中，"男女椎髻，身体黝黑，间有白者，唐人种也"，"其地无王，亦不称国，服属暹罗，岁输金四十两为赋"。推测"满剌加"或"马六甲"即"马留家"之译音。

永乐元年，明朝遣中官尹庆使其地，"宣示威德及招徕之意。其酋拜里迷苏剌大喜，遣使随庆入朝，贡方物。三年九月（1405年）至京师。帝嘉之，封为满剌加国王，赐诰印、彩币、袭衣、黄盖，复命庆往。其使者言，王慕义，愿同中国列郡，岁效职贡。请封其山为一国之镇。帝从之，制碑文，勒山上，末缀以诗曰：'西南巨海中国通，输天灌地亿载同。洗日浴月光景融，雨崖露石草木浓。金花宝钿生青红，有国于此民俗雍。王好善义思朝宗，愿比内郡依华风。出入导从张盖重，仪文裼袭礼虔恭。大书贞石表尔忠，尔国西山永镇封。山君海伯翕扈从，皇考陟降在彼穹。后天监视久弥隆，尔众子孙万福崇'"。

明朝使臣尹庆一到满剌加，立即引起酋长的民族认同，愿将该地"同中国列郡"，并请封其大山为"镇"，实为空前的举动。原因很显然，满剌加酋长拜里迷苏剌十分清楚他们是汉伏波将军留下的"马留人"，他们的根在中国。

对此，永乐皇帝也表达了民族认同的观点。他在诗中承认"输天灌地亿载同"，赞扬国王"王好善义思朝宗，愿比内郡依华风"。永乐十七年（1419年），暹罗与满剌加交兵，皇帝即派使臣去暹罗传达旨意云："夫兵者凶器，两兵相斗，势必俱伤，故好兵非仁者之心。况满剌加国王既已内属，则为朝廷之臣。彼如有过，当申理于朝廷，不务出此而辄加兵，是不有朝廷矣"（《明史太宗实录》卷217）。

众所周知，五岳及五镇，是中国领土的神圣象征。《明史·礼志》载，"（洪武）三年（1370年），诏定岳、镇、海、渎神号……五镇称：东镇沂山之神，南镇会稽山之神，中镇霍山之神，西镇吴山之神，北镇醫无闾山之神"。今永乐帝封满剌加大山为"永镇"，亦是史无前例的。

永乐九年（1411年），满剌加国王率妻子、陪臣五百四十余人来朝京师，帝亲宴之于奉天殿，礼遇隆重之至。此后，还有明朝公主下嫁满剌加苏丹的故事，流传至今。

《明史》所记载的满剌加七代国王是：

（1）拜里迷苏剌，1405—1413年在位；据云1389—1391年在新加坡，1391年回满剌加。

（2）母干撒干的儿沙，1414—1424年在位，据称，他改宗伊斯兰教。

（3）西里马哈剌，1424年继位。1445年以王子力八密息瓦儿丢八沙为"护国"。

（4）速鲁檀无答佛那沙，约1455年继位。

（5）王子苏丹芒速沙遣使入贡，1459年继位。

（6）马哈木沙，1481年继位[①]。

（7）苏端妈末（即苏丹马哈茂德），遭受葡萄牙入侵而流亡，曾经派其叔父那西姆·穆达利阿去明朝求援。约在1522年后不久国亡。

明武宗正德年间（1506—1521年），佛郎机（泛指西班牙、葡萄牙之地）东侵，1510年占领印度果阿，大约在1511年入侵马六甲半岛，满剌加"王苏端妈末出奔，遣使告难。时世宗嗣位（1521年），敕责佛郎机，令还其国土。谕暹罗诸国王以救灾恤邻之义，迄无应者，满剌加竟为所灭……后改名麻六甲云"。

这就是说，当西方殖民势力东侵时，腐败无能的明政府却无力保护满剌加的安全。而马来人的伊斯兰化又加大了它与明朝的距离，孤悬海外的马留人，经历了1479年之后，与本土的联系终被斩断。时至今日明成祖对马留人的民族认同也被遗忘了480

---

① 第六、七位国王之间长达40多年，其间可能有遗漏者。

年。唯一可以依稀回顾的，就只有马来人仍自称为"马来由人"（Malays）而已。

由上述论证可知，马来民族是以南洋土著各族为主体，以华南华人（马留人）为核心而融和成为新的民族，它形成的时间在十至十四世纪。而其语言，则受印尼影响最大，亦包含大量中国词语。

鲜卑檀石槐东击倭人国考[*]

一、鲜卑檀石槐的兴起及其东击倭人国

《后汉书·乌桓鲜卑列传》记载：东汉桓帝时（147—167年在位），鲜卑人投鹿侯之子檀石槐勇健有智略，部落畏服，推为部落"大人"。他立庭于弹汗山歠仇水上。其地即今内蒙古兴和县东北之大青山，海拔1819米。水即今桑乾河支流洋河上游的东洋河。因檀石槐"兵马甚盛，东西部大人皆归焉。因南抄缘边，北拒丁零，东却夫余，西击乌孙，尽据匈奴故地。东西万四千余里"。永寿二年（156年）、延熹元年（158年）、六年（163年）、九年（166年），连连寇掠东汉北部边郡。"朝廷积患之而不能制，遂遣使持印绶，封檀石槐为王，欲与和亲，檀石槐不肯受，而寇抄滋甚。乃自分其地为三部……各置大人主领之，皆属檀石槐。"

汉灵帝熹平六年（177年）八月，帝联合匈奴、乌桓，派三路大军"各将万骑，三道出塞二千余里"征伐鲜卑，结果大败，死者十之七八。

光和元年（178年）冬，鲜卑又寇酒泉。接着记述说："种众日多，田畜射猎不足给食。檀石槐乃自徇行，见乌集秦水（按，即乌侯秦水，今老哈河）广纵数百里，水停不流，其中有鱼，不能得之。闻倭善网捕，于是东击倭人国，得千余家，徙止秦水上，令捕鱼以助粮食。光和中，檀石槐死，时年四十五，子和连代立。"

由此可知，檀石槐东击倭人国的时期，在光和元年冬以后至七年之前（178—184年）。最大的可能是在光和二至四年间（179—181年）。此次东击倭人国，目的是劫掠人口，充实渔业劳动力，所以掠获的人口以"家"为单位。

二、"渡海"东击"倭人国"是不可能的

依通常的理解，檀石槐"东击倭人国"应是渡过日本海去征讨倭人国。但这是不

---

* 原刊《河南博物院80周年论文集》，大象出版社，2007年。

可能的，因为以下两点。

1. 鲜卑是"田畜射猎"为生的种族，他们不会捕鱼，又怎会造船航海？

2. 鲜卑人可否利用挹娄人？因为"挹娄人喜乘船寇抄"（《后汉书·东夷·东沃沮传》），"挹娄人便乘船，好寇盗，邻国畏患而卒不能服"（《后汉书·东夷·挹娄传》）。更何况"桓灵间，倭国大乱，更相攻伐，历年无主"（《后汉书·东夷·倭国传》），是攻击倭国的好时机。但是无论挹娄人或沃沮人尚不具备横渡日本海的能力。

证据之一，陈寿（233—297）《三国志·魏书·东夷传》及《毌丘俭传》记载，正始三年（242年）秋九月，幽州刺史加度辽将军，使持节、护乌桓校尉、安邑侯毌丘俭，以高句丽数侵叛，督诸军步骑万人出玄菟从诸道讨之。高句丽东川王位宫（227—248年在位），将步骑二万人逆战。后战败，携妻子向北逃窜。六年（245年），俭遣玄菟太守王颀追之至沃沮，位宫再北逃八百里至北沃沮。王颀再追至北沃沮，临肃慎南界，王颀派人追讨至北沃沮与肃慎交界之大海边。"问其耆老，海东复有人不？耆老言：国人尝乘船捕鱼，遭风见吹数十日，东得一岛，上有人，言语不相晓。其俗常以七月取童女沉海；又言有一国，亦在海中，纯女无男；又说得一布衣，从海中浮出，其身如中国人衣，其两袖长三丈；又得一破船，随波出在海岸边，有一人，项中复有面，生得之，与语不相通，不食而死。其域皆在沃沮东大海中。"

245年的这项实地调查表明，北沃沮人与海东之间，除"遭风"漂流偶有接触外，并无正常的渡海活动[①]，至于早此六十多年的东汉光和年间，更不可能有渡海活动。

证据之二，肃慎故地与日本列岛的海上交通，是通过虾夷开始的，时间在7世纪前后。当时本州岛北部津轻海峡南北两岸居住着虾夷人，他们曾经渡海到大陆贸易。最初倭国人是借助虾夷人到达肃慎的，两地相距跨海约700千米。《日本书纪》齐明四年（660年）六月条记载："遣阿陪臣，率船师二百艘伐肃慎国。阿陪臣以陆奥虾夷，令乘己船，到大河侧。于是，渡岛虾夷一千余，屯聚海畔，向河而营。……肃慎乃陈船师，系羽于木，举而为旗。齐棹近来，停于浅处……据己栅战。"肃慎在海港仅仅有"船廿余艘"。文中所记的肃慎，是指虞娄部（即挹娄的后裔）。登陆之"海畔"应是今海参崴附近。"大河"应是绥芬河。

证据之三，是渤海王国（698—926年）的头两次渡海赴日本，均遭遇困难。727年，渤海派使臣高仁义等渡海，漂至虾夷岛，高仁义等16人遇害，只有8人到达平城京（奈良）；739年，渤海使臣胥要德等40人，遭巨风，溺死于海中。这说明：到8世纪

---

① 王侠：《北沃沮人东渡日本考》，《海交史研究》1993年第1期。该文声称"北沃沮人在3世纪中叶以前（245年），就完成了东渡日本的创举，在中国航海史上写下了辉煌的一页"，实是过于夸张其事。

上半叶,从日本海西北岸出发东渡日本海的航海经验及技术还未完全成熟。771年,渤海国使臣壹万福等325人,乘坐17只海船渡海,到达日本"出羽"(今山形、秋田二县之海边)。依此次航行计算,每船所乘只有19人。考虑到货物所占位置,则以6船载货,11船载人,则每船29人。

即使我们假定当年檀石槐拥有了这种海船,则"东击倭人国,得千余家",需用多少船呢?如果一家四口,千余家即至少有四千口,则需130多只船。何况每船之上,必须配备士兵看守,130只船也不够用!

三、日本海西北岸的大陆上有"倭人国"吗?

鲜卑檀石槐既然没有能力渡海远征"倭人国",那么,日本海西北岸的大陆上有"倭人国"吗?

关于"倭人",《山海经·海内东经》云:"盖国在巨燕南,倭北,倭属燕。"这句话也可以标点为:"盖国在巨燕,南倭、北倭属燕。"王充《论衡·恢国篇》云:"成王之时,越常献雉,倭人贡畅。"《汉书·地理志·燕地》云:"乐浪海中有倭人,分为百余国,以岁时来献见云。"这里只说"乐浪海中有倭人",不像《后汉书·倭人传》那样,称"在带方东南大海之中";西汉"乐浪",在今朝鲜平壤市南,"乐浪海"主要应指今日本海,则倭人在日本海中及周边海岸,并非专指带方东南的日本列岛。

那么,在西周成王时代(公元前1042—前1021年)就来贡献"畅"(一说即是一种香草鬯)的"倭人",位置在哪里呢?我以为"倭"就是"发",兹论证如下。

1. 关于"发"的文献

(1)《大戴礼记·五帝德篇》:"北抚山戎,发、息慎。"《大戴礼记·少闲篇》:从舜至周文王时代"海之外,肃慎、北发来服。"

(2)《管子揆度篇》:"发、朝鲜之文皮一策。"

(3)《左传·昭公九年》(公元前533年),周景王大夫詹桓伯曰:"武王克商……肃慎、燕亳吾北土也。"

(4)《汲冢周书》:"发人鹿(逐)鹿,如鹿迅走。"

(5)《史记·五帝本纪·舜纪》:"虞舜者,名曰重华……唯禹之功为大,披九山,通九泽,决九河,定九州。各以其职来贡,不失厥宜。方五千里,至于荒服……北山戎、发、息慎……四海之内,咸戴帝舜之功。于是禹乃兴九招之乐,致异物,凤凰来翔,天下明德,皆自禹帝始。"

（6）《汉书·武帝本纪》元光元年（公元前134年）五月诏书中云："周之成康，刑措不用。德及鸟兽，教通四海，海外肃慎，北发、渠搜、氐羌来服。"

2. 关于"发"的三种解释

（1）闻一多先生认为，"发，倭类声同"[①]。

（2）常征先生认为，"北发"即"北亳"，在今北京平原一带[②]。

（3）郭沫若先生认为，"倭与发，分明两族。发与貊声更相近，殆发即貊也"[③]。王绵厚[④]、金岳[⑤]等先生也力主此说。但是，把"发"阐释为与貊，在民族源流史的考察上却讲不通。在地域分布上，也显然有矛盾[⑥]。

大家一致的观点是，在先秦时代，"发"有二种发音，即fa与po。所以"发"也可以写作"泼"。《诗·小雅·蓼莪》："飘风发发"，发，风声，读fa；《诗·卫风·硕人》："鳣鲔发发"，发，鱼跃之声，读po。语言学家指出：《旧唐书·吐蕃传》中的"秃发"的读音就是"吐蕃"。

po的读音，如果没有唇音，就成了wo。正如"乌桓"的桓，读音huan，如果没有喉音，就成了"乌丸"的丸，读音wan。这种读音的变化，就反映了不同时代、不同种族的发音记录。

古代发族，因距华夏辽远，与中原的交流很少；它也许长期受控于肃慎，而未与中原直接交流。陈寿在《三国志·乌丸等传》中云："自虞暨周，西戎有白环之献，东夷有肃慎之贡。皆旷世而至，其邈远也如此。及汉世……公孙渊仍父祖三世有辽东，天子为其绝域，委以海外之事，隔绝东夷，不得通于诸夏。"[⑦]《晋书·四夷·肃慎传》亦云："周武王时献其楛矢、石砮；逮于周公辅成王，复遣使入贺。尔后千余年，虽秦汉之盛莫之致也！"

把"发"释成"倭"在学理上（语音与地域上）是可以解释通的。这样，我们可以弄清两个问题，一是"北发"即"北倭"，相对于倭国而言，发在倭国之西北也；二是檀石槐东击的正是这个"倭人国"，而不是日本列岛上的倭国。

---

①　转引自张博泉：《肃慎、燕亳考》，《东北考古与历史》（第1辑），文物出版社，1982年。

②　常征：《古燕国史探微》，聊城地区新闻出版局，1992年。

③　转引自张博泉：《肃慎、燕亳考》，《东北考古与历史》（第1辑），文物出版社，1982年。

④　王绵厚：《关于汉以前东北貊族考古学文化的考察——兼论大石棚和石棺墓文化的族属与时代》，《文物春秋》1994年第1期。

⑤　金岳：《东北貊族源流研究》，《辽海文物学刊》1994年第2期。

⑥　孙进己：《东北民族源流》，第五章《秽貊诸族的源流》，黑龙江人民出版社，1987年。

⑦　公孙度、公孙康、公孙渊三代控制辽东达五十年之久（189—238年）。

四、俄滨海边区及吉林省东部的"锡杰米文化"与日本"绳纹文化"的一些共性

"发"的地理位置，应在今俄罗斯奥莉加港经海参崴至毛口崴沿岸及以西的地区。谭其骧先生主编的《中国历史地图集》中"战国时期全图"上，将"发"标写的偏向了西南方向，应向东北移至兴凯湖以南地区；而"肃慎"亦应同时向北移至兴凯湖以北地区。

在今属俄罗斯奥莉加港经海参崴至毛口崴沿岸及以西地区，存在一种"谢杰米文化"，它应是"发"族文化。

林沄先生介绍"锡杰米文化"说：分布于南至波西耶特湾、东至奥莉加港的沿海地带，绥芬河和麦河的内陆地区也有分布。对锡杰米文化的年代尚有不同意见，但上限多定为前第2千年末，下限则有前4世纪至前2世纪的不同说法。早期则称之为贝丘文化，该文化的村落有密集的长方形半地穴式房子。遗址中有大量的石磨棒和石磨盘，推测农业在经济中已占首要地位。出土的动物骨骼，家畜约占87%，主要有猪，其次是狗，也有牛。有适于猎捕大型海鱼、海兽而可以回收的石鱼标头、海象牙鱼钩。大量采捕海生软体动物，食余的贝壳堆成"贝丘"。铁器少见，铸造的方銎锛的形制，与中国东北地区战国遗址所出者相同。板岩磨制石器发达，有明显仿金属器的短剑、矛、石刀等。压制技术已消失。骨器很流行。陶器有高颈球腹壶、筒型罐、碗和豆。有的碗类似中国的耳环。壶、碗、豆器表常磨光施红衣，或于红衣上再绘黑色几何纹[①]。

在日本的"绳纹文化"的后期及晚期，与锡杰米文化有一些共性：大量的石磨棒和石磨盘；仿青铜器的石板制石器，如石刀等；陶器施红色衣或再绘黑色几何纹；有大的贝丘；多渔具等。

日本海东西两岸文化的一些共性，尚有待深入研究。"倭人"形成于何时，倭人为何分布于大陆的一角，一时还难予解答，这是一个全新的课题。但也早有俄国的丘巴洛娃认为日本人早已居住于今库页岛上[②]。

---

① 林沄：《东西伯利亚南部近海地区早期铁器时代文化》，《中国大百科全书　考古学》，中国大百科全书出版社，1986年。肃慎、勿吉有牛的记录，见《晋书·肃慎传》。

② 丘巴洛娃：《略论库页岛的远古居民史》，《苏联民族学》1957年第4期。

五、发（倭）的兴盛与壮大——勿吉（倭者）

中原人习称的"肃慎"，是一个多种族古老集团的总称。它南部的"发"，偶尔也被记录下来。1世纪时，肃慎千余年封闭的格局被打破。肃慎南部的挹娄部（包含"发"），东汉时已受到秽貊族的夫余的控制。曹魏黄初中（220—226年），摆脱夫余而独立。位于挹娄南部的"发"，在秦汉时已与北扩的北沃沮接壤。

鲜卑的掠夺，夫余人的掌控及反抗斗争，与北沃沮的接触，促进了"发"的社会大变革、大发展。3世纪下半叶至4世纪上半叶，应是"发"人巨变的历史时代。于是，"发"又从挹娄中独立出来，成为"勿吉"国。"勿吉"即"倭者"，《梁书·倭国传》就是把"倭"称作"倭者"。勿吉强大以后，领土也向西南方不断扩大。主要表现二件大事，一是南侵高句丽十落，并密谋联合百济，以水师南北夹击高句丽（472年）；二是侵夺夫余黄金产地，逐走夫余（504—512年间）。

在古代文献中，"发"的资料很少，人们无法对它作深入的研究。勿吉则向我们提供了新史料。《魏书·勿吉传》记载："勿吉国在高句丽北，旧肃慎国也。邑落各自有长，不相总一。其人劲悍，于东夷最强，言语独异。常轻豆莫娄等国，诸国亦患之。"

这里首先明确了两点：一是，它曾经是肃慎的一部分，所谓"旧肃慎国也"。勿吉独立以后，与肃慎并列。肃慎自夏商周就与中原有联系。但自周公辅成王时遣使入贡以后，千余年来未与中原发生联系。它的再次出现是曹魏景元末年（约264年），"来贡楛矢、石砮、弓甲、貂皮之属……武帝元康初（约291—292年），复来贡献。元帝中兴（317—323年），又旨江左贡其石砮。至成帝时通贡石季龙（即后赵国石虎，334—349年在位）。问之，答曰：'每候牛马向西南眠者三年矣，是知有大国所在，故来云'"（《晋书·四夷·肃慎传》）。肃慎从曹魏景元末年，在相隔1290年后再次与中原王朝联系，标志着肃慎在政治上有强烈的需求，121年，苏慎首先向高句丽派使臣纳贡。这种需求首先是"发"的强大并独立。从它的贡品名单上可知，除了传统狩猎用的楛矢、石砮外，又增加了战争用的弓甲。肃慎后来还向南朝宋（459年）、北齐（554年）进贡。

二是，勿吉的"言语独异"。这是说它的语言完全不同于东北地区其他民族的语言，例如属蒙古语族的失韦、库莫奚、契丹、豆莫娄、乌洛候、高句丽、扶余及较早的貊、秽等。它大概属于通古斯语族的一支[1]。

---

[1] 孙进己：《东北民族源流》，第五章《秽貊诸族的源流》，黑龙江人民出版社，1987年。第五章第二节。勿吉语言难以定论，它也可能属于古西伯利亚语或日本语，阿依努语。

北魏延兴（471—476年）中，强大的勿吉第一位使臣乙力支朝献。他的目的是请求北魏允许勿吉与百济合力从水道攻打高句丽，遭到拒绝。勿吉和日本列岛的倭国，从来就是支持百济国的。这件事应在延兴二年（472年），百济国也遣使上表要求讨伐高句丽（《魏书·百济国传》）。乙力支两次出使北魏（472年及477年）贡马五百匹后，太和九年、十年（485—486年）入魏使臣是侯尼支。他还带领相邻的12个部落前后各遣使朝献。这说明，此时勿吉已成为部落联盟的首领。

上述勿吉的使臣"乙力支""侯尼支"不是人名，而应是官名。《三国志·倭人志》说，伊都国的官曰"尔支"；邪马台国的官曰"伊支马"、次曰"弥马生"，次曰"弥马获支"，次曰"奴佳惿"，倭人或称部落酋长曰"支"也。酋长佩刀，称为"支刀"。20世纪60年代在日本奈良县东大寺山古坟中出土了一把有铭文的铁刀，铭文云："中平□年五月丙午，造作支刀，百练清刚，上应星宿，下辟不祥。""中平"是汉灵帝年号，当184—188年之间①。勿吉的"支"，应是沿用"发"的旧官号，这也从一个侧面证明发即是倭的论断。

《北齐书》载，"武平三年（572年）勿吉来贡"。《北齐书·后主纪》称：武平三年（572年）"新罗、百济、勿吉、突厥并遣使朝贡"。这是勿吉最后一次朝贡见于史册；而肃慎最后朝贡的记录是北齐天保五年（554年）。

靺鞨是朝鲜半岛中部的古国，至少在公元前1世纪即已存在。《三国史记》记百济国温祚王二年（公元前18年）就说："靺鞨连我北境，其人勇而多诈。宜缮兵积谷，为拒守之计。"此后常常侵扰百济、新罗②。而中国史料对它记载却很晚，南朝顾野王《玉篇》卷下（成书于543年）才记述靺鞨为蕃人，出北土。《北齐书》河清二年（563年）始见其朝贡。

6世纪中叶，靺鞨强大起来并向西北大扩张。6世纪末至7世纪初，勿吉臣属靺鞨，成为拂捏部。在民族大融合中，勿吉已与高句丽、扶余、沃沮、靺鞨混血而为拂捏了。7世纪中叶，古代挹娄也臣属于靺鞨而成为虞娄部，他们仍保守着肃慎故地，古肃慎以北的民族也开始登上历史舞台，如窟说部等。

当日本海西岸的发（倭）人在经历种族融和而大变革时，日本海东岸、日本列岛上的倭奴人推古天皇才刚刚开始称雄于大和盆地。当720年日本使臣六人到"靺鞨国"观其风俗时，拂捏已从"倭者"演变，融和其他种族达二百年了③。

---

①　蔡凤书：《中日交流的考古研究》，齐鲁书社，1999年，第156页。

②　金富轼：《三国史记·新罗本记》，吉林大学出版社，2015年。

③　《续日本纪》卷8，养老四年正月条。

补记：1976年，在安徽省亳州市元玉坑一号东汉墓中，砌墓砖上，残刻有七字"……有倭人以时盘不（否）……"。墓主是会稽郡曹君。这是有关"倭人"的唯一考古资料，待考。

"天神"传入中国内地的最早史料*

本文所述"天神"是指祆教主神阿胡拉·马兹达（Ahura Mazda）。祆教于公元前7世纪兴起于伊朗东部，该教的创始者是琐罗亚斯德（Zarathustra，约公元前628—前551年）。古代波斯阿契美尼德帝国（公元前559—331年）时，祆教立为国教。马其顿王亚历山大东征后，曾经一度沉寂。至安息（帕提亚，公元前247—224年）晚期，又获复兴。萨珊王朝（224—651年），又确立为国教。中亚粟特人早在阿契美尼德帝国时，就接受了祆教。

阿胡拉·马兹达（天神）是唯一的、全能的、无所不在的善神；是光明、生命与真理的化身。他又是皇权的授予者。过去的研究者，往往忽略天神的政治性能。

著名的古代波斯贝希斯塔（Behistun）摩崖浮雕及铭文证明天神授予皇权的信仰，至迟在公元前6世纪即已存在。该浮雕位于今伊朗西部的克尔曼沙阿（Kermanshah）以东30千米处。上部是图像，高约3米，宽约5.48米。天神阿胡拉·马兹达浮坐于空中，居左，伸出左手递给大流士一世（公元前522—前486年）一个圆环，象征授于皇权；同时举起右手表示祝福。大流士一世像高1.72米，侧身立于地上，居右，长发，长须，右手扬起，向天神作祈祷状，左手则握着弓。脚下踏着敌人高墨达。其身后侍立二位廷臣：持矛手及弓箭手。高墨达之旁，站立一排八个篡逆者和一个头戴尖帽的塞克人首领，他们都手绑在背后，用一根长绳子系在一起。

下面的铭文有1000行以上，每行长约2米，用古代波斯文、巴比伦文及埃兰文刻出。英国人罗林森（1810—1895）于1846年破译了古代波斯文。此摩崖浮雕的年代，是大流士一世执政的早年（公元前522—前519年）[①]。

天神授于皇权的传统性摩崖浮雕，亦见于萨珊王朝初期的阿达希尔一世时代。地点在今伊朗塔赫特贾姆希德（古代波斯波利斯）东北的纳克希·鲁斯坦。图形是天神与阿达希尔一世皆骑在马上，相对站立，天神居左，以右手将圆环授于阿达希尔一世，左手持权杖（棒状物）。阿达希尔一世用右手接圆环，左手作祈祷状，其身后立

---

* 原载新疆龟兹学会编：《龟兹学研究》（第四辑），新疆人民出版社，2012年。

① 〔匈牙利〕哈尔马塔主编，徐文堪译：《中亚文明史》第二卷，中国对外翻译出版公司，2002年，第24—27页。

武士一人。雕刻时间是约226年[①]。

关于祆教何时传入中国内地的问题，自1923年陈垣先生发表《火祆教入中国考》（《国学季刊》1923年第1期）以来，八十多年间屡有学者论述之。荣新江同志论断"祆教在公元四世纪初传入中国"，较之陈垣先生的"自北魏始"，提早了二百多年。然学术界犹不断有质疑者[②]。

事实上，祆教至迟在东汉桓帝时代（公元2世纪中叶）已秘密传入中国内地。《后汉书》卷80《陈敬王羡传》记载云：汉明帝刘庄之子刘羡，被封为陈敬王，食淮南郡，立37年。历经陈思王刘钧、陈怀王刘竦而国绝。接着，"永宁元年（120年），立敬王子、安寿亭侯崇为陈王，是为顷王。立五年薨，子孝王承嗣。承薨，子愍王宠嗣。熹平二年（173年），国相师迁追奏：前相魏愔与宠共祭天神，希幸非冀，罪至不道。有司奏遣使者案验。是时，新诛勃海王悝，灵帝不忍复加法，诏槛车传送愔诣北寺。诏狱使、中常侍王酺与尚书令、侍御史杂考。愔辞：'与王共祭黄老君，求长生福而已，无他冀幸。'酺等奏：'愔职在匡正，而所为不端；迁诬告其王罔以不道，皆诛死。'有诏：'赦宠不案。'宠善弩射，十发十中，中皆同处。中平（184—189年）中，黄巾贼起，郡县皆弃城走，宠有强弩数千张，出军都亭。国人素闻王善射，不敢反叛，故陈独得完，百姓归之者众十万余人。……"

刘宠是汉明帝四世孙，封为陈愍王。封王的时间不详。国相师迁在173年揭发他与前任国相魏愔"共祭天神，希幸非冀，罪至不道"。这里讲的"天神"显然不是佛教的"天神"（Deva，提婆）。提婆乃是一清净、自然之天，或可护佛法。东汉明帝求佛法以后，祭祀佛道是合法的、公开的事，如楚王刘英，还受到汉明帝的支持。况且，佛教初传时，人们只知浮图（佛）、菩萨、沙门，尚不知天神提婆也。在桓、灵之时，儒家与道家的"天"，还没有创作出人格化的天神[③]。因此，刘宠所祭的"天神"，只能是能够授予皇权的祆教阿胡拉·马兹达。也正因如此，才被揭发"希幸非冀，罪至不道"。"罪至不道"者，阴谋夺取皇帝之位，大逆不道者也。

办案时魏愔辩解说，"与王共祭黄老君，求长生福而已，无他冀幸"，这很显然是在抵赖。因为，如果他与刘宠真的只是祭祀黄老君，那根本不犯法，汉灵帝更没必要下诏书"赦宠不案"了。熹平元年（172年）十月，勃海王刘悝被诬谋反而自杀。所以刘宠被揭发出来时，"灵帝不忍复加法"，办案的王酺等人奉旨行事，将师迁以

---

① 日本《文化遗产》2004年4月号，美保神社，第32—35页。

② 荣新江：《中古中国与外来文明》，生活·读书·新知三联书店，2001年，第277—300页。

③ 北凉时代佛教徒在制造石塔时，仍将北斗七星代表的天置于石塔顶部，而诸佛像置于其下。而作为护法的帝释天、大梵天形象，则见于北魏石窟寺中（如龙门石窟宾阳中洞甬道两侧）。东汉以来儒、道虽尊天，有"天帝"之称，但只造出"天帝使者"青鸟公的形象，未见天帝的形象。"天帝"也从未称为"天神"。

"诬告"罪处死,将魏愔以"所为不端"罪也同时处死,借以维护皇室的安定。

刘宠善射弩,有强弩数千张,师迁揭发他"希幸非冀"应是事实。

东汉陈国的范围,包括今淮阳县、西华县、太康县、柘城县,以及鹿邑县、郸城县、项城市、沈丘县的一部分,扶沟县及周口市的一部分,共有九城,112653户,人口547572人。据《后汉书·桓帝纪》,仅此20年间,谋反自称皇帝者达八起之多,包括清河王刘蒜在内。在此乱世,刘宠以陈国的实力、自身的武力,又祈求"天神"助力,阴谋夺取帝位,完全是可能的。

总之,祆教至迟在东汉桓帝时代传入中国内地。"天神"亦专指阿胡拉·马兹达,毋庸怀疑。因天神能授予皇权,故东汉禁止其传布。此等禁令,也许在五胡十六国时代被冲破。413年,法显在师子国王城时记云:"其城中多居士,长者,萨薄商人。"萨薄者,粟特商队首领也,亦是祆教祭祀的头目。可见十六国时代人们对"萨薄"(即萨宝)并不陌生。然而,祆教最初传入内地的时间及途径,尚不可考也①。

———————————

① 在修建南疆铁路时,考古工作者在吐鲁番与乌市交界的阿拉沟,发掘一座乌孙人贵族女子木椁大墓,出土了一件祆教"青铜祭火坛",时代为战国至西汉。又据《后汉书·五行志》,桓帝延熹九年三月(166年),"京都夜有火光转行,民相惊噪"。此是否为祆教所为,不可知也。

嘎仙洞遗迹考察[*]

一、考察缘起

　　1980年7月30日，内蒙古呼伦贝尔盟文物管理站米文平先生首先在嘎仙洞内西壁发现了北魏太武帝拓跋焘派人所刻的"祭祖祝文"（443年）[①]。这被认为是一项突破性的考古发现。8月初，他在"祭祖祝文"下部地面上开了1米×4米的探方，又在洞口西侧挖了排水沟。不久，内蒙古大学吉发习、马跃圻先生沿着洞口开了一条探沟，东西长19米，宽约0.5米。上述发掘出土了细石器、石镞、骨镞、铁器、手制夹砂灰褐陶片、侈口长腹罐以及野生动物骨骼等物[②]。

　　2002年9月，文物爱好者王立民等人在嘎仙洞内东壁又发现了一处"祭祖祝文"残迹，只可识别"四""太""皇""王"等字，全文不详[③]。

　　2007年6月，鄂伦春自治旗文物爱好者崔越岭在嘎仙洞深约90米处的窟顶，发现人工开凿遗迹，四角清晰。同年9月，请束锡红、府宪展二先生考察后，怀疑是大佛窟的一种洞顶设计，是敬礼佛的"盝顶龛"[④]。

　　然而，当地负责同志认为，这些意见尚不足以形成定论，仍需请专家考察论证。2009年9月，经内蒙古师范大学曹永年教授推荐，应呼伦贝尔市委统战部及鄂伦春自治旗邀请，我与郑州大学李晓敏博士赴实地考察。内蒙古大学王庆宪教授也在现场协助工作。

---

[*]　原载《中国国家博物馆馆刊》2011年第10期。

[①]　米文平：《鲜卑石室的发现与初步研究》，《文物》1981年第2期。

[②]　呼伦贝尔盟文物管理站：《鄂伦春自治旗嘎仙洞遗址1980年清理简报》，《内蒙古文物考古文集》（第二辑），中国大百科全书出版社，1997年。

[③]　王立民：《嘎仙洞又有考古新发现》，《黑龙江日报》2002年9月26日。

[④]　束锡红、府宪展：《鲜卑祖居嘎仙洞发现石窟遗迹盝顶龛》，《新华每日电讯》2008年4月7日。

二、嘎仙洞现状

1. 位置

嘎仙洞位于内蒙古自治区鄂伦春自治旗所在的阿里河镇西北12千米处，地面海拔约850米，此山属于大兴安岭东南支系。该旗地域辽阔，面积59880平方千米，相当于半个浙江省的面积。嘎仙洞所在的山体，属花岗岩，大体呈东西走向，岩石裸露，山坡南面作75°倾斜状。据地质学家韩同林确认，洞窟系天然形成，是第四纪冰川运动造成的。嘎仙洞是中国最大的花岗岩基岩洞。

在嘎仙洞南面30—50米处，有一条小河，从西北向东南流过，宽10—20米不等，深仅0.5米左右。全长50千米，注入甘河，再入嫩江。水质清冽，可直接饮用，小河两岸有白桦林。

据了解，"嘎仙"是锡伯族语"故乡"之意。锡伯族大约在429年后，从贝加尔湖西面的库苏古尔湖迁到嫩江流域，语言属于通古斯语族①。

2. 地面遗迹

嘎仙洞所在的花岗岩山体，横向节理构造显著，纵向破碎节理较少。洞口立面大体作三角形。底边距今地面约10米，东西长19米。洞口方向是南偏西15°。洞口东边平缓，有小路可下山，西边则陡直。洞窟高16—18米，洞深在90米以上。从洞口向内（向北）约70米处，折向西北方向，宽度亦变窄，约为10米左右。因此该洞可区分为前后两大部分。

该洞地面上，有较厚的文化层堆积，厚度不详。今地面上遍布一层碎石和沙粒。在距洞口不足70米处的中心位置，有一处"八石阵"：中央为一块巨石，四周环绕七块较小的石头。经观察，这八块石头不是从洞顶或侧壁崩塌下来的，也不是从洞窟深处滚下来的，而是从洞外搬入，有意摆放的。这一现象十分重要，是本次考察的重要发现之一。

3. 壁面遗迹

洞窟内壁面较整齐，没有大的裂隙及渗水痕迹。有人工开凿的圆拱龛两处：一处在东壁上，是祭祖文乙龛，距洞口约15米，高1.95米，宽3.8米，龛内字迹模糊难辨，

---

① 温玉成：《论锡伯族源自高车色古尔氏》，《新疆大学学报》（哲学·人文社会科学版）2011年第1期。

应是2002年9月王立民等发现之处。冬季的西北风可直吹到此龛，故风化严重。另一处祭祖文甲龛在西壁上，距离洞口18.7米，高1.95米，宽3.8米。其下方地面上有1米×4米探方遗迹。这就是米文平发现"祭祖祝文"之处。推测当年李敞等人先在东壁上开龛刻字，后来发现此处易受西北风侵害，所以又在西壁上开龛刻字。今天看来，这是明智之举，全文保存完好。

4. 洞顶遗迹

整个洞顶呈漫圆形，状如窑洞的横券顶，没有大裂隙及渗水现象。笔者站在平面图所示的C点上，由北向南（洞口方向）仰望，可以清晰看见洞顶的遗迹。这是因为当地备了发电机，用两支2000W强光照射，使我们在昏暗中看个明白。

洞顶遗迹分为南、北二区，以D洞和E洞为界。D洞在东壁内，宽约5米，高1.5米，深3米。E洞在对应的西壁内，宽3米，高1米，深2.7米。C点在八石阵北约5—6米处。洞顶北区呈圭形，南北长约7—8米，东西宽约4米，凿入深约0.5米，边缘凿痕清晰，作斜条纹状，显然是人工所做。南区呈圆角方形，大约5米见方，凿入深约0.5米，显然亦是人工所做。开凿上述两个工作面，最后的目的，推测是凿出覆斗状天井。以上所述与崔越岭所见大体一致。

三、关于"八石阵"分析

漠北游牧民族有建造石人或鹿石纪念亡者的传统。在内蒙古扎鲁特旗出土的"人面刻石"，证明拓跋部也有以石代表祖先或部落大人的传统习俗[1]。据《魏书·礼志》记述，太祖道武帝时，十分重视祭祖活动。他先立"平文、昭成、献明庙"，岁五祭。又立"神元、思帝、平文、昭成、献明五帝庙于宫中，岁四祭"。"又于云中及盛乐神元旧都祀神元以下七帝，岁三祭"。天赐二年（405年），"祀天于西郊，为方坛一，置木主七（表七帝）于上（配天）。"太宗明元帝时，"立太祖庙于白登山，岁一祭"。"又立太祖别庙于宫中，岁四祭。""后二年，于白登西太祖旧游之处，立昭成、献明、太祖庙。"

嘎仙洞内的"八石阵"，应代表八个部落的联盟。《魏书·官氏志》云："初，安帝统国，诸部有九十九姓。至献帝时，七分国人，使诸兄弟各摄领之，乃分其

---

① 王承礼、张忠培、林沄，等：《东北考古的主要收获》，内称："扎鲁特旗查布嘎吐和白颜温都发现的人面刻石，大抵是鲜卑人崇祀祖先和部落大人的遗迹"。载《东北考古与历史》（第一辑），文物出版社，1982年。

氏。"献帝以兄为纥骨氏,次兄为普氏,次兄为拓跋氏,弟为达奚氏,次弟为伊娄氏,次弟为丘敦氏,次弟为侯氏,七祖之兴,自此始也。再加上献帝隣氏,共为八姓。后来形成了北魏政权核心的"八部大人"或"八国常侍"(398年立)、"八国姓族"(404年立)、"八大人官"(414年立)。总之,献帝隣氏与七个兄弟部落结盟,"八石阵"中的中心大石头代表的是隣氏部落,七块小石头代表的是参加结盟的七个较小部落。因此,八石阵是此次大结盟庄严仪式的象征。后来,北魏政权又吸收了乙旃氏、车焜氏,形成"王室十姓",并且规定十姓之间"百世不通婚"。

上述八个部落中,来历比较清楚的是隣氏及纥骨氏。隣氏就是柔然所在的纯陀隣氏的一支,据《北史·蠕蠕传》,520年北魏孝明帝会见柔然主阿那瓌时,阿那瓌说:"臣先世原由,出于大魏。"孝明帝回答说:"朕已具知。"纥骨氏见于《新唐书·回鹘传》附《黠戛斯传》:"古坚昆国也……其种杂丁零,乃匈奴西鄙也……匈奴封汉降将李陵为右贤王(笔者按:应为右会王),卫律为丁零王。后郅支单于破坚昆……郅支留都之。故后世得其地者讹为结骨,稍号纥骨……众数十万,胜兵八万……人皆长大,赤发,皙面,绿瞳。以黑发为不祥,黑瞳者必曰(李)陵苗裔也。"公元前53年,匈奴左贤王自立为郅支单于,公元前52年,郅支单于一度攻破坚昆,公元前51年远遁乌孙。此后迁入该地的丁零人的一支被称为纥骨人。《周书·突厥传》云:"突厥之先,出于索国,在匈奴之北。"90年左右分为四部,"其一,国于阿辅水、剑水之间,号为契骨"。在阿辅水、剑水之间,也就是今叶尼塞河上游的"契骨",亦曰"结骨""纥骨"。其中的一支,是参加联盟的八部之一,他们是文明程度较高的部落。该部杂有坚昆、汉族官兵血统,成为八部联盟的兄长。

至于拓跋氏,已经查明他们来自黑龙江北岸的北夷索离国,分布于精奇里江(俄称结雅河)沿岸[①]。"拓跋"之称,据姚微元先生的研究是"铁弗"的异译[②]。《魏书·铁弗刘虎传》云:"北人谓胡夫鲜卑母为铁弗,因以为号。"铁弗刘虎是4世纪上半叶的人,由此可知,作为民间俗称的"铁弗"(拓跋)早已存在。"胡"指匈奴、坚昆以及西北的少数民族,亦应包括索离人。"胡夫鲜卑母"现象的出现,是北方民族大迁移的结果。而《魏书·序纪》解释说:"北俗谓土为拓,谓后为跋。故以为氏。"应是以二者声音相近,偷换概念,借以掩饰该部为"杂种"也。

八部结盟在何时呢?据《魏书·序纪》可知,献帝隣氏完成结盟后,决计南迁,但因年老,让位给诘汾。诘汾南迁,经过"九阻八难"才进入匈奴故地。诘汾(被称为第二"推寅")成为鲜卑檀石槐的西部大人之一(参见《三国志·鲜卑传》所引

---

①　温玉成:《论拓跋部源自索离》,《新疆师范大学学报》(哲学社会科学版)2012年第6期。

②　姚薇元:《北朝胡姓考》,中华书局,1962年。

《魏书》），时间是160年左右。鲜卑檀石槐第一次攻略幽州是在168年，袁宏《后汉纪》云，168年"鲜卑犯幽州，杀略吏民。自此以后，无岁不犯塞"。由此推断，献帝隣氏与兄弟部落结盟的时间应在130年左右。总之，嘎仙洞作为"旧墟""石庙"，皆由于此次结盟而形成，八石阵也就成了八个部落的"神主"。

四、关于推寅的"南迁大泽"

《魏书·序纪》云，拓跋氏的祖先起自黄帝之裔始均，积67世至成皇帝毛。这段历史是借《山海经·大荒西经》的一段文字编造的。《山海经·大荒西经》："有北狄之国。黄帝之孙曰始均，始均生北狄。"拓跋氏的历史从毛开始，有毛、贷、观、楼、越（安帝）、推寅、利、俊、肆、机、盖、侩、隣（献帝）、诘汾、力微。拓跋氏（索离）推寅南迁大泽之前，是安帝越氏主政，当时已有99姓。"宣皇帝讳推寅立，南迁大泽，方千余里，厥土潜冥沮洳，谋更南徙，未行而崩。"有不少学者认为这个"大泽"是内蒙古呼伦贝尔湖，但是，呼伦贝尔湖周边远远不足方千里之数，并且那里水草丰美，更不是"潜冥沮洳"的状态。这个大泽在谭其骧先生主编的《中国历史地图集》中没有标示出来，而在郭沫若先生主编的《中国史稿地图集》上册第19、23、29、32、39、49、58、67各图中均有标示。其位置，位于大兴安岭东麓，大体上在今黑龙江省大同县至大庆市以西，直到嫩江东岸的一块大沼泽地，大约在南北朝末年干涸。拓跋部南迁后，应与扶余族共处。作为考古学证据之一，是黑龙江省泰来县城北边的平洋砖厂墓地[①]。

关于拓跋氏（索离）第一次南迁的时间，依历史形势判断，只能是在北匈奴崩溃，向西逃窜的汉和帝永元初年。48年，匈奴分裂为南北二部，南匈奴降汉。85年，北匈奴受到南匈奴、北部丁零、东部鲜卑、西部西域诸国四面夹击。《后汉书·南匈奴传》云："北虏衰耗，党众离叛。南部攻其前，丁零寇其后，鲜卑击其左，西域侵其右，不复自立，乃远引而去。"袁宏《后汉纪》云，90年时"北单于地空"。所以，推寅率部南下应在90年前后（以30年一代计，则拓跋氏祖先毛应生活于公元前60年左右，即大约是西汉武帝后期至元帝时代的人）。这一时期，也正是东部鲜卑走出"辽东塞外"的时代。北匈奴瓦解西窜，东部鲜卑迅速壮大，转据匈奴故地，所以《后汉书·乌桓鲜卑列传》云："匈奴余种留者尚有十余万落，皆自号鲜卑。"

诘汾率领索离及诸部第二次南迁匈奴故地时，仍有余部留下，他们被称作"乌

---

① 杨志军、刘晓东、李陈奇，等：《平洋墓葬研究——乙类墓析出的探索》，《北方文物》1996年第4期。

洛侯"，可能以侯氏为主体。漠北游牧民族有以遗产大部留给最小儿子的习俗，侯氏恰是八部联盟中最小的。《魏书·乌洛侯国传》说他们"无大君长。部落莫弗，皆世为之。其俗绳发，皮服，以珠为饰。"绳发，也就是索头。魏收撰《魏书》时，避开敏感的"索头"（当年专指拓跋氏），代之以绳发。据《魏书·礼志》，魏太武帝太平真君四年（443年）三月乌洛侯使臣向太武帝报告："其国西北，有国家先帝旧墟石室。"乌洛侯使臣为什么不说"有贵国先帝旧墟石室"，而说"有国家先帝旧墟石室"呢？很显然，他们有共同的"先帝"！

五、太武帝修造祖庙及工程的废止

既然太武帝在太平真君四年（443年）三月曾派官员到嘎仙洞祭祖，可知嘎仙洞的洞顶遗迹，应出现在同年七月祭祖活动以后。既然除太武帝外，北魏其他皇帝没有到这里祭过祖先，因此，嘎仙洞的洞顶遗迹就只能是太武帝时代所做工程的结果。

太武帝晚年崇信道教，依寇谦之，建道坛（425年），并登坛受符录。444年，下令限制佛教，446年2月，下令灭佛法。由此可知，太武帝在嘎仙洞不可能搞"大佛窟"，洞顶遗迹也不可能是"敬礼佛的盝顶龛"。

我们认为，洞顶遗迹是太武帝振兴"祖庙"工程的结果。其设计构思是，以D、E二洞雕造粗壮的石立柱，在立柱上端，横向造仿木结构的横枋或檐廊。而在二立柱北侧上方，造覆斗式屋顶，从而形成一个"享堂"，恰与洞顶北区遗迹对应。二立柱南侧，即是八石阵所在的地方，与其对应的窟顶，凿平綦式洞顶，恰与洞顶南区遗迹对应。这样就形成了前有坛（八石阵、神主）、后有享堂的祖庙。

此项工程甚为艰难。第一，花岗岩硬度大，工匠使用斧凿等工具，进度缓慢。第二，工作面狭窄，又需仰头向上作业，不可能大规模施工。第三，当地天气严寒，每年只有四五个月工期。从444年至451年（太武帝于452年3月去世），共8年时间，可施工约32个月，所以该项工程未能完成。《魏书·礼记》云："敕等既祭，斩桦木立之，以置牲体而还。后所立桦木，生长成林，其民益神之，咸谓魏国感灵祇之应也。"这项记载证实，李敕等人祭祀后，都城（今山西大同）不断有人往来于嘎仙洞。

那么，太武帝以后的历代北魏皇帝，到北魏灭亡（534年）的90多年间，为什么再不见来嘎仙洞"祭祖"的记载呢？

首先，嘎仙洞"石庙"表达的是以"隣氏"为中心的"八部联盟"，而拓跋氏只是其中的一个成员。"八石阵"不能表达以拓跋氏为中心、为领袖的地位。这与拓跋氏已经成为"八部联盟"的盟主、建立了强大国家的政治形势不相称。

　　其次，太武帝于太延五年（439年）令崔浩以司徒监秘书事，续修国史，却又于太平真君十一年（450年）因崔浩等所修《国事》尽述拓跋氏历史，详备而无避讳，诛杀崔氏及秘书郎吏以下。但拓跋氏的真实历史必已传入民间，如果再到嘎仙洞祭祖，徒增笑谈。

　　最后，继太武帝登基的文成帝，找到了一种新型祭祖方式——造佛像，破天荒地把"祭祖"与造佛像结合起来。据《魏书·释老志》，公元452年，"诏有司为石像，令如帝身。既成，颜上足下各有黑石，冥同帝体上下黑子"。454年，又在京城"五级大寺内，为太祖以下五帝铸释迦立像五，各长一丈六尺，都用赤金二万五千斤"。460年，令沙门统昙曜于京城西武州塞为五帝造石窟五所（即今云冈石窟16—20号窟）。此举首创祭祖即拜佛的先例，又可以掩饰拓跋氏祭祖的尴尬，影响深远。

六、太武帝"祭祖祝文"分析

　　嘎仙洞所刻的太武帝"祭祖祝文"，通高70厘米，宽120厘米。正文18行，计195字。刻工1行，6字，总计201字。全文如下（标点符号为本人所加）："维太平真君四年癸未岁七月廿五日，天子臣焘使谒者仆射库六官、中书侍郎李敞、傅㐸，用骏足一元大武、柔毛之牲，敢昭告于皇天之神：启辟之初，佑我皇祖。于彼土田，历载亿年。聿来南迁，应受多福，光宅中原。惟祖惟父，拓定四边，庆流后胤。延及冲人，阐扬玄风，增构崇堂，克翦凶丑，威暨四荒，幽人忘遐，稽首来王。始闻旧墟，爰在彼方。悠悠之怀，希仰余光，王业之兴，起自皇祖，绵绵瓜瓞，时惟多佑。归以谢施，推以配天。子子孙孙，福禄永延。荐于：皇皇帝天，皇皇后土，以皇祖先可寒配；皇妣先可敦配。尚飨！ 东作帅使念凿"。

　　关于此次祭祖活动《魏书·礼志》云："魏先之居幽都也，凿石为祖宗之庙于乌洛侯国西北。自后南迁，其地隔远。真君中，乌洛侯国遣使朝献，云石庙如故，民常祈请，有神验焉。其岁遣中书侍郎李敞旨石室，告祭天地，以皇祖先妣配。祝曰：天子焘谨遣敞等，用骏足一元大武，敢昭告于皇天之灵。自启辟之初，佑我皇祖，于彼土田，历载亿年，聿来南迁。惟祖为父，光宅中原，克翦凶丑，拓定四边。冲人纂业，德声弗彰，岂谓幽遐，稽首来王。具知旧庙，弗毁弗亡，悠悠之怀，希仰余光。王业之兴，起自皇祖，绵绵瓜瓞，时惟多佑，敢以丕功，配飨于天，子子孙孙，福禄永延。"

　　1. 主持这次祭祖的首席官员是谒者仆射库六官。"谒者仆射"，从四品。库六官，是乌桓族大姓，不是人名。《魏书·官氏志》云：北方氏族中有库褥官氏，库褥（ru）官，就是库六（lu）官。《北史·徒河段就六眷传》云：段就六眷的"伯祖日陆眷，因乱被卖为渔阳乌丸子大库褥官家奴"。由此可知，库褥官、库六官、库缛官皆是汉字记音，是乌丸族（乌桓族）的大姓。参加这次祭祖的另外两位官员李敞、傅免，中书侍郎，也是从四品官。他们可能是汉族人，无论如何，他们肯定不是拓跋族人。因为，魏孝文帝改革前，拓跋氏没有汉姓。

那么，祭祀"鲜卑人"的祖先，怎么没有鲜卑人？没有拓跋氏？据历史记载可知，鲜卑与乌桓原是一个民族。所以，太武帝派乌桓族的库六官主祭。但是，《魏书·礼志》恰恰没有提到库六官。这是因为后来乌桓族反对拓跋族，矛盾加深。

2. 太武帝称自己"阐扬玄风，增构崇堂"，也就是崇拜道教。但是，《魏书·礼志》却说"冲人纂业，德声弗彰"。大概因为他的灭佛运动，伤害了很多人，因此《魏书·礼志》做了篡改，也是对太武帝灭佛运动的否定。

3. 太武帝称其祖先为"可寒"、"可敦"。众所周知，可寒（可汗）、可敦是匈奴以北丁零、坚昆等民族（包括后来的柔然、突厥、回鹘、黠嘎斯等）对天子的称呼。而鲜卑人古代居住在"辽东塞外"，没有可汗、可敦的称号。公元207年，曹操破乌桓于柳城"斩其蹋顿"，可见鲜卑及乌桓族是使用匈奴的称呼。所以太武帝是用了"八部联盟"中纥骨氏及纯陀隣氏的称呼。因为落后的北夷索离人还没有形成天子的概念，他们早年还处在"无大君长"的时代。《魏书·礼志》则明智的删除了"可寒""可敦"的称号。

4. 太武帝祭祖文说"始闻旧墟，爰在彼方"。《魏书·礼志》说"自后南迁，其地隔远"。上述二文都是说明八部联盟以后，嘎仙洞被长期遗忘。从八部联盟的大约公元130年到443年只有313年，这也说明拓跋部早期的历史，靠口口相传，而无文字记录。这三百多年间，拓跋部经历了南迁，动荡，战乱，分裂，因而形成了文化断层。

5. 祭祖文的雕刻者，是"东作帅使念凿"。"东作"这一机构，《魏书·官氏志》无载。宋代有"八作司"，属于"将作监"。龙门石窟中就有宋代"东京（开封）八作司"修理石窟的铭刻。"东作"可能属于"将作大匠"。另外，所谓"俊足一元大武"就是祭祖用的牛；"柔毛之牲"就是祭祖用的羊。

总之，从嘎仙洞的考察到祭祖文的分析，使我们对拓跋氏是鲜卑人深表怀疑。

北魏太武帝这次祭祖活动，派出的官员是谒者仆射库六官，乌桓族人；中书侍郎李敞，汉族人。为什么偏偏没有拓跋部人？

这次祭祖到北魏灭亡（公元534年），共计九十多年，为何不再次祭祖？

"祭祖祝文"中，太武帝追称自己的先祖为"可寒"、"可敦"。可寒（可汗）、可敦是匈奴以北的民族如丁零人（铁勒、高车）以及后来的柔然人、突厥人等对天子的尊称。鲜卑人源于"辽东塞外"，并无此称呼。太武帝称祖先为可寒、可敦，为什么？

《魏书·礼志》等记载,太祖时"西向设祭,告天礼成","西向以酒洒天神主"。此时拓跋部位于今大同市以北地区,如果他们是鲜卑人,应该"东向"祭天才是,为什么西向设祭?

更为"不可思议"的是,公元520年,北魏孝明帝召见柔然(蠕蠕)主阿那瓌时,阿那瓌说"臣先世源由,出自大魏"。孝明帝回答说"朕已具知"(《北史·蠕蠕传》)。那么,号称鲜卑人的拓跋部,怎么又与柔然人(蠕蠕)同祖了呢?

《宋书·索虏传》《北齐书》称拓跋氏是索头,是李陵的后代,为什么?

七、小　结

拓跋部不是鲜卑人,是北夷索离国人。他们的始祖"毛"大约是公元前60年左右的人。在公元90年前后,推寅率部南迁"大泽"。公元130年前后,献帝邻氏主持了"八部联盟"。其中包括出自丁零族的纯陀邻氏、纥骨氏等。拓跋氏也是其中之一。嘎仙洞的"八石阵"就是八部联盟的标志,并成为石庙的"神主"。公元160年前后,诘汾率部第二次南迁匈奴故地,并成为鲜卑檀石槐的西部大人之一。公元443年,北魏太武帝派官员到嘎仙洞祭祖,本意是表达拓跋氏归宗于鲜卑族。但是,漏洞百出。所以后世北魏诸帝,不再来此祭祖。公元443年以后,到451年,太武帝在嘎仙洞修造祖庙,但未完工而中止。

尤其值得注意的是,嘎仙洞可能是古人类居住的洞窟。此次实地考察使我深刻认识到,嘎仙洞周围很适于古人类生存。大兴安岭北部林区自然环境的特点是:峰缓谷平,川多水浅,林木茂密,天寒风软。古人类只要会用火,就容易在这里生存。在嘎仙洞西南的扎赉诺尔,既发现了大约一万年前的"扎赉诺尔人",也发现了旧石器时代晚期的遗址[1]。而在嘎仙洞东北方向的黑龙江省呼玛十八站,也发现了旧石器时代晚期的遗址。嘎仙洞也应是古人类穴居之地。如果对嘎仙洞进行全面、科学的考古发掘,可能会有重大发现。

---

① 汪宇平:《扎赉诺尔蘑菇山旧石器时代晚期遗址》,《内蒙古文物考古文集》,中国大百科全书出版社,1994年。关于"扎赉诺尔人",自1927年始,陆续发现人类头骨化石15个,属于一万年前的"智人"。

图一　嘎仙洞外景

图二　嘎仙洞近景

图三　嘎仙洞前的森林

图四　嘎仙洞前的小溪

图五　考察嘎仙洞

图六　在嘎仙洞内记录

图七　在祭祖祝文铭前

图八　从嘎仙洞向外望

图九　在小溪边

图一〇　与考察者李晓敏博士

论拓跋部源自索离[*]

一、引　言

关于拓跋部的起源，古代就有起于黄帝之裔、起于东胡、起于匈奴等说[①]。近代史学家大多以"鲜卑"视之，如钱穆、郭沫若、吕思勉、白寿彝、田余庆、朱绍侯等先生[②]。孙进己提出"拓跋部是室韦先人中分出的一支"[③]。马长寿先生意识到突厥和拓跋部祖先都在匈奴以北的地方[④]。近年，郑君雷怀疑"拓跋鲜卑起源地靠近汉代高车分布的贝加尔湖地区，在第一次南迁后方到达包括嘎仙洞在内的呼伦贝尔一带"。他还认为"拓跋鲜卑"和"东部鲜卑"是"两个民族"[⑤]。总之，鲜卑、乌桓史的研究，自1915年丁谦先生发表论文以来，可谓汗牛充栋。但拓跋起源地问题，百余年来仍然是雾里观花[⑥]。

1980年7月30日，内蒙古呼伦贝尔盟文物管理站米文平先生首先在嘎仙洞内发现了北魏太武帝派官员所刻的"祭祖祝文"（443年）[⑦]。对此学者们给予极高的评价，特别是考古学家王承礼、张忠培、林沄、方起东评论：这是"东北考古学一项令人振奋的突破"，"也为研究东北历史地理和古代民族分布提供了一个崭新的、鲜明的坐

---

[*]　本文初载于《河洛春秋》2010年第2期，后载于《新疆师范大学学报》（哲学社会科学版）2012年第6期。

[①]　孙进己：《东北民族源流》第二章第三节，黑龙江人民出版社，1987年。

[②]　钱穆：《国史大纲》第十七章之一，商务印书馆，1996年；吕思勉：《中国通史》第二章第九节，新世界出版社，2008年；田余庆：《拓跋史探》，生活·读书·新知三联书店，2003年。

[③]　孙进己：《东北民族源流》第二章第三节，黑龙江人民出版社，1987年。

[④]　马长寿：《论突厥人和突厥汗国的社会变革》，《历史研究》1958年第3—4期。他在一条注释中说："突厥祖先系出鲜卑是不可能的，但与拓跋部落居住较近，'出于索国'之说或由于此故。"

[⑤]　郑君雷：《早期东部鲜卑与早期拓跋鲜卑族源关系概论》，《青果集——吉林大学考古系建系十周年纪念文集》，知识出版社，1998年。

[⑥]　达力扎布主编：《中国民族史研究60年》第四章第二节，中央民族大学出版社，2010年。

[⑦]　米文平：《鲜卑石室的发现与初步研究》，《文物》1981年第2期。

标"①。1983—1984年在日本举办"中国内蒙古北方骑马民族文物展",内蒙古自治区博物馆在展览图录中评价发现嘎仙洞说:"嘎仙洞即北魏拓跋鲜卑祖先居住的旧墟石室。这是迄今已知最早的有确切纪年并见于文献记载的少数民族遗迹。它的发现,对探讨拓跋鲜卑发源地和大鲜卑山方位等重要问题,提供了科学依据"(此处所引是1987年中文版《内蒙古历史文物》,内蒙古博物馆建馆三十周年纪念特刊)。此后,依此为据,考古学家论述了鲜卑族的南迁路线;历史学家及民族史学家则改写了鲜卑族的来源;历史地理学家则把大兴安岭改写成了"大鲜卑山"。

笔者于2009年9月应邀考察了内蒙古鄂伦春旗嘎仙洞,在写作《嘎仙洞遗迹考察》时,引发对拓跋部起源的研究,结果喜出望外②。廓清了历史疑案,证明拓跋部起源于古老的"北夷索离国"。笔者在考察时,对于拓跋部起源于鲜卑说即深表怀疑。第一,北魏太武帝这次祭祖活动,派出的官员是谒者仆射库六官,乌桓族人;中书侍郎李敞,汉族人。为什么偏偏没有拓跋部人?第二,这次祭祖到北魏灭亡(534年),共计九十多年,为何不再次祭祖?第三,"祭祖祝文"中,太武帝追称自己的先祖为"可寒""可敦"。可寒(可汗)、可敦是匈奴以北的民族如丁零人(铁勒、高车)以及后来的柔然人、突厥人等对天子的尊称。鲜卑人源于"辽东塞外",并无此称呼。太武帝称祖先为可寒、可敦,为什么?第四,《魏书·礼志》等记载,太祖时"西向设祭,告天礼成","西向以酒洒天神主"。此时拓跋部位于今大同市以北地区,如果他们是鲜卑人,应该"东向"祭天才是,为什么西向设祭?第五,更为"不可思议"的是,520年,北魏孝明帝召见柔然(蠕蠕)主阿那瓌时,阿那瓌说"臣先世源由,出自大魏"。孝明帝回答说"朕已具知"(《北史·蠕蠕传》)。那么,号称鲜卑人的拓跋部,怎么又与柔然人(蠕蠕)同祖了呢?第六,《宋书·索虏传》称拓跋氏是索头,是李陵的后代,为什么?

---

① 王承礼等:《东北考古的主要收获》,《东北考古与历史(丛刊)》(第一辑),文物出版社,1982年。

② 温玉成:《嘎仙洞遗迹考察》(《中国国家博物馆馆刊》2011年第10期)。该报告指出,拓跋部起源于北夷索离,先祖"毛"大约是西汉武帝末期人。五代祖越时强盛,诸部有99姓。六代祖推寅时沿着嫩江两岸南迁大泽,时当90年左右。"大泽"是扶余西部的大沼泽地。十三代祖隣氏时,建立"八部联盟",包括了丁零族的纥骨氏、纯陀隣氏。嘎仙洞中的"八石阵",是八部联盟的遗物,时当130年左右。十四世祖诘汾南移,进入匈奴故地,时当160年左右,成为檀石槐西部二十余邑之一。

二、"八石阵"显示的"八部联盟"

笔者考察嘎仙洞的重要收获之一，是在距洞口约70米处的地面上发现了"八石阵"。就是中央摆一块巨石，环绕着它摆了七块较小的石头。经观察，这八块石头不是从洞顶或侧壁崩塌下来的，也不是从洞内深处滚下来的，而是从洞外搬入，有意摆放的。

我们知道，漠北游牧民族自古有建造"石人""鹿石"以纪念亡者的传统。在内蒙古扎鲁特旗出土过"人面刻石"，证明拓跋部也有以石代表祖先或部落的习俗[①]。据此推测，"八石阵"是八个部落联盟的遗迹。《魏书·官氏志》云："初，安帝统国，诸部有九十九姓。至献帝时，七分国人，使诸兄弟各摄领之，乃分其氏"，"献帝以兄为纥骨氏，次兄为普氏，次兄为拓跋氏。弟为达奚氏，次弟为伊娄氏，次弟为丘敦氏，次弟为侯氏，七祖之兴，自此始也"。"普氏"即"须卜氏"；献帝为"隣氏"，也就是柔然（蠕蠕）所在的"纯突隣氏"[②]。这样形成了北魏政权核心的"八部大人"或"八国常侍"（398年确立）。又称"八国姓族"（404年立）、"八大人官"（414年立）。八石阵中，中央的大石头代表的是献帝隣氏，七块小石头代表的是结盟的其他七个部落，拓跋部只是七个部落之一。由此可知嘎仙洞所谓"石庙"就指的是八石阵。太武帝以后，北魏皇帝不再祭祖，也是因为八石阵所表达的是以纯突隣氏为中心的结盟仪式，而拓跋部是后来才成为该部落联盟的盟主。稍晚又有丁零乙旃氏、车焜氏加入联盟，共同成为北魏的"王室十姓"。

八部联盟中，纥骨氏亦称契骨氏，是丁零（铁勒、高车）人一支，原居住在丁零西部，与坚昆为邻。其中包含有投降匈奴的汉军官兵血统[③]。纯突隣氏也应是丁零人的一部分。而拓跋部则是来自北夷索离国。

---

　　①　王承礼等：《东北考古的主要收获》，《东北考古与历史（丛刊）》（第一辑），文物出版社，1982年。内称"扎鲁特旗查布嘎吐和白颜温都发现的人面刻石，大抵是鲜卑人崇祀祖先和部落大人的遗迹"。

　　②　见《北史·蠕蠕传》云，蠕蠕初起之时"依纯突隣部"。

　　③　《新唐书·回鹘传》附见黠嘎斯传："古坚昆国也……其种杂丁零，乃匈奴西鄙也……匈奴封汉降将李陵为右贤王，卫律为丁零王。后郅支单于破坚昆……郅支留都之。故后世得其地者，讹为结骨，稍号纥骨……众数十万，胜兵八万……人皆长大，赤发，皙面，绿瞳。以黑发为不祥。黑瞳者，必曰（李）陵苗裔也。"纥骨亦称契骨，起源于索国。

三、《魏书·序纪·力微纪》剖析

公元1世纪下半叶，拓跋部第一次南迁至"大泽"。第二次南迁由诘汾（第二推寅）率领数万骑南迁，战胜"九难八阻"，始居"匈奴之故地"（图一）。该地大约在今内蒙古察哈尔右翼前旗黄旗海周围。诘汾成为鲜卑檀石槐西部大人之一[1]，时当160年左右。诘汾去世后，遭受西部内侵，国民离散，约当205年左右。《力微纪》称："元年，岁在庚子（220年），先是，西部内侵，国民离散，依于没鹿回部大人窦宾。始祖（力微）有雄杰之度，时人莫测。后与宾攻西部，军败失马，步走。始祖使人以所乘骏马给之。"窦宾为报恩，以爱女妻之，并允许力微率所部北居长川。"积十数岁，德化大洽，诸旧部民咸来归附。"248年，并吞没鹿回部，控弦上马二十余万。这也标志拓跋部与鲜卑族的大混血之始。"没鹿回部"就是檀石槐的父亲（按，非生父）所在的"投鹿侯部"。檀的牙帐就设在弹汗山（今内蒙古兴和县之大青山），两地相距不远。258年，力微迁于盛乐（今内蒙古和林格尔县北）。261年，

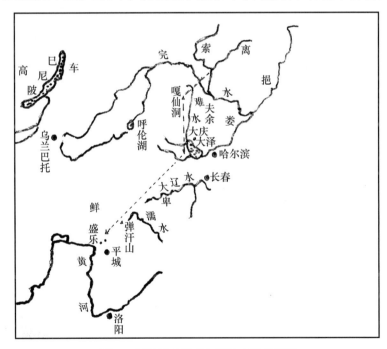

图一 拓跋部（索离）两次南迁示意图

---

[1] 参见《三国志·鲜卑传》所引《魏书》（按，不是魏收的《魏书》）云：约166年，"檀石槐乃分其地为中东西三部。从上谷以西至敦煌，西接乌孙为西部，二十余邑。其大人曰置鞬、落罗、日律、推演、宴荔游等，皆为大帅，而制属檀石槐"。

派儿子沙漠汗去曹魏国都洛阳为质子，西晋时仍留在洛阳，以解除朝廷的疑虑。至275年，沙漠汗才返回盛乐。

283年，沙漠汗再赴洛阳，当年冬获准返盛乐时，西晋武帝赐物丰厚。当此之时，"晋征北将军卫瓘以帝（指文帝沙漠汗）为人雄异，恐为后患，乃密启晋帝请留不遣。晋帝难于失信，不许。瓘复请以金锦赂国之大人，令致间隙，使相危害，晋帝从之。遂留帝。于是，国之执事及外部大人皆受瓘货"。285年才放沙漠汗回盛乐。该年春，沙漠汗回来不久，被诸部大人害死。"其年，始祖（力微）不豫，乌丸王库贤亲近任势，先受卫瓘之货，故欲沮动诸部。因在庭中砺钺斧。诸大人问欲何为？答曰：'上恨汝曹谗杀太子（沙漠汗），今欲尽收诸大人长子杀之。'大人皆信，各各散走，始祖寻崩。"

卫瓘的离间计，《晋书·卫瓘传》记述更加明确："泰始初……除征北大将军、都督幽州诸军事、幽州刺史，护乌桓校尉。至镇，表立平州，后兼督之。于时幽并东有务桓，西有力微，并为边害。瓘离间二虏，遂致嫌隙。于是务桓降而力微以忧死。朝廷嘉其功，赐一子亭侯，瓘乞以封弟，未受命而卒。"

这次离间成功，力微各部皆归于朝廷。《晋书·武帝纪》太康六年四月记曰："参离四千余落内附。""参离"即"索离"，指力微各部。这就是铁证。四千余落，以每落十户，每户五口计算，计为20万口。这项记载表明，当年力微各部尚无拓跋部之名，他们的来源也十分清楚，即是"参离"（索离）。《宋书》称之为"索虏"，乃索离的贬称。《晋书·慕容廆传》中，晋太尉陶侃称之为"索头"。《南齐书》称力微之孙为"索头猗卢"，皆此义也。

"索离"是北夷一个古老部落，从战国至东汉皆住在今黑龙江东岸的结雅河（清代称精奇里江）与布列亚河（清代称牛满江）流域。《后汉书·夫余传》讲了一个故事，"初，北夷索离国王出行，其侍儿于后妊身。王还，欲杀之。侍儿曰：'前见天上有气，大如鸡子，来降我，因以有身。'王囚之，后遂生男。王令置于豕牢。豕以口气嘘之不死。复徙于马栏，马亦如之。王以为神，乃听母收养，名曰东明"。后来过大河而南下，成为夫余国王。可知：索离与夫余有密切关系。

"索离国"在中国正史中，只有《晋书·裨离传》记载了十八个字："裨离国在肃慎西北，马行可二百日，领户二万。"索离怎么变成了裨离呢？原来，推寅第一次南迁时，索离大部南下，但留下了老弱残少余部。该地被邻近的"于离末利部"占据①，简称"于离"（裨离）。其时，当在公元2世纪上半叶。该部在唐代称"郡利

① "于离末利部"附见于《晋书·裨离等十国传》。其中提到267年裨离国、养云国、寇莫汗国、一群国至东夷校尉鲜于婴处"献其方物"。而290年有牟尼国、横卢国、于离末利国、蒲都国、绳余国、沙楼国至东夷校尉何龛处表示"归化"。前后两任东夷校尉，鲜于婴所记的裨离，就是何龛所记的于离末利。从而可知，裨离取代索离必在267年以前。鲜于婴因保护夫余失职，285年被撤职。

部"。《新唐书·黑水靺鞨传》："初,黑水西北又有思慕部,益北行十日得郡利部。"辽代称"乞列迷"部。《全辽志》卷九:"北山野人,乞列迷之别种,养鹿,乘以出入。"乞列迷,于离末利也。《金史》称吉里迷,《金史·国语解》中的"索伦语"就是"索离语"。元代称"吉烈迷",明、清称"索伦"。因女真部的祖先长期与之相邻,故用其古称索离(索伦)。今之鄂温克人(俄国称之为"埃文基人",雅库特人称之为"通古斯人")、鄂伦春人当属此部。当然,元明以来,该部也有迁向西北的一支,与铁勒融合;也有越过外兴安岭,向北进入雅库特人之中者。

四、南迁"大泽"的考古学文化及大泽遗民

90年左右,索离部推寅时率部"南迁大泽,方千余里"与扶余人共处。这个"大泽"往往被解读为呼伦湖。但呼伦湖周边远不足"方千余里"之数。其次,呼伦湖附近,水草丰美,而不是"厥土昏溟沮洳"的状态。这个"大泽"就是战国至南北朝时期末年存在的一个无名大沼泽地,大体上在今黑龙江省大同县至大庆以西,直到嫩江东岸,在大兴安岭东麓。参阅郭沫若主编《中国史稿地图集》上册第19、23、29、32、39、49、58、67页各图。而在谭其骧先生主编的《中国历史地图集》中,则没有标示出来。同样,嘎仙洞也在大兴安岭东麓。

我们认为,索离部第一次南迁的考古学遗存之一,是黑龙江省泰来县城北边的平洋砖厂墓地,位于"大泽"西畔。此处共发掘97座墓葬(土坑竖穴墓)。据杨志军等先生的研究,这批墓葬可以分出甲乙两种类型,并且有不同的来源。其中,以手制陶壶、陶碗为代表的是"平洋墓葬的主体因素"。他们表示:"平洋墓葬的主体因素找不到其起源的线索,可能是外来的。"[1]这一论断是正确的,它的"主体因素"来自公元1世纪下半叶从精奇里江流域迁来的索离人,其文化十分落后。此外,在讷河以北嫩江流域的二克浅文化(如M36)、红马山文化也是索离南迁的文化遗存,特别是"平底筒形罐"(例如二克浅M2:2、红马山F18:6)的出现。众所周知,平底筒形罐是辽西地区新石器时代独立的文化谱系。在红山文化时代,嫩江流域及呼伦贝尔地区也分布了这种文化。红山文化衰落后,到秦汉时代,平底筒形罐系统陶器仅见于黑龙江以北地区。是索离人再次把它们带到了嫩江流域。张伟先生在《红马山文化辨析》中指出"红马山文化是特征鲜明的、内涵简单的全新考古学文化。年代为西汉晚期到东

---

① 杨志军、刘晓东、李陈奇,等:《平洋墓葬研究——乙类墓析出的探索》,《北方文物》1996年第4期。又黑龙江省文物考古研究所:《黑龙江泰来县平洋砖厂墓地发掘简报》,《考古》1989年第12期。

汉时期"。"陶器……甚至衰落到低于第一阶段的发展水平"①。这种"全新考古学文化"是内涵简单的、低水平的，恰恰是索离人带来的文化。160年左右，诘汾率领索离及诸部第二次南迁时，仍有老弱残少余部留下，他们称作"乌洛侯"，可能以侯氏为主体。《魏书·乌洛侯国传》说他们"无大君长，部落莫弗，皆世为之。其俗绳发，皮服，以珠为饰"。绳发，也称索头，是东亚北部丁零民族一种古老的风俗。魏收撰《魏书》时，避开敏感的"索头"，代之以"绳头"。正因为如此，太平真君四年（443年）三月，乌洛侯使臣才向太武帝报告："其国西北有国家先帝旧墟石室。"使臣为什么不说"有贵国先帝旧墟石室"，而说"有国家先帝旧墟石室"呢？很显然，他们有共同的"先帝"。

世代居住在嫩江西岸的乌洛侯部，在唐代容纳了室韦一部而成为乌洛护部。辽代为"乌古"各部，元代的"兀良合"，应是其后裔。明、清时代，该部去向不明。而第二次南下的索离部则与鲜卑、乌桓通婚，形成拓跋部。特别是孝文帝迁都洛阳后（493年），拓跋部最终融合于汉族之中了。

五、猗卢自命鲜卑

自诘汾率数万骑南下匈奴故地，至力微吞并鲜卑没鹿回部，计约80年。他们早与鲜卑、乌桓等族通婚。力微有一位夫人，就是没鹿回部大人窦宾之女。

力微（182—285）的儿子禄官掌权时（约296—308年，称昭皇帝），三分其部众，他自领东部。沙漠汗的两个儿子，猗㐌（？—305）领中部，居于今内蒙古凉城县岱海之北。他用五年时间向西征讨，略地二十余国。受晋封为"大单于"，给以金印②。他还曾出兵救过晋东嬴公司马腾，因此，刘琨"表其弟猗卢为代郡公"（《晋书·刘琨传》）。沙漠汗的另一个儿子猗卢则领西部，居盛乐。禄官死后（308年），他统一了三部，控弦四十万。312年八月，晋朝封他为"代公"（代郡公），315年二

---

① 张伟：《红马山文化辨析》，《北方文物》2007年第3期。
② 1956年，考古工作者在凉城县蛮汗山南部沙虎子沟（小坝子滩）发掘一个窖藏，出土了一块四动物金饰牌，背面錾有"猗㐌金"三个字，证明此处是猗㐌驻地。同时出土的还有金兽、金戒指、三枚印章："晋乌丸归义侯""晋鲜卑归义侯""晋鲜卑率善中郎将"。见李逸友：《内蒙古出土古代官印的新资料》，《文物》1961年第9期。有学者据此研究鲜卑文化。甚至用以研究"拓跋氏族源"以及"祖源神话"。见陈棠栋、陆思贤：《鲜卑动物形装饰中反映的拓跋氏族源与祖源神话的创作》（《辽海文物学刊》1993年第2期）。依笔者之见，这批文物中的动物金饰牌、金兽等物，是猗㐌五年间西略二十余国的战利品，并不代表鲜卑文化。

月又封为"代王"。后因"父子相图"，316年三月病死。其众三万人归于刘琨[1]，史称穆帝。

自猗卢起，自命鲜卑。《南齐书·魏虏传》云："晋永嘉六年（312年），并州刺史刘琨为屠各胡刘聪所攻，索头猗卢遣子曰利孙，将兵救琨于太原。猗卢入居代郡，亦谓鲜卑，被发左衽，故呼为索头猗卢。"[2]索头者，就是编发于头上。猗卢自称鲜卑，或许他的母亲是鲜卑人[3]。自猗卢起，不见经传的索离人，改宗于鲜卑，借以与中原诸族对接。此后北魏诸帝相延，有意抹杀源自索离的历史。太武帝拓跋焘时，甚至杀掉了敢于写真实《国记》的司徒崔浩及其宗族、姻亲、学生。《魏书·崔浩传》述及太平真君十一年（450年）六月诛杀崔浩的原因是："初，郤标等立石铭，刊《国记》。浩尽述国事，备而不典。而石铭显在衢路，往来行者咸以为言，事遂闻。"崔浩典史，所作《国记》，应是编年体史书。北齐天保二年（551年）魏收对文宣帝说："臣愿得直笔，东观早出魏书。"文宣帝高洋回答说："好。直笔。我终不做魏太武诛史官！"

因此，《魏书·序纪》中关于拓跋部起源于黄帝、起源于大鲜卑山的说法"都是捏造出来的"[4]，借用了《山海经》等的传闻。嘎仙洞祭祖祝文发现以后，许多学者误以为找到了拓跋部的真正发源地，连谭其骧、郭沫若等先生主编的中国历史地图，都把大兴安岭标作"大鲜卑山"了[5]。大鲜卑山者，子虚乌有也[6]。已有几位学者指出了这一点。中国古代确实有个"鲜卑山"，在"辽东塞外"，位置不详。有学者认为在内蒙古科尔沁左翼中旗附近。

值得关注的还有索头与李陵的关系问题。《宋书·索虏传》称："索头虏，姓拓跋氏，其先汉将李陵后也。陵降，匈奴有数百千种，各立名号，索头亦其一也。"此等说法，应得自索头人的传说，亦非空穴来风。拓跋十大姓中，有纥骨氏、乙旃氏原是高车部（丁零）人。纥骨氏在"八大部落联盟"时是排在首位的兄长。据《汉书·匈奴列传》可知，公元前99年九月，李陵投降匈奴，所部4600人亦同时被俘。被匈奴任命为"右校王"，专门负责镇守匈奴西部，公元前77年病死后，他的儿子继

---

① 《晋书·孝怀帝孝愍帝纪》。据《晋书·刘琨传》：刘琨率猗卢等讨伐刘聪，"寻猗卢父子相图，卢及兄子根皆病死，部落四散。琨子遵，先质于卢，众皆服之。及是，遵……率卢众三万人，马牛羊十万，悉来归琨"。

② 猗卢之子利孙，即是守卫平城的六修。同音异译而已。

③ 沙漠汗正妻封氏，不详何族。沙漠汗另外的夫人，史无记载。

④ 吕思勉先生语，参见吕思勉：《中国通史》，新世界出版社，2008年。

⑤ 谭其骧主编：《中国历史地图集》第二册"鲜卑等部图"，地图出版社，1982年；郭沫若主编：《中国史稿地图集》上册"西汉时期形势图""东汉时期形势图"，中国地图出版社，1996年。

⑥ 陶克涛：《论嘎仙洞刻石》，《民族研究》1991年第6期。

任。公元前56年还参与了拥立匈奴单于的纷争中。在李陵投降前，早有胡人卫律投降匈奴，被任命为"丁零王"，拥兵数万。在俄国贝加尔湖畔乌兰乌德市南16千米的"伊沃尔加匈奴城址"（东西宽200米，南北长348米），可能就是"丁零王"卫律的城堡[①]。当地的布列亚特人称作"中国地"。公元前90年三月，贰师将军李广利投降匈奴，三位将军所部13万人中大部投降。大批汉军官兵投降后，渐渐与匈奴人及丁零人融合，形成新的部落。纥骨氏也许就是一个这样的部落。后来他们的一支东进，加入了索离的联盟，这就是李陵在索头中传为始祖的历史背景。因为李陵是降将，所以太武帝也不愿承认是李陵的后代。

六、小　　结

拓跋部的族源是北夷"索离"。原居黑龙江以北地区。他们的始祖"毛"，大约是公元前60年左右的人。六代祖推寅时（约90年）率部南迁，沿大兴安岭东麓、嫩江两岸，南下至"大泽"。十二代祖献帝隣氏时，结成"八部联盟"，其中有丁零族的纥骨氏、纯突隣氏。时在130年左右。十三代祖诘汾（第二推寅）率数万骑南下匈奴故地，时当160年左右，成为鲜卑族檀石槐的西部大人之一。力微时再度振兴，控弦之士二十万。248年并吞鲜卑没鹿回部，是拓跋部与鲜卑族大混血的标志。西晋幽州刺史卫瓘使用离间计，瓦解力微诸部，285年，使得"参离四千余落内附"，确证"力微诸部"属于"参离（索离）"。此后，猗卢强盛，自称鲜卑（312年）。北魏诸帝沿袭之，以与中国历史"对接"。北齐时魏收所撰的《魏书》，虽然自称"直笔"，但在当年已是"众口沸腾"，"时论以为不平"。隋文帝则以为"不实"。今以《魏书》所述拓跋部起源观之，所评至为公允。然吾等生于1500年后，终于解此千古疑案，实亦大快人心之事也[②]。

附记：从王巍、孟松林主编《呼伦贝尔民族文物考古研究》（第三辑）（科学出版社，2015年）得知《东北师大学报》（自然科学版）2007年第4期发表了于长春等著《拓跋鲜卑与四个北方少数民族间亲缘关系的遗传学分析》，结论是拓跋部"与鄂伦春人之间更近的亲缘关系……其次是鄂温克族"。这个结论，证明拓跋部起源于索离人是完全正确的。

---

① 参见《中国大百科全书　考古学》，中国大百科全书出版社，1986年，第606页。

② 关于索离国及其文化，也有人作过推测。例如王禹浪、李彦君在《北夷"索离"国及其扶余初期王城新考》中，认为在黑龙江省宾县庆华遗址、巴彦王八脖子遗址。陈国良主张在肇东市金代八里城遗址之南七棵树的地方。也有人认为"白金宝文化"是索离遗址（扶余文化）等。详参《黑龙江民族丛刊》2003年第1期。

论锡伯族源自高车色古尔氏[*]

一、引 言

关于锡伯族的来源，清代即有二说。其一，锡伯族与满族都起源于女真族[①]。其二，锡伯族起源于鲜卑族[②]。1949年以后，又有新说，认为锡伯族和鄂伦春族同祖，起源于黄头室韦[③]。许多学者为此做了大量研究工作，写了不少论著。达力扎布主编的《中国民族史研究60年》，设专题罗列了各家之说[④]。纵观各家所论，都是依据明后期及清代以来的资料，论说古老的锡伯族来源。六十年来，因循旧说，无甚进展，不能不令人感到疑惑。

笔者是一个考古学者，并不是专攻民族史的学者，但与锡伯族有一段特别因缘。2008年7月，笔者在新疆库车出席龟兹学会年会时，认识了中央民族大学教授、锡伯族著名学者关也维先生，时年81岁。他说：我们民族传说，锡伯族起源于贝加尔湖畔。我闻之颇感兴趣，且问有何根据？他回答：历代传说而已。

二、萨满神歌透露出的历史信息

俄国人H·克罗特科夫（1869—1919）于1894年在新疆搜集到锡伯族的《萨满华兰书》。该件用汉文抄写于清光绪三年（1877年）。这些清朝抄写的萨满神歌，尽管使用了清朝的语言（例如满语"卡伦"，哨所之意），但仍然保留了一些古老的信

---

[*] 原载《新疆大学学报》（哲学·人文社会科学版）2011年第1期。

① （清）杨宾：《柳边纪略》卷一。

② （清）何秋涛：《朔方备乘》卷三十一。

③ 赵展：《锡伯族源考》，《社会科学辑刊》1980年第3期。孙进己也持此说，见《东北民族源流》，第九章第三节，黑龙江人民出版社，1987年。

④ 达力扎布主编：《中国民族史研究60年》，第三章第五节二、锡伯族史研究，中央民族大学出版社，2010年。

息。相关资料可参看注①。

　　萨满神歌甲歌《毕尔合里路神歌》及乙歌《通过十八个卡伦神歌》得自古老的传说，透露了锡伯族原住地及其迁移路线的重要信息。这两部神歌是萨满师傅带领徒弟通过十八个卡伦的仪式之歌。《毕尔合里路神歌》实际说了14个卡伦，《通过十八个卡伦神歌》实际说了16个卡伦。两者互有异同。今列表以明之（表1）。

表1　锡伯族萨满神歌所说的十八卡伦比较表

卡伦 / 资料	甲、毕尔合里路神歌	乙、通过十八个卡伦神歌
1	耶古里峰	三个萨满华兰
2	褐色荒原	淡白荒原
3	诺穆河	平旷荒原
4	红柳林间	诺穆河之源
5	楚公河	红柳林间
6	红色荒原	黄色荒原
7	葛很荒原	初满河之源
8	色胡里峰	黑木森林
9	绿色原野	色胡里岭
10	黑色森林	绿色原野
11	泥沙河	圣古里河之源
12	九位萨满场院	苏穆布尔河之源
13	纳吉里河	布尔堪巴克西华兰
14	苏穆布尔沟	苏穆布尔岭
15		伊西海河之源
16		伊金河之源
17		
18		

　　按，清代"锡伯家庙"在沈阳市和平区皇寺路的太平寺，始建于1707年，寺内有汉文和满文碑。

1. 锡伯族的原住地在今蒙古国色楞哥河北支上游的苏古尔湖

　　乙歌的第九个卡伦称作"色胡里岭"，而过此卡伦时"有我们色古尔氏的五个虎莽恩阻拦不让通过"，"在洪恩珠妈妈的求情下才让通过"。甲歌第八个卡伦称

---

　　①　上述资料转引自仲高、贺灵、佟克力等合著：《锡伯族民间信仰与社会》，民族出版社，2008年。

作"色胡里峰",有"舍古鲁氏的艾路、凯路、阿路里、苏拉里、阿琪墨尔根莽恩阻拦不让从色胡里峰通过","干陈妈妈、石头萨音莽恩、色类萨音章京驾到才让通过"。

乙歌第九卡伦明确表达为"我们色古尔氏",应该就是甲歌所说的"舍古鲁氏"。另外,在《玛法妈妈的神歌》中,第一句就唱到"色目尔河源的两位玛法妈妈……怜悯黑头人儿"。从而可知色古尔氏就是舍古鲁氏,同音异译而已。该氏族得名于"色目尔河"。这条河就是今蒙古国北部注入贝加尔湖的色楞哥河。该河上游分南北二支,北支今称埃格河,发源于库苏古尔湖,该湖自古称"苏古尔湖",清代始称"库苏古尔湖"。小河向东流,折向北,注入贝加尔湖。色楞哥河在中国隋代称作"娑陵水",唐代因之。辽代称"薛灵哥河",皆"色古尔""舍古鲁""色目尔"的同音异译。因此,可以认为蒙古国库苏古尔湖与贝加尔湖之间的地区,今蒙、俄两国交界地区,就是锡伯族的原住地。

2. 锡伯族的迁移路线

锡伯族的迁移路线被称作"毕尔合里路",也就是从贝加尔湖南畔走向贝尔湖草原之路。中国古代称贝加尔湖为"北海"。到东晋时代才得知当地人称之为"巳尼陂(sinibo)"。贝尔湖,古称捕鱼儿海,写作"布雨尔",也就是贝尔湖。这条向东南方向去的迁移路线,要经过山脉、荒漠、草原、森林、河流等艰难漫长之路。据《魏书·乌洛侯国传》所说,从贝加尔湖到乌洛侯国行程需二十日(依据现代地图,从大庆到俄罗斯的乌兰乌德直线距离是1300千米)。

甲歌所说的第三个卡伦"诺穆河",就是乙歌所说的第四个卡伦"诺穆河之源"。可以考证为今蒙古国的鄂嫩河,辽代称"斡难河",金代因之。皆是同名异译。甲歌所说的第五个卡伦"楚公河",就是乙歌第七卡伦的"初满河"。可以考证为今之克鲁伦河。该河辽代称"胪朐河",金代称"怯绿连河"。其中以"怯绿连"与"楚满"对音相当。

上述之鄂嫩河、克鲁伦河是由贝加尔湖南畔走向贝尔湖草原必须渡过的两条大河,并且次序也是先过鄂嫩河(诺穆河),后过克鲁伦河(楚满河)。神歌反映了迁移路线的历史真实性。

当然,甲乙二神歌中还有许多地名,有待进一步考证。其中的"苏穆布尔河之源""苏穆布尔岭"等,应在贝加尔湖以东至嫩江(古称难水、那水)之间求之,是否是今内蒙古阿尔山市的苏呼河及南侧的太平岭,有待考证。乙歌还说,到了第十五个卡伦"伊西海河之源"时,不再有人阻拦,而是有"三位神姐"允许他们通过,这表明此次迁移快到终点了。伊西海河(伊萨哈河)及伊金河的地望,应属嫩江流域的支流,亦有待考证(图一)。

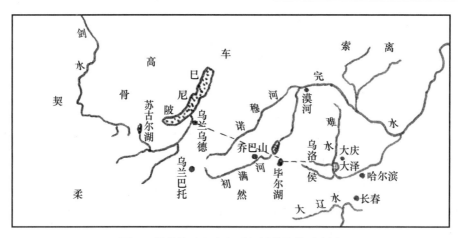

图一　锡伯族（色古尔氏）迁移路线示意图

三、锡伯族的迁移时代

众所周知，在中国两汉时代以来，居住在贝加尔湖周边的是古老的丁零人。色古尔氏（舍古鲁氏）应是丁零人的一部分。丁零人长期在匈奴单于的统治之下。公元前71年，乌孙、丁零、乌桓联合攻击匈奴。48年，匈奴分裂为南北两部。85年，丁零、鲜卑、南匈奴、西域从四面夹攻北匈奴。90年后，匈奴西遁。丁零（后来称铁勒，高车）也渐渐强大起来。有纥骨氏的一支，东迁大兴安岭东麓，与索离人（所谓"拓跋部"）等结成"八部联盟"，后来成为北魏的八大国姓[①]。2世纪中叶，鲜卑檀石槐称霸漠北草原。此后柔然崛起，建立了"柔然汗国"（402—554年）。这期间，贝加尔湖东南的铁勒各部被称作"东部高车"。429年，北魏太武帝攻破柔然后，随即北上攻东部高车。半个多世纪后，西部高车人西迁至新疆北部，建立了"高车王国"（487—约540年），一度被柔然伏跋可汗消灭，后又复国。

《魏书·蠕蠕传》称，429年八月"世祖征蠕蠕破之而还至漠南，闻高车东部在巳尼陂，人畜甚众，去官军千余里……乃遣（安）原等，并发新服高车合万骑，至于巳尼陂。高车诸部望军而降者数十万落，获马牛羊亦百余万，皆徙止漠南千里之地……由是国家马及牛羊遂至于贱，毡皮委积"。

高车色古尔氏（舍古鲁氏）必然是此次战役中的"望军而降者"，也因此被"徙

---

① 温玉成：《嘎仙洞遗迹考察》，《中国国家博物馆馆刊》2011年第10期。2009年9月，笔者应邀考察了内蒙古鄂伦春自治旗嘎仙洞。同时参加考察的有郑州大学李晓敏博士。内蒙古大学王庆宪教授也在场协助工作。此行最重要的收获是在洞内地面上发现了"八石阵"，这是八个部落联盟盟誓遗迹。《魏书·官氏志》记载，献帝（隣部）时领导的七部是：纥骨氏、普氏、拓跋氏、达奚氏、伊娄氏、丘敦氏、侯氏。共为北魏的"八大国姓"。

止漠南千里之地"。早在太祖道武帝时，对于被征服者采用"分散诸部"的政策。但是，"唯高车以类粗犷，不任使役，故得别为部落"。换言之，对于被征服的高车各部，仍保留其原有的氏族结构而不加拆散。色古尔氏（舍古鲁氏）虽然需要迁移，但仍允许保留原有氏族体制。至于为什么要把色古尔氏（舍古鲁氏）迁往嫩江（那河），大概是因为嫩江流域有他们同族的后裔[①]。神歌中说迁移时遇到了"我们色古尔氏"，也证明了这一点。

由此可知，高车色古尔氏（舍古鲁氏）从贝加尔湖迁至嫩江流域是在429年以后不久。因为他们世代居住在巳尼陂，或许当地人以地名称之为"巳尼陂人"。巳尼陂（sinibo）又被省读成锡伯（sibo）。《魏书·乌洛侯国传》特别指出，乌洛侯"又西北二十日行，有于巳尼大水，所谓北海也"。可见两地有特殊关系。贝加尔湖是西伯利亚最显著的地理标志，平均深度730米。5世纪出现的Sibo一词，也许就是"西伯利亚"一词的词根。此有待详考者。

四、关于"黑头人"

锡伯族萨满神歌中，有两首特别提到"黑头人"。其一，《玛法妈妈的神歌》中说"（玛法妈妈）睁开金眼，怜悯黑头人儿"。其二，《请神歌》中说"在上天的先祖们，将小孙儿派到人间来伺候生灵，将黑头的人儿服侍的缘故"。

众所周知，两汉时代以来，丁零部西邻是坚昆部。坚昆人是黄头发的白种人。《新唐书·黠戛斯传》云"黠戛斯，古坚昆国也……人皆长大，赤发，皙面，绿瞳。以黑发为不祥。黑瞳者必曰（李）陵苗裔也"。锡伯族萨满神歌中强调神灵护佑黑头人（黑头发的人），正反映了历史上高车与坚昆交界，两种族杂居的历史状况。反之，坚昆人认为"黑发为不祥"，也是种族偏见所致。从蒙古国地图上可以看到，叶尼塞河（古代称剑河、谦河）上游的一支，叫小叶尼塞河及希希黑德河，就在苏古尔湖的西侧。由此可知，古代高车人居住在苏古尔湖的北岸、东岸、南岸；而古代坚昆人居住在苏古尔湖的西岸。他们相互毗邻，必有杂居。黑头人的故事再一次证明了色古尔氏原住地就在苏古尔湖附近。

---

① 关于乌洛侯国的来源，参阅温玉成：《嘎仙洞遗迹考察》，《中国国家博物馆馆刊》2011年第10期。

五、简评"鲜卑说""女真说""室韦说"

我们已经论证过，北魏时的拓跋部源自北夷索离国。原住地在今黑龙江之东北，精奇里江（俄国称结雅河）流域。90年前后，他们南迁大兴安岭东麓的"大泽"，大约在今黑龙江大庆以西，嫩江以东地区的大沼泽地（此"大泽"在北朝末年消失，时人多以为此"大泽"是今呼伦贝尔湖，非是）[①]。迁移后，与铁勒的纥骨部、纯突隣部等结成"八部联盟"。第二次南迁至匈奴故地，始自称鲜卑。留在原地的部分，称作"乌洛侯国"[②]。作为东胡一支的鲜卑人，原居"辽东塞外"，保鲜卑山。大体方位在长春市西南方向，与乌桓同族。所以，鲜卑人与锡伯人，一在东南，一在西北，相距数千里，并无关系。只是在锡伯族迁移到乌洛侯国北部的嫩江流域后，才与"八部联盟"人的后裔共存一个地区。八部联盟中的拓跋部（索离人），自猗卢（308—316年执政）起自称"鲜卑"，因此之故，锡伯人才与"鲜卑"发生了关联。

索离人的一部南迁后，留居原地的索离等部，又称"神离"。从东汉至唐代，长期与黑水靺鞨的祖先为邻。靺鞨人后来建立了金国。《金史·国语解》中，保存了不少索伦语（即索离语），就是两族交流的铁证。女真继承金人，始建后金，继而改为大清。所以，女真人中含有索伦文化，锡伯族也受过拓拔（索离）的影响。锡伯族萨满保存的神歌《索离扬克》，应来自索离人。

至于"室韦说"，可谓是一大误解。室韦之名，起自北朝，原居于嫩江之东北方向。北朝以前，于史无闻。而锡伯族早于429年后不久已移居嫩江以西之地。蒙兀室韦，源自额尔古纳河流域。蒙元称霸后，影响深广。嫩江流域，犹属腹内。乌洛侯国（唐代称乌洛护、辽代称乌古各部）在山林的部分，被称为林木中百姓兀良哈。锡伯族人，唯有归属蒙古而已，时至13世纪初叶矣。锡伯族语被认为是"非满非蒙"的吉普西语，也证明他们与室韦并无渊源关系。

总而言之，锡伯族约自430年迁至嫩江流域，到中华人民共和国成立的1949年，已经历了1519年的漫长岁月。他们与周边民族相互影响，甚至相互融合，从而在各方面都发生了巨大变化。民族学界主张搞民族现状调查，这是十分必要的。但是，如果我们仅仅用现存的锡伯族语言、风俗、文化表象来探讨他们的族源，必然陷入主观臆断

[①]　关于"大泽"的位置，参看郭沫若主编：《中国史稿地图集》上册，中国地图出版社，1996年版，第19、23、29、32、39、49、58、67页各图。

[②]　嘎仙洞考察，使我们对拓跋部是鲜卑人深表怀疑。深入研究证明，拓跋部原来是北夷索离国人。从力微之孙猗卢开始，才自称"鲜卑人"。千年公案，始作了断。详论参阅：温玉成：《论拓跋部源自索离》，《河洛春秋》（内刊），2010年第2期。

的谜团之中。只有深入的考古学调查，求得该民族最古老的信息，找到根源，才有可能做出正确的判断。这是我们最深刻的体会与收获，也是研究工作方法论的大问题。

六、小　结

锡伯族起源于古老的丁零部（铁勒、高车）色古尔氏（舍古鲁氏）。429年，北魏太武帝攻破东部高车时，望军而降，后被迁移到嫩江流域。

色古尔氏（舍古鲁氏）原住地在今蒙古国西北部库苏古尔湖周围。库苏古尔湖古代叫苏古尔湖，清代改称库苏古尔湖。从而可知：色古尔氏（舍古鲁氏）因苏古尔湖而得名。"色楞哥河"名称也由此演变而来。

"巳尼陂"是东晋以来，当地人对贝加尔湖的称呼。5世纪以后被省称为"巳陂"，后来又演变成"西伯"。这既成了锡伯族的名称来源，又成了"西伯利亚"一词的词根。

历史上丁零部（高车）与坚昆部分界线不很明确，谭其骧、郭沫若等先生主编的中国历史地图，未能解决这个问题①。我们的研究表明，丁零部与坚昆部的分界线，就在蒙古国北部苏古尔湖的西岸。

上述这些重要历史信息的获得，不是来自正史及官方文献，而是来自锡伯族萨满一千五百年来世世代代吟唱的"神歌"，这使我们惊叹不已，这种非物质文化遗产极为宝贵！

---

① 谭其骧主编：《中国历史地图集》第四册，"柔然等部图"，地图出版社，1982年；郭沫若主编：《中国史稿地图集》上册，"北魏、南齐时期形势图"，中国地图出版社，1996年。

《元史·姚枢传》"曲先脑儿"考

《元史·世祖纪》一，记载岁壬子（1252年）"夏六月，（忽必烈）入觐宪宗于曲先脑儿之地，奉命帅师征云南"。查谭其骧《中国历史地图集》第七册元代"岭北行省图"可知，是"军脑儿"被译成"曲先脑儿"。其地在今乌兰巴托东南约150千米的地方。

《元史·姚枢传》记云，"壬子（1252年）夏，从世祖征大理，至曲先脑儿之地。夜宴，枢陈宋太祖遣曹彬取南唐不杀一人、市不易肆事。明日，世祖据鞍呼曰：'汝昨夕言曹彬不杀者，吾能为之，吾能为之！'枢马上贺曰：'圣人之心，仁明如此，生民之幸，有国之福也。'明年，师及大理城，饬枢裂帛为旗，书止杀之令，分号街陌。由是民得相完保"。这里提到的"曲先脑儿"被许多人解释为"军脑儿"（君脑儿）。

但是，忽必烈征大理的行军路线是1253年，从六盘山启程，八月到达临洮。又南下忒拉（据考证，在甘南迭部县达拉乡），取中道，过四川省大金川，至曼陀城（在四川省汉源县）留下辎重。十月，过大渡河、金沙江。十二月，南下平大理。姚枢作为忽必烈的随从官吏，怎么会自己向东北走1400千米到军脑儿（曲先脑儿）去了？

唯一合理的解释是，忽必烈大军过金沙江时"摩沙蛮主迎降"，也就是丽江的纳西族土酋阿宗阿良主动投降。由于没有战事，所以蒙古军队从丽江南下70千米在剑川休整，举行夜宴。从剑川再南下70千米就是大理北边的重镇邓川了。换言之，这次"夜宴"是攻取大理决战的前夕，为避免忽必烈有屠城之举，姚枢在关键时刻给忽必烈讲了曹彬不杀一人的故事。剑川的"剑湖"被蒙古语译成了"曲先脑儿"。"军""剑"二字，在蒙古人听来是一样的。

"脑儿"，是蒙古语湖泊的意思。元朝时称青海湖为"颗颗脑儿"，称扎陵湖为"阿剌脑儿"，称星宿海为"火敦脑儿"，称斋桑泊为"台罕脑儿"，称吉尔吉斯湖为"叶里干脑儿"等。

清代蒙古人入新疆，把罗布海称为"罗布淖尔"。

说 "马人" *

1. 山普拉古墓的 "马人壁挂"

1983年，在新疆洛浦县山普拉古墓群2号墓中，出土了一件 "马人壁挂" 毛织品，长120、宽48.2厘米，上部是 "马人"，下部是武士（图一）。新疆维吾尔自治区文物事业管理局等单位主编的《新疆文物古迹大观》中解释说："古代有关马人的传说，多见于希腊罗马神话中。"①祁小山、王博编著的《丝绸之路·新疆古代文化》中，进一步解释说："马人是希腊罗马的神话传说，有学者认为武士形象和缂毛织法是中亚风格和技术。"②2009年，新疆文物局等单位主编的《新疆历史文物集萃》则直接断言，该 "马人武士毛织壁挂"，"上方是古代希腊神话中的马人，下面为一武士——具有中亚地区缂织的技术特色"③。

2. 关于希腊的 "马人"

在希腊东海岸外的埃维亚岛上的莱夫肯迪古墓中，考古工作者曾发掘出一件 "马人" 小陶像，时代为公元前800年左右。该像的结构是，前面是直立的人像（阴部有圆孔，似代表女性），腿下无脚。臀部接马身及两后腿，腿下无蹄。通体为浅褐色，绘以深褐色装饰条纹：三角纹、菱格纹等④（图二）。这证明，在古代希腊确实存在关于 "马人" 的传说。

---

* 原载《陕西历史博物馆馆刊》（第18辑）（三秦出版社，2011年）。

① 新疆维吾尔自治区文物事业管理局、新疆维吾尔自治区文物考古研究所、新疆维吾尔自治区博物馆，等编：《新疆文物古迹大观》，"马人武士壁挂图"，新疆美术摄影出版社，1999年，第89页。

② 祁小山、王博：《丝绸之路·新疆古代文化》，"壁挂局部"，新疆人民出版社，2008年，第66—67页。

③ 新疆维吾尔自治区文物事业管理局、新疆维吾尔自治区文物考古研究所、新疆维吾尔自治区博物馆，等编：《新疆历史文明集粹》，"马人武士毛织壁挂"，新疆美术摄影出版社，2009年，第121页。

④ 〔英〕彼得·阿克罗伊德著，冷杉、冷枞译：《古代希腊》，生活·读书·新知三联书店，2007年，第22页。

图一　马人武士壁挂图

图二　希腊"马人"小陶像

另外，在古典的荷马史诗《伊利亚特》中，也提到了在希腊北部山区有关拉皮泰人与"马人"斗争的故事。"马人"代表野蛮的自然力量，狂暴而不受羁绊①。

那么，是不是古代希腊的神话传到了中亚及中国呢？我们知道，马其顿王亚历山大东征中亚（公元前334—前326年），在中亚留下了希腊文化。而在东汉时代，马其顿和希腊的使臣到过国都洛阳。《后汉书·西域传》序言中说，班超定西域后"于是远国蒙奇、兜勒皆来归服，遣使贡献"。对此汉和帝永元十二年（100年）"冬十一月，西域蒙奇、兜勒二国遣使内附。汉和帝赐其国王金印紫绶"。蒙奇国就是今马其顿，兜勒国就是今希腊。尽管希腊文化对中亚产生过影响，但关于马人的神话我们却无从考究。

3. 山普拉"马人""武士"形象分析

山普拉壁挂中的"马人"，是一个人骑在马上，但省去了马头，而人的左腿合成了马的左侧前腿，结合得自然而生动。此人头戴尖顶软帽，后边飘着带子。双手持一根长长的管子在吹奏。肩上披斗篷，迎风飘荡。马做奔驰状，尾巴甩开。人和马的形象，写实感很强，还有一点浪漫气氛。下边的武士，身体健壮，头发浓黑，垂向后脑。直鼻、大目、黑瞳。额头上部束以黄色的带子，表示他是豪族。身穿双领下垂式外衣，腰间束带。右手持一长矛。总之，马人和武士的形象，是蒙古人种的形象，与希腊人或中亚昭武九姓人的形象大异其趣。那么，马人及武士表现的是什么人呢？

———————————

① 王焕生：《古希腊艺术的人本精神》，《古代希腊：人与神》，中国社会科学出版社，2004年。

4. 北丁零人（"马胫国"）

其实，中国古代早有关于"马人"的传说，何需"言必称希腊"。《三国志·魏志·乌丸等传》引《魏略》（魏国鱼豢撰《魏略·西戎传》）云："北丁零国，在康居北，乌孙西，胜兵六万。乌孙长老言，北丁零有马胫国，其人音声似雁鹜。从膝以上，身、头，人也。膝以下生毛，马胫、马蹄，不骑马而走，疾马。其为人勇健敢战也。"古老的丁零人（后又称铁勒、高车），长期居住在匈奴北部的贝加尔湖周围，受匈奴单于的统治。公元前71年，乌孙、丁零、乌桓联合夹攻匈奴，沉重打击了匈奴势力。"北丁零"应是西部丁零人向北发展的一支，至迟公元前1世纪已经存在。他们长期与坚昆为邻，两族有所混杂。公元前50年左右，匈奴郅支单于曾一度击破北丁零。北丁零后来的历史不明，大约至元代该部还存在。《元史·天文志》记载，郭守敬等人主持的"四海测验"（1279—1294年间），全国共有27处观测点，最北的一处是"铁勒"，北纬65度，就在今俄罗斯埃文基自治区的图拉市附近。"图拉"就是"铁勒"的异译。埃文基人，中国称作鄂温克人，雅库特人称作通古斯人。《元史·郭守敬传》说得很明确，四海测验"东至高丽，西极滇池，南逾朱崖，北尽铁勒"①。

48年，匈奴分裂为南北二部。85年，丁零、鲜卑、南匈奴、西域四面夹击北匈奴。91年后，匈奴西遁。丁零也渐渐强大起来，向四面扩展。其中，东部高车投降了北魏太武帝（429年）。西迁的一支是副伏罗部，有十余万落，在阿伏至罗率领下建立了高车王国（487—约540年），位置在今伊塞克湖、巴尔喀什湖、斋桑泊及吐鲁番以北的广大地区。高车王国由国王阿伏至罗统领北部，应包括北丁零，由王储穷奇统领南部。至弥俄突为高车王，与北魏关系密切，多次贡献，也获得北魏大量赏赐。伊匐复国，大破蠕蠕，获得北魏更珍贵的赏赐（《北史·高车传》）。

上述所传的"马胫国"故事，指的是北方民族冬季使用滑雪板或滑冰鞋奔驰之状，将滑雪板或滑冰鞋称作"木马"。《新唐书·黠戛斯传》云，黠戛斯东部有"木马突厥三部落，曰都播、弥列、哥饿支。其酋长皆为颉斤，桦皮覆室，多善马，俗称木马驰冰上，以板藉足，屈木支腋，蹴辄百步，势迅激。夜钞盗，昼伏匿。坚昆之人得以役属之"。

---

① 但是，郭沫若先生主编的《中国史稿地图集》下册（中国地图出版社，1990年）第65页"元初测影所分布图"，把"铁勒测影所"标到贝加尔湖西北的昂可剌河畔（相当于北纬55度）是错误的。该处显然是"北海测影所"（古代称贝加尔湖为北海）。该图把"北海测影所"标到拉普捷夫海岸边，已是北纬75度左右的地方，更是大错特错了。

5. 小结

从以上论述可知，希腊的"马人"与中国的"马人"（"马胫国"）应是两个不同的传说系统。希腊马人陶塑，是前后结构（前人后马），中国的马人是上下结构（上人下马）。山普拉壁挂上的马和武士，显然不是欧洲白种人或中亚昭武九姓国人。他们应该就是北丁零人，蒙古人种（黑发，黑瞳，高颧骨），混有坚昆（契骨）血统。《新唐书·黠嘎斯传》云："黠嘎斯，古坚昆国也……人皆长大，赤发，皙面，绿瞳，以黑发为不祥。黑瞳者，必曰（李）陵苗裔也。"马人和武士直鼻、大目，包含坚昆血统。特别是武士额头上部束以黄色的带子，表示他是豪族[1]。

更为有趣的是，"马人"所吹的那种长管乐器，至今流传于新疆北部游牧民族中。据报道，在新疆北部的布尔津县有"图瓦人"2000多人，讲哈萨克语（由古代突厥语演变而来）。他们有一种吹奏乐器叫"楚尔"，管状，长二尺余，三孔[2]。

山普拉的毛织品壁挂，采用了"通经断纬"的缀织技术。纺织史专家推测是东汉作品[3]，我们则认为很可能是北魏朝廷的恩赐品。《北史·高车传》记载高车向北魏朝廷的贡品有：金方、银方、金杖、马、驼、貂皮等。朝廷恩赐品有：杂彩、赤绸、乐器、乐工。有一次赐给高车国王伊匋"朱画步挽一乘并幔褥"、鞦辔一副、伞扇各一枚、青曲盖五枚、赤漆扇五枚、鼓角十枚。这样看来，我们把"马人壁挂"推测为北魏朝廷给高车王国的恩赐品，比认为它来自中亚更为合理。

---

[1]　北方游牧民族豪族，上交财物，才可以头戴发带。

[2]　"图瓦人"主要分布在俄罗斯图瓦共和国，位于蒙古国西北。在这里，古代居住的是"丁零人"的一支契骨人。

[3]　黄能馥、陈娟娟：《中国古代毛织物》，《中国大百科全书　文物·博物馆》，中国大百科全书出版社，1993年。

论"索国"与突厥部的起源*

一、近现代史学家对突厥起源研究成果综述

达力扎布主编的《中国民族史研究60年》，对突厥史研究作了综述。关于突厥族起源问题，自1936年王日尉发表《丁零民族考》，到1974年台湾地区学者林恩显发表《突厥名称及其先世考》，许多史学家著书立论，大都认为突厥起源于丁零（铁勒、高车）。但是也有学者如周连宽、朱伯隆等先生持反对之说①。马长寿先生认为："突厥人的最初起源地当在今蒙古国草原西北部叶尼塞河上游的谦河流域。"马先生在注释中进一步解释说："索国可能是指2世纪时拓跋鲜卑之祖第二推寅所领导的游牧部落。这一部落，据《后汉书·鲜卑传》的记载，是在敦煌以北，即蒙古草原的西北部。突厥祖先出于鲜卑是不可能的，但与拓跋部落居住较近，出于索国之说或由于此故。"②近年，杨建新也认为，突厥原住地在唐努乌拉山与萨彦岭之间。他认为"西海"可能是指"今蒙古国乌布苏湖或哈尔乌苏湖"③。可惜，均不正确。

2010年，薛宗正先生综合突厥起源的各种传说后，大胆做出新的解读。他据《北史·突厥传》所说"突厥者，其先居西海之右"，认为"传说中的西海，可能指里海，也可能指黑海"。又据《周书·突厥传》所说的"突厥之先，出于索国"，认为"索国之名，不见史书记载，但'索'，古音与塞同音，都是saka的音译……索国亦即漠北塞人所建之国"。

薛先生经分析后，将"古老信息"，"还原为真实的历史"称："突厥阿史那氏在遥远的古代原本发祥于西海（按：指欧洲的里海或黑海），几经漂泊，东迁至匈奴之北的索国地界。再几经沉沦，从漠北而南迁内地，变为平凉杂胡，沮渠氏西迁高昌。柔然灭沮渠氏，阿史那氏先是迁入高昌北山，似乎已进入突厥近祖阿贤设时代，因冶铁技艺高强，被迁至铁矿资源更为丰富的金山，成为柔然属下专以铁器为贡品的

* 原载《新疆师范大学学报》（哲学社会科学版）2011年第1期。

① 达力扎布主编：《中国民族史研究60年》第五章第二节，中央民族大学出版社，2010年。

② 周伟洲编，马长寿著：《马长寿民族学论集》，人民出版社，2003年，第380—443页。

③ 杨建新：《中国西北少数民族史》，民族出版社，2003年，第277—281页。

锻奴部落。"①

二、关于突厥来源的史料剖析

在中国古史中，有关突厥来源的史料，只有《周书·突厥传》《北史·突厥传》《隋书·突厥传》《酉阳杂俎》相关部分。分析可知，三部突厥传都包含了两个系统的传说：前突厥部（索国）传说、阿史那部传说。三部突厥传中，尤以《周书·突厥传》记述最为详备。这是因为周武帝娶了突厥木杆可汗的女儿为皇后。《周书·皇后传》云：565年二月，周武帝派陈国公、许国公、神武公、南阳公等120人去木杆可汗牙帐迎亲，但木杆可汗犹疑不决，直到568年三月才迎回皇后阿史那氏。从而可知，陈国公等一批高官在突厥住了两年多，他们对突厥的历史应有深入的了解。今以《周书·突厥传》为主线加以分析。

《周书·突厥传》云："突厥者，盖匈奴之别种，姓阿史那氏，别为部落。后为邻国所破，尽灭其族。有一儿，年且十岁，兵人见其小，不忍杀之，乃刖其足，弃草泽中。有牝狼以肉饲之。及长，与狼合，遂有孕焉。彼王闻此儿尚在，重遣杀之。使者见狼在侧，并欲杀狼，狼遂逃于高昌国之北山。山有洞穴，穴内有平壤茂草，周回数百里，四面俱山，狼匿其中，遂生十男。十男长大，外托妻孕，其后各有一姓，阿史那即一也。子孙蕃育，渐至数百家。经数世，相与出穴，臣于茹茹，居金山之阳，为茹茹铁工。金山形似兜鍪，其俗谓兜鍪为突厥，遂因以为号焉。或云，突厥之先出于索国，在匈奴之北，其部落大人曰阿谤步，兄弟十七人，其一曰伊质泥师都，狼所生也。谤步等性并愚痴，国遂被灭。泥师都既别感异气，能征召风雨，娶二妻，云是夏神、冬神之女也。一孕而生四男。其一变为白鸿；其一国于阿辅水、剑水之间，号为契骨；其一国于处折水；其一居践斯处折施山，即其大儿也。山上仍有阿谤步种类，并多寒露，大儿为出火温养之，咸得全济，遂共奉大儿为主，号为突厥，即纳都六设也。纳都六有十妻，所生子皆以母族为姓，阿史那是其小妻之子也。纳都六死，十母子内欲择立一人，乃相摔于大树下共为约曰：向树跳跃，能最高者，即推立之。阿史那子年幼，而跳最高者，诸子遂奉以为主，号阿贤设。"

我们认为突厥早期的历史，包含三个阶段：索国时代（前突厥时代）；扩展为四大部时代；阿史那氏时代。今分析如下。

---

① 薛宗正：《北庭历史文化研究：伊、西、庭三州及唐属西突厥左厢部落》第一章 "五、高昌北山：突厥发祥地"，上海古籍出版社，2010年。

三、关于"索国"（前突厥部）的原住地

　　《周书·突厥传》云："突厥之先，出于索国，在匈奴之北。"《北史·突厥传》云："突厥者，其先居西海之右，独为部落，盖匈奴之别种也。"他们以狼为图腾。

　　"西海"之名，东汉时始见于史书。永元元年（89年）七月，窦宪、耿秉等军，会于涿邪山，北攻北匈奴，进至燕然山，刻石勒功。又派遣军司马，奉金帛遗北单于，宣明国威，"遂及单于于西海上，宣国威信，致以诏赐，单于稽首拜受"[①]。可见，当时西海中有小岛，水面比现在广大。

　　"西海"在今蒙古国西部，称哈尔湖及得勒湖。见谭其骧主编的《中国历史地图集》秦西汉东汉时期图的"西鲜卑等部图"。又见郭沫若主编的《中国史稿地图集》上册的"东汉时期形势图"。该处是高原湖泊，海拔在1000—2000米之间，大约在东经93°，北纬48°的地方。很显然"西海"绝不是欧洲的里海或黑海。当然，西晋以后的"西海"另有所指。

　　西海的定位十分重要。这说明，位于西海以西的"索国"，是匈奴西北地区的一个"独为部落"的国家。"索国"，史无记载，美国学者西诺（D·Sinor）甚至说："因为索国的位置无法确定，这个记载没有什么用。"[②]

　　文献中虽然找不到索国，但我们找到了相关的史料，就是关于索头的史料。《宋书·索虏传》云："索头虏，姓拓跋氏，其先汉将李陵后也，陵降，匈奴有数百千种，各立名号，索头亦其一也。"公元前99年九月，汉将李陵投降匈奴，匈奴任命他为"右会王"，镇守匈奴西部。这时匈奴西部的人趁机各立名号，索国当是其中的一个。"索"即将头发编如绳索之状，人称索头，与"塞种（saka）"毫不相干。"索头"是丁零民族系统的习俗。我们已在《论拓跋部源自索离》一文中论证了，组成拓跋等八部联盟者，有一支丁零族的纥骨氏，也是"索头"，就来自丁零西部[③]。由此推测，至少在公元前1世纪已存在的"索国"，大体的范围在今蒙古国哈尔湖及得勒湖以西，西至阿尔泰山中段。即在今蒙古国科布多省、巴彦乌列盖省的范围。

---

　　①　《后汉书·窦融传》附见窦宪传。
　　②　〔俄〕李特文斯基主编，马小鹤译：《中亚文明史》第三卷《文明的交会：公元250年至750年》，中国对外翻译出版公司，2003年，第277页。
　　③　温玉成：《论拓跋部源自索离》，《新疆师范大学学报》（哲学社会科学版）2012年第6期。

四、"国遂被灭"或曰为"邻国所破"解

"索国"地处匈奴西北角偏僻之地。它南邻匈奴，北接坚昆，西隔金山（阿尔泰山），文献中所云"为邻国所破"，只有一个可能，那就是匈奴左贤王自立为郅支单于之后，于公元前52年征伐坚昆西部时，必先攻灭其南邻索国。《新唐书·回鹘传》附见黠戛斯传云："古坚昆国也……其种杂丁零，乃匈奴西鄙也……匈奴封汉降将李陵为右贤王（按，应为右会王），卫律为丁零王。后郅支单于破坚昆……郅支留都之。故后世得其地者，讹为结骨，稍号纥骨……众数十万，胜兵八万……人皆长大，赤发、皙面、绿瞳，以黑发为不祥。黑瞳者，必曰（李）陵苗裔也。"郅支在公元前53年自立单于，公元前51年远遁乌孙。因此郅支单于攻灭索国及坚昆，只能在公元前52年。这就是所谓阿谤步兄弟17人（17个氏族）生活的时代。

五、前突厥部（索国）扩展为四大部

郅支单于西遁，索国复国。仍在匈奴统治之下。48年匈奴分裂为南北二部，索国在北匈奴统治之下。89年北匈奴单于逃至西海上，就是证明。到了所谓泥师都生四男时，前突厥扩展为四大部。这是前突厥历史的转折点。这一历史事件只能发生在90年北匈奴西遁，漠北地空以后，到班勇经营西域，匈奴离开车师及以北地区，"车师六国归汉"的126年之际。这四大部是：

阿辅水（今阿巴坎河）、剑水（今叶尼塞河上游赫姆奇克河）之间的契骨部，也称结骨、纥骨部（在今俄罗斯图瓦共和国）；

白鸿部，大约在金山西南部（今哈萨克族之祖，大约以斋桑泊为中心）；

大儿部，在践斯处折施山，地点不明。即是突厥纳都六设部，推测在金山中段；

旭才部，在处折水，地点不明。推测在原索国的中心区。

所谓大儿"出火"，温养阿谤步种类的故事，可能是大儿找到了一种"打火石"，传给诸部，留作火种。《水经注》笺说，在居延海以北"山有石，赤白色，以俩石相打，则水润，打之不已，润尽则火出，山石皆然……"[1]。

总之，这次大扩展使前突厥（索国）地理范围扩大了，北至小叶尼塞河及库苏古尔湖以西；东界哈尔湖、得勒湖；南达新疆北塔山（由此再往南是车师后部王的势力

---

① 王国维校：《水经注校》，上海人民出版社，1984年，第1276—1277页。

范围）；向西越过阿尔泰山至新疆阿勒泰、富蕴、青河一带，西南至斋桑泊周围。这次前突厥的大扩展，不仅仅是地域的扩大，同时也是丁零人与匈奴残部、坚昆人（以牛为图腾）、甚至呼揭人等民族大融合的过程。另外，这次大扩展确立了纳都六设部的领导地位，号为"突厥"。

六、阿史那氏就是阿恶氏

突厥纳都六设有十妻，"所生子皆以母族为姓。阿史那是其小妻之子也"。我们推断，阿史那氏（ashie）就是"阿恶氏（ae）"。《后汉书·西域传》蒲类国："蒲类，本大国也，前西域属匈奴。而其王得罪单于，单于怒，徙蒲类人六千余口，内之匈奴右部阿恶地，因号曰阿恶国。南去车师后部，马行九十余日。人口贫羸，逃亡山谷间，故留为国云。"蒲类是汉代"车师六国"之一，与车师前、后部，东且弥，卑陆，移支同属"姑师"种类。蒲类人在汉代已"颇知田作""能做弓矢"，较突厥人先进。

由此可知，在车师后部以北的山谷间有蒲类人居住，他们与南下的突厥人融合。这里正是"金山之阳"（阿尔泰山南段浅山区）。而《酉阳杂俎》所说的"阿尔（ae）部落"，也就是这批人，他们一度成为匈奴及索国的奴隶。突厥人进入阿尔泰山南段，大约起于西晋武帝时代（265—290年）。《晋书》云"爰及泰始，匪革前迷。广辟塞垣，更招种落"。先后七次内迁的匈奴、丁零、羯胡等达20余万人。其中的"鲜支"，可能是"姑师"的"移支"。

大约在东晋时代，阿史那氏从"金山之阳"再进入"高昌北山"（贪汗山，今天山东段的博格达山）。两者之间只有200千米左右的距离，那里还有他们的同类。从此，阿史那氏进入了"西域文化圈"，社会发生了巨大变化。最重要的是他们掌握了冶铁技术并传入阿尔泰山区。前凉张骏（324—345年在位）、后凉吕光（337—399年在位）、西凉李暠（405—421年在位）、北凉沮渠氏等政权均未控制车师后部。但他们都积极争取各种民族势力。例如西凉武昭王李暠407年向东晋朝廷奉表曰："西招城廓之兵，北引丁零之众，冀凭国威，席卷河陇。"《魏书·高昌传》说西晋以来高昌"国有八城，皆有华人"。北七十里有贪汗山，夏有积雪，"此山北，铁勒界也"，证明西晋以来"车师后部"已成为铁勒（高车）人的天下。

七、关于《酉阳杂俎》的故事

《酉阳杂俎》云，"突厥之先曰射摩舍利。海有神，在阿史德窟西。射摩有神异，海神女每日暮，以白鹿迎射摩入海，至明送出，经数十年。后部落将大猎，至夜中，海神为射摩曰：'明日猎时，尔上代所生之窟，当有金角白鹿出。尔若射中此鹿，毕形与吾来往；或射不中，即缘绝矣。'至明入围，果所生窟中有白鹿金角起。射摩遣其左右固其围。将跳出围，遂杀之。射摩怒，遂手斩阿尔首领。仍誓之曰：'自此以后，须以人祭天。'即取阿尔部落子孙斩之以祭也。至今突厥以人祭毒，常取阿尔部落用之。射摩既斩阿尔，至暮还。海神女执射摩曰：'尔手斩人，血气腥秽，因缘绝矣'"。

这个故事，很显然，反映前突厥部住在"西海"周围时代之事。也就是"索国"早期的故事。那时，高原的前突厥人过着渔猎生活，穴居，已有奴隶，似乎以白鹿为图腾。所谓"射摩有神异"，或许他是一位"萨满"。而在西部山区的人，狩猎为生，则以狼为图腾。

八、关于"平凉杂胡"说

《隋书·突厥传》云"突厥之先，平凉杂胡也，姓阿史那氏。后魏太武灭沮渠氏，阿史那以五百家奔茹茹。世居金山，工于铁作"。太武帝灭北凉沮渠牧犍，在439年，兵力未达高昌。但是，沮渠安周联合柔然攻破交河城是在450年，460年柔然灭高昌。所以，"阿史那以五百家奔茹茹"应在这一历史阶段。关于突厥起源于"平凉杂胡"说，是研究突厥史最困难的问题之一。北周和隋代的平凉总管府，大致在今宁夏固原、甘肃靖远县一带，在其北方，是腾格里沙漠。可以参考的是，东汉时段颖为护羌校尉，在高平川讨伐先令羌，斩首八千级。另外《三国志·魏略·郭淮传》云，曹魏正始元年（240年），凉州休屠胡梁元碧率种落二千余家附雍州。雍州刺史郭淮奏请使居安定之高平（今固原）。关于"先令羌"及凉州"休屠胡"中是否包括蒲类人"阿恶氏"之一部，则尚不能断言。

九、小　结

　　突厥源自西汉时代的"索国",是匈奴西北边鄙丁零人的独立部落联盟,在"西海"以西的山区(今蒙古国西部)。可称作"前突厥"时代。公元前52年,一度被匈奴郅支单于所灭。大约90—126年间,索国扩展为四大部。其中大儿纳都六设部,始称突厥。大约在西晋时代,南下"金山之阳"(阿尔泰山南段浅山区)的一支,与当地的"阿恶氏"融合,成为突厥阿史那氏。大约在东晋时代,他们南下高昌北山,进入"西域文化圈",学会冶铁技术,社会取得大发展。450—460年间,他们以"铁工"著称并附属于柔然。

突厥他钵可汗建浮图城考[*]

一、缘　起

2010年8月24日，我有幸考察了新疆吉木萨尔县以北12千米的"北庭故城"遗址及其西邻的高昌回鹘佛寺遗址"西大寺"。早在1993年时，学长孟凡人即以大作《北庭高昌回鹘佛寺遗址》（辽宁美术出版社，1991年）相赠，乃研读而神往久矣。在西大寺，望着报告中所说的"大土堆"（或曰"夯土台基"），颇有些疑惑：这不就是一座残塔吗？同行的贾应逸教授说："我早就认为这是一座佛塔，形制早于唐代。"的确，现存的是三层塔基，上面的塔身毁去。其形制与吐鲁番的台藏塔类似，都源自贵霜时代的大塔。

那么，在唐朝以前，是何许人构建了这座巨型方塔呢（底边长43.8米）？它是可汗浮图城的浮图吗？在历史记载中都说，以可汗浮图城为基础建造了庭州城。那么，大浮图为什么在庭州城西墙外700米呢？

二、关于可汗浮图城诸说质疑

1. 1820年，徐松实地考察了该城。他在《西域水道记》中写到"济木萨，西突厥之可汗浮图城。唐为庭州金满县，北庭都护治也。元于别失八里立北庭都元帅府，亦治于斯。故城在今保惠城北二十余里，地曰护堡子破城"。他还在《汉书西域传补注》中，就"车师后国，王治务涂谷"补注曰，"《后书》云：自高昌壁北通后部金满城五百里。金满城即今济木萨地，唐之北庭都护府也。《通鉴》：贞观十四年（640年）平高昌，以其地为西州，以可汗浮图城为庭州。浮图即务涂之转音。此言务涂谷，盖城在山中"（按，"务涂谷"即薛宗正先生论证的今"吾通沟"，在该县南部泉子街附近）。

---

　　* 新疆"龟兹学会"2011年会论文，原载《阿克苏博物馆馆刊》2014年第2期，内刊。

上述徐松所论，要点有三。一是，可汗浮图城为西突厥所建，但未指明是哪位可汗所立，也未加论证；二是，该城就是唐代庭州金满县；三是，元代别失八里的北庭都元帅府也在这里。

2. 2010年，专攻西域史地的薛宗正学长刊行了《北庭历史文化研究》（上海古籍出版社，2010年）大作，在第一章第四节中，专题考证了可汗浮图城的起源。他在扼要分析柔然历史后指出："以此判断，可汗浮图城的命名应当就发生在伏图可汗在位时期，其初建时期也许更在此前。"接下来，他又分析了粟特人对佛教传播的作用后指出："可汗浮图的城名，无疑具有佛可汗的寓意，它的建城只能发生在柔然汗国这一巨大文化变革时期，即伏图、丑奴二可汗更迭之世，很可能最早是信仰佛教的粟特商人的常居聚落，后来逐渐演变成为一座巨大的城堡，成为唐朝北庭故城的前身。这座城堡的兴建必定要得到柔然的允许，因此，以伏图可汗命名，以加强其政治保护色彩。据此判断，可汗浮图城似初建于柔然可汗伏图在位之北魏正始三年至永平元年间（506—508）。"最后，他通过北庭故城的结构、出土文物等判断"今北庭内城中的小城就是可汗浮图城的原型"。

3. 薛先生此说之可疑处有以下三点。

第一，从太和十一年（487年）以后，贪汗山（今博格达山）以北被高车占领，直到熙平元年（516年），此地并不在柔然统治区。此前，柔然更不可能统治这里。《魏书·高车传》记述，在高车（铁勒）内部，由于反对豆仑向北魏开战，阿伏至罗"怒帅所部之众西叛，至（车师）前部西北，自立为王"。国人称他为"大天子"（候娄匐勒），占据北部地区；他的从弟奇穷为"储主"（候倍），占领南部地区。491年，阿伏至罗立张孟明为高昌王。南部地区与高昌的分界线就是贪汗山。对此，《魏书·高昌传》记载说，高昌北"七十里有贪汗山，夏有积雪。此山北，铁勒界也"。

至于柔然的伏图立为"他汗可汗"，在位只有三年，他就是在西征高车时（508年），被高车王俄弥突（穷奇之子）杀于蒲类海之北。直到伏图之子丑奴立为豆罗伏跋豆伐可汗，于516年西征高车时，才俘虏俄弥突而杀之，漆其头为饮器。但是数年后，俄弥突之弟伊匐在厌达支持下，又恢复了高车王国。

第二，薛先生说在车师后部有一个"粟特商人的常居聚落，后来逐渐演变成为一座巨大的城堡"，并无任何史料依据。

第三，关于北庭故城内城的年代，《中国大百科全书 考古学》"北庭都护府城址"条目指出："据现有资料分析，外城建于唐贞观年间……内城建于高昌回鹘时期。"城中并未发现任何早于唐代的文物。

三、可汗浮图城与庭州城是两座城

上述徐松、薛宗正以及诸多著述,都把"可汗浮图城"与"庭州城"看作是一座城,其实是相近的两座城。

第一,《旧唐书》卷40《地理志》,在"北庭都护府"条与"金满"条的记述,虽然有些重复及混乱,但还是透露出一些真实信息。"金满"条云:"流沙州北,前后乌孙旧部,地方五千里。后汉车师后王庭。胡故庭有五城,俗号五城之地。贞观十四年平高昌后,置庭州。以前故庭(按,讹为'及'字),突厥常居之。"

其中,"胡故庭有五城,俗号五城之地",显然是指可汗浮图城。而"平高昌后"所置的是庭州城。而"以前故庭"(可汗浮图城),(使)"突厥常居之"。

第二,记述更为明确的是《太平广记》卷147引《纪闻》所述的裴岫先故事。故事说,宰相裴炎因反对武则天遇害,侄子裴岫先被流放到北庭。聪明能干又有人脉的他,"货殖五年,致资产数千万……北庭都护府城下,有夷落万帐,则降胡也。其可汗礼岫先,以女妻之。可汗唯一女,念之甚,赠岫先黄金马牛羊甚众。岫先因而致门下食客,常数千人。自北庭至东京(洛阳),累道致客,以取东京息耗。朝廷动静,数日岫先必知之"。当武则天派出十道使者到各地去诛杀"流人"时,"敕既下,岫先知之。会宾客计议,皆劝岫先入胡,岫先从之。日晚,舍于城外,因装。时有铁骑果毅二人,勇而有力,以罪流,岫先善待之。及行,使将马,装橐驼八十头,尽金帛。宾客家僮从之者三百余人。甲兵备、曳犀超乘者半。有千里足马二,岫先与妻乘之。装毕遽发,料天晓人觉之,已入虏境矣。既而迷失道,迟明,唯进一舍……",终于被捕。

仔细阅读可知,在北庭都护府城下还住有"夷落万帐",就是投降唐朝的突厥等部,有五六万以上。他们居住在北庭城西边一千米的可汗浮图城。所以岫先获得要追杀他们的消息后,第一步是"入胡",即入"胡故庭",就是从北庭城偷偷转移到可汗浮图城。这里的突厥可汗是他的岳父。"日晚,舍于城外",就是天黑后住到可汗浮图城之外,并开始装备各种金帛财物。装好后立刻向北进发(向北约50千米是沙陀部地界)。预计天明前,可进入沙陀州边界,所谓"虏境"。

而庭州城,应建于贞观十四年(640年)或稍前。最有力的证据就是宋代使臣王延德在北庭城中看到了"应运大宁之寺,贞观十四年造"。两城相距较近,是由水源所决定的。在唐代,这里的气候相当恶劣。著名边塞诗人岑参写道:"孤城天北畔,绝域海西头。秋雪春仍下,朝风夜不休"(《北庭作》,大约作于754—755年间)。北庭的战略地位日益重要,所以唐代不断加强在这里的军事部署。702年,设"北庭都护府",瀚海军也驻守此处(图一)。

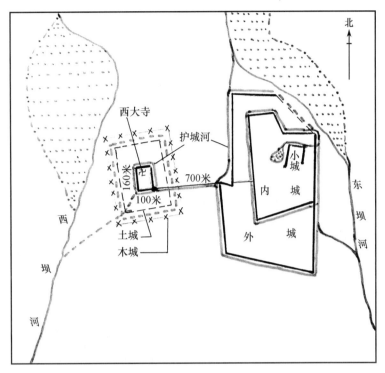

图一　可汗浮图城与北庭故城示意图

四、他钵可汗的分治与可汗浮图城的建立

1. 他钵可汗的分治

据《北史·突厥传》记载，伊利可汗（土门）有四子：科罗、俟斤、他钵、褥但。伊利可汗传位给长子科罗（乙息记可汗），科罗没有传位于长子摄图，而是传位于弟俟斤（木杆可汗）。俟斤也没有传位于长子大逻便，而是传位于弟他钵可汗。所以后来的叶护可汗（处罗侯，摄图之弟）曾说："我突厥自木杆可汗以来，多以弟代兄，以庶夺嫡，失先主之法，不相敬畏！"因此，到他钵可汗继位时（569—581年），围绕着可汗继承权的斗争日趋尖锐。为缓和内部矛盾，他钵可汗决定采取分治政策：以长兄科罗的长子摄图为尔伏可汗居于尊位（左方，即东方），以于都斤山（今哈尔和林）为牙帐。后来摄图改号为沙钵略可汗。史载"四可汗子，摄图最贤"，"摄图长而且雄，国人莫敢拒"。他钵可汗又以其弟褥但之子为步离可汗，居于西方碎叶城（在今吉尔吉斯斯坦共和国伊塞克湖西北的托克马克城西南的阿克别希姆）。

这种以左为尊的制度源自匈奴。匈奴的"左贤王"地位仅次于大单于。拓跋部进入匈奴故地以后，也遵从这种制度。力微死后，他的儿子禄官居左，禄官的两个侄子猗㐌、猗卢分居中部、右部。他钵可汗采用的分治政策，虽然一时缓和了内部矛盾，但在他死后，五部争雄，导致了突厥的大分裂。

2. 他钵可汗建立可汗浮图城

他钵可汗居于突厥的中部，兼顾东西两部。那么，他钵可汗的牙帐设于何处呢？史无明文可据。但是，《隋书·突厥传》还是透露了一点信息，"时他钵可汗控弦数十万，中国惮之。周齐争结姻好，倾府藏以事之。他钵益骄，每谓其下曰：我在南两儿，常孝顺，何患贫也。齐有沙门惠琳被掠入突厥中，因谓他钵曰：齐国富强者，为有佛法耳！遂说以因缘果报之事。他钵闻而信之，建一伽蓝。遣使聘于齐氏，求《净名》、《涅槃》、《华严》等经并《十诵律》。他钵亦恭自斋戒，绕塔行道，恨不生内地"。他钵建寺事，《北史·突厥传》列在573年以前。该寺有大塔，寺院在他的牙帐附近。

他钵可汗牙帐的地点，《大唐内典录》卷五阇那崛多传有进一步的信息。北印度犍陀罗国高僧阇那崛多，师徒十人结志，游方弘法，于535年到达鄯州，历三年，仅存四人。559年至长安，止草堂寺。又入蜀三年，后返长安。574年周武帝灭佛，逼从儒礼，守死不从，放归之。《续高僧传》说他们"路出甘州，北由突厥，乃为突厥所留"。《大唐内典录》则说他们"还向北天，路经突厥，遇值中面他钵可汗，殷勤请留……遂尔并停，十有余载"。

综合上述两项资料可知，阇那崛多一行离开西安后西行，至甘州（张掖），沿黑河北行，经居延泽，再西行，遇见了"中面"他钵可汗。很显然，他钵可汗的牙帐并不在东部的于都斤山，而在居延泽以西之地——可汗浮图城。《旧唐书·地理志》称之为"胡故庭"，即为明证。

总之，他钵可汗建牙帐于可汗浮图城，时间在570年左右。主要原因有以下三点。

这里水草肥美，有两条小河从古城周围流过，游牧区域十分广阔。自西汉起，就有车师后城长国等在此地生存。

这里是突厥阿史那部的发祥地，有突厥人崇拜的"狼穴"、地神"神山"（勃登凝梨山）等"圣迹"。

更重要的是"车师后部"从东汉以来已是蒙古高原民族与西域民族沟通的"犄角相接"的区域。它东向可至玉门关，西向直通乌孙旧地，南越贪汗山可达高昌、焉耆，北部及西北部是辽阔的沙漠及草原。在突厥三部分治时代，这里是掌控东西两部的交通枢纽。

581年，"中面"他钵可汗去世，传位于儿子菴罗，仍驻守可汗浮图城。但是大逻便自称阿波可汗，表示不服。菴罗不得不让位于摄图。摄图始称沙钵略可汗，命菴罗为第二可汗，迁居独乐水（今乌兰巴托以西之土拉河），以受节制。菴罗移居独乐水的时间，大约就是阇那崛多离开可汗浮图城的585年（隋开皇五年）。菴罗离开后，也许仍有他的子弟驻守在那里，以后的情形不甚了了。

3. 别失八里（五城）的由来

汉人所称的可汗浮图城，突厥语称"别失八里"，意为五城。突厥文《阙特勤碑》已言及之。《旧唐书·地理志》金满城条亦云"胡故庭有五城，俗号五城之地。……以前故庭（讹为"及"字），突厥常居之"。

何以称"五城"，学术界长期争论不休。一说五城是"古城"或"侯城"之讹；二说五城指城由五部分组成（外城、北城子、西面延城、内城、内城中小城）；三说五城是指五座城市云云。

其实，"五城"者，五重城也。《汉纪》早有记载。公元前36年，陈汤矫制攻郅支单于的"郅支城"（在今哈萨克斯坦共和国塔拉兹市附近），汉兵先烧毁"木城"，再攻入"土城"，单于被创死，斩郅支首，传旨京师。在讨论陈汤的功过时，刘向上疏曰："延寿、汤承圣旨，倚神灵，总百蛮之军，揽城廓之兵，出万死之计，入绝域之地，遂陷康居，屠五重城，搴翕侯之旗，斩郅支之首，悬旌万里之外，扬威昆仑之西。"则郅支城外有二重木城（以木栅为城），内有三重土城（夯土、土坯为城），计五重城也。许多学者依据"北庭故城"而讨论"五城"，无疑是缘木求鱼（参阅刘迎胜著《察合台汗国史研究》，上海古籍出版社，2006年，第582—588页）。

可汗浮图城的地势，西高东低。西有西坝河，东有东坝河，该城因地制宜，建于两河之间一块高地上。外城已无存，"内城"尚可辨识，长方形，东西100米，南北160米。内城的北部是"大浮图"。大浮图，方形，底边长43.8米，今残高20米，仅存三级台座，高处的塔身已毁掉。回鹘高昌时期利用该塔开龛造像，时人称为"四面环水"的"佛寺遗址"。

他钵可汗建造这座大浮图，需要一批高水平的工匠。他们最大的可能是来自高昌。我们知道，早在552年，高昌麴氏就与突厥"结盟"，实际上是接受了突厥的统治。高昌王麴宝茂已有了突厥的封号。555年，宁朔将军麴斌家族建造了一座"灵刹"，寺院中有高大的佛塔，所谓"云盘切汉"（形容塔刹杆上的承露盘高入云端），即是明证。黄文弼先生早在1932年就查明，该寺在吐鲁番三堡乡（黄烈编：《黄文弼历史考古论集》，文物出版社，1989年，第194—197页）。我们推测三堡乡的台藏塔可能就是麴斌家族所造。台藏塔，方形，可能是他钵可汗建造大浮图的原型。561年，麴乾固继位为高昌王，在位41年之久（561—601年）。突厥又增加了给他的封号，他是一位"稽首归命，常住三宝"的国王（参考《麴斌造寺碑》，刊于575

年）。总之，他钵可汗建造大浮图时参考了台藏塔的形制，并征调高昌国工匠参加，完全是意料中之事。

现场考察表明，可汗浮图城的内城，四周环水，并向东流，与北庭故城西边的护城河相连。可知，当年可汗浮图城是从西坝河引水入城，形成内外两道护城河，然后流向东坝河。可汗浮图城的外城，未经考古勘察，情况不明。土城之外的"木城"，当然早不知去向了。令人感到意外的是，可汗浮图城竟然充分发挥了水的优势，有两重护城河保护着城市。

中国社会科学院考古研究所于1979—1980年间，两次对北庭故城及西大寺做考古调查，并对西大寺做了局部发掘（图二、图三）。令人遗憾的是，他们已勘察到了"佛寺遗址"外"四面环水"，却未能意识到所谓"高昌回鹘佛寺遗址"所在之地，就是可汗浮图城的"内城"。而审阅考古报告的专家们，竟然也未能看出问题来。

图二　西大寺遗址

图三　西大寺遗址俯视

五、浮图城的佛教活动及浮图城的毁坏

1. 浮图城的佛教活动

在可汗浮图城传播佛教的，至少有三个僧团。

第一，首先是北齐僧惠琳的僧团。惠琳协助他钵可汗建造了大浮图，求得了三经一律：《净名》《涅槃》《华严》及《十诵律》。他钵可汗归畋了佛法，"恭自斋戒，绕塔行道"。北齐对于他钵可汗崇信佛教十分重视。齐后主高纬特命刘世清"作突厥语翻《涅槃经》以遗突厥可汗，敕中书侍郎李德林为序"（时间在572—573年间，见《北齐书·斛律羌举传》）。

第二，是北天竺犍陀罗国的阇那崛多僧团。他们于574年到达可汗浮图城，585年离开，在此地住了11年。"赖以北狄君民，颇宏福利。因斯飘寓，随方利物。"

第三，从西域取经回国的北齐僧宝暹、道邃、僧昙等十僧，因回程中北齐灭亡，投奔了他钵可汗，时在577年。他们带回了梵本二百六十部。于是，三个僧团"因与同处，讲道相娱。所赍新经，请翻名题，勘旧目录，转较巧便。有异前人，无虚行苦。

同誓焚香，共契宣布"。就是说，他们在这里翻译了260部佛经的题目，并与旧的经目做了比勘，还有新的成果发现，乃共同加以公布。宝暹等人于581年冬回到长安（《续高僧传·阇那崛多传》）。

可汗浮图城的佛事活动，大约持续了十五年，585年以后情况不明。虽然草原上的佛光微弱而短暂，但其意义不容忽视。这里是向西部突厥传播佛教的重要阵地。629年，玄奘西行取经到达伊吾，就计划参拜可汗浮图，"法师意欲取可汗浮图过，既为高昌所请，辞不获免，于是遂行，涉南碛，经六日，至高昌界白力城"。这证明可汗浮图具有很大的吸引力。当630年玄奘到达素叶城时，受到西突厥肆叶护可汗（630—632年在位）的热情接待，可知肆叶护可汗早对佛教有所了解，他的佛教知识可能来自可汗浮图城。因此他对玄奘的说佛法，"举手加额，欢喜信受"（《大慈恩寺三藏法师传》）。

当然，北庭城建立后，佛教文化的中心也转移到北庭城。例如贞元初年（785年），北庭节度使杨袭古在龙兴寺请于阗僧人大法师尸罗达摩（戒法）主持翻译《十地经》《回向轮经》，悟空（车奉朝）证梵文（《宋高僧传》卷3）。

2. 可汗浮图城的毁坏

隋末唐初，这里动荡不安。640年，唐设庭州。648年西突厥贺鲁率部来降，被安置在庭州可汗浮图城。651年西走。656年叛乱，攻掠庭州。657年被擒。在庭州城建立后，政治及文化中心转向庭州。相距700米的可汗浮图城成为安置突厥降部之地，故史书绝少提及。

727年，突骑施与吐蕃南北夹击北庭的瀚海军。790年5月，沙陀部七千帐归附吐蕃，共同攻陷了北庭等城（《新唐书·沙陀传》）。约840年，回鹘西迁，首先占据二城。860年，大酋仆固俊自北庭击吐蕃，尽取西州、轮台（《新唐书·回鹘传》）。上述多次战役，并未提及可汗浮图城受破坏的情况。

最值得关注的是924年，辽国军队对可汗浮图城的破坏。《辽史·太祖纪》：天赞二年（923年）六月，太祖"大举征吐浑、党项、阻卜等部……冬十月……丁卯，军于霸离思山，遣兵逾流沙，拔浮图城，尽取西鄙诸部"。霸离思山，在今哈密西北。辽军"拔浮图城"，意味着对该城的严重破坏。从此毁坏了这座五重城，保留了"大浮图"，因为契丹人也是笃信佛教的。这次辽军可能没有攻克北庭城，故《辽史》略而不言。

58年后，当宋朝使臣王延德来到北庭时，就没有关于可汗浮图城的记述。《宋史·高昌国传》云：使臣、供奉官王延德于太平兴国七年（982年）四月来到北庭，看到"城中多楼台、卉木"，"多美草"，"养马放牧平川中"，他甚至还"泛舟于池中"，却只字未提可汗浮图城！

又过了122年，创立西辽国的耶律大石来到这里时，只有驻北庭都护府。1124年7月，耶律大石在天德军（今乌梁素海南）见到了辽国天祚帝。天祚帝怒诛德妃，谴责耶律大石立耶律祐为皇帝，"大石不自安……自立为王，率铁骑二百宵遁，北行三日过黑水……西至可敦城，驻北庭都护府"。会七州、十八部王，遂得精兵万余人。置官吏、立排甲、具器仗。明年二月甲午，以青牛、白马祭天地、祖宗，整旅而西"（《辽史·天祚帝纪》四）。此段文字中，"可敦城"明显是"可汗城"之误。

第一，"黑水"以西没有可敦城，只有可汗城。

第二，回纥"可敦城"位于今乌兰巴托以西。《辽史·地理志》上京条云：镇州，"本回纥可敦城，语讹为河董城，久废，辽人完之，以防边患"。常驻骑兵二万余人。耶律大石的目的是往西走，而可敦城在东北方向。另外，可敦城兵力雄厚，仍在天祚帝统治下，怎么可能让耶律大石在这里住六七个月呢？

第三，耶律大石离开北庭城前，写信给高昌王毕勒哥，表明不会占领高昌，只是"假道尔国"。因此回鹘高昌王毕勒哥特来北庭，把耶律大石请入"邸中"，大宴三日，欢送出境。上述事件表明，当耶律大石来到"可汗城"时，此地仅存大名，早无城矣。所以住进了北庭都护府城。

第四，天德军至黑水约700千米，耶律大石的铁骑三天可以到达。

关于"可敦城"问题，曾经引起学者们长期争论，但因不了解当地地理，皆未切中要害。

北方各民族（回鹘、契丹、蒙古）习惯上把可汗浮图城称作"别失八里"。该城毁坏后，别失八里也兼指北庭故城，称为别失八里大城。所以，当1221年8月，丘处机一行到达此地时，就用了蒙古人的称呼，把北庭城叫作"鳖思马大城"了。

六、小　结

著名的可汗浮图城，是由突厥他钵可汗在570年左右建立的。不是也不可能是柔然浮图可汗（406—408年在位）所建。此城采用了西域常用的五重城形制（内为土城、水城，外为木城），故又称"五城"，突厥语"别失八里"。该城于924年毁于辽军，仅存"大浮图"。高昌回鹘时期，利用大浮图开龛建寺，今名"西大寺"。

唐贞观十四年（640年），在可汗浮图城东700米处建造了庭州城。该城规模宏大，略作长方形，外城周长4596米，即今北庭故城。北方民族如回鹘、契丹、蒙古等族习惯上称此二城均作"别失八里"。今人不察，混为一城。北庭故城考古调查中，从未发现早于唐代的文物。那种认为可汗浮图城就是北庭故城"内城中的小城"的观点，毫无根据。

本文既然肯定可汗浮图城的大浮图建于570年左右，它参考了吐鲁番三堡"台藏塔"的形制，从而可以把台藏塔的建造年代设定在570年以前。1932年黄文弼先生就指出《麹斌造寺碑》（寺院建于555年，石碑立于575年）原址在吐鲁番三堡乡。从而可以推断台藏塔造于555年。

本文对耶律大石西遁地点"可汗城"的论述，纠正了《辽史》"可敦城"的误笔，使众多专家长期聚讼的问题得以澄清（参阅魏良弢《西辽史纲》，人民出版社，1991年，第29—31页）。

本文不无遗憾地指出，中国社会科学院考古研究所1979—1980年两次对北庭故城考古调查并发掘了西大寺遗址。但是，却未能认识到"四面环水"的"佛寺遗址"，原来就是可汗浮图城的内城部分。

说 "王"*

《史记》记载五帝、夏、商之天子,皆称"帝",不称"王"。据王国维考证,商代用天干以称帝名,例如"成汤"称"天乙",即天一也。《竹书纪年》中有帝舜时代"西王母来朝"的记载,除此之外,夏商两代没有关于"王"的记录。周武王灭商后,周人始称帝辛为"商纣王"。今本《竹书纪年》云,"初,黄帝之世谶言曰:西北为王,期在甲子",即黄帝时代就有传说,西北地区的部族最早称"王"。

《三国志·魏书·乌丸鲜卑东夷传》引鱼豢《魏略·西戎传》曰:"氐人有王,所从来久矣。"汉代称从事耕作和牧业的人为"氐人",用以区别游牧的"羌人",后来,统称氐人为西戎人。他们则自称"盍稚",就是"河氏"(河宗氏),以盘古为始祖。可知,西戎族人用"王"称呼部落首领,其年代久远,大约在公元前21世纪以前。当然,最初"王"还不一定具有"国王"的全部内涵。

据我们对《穆天子传》的考证可知,西周的先祖在古昆仑山地区居住近千年,周人的先祖不窋曾迁徙到戎狄之间,到古公时又迁到岐山之下的周原,于是贬戎狄之俗,与姜戎通婚。随着周国势力的增强,周人逐渐摆脱商的附属国的地位,其首领西伯昌开始称文王。显然,西周称"王"源自西戎语。周穆王曾会见西王母(西戎语:咸野嬎),可见古昆仑山的女首领早已称"王"。

那么,上古的"帝"与"王"是什么关系呢?《穆天子传》中,西王母自称"嘉命不迁,我惟帝女"。说明,人间的"王"是天上的"帝"的子女。所以,"天子"(周穆王)和"帝女"(西王母)是同级人物。不过,在亲属辈分上,西王母是"长辈"。

如今,学者们普遍认为,"王"字的字源本义是持钺之人。因为金文中的"王"字像横置的钺。这很牵强。有学者认为河南省偃师二里头遗址出土了中国最早的青铜钺。其实,中国最早的青铜器出现于齐家文化中。仅武威皇娘娘台遗址出土铜器30件,年代距今4000—3600年。有学者把齐家文化归入华夏文化,这是不对的。齐家文化是与华夏文化并存的我国西部文化,即西戎文化的源头。中华民族古代文化是由"华夏文化"(即秦始皇所统一的部分)、"西戎文化"、"北狄文化"三大部分构成。

---

* 原载《大众考古》2017年第6期。

　　关于"钺"的使用，早已出现在西藏日土县塔康巴岩画上，持钺的武士已为乌杔国女王守卫大门了（公元前3—前2世纪）。四川省宝兴县出土的战国时代虎纹铜矛，在虎纹旁刻有"王"字，这表示老虎即王也，忠实地解读了"王"字的来源（图一）。川西出土的战国时代巴蜀图语印章中，也有十件出现"王"字或两个"王"字的来源①（图二）。还有，河西走廊嘉峪关新城魏晋墓出土的"王沾印信"图

图一　四川省宝兴县出土战国时代虎纹铜矛

图二　川西出土战国时代巴蜀图语印章

---

　　①　参见四川省文物考古研究院、雅安市博物馆编著《清风雅雨间——雅安文物精萃》（文物出版社，2010年）。

章，也有虎头与王字共存（图三）。这一切似乎都说明，"王"字起源于我国西部的西戎等族地区，源自他们崇拜的老虎额头上的"王"字纹样。

图三　河西走廊嘉峪关新城魏晋墓出土"王沾印信"图章

《史记·秦本纪》记载秦穆公于公元前623年"秦用由余谋，伐戎王，益国十二，开地千里，遂霸西戎"。西戎十二国中，有八国（即绵诸、狄、豲、犬戎、义渠、大荔、乌氏、朐衍）臣服于秦，四国远遁。我们已经论证，远遁的四国是大夏、析支、月氏、织皮。大夏从甘肃南部大夏河流域、析支从青海河首迁移到了新疆南部，建立了大夏国（吐火罗）和于阗国。月氏从兰州、榆中一带迁移到河西走廊西部，赶走了西王母等部。织皮从青海东南部迁移到西藏北部和西部，成为苏毗部，一部分苏毗人后来建立了乌杼国。羊同国（即象雄国）布德大王率军一直打到帕米尔高原（公元前3世纪），并建立了难兜国、乌弋山离国等国家。于是，"王"的概念及字形，也传播到了中亚地区。

新疆尉犁营盘遗址出土的织锦上往往有"王"字与印度佉卢文并存的吉祥图案（图四）；民丰县尼雅遗址出土的夹砂红陶罐上也有墨书的"王"字（图五）。巴基斯坦塔克西拉（Taxila）遗址出土有相当于西汉时期的纪念银币[1]（图六），其上有印度国王婆罗斯（Porus）骑象大战骑马的亚历山大大帝的图像，在亚历山大大帝像的上方，有铸造的"王"字。象雄布德大王一度占领塔克西拉，所以此地还出土有苯教文物[2]。

秦国在公元前676年作"伏（羲）祠社"，表明自己是伏羲的后代；到公元前422年，作上下畤，祭黄帝、炎帝，改称为炎黄的后代，以便去中原称霸。秦国正式称"王"是在公元前325年。

---

① 参见〔英〕彼得·阿克罗伊德著，冷杉、冷枞译《古代希腊》（生活·读书·新知三联书店，2007年，第119页）。

② 温玉成：《对甘孜地区历史文化的考古调查》，《社会科学战线》2013年第3期。

图四　新疆尉犁营盘遗址出土织锦

图五　民丰县尼雅遗址出土夹砂红陶罐

图六　巴基斯坦塔克西拉遗址出土纪念银币

西戎人读"王"为"野Ye"（於、叶、洁、野、邪）。例如，"王母"读作"野嫫"或"於摩"，"王侯"读作"叶护"（王莽时代把西域诸王一律降为侯，此后不久，西戎各族首领往往自称"叶护"）。典型的例证是贵霜帝国的"翕侯"应读作"叶护"。《旧唐书·突厥传下》记载的统叶护（？—628年）、肆叶护（约628—632年在位）等，亦是明显例证。汉代把青海湖叫"野嫫"，即王母湖。《魏书·西域传》记载的"权於摩国"就是信仰大鹏鸟"权"或"琼"的女王国；法显《佛国记》记载的于阗西边的小国於摩国就是王母国等。遗憾的是，有些研究贵霜帝国宗教的学者，把Yama神翻译成"夜摩"，并不能解释是什么神祇[①]；另外，中亚粟特人尊崇的大神"得悉神"，向来不知是什么神灵。据我们研究，她就是高昌人信仰的"大坞阿摩"，即大巫西王母神[②]。

汉代许慎《说文解字》云："王，天下所归往也。"这是后人对"王"字含义的总结。公元前288年，秦昭王自称"西帝"，并立齐缗王为"东帝"，是国王试图称帝的开始。秦王嬴政统一中国后，自称"始皇帝"，把"王"降一级使用，以表明自己高于其他六国之王。

皇甫谧《帝王世纪》云："是以功合神者称皇，德合天地者称帝，仁义和者称王。"则完全是儒家的理论解说，而无关"王"字之本义。

十六国时代，南凉秃发乌孤之子秃发樊尼，于440年率部从祁连山进入西藏林芝地区，自号"悉勃野"。"悉"即"西"或"辛"，源自"咸"（巫师）；"野"即

---

① 〔匈牙利〕哈尔马塔主编，徐文堪译：《中亚文明史》（第二卷），中国对外翻译出版公司，2002年，第246页。

② 温玉成：《论粟特人的"得悉神"信仰》，《石河子大学学报》（哲学社会科学版）2016年第5期。

王，"勃野"即"勃"（蕃）部之王。他就是吐蕃追认的第一位赞普——聂赤赞普[①]。

2015年9月7—13日，我们在酒泉南山考察"古昆仑山"[②]。学者们把"昆仑"解释为"混沌""囫囵"等，皆属猜测之词。我们已经考证，"昆仑"是西戎语（氐语），意为"日月山"，即日月不发光时的休止处，今祁连山。祁连山主峰素珠链东南角有天池（当地俗称"大海子"）。应该是古代所谓的"瑶池"。天池边上，有个叶家羊圈。这是保存至今的古老地名，"叶"即西戎语"王"，可知，这里是古代王家羊圈。在这里，"叶"字竟然保存了约2700年！还有，匈奴西部之"昆邪王"的意思是"日逐王"。昆，日也；邪，王也。这完全印证了匈奴在占领祁连山的88年间（公元前209—前121年）接受了西戎文化。

令人震惊的是，从卫星地图上看祁连山主峰，其冰川图形竟然是"日月合璧纹"的形象。西戎人命名这座山为"日月山"。他们是怎么知道这个奥秘的呢？

---

① 参阅温玉成《探究吐蕃源自匈奴》，待刊。
② 参加考察的有中央民族大学研究生王文秀、扈新昭。

论粟特人的"得悉神"信仰[*]

　　学术界关于粟特人的"得悉神"信仰，已经讨论了很久。但是，"得悉神"到底是什么神，仍不得而解（参阅白鸟库吉《粟特国考》，《西域史研究（下）》，岩波书店，1981年）。亨宁（W.B.Henning）则明确指出"得悉神"，可能是火祆教的"星辰雨水之神"（《粟特神考》，伦敦大学《东方非洲研究院院刊》第28卷第2期），这很值得怀疑。

　　关于"得悉神"的主要史料有以下三条。

　　1.《隋书·西域传》曹国条云："国中有得悉神，自西海以东诸国并敬事之，其神有金人焉。金破罗阔丈有五尺，高下相称。每日以驼五头、马十匹、羊一百口祭之。常有千人食之不尽。"

　　2.《新唐书·康国传》西曹国条云，"隋时曹国也。……东北越于底城有得悉神祠，国人事之。有金器具，款其左曰：汉时天子所赐"。

　　3. 近年，新疆焉耆七星乡出土一件银碗。碗沿上刻粟特铭文。经西姆斯·威廉姆斯释读，有"这件器物属于得悉神"之句。并指出这是一位女神（参阅蔡鸿生《唐代九姓胡与突厥文化》，中华书局，1998年，第11页）。

　　综合分析上述史料，可知"得悉神"有如下性质。

　　1. 信仰地域在今咸海（"西海"）以东的锡尔河、阿姆河流域；

　　2. 信仰群众主要是粟特各部（中心在今乌兹别克斯坦）；

　　3. 得悉神是一位大神，杀生血祭祭祀十分隆重；

　　4. 得悉神有造像——"金人"（鎏金铜像）；

　　5. 得悉神是一位女神；

　　6. 祭祀得悉神的器具证明，祭祀时可以杀牲口、用酒；

　　7. 祭祀器具还说明一件重要史实，汉朝皇帝也信仰得悉神，所以为祭祀赐以"金器具"。

　　从上述七条分析，首先可以肯定，得悉神不是火祆教神祇。因为粟特人"祆祠"中没有发现神像。唐代段成式《酉阳杂俎》卷十记载"乌浒河中滩有火祆祠，相传祆

　　* 原载《石河子大学学报》（哲学社会科学版）2016年第5期。

祠本自波斯国，乘神通来此，常见灵异，因立祆祠，内无像。于大屋下置大小炉舍，檐向西，人向东礼"。新疆阿拉沟等地的考古资料也证明，只发现了火祆教祭坛、祭祀器，没有发现过神像。其次，火祆教是反对滥杀家畜和血祭的（《阿吠斯陀》之《伽泰》）。

更重要的是汉朝皇帝是禁止火祆教的。因为"天神"阿胡拉·玛兹达，能够授予君权。因此，汉朝皇帝不可能为火祆教神灵赐以器具［参阅拙著《"天神"传入中国内地的最早史料》，《龟兹学研究》（第四辑），新疆人民出版社，2012年］。但是，汉朝皇帝崇奉西王母，则见于《旧汉仪》（《太平御览·礼仪部》引）。

当然，得悉神更不可能是佛教神祇。杀生血祭、酒祭，都是佛教绝对禁止的。

那么，得悉神究竟是何方神圣？我们研究的结论：她——"得悉神"就是源自昆仑山的西王母神。

我们已经证明，原居于昆仑山地区、张掖黑河畔的昭武九姓胡——古称"渠诿"。公元前623年秦穆公军事扩张，打击西戎王（大夏）各国（部族）。大夏国从洮河、大夏河西迁至新疆南部称吐火罗；析支国从黄河河首西迁至新疆和田称于阗；织皮国从青海东南部西迁，散布于西藏北部、西部及新疆东南部，称苏毗。原居于兰州、榆中周围的大月氏国（驹支、禺知），逃往昆仑山区（今祁连山），赶走了"渠诿"（粟弋，粟特，昭武九姓胡）。"渠诿"西迁到中亚。近年，有学者说大月氏故乡在新疆哈密北部的巴里坤山；还有外国学者说大月氏是斯基泰人，故乡在南西伯利亚等，都是错误的。

昆仑山是西戎语，意为"日月山"。但是，有学者说："昆仑是汉语中最早的印欧语借词"；还有学者说：昆仑是"干阗"的古音，没有意思。昆仑山是西王母部根基。西王母祭祀文化是西戎各部的共同信仰（拙著《探究昆仑邦国与大夏诸国西迁》，内刊）。西王母也成为羌、戎、匈奴（冒顿单于起）、汉、吐谷浑、党项、藏、纳西、彝、土等各民族崇拜的大神（拙著《匈奴休屠王"祭天金人"考》，《大众考古》2016年第1期）。

"渠诿"举族西迁，带去了西戎文化——例如：

1. 象征祖居地和天堂的昆仑山的"日月合璧纹"（往往被错误认为是波斯纹样星月纹），是粟特人灵魂的最后归宿，通过天门，进入了天国。西王母神是昆仑山的大神；

2. 三角城平面（如撒马尔罕的阿弗拉西亚布古城、考科特佩古城）等。

3. 西王母神在中亚，学者译称"西雅乌施"；在大夏译称"夜摩"。这显然是西戎语"咸野媄"的译音。比鲁尼（973—1048）《编年史》还把"西雅乌施"作为花剌子模建国的开始（《中亚文明史》第三卷，中国对外翻译出版公司，2003年，第183—187页）。比鲁尼计算的这年是公元前1198年。我们推测西王母神到中亚是公元前623

年即"西雅乌施（咸野嫫）"女神，后来演化为"娜娜女神"，头戴波斯王冠，由骑虎变为骑狮子。

需要澄清的是，琐罗亚斯德（公元前628—前551年）在波斯东南部创立的火祆教，萨珊朝以前，很长时间内并没有传播开。粟特人到中亚以后（公元前623年以后），当然保持着传统的西王母神信仰。后来，他们虽然接受了火祆教，但是，《中亚塔吉克史》作者加富罗夫指出"粟特人的拜火教和当时伊朗萨珊王朝典型的拜火教有很大区别。它的特点是保留了当地古代祭祀部分（包括祭祀祖先和天体——太阳和月亮）"。

西王母的西戎语，称"悉（咸）野嫫"。"悉"即"咸"，大巫也。"得悉神"就是"大悉（西）神"也。自西汉起，西王母即有大量的造像（包括匈奴休屠王的祭天"金人"）；公元前10世纪，穆天子觞西王母于瑶池之上，可见西王母饮酒。

祭祀西王母神及"琼"（大鹏鸟）等，需要血祭、燎祭等。在西藏日土县任姆栋岩画上，就有用125只羊血祭的场景（参阅桑地《高原重要的岩画点独特信息的传达》，载《西藏人文地理》2010年9月号第5期）。

在新疆吐鲁番出土的《高昌章和五年取牛羊供祀帐》（535年）中，供祀的神灵有：风伯、树石、清山神、丁谷天、谷里、大坞阿摩等。这里供奉的诸神，显然既不是佛教的，也不是火祆教的。他们是"西王母祭祀系统"的神并融合了道教（风伯、树石、清山神、丁谷天、谷里）。其中，丁谷天，也写作丁公天，指天帝之下有六丁神。《魏书·地形志》就记载汲郡修武县祭祀有"丁公神"。"清山神"，应该是祁连山神。"谷里"可能是"昆仑"的变音，日月神也。"大坞阿摩"是什么神？我们认为，"阿摩"或写作"耶嫫""於摩"，西戎语西王母也。"大坞"即大巫，汉音也。所以，大坞阿摩就是大巫西王母神，简称大西神——"得悉神"也。在乌兹别克斯坦南部出土了一件小型女神陶像，女神头上戴冠，戴耳环，下身穿虎皮裙。左手持三叉棍，右手提兽头状物。立于老虎前（公元5、6世纪）。关于西王母的图像学显示，这就是"得悉神"像。

有学者把"大坞阿摩"神解释是粟特语Addag，即火祆教的阿胡拉·玛兹达。这是错误的。第一，粟特语Addag与"大坞阿摩"并不对应，只能译成大神（张广达）；第二，这份《供祀帐》上没有一个火祆教神祇。不作深入研究，处处套用火祆教，不可取也。

从更广阔的视角看，公元前623年开始西迁的西戎五大部（大夏、析支、织皮、渠嫂、大月氏），都带去了西王母祭祀文化（西藏学者称为"笃苯"）。公元前3世纪，象雄国布德贡甲大王西征，占领了印度河中、上游地区及兴都库什山以北至帕米尔高原的辽阔地区。他们吸收了"恰菲儿人"外道，辛饶米沃且把西王母祭祀文化改造成"恰苯"（Bot）。进一步传播了苯教文化（拙著《对甘孜地区历史文化的考古调查》，《社会科学战线》2013年第3期）。

　　《汉书·西域传》说，子合国、蒲犁国、依耐国、无雷国等"皆西夜类也"。"西夜"就是"西戎"的异译。所以接下来说"西夜与胡异，其种类羌氐行国"。73年，班超在于阗国，巫师要求杀马祭神的故事，就是西王母祭祀文化的例子。有学者据此证明于阗没有佛教，实乃片面之词。两种宗教并存是常有的现象。《法显传》记载的子合国西边的"於摩国"，显然是"王母国"。由大夏、大月氏组成的贵霜帝国信仰的一位大神——"夜摩"（Yama），西方学者不知是何方神圣。其实"夜摩""於摩"，就是西王母神（《中亚文明史》第二卷，中国对外翻译出版公司，2002年，第246页）。贵霜之"翕侯"，就是西戎人的"王侯"，汉音记录成"叶护"（拙著《说"王"》，《大众考古》2017年第6期）。《三国志·乌丸等传》引鱼豢《西戎传》云，"今虽都统于郡国，然故自有王侯"。《新唐书》吐火罗传云"其王号叶护"。西藏阿里地区噶尔县门士乡（古代女国）出土3世纪的织锦上，就有"羌王""王侯"四字（金书波《从象雄走来》，西藏人民出版社，2012年，第83页）。

《西夏颂祖歌》新解读*

　　1909年，俄国探险家彼得·库兹米奇·科兹洛夫（1863—1935）在中国内蒙古黑水城（额济纳旗）调查，获取了大量的文物及数千件文书。其中有一件1185年的刊本，在其背面，有用西夏文书写的歌颂祖先的歌谣。俄罗斯西夏文专家聂历山用俄文翻译了部分歌谣，中文由陈炳应翻译[①]。其中开头的三句是："黔首石城漠水畔，红脸祖坟白河上，高弥药国在彼方。"我为之取名《西夏颂祖歌》。

　　聂历山和一些中国学者认为：石城，指的是内蒙古黑水城或类似吐蕃、吐谷浑的小城；白河，指的是白龙江（嘉陵江支流）流域或白龙江上游。

　　如果了解弥药人（木雅人）发展的历史，就会知道，上述三句话是西夏人追溯他们祖先历史的歌谣。首先要确定"漠水"应该翻译为"沫水"，也就是两汉时代对大金川的称呼。石城指的是"石碉"及由石碉构成的村寨或"城"。《汉书》和《后汉书》中对松潘羌人建造石碉有许多记述。因此这第一句话是说西夏人的祖先（弥药人）原来居住于大金川流域，居住在石碉中。据《北史·附国传》记载，在附国的东北有"婢药"（就是弥药，也写作木雅）。这是关于弥药人最早的记载。附国的中心在今甘孜州道孚县城。它的东北方向，正好是大金川流域。党项羌强大以后，人们把木雅人也归入其类。我们在四川省道孚县协德乡发掘出土了木雅人石雕头像（唐代）。

　　《旧唐书·西戎传·党项羌》记载，党项羌有八个大的部落，细封氏主要分布在今阿坝州阿坝县。拓跋氏主要分布在今四川松潘至若尔盖、甘肃迭部县之间。我们认为，党项羌即是溃散的"宕昌羌"及各种西部羌戎的称呼（公元6世纪下半叶）。总之，党项羌都分布于四川岷山以西的大金川流域。后来，唐代称未迁移的人叫作"西山生羌"（见颜真卿撰《郭虚己墓志》，750年）。

　　红脸，指的是"赭面"习俗。党项羌早在大金川流域生活时代，已经信仰苯教。因为青鸟（"大鹏"）是"赤首黑目"，所以党项羌、藏族等都有赭面的习俗。《辽史》记载：西夏称巫为"廝"。"廝"同于藏族的"辛""悉"，纳西族的"西"，

*　原载《大众考古》2017年第1期。

①　陈炳应：《西夏文物研究》，宁夏人民出版社，1985年。

都是苯教"师尊"的意思。我们已经证明，辛、廆、西等称呼，皆源自西王母神（西戎语："咸野嫫"）的"咸"。公元前3世纪，象雄布德大王时代，西王母祭司文化发展成为苯教（恰苯）。

内蒙古包头市召湾匈奴汉墓出土的黄釉陶樽，浮雕西王母故事，充分证明匈奴人在公元前209年左右击败大月氏，占领祁连山后，接受了苯教。公元前121年霍去病所获的匈奴休屠王"祭天金人"，只能是西王母神（见拙作《匈奴休屠王"祭天金人"考》，《大众考古》2016年第1期）。李元昊称大夏王之后，去西凉府（武威）"祠神"，这位神也只能是西王母神。党项羌人信仰苯教，最显著的考古例证是：内蒙古清水河塔尔梁宋代墓葬壁画。壁画上有苯教崇拜的"琼"（大鸷守护牦牛，原文误称"朱雀"）、法师飞翔（原文误称"孝子图"）、血祭（原文误称"侍宴图"）等场面（见内蒙古师范大学科学技术史研究院、内蒙古文物考古研究所《内蒙古清水河塔尔梁五代壁画墓发掘简报》，《文物》2014年第4期。按：原文称该墓属于五代，而壁画中党项羌贵族已穿宋代官服）。

值得注意的是，贺兰山9座"西夏王陵"，陵园皆是正南北方向，而"灵台"的方向，不是子午线，却是偏向西北。学者们对此大惑不解。其实，党项羌的传统信仰是"苯教"。虽然上层社会接受了佛教，其丧葬习俗，仍然是要"魂归昆仑山"（今酒泉祁连山）。

白河，指的是党项羌北迁以后，在庆州居住的白马河流域。党项羌北迁共有两次，第一次在664年以后，主要是拓跋等部落，大约有十万人，迁移到庆州，号称"东山部"；第二次在692年以后，主要是党项羌西北边地的羌族（包括黑党项羌、雪山党项羌等），大约有二十万人，迁移到夏州、灵州，号称"平夏部"。众所周知，羌人使用火葬，所以没有坟墓。党项羌北迁以后，受汉族影响才有坟墓。所以党项羌的"祖坟"不可能在白龙江流域。况且，唐代以前，今白龙江的中下游叫"羌水"，并不叫白龙江。白龙江之名出现于宋朝。总之，这第二句话的意思是：北迁后，党项羌的祖坟在庆州白马河上。第三句话强调"高弥药国"——即弥药人东山部的老祖宗发祥地在庆州白马河上。

西夏人族属党项羌，本来是毫无疑问的。但是，有些学者又提出党项羌的来源之一是鲜卑族［见唐嘉弘《关于西夏拓跋氏的族属问题》，《四川大学学报》（社会科学版）1955年第2期］。这是一大误解，是由党项羌八大部落之一称为"拓跋部"引起的。其实，"拓跋部"是唐朝史官的"译音"。经考古调查，这一部落可以写作"铁布""迭部"，中心在四川省若尔盖县及东北的甘肃省迭部县，与拓跋部并无关系。况且，深入的研究证明，拓跋部来源于黑龙江北岸的索离部。在不断南下过程中，融合了鲜卑，母系有鲜卑血统。但他们不是鲜卑人［见拙作《论拓跋部源自索离》，《新疆师范大学学报》（哲学社会科学版），2012年第6期］。

　　还有，一些学者大谈党项羌在白龙江如何如何活动，也是没有根据的。只有"迭部"（所谓"拓跋部"）在白龙江上游居住过而已。

　　藏族历史学家蔡巴·贡噶多吉（1309—1364）的名著《红史》（成书于1363年。陈庆英译为汉文，西藏人民出版社，2002年），在"西夏简述"一节，多次提到弥药人"尕"（嘎）地。他明确指出：成吉思汗死于"木雅嘎"。陈庆英翻译成汉文时，把"木雅"翻译为"西夏"。木雅嘎翻译成"西夏尕地方"，大误。据我们考古调查，尕地就在四川省道孚县协德乡。该地数万居民至今仍然是木雅人。这里从唐代到清代一直叫作"嘎达"。据本人的调查，1227年，成吉思汗死于此地。"嘎达"就是《元史》记载的"哈老徒行宫"。"行宫"者，美化之词也（见中新社记者刘忠俊，2012年10月21日报道）。

　　白滨在《元代唐兀氏与西夏遗民》中，认为唐古特与党项羌最早的源流，都是源自藏语中的"董氏"（载何广博主编《述善集研究论集》，甘肃人民出版社，2001年），这是不对的。藏族"董氏"来源于金沙江上游的多弥部（东汉写作"动粘"），中心在四川省德格县俄支乡。7世纪与吐蕃结盟，逐渐同化，后来发展成为"灵国"，也就是英雄格萨尔大王的故乡。而党项羌最早在大金川流域。

　　至于李元昊自号"嵬名吾祖"（嵬名兀卒），很少有人对此做出解释。其实，那是因为他自认为上承匈奴人赫连勃勃"大夏"之天命，故用匈奴语"撑犁孤涂"（意为"天子"，音变为"嵬名吾祖"）自称也。所以"蕃部尊荣之"。但是，宋朝官员则认为李元昊自称"天子"，这是"辱玩朝廷"之举。因为只有大宋皇帝，才能称作"天子"。

契丹人探险北极之旅[*]

契丹国皇帝耶律德光（927—947年在位），于947年正月攻入后汉首都汴京（今河南省开封市），俘获了正在汴京的合阳县令胡峤。二月，耶律德光北归，任命肖瀚（敌烈，宰相敌鲁之子）为辽国汴州节度使。肖瀚以胡峤为掌书记。不久，肖瀚亦北归，胡峤从行。948年，肖瀚谋反，遭杖刑。949年春，又谋反，伏诛。胡峤于953年返回中原。他在辽国七年，著有《陷虏记》（又写作《陷北记》）。

《新五代史·四夷附录第二》中，大略记载了胡峤的《陷虏记》内容。

第一部分，记载了胡峤北上辽国上京（临潢府，918年建，在今内蒙古巴林左旗林东镇）的经过。

第二部分，记载了胡峤见闻的北边15国或部族的状况，即铁甸（铁骊）、女真、渤海（鞑鞨）、辽国、奚、突厥、回纥、妪厥律、辖嘎、单于突厥、黑车子（室韦的一支）、牛蹄突厥、簸劫子、室韦三部（室韦、黄头室韦、兽室韦）、狗国。

第三部分，记载了契丹十人探险北极的壮举，全文如下："又曰，契丹尝选百里马二十匹，遣十人，赍乾糇北行，穷其所见。其人自黑车子，历牛蹄国以北，行一年，经四十三城。居人多以木皮为屋，其语言无译者，不知其国地、山川、部落名号。其地气，遇平地则温和，山林则寒冽。至三十三城，得一人，能铁甸语，其言颇可解，云地名颉利乌于邪堰；云自此以北，龙蛇、猛兽、魑魅群行，不可往矣。其人乃还。此北荒之极也。"我们来分析一下这段文字。

第一，这次探险队显然是官方组织的（皇帝或北院大王），或许持有"铜符牌"（官方通行证）。配备勇士十人、健马二十四（考古资料证明，契丹人的马，已经配备马鞍、马镫子），还有干粮等物资（出行必备的银锭、帐篷、灶具、武器、火石等），时间往返一年。应当是在耶律阮执政时期（947—951年）。

第二，探险队从辽国上京出发，向北过"黑车子部"，再向北过"牛蹄突厥部"，因该部有葫芦河（即曷剌河），可以确定在今呼伦贝尔草原。大约是今满洲里一带，约东经117度。由此再向北，必须经过"茶扎拉部"和"斡朗改部"，即俗称"狗国"。这里是辽国北部边界。再北行，就要穿越山区，即俄罗斯斯塔诺夫山

---

* 原载《中原文史》2016年第2期，内刊。

（Stanovoy，外兴安岭）以西与雅布罗诺夫（Yablonovyy）山之间的山区。

第三，探险队北上的第三十三城是"颉利乌于邪堰"。经过仔细查找，我们在俄罗斯萨哈（雅库特）共和国地图上找到了它。地图上标示为"埃利吉亚伊"（Eligyay），位于勒拿河（Lena）支流维柳伊河畔（Vilyuy），北纬约62.5度，东经约117度〔参考聂鸿文主编《俄罗斯地图册》，萨哈（雅库特）共和国图，中国地图出版社，2005年〕。探险队来到"颉利乌于邪堰"，显然是通古斯人集聚区。所以才说"得一人，能铁甸语"。那么，"颉利乌于邪堰"是什么意思呢？我们可以借助《金史·钦定金国语解》来讨论这个问题。因为金国是女真人，也讲通古斯语。并且其时代比契丹略晚约160年。"乌于"，第九曰乌也，即乌俞因。"邪堰"，据《北史·室韦传》，室韦的部落首领叫"乞引"。这样看来，可以把该城解读为：颉利可汗的第九个部落墟砦。"居人多以木皮为屋"，即《北史·室韦传》所云"桦皮盖屋"。

第四，胡峤是博学的、有深厚历史文化的人，他写的译名"颉利乌于邪堰"，显然说明此地与突厥颉利可汗有某种关联。众所周知，东突厥颉利可汗原名莫贺咄设，是启民可汗第三子。630年被唐军俘虏，634年死于长安。东突厥灭亡后，"分颉利之地六州……以统其部众"（《旧唐书·突厥·颉利可汗传》）。"埃利吉亚伊"这一古老的地名，在荒凉的西伯利亚中部竟能保存1400多年，简直是个奇迹！

第五，契丹探险队跨过外兴安岭以后，"其语言无译者"。据语言学家的研究，在萨哈共和国广大地区，大部分人使用通古斯语（Tungusisch，中国的"女真语""满语"就属于通古斯语。有专家认为，"通古斯"就是"东胡"），他们可能是这里的土著居民。从地缘关系看，他们与黑龙江以北的大室韦有关；少部分人使用突厥语（Turkasprachen）。所谓"铁甸语"（即铁勒语），就是突厥语的一支。他们可能是从西方迁移来的。历史记载，五代时期，突厥已经衰弱、分散，但仍有四次向中原王朝进贡。辽国的东部至海边，也有铁甸人分布，所以探险队中有人懂铁甸语（参阅〔德〕哈杜默德·布斯曼著，陈慧瑛等编译：《语言学词典》，阿尔泰语系分布图，商务印书馆，2003年，第625页）。这两种人，在10世纪以后逐渐融合了。

第六，所谓自三十三城以北"龙蛇、猛兽、魑魅群行"，是概述了萨哈共和国北部的动物种群。据调查有蝾螈、白鲸、蛇类、狼、棕熊、狼獾、西伯利亚虎、红狐、麝牛、金眼鸭、海雕、金雕、西伯利亚鹤、雅库特马、驯鹿等，大部分是辽国所没有的动物。

第七，所谓"其地气，迁平地则温和，山林则寒冽"。反映的是萨哈共和国7—8月份的气候状态。这时日照可达20小时，最高气温可达25度以上。但在森林中，还有寒意。这里的冬季长达七八个月。最寒冷时，日照仅3小时。极端气温达到零下71度（1924年）。我们假定探险队是农历2月出发，7月达到北极圈内。8月返回，12月回到上京。

　　通过上述分析，证明胡峤《陷虏记》记载的契丹人探险北极，是真实可信的。这是人类历史上首次对北极的探险、考察，意义重大。以往《陷虏记》的研究者，大都关注西瓜的种植与来源。只有舒焚在《一千年前中国人进探北极圈之行》[《湖北大学学报》（哲学社会科学版）1995年第5期]中肯定了这次北极的探险之举。但没有举出足够的证据，以证明其真实性。契丹探险队从出发的满洲里，到第33城埃利吉亚伊，都在东经117度左右，他们很可能已经使用了"指北针"。所以，方向掌握得很准确。至于探险队是否到达了拉普捷夫海（Laptevykh）边，则不能确定。

　　今俄罗斯萨哈（雅库特）共和国，面积310万平方千米，人口约98.6万（2001年），其中约一半属于雅库特人。雅库特人（自称"萨哈人"）中，包括两类人。其中的突厥人，属于蒙古人种，讲突厥语。他们何时从何地移居此地，有各种假设之说。我们的研究表明[参考温玉成《论"索国"与突厥部的起源》，《新疆师范大学学报》（哲学社会科学版）2011年第1期]，突厥原来是匈奴西北边鄙"丁零人"的一部分，该部族形成于东晋时代（317—420年）。探险队则证明，在颉利可汗时代（公元7世纪）已经有突厥人在此地生活。他们应该是从贝加尔湖西北方迁移来的。

　　而雅库特人中的通古斯人，应是来自古代黑龙江以北的"大室韦"。《北史·室韦传》说，在深末怛室韦西北数千里，有大室韦，"径路险阻，言语不通"。关于"萨哈部"的来源，最早见于《新唐书·北狄传·室韦传》。记载云，自"俱轮泊"（今内蒙古呼伦湖）以东"有移塞没部。稍东，有塞曷支部，最强部也。居啜河（今哈拉哈河）之阴，亦曰燕支河"。这个强大的"塞曷部（即萨哈部）"，大约在契丹耶律阿保机征伐室韦时（约900—910年间），迁移到了黑龙江北部大支流结雅河（Zeya，清代称"精奇喱江"）流域。结雅河发源于其北部的外兴安岭。明代这里住有"萨哈尔察部"，清代叫"萨哈连部"。雅库特人自称"萨哈人"，推测他们是从结雅河流域向北，越过外兴安岭迁移去的。迁移的时代还不清楚。

　　清朝达斡尔族的官员、呼伦贝尔城佐领敖常兴（蒙古名：阿拉布旦）写的《额尔古纳河、格尔必奇河巡察记》（简称《巡边记》）中，叙述他于1581年巡察边界时，到了黑龙江入海口以北的乌第河（Uda）畔。他说"到了外兴安岭，已不见我们本族人。在深山的原始森林，居住着雅库特人。他们的驭畜和坐骑，以驯鹿最为珍贵。询问他们的食物，多是大小鱼类"[《东北考古与历史（丛刊）》（第一辑），文物出版社，1982年]。敖常兴实地考察的，是靠近鄂霍次克海海边的雅库特人。这也透露了我国鄂温克、鄂伦春、达斡尔族与黑龙江以北雅库特人之间有密切关系。

　　到了1581年（明代万历九年），俄罗斯人开始向乌拉尔山以东的亚洲扩张。俄罗斯人是在1632年才来到萨哈共和国首府雅库茨克（Yakutsk，参见张芝联、刘学荣主编《世界历史地图集》，"俄罗斯的对外扩张图"，中国地图出版社，2002年第82页）的。

　　总之，我们的研究证明，胡峤《陷虏记》记载的950年前后，我国契丹族十人探险北极是真实的、可信的历史记录。是有记载的人类第一次探险北极的壮举。他们到达的第33城"颉利乌于邪堰"，就是今俄罗斯萨哈（雅库特）共和国的"埃利吉亚伊"（Eligyay）。颉利乌于邪堰的含意是：颉利可汗第九部族首领所在地。说明在7世纪时，突厥颉利可汗已经领有此地。他们应该是从贝加尔湖西北地区迁移来的；雅库特人自称萨哈人。"萨哈部"就是古代室韦的"塞曷部"，原居住地在我国内蒙古呼伦湖以东地区。900—910年间，受到契丹耶律阿保机的征伐，迁移到黑龙江以北的结雅河流域。明代称"萨哈尔察部"，清代称"萨哈连部"。而雅库特人向北越过外兴安岭，迁移到勒拿河流域的时间，尚不能确定。

季注《大唐西域记》的几点新解读*

广义而言，"丝绸之路"应该指的是东亚与中亚、西亚乃至欧洲的古代交通之路。古代中国，在夏商周阶段，最西部的是"昆仑邦国"（中心在今祁连山主峰即酒泉南山）。考古资料证明：河西走廊的"四坝文化"已经延伸到新疆哈密、吐鲁番地区。俄罗斯阿尔泰山北麓的"塞伊玛—图尔宾诺"文化与甘肃省齐家文化已有交流。这说明，早在4000年以前，中外交流已经开始。当然，还有诸多问题，待深入研究。

我们的研究证明：公元前7世纪，有一次大规模的民族西迁浪潮。公元前623年，秦穆公伐西戎王时，十二国中，有八国"服于秦"（绵诸、狄、獂、犬戎、义渠、大荔、乌氏、朐衍）；有四国不服，西遁。

第一，"大月氏国"从兰州一带向西北逃到昆仑山地区（"昆仑"，西戎语，意为"日月山"。今祁连山），迫使西王母部南迁青海湖地区。大月氏还驱逐了黑河旁的"曹奴"（即后来的昭武九姓），他们迁移到中亚撒马尔罕地区。在匈奴打击下，大月氏于公元前209年左右再次西迁伊犁河流域。公元前161—前160年，匈奴老上单于击走了敦煌南部的乌孙（"竖沙"）。

第二，青海东南部泽曲的"织皮国"，分散迁移到了西藏北部、西部（阿里地区）及新疆东南部，称为苏毗。

第三，"大夏国"从甘南洮河、大夏河流域迁移到了新疆南部（今和田东北安得悦一带），建立了大夏国（即"大河"，音变读作"吐火罗"）。

第四，析支国（河首）从青海河源地区之切吉草原迁移到新疆南部，建立了河那国，把和田河改称家乡的析支河（"试计水""树枝水"，西戎语，意为"河首"），后来融合一部分印度人，改称于阗国（和田河流域）。

总之，公元前7世纪大批羌戎民族从甘、青西迁新疆、西藏、中亚，带去了西戎文化，代表性的是"西王母祭司文化"，即原始"苯教（Bot）"；带去了象征昆仑山与天国的"日月合璧纹"图像及"魂归昆仑"的观念；带去了独特的"三角城"城市布局（拙著《探究"昆仑邦国"与大夏诸国西迁》内刊，郑州，2015年7月18日）。

---

* 原载崇化主编《全球化时代的佛教与丝绸之路研究——2016崇圣论坛论文集》（宗教文化出版社，2017年）。此次收入，略有增补、修订。

我们的研究还证明：西藏历史上的象雄大王布德巩夹，就是印度史诗《摩诃波罗多》（*Mahabharata*）称之为“般度”（Pandu）者，曾经率军战败古印度俱卢族（Kuru），占领了印度河大转弯处吉尔吉特、塔克西拉，直到兴都库什山区、帕米尔高原，建立了难兜国（即“般度”之异译。首都：孽多城）、乌弋山离等国家。象雄人开始吸收波斯火祆教“异道”［主要是兴都库什山，恰菲尔人Kafirs的信仰］，形成“恰苯”。“苯教”者，布德大王之教也。年代在公元前206年前后。恰苯巫师（“辛氏”即“咸”氏）的金面具（3世纪）已经在阿里札达县出土，见金书波著《从象雄走来》（拙著《对甘孜地区历史文化的考古调查》，《社会科学战线》2013年第3期）。

还有，《汉书·西域传》记载的“乌秅国”（乌秅、於菟，西戎语：老虎），经我们考证，不在新疆，而在西藏阿里地区的日土县，出乎所有人们的料想。约公元2、3世纪，“乌秅国”南迁千里，就是“权於摩国”（拙著《“丝绸之路”上的古国探秘 “乌秅国”与“权於摩国”》，《大众考古》2015年第10期）。公元前1世纪，西藏乌托国与“西域都护府”已经有了密切联系。586年，西藏西部的“女国”（即权於摩国，玄奘称“苏伐剌拏瞿呾罗国”）使臣到隋朝国都长安“朝贡”（《北史·女国传》），表明西藏是隋朝领土的一部分。至今，大部分人还坚持说，西藏到元代才并入祖国版图。

依据我们近年的考古调查及研究，我们对玄奘著、季羡林等先生注释《大唐西域记》记载的一些国家、故事有了新的解读。

1. 玄奘于贞观三年（629年）至高昌。季注在贞观二年，有误。受到高昌王麴文泰（619—640年在位）热情款待。后来，麴文泰联合西突厥，阻绝西域朝贡，唐朝派侯君集征伐并灭其国。所以《大唐西域记》讳言之，仅用“出高昌故地”一笔带过。麴文泰的祖先麴嘉是金城郡（今兰州市）榆中县人。据我们对《穆天子传》的研究，“禺知”（大月氏）原居地在兰州一带（所谓焉居，就是盐聚，今兰州盐场堡一带）。“麴”姓，即西周青铜器之“驹”，乃“驢騟氏”之变音也，祖先系大月氏人。贵霜王、大月氏人丘就却，或许应该译为“麴（丘）就却”。

2. 玄奘“阿耆尼国”，即两汉至唐代记为“焉耆”国。西汉删丹县有焉耆山（后来讹为“胭脂山”），因为大月氏一部曾经迁居于此地。“焉耆”就是“月氏” 的异译。月氏即禺氏，是“驢騟氏”的省译。当地皈依佛教后，发音讹变为“阿耆尼”——“火”的意思。季羡林等先生《大唐西域记校注》（中华书局，1985年），未能解释出“焉耆”的本义。

3. 玄奘到“屈支国”，记载“王，屈支种也”。季注未说明“屈支国”的来源。

据我们的研究，“屈支”是“屈射”、“葱茈”或“车师”的异译，乃大月氏余种。即公元前3世纪末以来，部分车师人叛离，迁徙此地而建立的国家。屈支人讲“吐火罗B种”语，证明他们属于大月氏、大夏人系统。《汉书·西域传》称，龟兹国特设

"击车师都尉",从反面证明了龟兹与车师的特殊关系。另外,克孜尔石窟券顶壁画中,特别值得注意的是,171窟、8窟、38窟券顶的"老鹰"或"双头鹰"像,前后都有佛像陪护,地位崇高。这种做法,不见于印度和西域。可能把佛教"迦楼罗",结合了苯教对于"琼"(鹜)的信仰。

4. 玄奘谈到"突厥"。季羡林等先生《大唐西域记校注》云:"建立突厥汗国的统治氏族阿史那族原居住在阿尔泰山脉的西南、东部天山山脉的北麓、准噶尔盆地一带。"我们在《论"索国"与突厥部的起源》[《新疆师范大学学报》(哲学社会科学版)2011年第1期]中指出:索国是匈奴西北边鄙的小国。在90—126年间扩展为四大部。在金山中段的大儿部,号为突厥。西晋时代南下,与蒲类人阿恶部结合,形成阿史那部。"叶护"不是人名,而是汉语"王侯"的西戎语拟音。故有"统叶护"(?—628)、"肆叶护"(628—632)之名。"王"读作"叶"或"於"(拙著《说"王"》,《大众考古》2017年第6期)。有趣的是道宣《大慈恩寺三藏法师传》记载"肆叶护"可汗招待玄奘时,有一种管乐器"楚尔"(《传》中讹云"禁末"),至今图瓦人还在使用。

5. 玄奘从屈支国至跋禄迦国(阿克苏),"停一宿","又西北行三百里",翻越"凌山"去"大清池",时间是630年夏天。"大清池",汉代称"阗池",今称伊塞克湖。东西170千米,南北70千米,湖面海拔1600米,四季不冻。旅行路线只能是:阿克苏—温宿(向西北)—吐木秀克(向西北)—过勃达岭(Bedel,中国、吉尔吉斯界山,中国称浑力克达坂,海拔4284米)—赤谷城(Yshtyk,伊什提克,乌孙国都)—Kara Say(卡拉赛,乌孙城)—Barskoon(大清池即伊塞克湖南岸)。从勃达岭至Barskoon,行七日。沿途高山在4000米以下,即雪线以下。所以玄奘记载云"山谷积雪,春夏合冻,虽时消泮,寻复结冰"。季注说,从温宿向西北有二通道:"一为木素尔达坂,一为勃达岭……现学者之间尚无一致意见。"其实,走木素尔达坂,道路曲折,还要过三座5000米高山的山脚下,十分艰险,也不会有"山谷积雪,春夏合冻,虽时消泮,寻复结冰"的自然景象(详参美国版地图Kyrgyzstan)。

玄奘又西行五百余里至"素叶城",会见西突厥肆叶护可汗(628年立,632年被逐,死于康居)。

6. 玄奘"窣利地区总述",指的是阿姆河与锡尔河之间的广大地区。"窣利",《后汉书》写作"粟弋"。唐代译作粟特("昭武"九姓胡人)。公元前623年被大月氏驱逐,西迁中亚。西周时代,只有"曹奴"。后来发展为九姓。所谓"昭武九姓",昭武即"曹奴"美化的音变(拙著《〈穆天子传〉真相解读》,待刊)。

7. 玄奘"迦毕试国"之"质子伽蓝",季注云:"编查汉魏载籍,从未见有汉天子儿为质于外国的。"然而,日本学者羽溪了谛考证认为,"沙落迦"是疏勒之对音;臣磐与质子相当。冯承钧亦持此说。我们认为此说可信。第一,玄奘记载云"河西蕃维，畏威送质"，显然不是指汉朝本土送去了质子。而是"河西蕃维"，"畏威送质"。第二，"有一小乘寺名沙落迦"。汉代内地基本没有小乘寺，只有西域有小乘寺。第三，质子"其后得还本国，心存故居，虽阻山川，不替供养"。显然，质子还长时间与寺院保持联系。可知，这位质子是西域人，不是汉朝内地人。第四，寺院门外有"大神王像"，"神王冠中（有）鹦鹉鸟像"。这位头戴鸟冠的神王，可能是苯教巫师的形象。"鸟冠、虎带"是典型的苯教巫师或厉神的形象。内蒙古鄂尔多斯出土过匈奴鹰鸟王冠，时代是战国后期。第五，至于当地传说"汉天子子质于此"，乃夸饰之词也。

8. 玄奘"瞿萨旦那国"（于阗）建国传说中，"东土帝子蒙谴流徙，居此东界，群下劝进，又自称王"。这与秦穆公伐西戎，"析支"西遁的历史吻合。而"西主"就是阿育王之子驹那罗被害后（时代在公元前232年以前若干年），从塔克西拉发配到大雪山北麓的印度人。即玄奘"咀叉始罗国"记载的阿育王把"诸豪世禄移居雪山东北沙碛之中"。安法钦译《阿育王传》（281—326年间译出），亦记载阿育王之子驹那罗被后母迫害事。"东帝"战胜"西主"后，抚集亡部，"方建城郭"。两个民族渐渐融合。时于阗积极吸收印度文化。

大约在犍伽王朝（公元前185—前73年）时代，佛教传入该地区。他们甚至把国名"河那"改为"于阗"。唐代龟兹人礼言《梵语杂名》中译其音为"㤭—㦉多—囊（Korittana）"。据我们考证，就是佛姓"乔达摩"（Gautama）的俗语音变，或简译为"瞿昙"。青海省乐都县有"瞿昙寺"可谓旁证。玄奘说"印度谓之屈丹"，于阗人自称"于遁"，法国伯希和说于阗的古音"Godan"，皆因此之故。我们特别指出，这可能是中印文化交流的起点，也是佛教传入中国的起点，意义重大。季羡林等先生《大唐西域记校注》则云，于阗地名"目前尚不能解释"。另外，玄奘说于阗"俗语谓之汉（唤）那"。向来没有人解释。实际上，"汉（唤）那"是"析支"西迁此地后最早的称呼。"汉那"或"唤那"都是"河"氏的译音。如同"秦"被称为支那者也。因为析支人、大夏人、大月氏人都属于河氏。《史记·夏本纪》称作"和夷"。

考古资料也证明于阗国文化来自古昆仑山。于阗国学习塔克西拉国的二体钱制度（婆罗谜文、佉卢文），制造和田"汉佉二体铜钱"。其中"骆驼纹六铢钱"，中央符号是"日月人"（西戎语："昆仑筰"）——日月合璧纹及人字（2世纪）。更加证明于阗国王族文化，来源于古昆仑山西戎地区。

9. 吐蕃人称于阗国为"李域"，季注无解。这是因为甘肃省南部的"大夏河"，《水经注》云古称"漓水"。漓水畔有"可石孤城"，即西戎"河氏孤城"也。吐蕃先祖之一"织皮"（苏毗）人居住的泽曲流域，与大夏河只隔着一座"西顷山"。换言之，大夏国祖先与织皮国祖先，早年是毗邻而居的。

10. 玄奘"波谜罗川"记载回国之路，所经"波谜罗川中，有大龙池，东西三百里，南北五十余里……池西派一大流……西流；池东派一大流……东流……"。这里记载的"大龙池"是阿富汗瓦罕走廊北侧的"昔儿库勒湖"（恰克马克廷科尔湖），现在分为东西排列的六个小湖，西部湖水西流，东部湖水东流。玄奘从此东南行，过南瓦根基达坂（Vahir La）（东西走向，4827米），进入竭盘陀国（新疆塔什库尔干县）。季注对于"大龙池"及玄奘所过山口均无注解。近年，有学者考证（冯其庸），玄奘回国，经过明铁盖达坂（4709米），显然是错误的。因为从大龙池向东南行，有大山阻隔，不可能到达明铁盖达坂（详参：美国版地图Afghanistan）。

11. 玄奘"竭盘陀国"（又译作"汉盘陀""诃盘陀""喝盘陀"等），在今新疆塔什库尔干。西汉称"无雷"者，即"无弋"（奴隶）之音变，推测是附属于难兜国的奴隶。至于，"喝盘陀"者，《梁书·西北诸戎传》云"王姓葛沙氏"。葛沙即河氏。在难兜国之北。难兜、盘陀都是象雄大王"布德"（Pandu）的异译。所以，"汉盘陀""诃盘陀""喝盘陀"等，即河氏盘陀也。难兜与盘陀两国的统合，大约在贵霜帝国时代（1世纪）。建国传说中，"波利剌斯国王娶妇汉土"；当地为汉土公主建立了"公主堡"。对此，我们的解读是，这是西迁后的大夏国、析支国与古波斯帝国联姻的故事。所谓"娶妇汉土"，指的是娶妇于汉那国（大夏国或析支国），不是中国内地。关于波斯帝国（公元前550—前330年），就目前所知，公元前2世纪以前，中国内地与波斯还没有联系。季羡林等先生《大唐西域记校注》则解读为：当地塔吉克人与内地汉族人的"源远流长的亲密友好关系"，显然是以今论古。

另外，章巽《法显传校注》（上海古籍出版社，1985年），401年法显来到"竭叉国"，虽然考证"竭叉国"其地点在新疆塔什库尔干是正确的，但并不知国名来源。其实，称作"竭叉"，是"葱茈"的译音，可能是"车师"的异译。汉代，从公元前99年至公元前62年，汉与匈奴"五争车师"，战乱频繁。因此部分车师人即"葱茈羌"（属于大月氏余种）西迁，到达了葱岭。"敦煌、西域之南山中，从婼羌西至葱岭数千里，有月氏余种葱茈羌、白马、黄牛羌，各有酋豪，北与诸国接，不知其道里广狭……"（《三国志·魏志·乌丸等传》注引鱼豢《魏略西戎传》）。故法显记载他们"俗人被服，粗类秦土"。考古资料也证明了这一点。塔什库尔干县（石头城）北郊的曲什曼遗址，时代为距今约2500年。"曲什"或即车师"葱茈"也（《新疆文物》2014年第1期）。谭其骧先生《中国历史地图集》"三国图"把"葱茈羌"标示在藏北高原，显然是错误的。

12. "竭盘陀国"之"童受伽兰"云：无忧王命世，在其故宫中，为尊者童受论师（呾叉始罗国人）建僧伽兰。"故此国王（竭盘陀国）闻尊者盛德，兴兵动众，伐呾叉始罗国，胁而得之"。对此，我们的解读是：竭盘陀国及南部的难兜国等，在公元前206年左右，都属于象雄大王布德巩夹的领土。布德巩夹一度占领了呾叉始罗国（今塔克西拉）。这一历史事件，就是传说的历史背景。不过，在传说中，把这件事与后来的尊者童受论师的事结合到一起了。季羡林等先生《大唐西域记校注》则解读为：此无忧王不是孔雀王朝的人，"而为同名之另一人"。

布德巩夹占领呾叉始罗国大约100年。当地出土有苯教文物（如：刻有雍仲符号的"盥洗石盘"）等可谓旁证。后来，塞克人毛厄斯（Moga）于公元前88年左右统治了塔克西拉。

13. 玄奘"钵露罗国"云："文字大同印度，言语异于诸国。""钵露罗国"就是汉代的"难兜国（又写作撲桃、濮达、排持）"东部，是象雄布德巩夹大王建立的国家之一。首府在孽多城（吉尔吉特）。后被贵霜帝国所灭。唐代称"勃律"。元代意大利天主教修士鄂多立克（Friai Odoric，1265—1331），于1328年从元大都回国，经过新疆南下，到达这里。称作"里波特"（Riboth，意为波特领土，又称"里象雄"），地名科塔（Gota）。清代1664年，法国人伯儿涅（Bernier），称此地是"小吐蕃"。地名伊思迦尔朵（Iskardo），即吉尔吉特也。

当地主体民族本是古藏族（象雄族为主），他们至今讲"藏语西部方言"，藏学家王尧说，这种方言接近青海安多方言。希腊地理学家马林诺斯在2世纪著《地理学引论》中指出，在中国西部有"巴尔提人"（Bautai），就是"布德"（或"般度"）的译音。有人说，当地藏族是8世纪中叶以后……吐蕃驻军留下的人（王尧《藏语西部方言——巴尔提（Balti）话简介》，《西藏民族学院学报》1985年第3期），大误。这里说的"文字大同印度"，只能是早期象雄人参考印度文字创造的"象雄文"。这为探讨"古藏文"起源，提供了基础。

14. 玄奘说"苏伐剌拏瞿呾罗国"（女国，金氏），"东接吐蕃国，北接于阗国，西接三波诃国"。这个"三波诃国"，就是慧超《往五天竺国传》记载的"掌播慈国"。三波诃、掌播慈，都是苏毗的异译。在今拉达克地区（以列城为中心），约2、3世纪建国，称为"阿钩羌"——即"南羌"（"阿钩"，藏语：向南之意）。新疆南部出土的织锦上，有"讨南羌"句，这是因为南羌经常去那里掠夺。季羡林等先生《大唐西域记校注》则说，"三波诃国，至今尚无确切解释"。

15. 玄奘"迦湿弥罗国"记载，该国"彼诸贱人自立君长。邻境诸国鄙其贱种，莫与交亲，谓之讹利多"。讹利多是坚决反对佛教的。季羡林等先生《大唐西域记校注》云："关于讹利多种族的历史，在任何别的文献都无记载。"

据我们研究，《汉书》《后汉书》所记的"无弋山离国"或"山离无弋国"，"无弋"是羌语"奴隶"之意。它是被布德巩夹大王征服、成为奴隶的国家。它位于罽宾（迦湿弥罗国）西北部，即瓦罕走廊及帕米尔高原西部，有道路与罽宾相通。后来，他们有部分人进入迦湿弥罗，夺取了政权。所谓"阿难弟子末田底迦罗……立五百伽蓝，于诸异国买鬻贱人，以充役使……后诸贱人自立君长"。这些"无弋"山离（贱人）人，被罽宾人称作"讹利多"（买来的）。"山离"，唐代称为"识

匿”，以特勒满川流域为中心。元代《马可波罗行记》记载，"识匿"（尸弃尼），
分为五部，称巴达哈伤州。中心在巴达哈伤州（阿富汗东北之法扎巴德），回教语言
称当地国王为"竹勒哈儿年"（Zulcarniens），意为"双角"。因为他们历代为奴隶，
等同牛羊之故。"双角"即国王之头饰也。519年，北魏使臣宋云记录厌哒王妃云，
"头戴一角，长八尺，奇长三尺，以玫瑰五色装饰其上"（《洛阳伽蓝记》）。

需要指出的是，有的学者竟然把"无弋"也说成是一个国家，还考证是《圣经》
上说的"迦勒底的吾珥（Ur）"，纯属猜想［〔加〕戴淮清《〈汉书·西域传〉所记
"乌弋"地望辨正》，《中国边疆史地研究》1993年第2期；拙著《探究布德大王西征
与汉书难兜国》，待刊］。

16. 玄奘"羯若鞠阇国"，注释"摩诃至那国"云："至那（Cina）……是古代印
度人对中国（人）的称呼，早见于公元前四世纪㤚底利耶所著之《政事论》……至那
一词的原音来源于'秦'字……经过古代中亚细亚地区传入印度。"据我们的研究，
阿育王晚年，驱逐一部分塔克西拉的印度人越过大雪山，进入新疆和田地区。他们与
本地的大夏、析支等羌、戎人融合，共同建国。"秦国"是大夏、析支的遥远的"敌
国"，"至那（Cina）"谓"秦"之译音是正确的［至今有人认为"至那（Cina）"来
源于"茶"或"瓷器"。乃猜测之词］。所以，是在公元前3世纪，"秦"国一词是从
于阗国传入印度的。说《政事论》作于公元前4世纪，值得怀疑。

17. 玄奘"睹货逻故国"，注释云"看来这个地名的遗留似与古代月氏人的西迁
有关"。我们已经论证，公元前623年在秦穆公打击下，大夏国（大河）向西迁移至新
疆南部。至公元前160年左右，大夏再次西迁至阿姆河南岸。而大月氏在公元前623年
从兰州一带迁移至昆仑山（匈奴改称祁连山），后来在匈奴冒顿单于打击下（公元前
209年前），再次西迁伊犁河流域。大约公元前161—前160年，老上单于击走乌孙。乌
孙击走了伊犁河流域的大月氏。因此，公元前145年左右，大月氏才第三次西迁到阿姆
河北岸。

王国维、张星烺、黄文弼等先生早已论证大夏国是由内地洮河、大夏河流域西迁
新疆的（黄烈编《黄文弼历史考古论集》，文物出版社，1989年，第76—84页）。但
是，先生们并不知他们西迁的原因及年代。

"大河"，隋代之前译称"图仑"，唐代译称"吐火罗"，突厥人译称"塔克
拉"。所谓"吐火罗语"，原是"西戎语"（与汉语、羌语不同），汉代以后又称
"氏语""盍稚（河氏）语"。公元前623年以后被带到新疆；最后又被大夏、大月
氏带到中亚。此后，又受到当地语言影响，有所变化（参阅《三国志·魏志·乌丸等
传》引鱼豢《魏略·西戎传》）。

所以，西方学者早就发现，"与巴克特里亚存的吐火罗语存在的同时，在塔里木
盆地存在另一种吐火罗语"（Henning）。即库车、焉耆、楼兰地区也有吐火罗语。可

是，不少学者本末倒置，错误地以为"巴克特里亚存的吐火罗语"才是吐火罗语之根本地区。据我们考证，希罗多德《历史》、马其顿王亚历山大东征、阿育王"石刻诏书"（据统计，已发现45处，181篇）等，都没有说到吐火罗人。吐火罗人出现在阿姆河流域，大约在公元前160年前后。

18. 玄奘"蓎末"地。注释云"《汉书》作且末……"。"且末"是何含义，从汉代到清代徐松著《汉书西域传补注》（1817年），都没有做出解释。其实，且末是羌语。"且"，太阳也。"末"即"媤"，母亲也，且末即以太阳为母亲的部落。还有"若羌"（媤羌）。"媤"，《说文解字》云，丑略切，蠱，盐也。师古曰"音而遮反"，读如chu。这也就是羌语cu，汉语盐也。所以，媤羌就是盐羌（参阅《后汉书·西南夷传》白狼王三首诗歌）。

19. 玄奘"迦摩缕波国"，季注提及"该国国王福授（Bhagadatta）"。

郭元兴先生指出，"这个Bhagadatta曾率支那人、吉罗多人参加摩诃波罗多大战……更妙的是，近代学者在吉尔吉特（Gilgit）考古发现，其地6世纪时Shahi王家的一个世系表（JRAS，1944，5页起），其始祖也名为Bhagadatta，学者们感到大惑不解"（"南亚研究编辑部"编《印度宗教与中国佛教》，中国社会科学出版社，1988，第241页）。汉代哀牢国西南部，中、缅交界地区有"篾多"部，可能与"吉罗多人"有关。西藏林芝察隅县有"僜人"，可能是篾多部后裔。

据我们考证，Bhagadatta就是象雄布德贡嘉大王（Pandu）的另一个梵文译音。他参加了公元前3世纪的"摩诃波罗多大战"，在Gilgit建立了"难兜国"（即般度国）、乌弋山离国，领地包括全部帕米尔高原及兴都库什山东南之克什米尔等地。

"古象雄国"，即王玄策于658年立于西藏吉隆县《大唐天竺使之铭》，称之"小杨童"。这是有关象雄历史最早的汉文史料。我们已经证明，小杨童起源于西藏山南地区（羊卓）及日喀则地区。可能有一支南下到了阿萨姆地区（拙著《探究杨童国来源》，待刊）。所以，迦摩缕波国的童子王对唐代使臣王玄策说："先人神圣，从汉地飞来，王于此土，已四千年。"这个传说应该是有历史根据的。《魏略·西戎传》："盘越国，一名汉越。正在天竺东南数千里，与益部相近。"《旧唐书》作伽没路。最初名为东辉国或东星国。值得深入研究。

20. 玄奘"纳缚波故国"。从"蓎末"，"东北行千余里，至纳缚波故国，即楼兰地也"。季注首先说"此名的来源似与唐初居住在当地的粟特人活动有关"；其次说"比尔、水谷真成认为纳缚波可能是该地的梵文化名称"；最后又说"我们认为如果纳缚波真是一个梵文名称的话，那么其原文更可能是Navap，意为新水"。

众所周知，汉代楼兰的湖水，称"盐泽"，东汉称"蒲昌海"，北魏称"牢兰海"，元代称"罗布淖尔"，清代称"芦花海子"。唐代为什么把楼兰称作"纳缚波故国"？据我们研究，这是古藏语。"纳（那）"，黑色也（如"那曲"）；"缚

波"，"苏毗"之异译也。合起来就是"黑苏毗"。据穆舜英女士实地考察可知，罗布泊东北部有一道"黑山梁"，土地也呈现黄灰色。2016年发现了"黑山梁遗址"，有绿松石矿产。属于若羌县。东距玉门关约100千米（穆舜英《神秘的古城楼兰》，新疆人民出版社，1987年；又见《文物》2020年第8期）。若羌县东南，自古有一个很大的"萨毗泽"，见于《沙州、伊州地志残卷（885年）》，是一个不结冰的咸水湖。今维语称"阿牙克库木湖"。入湖河水称苏鲁皮—提勒克河，居住着苏毗族。

西晋至东晋初，苏毗人常常侵扰鄯善国。大约340—350年间，鄯善国灭亡。但是"纳缚波国"存在时间不长。到399年法显西行，已经称此地是"死亡之地"。玄奘经过此地，距离"纳缚波国"灭亡仅仅250年左右，所以玄奘准确地知道其国名。而其他史料没有记载。

季注说，此地"五世纪时亡于吐谷浑"。吐谷浑王慕利延晚年（436—452年）才到达新疆于阗。518年，北魏使臣宋云、惠生来到鄯善城时，城主是吐谷浑第二王子宁西将军（《洛阳伽蓝记》）。而"纳缚波国"，在400年前已经灭亡。

后记：据王邦维同志《感怀集》（中华书局，2015年）介绍，季羡林先生主持《大唐西域记校注》从1978年8月开始至1980年12月完成，历时两年多。先后参加工作的专家有杨廷福、范祥雍、张毅、朱杰勤、蒋忠新、张广达、耿世民、谢芳、王邦维。由此可知，季先生广集梵语、巴利语、英语、法语等大学问家，集体做校注工作。季羡林先生是我十分尊敬的老师。1990年，他担任中国东方文化研究会会长，我是他的助手，担任副秘书长。然而，百密一疏的是，《大唐西域记》还涉及羌语、西戎语等中国古代民族历史迁徙及语言。则未予关注，本文略加补正。

论中华文明的三个板块[*]

——华夏、西戎、北狄

在现代中国历史学家中，写过中国通史的，主要有钱穆（1895—1990）[《国史大纲》（完成于1939年）]、范文澜（1893—1969）[《中国通史简编》（完成于1941年）]、郭沫若（1892—1978）（《中国史稿》）、翦伯赞（1898—1968）（《中国史纲要》）、尚钺（1902—1982）（《中国历史纲要》）以及白寿彝（1909—2000）[《中国通史》（1999年刊）]等，都是以"中原王朝"为中心的著作。

最近的一部是曹大为等四人"总主编"的《中国大通史》（14卷，23册，1700万字，学苑出版社，2018年）。该书的"学术委员会"共有28位声名显赫的专家，包括我在北大读书时的老师侯仁之、季羡林、周一良、张岱年、邓广铭、苏秉琦、田余庆教授以及林耀华（中央民族大学）教授。

该书声称用了"新理念、新观点"，"摈弃以中原王朝为中心的做法，将少数民族政权放在与汉人地方政权同样的地位上……例如辽夏金……而是强调他们的独立性……"。但是，"辽夏金"的"独立性"，其"根源"在何处？却没有下文。

依我们所见，中华文明是由三个文化板块构成的。即中原炎黄文化（包含中原、海岱、江淮地区）、西部西戎文化（包括西北、西南、新疆地区）、北方北狄文化（包括长城及河西走廊以北地区）。与其对应的主要考古学文化是：裴李岗—仰韶文化文化，大地湾—马家窑文化，红山文化。"吐谷浑""吐蕃""西夏""南诏大理"的根在"西戎文化"；而"肃慎""东胡""渤海""契丹（辽、西辽）""回纥（回鹘）""金""蒙元""清"的根在"北狄文化"。

由此可见，《中国大通史》的作者们，虽然力图创新，但是没有建立新的理论框架。因此，关于"中华文明"的起源，仍然追随孔子、司马迁学说，坚持"炎帝、黄帝、夏、商、周"体系的"一元论"。

---

[*] 本文是内部讲话稿，初稿刊于杜斗城、丁得天主编《丝绸之路与永昌圣容寺国际学术研讨会论文集》，兰州大学出版社，2016年。文章原名《中华文明的三个板块》，2022年4月修订之。

　　著名考古学家苏秉琦先生最早指出，六十年当中，一直在围绕两个"怪圈"转："中华一统思想"和"社会发展史"，30多年"绕不出来"。最后"绕出来了，知道走自己的路了"（苏秉琦《华人·龙的传人·中国人——考古寻根记》，辽宁大学出版社，1994年）。但是，大有"绕不出来"者。例如辽宁省"牛河梁红山文化遗址"发现后，就有学者想把"裸体女神"靠上"女娲"，把遗址与"黄帝"联系起来。同样，陕西省神木市"石峁遗址"发现后，就有学者把该遗址说成是"黄帝城"等。

　　反倒是美国汉学家拉铁摩尔（1900—1989）在《中国的亚洲内陆边疆》（英文版，1940年；中文版，2006年）一书中，提出了一条中华文明的"拉铁摩尔线"：上半段是蜿蜒的长城；下半段是从嘉峪关横切河西走廊，向东南行，沿着青藏高原东界而划分。"拉铁摩尔线"以外的中国，包括东北、新疆、内蒙古、新疆四区。他的确比我们的史学家站得更高、看得更远。一来，他是走遍东亚的战略家；二来，他没有司马迁的"紧箍咒"。"拉铁摩尔线"以外的中国，恰恰属于西戎、北狄的文化圈。

　　近年来，有学者提出，"多元统一的中国"是分三步形成的："从南到北""由北到南""自东往西"。这是典型的形而上学的"结论"。因为他们"一知不深入，半解有夸张"。

　　台湾地区学者许倬云先生则"发现中国本身不是统一的一整片，而是黄河流域、长江与淮河流域和长城之外的草原三片地区互相影响而发展出来的。在前两片地区融合之后，南方的吴越和西南夷成为了第四片地区。这些地区互相影响，最终融合"（见《新京报》2020年7月25日报道）。此说颇有道理，只是许倬云不熟悉中国大陆考古学的近况，所论还不到位。

　　殷商甲骨文中，已有"东土""西土""北土"的概念。《穆天子传》记载，周穆王时代（公元前10世纪），他自称来自"东土（诸夏）"。西王母自称处于"西土"。

　　公元前221年，秦始皇统一六国，《汉书》云，"及秦始皇攘却戎狄，筑长城，界中国，然西不过临洮"，也就是说秦始皇所统一的"中国"，只是"东土（诸夏）"及"西戎"的一部分（冉龙、蜀郡、滇、昆明等）。秦国的版图约占今日中国的陆地版图三分之一（清朝前期中国陆地领土面积约1260万平方千米）。中国西部、西南部广大的高原、山谷地区；中国北部、东北部、西北部广大森林、草原地区并不在秦国版图之内。秦始皇所统一的中国，主要是中原、东部、东南部地区，应概括为夏商周在内的"华夏文化区"，是中华文化的主要板块，是经济、文化最发达的核心地区。

　　自古以来（孔子、司马迁），人们往往把"华夏文化"说成是"中华文化"之全部，其余各地则被称为"荒服"之外的"戎狄""蛮夷"。直到近年，学者们在"中华文明探源工程"中，仍然承袭了这种历史文化观（参阅中华人民共和国科学技术部、国家文物局编《早期中国——中华文明起源》，文物出版社，2009年）。

在亚洲，阿尔泰山—天山，是东西方地理、文化、人种的分水岭和大熔炉。实际上，纵观五千年中国历史，是由黑龙江、松花江、辽河、黄河、淮河、长江、珠江、黑河、叶尔羌河、塔里木河、雅鲁藏布江、雅砻江、怒江、澜沧江诸流域构成的。从地域文化上分析，是由三个文化板块构成的，即中原"炎黄文化"，中国西北、西南部"西戎文化"（银川、景泰、兰州、临洮、汶川、汉源以西），长城沿线及河西走廊以北至西伯利亚外兴安岭的"北狄文化"。

最早提出中国炎黄文化"三分说"的是徐旭生先生。他在20世纪40年代出版的《中国古史的传说时代》一书，考证中国古代神话，明确提出华夏（黄帝、炎帝、颛顼、帝舜、祝融等）、东夷（太昊、少昊、蚩尤等）、苗蛮（三苗、伏羲、女娲、獾兜等）"三大集团"之说。孙作云先生用"图腾崇拜"说，概括为熊图腾（黄帝即尧）、鸟图腾（舜即太昊）、蛇图腾（蚩尤）三个集团（《孙作云文集》，河南大学出版社，2003年）。

值得注意的是，"中国古代神话"从形成到流传，经历了一个漫长的过程。况且，北方游牧民族没有留下"传说"。上述"三大集团"中，"华夏"与"东夷"后来融合为一。"苗蛮"部分则西迁。

20世纪80年代，考古学家石兴邦先生，又提出一种新的三分说：一是以稻作农业为主的青莲岗文化及南方文化系统诸部族；二是黄土高原的垦殖者、以粟作农业为主的仰韶文化系统诸部族；三是以狩猎畜牧或游牧为主的北方细石器文化系统诸部族（参阅王仁湘《用一柄手铲解读史前中国——读〈石兴邦考古论文集〉》，《文物》2015年第12期）。以上所论，是大约距今4500—4000年左右的历史故事。我们需要补充说明的是，各种物质文化的形成，更需要数以千百计的年代。上述学说，都是一种"静态模式"，对于解读秦代以前的中国历史，不能套用，仅供参考而已。

关于黄帝以前的古史，考古学家安志敏先生指出："较早的新石器文化遗存……裴李岗文化的测定年代约为前5500—前4900年，磁山文化约为前5400—前5100年，大地湾文化约为前5200—前4800年，可见它们基本上是平行发展的"（《中国大百科全书 考古学》，中国大百科全书出版社，1986年，第714页）。

还有专家认为，山西省襄汾县"陶寺遗址"可能是"尧都"，即夏的中心区（据考古发掘者李建民教授说，该遗址出土的陶壶碎片上有朱书"文尧"或"父尧"二字）。这对于偃师"二里头遗址"是夏都说，冲击不小。国家举办的"夏商周断代工程"固然取得了一定成绩，但是，关于中原的"夏文化，至今仍是学术界同人反复思索与力求破解的谜团"（殷玮璋《夏文化探索中的方法问题》，《河北学刊》2006.7）。

美国学者倪德卫（David S. Nivison）著《〈竹书纪年〉解谜》（上海古籍出版

社，2015年）更是以精细的论证，否定了《夏商周断代工程：1996—2000年阶段成果报告（简本）》（世界图书出版公司，2000年）。美国芝加哥大学夏含夷（Edward L.Shaughnessy）教授在《"夏商周断代工程"十年后之批判：以西周诸王在位年代为例证》中指出，"《简本》的依据如此错误，年代框架亦随之落空"（《新京报》2012年6月26日）〔按：该项国家工程1995年启动，为期5年，有李学勤、李伯谦等200多位专家参与，报告"详本"，至今未见（据说2019年出版，时至2022年未见出版）〕。

我们认为，在三皇五帝时代，我国三支文化都进入了原始社会末期或奴隶社会初期。这是个大分化、大动荡的时代。因此，种族间征战频繁。所谓黄帝"北逐荤鬻"，帝尧"迁三苗于三危"，"流共工于幽陵"（《史记·五帝本纪》），帝舜时"流四凶族"等，都是种族不断分化、迁徙、融合的结果。强势种族占据优良地区，迫使劣势种族或被同化，或退守偏远地区。

除长江、黄河中下游的华夏文化区之外，从宏观上观察，中国西部、西南部广大的高原、山谷地区，从马家窑文化时代起（约公元前3300—前2050年。分为石岭下、马家窑、半山、马厂四个阶段），已经独立发展。从齐家文化到寺洼文化、辛店文化时代，逐渐形成了"西戎文化"共同体。它以祁连山、青海湖至黄河上游、大夏河地域为中心地带。裴文中先生曾经提出"中国文化源出洮河"（1947年10月），这是很有远见的判断。

"西戎人"最初见于《史记·五帝本纪》。他们自称起源于"槃瓠"。据考证，"槃瓠"是一条犬（孙作云《夸父、盘古、犬戎考》）。我们进一步研究证明，盘瓠（彩犬戎）起源于河南省灵宝市。所谓"盘古开天地"，就是帝喾高辛氏时代（公元前23世纪），盘瓠部族的一支骑兵，西迁到达了大月氏地区（以今兰州市为中心），成为众望所归的新文化中心。留在故地的盘瓠部族，在公元前770年后，大部分迁徙到湘西，称作"武陵蛮"。

白犬戎居于陕甘宁交界地区（以陕北白于山为中心），春秋战国时代称"白狄"。值得注意的是，玉门市火烧沟出土了"三犬钮盖陶方鼎"，属于四坝文化（距今3900—3400年），或许与"犬戎"起源传说有关。西戎文化后来则形成"苯教文化圈"。

中国西北部、东北部、广大森林草原地区，也由查海—兴隆洼文化、红山文化等，逐渐形成了"北狄文化"，或可称为"萨满教文化圈"。肃慎、东胡等族起源于这里。《史记·匈奴列传》称，冒顿单于时代，"诸引弓之民，并为一家。北州已定（于匈奴）"。这是首次提出"北州"的地理概念。

我们考证证明，建立北魏的拓跋部，源自黑龙江以北的索离氏（南迁后自称"鲜卑"）。这是北狄文化较早进入中原的一支。蒙古族源自呼伦贝尔的西嚼氏（须卜氏），是北狄进入中原最强大的一支。

在新疆北部吉木乃县"通天洞遗址"发现的大麦、小麦，距今5200年，这是中国最早的大麦、小麦（于建军《洞里乾坤：通天洞遗址考古发掘手记之一》，《大众考古》2020年第5期）。

只有研究这三个文化板块，才能完整地解读"中华文明起源"。有的学者虽然认识到"齐家文化是中国最早的青铜文化"，但却仍然把齐家文化归结为"华夏文明之源"（易华《齐家华夏说》，甘肃人民出版社，2015年）。古代哲人云：一生二，二生三，"三"生万物。中国的狩猎、畜牧、农耕三种经济形态齐全，东南、西、北三大方位覆盖无边，"三"亦生中国之文明，此其谓乎！

我们研究《穆天子传》证明："伏羲氏—炎帝—黄帝"起源于河南省新密市伏羲山区东麓。黄帝初都于"曲梁遗址"（河南省新密市），后来都于"古城寨遗址"（"黎丘之墟"，在河南省新密市）。这是炎黄文化最早的中心区。

学术界的"夏文化探索"被极端化了，必须找到文字才认可。其实，夏代是中国历史大转折的时代。河南省登封市王城岗、淮阳县平粮城、西华县女娲城、偃师二里头遗址等，都是龙山文化及夏代大型城市。

著名的河南省"具茨山类型岩画"，超过了具象阶段，分布于广大农耕地区。我们认为，这就是黄帝至夏代的日历图形，后来形成了《夏小正》。

况且，陕西省神木市"石峁城"的发现，令人震惊：它的年代，距今4300—3800年（偃师二里头城址属于公元前1800—前1500年）；它的面积超过400万平方米（偃师二里头城址面积约11万平方米）。我们认为，它就是黄帝"北逐荤鬻"之"荤鬻邦国"（因"窟野河"而得名）［按："荤鬻"，在夏商周时代，又称"鬼夷""鬼扬"，甲骨文称作"鬼方"］。战国时代后期北迁，成为匈奴三大种姓之一的"呼延氏"。

当然，三种文化曾经交叉式、插花式分布，并且有交流。所谓"匈奴"本来是夏桀之子熏粥，逃亡到了宁夏中卫市一带（以"寺口子"为中心）。继承了夏文化，以龙为图腾，政治中心称"龙城"。

周平王东迁洛邑（公元前770年），就是申侯（南阳市）、西戎、犬戎（盘瓠）为主的势力，杀周幽王于骊山之下的结果。

纵观夏代以来的中国历史，就是这三支文明（华夏、西戎、北方）相互交流与斗争、又不断融合与发展的历史。三者共同构成中华文明。

当然，由于西戎文明、北方文明没有使用连续的文字（他们也使用过巴蜀图文、佉卢文、象雄文、突厥文、回纥文、藏文、契丹文、西夏文、女真文、蒙古文、八思巴文、满文等）；所以，早期未能形成哲学文化系统。最后还是向华夏文化靠拢、学习，共同形成中华文明。

中国北方、东北方的历史舞台上生活着肃慎、东胡（通古斯）、勿吉、失韦、乌桓、索离、鲜卑、高句丽、北魏拓跋氏（索离与鲜卑的融合）、柔然（蠕蠕）、高车、厌达、高昌、突厥（索国与匈奴、蒲类融合）、回鹘以及后来的室韦、靺鞨、流鬼（阿留申群岛）、渤海、契丹（辽）、女真（金）、回纥（回鹘）、蒙古（西嗢、蒙兀）、元、窝阔台汗国、伊利汗国、钦察汗国、满族（清）。

中国西部的历史舞台上生活着羌戎族、大夏（吐火罗）、析支（河首）、织皮、大月氏（䮷騟，最早把马与驴交配的民族）、昆仑（西王母）、渠诿、乌孙、塞种、巴蜀髦濮彭、滇、哀牢、夜郎以及后来的于阗、龟兹、苏毗、难兜（即般度）、象雄（杨童、羊同）、乌托（阿里地区日土县）、女国（权於摩，王城在阿里地区札达县琼隆银城）、东女国（四川省阿坝州、甘孜州。王城在金川县马尔邦乡对角沟村）、阿钩羌（即南羌苏毗国，在拉达克）、灵国（唐朝及以前称"多弥国"。格萨尔王时代，公元11世纪。王城在甘孜州德格县俄支乡）、吐谷浑（鲜卑慕容氏与西羌的融合）、附国、南诏、吐蕃（匈奴与西羌的融合）、西夏（党项羌为主）、大理、西辽等政权，都先后登上了中国历史舞台，产生了长久、深远的影响。

不但如此，中国的民族大迁徙，波及中亚广大地区。公元前623年以后，大夏（大河）、析支、织皮、大月氏、曹奴迁徙到西域（新疆、伊犁河谷、费尔干纳）；公元前3世纪，象雄大王布德贡甲西征印度河及克什米尔、帕米尔高原，建立了难兜国（即布德、般度）、乌弋山离国等；1世纪，大夏和大月氏人在阿姆河流域建立了"贵霜帝国"；4世纪，西部匈奴人曾经进军欧洲，打到罗马帝国的米兰；6世纪突厥人崛起，中亚广大地区的突厥化、继之伊斯兰化（例如阿富汗的"加兹尼王朝"，962—1186年），冲击到西亚两河流域；东胡（通古斯）及室韦北迁俄罗斯西伯利亚（按，贝加尔湖北魏时称"已尼陂"，音变为"西伯"，后来成为西伯利亚的词根）；13世纪蒙古人（室韦）的铁骑，则更是席卷了欧亚大陆，改变了世界历史格局。

当然，唐朝与白衣大食的"呾罗斯之战"失败（751年），阿拉伯伊斯兰教势力占据了中亚，这是一个历史性的、影响深远的转折。

另外，殷人东渡美洲的传说，许多学者认为是不可能的事情。他们"望洋兴叹"。但是，据我们研究，周灭商以后，殷商族的一支"入族"，迁入辽西（喀左县周初入族青铜器窖藏）。不久又向东北，征伐黑龙江流域肃慎后，于公元前9世纪跨越白令海峡，进入美洲，南下到达墨西哥南部。在毕尔霍摩萨城（Villahermosa）的拉文塔遗址（La Venta），已经被考古出土的甲骨文（"一报""十示二""入三"）所证实，毫无疑义。我们批评过张光直先生的"玛雅——中国文化连续体"说乃是"臆说"。书斋里的学者们，大概不知道，白令海峡中的大代尔米德岛（Bjg Diomede，属俄罗斯），距离俄罗斯堪察加半岛或美国阿拉斯加，仅仅各有约80千米左右而已。大大出乎他们的料想（拙著《殷人东渡美洲的甲骨文证据》，《大众考古》2014年第12

期）。这是中华文化传播最远的地区。

历史学家蒙文通先生在《略论〈山海经〉的写作时代与及其产生地域》中认为，《大荒经》时代最早。但是，西南地区早期文化，特别是滇缅交汇地区（例如鹿茤、迦没路国），因文献缺乏、考古资料较少，推进困难。

《穆天子传》是公元前10世纪周穆王东巡、西巡的历史记录。比司马迁著《史记》早八百年，堪称中国最难读的"天书"。注释者，明代有吴宽等11家；清代有郑濂等14家；近代有章太炎、刘师培、顾颉刚等28家。我们已经基本破解，从而可以改写半部中国上古史（拙著《〈穆天子传〉真相解读》，待刊）。

我们认为，在中国古代社会，中国的历史就是这三支文化发展、冲突、演变、融合的历史。这种格局一直延续到清代末期。只有作如此观，才能全面、公正、透彻地了解、研究中国古代历史。

历史学家翦伯赞等先生在研究中国古代民族问题时，提出了"历史主义"的概念，希望人们不要陷入"大汉族主义"之中。这当然是进步的历史观。然而，并没有真正从根本上、从理论上解决问题。所以，至今多数学者仍然把华夏文化当成唯一的中华文化，且根深蒂固。对于中华文明由三个板块构成，甚至毫无认识。虽然他们口头上也说，中华文明是"多元中有统一，统一中有多元"。而这个概念，其实是源自苏秉琦先生在总结新石器时代文化时，提出的"满天星斗论"。

俞伟超先生《在青海省考古学会和青海省历史学会举办的报告会上讲话》（1981年10月30日）中指出："在我国古代文化的发展过程中，中原地区的文化，确实曾给周围的其他文化很大影响。但只看到这一点，就会对我国新石器时代文化的多元性视而不见，从而失掉了历史的真实性。如果统观全局，就会发现甘青地区的古代文化，至少自石岭下阶段起就是自成系统的，而且到了青铜时代以后，还曾多次地给中原地区带去很重要的影响。看不到这一点，自然就扭曲了中国古代文化的发展轨道。"他还指出"在洮河流域所见的辛店文化，我看应当就是属于历史上所谓西戎诸部落的系统"（参阅青海省文化厅编《青海考古五十年文集》，青海人民出版社，1999年，第98—109页）。

在《尚书》中，没有记载黄帝；《诗经》里，"周人"常常自称为"夏人"。或许古代"周人"曾经与西戎、"河宗氏"（图一）通婚。岑仲勉先生指出，"周人原是西戎的一支"，在于阗、叶尔羌、帕米尔一带。饶宗颐先生表示"周人与西域赤乌氏有渊源"。

我们的研究证实，西周祖先周媭，以熊为图腾，确实起源于古昆仑山酒泉地区（鸿鹭山，今嘉峪关之南山），生活了八九百年。他们发明了"牛耕"，大大提高了生产力。到古公亶父时代（约公元前12世纪）才迁移至陕西彬县、岐山，即今人所谓"周原"。

图一　甘肃省景泰县段黄河——"河宗氏"起源地

西戎文化以昆仑山为标志。"昆仑山"是西戎语，意为"日月山"。有学者说，昆仑是"圆"的意思（劳幹）。有学者宣称"昆仑是汉语词汇中最早的印欧语借词"（林梅村）。更有学者说，昆仑就是干阗，高的意思（杨鸿勋）。西戎文化可能是我国最早引进马匹、种植小麦（木禾）、开始牛耕、制造青铜器和铁器（甘肃省临潭县王旗乡磨沟遗址，属于寺洼文化，约公元前14世纪，《文物》2012年第8期）的地区。西戎文化有最早的"祭祀明堂"（青海民和县喇家遗址）。

夏代以来，西戎人以大夏国、大月氏、昆仑山为中心（今黄河、洮河、大夏河流域、兰州市、河西走廊西部）形成文化共同体，汉代被称为"和夷"（"大夏"古读"大河"氏）。容成氏（在马鬃山）创造了"历法"（后来演变为"藏历"）。他们也创造了文字，就是所谓"巴蜀图文"——一种未完全成熟或通用的文字（徐中舒先生则肯定是文字）。西戎人的共同语言是"反舌"的西戎语（不同于汉语、羌语，又称"氏语"。部分西戎西迁新疆、中亚后，称"吐火罗语"）。最早称其首领为"王"（西戎语读为Ye，汉字：叶、野、耶、於、邪），巴蜀图文已经有合成字：祭坛上供奉老虎及王纹。而夏、商称其首领为"帝"（郭沫若考释"帝"者，花蒂也）。西戎人的共同信仰是"西王母祭祀文化"（崇拜日月山川、大鹏鸟、树神、女神、燎祭）。"西王母祭祀文化"就是苯教的源头。公元前3世纪，象雄布德大王西征帕米尔、克什米尔，吸收了恰菲尔人外道，演变成"恰苯"，延续至今。

上古时代，"西周"从周嫄、后稷、台玺、叔均等到古公亶父，在古昆仑山地区（今嘉峪关南山），生活了大约800多年。不窋、公刘长期居于戎狄间并与之通婚。至古公亶父东迁徙岐山。季历时臣服于殷商。殷商甲骨文中，羌、戎同版所见。周原甲骨文中，有"伐蜀""征巢""楚子来告"等内容。

周公"制礼作乐"（公元前1058年），是把西戎文化与华夏文化融合的结果。奠定了中华文明的基础，意义重大。孔子及儒家继承了这个文化传统。

"秦"早年从东夷迁入西部羌戎间。他们与大骆戎通婚，居西垂（甘肃省礼县）。公元前676年，秦初作伏羲祠社，承认是伏羲的后代（按，伏羲氏起源于新密市伏羲山）；到了公元前422年，秦作上、下畤，祭祀黄帝、炎帝，改称是炎黄的后代。表示归宗于炎黄文化，以参加中原争霸。

《山海经》巫咸国，地点在三峡巫山一带。"巴文化"大约形成于夏代，以渔业、盐业为生，属于崇拜鸟及太阳的东夷集团。《山海经·海内南经》所载"太昊生咸鸟"。"咸鸟"就是以鸟为图腾的女巫，即传说的"巫山神女"。巫山神女也就是"山鬼"（孙作云《九歌·山鬼考》）。咸者，巫咸也。咸鸟，任乃强先生解读为"盐鸟"，即运盐的小船，大失原意。《竹书纪年》记载：帝启之臣孟涂，"司神于巴……在丹山西"。"丹山"学者称指产丹砂之山；或以为是指丹鸟（仙鹤）、黄鸟所居之山也，即今巫山。巴文化主流西进涪陵、重庆者形成"巴国"；巴文化一支东进者，春秋后融入楚文化。

考古资料证明：甘肃省马家窑文化、齐家文化早已传播到四川省阿坝州地区和甘孜州地区（彩陶釉分析证明，四川西部"所有彩陶都有直接从甘青地区输入的可能"《文物》2011年第2期）。童恩正也指出"有一支……氏族从川西高原进入成都平原的边缘地带，这就是以后蜀族的祖先了"（《古代的巴蜀》，重庆出版社，1998年，第45页）。这里说的"氏族"就是西戎人。

汉代扬雄的《蜀王本纪》只是有关传说的记录。"蜀之先称王者蚕丛、柏灌、鱼凫……此三代各数百年。"据我们考证，"蚕丛"者，蟾蜍也；"柏灌"者，白鹳也；"鱼凫"者，鱼妇也。这是构成古蜀族的三个部落图腾。所谓"蚕丛"有"纵目"，恰恰是形容蟾蜍双目外突也。"鱼妇"是颛顼后裔被流放与当地民众融合的结果。凉山州盐源县"老龙头墓地"出土的东周青铜"祭祖神坛"、神杖是有力的考古学证据。

《华阳国志》记载古蜀国起源于"岷山"。许多学者认为就是今日之岷山。而《汉书·郊祀志》云，"渎山，蜀之岷山也"。经我们三次实地考察，我怀疑蜀国起源地，不是今日的岷山。因为这里海拔高，太荒凉，经济、人口状况不能成为文化发源地。构成蜀族图腾的三种动物，都不可能在这里生存。查唐代李泰《括地志》云："岷山在岷州溢洛南一里，连绵至蜀二千里。"即古代岷山起始于甘肃省洮河旁之岷县，而南邻的宕昌县有岷峨山及岷江。岷江在舟曲县界流入白龙江后，再汇入嘉陵江。

我们由此推测，蜀部起源于岷县、宕昌县一带（大夏国的东部）。蜀人所在的古岷江与"秦先祖墓"（礼县大堡子山，秦"犬丘陵区"）所在的西汉水，仅仅隔着岷峨山。可以说蜀人先祖与秦人先祖是毗邻而居，关系密切。西戎曾经占领过西汉水流域（公元前10—前9世纪20年代）。《竹书纪年》记载，在夏代末年帝癸时代（公元前16世纪）有"扁帅师伐岷山"及"岷进女于桀（琬与琰）"的记录。或许在此后，蜀族人南迁川西，并把原来的"汶川"也改称为故乡的"岷江"。广汉"三星堆遗址"恰恰开始于夏朝末年。

"巴"、"蜀"及"髳"（顾颉刚考证"髳"在成都西南。温按：可能在大渡河畔汉源县，有"麦坪遗址"），在商代武丁时已经相当强盛，他们参加了"武王伐纣"的征战（公元前1040年）。巴与蜀融合，巴人接受了先进的蜀人文化。换言之，巴蜀是西戎文化最早进入文明阶段的代表，并与秦、楚乃至长江下游文化密切交流。

"三星堆遗址"所反映的辉煌的青铜文化（公元前1700—前1200年），就是西戎文化的典型代表（纵目人、虎崇拜、神树、神鸟、权杖等）。所谓"权杖"，不是来源于西亚的表达"君权神授"的"权杖"——"有环短杖"。而是"祭祖神杖"。新疆"小河墓地"出土了"木杖形器"，有骨雕杖首和木制杖身，长66厘米。玉门火烧沟出土了"球形石杖首"，未见杖身。盐源县"老龙头墓地"出土了12件东周"铜杖"，有一件"立鸟鱼纹九节青铜杖"，长134.8厘米。

周夷王时（公元前867—前858年），有"蜀人、吕人来献琼玉"的记录。这时，蜀人早已南迁到今松潘以南，并进入成都平原（屈小强、李殿元、段渝主编《三星堆文化》，四川人民出版社，1993年）。

关于三星堆文化的"西来说"（近来有人鼓吹来源于"埃及"）、"东来说"都是异想天开的猜想或信口开河而已。

成都"金沙遗址"，是继续"三星堆遗址"的邦国（有城墙），年代为公元前1200—前650年。最重要的变化是突出了四鸟环绕的"太阳神"信仰。

昆仑山（西戎语：日月山。在酒泉市南山）的西王母部是崇拜老虎的部族。2014年5月我们已经在金川县勒乌围乡发现了大批苯教岩画。其中，"雄虎与女神交媾"（11—12世纪）的岩画旁，另有一位女神，与孔雀依偎，藏文题名"伊西瓦姆"（也译成"叶仙"），就是"西王母"，是苯教最高护法神（《中国新闻网》，记者刘忠俊，2014年5月22日报道）。2015年7月，我们在九寨沟县双河乡白水江畔发现了"土伯御龙"（约公元前7世纪）岩画（《藏地阳光网》，记者根秋多吉，2015年7月11日报道）。成都的"升仙桥"，传说是古蜀国张伯子驾"於菟"（西戎语：老虎）于此升仙。雅安发现了坐于三虎座上的三眼青铜女神像（战国）。公元前316年，秦灭蜀国（自杜宇至开明，12世而灭亡）。使得进步较慢的羌戎部族，则渐渐向西南、西北部山区退却。退至岷山—雅安以西。但仍然保持着其传统文化。

在新石器时代晚期，中国就与西部（如河西走廊"四坝文化"、新疆甚至西亚两河流域）、北部（如阿尔泰山地区"塞伊玛—图尔宾诺"文化、斯基泰文化）有物质、文化交流。南俄巴泽雷克古墓出土的中国凤纹丝绸、山纹铜镜，属于公元前5—前3世纪。

至迟在周穆王时代，甘肃省敦煌、瓜州经酒泉、张掖、武威、宁夏中宁到洛阳的道路已经畅通。学者指出：在公元前7世纪，就有从内蒙古草原向西北，越过阿尔泰山，穿过南西伯利亚草原，到达里海北岸的"草原丝绸之路"（马雍、王炳华）。

中国在商朝武丁时代的妇好墓（公元前12世纪），出土了大批玉器物，多数人认为是和田玉。但是考古资料不能证明公元前12世纪和田地区有人类采玉活动。妇好墓的玉器，大部分是"群玉之山"（甘肃省肃北县"马鬃山"）之玉（透闪石）（见丁哲《甘肃闪石玉与"玉石之路"》，《大众考古》2017年第2期）。同时，武丁时代甲骨文也有"燎祭西膜"（西王母，陈梦家隶定）的文字。反映了中原地区与河西走廊地区的广泛交流。这些都值得关注。

我们的研究证明，公元前623年，西戎十二国受到秦穆公的强大打击，有八国（绵诸、狄、獂、犬戎、义渠、大荔、乌氏、朐衍）投降。另外有四国西迁（大夏、大月氏、织皮、析支）。此外还有曹奴（昭武九姓），稍晚还有乌孙（青眼赤须），共计西戎六国，进入西藏、新疆及其以西的中亚地区，并与当地土著居民融合（其中，大夏、析支，过青海柴达木盆地，即西汉时赵充国所称的"羌中军道"）。大夏等国残留部落则四处逃散，称河氏（即史载之"盇稚""和氏"，松潘羌人称之为"戈基"）。西汉时，伊犁河流域的乌孙，已经成为西域能够抗衡匈奴的强国。这是目前可考的羌戎文化第一次大规模地影响西域。后来，它们成为最早与印度文化、波斯文化交流、融合的群体。西方人用"至那"（Cina，秦）指代中国，是公元前3世纪（阿育王时代），从新疆的于阗国（从"析支"即黄河河首迁来）传播给印度的。大夏西迁后，被中亚土著人把"大河"译称"吐火罗"。

这一次羌戎种族大规模西迁的深远影响如下。

1. 带去了西王母祭祀文化（大夏称"夜摩Yama"神，后来演化成娜娜女神；粟特称"西雅乌施"神。后来演化成"得悉神"）。

2. 他们还带去了象征"祖居地和天堂"的昆仑山"日月合璧纹"及"魂归昆仑"的观念。特别受到粟特人推崇并影响了波斯（拙著《探究昆仑邦国与大夏诸国西迁》，北大、河南省、郑州市联合举办"夏商周时期的中原与周边文明研讨会"，《论文汇编》内刊，2015年7月）。有些学者不明真相，把日月纹称作"星月纹"，以为是波斯、粟特纹样，传入中国。

3. 他们还带去了"三角城"的城市布局。过去，中外学者只知道丝绸、服饰、漆器、挖井术等物质文化从中国外传。从来没有学者研究中国精神文化的外传状况。

当刘邦与项羽争霸中原之时（公元前3世纪末），西藏象雄国（发祥于山南及日喀则地区）的布德贡吉大王［就是印度史诗*Mahabhrata*记载的"般度王"（Pandu）］率军西征，占领了印度河中游克什米尔广大地区，直到兴都库什山及帕米尔高原（西藏传说中的"象雄十八王时代"）。他还一度统治了"塔克西拉"。布德大王建立了"难兜国"（即般度，又作"撲桃""濮达"，中心在吉尔吉特）及帕米尔高原的

"无弋山离国"。"巴达山（布德、般度）"即得名于此时。同时，象雄国的西王母祭司文化，也吸收了恰菲尔人的火祆教"异道"，演变成了恰苯。苯教者，即布德大王之教（Bot）也。辛饶米沃且（"辛饶"，大巫师也；"米沃且""么姐"，西王母家族之姓也）应是这次宗教变革的主持者。这是羌戎文化第二次对中亚广大地区产生了直接的、重要的影响。

象雄布德大王西征，是中国古代史上最伟大的历史事件之一，是亚历山大大帝东征后，中亚最伟大的历史事件，也是西藏历史中最奥秘的谜云（拙著《对甘孜地区历史文化的考古调查》，《社会科学战线》2013年第3期）。

中国的羌戎文化对中亚地区第三次有全面、重大影响，是在公元前160—前150年以后，大夏、大月氏先后西迁至阿姆河流域（今阿富汗北部、乌兹别克斯坦南部、塔吉克斯坦西部、土库曼斯坦东部）并建立国家，隔阿姆河相望。他们迅速地吸收、融合了印度、波斯、希腊的文化与艺术。

1978年开始在阿富汗北部希比尔甘城黄金之丘（TillyaTepe）的考古发掘（时代约公元前50—50年），展现了一种独特的新文化，震惊了世界。但是，西方学者们并不知道，这是西戎文化与当地文化融合的结果。贵霜翕侯丘就却（约30—110）时统一各部。大约在公元80年前后，建立了贵霜帝国，始称"天子"。

汉武帝派张骞始通西域，西汉使臣第一次来到这里（约公元前127年）。从张骞通西域，到西汉建立"西域都护府"（在轮台，公元前60年），可以说是中国文化第四次影响中亚。显然也是最重要的一次历史性物质、文化交流。从此，玉门关向西，由官方设置军事、交通的烽、亭路线，逐渐建立，直达葱岭以西。

后来，"贵霜帝国"（1世纪起），成为中亚最强大的国家，并创造出一种新的、多元的文化形态（包括创造出"犍陀罗式佛像艺术"）。《后汉书·班超传》云：贵霜帝国曾经帮助汉朝攻打车师国。88年，向汉朝求婚遭到拒绝。90年，大月氏副王谢率七万骑兵越葱岭攻打班超。105年"西域背叛"，东汉势力被迫退出新疆南部20余年。贵霜帝国在文化上的影响更是极其深远。

孔夫子梦寐以求的、500年前的"周公之礼"，本是继承西周古公亶父、季历、文王的礼乐制度而形成的。换言之，就是西周吸收夏商礼乐制度的融合。孔夫子编《春秋》以来，戎狄不断被丑化、边缘化，没有话语权。历史真相受到极大扭曲。司马迁著《史记》，被尊为"实录"。而西戎没有史书、北狄没有文字，何从录之？今之治史者，必审慎以待之。

论成吉思汗陵在道孚县果阿隆科山谷

一代天骄成吉思汗去世700多年来，中外专家、学者为确认成吉思汗去世地点及寻找成吉思汗陵作了长期、艰苦的探索工作，值得人们敬重与钦佩。据说，近200年来，有100支考古队做过调查。其中，近期最有名的两次如下。

第一次：1990—1993年，蒙古、日本联合"三河源考察队"（即图拉河、斡难河、克鲁伦河发源的不儿罕山区），由世界著名考古学权威、84岁的江上波夫教授（1906—2002）主持。他们考察面积达一万多平方千米，用最先进的仪器，可探测地下30多米。购买了蒙古草原TM卫星图像，动用了直升机航测。结果是找到了3500座13世纪以前的古墓、古城遗址。最终没有发现成吉思汗陵。

第二次：2000—2002年，美国洛杉矶68岁的律师穆里·克里维兹，组成15人的专家团队"考古探险特别小组"，到蒙古国东部考察（以巴特希雷特为中心）。虽然事前做了充分准备（专门绘制了《成吉思汗历史地理地图集》），并发掘了宾得尔山北面的一片墓地。结果证明：是一片假墓地。

此外，关于成吉思汗陵所在位置还有以下观点：在内蒙古鄂尔多斯、在宁夏贺兰山、在新疆阿尔泰山、在哈萨克斯坦或俄罗斯图瓦共和国等。

四川省甘孜州"蒙古史迹调查小组"在四川省政协副主席、州委书记刘道平的关心下，成立于2011年5月6日。宣布"由著名考古学家，原河南省龙门石窟研究所所长温玉成教授为特聘专家，以根秋多吉为组长兼藏语译员、摄影记者，进行有关蒙古史迹的考古调查"。

早在2009年9月28日，日本共同社根据蒙古族乌云其其格（自称是成吉思汗三十四代孙，2011年底去世）的叙述，报道了"成吉思汗陵在甘孜州"的重大消息。次日，中国新闻社做了中文转载。对此，中国学术界、特别是蒙古学界则毫无反应，"集体沉默"。

只有我们首先做出推测，认为"成吉思汗死在甘孜州是可能的"（于茂世：《成陵超级谜案欲破茧——著名学者温玉成向本报独家解读成吉思汗陵墓川西说》，《大河报》10月15日）。

"蒙古史迹调查小组"在甘肃省甘南州、四川省阿坝州和甘孜州及临近的青海省玉树州、西藏昌都地区、云南省迪庆州五省高原地区作了三次考古调查。我们在各地查阅地图、县志、文物及藏文史料，与当地专家、学者、喇嘛们座谈，实地考察重要遗迹，有一系列重要发现。仅就元代而言，如发现丹巴县中路乡元代经堂碉壁画、元代经堂古建筑、岭钦寺八思巴文题记与元代晚期壁画、甘孜县"汉人寺"的元代麻哈噶拉庙壁画、德格县汤甲经堂八思巴文题记与元代壁画等（参见：根秋多吉主编《康巴奇迹》，四川民族出版社，2018年）。

道孚县是三次考察的重点地区。在道孚县城找到了两段残存的古城墙，应是隋唐时代的"道坞城"。县城南部瓦日乡的古代王陵，推测是《北史》《隋书》记载的"附国"王陵。在协德乡，不但找到了元代"宁远府"城残迹，而且确认了清代所修的土城（"年羹尧城"）及惠远寺（七世纪达赖喇嘛罗桑格桑嘉措于1729—1735年驻此寺），这里也是十一世达赖喇嘛凯珠嘉措（1638—1855）诞生地。

藏学家、甘孜州政协副主席呷玛降村教授、西南民族大学土登彭措教授都向我们介绍了有关的藏文史料。藏族历史学家蔡巴·贡嘎多吉（法名：司徒格哇洛垂，1309—1364）的名著《红史》成书于元至正六年（1346年），比《元史》成书早23年。该书记载："太祖成吉思汗，水马年出生，有五个兄弟，三十八岁时征服大地，统治了二十三年，七月十二日在木雅噶去世，享年六十一岁。"《红史》成书时，成吉思汗去世119年，是中外各项相关史料中时代较早、最权威的著述。藏文其他著作中，也有类似的记述，如仓巴·班觉桑布的《汉藏史集》（1434年）、拔卧祖拉称唯的《智者喜宴》（1564年）等。但是，有的专家把"木雅噶"译作"唐兀惕"或"西夏之嘎地"，从而造成许多误解！

我们调查研究后指出，"木雅噶"所指的，就是木雅人的噶达地方。"木雅人"也译作"弭药人"。"噶达"，《元史》中也译作"匣答""哈答""合答"，自唐代迄今都指道孚县协德乡这个地方（约东经101度30秒，北纬30度30秒）。

元代在这里建城（1265年）并派重兵驻守，设有万户府。《元史·百官志二》："哈答万户府，达鲁花赤一员，万户一员，经历一员，知事一员，提控案牍一员，镇抚一员。"又设立了"宁远府"（1276年）。谭其骧教授主编的《中国历史地图集》，在唐代的"剑南道北部图"（741年）、"吐蕃图"（820年），元代"宣政院辖地图"（1288—1330年）中均有标识。

在协德乡清代惠远寺门前所立的《御制惠远寺石碑》（1731年）、史致康的《泰宁惠远寺碑记》（1870年）均称此地为"噶达"。至于协德乡曾是木雅人的住地，在《丹巴县志》中有众多记述，例如说"木雅娃"又称"噶达娃"。2011年9月9日在协德乡元代"山卡寺"遗址中出土的唐代木雅人"石雕头像"（或是"祖先神像"），更增添了考古学证据。

我们进一步分析说，从1227年正月起，成吉思汗攻打青海、甘肃南部藏区，一些吐蕃地方势力已归附于他（《元史·赵阿哥潘传》）。成吉思汗率军从六盘山南下清水，再进入大金川、大渡河藏区，乃是"用兵如神"的重大战略决策。此举可收"一石三鸟"之效：了解吐蕃各部虚实；寻求南下可以灭大理、东下可以灭南宋之前沿基地。后来的历史证明，忽必烈消灭大理国，确实是从甘肃省"临洮"起兵，至"忒拉"（四川省若尔盖县北部的求吉乡）分三路南下，汇聚于"满陀城"（四川省汉源县盘陀寨），再渡过大渡河而向西南进军的。《元史·太祖纪》记载成吉思汗"崩于萨里川哈老徒之行宫"，蒙古音"哈老徒"与《元史》记载的"哈答"对音十分吻合，并无矛盾。

至此，"蒙古史迹调查小组"通过中新社，郑重宣布，一代天骄成吉思汗（1162年5月31日—1227年8月25日）去世于今四川省甘孜州道孚县协德乡。

至于安葬成吉思汗的"起辇谷"，据内蒙古大学、蒙古史专家亦邻真（林沉）教授（1931—1999）考证，13世纪蒙古语发音为"古连勒古"[《起辇谷和古连勒古》，《内蒙古社会科学》（文史哲版）1989年第3期]。藏语"果阿隆克"，与蒙古语"古连勒古"，完全对应。兹论证如下。

一、关于成吉思汗死亡的原因及死亡地点

1.《元史·太祖纪》记载："二十二年丁亥（1227年）……秋七月壬午不豫，己丑崩于萨里川哈老图之行宫……寿六十六，葬起辇谷。"此处没有说明死亡原因。从"壬午不豫"（1227年8月18日），至"己丑崩于萨里川哈老图之行宫"（1227年8月25日），前后仅八天，显然是患了一种急病。

当时，在现场的重要人物有三人：成吉思汗夫人也速哈惕（也速干合敦，塔塔尔氏）、四子拖雷（？—1232）、近臣吉鲁干·把都儿。《元史》中仅拖雷有传记，但讳言此重大事件。

2.《蒙古秘史》（"脱卜赤颜"），使用回鹘体蒙古文，成书于1252年前后。原书早已遗失。今存蒙古文本，乃后来集成。其中记载成吉思汗"一次打猎时，从马背上摔下受伤，引发高烧……死在军营里"。这段记载，把"进围一名哈喇图要塞之时，膝上中流矢死"，改写成"一次打猎时，从马背上摔下受伤"，以显示成吉思汗是"不可战胜的英雄"。

3. 历史学家、波斯人志费尼（1226—1283）在《世界征服者史》（成书于13世纪60年代）中记载，成吉思汗在"624年剌马赞月四日（1227年8月18日）与世长辞"，未写埋藏地点。他明确地记载了成吉思汗摔伤的日子，并误以为是死亡的日子。

4. 在有关历史记述中，只有马可·波罗（1254—1324）的《马可·波罗行记》（冯承钧译）第67章"成吉思汗与长老约翰之战"中，记载"至第六年终（1227

年），进围一名哈喇图（Calatuy）要塞之时，膝上中流矢死"（按，"哈喇图"就是"哈老图"的异译。所谓"行宫"，是历史学家美化之词，乃一临时大帐而已）。在蒙古人中，对于成吉思汗的死因，出于政治需要，极度保守秘密，讳莫如深。那么，马可波罗从何处获得信息来源？

5. 藏族历史学家蔡巴·贡嘎多吉著《红史》（藏文，成书于1346年，东噶·洛桑赤列校注，陈庆英、周闰年汉译）中记载：太祖成吉思汗，"在木雅噶去世"（按，"木雅噶"，指的是木雅人的"噶"地）。由于木雅人属于党项羌，所以汉文被译成"西夏的噶地"，引起混乱。

6. 我们经过长时间的考古调查，确认"木雅噶"就是甘孜州道孚县协德乡。至今，当地居民仍然是木雅人。我们在唐代寺院遗址中，发掘出土了木雅人（红脸人）石雕头像。"协德"，藏语读作"噶哒"。协德乡东10千米、扼守通往丹巴县的道路（今303省道），有"噶哒梁子"（海拔3800米）。藏语称"噶恰那"，意思是马鞍摔碎的地方。我们实地考察（图——图五）证实，这里建有古代碉堡。这印证了马可波罗的记载"膝上中流矢死"。即成吉思汗部队从丹巴县西进，在"噶哒梁子"中"流矢"，从马上摔下来。再前进10千米到"噶哒"养伤，或因"流矢"上有毒药，不治身亡。还有，从八美镇山间流出一条小河，东北流，经过协德乡南，折而向东，流入果阿隆克河（图六）。山卡寺喇嘛说，这就是"萨里川"。如今，协德乡以东的一段河流，已经干涸。

对此，《中新网》成都2012年10月21日电：记者刘忠俊、根秋多吉报道，21日，四川甘孜州"蒙古史迹调查小组特聘专家温玉成教授独家向记者透露，经过两年多的调查研究确认，成吉思汗死于'木雅噶'，今甘孜州道孚县协德乡境内"。

7. 马可波罗游历四川藏区，在1280年，即成吉思汗去世53年、成吉思汗陵建成6年之后。《马可·波罗行记》中，用两章描述他在"吐蕃州"的见闻，特别是提到吐蕃州山区"内有八国"，即历史上记载的"西山、八国"，翔实可信。我们推测他的行程是：成都—都江堰—丹巴—噶哒—康定—泸定—西昌。换言之，马可波罗是在"吐蕃州"，特别是在"噶哒"地方，听到了有关成吉思汗死亡的真实信息。因为，藏族民众没有为"蒙古黄金家族"保密的必要。

8. 关于成吉思汗的"马鞍"（图七）。内蒙古伊克昭盟伊金霍洛旗的"成吉思汗陵"，属于成吉思汗"衣冠冢"，供奉着一副成吉思汗"狩猎马鞍"（通高29、长59厘米）。1983—1984年，作为成吉思汗遗物在日本各地展览过。这副马鞍正面图案是"二龙戏珠"。而宝珠则是"六颗海螺"束集而成，不是"圆形珍珠"。其下，是苯教"琼"的形象，即"大鹏鸟守护牦牛"，具有藏区苯教文化特征。众所周知，牦牛生活于海拔3000米以上的动物。蒙古草原向来不出产牦牛，蒙古人也不信苯教。我们考古调查发现，类似成吉思汗"狩猎马鞍"的图案，在道孚县协德乡，至今仍然在制

图一　在道孚县嘎达梁子作物探

图二　考察道孚县嘎达梁子（一）

图三　考察道孚县噶哒梁子（二）

图四　考察道孚县噶哒梁子（三）

图五　考察道孚县噶哒梁子（四）

图六　考察果阿隆科

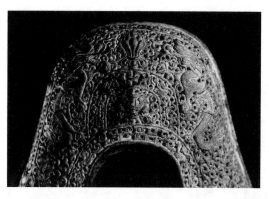

图七　成吉思汗的"马鞍"

作，令人诧异。据此推测，"狩猎马鞍"是成吉思汗的战利品或当地首领的贡品。它间接证明：成吉思汗确实到过藏区。

9. 小结：我们通过一组"证据链"证明，成吉思汗因中流矢，死于噶哒，就是《元史》所说的"哈老图之行宫"。

法国学者勒内·格鲁塞认为成吉思汗死于清水县。南京大学韩儒林先生主编的《元朝史》（人民出版社，2008年）也说，"成吉思汗在清水县附近死去"（甘肃省天水市渭河北），肯定都是错误的推测。

二、成吉思汗遗体临时存放在大雪山岩洞中、陵墓位置推测

成吉思汗于8月25日突然去世。天气炎热，尸体如何处理，蒙古人束手无策。历史上，947年四月，契丹主耶律德光在栾城突然去世。契丹人只有用"剖腹实盐"的办法，制成"帝羓"，运回上京（临潢府）。而在噶哒藏区，食盐奇缺，甚至"以盐为货币"。唯一可行的办法，就是找个大雪山岩洞"厝藏"。

在协德乡的东南方向有大雪山，主峰称雅拉雪山，海拔5820米。从山顶发源两条河。向南流入康定县的叫雅拉河；向北流入丹巴县的叫果阿隆科河，其山谷叫果阿隆科山谷。山谷面积30—40平方千米。山谷北部连接S303公路处，有地名"二道班"。其东侧附近有温泉。温泉北有"雅拉神山"，海拔5130米。神山南方，有大山洞，叫"措景洞"（海拔约5000米）。我们推测，这个"措景洞"，就是成吉思汗"厝藏"之处。当地百姓传说，这里存放过一位大将的盔甲、武器等。

《元史》说，成吉思汗"葬起辇谷"。据内蒙古大学亦邻真（又名林沉）教授考证，在13世纪，"起辇谷"的蒙古语读音，参考罗卜藏丹津《大黄金史》，是"古连

勒古（KOIRALKO）"。从而可知，蒙古语"古连勒古"，与藏语"果阿隆科"，发音非常对应，绝非偶然。

我们根据谷歌卫星地图资料推断，成吉思汗陵就在道孚县果阿隆科山谷西侧。陵墓在"二道班"西南约2千米、噶哒梁子南约1.5千米处。地宫呈东西向长方形，东西长约950米；南北宽约270米。墓道在中间偏北，墓道口向东方。

我们推测，地宫分为西、中、东三室。中室是成吉思汗陵寝，可能头部朝北，脚部朝南。前（南）面有供案。左（东）、右（西）两室，是护卫他的四个"祛薛歹"家族殉葬武士及马匹。陵墓正南方约1000米，有祭祀点（"烧饭处"）。陵墓地面高度，海拔约4200米，深度不知。

三、噶哒城的建立及驻军

1. 据《元史·世祖纪》记载：1265年正月"庚寅，城西番匦答路"。

2. 1274年（至元十一年）：三月，"庚寅，移碉门兵戍合达城"（碉门，今天全县）。六月，"癸丑。敕合达、迭部下蒙古军五千人，与汉军，分戍沿江堡隘，为使传往来之卫"。十二月，"调西川王安抚杨总，帅军与火尼赤合，与丑汉、黄兀剌同镇守合达之城"（按，"西川王"是忽必烈第七子奥鲁赤）。

3. 1276年正月甲午，"仍诏谕诸处管民官，以翁吉剌带、丑汉所部军五百守合达之城"。九月乙卯，"以吐蕃合达城为宁远府"。

四、忽必烈秘密修造成吉思汗陵

1. 自从成吉思汗去世，蒙古帝国政权迭变。拖雷监国2年，窝阔台汗执政13年，皇后乃马真5年，贵由汗2年，皇后海迷失3年，蒙哥汗9年，到1260年才由忽必烈执政。距离成吉思汗去世已经33年。期间，灭金（1234年）、灭大理（1253年），征战频频。因此，至忽必烈称帝，才有条件秘密修造成吉思汗陵。

忽必烈《中统建元诏》宣布："法《春秋》之正始，体大《易》之乾元，炳焕皇猷，权舆治道。"他是参照汉法统治天下的。所以，成吉思汗陵之地宫，或许是参照汉法所作。

2. 由于当年拖雷已经宣布建造过形象工程"成吉思汗陵"，所以忽必烈只能秘密修造真的成吉思汗陵。从《元史·世祖纪》记载可知，自"噶哒"建城（1265年）后，只有至元十一年（1274年）有三次（三月、六月、十二月）调动军队之举，值得高度重视。因为，在雪山地区修陵，必须露天开掘冻土，然后填平，不露痕迹。工程秘密而艰难。开工时间不详。到了这年六月，墓圹成形，工程建设进入关键阶段，才调用"蒙古军五千人"参加建设。估计最后完工是在成吉思汗"忌日（七月己卯）"之前。

3. 更值得注意的是，《元史·世祖纪》记载，至于十一年五月乙未，合丹军中"多籍二千六百七十人。敕：杖合丹，斥无人宿卫。谪往西川，效死军中，余定罪有差"。按，"合丹"，全称是"祛薛丹·合丹"。"祛薛丹"是有权轮流入值"皇帝大帐"的四个家族之一。他们都是誓死效忠于蒙古皇帝的家族。此次合丹违法，命令他到"西川"，"效死军中"。而西川城，就是今甘孜州道孚县城。所谓"效死军中"，就是为成吉思汗陵殉葬。

4. 最令人关注的是太子真金（1243—1285）的动向。至元十年二月，忽必烈立真金为"皇太子"。真金文武双全，喜读《孝经》《资治通鉴》《贞观政要》《武经》等典籍。十一年三月（1274年），太子奉命带重兵护送国师八思巴回吐蕃。依我们的推断，太子真金的真实任务是：一、押送金银等珍贵殉葬品；二、主持成吉思汗陵完工典礼。而国师八思巴，在至元十一年"请告西还，留之不可"（《元史·释老志》）。其真实目的是，主持"塔工寺"工程及安藏成吉思汗遗体的喇嘛教"大法会"。

5. 考古证据是，协德乡南、惠远寺东，有个"山卡寺"（Shangrongke），当地传说是八思巴建立的萨迦派寺院。这个"山卡寺"，因存放大量金银器，被称为"金碉"。可见，这里是存放过成吉思汗陵殉葬品的地方；也是守陵喇嘛的据点。我们实地考察时，搜集到烧制的元代莲花文方砖等文物。忽必烈时代，藏族喇嘛已经形成一股势力。如八思巴的弟子、甘孜州德格县旦麻人嘎·阿列胆巴（1230—1323）死后被封为"大觉普慈、广照无上帝师"。

6. 太子真金在西川城、噶哒城一带，曾经住了一段时间。因此，当地民间流传真金与藏女相爱，生了男孩，封为万户的故事（按，据我们考证，这个"万户"就是《元史·食货志三》记载的"西川城左翼蒙古汉军万户脱力失"。《元史·百官志二》记载，"哈答万户府，达鲁花赤一员，万户一员，经历一员，知事一员，提控案牍一员，镇抚一员"。洛珠坚赞在《世间苯教源流》中，记载他是忽必烈之子拉索切的儿子，叫铁木耳宝嘎）。我们考察的道孚县"汉人寺"，是全国最大的马哈噶啦（战神大黑天）庙。据寺院记载，功德主就是太子真金，主持人则是嘎·阿列胆巴。恰恰也完工于1274年。

7. 关于成吉思汗陵的殉葬品，当然没有记载。但是，可以参考《元史·祭祀志·国俗旧礼》，陵墓该有如下文物：木棺（整木中间挖成人形，契合为棺，用金箍四条固棺）；衣物（皮帽、貂皮袄、靴袜、金腰带、金壶、金瓶、金盏、金款子）；

蒙古女巫送"金灵马"（黄金饰鞍辔的马匹等）。墓穴五里之外设"烧饭处"，埋有祭祀的马、羊等。祭祀往往是"七·七"四十九天。

另外，据《元史·祭祀志·神御殿》记载，祭器有：玉册；黄金饼、斝、盘、盂之属以十数；黄金涂银香盒、碗、碟之属以百数；银壶、釜、盂、匜之属称是；玉器、水晶、玛瑙之器为数不同；"忌辰"还有蔬菓、羊羔、炙鱼、馒头、棋子、西域汤饼、米粥、砂糖等供品。

8.关于"塔工寺"的秘密

修建"成吉思汗陵"是个巨大的工程，要想完全保密是很困难的。为"超度亡灵"并且掩人耳目，帝师八思巴还在成吉思汗陵的西南方，搞了"塔工寺"工程。据《中国文物地图集》（四川分册）记载，康定县"塔工寺"，全称是"一见解脱如意寺"，元代萨迦法王八思巴，建造了"大成就灵塔"及四方四塔，形成密教金刚界五塔曼荼罗。

将来，如果在果阿隆克山谷30—40平方千米开展低空航测，必能探测到金属物品，完全可以找到成吉思汗陵的确切位置。

五、采访当地藏民

我们多次到道孚县协德乡、八美乡考察，并与当地藏族老乡多次座谈。老乡大都没有文化，也不懂汉语。考察团随行采访的著名女作家徐杉，记录了几条重要信息（参见徐杉《探寻成吉思汗最后的足迹》，《魅力中国》2012年第10期下）。

1.当地藏族把成吉思汗称作"江格尔"。按：《藏汉大词典》，藏语称成吉思汗为"将格尔贾沃（jing gir rgal bo）。源自蒙古语，意为才能众多的帝王。那么，"措景洞"是否是"厝江洞"呢（意思是存放"江格尔"遗体的山洞）？

2."措景洞"东北方，有一座"雅拉神山"。当地藏族老喇嘛说，"江格尔打仗死在这里，但千万不要对外说；山上的土也不要动。这样，蒙古人就不会杀我们"。

3.藏族百姓还说，"藏人是老虎，蒙古人来了，老虎也被拖着走"，在这里世代流传。

4.从前，每年夏天（七月），村里的男人都要上来拜"神山"，但女人不允许参加。

5.当年，忽必烈太子真金，在道孚与一女子相爱，生下一个男孩。后来被封为"万户"。在道孚县城南大约9千米的地方，有个村子原来叫"噶下"，后来改为藏名"格西"。

6. 徐杉问当地老乡,成吉思汗大军打到这里时,曾经大开杀戒。你们恨他吗? 他们想了想回答:"不恨,因为江格尔也是菩萨的守护神。"

六、暂时"秘不发丧"与蒙古国"三河源陵寝"之谜

1. 拖雷"秘不发丧"的策略

成吉思汗突然去世时,蒙古各路大军正处于剧烈征战之中,战场跨越东西万里。因此,成吉思汗第四子、"监国"拖雷,必须当机立断。

甲、封锁消息、"秘不发丧";

乙、迅速返回"大斡耳朵"(曲雕阿兰);

丙、在"三河源"不儿罕山区,营造象征性"成吉思汗陵",以安定蒙古各部;

丁、约十一月,拖雷到了灵州(今宁夏吴忠市古城镇一带),才公布成吉思汗死讯,并通知蒙古各部,准备召开选举大会。

2. 关于"不能请出金身"的记载

蒙古学者萨囊彻辰著《蒙古源流》,成书于1662年,汉译于1777年。该书记载成吉思汗"年六十六岁之七月十二日,于灵州升遐矣"。"因不能请出其金身,遂造永安之陵寝并建天下奉戴之八白室焉。"我们分析,所谓成吉思汗"于灵州升遐",显然与"死于清水"大为矛盾。因为"灵州"(今宁夏灵武南)在清水北约400千米。

推测,是拖雷返回大本营途中,在灵州放出的"烟幕弹",宣称成吉思汗"于灵州升遐"的。从此有"灵柩车"北行。后来,演绎出美丽的西夏王妃侍寝、刺杀了成吉思汗、投黄河自杀的故事。

蒙古族学者罗卜藏丹津著《蒙古黄金史纲》,成书于17世纪初。该书称:关于成吉思汗的真身,"有人讲,藏于不罕哈里敦;有人说藏在阿尔泰山阴、肯特山之阳,名大鄂托克地方"。

3. 拖雷的"假戏真唱"

南宋使臣彭大雅(? —1245)、徐霆著《黑鞑事略》,记录了1237年(即成吉思汗死去十年)所见"忒没真之墓"(铁木真之墓),"忒没真之墓,在卢沟河之侧,山水环绕。相传云:忒没真生于此,故死藏此,未知果否";"其墓无冢,以马践蹂,使平如平地。若忒没真之墓,则插矢以为垣(阔三十里),逻骑以为卫"(按,卢沟河,指祛绿连河,今称克鲁伦河)。

我们分析这项实地旅游记录,发现:这个陵墓,显然是一项专供展示的"形象工程"。因为,既然"其墓无冢","以马践蹂,使平如平地",目的是保密,不为外界所知。尤其是不被"敌国"所知。但是,又"插矢以为垣","逻骑以为卫",很

张扬，相互矛盾。明明白白是告诉蒙古大众，这里就是成吉思汗陵。完全体现了拖雷的用心。

七、结　论

综上所述，1227年8月18日，成吉思汗西征途中，围攻噶哒梁子要塞时，膝上中流矢受伤，从马上摔下。前行到木雅人的噶答（即"哈老徒"）治疗。25日不幸去世。不得不在大雪山岩洞（措景洞）中临时安藏。

拖雷导演了"成吉思汗死于灵州"、在三河源"建造成吉思汗陵"等故事。差不多所有的聪明人，都大大低估了蒙古人的谋略智慧。

元世祖忽必烈时代，1265年正月，建立匣答城（噶哒城）。1274年前后，秘密营造地宫。建立山卡寺（金碉），接待太子真金及国师八思巴，存放珍贵殉葬品。七月己丑前，成吉思汗陵完工并放入殉葬品。

唯一没有确认的是，成吉思汗陵的地宫，如果是石条砌筑，采石场在何处？据四川省地质测绘院的《甘孜州道孚县CH项目勘测报告》（2012年10月9日）称：此地区（"塔工"一带）"地质历史时期，大规模垮塌的板岩块石，其成层性好，板理清楚。土体中的块石沿层面分开，接触正常，裂隙吻合"。从而可知，建造成吉思汗陵，就地取材，采集石条，方便可行。

忌日（七月己丑），秘密而隆重地举行了"成吉思汗奉安大典"。推测大典分两个阶段举行。

第一阶段，首先由皇太子真金主持，限蒙古人参加。以蒙古传统及萨满教习俗，安藏成吉思汗遗体、杀蒙古殉葬者、杀马牛羊等并踏平地面、种植草皮，不留痕迹。

第二阶段（可能是若干天以后），国师八思巴及弟子，举行喇嘛教超度大法会，蒙古人及少数藏族喇嘛参加。此时距离成吉思汗去世已经47年。

1276年九月，噶哒城升格为"宁远府"（寓意"永远宁静"）。实际上，秘密承担"成吉思汗陵"的祭祀、保护等各项事宜。"山卡寺"是专门负责成吉思汗陵墓祭祀的部门。元代以后，山卡寺日渐衰落。

总之，我们依据对《元史》《红史》《马可·波罗行记》等文献资料的研究；同时，对"木雅噶"（甘孜州道孚县协德乡）的历史（特别是蒙古、元代）、宗教（苯教、喇嘛教）、地理（雪山、河流、洞穴）、民族（木雅族）做了大量的实地调查研究。这一切都证明：成吉思汗死于木雅人的"噶达"地方（即"哈老徒"行宫）。厝藏于雪山"措景洞"。至元十一年公元七月（1274年），完成了成吉思汗陵的建设。陵墓位于"果阿隆克山谷"西侧（即"起辇谷"，音"古连勒古"），没有地面标志。

拖雷监国，为稳定大局，布置了形象工程——祛绿连河畔的"忒没真之墓"。成吉思汗金身的秘密，始终掌握在拖雷、忽必烈家族手中。而"西部三王"——术赤、察合台、窝阔台，也未必得知全部真相。

当然，这一切都有待于未来的考古工作加以证实。

我们特别声明：即使找到了成吉思汗陵，也必须经过中央有关部门审批，才可以进行调查、确认。我们坚决反对任何单位及个人凭兴趣去发掘。

成吉思汗陵应该保持自然、永远宁静的现状。不要打扰征战一生的、伟大的成吉思汗。

大理凤鸣董氏宗祠考

　　大理市凤仪镇北汤天，有董氏宗祠及法藏寺、国师府（图一—图七）。学者们对于此处的董氏源流，多有考证。代表性的论著是董胜国的《今存最长白族谱牒大理白族董氏族谱的整理及研究》［载《南诏史论丛》（第五辑），大理白族自治州南诏史研究会、白族文化研究所编印，2007年］。大略曰：此处的董氏是白族大姓。起于唐代，生于洱海东，有"仙鸾覆育"之奇。蒙氏拜为国师，延及元、明、清。

　　据笔者检索，在董氏宗祠发现的最早的资料，是明代洪武二十七年（1394年）建立的《赐国师董贤圣旨碑》。该碑云，"皇帝诏曰：董伽罗氏，出自海东。天降一卵，入于草中。仙鸾覆育，神异奇丰。历朝护国，累代神通。有德有行，克始克终……"。这份皇帝朱元璋的诏书应该是可信的。《释氏稽古略续集》中记载，洪武六年（1373年）"诏以故元帝师南迦巴藏卜为炽盛佛宝国师。自是，番僧有封为灌顶国师及赞善王、阐化王……俱赐印章、诰命，领其各本国人民，间岁朝贡"。明代对

图一　　　　　　　　　　　　　　　图二

图三

图四

图五

图六

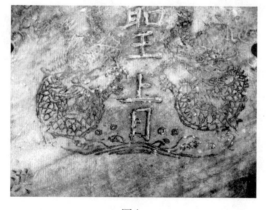

图七

西藏等地区的喇嘛分别封为"法王""王""大国师""国师""禅师"五个等级的名号。1382年，沐英（1345—1392）平定大理。所以，这道《圣旨》必在1382年以后颁布。

《圣旨》概述了"董伽罗氏"的起源。关键有两点，一是"出自海东"；二是仙鸾覆育。"海东"一词，自唐代以来，延及元、明，都是代指朝鲜。因为古代从海路去朝鲜，必需渡过渤海。朝鲜在渤海之东。例如唐代诗人张说《送梁知微渡海东》、张籍《赠海东僧》等。朝鲜人有时也自称海东，例如金献贞撰《海东故神行禅师之碑》（神行，704—779），收入《海东金石录》中。1215年高丽僧人觉训著《海东高僧传》等。至于"天降一卵，入于草中。仙鸾覆育，神异奇丰"，则是朝鲜人关于祖先的"卵生说"。最早见于东汉王充《论衡》中，又见于《后汉书·东夷传·索离国》。朝鲜人一然（1206—1289）编辑的《三国遗事·驾洛国记》等也有此故事。唐代高僧义净（635—713）在南海时，说南海地区把朝鲜叫作"鸡贵国"，梵语叫"矩矩咤医说罗"（《大唐西域求法高僧传》）。

综合以上两点，可以推断，董伽罗氏出自朝鲜。"董伽罗"就是"耽牟罗"的异译。所谓"董氏"就是以国为姓。"耽牟罗"，今称济州岛，是古代一个小国。在元代，一度直属中央政府管理（1273—1294年）。《元史·外夷传·耽罗国》记载至元十年（1273年）正月，元军派兵船108艘讨伐叛贼，六月平之，"于其地立耽罗国招讨司，屯镇边军千七百人"。至元三十一年（1294年），归还高丽国管辖。

但是，在著名的白族学者马曜主编的《白族简史》（云南人民出版社，1988年）中，认为白族是"异源同流"的民族，当然也找不到关于祖先的卵生说；而"凤鸣"在洱海之南，不是在"海东"。

把"耽牟罗"翻译为"董伽罗"，除声音相近外，还有一层佛教的因素。因为佛教把大鹏金翅鸟叫"伽罗频伽"。《圣旨》中说董贤"历朝护国，累代神通"，证明他的家族（董伽罗氏）在明代以前，已经来到中国。我们分析，最大可能是在元朝。因为元朝与朝鲜及耽牟罗国关系极为密切。兹举数例。

1. 据1354年统计，高丽国人居元朝者，总二万三千人。

2. 耽牟罗国（也写作"驾洛"，今韩国的济州岛）是元、明朝流放政治要犯的地区。如1317年，元朝流放魏王阿木哥；1382年，盘踞云南的梁王把匝拉瓦尔密自杀后，明朝流放梁王的家属去济州岛等；

3. 高丽国珍岛郡人吃折思巴，1271年被元军俘虏，后来从帝师出家为喇嘛。1294年奉命送诏书回高丽国（《高丽史·忠烈王世家》）。

4. 高丽国忠宣王，长期在元朝生活，伴随者不少。在大都建有"万卷堂"。1320年被流放到吐蕃萨迦寺（西藏日喀则），又移至旦麻（四川省甘孜州石渠县洛须镇）。1323年回到大都。1325年死去。

5. 元代至正二十年（1360年），西藏噶玛噶举派黑帽系四世活佛乳必多吉（1340—1383），应请至大都（今北京）说法，共住五年。听法者有蒙古、汉、畏兀儿、党项羌、高丽等族长官。

6. 元末起义军中，张士诚兄弟以操舟贩盐为业，常常来往渤海上。1358年，方国珍、张士诚遣使向高丽国贡献方物。1361年，红巾军约10万人渡海，攻打高丽首府汉城。

当然，董贤一族究竟是何时、何因入居元朝，何时来到大理，还需进一步查找、研究。不过，清代记录的《董氏本因图略叙》等资料，还是透露了消息。依其可知，董氏五代传承人是：董量—董贤—董寿（金刚寿）—董荣—董慧智。

董贤在沐英平定大理后不久，就搜集佛经；1392年建立法藏寺；永乐十年（1412年）六月，董贤应召入南京，九月被引见皇帝，十一月于内宫启坛做法四次，而有感应。"钦取赐红、阿挼哩、不动喇嘛（按，"不动明王"是五大明王之主尊）"，这是朝廷的恩赐。有专家评论说，这是因为"大明皇帝分不清藏密和大理白密"的结果。依我之见，恰恰相反，董贤原是藏密喇嘛，今又兼白密阿挼哩。宣德七年（1432年）四月，皇帝召见董贤之子董寿（金刚寿）时，问道："你们本佛是什么？"曰："念曼怛割三十四背，随念随转，持之皆证佛果。"有专家说"曼怛割"即曼陀罗。但是，曼怛割与曼陀罗，音韵并不对应；而且也解释不了"三十四背"。其实，"曼怛割"就是藏传佛教修习的"本尊五大金刚"之一、大威德金刚——"阎曼德迦（Yamantaka）"，他有牛头，九面，三十四臂，十六足。是无量寿佛示现的愤怒像。五大金刚还有上乐金刚、胜喜金刚、幻化金刚、时轮金刚。这里，充分证明了董量、董贤一家本来就是藏传佛教大喇嘛。到了大理，为适应形势，改从阿挼哩教（白密）。

金刚寿于1432年"奉旨铸印，开设衙门"，并以其子董荣为大理府都纲司世袭"都纲"。按明代官职，都纲是从九品，但"设官不给禄"。

从立碑的1394年算起，到清代光绪十八年（1892年，即石刻《族谱》记年），经历了498年漫长岁月。董氏家族在洱海边，为了生存，必须融入白族社会。在晚清的碑刻中，董氏把"海东"解释为洱海之东，其妙意在此。后人不识此妙意，就会混淆而谈了。当然，董氏在大理，也必然要与当地白族通婚。另外，在中国历史上"以国为姓"，至迟从汉代已经开始。例如"昭武九姓国"的安、何、曹、米国等。月支国人姓支，天竺国人姓竺等。至于有人把其他支"董姓"，也混进朝鲜董贤家族中来，那就更不应该了。

跋语：2014年11月3日，张锡禄教授陪同我考察了仪凤镇董氏宗祠。现存建筑有法藏寺及国师府。法藏寺有南北两院，南院可能是藏经楼，已经荒败不堪。北院就是"今天的法藏寺"了。有董贤碑在此。法藏寺东邻就是"国师府"，今存5开间大殿，亦甚残败。大殿后墙上，镶嵌有明代洪武二十七年《赐国师董贤圣旨碑》（实际上，是圣旨卷子的模刻）、梵文碑、清代末年《董氏本因图略叙》等。国师府东墙外，本村老百姓正在用水泥建造祠堂。总之，董氏宗祠虽然破败，但是明代初年的建筑格局、部分古建筑仍然存在。希望有关部门高度重视，积极维修，为大理古代文化恢复一个重要景点。

甘孜路漫漫　上下而求索

　　我有机会踏上甘孜州这片辽阔的高原做考古调查，有一段奇特的机缘。那是2009年9月，内蒙古呼伦贝尔市邀请我去考察"嘎仙洞"[①]。在茫茫的大兴安岭东南，在鄂伦春自治旗阿里河镇的宾馆里，《成吉思汗与蒙古高原》（新世界出版社，2009年）的作者，市统战部长孟松林向我透露了一个惊人的"秘密"：他曾听成吉思汗34代孙乌云其其格（女，2011年底去世）说：成吉思汗陵在四川甘孜州！闻之，令人惊愕不已。此消息"中新社"于2009年9月28日作了报道，国内学者的反应则是"集体沉默"！

　　9月26日回到北京，翻检《元史》，毫无线索；继而查阅《宋史》，在曹友闻、高稼、陈寅等人传记中，发现蒙古军队于1227年夏天猛烈进攻四川，前头部队打到了剑门关。在进攻四川的左、右两路军队中，右路军打到武都，突然"消失"了。我依洞察力，即"大胆假设"，成吉思汗率领的右路军，机密地奔向了大渡河，去寻求一个灭南宋、灭大理的战略基地，因此我向报界表示，成吉思汗陵在甘孜州不是不可能的[②]！

　　当然，"大胆假设"后，更需要"小心求证"。然而，我对甘孜州十分陌生，一个人也不认识，如何是好？2010年在出席乐山市凌云寺"弥勒文化研讨会"后，经四川省委组织部王预文先生介绍，沟通了四川省政协副主席、甘孜州委书记刘道平先生。2011年4月我在四川大学讲课后，终于在4月28日到达康定，开始了我的第一次考察。5月6日，甘孜州政府正式下文，成立"甘孜州蒙古史迹调查小组"，请我为"特聘专家"。2012年6月24日，换届后的州委书记胡昌升、州长益西达瓦，又下了两个文件，全力支持此项工作。

---

　　① 此次嘎仙洞考察，产生了两篇论文：《嘎仙洞遗迹考察》《中国国家博物馆馆刊》2011年第10期、《论拓跋部源自索离》［内部刊于《河洛春秋》2010年第2期，公开刊于《新疆师范大学学报》（哲学社会科学版）2012年第6期］。

　　② 我的推断，见于茂世《"成陵"超级谜案欲"破茧"》，《大河报》2009年10月15日。我们在2011—2012年的考察中，又有重大进展，确认成吉思汗死于道孚县协德乡（木雅噶），成果于2012年10月21日由中国新闻社公布。

　　我自愿担此重任，自知艰难。当我第二次考察从兰州大学出发时（2011年5月20日），杜斗城教授让我讲几句，针对普遍怀疑之声，我曾当众自嘲说："蒙学群儒讥我老而痴，忍能掩口为笑谈！"

　　但是，我并不急于求成。心中牢记屈原的话："路漫漫其修远兮，吾将上下而求索。"从2011年4月至2012年9月，我五次考察的足迹，不但遍布甘孜州15.3万平方千米（面积小于河南省，略等于山东省）的十八个县，而且向北延伸到青海省果洛州，向西北延伸到青海玉树州，向西延伸到西藏昌都地区，向西南到云南迪庆州，向东南延伸到凉山彝族州，向东延伸到雅安市，向东北延伸到阿坝州、甘南州，总计行程约16000千米。

　　当我72岁时，穿过了海拔5030米的雀儿山垭口；当我73岁时，在海拔4200—4400米的卢卓山骑马六小时探寻成吉思汗陵；当我在雅江县俄洛乡"郭岗顶遗址"右脚被摩托车砸伤，缝了十针（2012年7月13日），仍忍痛坚持考察，是一个信念支撑着我：为国家、为民族干点实事，而不是坐在书斋里夸夸其谈！

　　有的朋友说我的行动是"三跨越"，从河南到四川，跨越了地区；从汉区到藏区，跨越了民族；从佛教考古到民族考古，跨越了学科。其实我早就迈出了"三跨越"的步伐。从1968年起，我多次在四川省和重庆市做石窟寺的考察、研究及讲学。关于藏传佛教的考古，我对泉州清源山的藏传佛教三世佛、镇江西津渡元代过街塔、广元千佛崖的章嘉活佛造像等早有论文发表。至于蒙元历史，我虽无专攻，但在20世纪60年代，我在北大历史系读书时，也听过蒙元史专家邵循正（1909—1973，原清华大学历史系主任）、韩儒林（1903—1983，曾任内蒙古大学副校长）和杨志玖（1915—2002，曾任元史研究会会长）教授的课。还听过中央民族大学林耀华教授主讲的"民族学"。我写的《蒙古国的海云大士和南无国师》（《法音》1985年第4期）、《元安西王与宗教》、《五台山与蒙元时代的佛教》（《五台山研究》1987年第5期）、《两件银作曼荼罗的年代鉴定》（《密教研究》第2辑，中国社会科学出版社，2014年）等，算是研究的心得。总之，我的体会是，人生就是一个不断跨越的过程，有作为的学者绝不会作茧自缚。

　　现在奉献给广大读者的本文，是我在甘孜州及周边地区考古调查的简报和研究心得。当时发"新闻稿"时，不可能配发更多照片；如今成文，尽可能多发照片，提供第一手资料，供专家学者研究，而这批图像资料，绝大部分是首次面世，十分珍贵。

　　两年的考察过程中，《甘孜日报》副总编辑根秋多吉先生一直是我的助手、藏语翻译兼摄影师，对我的生活关照也无微不至。本文的大部分照片是他精心拍摄的，本文也是由他编辑、整理的，对他表示衷心的感谢。甘孜州委、州政府刘道平、胡昌升、益西达瓦、汪洋、刘友志等领导同志，扎西班鸠等甘孜州文体局及各县领导同志，文史界朋友和多位喇嘛、活佛，对我的考察给了全力支持，我也表示衷心谢意。

还有丹巴县汽车队的各位师傅，一直为我们考察而辛苦奔波，令我钦佩。特别值得提出的是，我的考察活动还受到了成都军区、四川省军区领导的支持与帮助，在此深表敬意。

2012年10月21日，中国新闻社公布了我们的考察结论，成吉思汗死于四川省甘孜州道孚县协德乡（噶达）！学术界的反应，除了几个人自以为是、泛泛表态外，又是一个可怕的"集体沉默"！

一、古代的甘孜地区文化

关于今甘孜区域的古代文化，虽然古史中有断续的记载，先贤也有所论述；但迄今为止，还没有一部完整、系统的专著。关注这一地区史地者，有刘家驹、法尊、刘立千、吴芷沅等先生。特别是任乃强先生的《西康图经》等论著，影响较大。

四川西北高原的新石器时代晚期遗址，包括马尔康哈休遗址、茂县营盘山遗址、汶川姜维城遗址、丹巴罕额依遗址，距今约5500—4700年。文化内涵是土著文化并融合了甘肃、青海的马家窑文化。

考古学家们关注的"石棺葬"，分布广泛。北起岷江上游的茂县、汶川、理县，又向南在大金川的丹巴、康定、雅砻江流域的甘孜、新龙、雅江、木里、盐源、炉霍、道孚、九龙，金沙江流域的石渠、白玉、巴塘，澜沧江流域的芒康、贡觉、左贡、丁青、比如、洛隆、德钦、丽江、永仁、姚安、祥云、弥渡等地。其中，炉霍县充古乡石棺葬出土的一批春秋战国时代文物，最为珍贵。

目前已测定的，年代最早的是巴塘县BMZ4号墓，距今约3000年，也就是西周初年，它的下限在西汉末年。专家指出石棺葬带有北方草原地区文化色彩。关于它的族属，张增祺推测它属于白狼族；而林向、童恩正教授推测它属于氐族[①]。林向在《"羌戈大战"的历史分析——岷江上满石棺葬的族属》，《四川大学学报丛刊》第20辑，1984年中指出，氐族是当地的土著，就是戈基人。羌族是从北方及西北方迁移来的，他们实行火葬，没有坟墓。

我在考察中，特别注意到石棺葬中出土的"有短柄的青铜镜"。在九龙县看到的圆形青铜镜是素面的，很薄，短柄另外镶嵌而成，底下有孔，可安装木柄。而宝兴县搜集的"虎纹短柄铜镜"（直径8厘米），明显已受到汉文化的影响。众所周知，中国式铜镜从齐家文化开始，就是圆形无柄的。而希腊、罗马式铜镜则是有柄的。在新疆

---

① 参阅童恩正《古代的巴蜀》，重庆出版社，1998年；又参阅张增祺《中国西南民族考古》，云南人民出版社，1990年。

且末县札滚鲁克墓地，出土过圆形、素面、有短柄的青铜镜，较原始，时代属于公元前8—前2世纪。上述三种类型之间的关系，有待深入研究①。

值得思考的是希腊（汉代译为"兜勒"）大王亚历山大（公元前356—前323年），于公元前330年征服波斯，公元前326年征服键陀罗等地。不久，在这些地区移民，开始了"希腊化"时代。那种短柄青铜镜是否与希腊化有关，需进一步研究。

需要说明的是，这些地区的石棺葬文化，还受到了甘肃省"寺洼文化"的影响。"寺洼文化"是齐家文化的延续，距今约3400—2500年，中心地区在甘肃省洮河及大夏河中游。我认为是大夏人（西方称为"吐火罗人"）创造的文化。秦穆公在公元前623年"西伐戎王"，"益国十二，开地千里"，"戎王"应是大夏王。"大夏"古代读作dahe，演变为tochari。后来大夏人向西迁移到新疆南部，大约在那里住了300多年，再向西南迁移到阿姆河流域。

寺洼文化与北方草原文化、南西伯利亚米努辛斯克文化都有交流。但是，对这些遗址的研究，还有待深入。寺洼文化的考古特点是器物有马鞍形口部，镶嵌骨管、蚌片；装饰品用海贝、骨珠、绿松石、肉红石髓等。

二、东周（春秋、战国）至北朝时期的甘孜地区文化

从东周（公元前770年）到北朝（580年）的1350年，是研究甘孜州文化最困难的时段。其中从东周到秦的795年，几乎完全是空白。

1. 西汉汉武帝时代，派中郎将司马相如（公元前？—前118）出使"西夷"

他从长安（今西安）至蜀（成都），再前往"冉龙"（今茂汶县），又安定"筰"（今汉源县）、"邛"（今西昌市），略"斯榆"（邛都四县之一），举"苞蒲"。西至沫、若水（今大渡河及雅砻江），南至牂柯（今贵阳市东北）。公元前130年的这次司马相如出使，明确记载他西至雅砻江，很抬举"苞蒲"这个部落联盟。可以确认，司马相如是第一位到达今甘孜州地区的汉朝使臣，值得隆重纪念②。汉武帝时代，今甘孜州泸定县已经纳入西汉版图，又据348—354年常璩编著的《华阳国志·蜀志》记载，汉武帝时汉嘉郡的"牦牛县"西部，已经包括了今天的汉源县、石棉县、泸定县、康定县、九龙县、道孚县及雅江县东半部。

---

① 参阅雅安市博物馆《清风雅雨间·雅安文物精萃》，文物出版社，2010年；又参阅新疆维吾尔自治区对外文化交流协会：《丝绸之路·新疆古代文化》，新疆人民出版社，2008年。这种镜子也在甘肃省秦安县王洼战国墓地出土过（《文物》2012年第8期）。

② 参见《史记·司马相如列传》，又见《汉纪》孝武皇帝元光五年纪。

2. 东汉永平十七年（74年），益州刺史朱辅为宣示汉德，沟通岷山以西南百余国

百余国者包括白狼、哀牢、槃木（今普米族）、动黏等。白狼国王唐取感恩，作《远夷乐德》等诗歌三章以献之。歌中表示"蛮夷贫薄"，"不见盐谷"。使臣给了他们"缯布""酒食"。所以"不远万里""百宿到洛"，即走了三个多月，到首都洛阳表示报答①。

关于白狼国王的驻地"木薄"，或认为是"慕贺川"的异译。清代以来，有人认为在巴塘县，不知何据。据专家说，白狼国（或作白兰国）原始驻地在青海省都兰县巴彦河（今托索河）一带，吐谷浑强大后（约5世纪末），迁往果洛州的玛多县至达日县一带。581年向隋朝贡献方物（《隋书·高祖纪》）。吐蕃强大后，被攻破（656年），大部向南迁徙至甘孜州西南部，藏族称他们是"弥不弄羌"。我们在雅江县郭岗顶遗址见到的8—9世纪白狼国陶俑，都有杏仁般的大眼，似有中亚人种基因，值得探索。这是首次关于白狼国文物的发现。

3.《北史》记载的"附国"

附国应是濮人建立的国家。濮人是参加周武王灭商的西南八国之一（约公元前1050—前1040年）。据顾颉刚先生考证，濮人原居住地，在武当山、荆州、巫山一带。他们何时迁徙到道孚县，不得而知。附国以雅砻江为中心，东西一千五百里，南北八百里，北朝时还"无城栅"，到了隋唐时代，建设了"道坞城"（在道孚县城），今尚存遗址。大约在682年，吐蕃攻下该城，与之结盟，附国名存而实亡。附国的语言独特（尔龚语），至今道孚县与周边各县难以交流。道孚县全县4.7万人中有1.7万人自称"布巴"，即"附"（读如"布"）人之后。附国之西有女国，东北连山，有大小左封、昔卫、葛延、白狗、向人、望族、琳台、春桑、利豆、迷桑、婢药（即木雅）、大硖、白兰（即白狼）、北利模徒（今玛多）、那鄂（在达日县之达卡）、当迷（即动黏、邓麻）、渠步、桑悟、千碉，并在深山穷谷，无大君长，或役属吐谷浑，或役属附国，大业中（605—618年）向隋朝进贡②。我们在道孚县瓦日乡易日村考察了一座附国王陵，推测其时代在2—6世纪。在王陵周围的围墙，发现夯土层。

4. 关于"难兜国"，是古代西藏象雄族建立的国家

《汉书·西域传·难兜国》（荀悦《汉纪》写作"完国"）条记载，至少在公元前2世纪它已经存在。该国"种五谷葡萄诸果"，"有银、铜、铁作兵"，"户五千，

---

① 参见《后汉书·西南夷列传》。

② 《北史·附国传》。

口三万一千"。这里后来称"勃律",是在丝绸之路的南线上。从北魏到唐代,众多旅行家法显(401年)、智猛(404年)、宋云(519年)、玄奘(644年)、惠超(727年以前)等人对它都有记述。由于上述旅行家都没有接触过藏族文化,所以他们没有解开勃律是藏族人国家这个千古之谜。只有唐代著名佛教史专家道宣(596—667)特别指出"其国非印度所统"(《释迦方志》遗迹篇第四)。从葱岭(新疆塔什库尔干)南下至该地区,再向南是喀什米尔,向西是斯瓦特,向东是西藏。该地在今巴基斯坦所属克什米尔北部,印度河北边的小支流"吉尔吉特河"两岸,向东北至斯卡杜一带。主要城市是吉尔吉特(唐代称"蘗多"),讲古藏语(西部方言),人们称它是"小西藏"。10世纪末或11世纪初,操突厥语部族进入吉尔吉特、洪扎、纳加尔一带,建立了穆斯林政权。而这时正是吐蕃大分裂时代,两地联系渐渐中断。

那么,这个由古代藏族建立的小国是从哪里来的呢?据古代印度史诗《玛哈帕腊达》(也译作摩诃婆罗多,*Mahabharata*,参阅孙用译本,人民文学出版社,1998年)记载,在古代印度北部俱卢族(Kuru)与般度族(Pandu)大战18天,两败俱伤,各自建国。史诗透露,般度族是黄皮肤,并且有"一妻多夫"的习俗,应该是古代藏族。

关于这次战争的时间,有专家推断在公元前7—6世纪(穆罕默德·瓦利乌拉·汗《犍陀罗——来自巴基斯坦的佛教文明》,1章,史诗文学,五洲传播出版社,2009年);有专家推测在公元前3世纪至公元前2世纪(黄奋生《藏族史略》,三章,二节,民族出版社,1985年)。看来黄奋生先生之说比较可信。

这一历史事件,在古代藏族历史上,也有记载。"中丁二王"(也有说是"上丁二王")有位布德赞普。蔡巴·贡葛多吉(1309—1364)著《红史》(1363年成书)中说,"止贡赞普和布带巩夹(即布德)父子二人在位时,出现了苯教的仲本和德乌本,并开始农耕种地、熔炼金银、修建桥梁"(陈庆英等译本,西藏人民出版社,2002年)。《贤者喜宴》记载布德赞普曾与克什米尔大战,并取得了本教。各种记载都表明,古代藏族发展到布德赞普时代,社会经济和文化都发生了巨大变革:经济上由畜牧业为主转向以农耕业为主;开始开发和冶炼铁、铜、银三种矿产;文化上,从波斯和大月氏交界地区引入苯教。但是,对于古代藏族这一次巨大历史变革,却没有人深入探讨。

各种历史因素表明,布德赞普建立的国家,就是"难兜国"。般度、布德、巴尔提(Balti)应该是同音异译。东晋以来的"波伦"、"勃律"(藏文Brusha)、"钵露罗",应该还原为"蕃律"。400年以前,这里恢复了蕃人的宗主权。从8世纪起,这里是唐朝与吐蕃反复争夺中亚的交通要道、战略要地。在西藏学者朵桑旦贝坚参《世界地理概说》中,指出"里象雄,应该是冈底斯山西面三个月路程之外的波斯、巴达先和巴拉一带。在这的甲巴聂查城遗址中有座山,山上密尊的形象自然形成……"。

其中，"聂查城"是否是唐代的"孽多城"（吉尔吉特）？"巴达先"是否是"巴尔提斯坦"的省译？

从难兜国所处的地理位置可知，它南邻"罽宾国"（塞种人建立）仅175千米；它的西边就是"乌苌国"（乌仗那，今巴基斯坦北部的斯瓦特山区）。换言之，这里恰恰是接受古代印度及波斯两大先进文明的地区。关于这一点，法国藏学家石泰安早就做出肯定（耿昇译《西藏的文明》，中国藏学出版社，1999年，第33—34页）。该地区曾被波斯大流士王（公元前522—前485年）占领过。大流士王尊奉"火祆教"（琐罗亚斯德教）为"国教"；而"异道"受到排斥，逃往边地。后来，难兜国在此地建国，自然也接受了这种"异道"。孔雀王朝时，阿育王（公元前273—前232年在位）的势力未能到达此地。

1—2世纪时，贵霜帝国（大月氏，78—390年）扩张至此地，吞并了难兜国。则此时布德族人虽然信仰苯教，但是，应已开始"接触"佛教。据北京大学晁华山教授介绍，近年，德国与巴基斯坦学者调查表明，"在吉尔吉特河谷车站和宏札（罕萨）车站附近，有佛教题记，相当于贵霜王朝及其前后的一段时期"（国家文物局教育处《佛教石窟考古概要》，文物出版社，1993年，第289页）。由此可知，古代藏族人接触（不等于"接受"）佛教应在公元2—3世纪之间。藏区的所谓许多"伏藏"，大概是由此而产生的。据《法显传校注》记载，401年高僧法显游历了"陀历国"（Darel），这里的人信仰小乘佛教，还造过一尊"木雕弥勒菩萨像"，高八丈（约10米）。陀历国，玄奘称之为"达丽罗川"，曾经是乌苌国的首都。这个地点今称"代鲁"，与"巴尔提"相邻（巴尔提斯坦的东部到斯卡杜，现代巴尔提斯坦的居民是混血种族）。《通典》卷192记载：658年，"由罽宾国东北至难兜国九日程"。这条材料说明：难兜国在7世纪仍然存在，它就是玄奘记载的"钵露罗"国（即勃律）。玄奘（600—664）在《大唐西域记》中记载"钵露罗"国（即勃律）"文字大同印度，言语异于诸国。伽蓝数百所，僧徒数千人。学无专习，戒行多滥"。可知644年勃律国的佛教已经很发达。该国的"言语异于诸国"，因为讲古藏语；"文字大同印度"，因为象雄文源于古代印度的婆罗谜文。727年前不久，新罗人、少林寺僧惠超《往五天竺国传》中记载："小勃律国""大勃律国"，"亦有寺有僧，敬信三宝。若是已东吐蕃，总无寺舍，不识佛法"。《册府元龟》卷975，外臣部记载：天宝四载七月（745年），"小勃律遣僧大德三藏伽罗密多来朝，授右金吾卫员外郎将，放还蕃"。比寂护到吐蕃早18年。上述事实都证明：勃律国的佛教发展及使用文字早于吐蕃几百年。吐蕃赤松德赞赞普（755—797）时代，763年寂护、莲花生是从斯瓦特，经过勃律去吐蕃的。劳费（B·Laufer）研究表明，莲花生入藏故事，是用勃律语传播的。在北宋（966—976年），有一批汉地僧人去西域求佛法，路经"布路州国"，也就是勃律国（《宋史·天竺传》）。

总之，我的初步研究表明，古代藏族人建立的第一个国家就是由布德赞普家族所建立的难兜国，应属于古代象雄（大羊同国）十八王国中最西边的一国。如我们的推论无误，则它比"吐蕃王国"早七八百年，是藏族历史上的一次大飞跃，其历史意义十分重大。象雄文是存在过的文字，它由孔雀王朝（公元前322—前185年）的婆罗谜文演变而来。因此，象雄文的出现，应该在1世纪以后的若干世纪。

藏学家根据敦煌藏文文献及苯教经典的研究，认为"古象雄"的"里象雄"在克什米尔一带，是可信的。著名藏学家德国A·H·弗兰克在《西部西藏史》（1907年，伦敦）中指出：从西藏日土的班公湖向西北……直到巴基斯坦北部的吉尔吉特，是高原西部岩画的重要分布区。中央民族大学张亚莎教授在《岩画的类型与部族的迁徙》中，把西藏岩画分为四种风格。其中c风格"生动而形象地诠释了藏西苯教文化发展与繁荣的过程"。她在"演变图"中，把c风格传入西藏西部的时间定在距今2000年以前，即中国西汉时代。这与我的推断十分吻合（参阅《西藏人文地理》2010年9月号）。

三、隋唐至宋代的甘孜地区文化（581年至1276年）

隋唐时代，吐蕃崛起，与唐朝在青海、川西、滇北争雄。吐蕃盛极而衰，四分五裂。有灵国突起，格萨尔王掩有川、藏、青之一部，为万众所歌颂。稍晚，忽必烈从临洮起兵，在忒拉分兵三路，均过甘孜地区，南下灭大理国。川西乃归大一统之元朝。

1. 关于木雅人（婢药、弥药）与党项羌

木雅人（"婢药"）首见于《北史》，在附国东北。民族调查表明，木雅人姓"冉"，可能是《后汉书》记载的"冉龙"的一部分。《北史》记载党项羌在北朝时常常扰边，隋代开皇年间有拓跋宁丛等内服。该部无法令，无文字，三年一次大会"祭天"。《旧唐书·西戎传·党项羌》记载，党项羌是一个庞大的族群，东至松州，西接叶护（突厥），北连吐谷浑，东西三千里。每姓别自为部落，大者万余骑，小者数千骑，不相统一。共分为三大部分：党项羌、黑党项羌、雪山党项羌。其中党项羌有八大部落，即细封氏（在阿坝县周围）、费听氏、往利氏、颇超氏、野辞氏、房当氏、米擒氏（在玛沁县周围）、拓跋氏。其中以拓跋氏最强大，曾经与吐谷浑联姻，对抗唐朝。后来归顺唐朝，赐姓李，成为西戎州都督，领32州，都督府在松州（今松潘县）。吐蕃强大，党项羌受到威胁，663年禄东赞消灭吐谷浑以后，拓跋部等约10万人迁移至庆州（今甘肃省庆阳地区），成为"东山部落"；692年以后，西北地区的黑党项羌、雪山党项羌等部20万人迁移至灵州、夏州（今宁夏地区），成为"平

夏部落"。党项羌北迁后,四川西北部地区,由多弥部(董姓)等部占领,如"西山生羌"董氏。

我们特别指出,所谓"拓跋"部是汉地史官的译音,很容易与"鲜卑拓跋部"混淆。应当译作"迭部"或"铁布"。该部原住地在甘肃省迭部县周围,靠近白龙江上游,其北边有迭山,海拔4920米。有些学者仅仅根据"拓跋部",大谈党项羌中有鲜卑族,十分可笑[参阅唐嘉弘《关于西夏拓跋氏的族属问题》,《四川大学学报》(社会科学版)1955年第2期]。1038年,党项羌拓跋部的李元昊正式称帝,建立"西夏王国"。内蒙古黑水城出土了一件1185年刊本,背面有西夏文歌颂祖先的歌谣"黔首石城漠(沫)水旁,红脸祖坟白河上,高弥药国在彼方"。这是木雅人北迁400多年以后对祖先历史的记忆。俄国学者聂力山、中国学者陈炳应等专家以为,"石城"就是黑水城或者北方的小城;"白河"就是白龙江或者白龙江上游(《甘肃师大学报》1980年第2期)。其实,这是不了解党项羌早期历史的误解。歌谣第一句说的是两汉时代以来,党项羌老百姓居住在石碉(石城)中,在大金川流域(沫水);第二句说的是北迁后,红脸人(党项羌)的祖坟在庆州白马河上。党项羌在北迁以前,实行火葬,没有祖坟;北迁以后受汉族影响,有了土葬,才有祖坟。白龙江是宋代以来的名称,在唐代称为"羌水"。一些研究西夏历史的学者,大谈党项羌原住地在白龙江如何如何,只是臆说而已!

党项羌大规模北迁以后,还有小部分木雅人留在原地。据我们调查,及四川省《道孚县志》记载,木雅人又分为大木雅(原住民)和小木雅(1227年西夏灭亡后,返回者)。"大木雅"分布于道孚县、炉霍县、甘孜县、新龙县。"小木雅"则以康定县新都桥为中心,向南至九龙县;向北至道孚县。据1538年成书的《新红史》记载,松赞干布(617—650)的五位王妃之一就是木雅人茹拥妃·洁莫尊。她还建造了卡查寺(今拉萨市药王山石窟,尚有石窟遗迹)。赤松德赞时代(755—797年),木雅人容杰是"吐蕃九大名医"之一。今道孚县协德乡,自唐至清,皆称噶达(《元史》也写作合答、哈答),就是《红史》记载的"木雅"噶达,木雅人居住地。至今,在道孚县协德乡、八美乡、龙灯乡、色卡乡有近万人讲"木雅话",自称"木雅人"。在协德乡一个寺院遗址,还出土了一尊木雅人(红脸)石雕头像,这是有关木雅人的珍贵文物资料。

2. 追溯灵国及英雄格萨尔王的历史

在金沙江上游的两岸(青海省玉树及四川省甘孜州西北部),自古居住着一个多弥部落联盟。东汉写作"动黏"(《后汉书·明帝纪》永平十七年),三国时写作"邓麻",《北史》写作"当迷",唐代写作"多弥",宋元写作"旦麻",中心地址在今石渠县全沙江边地洛须镇(邓柯)。《新唐书·西域传》说:多弥役属吐蕃,号难磨，滨牦牛河（金沙江），贞观六年（632年）遣使者朝贡。唐朝使臣王玄策出使印度时（658年），曾经路过多弥。大约公元662—663年，吐蕃大军征服东北的白兰、吐谷浑时，都与它结成军事同盟。多弥的董姓，也成了吐蕃的六大姓之一。初号"难磨""南茹"。在参加吐蕃的征战中，多弥部迅速壮大、转型。敦煌出土的古藏文《大事记年》就记载673年，吐蕃两次在"董"地集会议盟。大约在8世纪，多弥人建立了"灵国"，中心在德格县的俄支乡。842年，朗达玛被杀，吐蕃王朝灭亡。869年，昌都、甘孜一带爆发了奴隶大起义。

此后，摆脱了吐蕃控制的灵国逐渐强盛起来，诞生了英雄格萨尔一代名王。法国藏学家石泰安（R·A·Stein）认为，格萨尔的故事来自罗马帝国的"凯撒"大帝（死于公元前44年），实属猜测。格萨尔应是10—11世纪人（一般认为他的生卒年代是1038—1119年，并无确切根据）。我们在色达县拉则寺，发现了14世纪的格萨尔石刻浮雕像。

格萨尔一生征战，领土有西藏昌都、四川甘孜、青海玉树、果洛及青海湖西部的广大区域。最北到达祁连山。他所征服的"霍尔"，就是"黄头回纥"。他们自称是"白帐房民族"，这是吐蕃人的又一次崛起，历史影响深远。可惜没有汉文历史文献的记载。我们在各地考察时，鉴定了许多格萨尔大将的头盔、铠甲、刀、矛、盾牌等，均属宋代文物。圆形藤盾，见于古格王国遗址；云片状组合头盔，不见于中国内地及北方，却见于北庭高昌回鹘佛寺遗址的壁画上（约公元12世纪末时，在乌鲁木齐东北的吉木萨尔），可见这是一种源自西方的先进军事装备[①]。格萨尔崇信苯教，他的巫师南巴杰仁（或译作色卫·尼奔达亚），也被尊为本教的神祇之一。1936年，法国女作家达威尼尔（Alexandra Darid-Neel）曾到灵国考察40多天，后来她把《格萨尔传奇》译成《灵格萨尔的超人生活》出版。琼布·洛珠坚赞著《世间苯教源流》（15世纪成书）中说，灵王格萨尔曾经到西夏国（1038—1227年）去献马匹，这也旁证了格萨尔是公元11—12世纪的人（载《中国西藏》1999年第2期）。灵·格萨尔王是多弥部后裔，姓董氏，有人说"党项即董的古代译音"。这样，格萨尔王就变成了"党项人"。这完全是错误的推论（参阅才让著《吐蕃史稿》，第三章第三节，甘肃人民出版社，2007年）。

总之，长期流传的史诗灵·格萨尔王故事，就像天空中漂浮的美丽彩云，只有用历史、考古学的考察分析，才能使它回到大地，回到大山、草原及河谷，确认其历史真相。

---

① 中国社会科学院考古研究所：《北庭高昌回鹘佛寺遗址》，辽宁美术出版社，1991年。不过，在燕下都出土的战国铁头盔，也有片状组合式的（《文物》2012年第6期）。但是，这种技法没有继承下来。

3. 关于"西山"与"八国"

东女国，首见于《北史》，说它在"附国"西边，即金沙江以西。618年被吐蕃所灭。《旧唐书·东女国传》表明，它是一个大国，东西九日行，南北二十日行，有四万余户，胜兵一万，文字同天竺。据任乃强先生（1894—1989）考证，康延川即今昌都一带；"弱水"即今之澜沧江。但是，同一《旧唐书·东女国传》在贞元九年（793年）下，又说东女国等八国，"其部落，大者不过三二千户"。这是为什么？

《东女国传》说，隋大业年间（605—618年），蜀王杨秀遣使召之，"拒而不受"；但在唐武德年间（618—626年），女王汤滂氏却主动遣使贡方物，高祖李渊"厚资而遣之"。这一变化的背后，是吐蕃的强大与扩张，东女国受到严重威胁。大约在633年，松赞干布征服了娘布、工布、塔布及苏毗，迫使东女国的一部向东迁徙，越过金沙江，到了金川（大渡河）流域，故人口锐减。这时才东与茂州、党项接界，东南与雅州交接。《旧唐书·韦皋传》等记载的这"八国"是：东女国、诃陵国（哥怜国）、白狗国、逋租国、弱水国、南王（南水）国六国。《东女国传》又补充了悉董国、清远国、拙霸国，即东女国与八国，合计九国。又据《郭虚己墓志》，八国中还有一个"摩弥国"。详情已不可确考。

"八国"的位置，《旧唐书·李德裕传》中说，"西山""八国"隔在维州以西，即在今阿坝州理县以西。有方位可考的，"白狗国"，或写作"白苟""白嘎"，主要分布在丹巴县东谷河流域，少部在理县薛城镇；"拙霸国"，今写作"渣巴""札坝"，分布在道孚县扎坝区及以南的雅江县扎麦区，说独特的札巴话。"南水国"（河水向南流），约在今康定县雅拉河一带；"清远国"，可能在丹巴县梭坡乡。"哥怜国"即"嘉良"之译音，也就是民间传说的"戈基"人及"虢氏"，俗称"千碉城"，分布以金川县为中心。

关于"东女国"的位置，阿旺·丹贝降参编纂的《叙说东女国》记载，"王城"北对着甲尔木神山，南望脚尔基神山。我们于2012年6月至2013年4月考古调查证实："东女国王城"在金川县马尔邦乡独脚沟村，北纬31°34′4″，东经102°7′39″。王城在大鹏山西侧，依山间坡地而建，平面呈"鸟卵形"，全国独此一处。城墙用石头砌筑，宽约4米，残高约2.3米。王城内有寺院、古塔、古碉等遗迹。遗址出土的元青花瓷片、元钧瓷片等，推断城址早于元代，是唐代或宋代遗址。有专家主张东女国王城在丹巴县梭坡乡，已被考古调查所否定。东女国在742年以后，"复以男子为王"。

关于"西山"，是指"西山松州生羌"，即岷山、松州（今松潘）以西的阿坝、红原、黑水等县的羌族，计有二万余户，以董姓为霸主，有黏信、龙诺等部。

贞元元年（785年），韦皋的官衔是"检校户部尚书兼成都尹、御史大夫、剑南西川节度使"。贞元十一年（795年）又加官为"统押近界诸蛮、西山、八国兼云南安抚等使"。太和四年（830年）李德裕的官衔是"检校兵部尚书、成都尹、剑南西川节度副大使、知节度事、管内观察处置西山、八国、云南招抚等使"。据《新五代史·后蜀世家》，后唐长兴四年（933年）；"制以（孟）知祥检校太尉兼中书令、行成都尹、剑南东西两川节度管内观察处置、统押近界诸蛮、西山、八国，云南安抚制置等使。遣工部尚书卢文纪册封知祥为蜀王"。可知韦皋、李德裕及孟知祥都曾兼领西山及八国。

关于"八国"，不见于宋代以后。但是也有一些消息，《宋史·太宗纪》淳化四年正月（993年），"藏才（寨？）西族首领罗妹以良马来献"。八国中，白狗国国王姓罗。罗妹可能是原白狗国的人。宋代称"西族"，明代、清代称"西番族"。

从上述可知，"西山"与"八国"是两个政治及地域概念，但现代史学家往往搞混，统称之为"西山八国"。令人尊敬的著名历史地理学家、复旦大学谭其骧教授（1911—1992）在《中国历史地图》"吐蕃图"中，就把"西山八国"（东女国）标在今马尔康至理县的西南方①。

《旧唐书》所记载的西山与八国的史料，得到了考古学的证实。1997年10月，在洛阳市偃师首阳山，出土了颜真卿撰并书写的《郭虚己墓志（691—749年）》高105厘米，宽103厘米，厚16厘米②。墓志记载："天宝五载（746年），郭虚己以本官（户部侍郎）兼御史大夫、蜀郡长史、剑南节度支度营田副大使、本道并山南西道采访处置使。③"……前后摧破吐蕃，不可胜记。有羌豪董哥罗者，屡怀翻覆，公奏诛之，而西山底定。特加银青光禄大夫、工部尚书。七载（748年）又破千碉城，擒其宰相。八载（749年）三月，破其摩弥、柘霸等八国四十余城，置金川都护府以镇之"。由此可知，郭虚己的部队，先攻打松州西山生羌，杀了董哥罗，再南下，攻打"千碉城"（"千碉城"早见于《北史》，大约在金川县城南北一带）。此后再南下攻破"柘霸"（中心在道孚县西南的札坝乡）、"摩弥"（即"密灭支"，今泸定县"磨西古镇"一带）等"八国"四十余城。唐朝为巩固边防，设置了"金川都护府"（在金川县北7千米的喀尔乡有"叶尔基城堡"，可能是金川都护府遗址）。当时，吐蕃东部驻军数十万，在金川县观音桥、壤塘县上寨、马尔康县木尔宗一带。该都护府存在十年左右就被吐蕃夺去，所以两《唐书》中避而不谈，没有记载。

另外，2000年5月，在泸定县冷碛镇甘露寺附近发掘了一座唐墓，墓志前半部残毁。研究表明，他是一位抵抗"蕃戎犯塞"的武将，死于贞元十三年四月（799年）。

① 参阅谭其骧主编《中国历史地图集》第五册之"吐蕃图"，中国地图出版社，1982年，第76—77页。
② 樊有升、鲍虎欣：《偃师出土颜真卿撰并书郭虚己墓志》，《文物》2000年第10期。
③ 《旧唐书·玄宗本纪》天宝五载条误记为"剑南节度使"。

4. 青海玉树及西藏昌都地区的吐蕃时代造像

我们的考察也深入到青海玉树及西藏昌都地区。在玉树勒巴沟，发现佛像摩崖造像二龛，大约作于8世纪。

在昌都察雅县、芒康县、青海玉树"文成公主庙"，各有大日如来与八大菩萨造像一铺。时代在9世纪初期。研究表明，他们都是依据唐代密宗大师不空（705—774）所译的《八大菩萨曼荼罗经》，而创作的原型，就在敦煌榆林窟第25窟。从而可知，早在唐代，汉藏佛教文化就已交流，"唐密"在吐蕃也广泛流传[①]。

当今研究藏传佛教者，无不奉宁玛派莲花生为祖师。莲花生是应赤松德赞赞普（755—797）之邀来吐蕃传法的。但是，许多人忽略了吐蕃占领河西走廊62年（786—848年），而河西走廊是唐代西部佛教重镇，它对吐蕃佛教及艺术的影响是巨大而深远的。敦煌石窟保存了古代吐蕃文写卷5000余件，还有许多吐蕃占领时代的汉文写卷，充分证明了这一点（参阅杨富学等辑校《敦煌汉文吐蕃史料辑校》，甘肃人民出版社，1999年；又可参阅王尧、陈践译注《敦煌本吐蕃历史文书》，民族出版社，1992年）。

论布噶（禄东赞）于670年前后去世，他的长子钦陵，握有军政大权。次子赞婆、三子悉多于、四子勃伦，居外掌握兵权。赞婆守卫吐蕃东部近30年。699年，钦陵被迫自杀，赞婆及钦陵之子莽布支投降唐朝，为唐朝守卫河源地区。民间传说禄东赞的后人逃亡到白玉县山岩乡，道孚县流传禄东赞被唐兵追杀的故事，应该是禄东赞之子弟的故事。赤松德赞时，曾经把金刚乘密教大师毗卢遮那流放到"察瓦垄"，他继续翻译佛教经典。据传说，察瓦垄就是大小金川一带。

5. 后宏期的甘孜地区佛教传播

甘孜地区的居民，自古信鬼神巫术。大约在公元七世纪，本教开始传入（据丹巴县顶果山雍忠佐钦岭寺的传说）。这或许与女东国一部分人动迁有关。他们崇拜"琼（大鹏鸟）"和野牦牛（所以，时代较晚的金翅鸟长出双角）。吐蕃统治时代，更多苯教大师来到此地。佛教莲花生大师（乌仗那国人，今巴基斯坦北部斯瓦特地区）在吐蕃住了十八个月，他创立的宁玛派，也许在后来传到了灵国地域。

到了藏传佛教的"后宏期"（大约从十一世纪开始），佛教大步跨过金沙江，向西传布。印度的弥底大师（念智称）及其弟子赛尊曾在玉树、石渠一带传法。考古调查表明，宋元时代的佛塔或摩崖造像，已经在石渠县、色达县、金川县、丹巴县、白玉县等地出现，主要是宁玛派（如1160年建白玉县呷拖寺）。

---

① 详见（元）念常：《佛祖历代通载》卷22。

到12世纪，甘孜地区佛教呈现了大发展的趋势。最有代表性的是甘孜生康乡人都松钦巴（1110—1193）创立了葛玛葛举派。他于1164年左右建立葛玛丹萨寺（今称"冷谷寺"，在理塘与巴塘交界的格聂山。我们在这里发现了唐代的十一面观音木雕像），1185年在昌都建噶玛寺，1187年在前藏建楚布寺，这是葛玛葛举派主要寺院。都松钦巴创立了"活佛转世制度"，后来被各派所沿袭，影响巨大。止贡葛举派创始人止贡巴仁钦贝（1143—1217）是邓柯人。著名的黑帽系二世活佛噶玛拔希（1204—1283），据传诞生于德格县。他神通广大，曾受到忽必烈及元宪宗蒙哥的接见。

另外，由于蒙古政权的支持，八思巴（1235—1280）及其弟子嘎·阿列胆巴（1230—1303）传布的萨迦派，在甘孜地区大为发展，还把部分寺院改为萨迦派。早在1252年，八思巴就到过康区，从伍由巴受比丘戒。至今道孚县山卡寺、丹巴县岭钦寺、中路乡经堂碉、甘孜县汉人寺、德格县汤甲经堂等处，都有元代建筑、壁画等遗存。

其中，汉人寺就是嘎·阿列胆巴主持了于1284年修造的、全国最大的摩诃葛剌庙（大黑天神），并以忽必烈的太子真金（1243—1285）为功德主。嘎·阿列胆巴是旦麻人（今石渠县洛须镇），祖父七世尊奉玛哈嘎拉（大黑天神）。1275年在河北省涿州建立"大黑天神庙"。他一生大部分时间在内地传法，其间曾经受到宰相桑哥（原是胆巴的弟子）排挤，回到故乡六年。他主持过元大都（北京）"大护国仁王寺"（今北京五塔寺）。1311年被追封为"大觉普慈、广照无上帝师"。在元代，他是八思巴血统以外唯一的帝师。他的事迹见于元代高僧念常编辑《佛祖历代通载》卷22（《大正藏》卷49）。又据载，嘎·阿列胆巴于1257年在甘孜县北部建立了"卡龙寺"，他去世后"转世"为昂旺索朗，继承了卡龙寺香火（仁青恩珠主编《甘孜县藏传佛教文化胜览》，内刊，2012年）。1991年7月，在青海省玉树州文物展览中，有嘎·阿列胆巴国师颁布的"法敕"木版刻文，原存于玉树州色巴寺。

太子真金奉命于1274年率领数万人的卫队护送八思巴回萨迦寺，途经甘孜地区，1276年达到萨迦寺。至今沿途（炉霍、道孚）还流传着真金与西番女结合，生过一个男孩，被册封为"万户"的故事。我们在《元史·食货志 三》"岁赐"项目下，查到"西川城左奕蒙古汉军万户脱力失，岁赐常课缎三十三匹"。"西川城"之西川，是藏文译音，或即今鲜水。则西川城就是唐代已有的"道坞"城。万户脱力失乃是道坞的对音。这位万户的名字不详，洛珠坚赞在15世纪写的《世间苯教源流》中说，留在吐蕃的蒙古王族，是忽必烈之子拉索切的儿子，叫铁木尔宝嘎。

四、蒙元时代的甘孜地区文化

1206年，一代天骄成吉思汗（奇渥温·铁木真，1162—1227）在漠北草原建立了"大蒙古国"，掀开了世界历史的新篇章。1240年，西凉王阔端（窝阔台之子）派大将多达那波攻西藏受阻。蒙古军队大规模进入甘孜地区，是1253年忽必烈率三路大军南下灭大理国之时。蒙元时代的115年（1253—1368年），甘孜州经历了战乱，回归统一的帝国和经济文化发展的重要历史阶段。

1. 忽必烈南下消灭大理国

早在1226—1227年灭西夏的战争中，成吉思汗在青海及甘肃南部征伐了不少藏人城镇，有一部分藏人归附了蒙古，并引导蒙古军队沿"金牛道"攻打四川，使南宋守军"三关不守，五州尽弃"，一直打到剑门关（三关是指武休关、仙人关、七方关。五州是指阶州、成州、凤州、西和州及天水）。

1253年，忽必烈（1215—1294）奉命率军队灭大理时，起兵的地点是甘肃临洮，藏军将领赵阿哥昌、赵阿哥藩早已归顺。大兵南下"忒剌"（甘肃省迭部县达拉乡一带），乃分兵三路：西道是"晏当路"（任乃强先生考证即阿坝草原—色达—理塘—稻城—中甸），大将兀良合带率领；东道是"白蛮道"（松州西边的白草蛮），由诸王抄合、也只烈率领。中道由忽必烈亲自率领，他经过大金川（《元史·郑鼎传》，但误写为"金沙河"），在泸定县沈渍渡口过大渡河，至"满陀城，留辎重"。守卫茂州城（今茂汶县）的南宋官员报告说，沿大渡河的"十八族多已投拜"。可知中道部队进军较为顺利。

关于"满陀城"的位置，多数专家指出在黎州（今汉源县）西边的"盘陀寨"。但黎州经过蒙古军战乱后，大多为移民，元代史地，多数无考。我们两次亲往汉源县考古调查，认为：南宋与吐蕃的边界，不在飞越岭，而在"永定桥"，至"关沟"一线。今"三交乡"（古称"三碉"）历代在"三王蛮"（藏化的白马羌）控制下（《宋史·蛮夷传·黎州诸蛮》），他们与西邻的冷渍等十八家族联合为一体，早已投拜蒙古。"盘陀寨"是一个立体的、纵深的防御体系。其中，"盘陀上寨"在永定桥至关沟一线，控制流沙河河谷及山上大道；"盘陀下寨"在宜东镇（678年曾建飞越县），地势较开阔，建有城墙，所以又称"盘陀城"。上下寨相距五六千米。盘陀城就是《元史》记载的"曼陀城"，距离大渡河50千米。南宋时，黎州兵马都监高晃一次即"领兵五百七十二人，并上、下团土丁等共胡千余人，在盘陀下寨"。由此可证，存在盘陀"上寨"与"下寨"（谭其骧主编《中国历史地图》"南宋成都府路图"上，把盘陀寨标在汉源县城南面，靠近大渡河的地方。实际上盘陀寨在汉源县城西北）。

忽必烈南征中，也极力拉拢藏传佛教上层喇嘛，以减少阻力。1253年五月，在六盘山，他会见了萨迦派祖师八思巴（1235—1280）并接受灌顶。在行军途中，他又召见了噶玛噶举派二世噶玛拨希（1204—1283），据说他出生在德格县金沙江畔。因此在康巴地区影响较大。但噶玛拨希却不肯随侍左右，又北上拜见了元宪宗蒙哥，获赠金边黑帽。

2."宁远府"的建立

元世祖忽必烈登基称帝后，建设噶达（今道孚县协德乡），十分用心。据《元史·世祖纪》，1265年正月"庚寅城西蕃匣苔路"。1274年三月"庚寅移碉门兵戍合苔城"。六月"癸丑，敕，合苔、选部下蒙古军五千人，与汉军，分成沿江堡隘，为使传往来之卫"（《元史·兵志·镇戍》条：1274年十二月"调西川王安抚杨总帅军，与火尼赤相合，与丑汉、黄兀刺同镇守合苔之城"）。1276年正月甲午，"仍诏谕诸处管民官，以翁吉刺带、丑汉所部军五百戍哈苔城"。同年九月乙卯"以吐蕃合苔城为宁远府"（按"西川王"是忽必烈第七子奥鲁赤）。从至元二年到至元十三年的十二年间，元世祖为什么如此重视合苔（哈苔、匣苔、噶达）城呢？其中必有深层的原因！

3.朵甘思都元帅府（早年称"朵甘思田地里管军民都元帅府"，藏文"多康"即安多与康巴之意）

《元史·百官志》，"朵甘思元帅府，设正三品达鲁花赤一员，元帅一员，隶属吐蕃宣尉司"，又有"朵甘思招讨使一员，朵甘思、哈苔、李唐、鱼通等处钱粮总管府，达鲁花赤一员，总管一员……"。"朵甘思元帅府"，在谭其骧教授主编的《中国历史地图集》第七册（宣政院辖地）中，没有标出具体地点。我们的考察证实，它就设在"灵卡"（藏文白色灵国之意），即德格县俄支乡的灵国故地。在仁青顶遗址中出土了官府用大瓦当（直径16厘米），纹饰有"连珠纹佛塔""连珠纹五佛塔"等种类，为国内所独见者，十分珍贵。

《元史·地理志·河源附录》明确记载"河源在吐蕃朵甘思西鄙"。可知朵甘思管辖的西北地区到了三江源。

4.《元史·世祖纪》中的"建都"就是今昌都地区

《元史》记载，自1268年开始征讨"西番建都"，1272年更是大举讨伐。1275年以此为基地，征伐吐蕃。分析可知，"西番"是蒙古人对四川省西部民族的通称，但他们不是藏族人。所以"建都"之地，应该是指明代以来的"昌都"。

至元五年（1268年）三月，忽必烈"敕祛绵率兵二千招谕建都"。八月"命忙古带率兵六千征西番建都"。1269年六月"招讨祛绵征建都败绩"。1272年正月"敕皇子西平王奥鲁赤、阿鲁帖木儿、秃哥及南平王秃鲁所部，与四川行省也速带儿部下并忙古带等、十八族欲速公弄等土番军，同征建都"。"十八族"是指在甘孜州大渡河西岸的嘉戎人。1275年三月"谕枢密院：比遣建都都元帅火你赤征长河西，以副都元帅覃澄镇守建都，付以玺书，安集其民。仍敕安西王忙兀刺、诸王只必帖木儿、驸马长吉，分遣所部蒙古军，从西平王奥鲁赤征吐蕃。命万执中、唐永坚同前所遣阿失罕等，将锐兵千人，同往招谕"。1276年正月"仍诏谕诸处管民官，以翁吉刺带、丑汉所部军五百戍哈答城（甘孜州道孚县协德乡），不吉带所部军六百移戍建都。其兀儿秃、唐忽军前在建都者并遣还"。

《元史》149卷《耶律秃花传》附见忙古带，说他"从行省也速带儿征蜀及思播、建都诸蛮夷有功，升万户"。也说明元代"建都"是"察木多"（昌都）的异译；而"思播"应该是建都附近的"苏毗"人。我们认为，蒙古军队是在1272年以后不久才控制了今昌都地区。至1275年又以此为基地，大举进攻吐蕃。李光文等主编的《西藏昌都——历史·传统·现代化》（重庆出版社，2000年），堪称详审，可惜未能考释及此。

5. 马可波罗游历过甘孜地区

著名的意大利旅行家马可·波罗（1254—1324），在他的《马可波罗行记》中，用两章描述他在"吐蕃州"的见闻，时间是1280年[①]。瑞士藏学家米歇尔·泰勒早就做了研究，加以肯定（耿昇译《发现西藏》1章3节，中国藏学出版社，1999年）。我通过马可波罗描述此地多"堡镇"（古碉），建于"悬崖之上或山岭之巅"，"数地川湖中绕有金沙"，"有无数番犬（藏獒），身大如驴"，"良鹰甚多"，"居民是偶像教徒"，"以盐为货币"等，均与今川西藏区历史、地理相符合。特别是他提到"内有八国"这一细节，与《郭虚己墓志》记载一致，足证他确曾亲临其境。我推测他的行程是成都—丹巴—噶达—康定—泸定—西昌。

2012年5月22日，中国新闻社公布消息后，有人出来质疑。一位是南京大学陈得芝教授。质疑有两点，一是为什么不用英译本而是用冯承钧译本？二是马可波罗"奉使云南"，为何从成都不直向雅州而是"绕了弯路"？我的答复是：一、冯译本和英译本都提及了吐蕃州有"八国"，并无区别；二、马可波罗从北京出发先向西南的涿州，再奔太原，而不是按近路向正南走大兴，去开封及西安，早就"绕了弯路"。因

---

① 参见冯秉钧译：《马可波罗行纪》第114、115章，上海书店出版社，1999年。

为他不是"驿马快递"，至于陈先生说如果走甘孜，必然要经过丽江，这是完全不了解甘孜州地理的臆说。另一位是复旦大学葛剑雄教授，他的质疑是，温引用了《郭虚己墓志》，而"有些碑文，往往是根据家人或后人提供的资料写的"。看来葛先生连《郭虚己墓志》也没有看到过，就空发议论。恰恰在这本墓志的开头就写着"剑南节度孔目官、征士郎兼太仆寺典厩署丞张庭询检校"。这方墓志，是经过官府审查认可的。葛先生还莫名其妙地提到《水经注》。难道马可波罗懂汉语、参考过有关藏区的历史文献？他还骄矜地说八国在什么地方，并不是什么新发现。实际上，"八国"在什么地方，至今还没有一位专家能说明白。连谭其骧教授都把"西山"与"八国"搞混了！①

五、明代的甘孜地区文化

明代的甘孜地区，经济有了较大发展，藏传佛教空前兴盛，番汉经济、文化交流更加频繁。

1. 明代册封三大法王、五大世俗王

明代改变了元代的政策，不是只封萨迦派八思巴为帝师及十三个万户，而是"广封众建"。册封的"三大法王"是"大宝法王"得银协巴（1383—1415），属噶玛噶举黑帽派五世活佛；"大慈法王"绛钦却杰（1352—1435），属格鲁派，宗喀巴的弟子；"大乘法王"贡噶札西坚赞（1349—1425），属萨迦派。册封的五位世俗王是"阐化王"（在烈伍栋）、"赞善王"（在灵藏）、"护教王"（在馆觉）、"阐教王"（在必力工）、"辅教王"（在思达藏）。

明代皇帝，明太祖朱元璋就是和尚出身，从明成祖（朱棣）兼崇喇嘛教，到明武宗（朱厚照）自号"大庆法王"（作"豹房"，双修身），计约120年间，蕃僧久留京师者，明代宗（朱祁钰）时"增十倍"，明英宗（朱祁镇）时"增百倍"，明宪宗（朱见深）时"至者日众"！至明世宗（朱厚熜）崇信道教时，才告一段落。

按照明朝的制度，上述各王及各地土司都要三年"进贡"一次。藏、番地区的"贡品"有犀角、珊瑚、画佛、铜佛、铜塔、氆氇、刀剑、甲胄等；朝廷"赏赐"的物品有乌茶、细布、金币、宝钞、佛像、法器、袈裟、禅服等。因赏赐物价值往往是三倍价值，所以各地争相"入贡"。例如赞善王在成化十八年（1482年）一次派出1550人入贡；长河西、鱼通、宁远宣慰司（在打煎炉）永乐十九年（1421年）一次派

---

① 《马可·波罗到过中国吗？》，《新京报》2012年6月15日C06版。

出1800人入贡。甚至出现了"番僧往往诈为诸王文牒入贡冒赏"的事件①。由此可知，在明代，甘孜地区与内地的经济、文化交流是空前频繁的。明代地图上出现了巴塘、乡城、聂龙（新龙）、蔡隆刀（炉霍）、白利（甘孜县西）、沙马（白玉县沙马村）等新兴城镇。唐代以来的茶马边贸，本来走的是雅安—汉源—泸定（过大渡河）—打煎炉的古道。泸定县保存的明万历四十五年（1617年）冷边土司余景冬交与明镇土司管家（董布）达成的《合约》，证明了保持这条茶马古道畅通的重要性。实际上，从明代万历以后，"茶马古道"的交易品，已经变成以"乌茶""芽茶"交换当地的"土特产"。因番地马匹瘦弱，已失去军用价值。还有，宰相张居正推行"一条鞭法"以后，银两成为全国交易货币，渐渐取代了以物易物的传统②。

当然，在局部地区的战乱，也时有发生，特别是在北部松潘地区。1547年，白草番作乱，被镇压后，仅拆毁碉房达4800座③。

2. 关于赞善王

在明代册封的"八王"之中，金沙江以东地区只有赞善王。2010年在南京出土的《大明都知监太监洪公寿藏铭》（1434年）记载："永乐丙戌（四年，1406年），复统领官军铁骑陆行，使西域临藏（即灵藏，今德格县俄支乡）、管觉、必力工瓦、拉撒（即拉萨）、乌斯藏等国。"④这次同行的，还有个僧人智光（1355—1435），他后来被追封为"大通法王"，是汉族僧人中唯一获此殊荣者⑤。令人感兴趣的是，太监洪保（大理人）还曾"航海七渡西洋"，永乐元年即随郑和下过西洋。

我们考古调查，确认了赞善王王宫的位置，在今俄支乡绒果寺（小山上）。王府的七开间大殿，刚刚被改造。宣德二年（1427年）太监侯显出使过这里。侯显是甘南洮州藏族人，在家乡修建过叶尔洼寺（圆成寺）。

3. 我们在甘孜州考察了一大批明代寺院，大多有精美的壁画保存

令我们印象深刻的是在这批明代壁画中，充分反映了番汉民族的文化交流。例如，佛教的"四大天王像"，"弥勒佛像"（强巴佛），是印度、犍陀罗、斯瓦特等地所没有的题材，是汉地创造的形象。这些像在西藏及甘孜州等地区广泛出现。还有，宋代以来盛行的"牡丹花"，也深受喜爱，往往用作佛座的装饰而代替莲花。云

---

① 参见《明史·西域传》三。

② 参阅政协四川省泸定县委员会文史资料工作委员会编：《泸定文史》（第十辑）。

③ 参阅《明史·四川土司传》一。

④ 南京市博物馆、江宁区博物馆、南京大学：《南京市祖堂山明代洪保墓》，《考古》2012年第5期。

⑤ 参阅温玉成：《中国佛教史上十二问题补正》，《佛学研究》1997年第6期。

纹及云字头披肩，道教阴阳鱼、寿字、老寿星等图像，也常常出现在明、清时代的壁画上。特别是德格县"汤甲经堂"内室的明代壁画上，有生动的唐东杰布（1385—1464）画像；有菩萨俏丽的身姿，低垂的头，含情的目光，已有晕染及透视，令人联想起明、清"仕女画"的风采。

当然，有学习，也更有创造。丹巴县的元代经堂古建筑，是番汉合璧之作。下层是石砌的方形碉房，但北边开一大门。上层是木结构建筑。四条木雕盘龙柱，显然是汉式的；但以"交杵"（竭摩杵）作斗拱，完全是当地工匠的巧妙构想。在元代朵甘思都司遗址，出土了官式大瓦当，饰以连珠纹佛塔、连珠纹五佛塔，完全是一种创新，为汉地所不见，建筑史大家梁思成、刘敦桢诸先生所不知[①]。

同样，藏传佛教艺术也广泛地传入了其他地区。在青海、云南、甘肃、宁夏、内蒙古乃至蒙古人民共和国等喇嘛教流行地区，都有不少这方面的文物。在汉人地区，也有不少藏传佛教的佛塔、造像（横三世佛、大黑天、黄财神、观音）、"十相自在"（郎久旺丹）藏文或八思巴文"六字真言"、装饰"六挈具"、佛教八宝（轮、螺、伞、盖、花、罐、鱼、常）等物，见于北京、辽宁（阜新市、朝阳市）、河北（承德市、张家口等）、河南（浚县、卫辉市、登封市、沁阳市）、山西（五台山）、江苏（南京市、镇江市、常州市）、浙江（杭州市）、福建（泉州市）、湖北（武汉市、黄梅县）等。这为汉地佛教文化发展，带来了新鲜风气。因为汉地佛教艺术，从明代起开始衰落。特别是在元明清宫廷中，专门设有制作藏式（时称"梵式"）佛像的机构，交流藏、汉技艺，产生了许多上乘之作。在元代，尼泊尔大匠师阿尼哥（1244—1306）及其弟子刘元，对佛教艺术的发展，起了重要的推动作用，影响极深远[②]。

4. 达赖喇嘛的由来及理塘寺的建立

明代万历六年（1578年）五月，蒙古土默特部的俺苔汗（1507—1583），邀请西藏黄教活佛索南嘉措（1543—1588）在青海湖畔仰华寺会见。并互赠尊号。索南嘉措尊俺苔汗为"咱克喇瓦尔第彻辰汗"（意为英明的金轮王）；俺苔汗尊索南嘉措为"圣识一切瓦齐尔达喇达赖喇嘛"（意为超凡入圣的大海般的上师）。这就是达赖喇嘛尊号的来源，索南嘉措就是第三世达赖喇嘛。

明代丽江土木司向北扩张，木定（1503—1526年执政）时代已经到达甘孜州南部。蒙古和硕特部固始汗（1582—1654），支持黄教，率军从青海南下甘孜（1639年），杀死了支持苯教的白利土司敦悦多吉（1640年），又进军西藏，确立罗桑却吉坚赞

---

① 刘敦桢主编：《中国古代建筑史》，中国建筑工业出版社，1980年。
② 参阅《元代画塑记》，《寺塔记》，人民美术出版社，1964年。

（1567—1662）为"班禅博克多"（1645年），这就是第四世班禅活佛。以上事件都留下了重大的历史影响。参阅冯智著《云南藏学研究》（云南民族出版社，2007年）。

理塘县战略、交通地位十分重要。这里原来有个苯教的邦根寺，从1580年起，三世达赖喇嘛索南嘉措在木土司支持下，改建、扩大为黄教寺院，俗称"理塘寺"。这是康区（喀木）第一座黄教寺院。

六、清代的甘孜地区文化

清代甘孜地区，划归四川省管辖。不但经济上有了较大发展（特别是康熙54—59年入藏道路打通后），而且在宗教文化上具有特殊地位，甘孜州诞生了四位达赖喇嘛：七世罗桑格桑嘉措，1707—1757年，理塘人；九世隆多嘉措，1805—1815年，石渠人；十世楚臣嘉措，1816—1837年，理塘人；十一世凯朱嘉措，1838—1855年，道孚人。六世达赖喇嘛仓央嘉措，被解往京师途中，在青海湖一带逃遁（1707年秋），钦差大臣荒报他因病去世。六世达赖改名阿旺·曲扎嘉措，游历过西藏、青海、四川（德格县、金川县、峨眉山）、印度、蒙古等地区。1716年他到内蒙古阿拉善左旗修行。1746年圆寂于南寺（广宗寺），该寺有仓央嘉措鎏金灵塔及《仓央嘉措传记》一套十几轴。

1. 惠远寺——七世达赖喇嘛驻地

早在清兵入关前（1642年），蒙古和硕特部固始汗及四世班禅、五世达赖就派使团到达盛京（沈阳），尊清朝皇帝为"文殊菩萨大皇帝"。清兵入关后，皇帝重视喇嘛教。但是，不容许满族人信仰喇嘛教。康熙皇帝在承德《溥仁寺碑》（1713年）中说，蒙古部落"刚直好勇"，"三皇不治，五帝不服"，只能利用蒙古部落"敬奉释教"加以治理。乾隆皇帝在北京雍和宫《喇嘛说》（1792年）中总结了150多年的经验、教训。指出："兴黄教，即所以安众蒙古"的重要性，又提出对喇嘛教必须约束，如1792年六月颁布了"金巴瓶掣签之上谕"。后来，在拉萨大昭寺、北京雍和宫，各设一个金巴瓶。十世达赖喇嘛就是由金瓶掣签决定的。乾隆皇帝还声称对"后藏煽乱之喇嘛，即正以法"（参见《西藏宗教源流考·番僧源流考》，西藏人民出版社，1982年）。

为防止准噶尔部噶尔丹策零攻西藏劫持达赖，雍正七年（1729年2月8日）移七世达赖于理塘[①]。八年（1730年2月3日），七世达赖喇嘛迁至泰宁城"惠远寺"。今存《御制惠远庙碑文》（1731年立）曰："朕所以仰体皇考，厚酬达赖喇嘛累世恭顺之忱，且以广布黄教，宣讲经典，使番夷僧俗崇法慕义，亿万斯年，永跻仁寿之域。则以佐助王化，实有裨益。"

惠远寺是朝廷发帑金十四万两白银，用三年时间建成的，共有殿宇、楼房一千余间，平房四百间，派兵1000多人作护卫[②]。雍正十二年（1734年），皇帝派果毅亲王允礼（？—1738，康熙帝第17子，皇帝之弟）及章嘉活佛若必多吉（1717—1786年）到惠远寺，10月6日从北京出发，12月23日到达。这是一次有历史意义的会见。1735年2月3日果毅亲王回京。4月，章嘉活佛送七世达赖回拉萨，7月24日登上了布达拉宫。国师若必多吉活佛奏请将理塘县、巴塘县归前藏管辖。皇帝下旨：将二县商税（年银五千两）赐七世达赖，但二县仍归四川管辖。惠远寺曾遭受地震及"文化大革命"破坏，1982年以后修复。北京雍和宫高达18米（地下另有8米作根基）的"强巴佛"，由整根白檀木雕刻，是七世达赖于1750年敬献给乾隆皇帝的。

2. 瞻对事件（新龙县）与工布郎结（1799—1865）

西番瞻对土司作乱，起于雍正年间。清军先后剿灭噶笼丹坪（1745年）、烧死姜错太（1746年）、焚死洛布七方（1815年）。但是，道光年间（1821—1850年），土司工布朗结（俗称布鲁曼，即"独眼龙"），以"抗川拒藏"为号召，不断向周边扩展势力，不仅侵占了上、下瞻对，还将霍耳五家、德格、灵葱、拉妥占领，扰及金川、绰斯甲、俊松、西宁所属迭木齐25族（迭部）、西藏察木多（昌部）、乍丫（察雅县东）等处，围攻理塘，攻占惠远寺。气势甚壮，横亘千里。琦善率军6000人前往镇压而失败。1865年八月，在清军和藏军联合围攻下，将其消灭。《清史稿·四川土司传》记载此事不及史致康《泰宁惠远寺碑记》翔实。有资料显示，工布朗结主张废除农奴制，故大得民心，值得研究。我们考察惠远寺时，抄录并拓印了史致康碑全文。该碑立于寺院大门外右侧，通高170厘米（含座高30厘米），宽71厘米，厚14厘米［附录五］。果亲王诗文，由泸定县提供。

3. 巴塘县关帝庙与章嘉活佛的梦

清朝崇敬四大活佛系统。（一）达赖活佛；（二）班禅活佛；（三）内蒙古及华北的章嘉活佛；（四）蒙古国的哲布尊丹巴活佛（三世业喜丹巴尼玛及四世罗布桑图

---

① 今人多以理塘"仁康古屋"为七世达赖诞生地。我于2012年7月19日考察时认为，这里是临时安置七世达赖的处所。他的出生地"车马村"只有三户人家，当然不会是"仁康古屋"。

② 参阅《清史稿·蕃部·西藏传》及史致康《泰宁惠远寺碑记》（1865年立）。

布丹旺楚克都是理塘人）。章嘉国师若必多吉在龙年（1736年）从拉萨大昭寺起程回京，路经湖北当阳玉泉寺，在此住宿时，夜里梦见一个红大汉，愿作章嘉国师的保护者。这位红大汉就是关老爷（关云长）[1]。后来，国师写了一部《祭祀护法神关老爷仪轨》，以藏文、满文、蒙文发行。清朝尊崇关云长为"关帝"（？—220），在全国各地建了许多"关帝庙"。在藏区也有不少关帝庙，如拉萨、日喀则、亚东、乃东、扎囊、堆龙德庆等地。西藏僧俗甚至把两个"战神"——关帝及格萨尔联系起来。在辽宁省阜新市海棠山摩崖喇嘛教造像中（清晚期），就有关帝及关平、周仓的三尊像。关帝在藏语中称"珍让嘉布"。

巴塘县关帝庙已残破不堪，仅存大殿的前半部分。该庙始建于乾隆十三年（1748年），是由川、陕、滇商人与驻军等联合修建的。同治九年（1870年）大地震时倒塌，后有修复之。2007年7月7日，四川省政府公布为"四川省重点文物保护单位"，但真正的维修保护工作亟待实施。

本文即将结束时，我想起了晚清"改土归流"前后两个小吏的画面：一幅在甘孜县昔色乡，另幅在稻城县南边的小经堂里。小经堂里画着小吏金大民（？）及其仆人，是很有趣的难得的风俗画。另外，在康定县鱼通发现一幅唐卡，右上角画降央神像，左上角画孔子像。《世间苯教源流·汉地律法王统》说孔子是神变王。据说，金城公主到吐蕃后，派人去汉地学习道教，带回来《老子》及《易经》等占卜的书。认为占卜术是孔子所传，称他是"神变王"。

4. 附论"嘉戎文化"

关于嘉戎文化，林耀华教授写有《川康嘉戎的家庭与婚姻》。论述最详尽的是马长寿教授（1906—1971）1944年发表的《嘉戎民族社会史》[2]。他论证了，由战国及两汉的"冉龙"，演变成北朝、隋唐的"嘉良夷"。"八国"中的"哥邻国"就是"嘉戎"。宋代的"十八族"，发展成为明清的"十八土司"。嘉戎之范围包括了十八土司之地。这十八土司是：

①明正土司，在今康定县。
②冷边土司，在今泸定县。
③沈边土司，在今泸定县。
④鱼通土司，在今康定县姑咱。
⑤穆平土司，在今宝兴县。
⑥革什咱土司，在今丹巴县西。

[1] 土观·罗桑曲吉尼玛：《章嘉国师若必多吉传》。
[2] 周伟洲编：《马长寿民族学论集》，人民出版社，2003年，第123—164页。

⑦巴旺土司，在今丹巴县北。

⑧巴底土司，在今巴旺司北。

⑨绰斯甲土司，在今壤塘县南及金川县西。

⑩大金土司（或曰促浸土司），在金川县。

⑪小金土司（或曰儹拉），在今小金县。

⑫沃日土司（或曰鄂什克土司），在小金县东北。

⑬党坝土司，在金川县北。

⑭松岗土司，在党坝司北，在马尔康西。

⑮卓克基土司，在小金县北，在马尔康东。

⑯梭磨土司，在卓克基东。

⑰杂谷土司，在理县杂古脑。

⑱瓦寺土司，在汶川县涂余山、草坡等地。

马长寿先生还分析了十八个土司的来源，指出除去明正、冷边、沈边、鱼通四个土司之外，另外十四个土司都是从"琼部"三十九族动迁而来的。这十四个土司中，最早迁来的是七个土司，它们是绰斯甲、沃日、革什咱、穆平、巴底、大金、小金。

阿旺·丹贝降参编纂的《叙说东女国》（田光岚整理，待刊）记载，东女国首先分裂成四个小国：沃日、革什咱、绰斯甲、梭磨，与最早七土司说大体吻合。

《嘉绒藏族志》记载，据藏文家谱，大金川土司到乾隆年间已经是第59代。推测它们在秦汉时代已经存在。绰斯甲土司家谱记载41代，原有12个部落。吐蕃分裂时代（9世纪中叶），占据此地的吐蕃王子统治了该土司。上海辞书社1985年称，今绰斯甲地区就是东女国之地，汤立悉王是古代绰斯甲王。东女国国王汤立悉是795年前后的人物，而东女国分裂是在10世纪以后。因此汤立悉不可能是绰斯甲王。

我们认为，这七个土司可能原归"东女国"统辖。有人把"琼"解释为"象雄"，这是不符合历史实际的[①]。

东女国崇信苯教，相信"卵生说"，长期以"女性"为社会的中心。他们势必与土著嘉良夷相融合，从而形成了嘉戎族。"十八族"形成于宋代。

青衣羌是古老部落。青衣水至迟见于公元前361年（《竹书纪年》）。我认为，"嘉良夷"是东汉安帝时（108年）的青衣羌及另外三种羌人（牦牛羌等），由令西率领，共计31万口内属，积极接受汉族文化。133年，因"青衣王子心慕汉制，上求内附……改曰汉嘉，得此良臣也"（《水经注·青衣水》），青衣县改为汉嘉县。168年扩建了汉嘉郡。因此，这部分人称为嘉良夷。大约在西晋末至东晋，因长期战乱，他们开始向西、向北发展，融合土著居民，形成新的部族。他们积极学习汉

①　格勒：《论藏族文化的起源形成与周围民族的关系》，中山大学出版社，1988年，第455页。

族先进生产技术与文化，生产力大大提高[①]。8、9世纪以后，他们又接受了吐蕃文化。任乃强在《四川上古史新探》中，也认为沿大渡河、大金川这支部族起源于宝兴县。

总之，我认为"嘉戎文化"的特点是：（一）崇信本苯教及卵生说。他们崇拜"琼"（大鹏金翅鸟）和野牦牛。我们在协德乡的玛尼堆中，发现有浮雕大鹏展翅，翅膀下站立着牦牛的图像，属于宋代的文物。13世纪以后，藏区出现了"长有双角的琼"，这应是苯教创作的复合图形。特别是年美·喜饶嘉措大师（1355—1415）重新振兴苯教之后，这里更成为传播苯教的一大中心区。据台北故宫博物院收藏的《金川档·绰斯甲宗教》记载，"奔波教"是大金川土司、绰斯甲土司两家的传统信仰。（二）长期以"女性"为社会的中心，享有较高的社会地位。（三）有独特的语言系统"嘉戎语"（嘉良夷北上后，长期与藏族融合，保存了部分古藏语、有前置复辅音及后置复辅音等）。（四）他们既有羌、藏文化传统，又汉化程度较深。丹巴县出现藏汉合璧的古代建筑，绝非偶然。

我们甘孜州"蒙古史迹调查小组"经过艰苦的五次调查，取得了辉煌的成果。许多发现，大大补充了第三次全国文物普查的缺漏。今编辑成文，贡献给90万甘孜人民和关注甘孜文化的广大人民群众。

2012年是伟大的成吉思汗诞辰850周年，我们已经确认成吉思汗死于四川省道孚县协德乡（噶达），2012年10月21日中国新闻社予以公布，引起高度关注。关于成吉思汗陵，正在探求中。相关资料将另行整理出版。

附记：本文主要内容，以《对甘孜地区历史文化的考古调查》为题，刊于《社会科学战线》2013年第3期。此次修订后，全文摘要刊于根秋多吉主编《康巴奇迹》（四川民族出版社，2018年）。

---

① 参阅《后汉书·南蛮西南夷列传》及《水经注·青衣水》。可知，115年青衣羌等31万口归属后，133年在这里设置"汉嘉郡"（古城在今芦山县）。朝廷认为在汉嘉郡得此良臣也。所以青衣羌以及部分归属的牦牛羌等人的美称是"嘉良夷"。鱼通人可能是青衣羌的后代。

探究吐蕃王族源自匈奴

关于吐蕃的起源，已经有多种说法。最早之说，见于《旧唐书·吐蕃传》。《新唐书》《通典》等所记略同。然而，由于学者们缺少深入研究、分析，近代诸家多有不同的解读。至今，几乎所有的藏学家，均持怀疑态度。例如：才让在《吐蕃史稿》（甘肃人民出版社，2007年）中即断言《旧唐书·吐蕃传》是"作者的臆测"。他认为"聂赤赞普应出现于……公元前193年。因此，聂赤赞普的出现远远早于南凉政权，南凉政权的后裔不可能成为吐蕃的王族"。

《旧唐书·吐蕃传》云："吐蕃……本汉西羌之地也。其种落莫知所出也。或云南凉秃发利鹿孤之后也。利鹿孤有子曰樊尼，及利鹿孤卒，樊尼尚幼，弟褥檀嗣位，以樊尼为安西将军。后魏神瑞元年（414年），褥檀为西秦乞伏炽盘所灭。樊尼召集余众以投沮渠蒙逊。蒙逊以为临松太守。及蒙逊灭，樊尼乃率众西奔。济黄河，踰积石，于羌中建国，开地千里。樊尼威惠凤著，为群羌所怀，皆抚以恩信，归之如市，遂改姓为悉勃野，以秃发为国号，语讹谓之吐蕃。其后子孙繁昌，又侵伐不息，土宇渐广。历周及隋，犹隔诸羌，未通于中国。其国人号其王为赞普，相为大论、小论，以统理国事。"

古代藏族，"其种落莫知所出也"。从考古资料看，在旧石器时代晚期，或许青藏高原已经有人类居住。新石器时代，以昌都"卡若遗址"为代表，距今5000—4200年，已经有原住民生活。该遗址与四川省汉源县"麦坪遗址"关系密切（可能是牦牛羌起源地）。新石器时代及青铜时代的岩画（专家认为"西藏高原最早的岩画，年代当在公元前1000—前500年期间"）、石构遗迹等考古遗迹，苯教的信仰，都证明西藏文化是我国西部古代文化的一部分。古代印度文化、伊朗文化和西藏也有交流，产生了一定的影响。

法国石泰安（R·A·Stein，1911—1999）总结西藏人的历史传说，认为第一位吐蕃赞普到来之前，最早的部族称为"迷吾"，意思是"矮人"。后来有了"赭面、食人肉者"等（《西藏的文明》，中国藏学出版社，1999年，第46、47页）。"迷吾"一词见于《后汉书·西羌传》，烧当羌中有人名为迷吾。烧当羌不满千人，于101年进入西藏，依附发羌。我认为，所谓"矮人"实指社会底层民众，指低等人而已。而"赭面、食人肉者"，是指信仰西王母祭司文化的人，大约指羊同人（原居河湟间）。因为，西王母部族崇拜老虎（於菟，所以"食人肉"）和青鸟（鸷、琼，"赤首黑目"，所以"赭面"）。

大约在公元前4—前3世纪，西藏出现了第一批邦国——象雄邦国（山南羊卓雍错）、"乌托国"（笔者已经论证《汉书·西域传》的乌托国就在阿里日土县）等。象雄布德大王时代，势力一度到达兴都库什山、帕米尔高原。建立了"难兜国""无弋山离国"等，号称"里象雄"。此后，陆续出现了一批小邦国（如"藏""亚松""吉""娘"等。据说有12—13个）。4世纪，西藏出现了江温、匹播（胥末，山南琼结县）、年卡宁巴等"邑"（聚落或城镇），直到7世纪吐蕃统一西藏各部。

所以，石泰安才感叹地说："对于公元6世纪末之前的阶段，不可能确定吐蕃任何能推论出年代的历史！"

关于"吐蕃"起源问题，据达力扎布《中国民族史研究60年》介绍："事实上，吐蕃的起源不止鲜卑说和发羌说两种……还有更具说服力并受到普遍认可的本土说、多元说等观点。"而金宝祥在《吐蕃的形成、发展及其和唐的关系》中，认为《旧唐书·吐蕃传》可信（《西北史地》1985年第1期）。可惜，没有引起重视。

在阿底峡大师发掘的《柱间史》中，认为董氏（多弥、党项）、东氏（苏毗）、穆氏（象雄）、色氏（吐谷浑），"这是雪域藏族最早人类"。并没有提及吐蕃人。英国藏学家托马斯（F. W. Thomas）认为，上述四大族系对于吐蕃人而言，属于"外四族"，是吐蕃以外的一种外来族源。

其实，后晋宰相刘昫主编《旧唐书·吐蕃传》的记载，是忠实可信的。后晋时（936—947年），刘昫参考了唐高祖至唐末以来令狐德棻、吴兢、柳芳、韦述、于休烈、令狐垣、崔龟从、韦澳等的各朝实录，整理而成《旧唐书》。本文拟详加研究，确认其真实、可信。

南凉（397—414年）是河湟地区"秃发部"建立的政权。那么，秃发部是什么民族？《晋书·南凉传》云："秃发乌孤，河西鲜卑也，其先，与魏同出。八世祖匹孤率部自塞北迁于河西。其地，东至麦田牵屯，西至湿罗，南至浇河，北接大漠。"397年，秃发乌孤称西平王，建都西平（今西宁，今城西有"虎台"，南凉王阅兵处；城东南原有秃发利鹿孤墓，已毁），后移至乐都（城西"大古城村"，有内城、外城）。

但是，395年乌孤在廉川堡伤心流泪地说："我祖宗以德怀远，殊俗惮威，卢陵、契汗，万里委顺。及吾承业，诸部背叛……""契汗"是鲜卑族，秃发乌孤如果也是鲜卑族，为什么称契汗是"殊俗"？

其次，乌孤的八世祖匹孤，大约是东汉末年人（以每世25年计，八世共200年）。也就是与鲜卑檀石槐时代相近的人。不过，所谓"河西鲜卑"秃发氏，却不见于《魏书·官氏志》的记载。《三国志·魏志·乌丸等传》所列鲜卑西部大人中，也没有秃发氏。"从上谷以西至敦煌，西接乌孙为西部，二十余邑，其大人曰置鞬、落罗、日律、推演、宴荔游等，皆为大帅，而制属檀石槐。"

第三，《魏书·张寔等传》记载，"秃发其俗，为被覆之义"。秃发乌孤强盛后，吕光拜他为"左贤王"（匈奴称号），而他自署为"大单于"（匈奴称号），说明秃发部可能来自匈奴。406年，匈奴右贤王去卑的后代赫连勃勃也自称"大单于"。众所周知，东汉和帝永元年间（89—105年），"北单于逃走，鲜卑因此转徙据其地。匈奴余种留者，尚有十余万落，皆自号鲜卑"（《后汉书·乌桓鲜卑列传》）。由此可知"秃发"本是匈奴余部，东汉以后"自号鲜卑"而已。

第四，关于秃发部（秃瑰来）来源的早期记载，见于三国鱼豢《魏略·西戎传》："赀虏，本匈奴也。匈奴名奴婢为赀。始建武时，匈奴衰分去，其奴婢亡匿在金城、武威、酒泉北、黑水、西河，东西畜牧，逐水草抄盗。凉州郡落稍多，有数万，不与东部鲜卑同也。其种非一，有大胡，有丁零，或颇有羌杂处……当汉魏之际，其大人檀槐死后，其枝大人南近在广魏。今居界有秃瑰来，数反，为凉州所杀。今有绍提。或降来，或遁去，常为西州道路患也。"该文中"今居界有秃瑰来，数反，为凉州所杀"，指的是279年马隆杀秃发树机能（《晋书·马隆传》）。这里的"秃瑰来"就是"秃发来（兰氏）"（转引自《三国志·魏志·乌丸等传》）。由此可知，三世纪初，在河西走廊有匈奴余部秃瑰来（秃发）、绍提（菹渠？）最为强大。周伟洲《南凉与西秦》（陕西人民出版社，1987年）有详尽论述。

第五，我们的研究表明，秃发部的始祖匹孤就是《后汉书·董卓传》记载的"湟中义从胡"北宫伯玉。

关于这支"湟中义从胡"的来源，《后汉书·西羌传》"湟中月氏胡"条曰："又，数百户在张掖，号曰义从胡。中平元年（184年）与北宫伯玉等反，杀护羌校尉泠征、金城太守陈懿，遂寇乱陇右焉。"可知，他们来自张掖，可能是匈奴别部又称"卢水胡"。据李文实考证，"卢水"就是西宁的"南川河"。他们后来迁入湟中。最早见到这支胡人是在《后汉书·段颖传》，159年，"颖将兵及湟中义从羌万二千骑，出湟谷击破之（烧当羌）"。《后汉书·董卓传》云："（中平元年）其冬，北地先零羌及枹罕、河关群盗反叛，共立北宫伯玉、李文候为将军……明年春，将数万骑入寇三辅"，三年（186年）被杀。

考古资料印证了"湟中义从胡"的存在。青海省考古所在西宁市北14千米的"上孙家寨墓地"，发掘了一座东汉晚期匈奴墓，是一座双室砖墓。出土了一枚"驼纽铜印"，印文曰"汉匈奴归义亲汉长"（刘万云《青海大通上孙家寨的匈奴墓》，《文物》1978年4月号）。在同一墓地甲区M24，出土了匈奴人特有的青铜牌；乙区M3，出土了安息单耳银壶，墓主人人骨鉴定证明就是匈奴人（见潘其凤、韩康信论文，《考古》1984年第4期）。我们用时空交叉法可以确认，这支匈奴人，就是"湟中义从胡"。考古学家指出："据两汉书所记，这一带乃是匈奴的别部'卢水胡'的活动范围。这部分匈奴人应是东汉时所说的'义从胡'"（陈秉智《青海考古五十年述要》）。

据《后汉书·百官志》可知，"四夷国王、率众王、归义侯、邑君、邑长，皆有丞，比郡县"。所以"汉匈奴归义亲汉长"应该是"百邑长"，比"归义侯"小。由此可知，"湟中义从胡"的首领名"北宫伯玉"者，"北宫"是"匹孤"的译音，"伯玉"是"百邑长"的译音。

从而可知，匈奴匹孤部于159年以前，居住在张掖卢水。后来，率数百户投向汉朝。被封为"汉匈奴归义亲汉长"，并迁入湟水流域。匹孤死于186年。其子寿阗诞生于被窝中，匈奴人称作"秃发"。"南凉"，是史家之命名。时人称之为"秃发"，读如"吐蕃"，以为国号也。《十六国春秋》记载，后秦姚兴大败后凉吕隆之后，即说"先是，吐蕃秃发褥檀据西平……"，此事在401年。历史语言学家徐通锵在《历史语言学》专著中指出，"吐蕃"与"秃发"是同一个词的不同时期的读音（商务印书馆，2001年）。

南凉国由乌孤、利鹿孤、褥檀兄弟三人相继执政，先后建都西平（今西宁），乐都，均在湟水流域。南界越过浇河（今贵德），到达今同仁县，北方到了甘肃省民勤县以北大沙漠。东至黄河，西抵永昌县—青海湖，与吐谷浑为邻。"褥檀虽受制于姚兴，然车服礼章，一如王者"。该国存在18年（397—414年），被西秦乞伏炽盘所灭。秃发部居住在河湟周边260多年，自然与这里原住民西羌、先零羌（西王母部）相融合。因此，群众信奉西王母祭祀文化（苯教），也开始接触了佛教。南凉王利鹿孤更是"建学而延胄子"，积极引进汉族文化、兴办学校。

褥檀（365—415）精通华夏文化。当年，后秦姚兴派尚书郎韦宗到南凉观察虚实，"褥檀与宗，论六国纵横之规，三家战争之略；远言天命废兴，近陈人事成败。机变无穷，词致清辩。宗出而叹曰：命世大才，经纶名教者，不必华宗夏士；拨烦理乱、澄氛济世者，亦未必八索九丘。五经之外，冠冕之表，复自有人。车骑（褥檀）神机秀发，信一代之伟人"。利鹿孤时也开始接受佛教。

当南凉将亡之时（414年），褥檀做出一个深谋远虑的决策："与其聚而同死，不如分而或全"，他说，"樊尼，长兄之子，宗部所寄"，命乌孤的长子樊尼以及中军纥勃，后军洛耻逃亡西北，因为那里还有近二万户秃发部人；褥檀自己则向乞伏炽盘投降。

匈奴人非常重视"种姓"。《史记·匈奴传》记载中行说云："父子兄弟死，取其妻妻之，恶姓之失也。故匈奴虽乱，必立宗种。"后来，褥檀被毒死。樊尼做了"北凉"临松郡的郡丞（按，临松山，见于《晋书·郭瑀传》）。在祁连山东段北麓，招抚秃发余部及当地汉族及群羌。

　　临松郡中心在今甘肃省民乐县西部的南古镇,明代称古城堡。其南部至肃南县马蹄藏族乡一带。2017年6月13日,我们做过实地考察。南古镇南边,就是临松山。

　　北凉沮渠蒙逊也是匈奴余部(临松卢水胡),417年,沮渠蒙逊西征,又"循海(青海湖)而西,至盐池(茶卡盐池),祀西王母寺,寺中有玄石神图。命其中书侍郎张穆赋焉,铭之于寺前"。这证明匈奴人(南凉、北凉)都是信奉西王母(苯教)的。公元前3世纪初,匈奴已经据有祁连山地区,临松山是祁连山支脉。所以,匈奴早就接受了西王母祭祀文化(苯教)信仰。考古发掘证明了这个结论。内蒙古包头市召湾汉墓,出土了"单于天降""单于和亲"瓦当(图一、图二),也出土了雕塑"西王母神话"黄釉陶樽。西王母部以虎豹为图腾,崇拜日月、鹰鸟、树神、燎祭等。"祁连"是匈奴语"天"之意,即西王母祭天之山。

图一　"单于天降"瓦当　　　　　　　　图二　"单于和亲"瓦当

　　北魏灭北凉时(439年),九月,封褥檀之子秃发保周为"张掖王";十月,命他征讨未降诸部。"保周因率诸部叛于张掖",向东北进军。440年七月,永昌王(拓跋)健至番禾破保周,不久兵败自杀。《魏书·世祖纪》曰:太平真君元年七月己丑(440年)"永昌王健至番禾(今永昌县),破保周,保周遁走……癸丑,保周自杀,传首京师"。

　　秃发保周"叛于张掖"时,秃发樊尼必然起兵响应。在"保周自杀"这种急迫形势下,临松郡丞秃发樊尼率部下群众(秃发、羌族、汉族等,约二万户)只有向西南遁走。即过祁连山大峡谷(扁都口),向青海湖及西南方向共和县、玛多县、玉树县、昌都方向大迁徙。《旧唐书》云"樊尼乃率众西奔,济黄河,逾积石,于羌中建国,开地千里"。这里的"积石山"指的是黄河河源的大山,今青海省玛沁县西北的阿尼玛卿雪山,主峰玛卿岗日,海拔6282米。他们经过吐谷浑、党项、苏毗等地区,到达雅鲁藏布江大峡谷附近"波窝"（今西藏波密县等林芝地区）。继续称为吐蕃。他们很快与当地人融合，"开地千里"。他们到达的时间，估计在441年以后。到达时或许有一万户左右，即4—5万人。还有一个参考资料，即吐蕃称吐谷浑为"阿柴"。吐谷浑王阿柴时代（417—424年），吐谷浑成为强国，恰恰是秃发樊尼西迁之前的事件。

周伟洲在专著《南凉与西秦》中指出"对于吐蕃源于秃发樊尼说，中外学者均不赞同，甚至根本没有提及……之所以产生这种传说，可能是"秃发"与"吐蕃"的名称读音相近而附会的"。

然而，我们研究的结论，恰恰相反。《旧唐书·吐蕃传》是翔实可信的，不是"传说"（而《新唐书·吐蕃传》错误较多）。兹论证如下。

首先，我们已经确认吐蕃祖先为匈奴人，是解决问题的关键。立于拉萨大昭寺前的《唐蕃会盟碑》藏文云"神圣赞普鹘提悉補野，化身下界，来主人间，为吐蕃大王……自天神而为人主"（822年）。大约写于9—10世纪的《敦煌吐蕃历史文书·吐蕃世系表》云："辽阔苍穹之上，有雅拉达珠之子，三兄三弟，连同赤宜顿祉共为七人。赤宜顿祉之子，即天神聂赤赞普。降临大地，来作大地之主。天子来作人间之王，后又为人目睹直接返回天空。"（按，"天神六兄弟"传说，又见墨竹工卡县《夏拉康刻石》，8世纪）。敦煌吐蕃文献《聂赤赞普传记》中"赤宜顿祉"译成"赤益顿次"。

依据南凉秃发部历史可知，思复鞬共有七个儿子：乌孤、利鹿孤、褥檀、文真（文支）、吐雷、俱延、奚于。

"乌孤"就是"赤宜顿祉"。《前汉书·匈奴传》云：匈奴语称天为"撑梨"（也译为"祁连"），子为"孤涂"。"撑梨孤涂（天子）"省称就是"赤顿"或"赤益顿"。"赤益"更接近"撑梨"之音。到了吐蕃时代，藏文"赤（khri）"，新旧《唐书》、《通典》、《册府元龟》等记为"乞力""乞立""乞梨""弃隶"等，都是匈奴语"撑梨"（也译为"祁连"）的译音。本意是"天"。所以当代学者说，"赤"的引申之意为御座、宝座、万等（宗喀·漾正冈布《论赤偕微噶》，《文物》2012年第9期）。"祉"或"次"（Tsu），就是"祖"的译音。所以"赤宜顿祉"的意思是天子祖先。

乌孤的长子"樊尼"，就是"聂赤赞普"（或写作"尼墀赞薄"）。聂（尼），就是秃发樊尼；赤（墀）又是赤顿之省称。"赞普（赞薄）"，是"单于波窝"的省称，意思是以单于为祖先者，或单于继位者。"聂赤赞普"，元代译为"呀乞栗赞普"，"乞栗"即"撑梨"，汉译"天"也。从上述论证可知，《敦煌吐蕃历史文书·吐蕃世系表》与南凉历史完全吻合，这绝对不可能是偶然的。

西藏流传的"天赤七王"或曰"七天座王"，说的就是乌孤（天子祖先）六兄弟和秃发樊尼的历史故事，目的是说明"聂赤赞普"来源之非常神圣。七，代表北斗七星。《穆天子传》卷六，有"日月之旗，七星之纹"。其实，六兄弟中只有乌孤、利鹿孤、褥檀三人曾经称王。而文真（文支）、奚于、吐雷、俱延四人并没有称王。其中文真于412年投降北凉菹渠蒙逊，被除名，故称"三兄三弟"。六兄弟当然都没有来到西藏。但是，六兄弟部落，显然也是随着樊尼来到西藏。才让在《吐蕃史稿》中，由于根本不明白"七天座王"本意，竟以为是七代赞普相传，则大错特错矣。

由于传说"聂赤赞普"是吐蕃第一代赞普，有专家便推论他出现于公元前360年左右（还有公元前114年、公元前193年等"远远早于南凉政权"之说）。学者们不敢赞同吐蕃源自南凉说，其主要原因在此矣。因为，他们主观地认为，吐蕃不会起源那么晚！

需要说明的是，史书上往往说秃发部是"鲜卑"人。这表明在秃发部的母系中有鲜卑血统。胡人往往也以母系为种号（《后汉书·西羌传》）。如拓跋部是索离种，却自称鲜卑；突厥是索国种，却自称阿史那；赫连勃勃是匈奴种，却先从母姓刘氏等。

值得注意的是，樊尼率部来到西藏，为适应当地广大羌戎族群众信仰苯教的现实，他自称"悉勃野"，而不是称聂赤赞普。"悉勃野"就是苯教正宗的大祭司——"悉"（也写作"辛""先""西""仙"等）。"勃野"，是勃（发、蕃）部之王。"野"是西戎人称王的读音（在其他地方，"野"也写作"於""叶"等）。有人说"悉勃野"藏文译为"宝髻""补加"是有根据的。

波窝（音变为"波密"），藏语意为祖先，即秃发部樊尼初到之地，后代人思念之而命名。至今，波密县有部分群众自称是汉族人的后代，也符合秃发部中有汉人（晋人）的历史状况。

樊尼部后来被朗氏（即兰氏）取代。"朗氏"的政治中心可能在朗县。据《中国文物地图集·西藏分册》介绍，朗县有"吐蕃时代"古墓群3处。其中，"列山墓地"共有184座古墓，殉马坑28条，规模仅次于"藏王墓"。显然他们长期保存着奴隶制。另外有"艾尼伍嘉墓地"，共有14座封土古墓。其中8号大墓，墓室分前、中、后三室，中室有石板拼成的石棺。完全属于北方文化系列。上述墓地可能属于朗日松赞（论素赞）时代等吐蕃早期遗迹。青海省西宁市南郊的"利鹿孤墓"（俗称"小圆山"，已毁）。

更值得注意。樊尼部南部边界，到了墨脱县一带。"墨脱"是由匈奴语"瓯脱"演变而来。《史记·匈奴传》曰：冒顿单于时，东胡与匈奴之间"有弃地莫居千余里，各据其边为瓯脱"。"瓯脱"意为边界上屯守处。787年唐与吐蕃在平凉会盟时，盟文中有曰"亭障瓯脱，绝其交侵；襟带要害，谨守如故"。樊尼部的大致范围是，北界念青唐古拉山；南界喜马拉雅山、墨脱；东南界察隅、伯舒拉岭；西界朗县、工布江达县。东西约570千米，南北约150千米，与《旧唐书》所说的"开地千里"

吻合。

　　另外，林芝地区有洛巴族、门巴族可能也是与秃发樊尼同时从青海迁来的。因为，据甘肃省迭部县保存的12—13世纪苯教文献中说，在茶卡盐湖旁有洛巴山、蔡巴山、玛哈岱瓦山（即古代西王母部落联盟中的"三青鸟部"）。"僜人"是两汉时代中、缅交界处簏多部的后裔。后来北上察隅县。 "门巴"是否是玛哈岱瓦？都有待进一步研究。门巴族男女头戴红帽、红头巾，当然也是遵循苯教"琼"（"赤首黑目"）的习俗。内地汉代墓葬多处出土了铜制或陶制的"鸠鸟乘车"文物，铭文是"天帝使者青鸟公"。这也是来源于西王母故事。吐蕃的"巫祝鸟冠虎带击鼓"；吐蕃有"飞鸟使"，亦皆源于此。

　　众所周知，曲水县俊巴村，是西藏唯一吃鱼的地方。他们制造"牛皮筏子"捕鱼。对此，有各种传说（鱼长了翅膀，遮天蔽日；河中捞出美女，献给藏王等）。我们认为，"俊"巴就是"熏"巴的音变。"熏巴"就是古匈奴人的称呼（拙著《〈穆天子传〉真相解读》，待刊）。

　　樊尼部带来了河西先进的生产方式、文化和政治制度。特别是他的子孙，开始与雅隆部联姻，并废除奴隶制度。当然，樊尼也必须适应当地环境。所谓樊尼改称"悉勃野"，就是始用了一个新称号。以便因势利导，号召和团结周边诸族。我们已经论证，"悉"就是"辛"或"咸"，就是巫咸。继承西王母部崇拜"琼"（鹫）的传统，并且有祭天的神圣权力（"燎祭"，藏语称烧香为"煨桑"），还能够通过"神树"，与天沟通。

　　据西藏传说，"悉勃野"到达波窝时，看见他"长相奇特。眼睛如同鸟目。手指、脚趾有蹼相连。舌头很长"（见《弟吴佛教源流》）。这显然是秃发樊尼穿上了"巫术服装"，扮成"鹫（鹫）"的形象，表示"从天而降"。

　　西王母部是以虎豹为图腾的，所以吐蕃军队的"中军"，穿虎豹衣。786年一次战役，唐将领下令攻击吐蕃中军，指示说"其前军已过，见五方旗、虎豹衣，则其中军也"。吐蕃赏赐军功用虎皮（大虫皮）。据《贤者喜宴》记载的《王朝准则法》中说，"若不以虎袍褒奖勇士，则作英雄无意义"。敦煌144窟中，有一位女供养人题名是"夫人、蕃任瓜州都督仓曹参军、金银间告身、大虫皮康公之女、修行顿悟优婆夷如祥一心供养"。"金银间告身"就是"金涂银""金饰银上"，是第三等级告身。"大虫皮康公"就是获得军功者。822年，刘元鼎参加第八次会盟，在大非川看到，"河之西南，地如砥，原野秀沃……坡作丘墓，旁作屋。赭涂之（面），绘白虎。皆房贵人有战功者，生衣其皮，死以旌勇，殉死者瘗其旁"。"赭涂之"应是"赭涂面"之误。这种古老"赭面"习俗，来源于西王母部落联盟中的三青鸟部落。《山海经·大荒西经》记曰"有西王母之山……有三青鸟，赤首黑目"，古人模仿鸟的"赤首"因而赭面也。秃发部进入西藏高原，带来了新的社会发展动力，意义十分重大。

为西藏高原的大统一，奠定了坚实基础。

众所周知，西藏古代，原本没有统一的政权。吐蕃以前，也没有历史文献可寻。苏毗、羊同等部族分散在南北各地，不可能有一个系统的王朝谱系。公元7世纪吐蕃统一西藏以后，把不同时代、不同部族的传说整合、拼接成一个代代相传的法统。葛剌思巴监藏（1147—1216）著《吐蕃王统》是目前所知西藏最早的王统类作品。他提出"吐蕃国王有七墀、一丁、六贤、八德、四赞，共二十六代先王"。但是，他在结尾处声明："所见王统多而不实"，只是"辑自一函，简要为文"而已。

因此，才让在《吐蕃史稿》中总结出的"吐蕃赞普世系"（甘肃人民出版社，2007年，第312、313页）完全不可信。所谓"天赤七王"（七天座王）、"上丁二王"（中丁二王）、"中列六王"（六地善王）、"八德王"、"下赞五王"即所谓"27代赞普"之说，不可能不漏洞百出，错讹连连。

首先，最重要的是，"赞普（府）"一词，何时出现？据《通典》卷180《边防典·吐蕃条》记载："西魏末（556年），秃发利（鹿）孤的后代，在临松郡为官，招抚群羌，改姓悉勃野，其主称赞府"。由此可知，"赞普（府）"一词是556年前才出现的新词语。临松郡在张掖市南山，恰恰是秃发樊尼的发难地。秃发樊尼西迁后，仍然有秃发种族留下。他们应该与西迁种族有密切联系。至于"赞普（府）"一词，是从临松郡传播到西藏，或者是从西藏传播到临松郡，却不能确定。我们推测，"赞普（府）"一词的出现，与吐蕃"四赞"王出现有关。

其次，象雄的布德巩夹大王，我们已经论证，是公元前3世纪的人，却排在聂赤赞普（公元5世纪）之后。这一切都是为了"证明"吐蕃才是西藏历史上的"正统"。当然，这些传说故事或"伏藏"，有待进一步研究，找出其中真相。然而，不少学者就是被这些"谱系"弄糊涂了。

《新唐书》记载的论素赞，即囊（朗）日松赞，约570—620年，排列在"五赞王"之后。假设414年时樊尼20多岁，则441年进入西藏时45岁左右。而囊日松赞130年后才出生，绝不可能是樊尼之子。却可能是西藏第一位实际上称赞普的人。

藏语"论"（blon），就是匈奴贵种"兰"（栗借）氏，起源于"刭间"氏（春秋战国时，译为"林胡"，原居地在内蒙古包头）。刭间氏首先见于《穆天子传》（公元前10世纪）。《史记·匈奴传》云"诸大臣皆世官呼衍氏、兰氏，其后有须卜氏。此三姓，其贵种也"。《后汉书·南匈奴传》云"单于姓虚连题，异姓有呼延氏、虚卜氏、丘林氏、兰氏。四姓为国中名族，常与单于婚姻。呼延氏为左，兰氏、虚卜氏为右，主断狱听讼。当决轻重"。匈奴人秃发部当年可能属于"兰氏"。《史记》译作兰氏，《前汉书》译作挛鞮氏，《新唐书》译作"论茝"，可能是"论苣"之误（藏文汉译为"论苣"）。内蒙古鄂尔多斯出土东汉时代的铜印（图三），文字是"汉匈奴栗借温禺鞮"，可知东汉官方翻译为"栗借氏"。论素赞就是例证。

图三　"汉匈奴栗借温禹鞮"印

唐代张说（667—730）在为禄东赞嫡孙论弓仁（663—723）所撰《拔川郡王碑》中云："戎言谓宰曰论，因而氏焉。"其实，是因"论氏"执掌法律，引申为"宰相"之意。

从《史记·匈奴传》之《索隐》可知，"单于"本意是"广大之貌"。全称是"撑犁孤涂单于"。匈奴语"撑犁"，天也；"孤涂"，子也。全称意思是"广大地域的天子"。匈奴的政治、军事制度是，大单于以下，各地方设立军政合一的"当户"，共有24个当户（相当于万骑）。"二十四长亦各自置千长、百长、什长"（《史记·匈奴传》）。匈奴大王、小王及当户"各有分地"即所辖地区，叫"如"。《史记·匈奴传》云"匈奴谓贤曰屠耆。故常以太子为左屠耆王，自（有）如。……"。即自己有"领地"（"分地"）—"茹（ru）"。吐蕃时代，茹成为军政合一的区域体制，每茹下设若干千户（东岱）。还有，褥檀时"车服礼章，一如王者"。后来，吐蕃在西藏也沿用了茹、章饰（告身）这种匈奴古制。另外，吐蕃称奴隶为"差"巴，也是源于匈奴语"柴"。如前所述，"匈奴名奴婢为赀"，赀（zi）通柴（chai），宋代《文献通考》把吐谷浑"阿柴"写作"阿赀"。

关于苯教。石泰安谨慎地指出，"苯教的历史的特点尚不为人所熟识，许多内容相当不明朗，尤其是对于古代阶段的苯教更是如此"。才让则断言"苯教是吐蕃固有的宗教"。我们的研究表明，以古昆仑山（今酒泉南山）为中心的西王母祭司文化，起源于商代以前。兴盛于公元前13世纪，这就是苯教之源头（"笃苯"）。

大约公元前623年以后，西王母祭司文化（即"笃苯"）首先传入西藏北部苏毗（织皮）种族中。公元前385年以后，仰（羊同人）再次把苯教带入西藏山南，公元前3世纪由象雄布德大王改革为"恰苯"。440年以后，吐蕃人第三次把苯教（"恰苯"）带入西藏。

象雄布德大王西征兴都库什山及帕米尔高原时（公元前3世纪），在印度、伊朗交界的"古那瓦特拉"，吸收了恰菲尔人的"外道"，形成"恰苯"。考"古那瓦特拉"推测是斯瓦特河谷"乌仗那"（古那）的"乌德格兰"（瓦特拉）。辛饶米沃且就是该时代的法师。"辛饶"即"辛""咸""悉""西"，都是西戎语"巫师"之意。羊同（象雄）、秃发（吐蕃）都起源于昆仑山南麓河湟地区，早已信仰西王母祭祀文化。昆仑山的象征纹样是"日月合纹"，"树纹""鸟纹"（抽象化为"雍仲"），大量出现于青海、西藏岩画上，绝非偶然。

敦煌古藏文苯教文献，属于11世纪左右的作品，大都是苯教仪轨的唱颂词（谣、吟）。其所提及的"南木国"，就是古老的多弥部族，东汉时已见于文献（动粘）。国号"难磨"或"南茹"，位于金沙江上游两岸（今四川省德格县、石渠县及西藏江达县、青海省玉树县等地），吐蕃时代称董姓，晚唐、宋时代称"灵国"，著名的英雄格萨尔大王就是灵国人（甘孜州德格县俄支乡，公元10世纪）。所以"南木国"不可能是西藏的纳木错。"机国"就是古老西戎的赐支部（意为"河首"），在黄河上游（今青海省共和县切吉草原，"切吉"就是"赐支"的音译），恰在南木国东北的地区。

南凉秃发氏开始信仰佛教。《高僧传·释昙霍传》记载了一个故事。401年高僧昙霍来到西平（今西宁），劝褥檀曰："当修善行道，为后世桥梁。"檀曰："仆先世以来，恭事天地、名山大川。今日一旦奉佛，恐违先人之旨。公若能七日不食，颜色如常，是为佛道神明，仆当奉之。""乃使人幽守七日，而霍无饥渴之色……檀深奇之，厚加敬仰，因此改信，节杀兴慈"，昙霍在南凉住到407年。这证明，褥檀时期已经接触佛教，但信仰未深也。经过考古调查，在河西走廊发现佛教小石塔12座，都属于"北凉"，年代在426—436年之间。也就是秃发樊尼在北凉临松郡作官的时代。临松郡在今民乐县的南古镇，其南部有五胡十六国时代的佛教石窟马蹄寺、金塔寺。由此推测樊尼部也有人崇尚佛教。

秃发樊尼西迁时，应有少数佛教徒同时入藏。布顿《善逝佛教史》记载，"拉脱脱日年赞在位之时，年达六十，居于雍布拉岗宫顶，自天空降下了宝箧，启视之，有《宝箧经》、《百拜忏悔经》、舍利宝塔及金塔一座在焉。乃名之为宁保桑瓦……此为正法之起始也"。熏奴贝《青史》说，这些经典、佛塔是从印度带来的。

据查，古印度没有《宝箧经》及《百拜忏悔经》。只有中印度沙门昙无忏（385—433）在姑藏所翻译的《金光明经》中有《忏悔品》（翻译时间在414—426年间）。昙无忏的弟子、张掖沙门道进"传授此法"，即百拜忏悔法（著有《忏悔灭罪冥报传》）。从而可知，《百拜忏悔经》及佛教文物是从河西走廊传入的。《高僧传·昙无忏传》中，介绍了他的弟子张掖沙门道进，"传授此法"，"皆忏之余则"。传中还称赞他"明解咒术，所向皆验，西域号为大咒师"。所谓《宝箧经》是误记，乃指纳入了"宝箧印陀罗尼"的佛塔。当樊尼率部迁移时，群众中必然会有佛教徒，把这些佛教品带到吐蕃，并巧妙地（"从天而降"）向赞普展示，希望获得支持［按，拉脱脱日年赞或即《新唐书》所说的陀土度，是秃发樊尼入藏（440年）以后的第三位国王，推测是在公元5世纪下半叶］。

9世纪《通典·边防典·吐蕃》记载，西魏末，秃发利鹿孤的后代，在临松郡（今甘肃省张掖市南部）始称"赞府"（赞普）。他们是到了赤德松赞（798—815），开始使用佛教"鹘提"的尊号。《赤德松赞墓碑》云"赞普天子鹘提悉勃野，天神化现，来主人间"。"鹘"，藏族人称佛为Hu（如斛厮罗，佛子也，见《宋史·吐蕃传》）。"提"，梵文天神Deva，译为提婆。所以"鹘提"就是"佛教天神"的藏语简称，《青史》解释为"光明部"之意，亦推测之词，并无根据。林芝县第穆萨摩崖石刻（赤德松赞时代）称："初，天神雅拉达珠之子聂赤赞普来作人间之主"。藏语"雅拉达珠"，就是匈奴语"撑犁孤涂"音译，汉语"天子"也。

总之，通过我们的分析可以知道，关于吐蕃的起源，《旧唐书·吐蕃传》等古书的记载是完全可信的。吐蕃就是南凉"秃发"（三国时代称作"秃瑰来"）之后。秃发本是匈奴的后代，原居于张掖南部祁连山山区，系出匈奴"兰氏"（栗借、论茝）。约150年左右迁入湟水流域，史称"湟中义从胡"，东汉赐以"汉匈奴归义亲汉长"铜印（图四），接受了中原文化。东汉和帝时代"自号鲜卑"而已。440年七月以后，秃发樊尼率部下各族群众，向西南方大迁移。此时距离"南凉"灭亡26年。秃发樊尼大约45—50岁。约441—442年，他们陆续到达了今西藏林芝地区一带，继续使用"吐蕃"国号，开地千里。南部边界到达墨脱县。樊尼改号为"悉勃野"。"悉"就是苯教的"辛（咸）"，表示继承西王母部苯教，有祭天的神圣权力。"勃野"就是蕃部王。

樊尼被后代尊称为吐蕃第一位赞普——"聂赤赞普"。秃发樊尼部带来了先进的

图四 "汉匈奴归义亲汉长"印

生产方式、先进的中原文化并继承匈奴的一些政治制度，为西藏高原后来的统一奠定了基础。樊尼之子孙辈，可能就是《新唐书》记载的、排列在"五赞王"之后的论赞素（朗日松赞、囊日论赞）。从论赞素开始，始称"赞普"，意为大单于的继承者。他开始废除奴隶制（差巴），并把匈奴政治、军事合一的领地制度"如"（领地，或相当于万户），在藏区实行。使西藏社会发生了巨大变革。"变革"加剧了内外矛盾。敦煌藏文写卷《赞普传记》中记载"父王（囊日论赞）时，民庶心怀怨望"、"母后民庶公开叛离"、诸部"公开叛变"。囊日论赞被毒死。但是，松赞干布很快镇压了叛乱。

由于吐蕃人在河湟地区长期生活，早已接受了西王母祭祀文化——"苯教"。樊尼称悉勃野，赭面，以虎皮表彰军功，飞鸟使，巫祝鸟冠虎带等，都受苯教的影响。从上述可知：才让在《吐蕃史稿》中所列的"吐蕃赞普世系"是拼凑的、混乱的。从而是完全不可信的。

有历史、考古学者总结匈奴历史，感叹地写道："西迁的北匈奴以阿提拉公元453年的死而宣告终结；留在东方中国的南匈奴则以公元425年赫连勃勃的死宣告结束（按：大夏赫连定亡于431年）。至此，人类历史上一个强悍的、轰动东西方世界根基的马背民族，在叱咤风云了700余年后，最终从马背上跌落，退出了历史舞台。"（《匈奴与中原——文明的碰撞与交融》，中州古籍出版社，2012年）。

实际上，五胡十六国时代，匈奴余部共建立了四个政权，前赵刘氏（304—329年）、南凉秃发氏（397—414年）、大夏赫连氏（407—431年）和北凉沮渠氏（397—439年）。北凉沮渠无讳442年到了鄯善，据有高昌，自立为王。444年沮渠安周代立，460年被蠕蠕所并。

我们则指出：出乎所有历史学家意料的是，游离于南、北匈奴之外的匈奴余部秃发氏，因归顺汉朝，躲过劫难，南迁河湟，建立南凉。440年起，秃发樊尼率领种落向西南方大迁移，在雅鲁藏布江流域建立了吐蕃政权。他们继承了匈奴的政治、军事制度，又弘扬了中原文化及西戎苯教文化，掀开了伟大历史的新篇章！

探究西王母祭祀文化与"苯教"源头[*]

有关"西王母"的话题，已经讨论了约3000年。有趣的是，近现代以来，随着国人对西方世界的了解，"西王母的老家"也被越搬越远。从河西走廊到新疆塔什库尔干（黄文弼）、兴都库什山（张星烺）、波斯（顾实）、喀布尔（郭元兴）、阿拉伯、哈萨克斯坦、塞种，乃至两河流域的迦勒底（丁谦），苏美尔（章太炎）等。还有专家解释说"西王母即西方的姥姥家或奶奶家"。最近还有人说西王母就是少昊，是希腊维纳斯女神等。此等"联想翩翩"，近乎演义[①]。

探究西王母课题，必须回归早期的史料，即《山海经》《穆天子传》等。当然也要参考秦汉以来的文献及考古资料。在方法论上，必须兼具人类学、考古学、民俗学诸学科。对于神话、传说，亦需甄别和诠释，加以"洗刷"。孙作云先生正确地指出"此虎齿豹尾的西王母……可能是她的图腾服饰……总之她是在原始社会时期，一直到西周时代，是甘、青之间的女酋长"（《敦煌画中的神怪画》，《考古》1960年第6期）。

我们的研究已经证明，古老的昆仑邦国位于今甘肃省酒泉地区，至迟夏代已经存在（前21世纪）[②]。到了商代前期（约前14世纪），出现了女王兼祭司（"咸"）——甲骨文称"燎祭西母"（见陈梦家《古文字中之商周祭祀》，《燕京学报》1936年第19期），《穆天子传》称"西膜"部，其女王是西王母。"西母"或"西膜"，是西戎语（大夏语）译音，直译为咸母。意义是大咸兼母亲。4世纪以来，青海湖称"野莫"，新疆南部一个小国称"於摩"。考其意，即是王母。现代也译写为"野嫫""洁嫫"，意思是拥有万帐的女王。西戎语称部落酋长为"王"，读作野、叶、

　＊　原载2019年8月12日甘孜州德格县《康巴文化高峰论坛论文集》2020年秋补充、修订之。

　①　近现代以来，关于昆仑山及西王母诸说，参考：李凇《论汉代艺术中的西王母图像》，湖南教育出版社，2000年，第28页；黄烈编《黄文弼历史考古论集》中《古西王母国考》，文物出版社，1989年；《南亚研究》编辑部编《印度宗教与中国佛教》，中国社会科学出版社，1988年；芮传明、余太山《中西纹饰比较》，上海古籍出版社，1995年，第24—25页；等等。

　②　温玉成：《探究"昆仑邦国"与大夏诸国西迁》，《夏商周时期的中原与周边——纪念郑州商城发现60周年暨韩维周、安金槐、邹衡先生学术贡献研讨会论文汇编》，2015年7月，内刊。

於。后来渐渐有国王的含义。彝族地区某些女首领至今仍然称"西摩"①。汉族译作"西王母",是咸(西)野(王)嫫(母),表明她有祭司兼女王、母亲的三重身份。《后汉书·西南夷传》记载的白狼国诗歌中,"母亲"的白狼语就是"嫫"。"咸(西)",藏语译写为"辛",党项羌译写为"廝",都是苯教法师的意思②。

1.《山海经》分析

《山海经》中有五段关于西王母的重要记述,反映的大约是西周以前的情况。

甲、"又西三百五十里曰玉山,是西王母所居也。西王母其状如人,豹尾虎齿而善啸,蓬发而戴胜,是司天之厉及五残。"(《西山经第二》)

乙、"西海之南,流沙之滨,赤水之后,黑水之前,有大山,名曰昆仑之丘。有神,人面虎身,有文有尾,皆白处之。其下有弱水之渊环之,其外有炎火之山,投物辄然。有人,戴胜虎齿,有豹尾,穴处,名曰西王母。此山万物尽有。"(《大荒西经第十六》)

丙、"西王母梯几而戴胜、杖,其南有三青鸟,为西王母取食,在昆仑墟北。"(《海内北经第十二》)

丁、"西有王母之山、壑山、海山……有三青鸟,赤首黑目,一名曰大鵹,一名曰少鵹,一名曰青鸟。"(《大荒西经第十六》)

戊、"西南四百里,曰昆仑之丘,实惟帝之下都,神陆吾司之。其神状虎身而九

---

① 李文实:《西陲古地与羌藏文化》,青海人民出版社,2001年。据刘尧汉《中国文明源头新探——道家与彝族虎宇宙观》(云南人民出版社,1985年)介绍,云南省楚雄西山西灵圣母"西摩"、哀牢山南涧县虎唧山神庙,戴虎面具的女巫"西摩罗",就是西王母不同的译音。唐代西爨白蛮中,有徙莫祇蛮,分布今云南牟定县、楚雄县、南华县、武定县、广通县。"徙莫祇"应是"西膜氏"之异译。即西王母部南下的一支(参见马长寿遗作《彝族古代史》第二章第五节,上海人民出版社,1987年)。

② 《辽史·外纪·西夏》云"西夏语以巫为厮也"。党项羌古代居住在大金川流域。《文物》2014年第4期,公布了《内蒙古清水河塔尔梁五代壁画墓发掘简报》。在一号墓南壁上方绘有一幅图,作者称作"朱雀"。仔细观察,是大鹏鸟(黑色双眼)守护牦牛(红色双眼)图。这是典型的苯教图像。在其下方左侧,有几案,上置酒壶等物,一人坐于几案旁,另一人胡跪,手中持动物宰杀,流出鲜血。作者称作"宴饮图",这是苯教血祭图。在大鹏鸟守护牦牛图下方右侧,画一人作横卧状,全身有羽毛。作者称为孝子周眺子,实际上这是飞翔升天的苯教法师。另外,北壁的玄武图,头部是虎头,四爪是虎爪。把龟画成虎的形状,也是苯教徒崇拜老虎的需要。在五代及北宋初期,清水河县处于辽、北宋及西边党项羌交界的地区。982年,党项羌首领李继捧(保忠)以夏州入宋。988年,宋赐姓赵氏。1004年,李德明奉表归顺宋朝。命其为"西平王"。一号墓壁画中的主人及贵族,戴软脚幞头,穿宋代官服。劳动者,皆散发,衣仅蔽体,是党项羌群众的形象。可以判断,一号墓是党项羌贵族墓葬,其时代属于北宋前期,即982年以后,不会早到五代时期。

图一　芦山县博物馆藏铜厉神像

尾，人面而虎爪。是神也，司天之九部及帝之囿蒔。"（《山海经西次三经》）

昆仑山即日月山，山神是"陆吾"——也就是司天之"厉"神。"其神状虎身而九尾，人面而虎爪"。它的功能是"司天"（沟通"天帝"），也能降灾。屈原《天问》所谓"厥利维何，而顾菟（虎仔）在腹"，这里的"利"，就是厉神。她怀有虎仔。四川省芦山县博物馆收藏的西汉"踞坐铜人像"（女神），坐于四只虎仔上。据我们研究，就是"厉神像"（图一）。弘学先生介绍说："神圣界主动者以另一位名叫'塞'的神作为代表，'塞'主要执掌惩罚并且与人沟通……塞被视为一个强壮的武士。他就是苯教信仰者所谓的神拉。"很显然，这里的"塞"就是"神"的译音。这位神的名字叫"拉"，应是厉的译音。厉是一位凶神（鬼），强壮有力。《山海经》说西王母"司天之厉及五残"。弘学还介绍说"扎拉是战神……白牦牛、马、鹫鸟及大乌鸦为其神圣的动物……他由自身变出一只老虎……并由头化出鹰与鹫鸟"（弘学主编《藏传佛教》，四川人民出版社，1996年，第14页）。很显然，这位战神代表了西王母神系的所有动物。

2014年5月，我们在田光岚女士（发现者）指引下，考察了四川省金川县勒乌围乡的苯教摩崖线刻画（约11、12世纪）（图二—图五）。内容有塔式祭坛、阿修罗龙神、树神、护法神、尸陀林、苯教法师（崩希群纳、松瓦顿珠、占巴南卡、毗卢遮纳等）①。其中，令人震惊的一幅是"老虎与女神交媾图"。这位女神，应该就是昆仑山女神、司天的"厉神"（拉，lha）。

第二，西王母的形象表明，该部族是以虎豹为图腾的。图腾（Totem）是古代氏族的祖先、保护者与标志。所谓"西王母其状如人，豹尾虎齿而善啸，蓬发而戴胜"；"戴胜虎齿，有豹尾"云云，描述的是西王母身披虎皮之状。"戴胜"，就是头戴羽毛冠。《尔雅》云，头有胜毛。因为西王母的部落联盟中还有三青鸟部。吐蕃时代苯教巫师"鸟冠虎带"即来源于此。对于"胜"的解释很混乱。有人把江苏省邗江甘泉

---

① 中国新闻网，2014年5月22日，记者刘忠俊、卓玛青措报道。田光岚（藏族女学者）的《金川苯教岩画考察报告》，待刊。

图二　金川岩画昆仑山女神厉神

图三　雄虎与昆仑女神交媾图

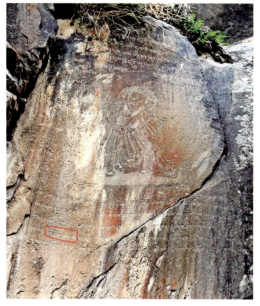

图四　金川岩画"伊西瓦姆"
（下面文字是苯教女神伊西瓦姆心咒，红记号处提到
伊西瓦姆）

图五　金川岩画"伊西瓦姆"

汉墓出土的金质"品形饰物"考证是胜①。大误。"杖"就是"祭祖神杖"，新疆及云南北部、甘肃西部，新石器时代已经出土了权杖头，而甘肃省以东地区则没有发现。四川省中江县民主乡筒车湾汉墓的石棺上，西王母手持这种神杖。一些学者不知道古

———————————

① 孙机：《汉代物质文化资料图说》，文物出版社，1991年，第246页。

代中国西部民族使用过神杖，把它解释为西亚或埃及的"权杖"（按，昆仑邦国大约从商代前期开始出现"西王母"（公元前14世纪）。女王是代代相传的，不是专指某个人）。

公元前623年秦穆公伐西戎，大月氏从兰州一带，西遁至今敦煌、祁连山之间。迫使昆仑邦国南迁青海湖、黄河河源地区。青海湖，西汉称作"仙海"；东汉称作"西海"，意义为辛（咸）海；南北朝称作"野莫（杰嫫）海"，意义为王母海。总之，都是西王母之意。先零羌（西零羌）应是由西王母部族发展而来，一支向青海湖东南方向发展；一支向青海湖西南方向（即黄河源）发展。吴均先生说，"今西宁即先零的对音"，甚是。

西王母是女王兼大祭司（大咸），有通天的"建木"（图腾柱）或"若木"（神树）、掌握"燎祭"（煨桑）、占卜之术，她是"帝女"（沟通天帝及日、月等）。

2.《穆天子传》分析

《穆天子传》说的是周穆王（约公元前976—前922）西征，又会见西王母，乐而忘归的故事。周穆王时代的青铜器"班簋"铭文中，有大臣"毛班"，见于《穆天子传》中，怀疑的学者们才承认该书的真实性。但是，至今仍然有人认为《穆天子传》脱胎于汉武帝元封元年封禅的故事云云。

这次会见，西王母以女王身份出现，不是按宗教活动出现。所以她没有戴胜、披虎皮衣。该书值得注意的有以下五点。

其一，这是周穆王一次有计划的行动。他用犬戎盘瓠的造父驾车；他在河宗氏，与河伯柏夭"披图视典"（图即《河图》）研究巡狩路线。

其二，这是第一次官方举办的内地与西方邦国的物资、文化交流。周穆王带去了玉器（白圭、玄璧）、金银器、漆器、宝贝、丝绸（锦组百纯）等；西王母等部回赠了马、牛、羊、骆驼、小麦、药材等。双方礼仪也十分讲究，宴会上"吹笙鼓簧"，举觞痛饮。西王母既"谣"（歌唱也）又"吟"（吟诵也）。这是河西走廊首次获得丝绸的记录。

其三，通过实地考察，周穆王确定了一些重要名称。如对西王母旧称"西膜"。商代甲骨文称"西母"，与西膜相通也；而周穆王确定译作"西王母"，并铭刻于山石。

其四，周穆王在昆仑山下，赤水之阳，舍于鸑鸟之山三日。这"鸑鸟之山"就是鹰鸟之山。是关于鹰鸟崇拜最早的记录。

其五，西王母邦国的发展水平与西周是大体一致的。

但是，《穆天子传》也有错简。郭元兴指出，周穆王自积石山至昆仑之丘用时56日（戊寅—辛酉）；自昆仑之丘至西王母之邦用时60日（甲子—癸亥），与地理不合①。我们也指出，今本《穆天子传》记载昆仑山有"黄帝之宫"。这里的"黄帝"，是煌煌上帝之意。不是诸夏始祖黄帝。西戎人（包括犬戎、西王母）自认槃瓠为祖先，并不认黄帝为祖先（参见拙著《〈穆天子传〉真相解读》，待刊）。

3. 汉族对西王母文化的继承

"西王母文化"影响极其深远。战国时代，崇拜西海仙山的青鸟，见于河北省平山县中山王"错"墓（公元前308年）等。到秦汉时代，在汉族文化圈，在丧葬文化中，魂归昆仑山的观念很普遍。崇拜西海仙山的青鸟也屡屡可见，甚至称作"天帝使者青鸟公"。把西王母当作西方的神仙加以崇拜更为普遍。在长沙马王堆一号汉墓出土的帛画（经幡）上方，表现的是昆仑山仙境：日月、女娲、西王母、七星、天门（公元前2世纪）。洛阳市卜千秋汉墓（约公元前89—前49年）壁画中，西王母与日、月、伏羲、女娲处于同一天空。西王母头上饰两根羽毛，她的身边有神树（若木）、兔子、三头的青鸟（三青鸟的变相）、驾蛇的仙人、九尾狐和舞蹈的青蛙②。在包头市召湾西汉墓M47中，出土了一件黄釉陶樽。上面浮雕了西王母世界的神仙。西王母蓬发、袖手而坐于几案后。右边有神树、玄女、兔子捣药、九尾狐、仙人饮酒；左边有仙人，手托三足青鸟（三青鸟的另一种变相）。再向左还有神蛙（两侧有马、大角羊）、飞虎、后羿射日、树神（两侧有牛头神、羊头神）。在上述群神的下方，还有厉神生虎子、龙蛇等③。这是迄今发现的最复杂的西王母图像。有趣的是，这是汉化了的匈奴人作品。该墓同时出土有"单于天降""单于和亲""四夷尽服"瓦当。大约在楚汉相争时，匈奴占据了祁连山，开始接受西王母文化。值得注意的是，早期西王母神话中，没有兔子。那么，"玉兔"是否是汉族把"於菟（老虎）"误会成为"玉兔"了呢？

汉代以来，在神仙家、道学家的提倡、渲染下，追求进入昆仑山"天门"，升上"西王母仙境"，吃到"长生不老药"，成为时尚。西王母故事深入人心。大量的画像石、画像砖、石棺、壁画、摇钱树等文物上都有表现。人们还创造出"东王公"（周穆王的变相，东汉始见之），与之对应。东汉晚期，山东出现了头顶鹰鸟的西王母像（图六）。甚至南北朝时期，敦煌、龙门的佛教造像中也有了东王公、西王母图像。延续西王母信仰最晚的是甘肃省泾川县"王母宫"。推测是西戎乌氏国信仰的遗存，经过汉武帝时代经营，至今香火不断。

---

① 《南亚研究》编辑部编：《印度宗教与中国佛教》，中国社会科学出版社，1988年。

② 洛阳古墓博物馆编：《洛阳古墓博物馆》，朝华出版社，1987年。

③ 包头市文物管理处编：《包头文物考古文集》上，内蒙古大学出版社，2009年，第430页。

图六　山东鸟冠西王母

4. 探究"苯教"（Bot）的源头

昆仑山、西王母，都在我国西部甘青地区。那么，"西王母祭司文化"在我国西部诸民族中影响如何呢？令人遗憾的是，没有可信的资料，更极少有人关注。学术界是一片茫然！著名藏学家王尧教授在他主编的《贤者新宴》序言中，感叹几十年来，中国藏学界对于"苯教的研究，竟成为空白状况"（1998年6月）。

在古代汉、羌交汇的四川省芦山县，出土了青铜厉神像（昆仑山山神陆吾）。厉神踞坐，椎髻，立目，张口虎齿，双乳突起，额头有白毫。坐于四只老虎之上。时代是西汉，应该是青衣羌之作。

据唐朝821年出使吐蕃的刘元鼎考察，在藏区有一座"紫山"，"古所谓昆仑者也"（闷摩黎山），即今阿尼玛卿山，主峰玛卿岗日，海拔6282米。在青海省玛沁县与甘肃省兴海县交界处。他还说，这里是"西戎"地区（《新唐书·吐蕃传》），可能是白兰羌地区。这座藏区的"昆仑山"，应该与公元前623年西王母部南迁有关联。也是"河出昆仑说"的真正源头。

新资料带来新发现。2013年，藏族田光岚女士在四川省金川县马尔邦乡独足沟村（卡西坝），发现了"东女国王城遗址"。5月22日有汉、藏专家十余人实地考察、确认。5月24日中国新闻社发布了消息。

2014年春天，田光岚女士又在金川县勒乌围乡山区，发现了苯教摩崖线刻造像八处。图像有塔式祭坛、阿修罗神、树神、护法神、空行母、尸陀林、苯教法师（藏文题名：占巴南喀、松瓦顿珠、崩希群纳、昌克色托结降）等。5月21日，汉藏专家多人实地考察、确认。5月22日中国新闻社发布了消息。这两次考察，笔者都是主持者、参加者。这批苯教造像，依据图像学的比较，与西藏阿里地区"古格王国"的图像类似，推测上限属于12世纪。

其中，令人震惊的一幅是神秘的"老虎与女神交媾图"。这位女神，应该就是昆仑山女神、司天的"厉神"。这位女神的心脏部位刻有象征昆仑山的"日月合璧纹"，就是有力的考古学证据。屈原《天问》中，有"厥利维何，而顾菟在腹？"一问，专家们始终没有解释明白。看了这幅图，使人恍然大悟，才知道，屈原问的是：这"利"（即厉神）为什么，腹中有老虎（顾菟，又写作於菟）呢？"於菟"

（Wutu）一词首先见于《左传》宣公四年（公元前606年），而班固《汉书·序传》亦云"楚人……谓虎於菟"。《成都记》记载成都升仙桥云，张伯子"驾赤文於菟于此上升也"。因甲骨文已经有"虎"字，所以"於菟"应是西部民族语言。在青海省同仁县年都乎村，土族老百姓至今有"跳於菟舞"的习俗。即扮成老虎，跳舞祭祀①。这为楚民族西来说，增加了证据。古代人认为自己来源于某种动物、植物，西方学者称为"怀孕说"（Conceptional Theory）。例如夏人来源于蛇（龙），殷人来源于玄鸟，周人来源于熊等。

　　我们在上述勒乌围的线刻画中，还看到一幅女神立像，篷发，右手上举持剑，左手抱孔雀，有藏文题记，经在场的藏语专家根秋多吉先生、苯教丹贝降参活佛辨认，是苯教女护法神"益西瓦嫫"，即西王母也。这或许就是李弘学所记录的"苯教的最高神叶仙"（叶仙是简称）。出乎我们及所有人意料的是，苯教的源头竟然在西王母祭司文化中！

　　关于"苯教"起源，众说纷纭，但都没有根据。或认为起源于辛饶米沃切，距今4000年；或云他生于公元前16017年，那就是旧石器时代了。

　　著名藏学家、法国石泰安（R.A.Stein，1911—1999）在《西藏的文明》（1962年，巴黎）中承认："苯教的历史特点尚不为人所熟悉，许多内容相当不明朗，尤其是对于古代阶段的苯教更为如此"。他又说苯教"属于土著巫教"，"苯教的创始人——上师辛饶米保，可能诞生于俄木隆仁"等。

　　民族学家马长寿（1906—1971），1942年在川西作过苯教专题调查，著有《钵教源流》（《民族学研究集刊》1943年第3期）。他说"雍中钵教产生于儴戎之国。儴戎国者，译言即虎豹国也……约当中土西汉中叶，已输至西藏"。所谓虎豹国，与西王母以虎豹为图腾相吻合。儴戎即西戎，"儴"即藏语"西"也。马长寿还翻译了《辛腊璞佛十二事传记》（绰斯甲流传藏文本）。把辛饶米保译为"辛腊璞"佛，说辛腊璞佛是"奥尔摩仑仁"地方人。父亲是"玛加尔王图格尔"。辛腊璞佛是跪在"萨纳穆汪"神前默思成佛的。值得注意的是"萨纳穆汪"神，应该译成"萨纳汪穆"与"益西瓦嫫"类似，即西王母也。

　　止贡噶举派的祖师止贡巴·玖旦贡布（1143—1217），出生在苯教盛行的今四川省德格县邓科。他比较系统地、忠实地论述了苯教发展的三个阶段。

　　他介绍第一阶段笃本说："从聂赤赞普到第六代赤德赞普时期，卫昂雪奥地方有一年方十三岁的辛氏少年，魔鬼将其骗游藏地十三载，至二十六岁乃还人间。由于他具有非人的能力，即成了一位懂得在何地有何种鬼神，施行何种利弊的事，以及于彼如何举行祭祀和禳解仪轨的智人。……这些被称为因苯黑水。"

---

①　李晓伟：《昆仑山：探寻西王母古国》，天津社会科学院出版社，2001年，第82页。

　　值得注意的是，第一，少年姓"辛氏"，即咸（西）氏也。所有的苯教法师都姓"辛"（西），Shen，绝不是偶然的。它是从西王母开始的。敦煌古藏文卷子中，"辛"的汉语解释为"师公"，很恰当。有人认为，"辛"起源于古代波斯火袄教。火袄教诞生于公元前7世纪中期，而西王母出现于公元前14世纪。

　　第二，"卫昂雪奥"在什么地方？既然，"魔鬼将其骗游藏地十三载"，则"卫昂雪奥"不在"卫藏地区"。我们推测，"雪奥"可能是青海省都兰县热水乡的偕微草原（今人也译作"血渭草原"）。这里位于茶卡盐池的西南方向，茶卡盐池有"西王母石室"，内有"玄石神像"。

　　第三，"因苯黑水"是可以考证的。前引《山海经》说昆仑之丘在"赤水之前，黑水之后"，就是说苯教起因于赤水（今洪水河）、黑水流域，即今祁连山（古昆仑山）所出之水也。

　　至于苯教何时传入西藏，有待研究。可以肯定的是，远在吐蕃第一位聂赤赞普（即秃发樊尼）之前。有学者根据西藏岩画推测在西汉时代（张亚莎《岩画的类型与部族的迁徙》）。我们以为，公元前623年秦穆公击走"织皮国"（原来在青海省泽曲流域），织皮国人向西藏西北逃遁，形成苏毗，可能带去了西王母巫术。秦献公时期（公元前385—前363年），羌族人"仰"从河湟，远逃西藏羊卓雍错，必然也带去了西王母巫术（笃苯）。法国石泰安先生在《西藏的文明》中介绍"西藏人的历史观"时指出，第一个统治时代的标志是"强大亲属"；第二个统治时代的标志是"赭面、食人肉者"。这就是崇拜老虎（食人肉者）、崇拜赤首黑目的青鸟（赭面）的时代。换言之，就是西王母祭司文化进入了西藏的时代。

　　西王母的部落联盟，还包括他们南方的青海湖边三个崇拜鸟的部落。所谓"其南面有三青鸟，为西王母取食"即反映了此事。汉代记载"青鸟公"是天帝的使者，内地不少汉墓中出土了"鸠鸟乘车"的文物。吐蕃也有"飞鸟使"。三青鸟者，一个是大鸷，一个是少鸷，一个是青鸟，鸷是一种猛禽，又称作雕。鸷，古氏羌人读作"琼"，这就是"琼"崇拜的来源。公元前623年后，西王母部南迁，必然与三青鸟部融合发展。"邛笼"建筑，首先见于岷江上游地区。《后汉书·西南夷传》云汶山郡"众皆依山居止，累石为室，高者至十余丈，为邛笼（按今彼土夷人呼为雕也）"。从而可知，这种建筑古代叫"邛笼"，汉代叫"雕"。邛笼，最初的意思是为"邛"（即琼，即鸷）构建的"笼子"。阿里地区的女国王城称"穹窿银城"，亦来源于此。

　　甘肃省迭部县（古代党项羌之"迭部"或"铁布"。577年建"叠州"。曾经被误解为鲜卑的"拓跋部"），保存的12—13世纪苯教《颂歌》云："供奉源头从一、二、三、四、五、六、七、八、九、十、十一、十二、十三而供奉。供奉先供上师……供本尊护法护卫女……供中央之茶卡盐湖；供湖首洛巴山；供海心山玛哈岱瓦；供湖尾蔡巴山；供神湖青海湖"（索南本编著《祭祀颂词集》，北京民族出版社，2003年）。那么，供奉的"本尊护法护卫女"，应该就是"益西瓦嫫"（叶仙）了。这里说到的洛巴、蔡巴、玛哈岱瓦，是否是青鸟三部落的名称呢（今西藏地区有洛巴族、门巴族，是440年后随秃发樊尼从青海湖周边迁移的）。苯教所说的三蛋（白蛋、黑蛋、花蛋）出生万物，是否源自此三青鸟呢？822年唐朝使臣刘元鼎在吐蕃赞普夏牙见到"巫祝鸟冠虎带击鼓"，恰恰是苯教法师的形象。继承了西王母头戴羽冠、身披虎皮的祭司传统。历代吐蕃赞普上天的"天梯"，就是神树（Dmu）。

由于青鸟"赤首黑目"，所以木雅人（后来称党项羌）、吐蕃人等都保存了"赭面"的古老习俗，并自称"红脸人"，模仿"赤首"的青鸟也。

5. 广汉三星堆遗址透露的重要信息

我们的研究证明，三星堆遗址出土的大型神树、神鸟、老虎、燎祭等因素，与西王母信仰关系密切。更为重要的是，出土的"青铜圆雕神坛四立人像"，四人头冠上，有"反时针方向的万字符号"（林向《三星堆青铜艺术的人物造型研究》，《中华文化论坛》2000年第3期），也就是苯教"雍仲"符号。"神坛四立人"乃四位苯教"巫师"守护神坛。据此推测：古蜀国可能信仰原始苯教。

6. 丽江县吐蕃与么些的"西王母监盟碑"（8世纪）

纳西族（么些）自古信仰苯教。11世纪时，东巴什罗在中甸县三坝乡创立"东巴教"，有了经典，使用"木石文字"（森究鲁纠）。纳西族祭天神时，大呼"阿司尼"，也就是呼叫通天的"辛（司）"。

1992年，在丽江县城西北100多千米的金沙江畔格子村，出土了一通有图像及藏文的石碑，高158厘米，宽76厘米，即俗称"格子碑"，我命名为"西王母监盟碑"。据冯智《云南藏学研究》①介绍，古藏文书体，完全同于敦煌吐蕃历史文书的藏文写体。出现的单词有人、赐、大论、赞普、铜告身、金告身等。格子碑表现的是：吐蕃时代，南诏国剑川节度使下么些蛮北投吐蕃并进贡，获得厚赏，双方结盟。这一历史事件，发生于公元8世纪上半叶。

该碑分为上、中、下三格，用阴刻线隔离之。

上格，顶部刻山水纹。下部中央站立一位女神，头戴三山冠。上身裸，双乳突出，下穿条纹裙。左手平伸抚"日"（周围环绕五只太阳鸟，形状类似于成都金沙遗

---

① 冯智：《云南藏学研究——滇藏政教关系与清代治藏制度》，云南民族出版社，2007年，第61页。又见温玉成《云南丽江县"西王母监盟碑"》，《时代特色人间佛教与亚洲的历史与现实——2015崇圣（国际）论坛论文集》，宗教文化出版社，2016年。

址出土者）；右手平伸抚"月"（周围有花瓣）。我们判断，这位女神就是昆仑山（意为日月山）的西王母，苯教最高的神"益西瓦嫫"（叶仙）。

中格，上层是横向刻的古藏文。书写体与敦煌出土古藏文一致。接受贡品的是吐蕃"论苣桑"（即内臣相），进贡的是么些人首领"龙腊塔"。下层，头戴冠，交脚而坐，右手伸出持酒杯者，是吐蕃大臣。他身后（左侧）是妃子及侍女。西向吐蕃大臣者，是么些蛮进贡的行列，共五人。第一人，躬身献酒的么些蛮酋长，第二、三、四人各持贡品。第五人像是被牵着献出的女人。

下格，分上、中、下三层。

上层：人牵马（有马鞍子）二匹，随后是一大法师（咸）立于一只老虎上。

中层：一头狮子，前有一犬，后有一只老虎，三个随行的鸟冠巫师，是象征西王母的三青鸟。

下层：有角二"龙"相对站立，二龙口外有一珠。二龙皆伸一只前爪而戏。二龙皆有尾巴（白族自古"有感龙而生"的传说）。

我们认为，整个画面表现的是，在西王母女神的监视或证盟之下，么些蛮向吐蕃臣服并贡年奴隶及牲畜的仪式。该图表明，西王母是吐蕃、么些共同信仰的神灵。方国瑜先生《么些民族考》指出，么些族（纳西族）起源于河湟地区，把虎奉为祖先。他们显然信仰苯教。值得注意的是，唐代贞元年间（785—805年）以前二次会盟。吐蕃安置了吐蕃神像，应该就是"西王母神像"（据唐代段成式《寺塔记》）。

7. 珞巴族、普米族、彝族的苯教信仰

《中国大百科全书　宗教》介绍了珞巴族、普米族、彝族的苯教信仰。珞巴族在18世纪还处在野蛮、原始状态，被藏族称作"野人"。他们信仰神灵"乌佑"。《山海经·中次七经》云，有"姑籨之山，帝女死焉"。《穆天子传》卷六《周穆王美人盛姬死事》有"姑籨之水，以环丧车"。推测"乌佑"（姑籨），与灵魂"起死回生"信仰有关。包括太阳女神、山神、石神、地神、树神等。崇拜的图腾有太阳、虎豹、鹰等。他们中有"虎氏族"，称老虎为阿邦（叔叔）、阿巴（伯父）、阿洛（爷爷）。女性禁止吃虎肉。射杀老虎者也禁止吃虎肉。还要举行隆重的送虎灵魂仪式[①]。据我们研究，珞巴族是440年7月以后，跟随秃发樊尼从青海迁徙来的。由于地处偏僻，保存了较多的早期苯教形态。雄性老虎与昆仑山女神交媾的岩画，表明老虎是珞巴族的祖先。

云南西北部的普米族，信仰天地诸神（日、月、星辰、风雨、雷电、山神树、龙潭）。以白额虎为祖先，自称为"虎人"。他们还称蟾蜍为"舅舅"（波底阿扣）。

---

① 温玉成：《探究吐蕃王族源自匈奴》，待刊。

舅舅是母亲的兄弟。如果母亲是与老虎交配的"厉神"（昆仑山太阳女神），则其兄弟是月亮（蟾蜍），从神话角度就解释通了。在《后汉书·西南夷传》中，记录了白狼国诗歌，白狼语"且"就是日（太阳）。且与姐声音相通，所以太阳就是姐姐。汉代图像中，月亮里画有"蟾蜍"，也就明白了。更有趣的是，在西藏阿里日土县多玛乡曲嘎尔羌赭绘岩画中，有日月合璧纹，表达的意思是日月、是兄妹（或姐弟）、是昆仑山的象征。我们已经论证过，昆仑山的含义是日月山[①]。有学者说"日月合璧纹"（误称为"星月纹"），是从波斯萨珊王朝传入的。实为本末倒置，大误也。

彝族是1949年以后命名的民族。他们的祭司叫作毕摩、西波、西婆、咸婆等，都是苯教"辛（咸）"的音变。哀牢山彝族，每家供奉的祖先画像，称为"涅罗摩"，意思是"母虎灵魂""母虎祖先"。

8. 小结

总之，中国古代的原始宗教，分为两大系统：北方草原属于萨满教系统；中原、南方属于大傩系统。大傩由巫咸沟通天神。巫咸与天神沟通的主要渠道是燎祭，即"燔柴而生烟"，"夏后氏以松，殷人以柏，周人以栗"。藏族叫作"煨桑"（烧香），"燃烧杉木针叶是与'叶仙'沟通的主要方法之一"。巫咸也主持驱鬼仪式。弘学还介绍了苯教"九位创世之神"，这与传说的西王母手下有"九天玄女"相暗合。

"拉神"——Lha Shad，今之拉萨。《旧唐书》记载，吐蕃时"号为逻些城"。逻些也可以译为"拉塞"，就是厉神之意。我们推测，这是吐蕃在雅鲁藏布江以北创建的一处苯教圣地，借以惩罚、征服信仰苯教的各部落。"唐旄"部进入西藏纳木错后，把纳木错的南山叫作"唐拉山"，也是"唐旄"部厉神之意。还有，藏学界一直争论不休的"祖拉"（Gcu-lag），就是以厉神为祖先的意思。当年吐谷浑在黄河上游造桥，即命名为"河厉"（《水经注·河水》引段国《沙州记》），也是厉神之意。

考古资料证明，早在原始社会晚期，酒泉、张掖地区已经是中西文化交汇之地。大麦、小麦的种植，冶铜术的出现，祭祖神杖的使用，都证明了这一点。从某种意义上说，存在一个被人遗忘的"西王母文化圈"（参阅甘肃省文物考古研究所《甘肃张掖市西城驿遗址》，《考古》2014年第7期）。

更为有力的考古学证据是，甘肃省酒泉、玉门一带发现的"骟马类型文化"与"西王母文化"，在时间（约公元前1400—前700年）及空间上完全吻合。特别是"骟

[①] 温玉成：《探究"昆仑邦国"与大夏诸国西迁》，《夏商周时期的中原与周边——纪念郑州商城发现60周年暨韩维周、安金槐、邹衡先生学术贡献研究会论文汇编》，2015年7月，内刊。

马类型文化"出土了青铜制作的"鹰形牌饰"（长15厘米），是迄今为止发现最早的"琼"（鹙）形象文物（参阅李水城、水涛《公元前一千纪的河西走廊西部》，《宿白先生八秩华诞纪念文集》，文物出版社，2002年）。

昆仑邦国是我国古代西戎的一支，是居住在古昆仑山（今祁连山）、以虎豹为图腾的邦国。西王母邦国（"女国"），至迟在商代前期已经存在，已经有三重证据（文献、传说、图像）证明之。西周时，周穆王会见西王母于昆仑山（约公元前10世纪），标志着中原与西部地区物质、文化的大交流。西王母是部落联盟的大酋长兼祭司的大咸（女巫）。笃苯就起源于西王母部。我们终于找到了苯教与中华传统文化联系的脉络。长期以来，中外藏学家研究苯教者，只知其流，无法知其源。他们认为，苯教是西藏本土固有的或从波斯传来的文化。这是绝大的错误。因此，金川县勒乌围乡苯教图像的发现，意义十分重大。

中外西王母研究专家，长期以来往往只是把西王母当作"神话故事"加以研究，不作民族及考古调查，就做出了种种猜测。而实际上，西王母祭司文化作为苯教之源、西戎文化主体，至今仍然深深植根于中国西部广大地区人们的信仰中（西藏、青海、甘肃省南部、四川省西部、云南省西部）。我们的研究还证明，高昌人信仰的大神——"大坞阿摩"，中亚粟特人信仰的大神——"得悉神"，贵霜帝国信仰的大神——"夜摩"，原来也都是西王母神！它的神威早已传播到中亚广大地区，这是人们所始料不及的[①]。

后记：关于苯教起源，还有如下诸说：

1.《中国大百科全书　宗教·苯教（常霞青）》（中国大百科全书出版社，1988年）："流传于中国藏族地区的古老宗教……产生于藏族原始社会时期。"

2. 黄奋生（1904—1960）《藏族史略》（民族出版社，1985年）："苯教……究竟起源何地、何时，殊难说清楚。不过它是一种在远古时代，流传于西藏西部象雄等地（包括阿里）的原始宗教。"

3. 王森（1912—1991）《西藏佛教发展史略》（中国藏学出版社，2010年）："苯教类似内地古代的巫咸，以占卜休咎，祈福禳灾以及治病送死、驱鬼降神等事，为其主要活动。"

4. 王辅仁（1930—1995）《西藏佛教史略》（青海人民出版社，1982年）："苯教……是藏族地区固有的一种宗教，是生根于原始公社时期的宗教……苯教最初是在今天阿里地区南部，古代称作象雄的地区发展起来的。"

---

① 温玉成：《论粟特人的"得悉神"信仰》，《石河子大学学报》（哲学社会科学版）2016年第5期。

5. 李弘学（1938—　，曾经做过喇嘛）《藏传佛教》（四川人民出版社，1996年）："苯教是西藏原始的巫教……相信万物有灵……早期苯教还把宇宙分为神、人和魔三个世界"；"苯教的最高神叶仙"；"巩杰赞布（按，即布德贡甲）是苯教第一位始主"（按，所论多中"的"）。

探究杨童国的来源

古象雄文明的起源问题，是藏学领域最神秘、最热烈的话题。当前最流行的观点是，古象雄文明发祥地在西藏阿里地区。中央民族大学的才让认为，"上下部象雄包括克什米尔东部，阿里地区及羌塘高原的部分地区"（《吐蕃史稿》，甘肃人民出版社，2007年，第22页）。另外，"张健林说：古象雄文明研究工作的推进困难重重。但是有一点是大家深信不疑的，古象雄文明的发祥地和活动中心就在阿里高原的象泉河、狮泉河流域。它肯定产生过，生存过，辉煌过"（于春、胡春勃、张建林，等《西藏阿里琼隆银城遗址考古手记》，《大众考古》2015年第12期）。关于"象雄"的含义，有学者解释"象雄"一词说，"象"是藏语舅舅的意思；"雄"就是"琼"。才让解释说"象是地方或者山沟之意，雄是……古代象雄一个部落的名字"（《再探古老的象雄文明》，《中国藏学》2005年第1期）。还有学者进一步解释说，"象雄"译成藏文便是"穹隆"。以上所论，都是今人的推测之词，毫无根据。

但是，关于古象雄（即"小羊同"）最早的记录，是唐代出使印度的使臣王玄策提供的。658年夏五月，王玄策一行到了今吉隆县县城，因大水挡住去路，暂时小住。于是在县城东北山崖，镌刻了《大唐天竺使之铭》（高约4米，宽约1.5米，当地藏民称作"阿瓦甲语"）。文云："显庆三年夏五月，届于小杨童之西南，呾仓法关之东北。时水潦方壮，栈路斯绝……"。在此王玄策明确指出，今吉隆县县城在"小杨童之西南"。换言之，"小杨童"即古象雄，应该在吉隆县之东北方向！也就是今日喀则地区东部、山南地区西部。我们要特别指出，小羊同大约消灭于620年前后，距离王玄策到吉隆县仅仅过了38年。所以，这也是关于小羊同国最可信的、唯一的历史记录。

唐代道宣（596—667）所著《释迦方志·遗迹篇》记载说，阿里地区的"东女国"就是"大羊同国"："从摩裕北行三百里，至婆罗吸摩补罗国（北印度）……国北大雪山有苏伐刺拏瞿呾罗国（言金氏也），出上黄金，东西地长，即东女国。非印度摄，又即名大羊同国。东接吐蕃，西接三波河，北接于阗。其国世以女为王，夫亦为王，不知国政。男夫征伐、种田而已。"这些记载与古象雄起源于阿里说，大相径庭。

值得关注的是《唐会要》说"大羊同国，东接吐蕃，（西接小羊同？）北直于

阗，东西千余里，胜兵八九万"。这里，显然有误（谭其骧《唐时期吐蕃图》，将
"象雄"等于"小羊同"，大误）。

其实，象雄是羊同的藏语音变，如同苏毗是织皮的藏语音变相类似。据我们的研
究，"小杨童"是由仰（杨）部与唐氂（童部）联合形成的部落联盟。秦献公时代，
约公元前385年后不久，羌族人"仰"率领部众，迁徙到今西藏山南地区羊卓雍错一
带，并且与日喀则地区的唐氂部联合。到布德大王时代（约公元前230—前206年），
象雄强盛，先向西方（阿里）扩张，与苏毗部联合。乌托国（在日土县）成为前哨阵
地。再沿印度河，向西北方向征伐，战领印度的塔克西拉，兴都库什山，一直打到帕
米尔高原。这就是"大杨童"（大象雄）时代的开始。布德大王的物资资源和人力资
源显然来自富饶的山南地区和日喀则地区。贫瘠的阿里地区不具备这种实力。所谓象
雄"十八代鹏王"，就此开始。到公元6世纪后半叶，吐蕃开始强大，征服了象雄东
部。象雄西部（阿里地区）受到严重威胁。所以，女国（权於摩，王城"琼隆银城"
在札达县曲龙村）在586年派出使臣到长安求援。从此开始，"象雄"乃专指阿里地
区。这是吐蕃人的观念。古格王国的建立，继承了象雄文化，更强化了这种意识，因
此，今人每每谈起象雄，往往是只知道阿里（大羊同），不知道小羊同了。

杨童（羊同、象雄）国是西藏最古老的部族之一。西藏传说，吐蕃之前，象雄就
有"十八代鹏王"。关于羊同国的来源，只有《唐会要》卷99说"其王姓姜焉，有四
大臣分掌国事"。众所周知，姜姓是羌戎族的姓氏。公元前12世纪，古公亶父从昆仑
山迁居陕西省"岐山"，并与姜氏婚嫁杂居。

至迟到西汉时期，西藏有"唐旄部"。谭其骧先生在《中国历史地图集·西汉时
期全图》中，把它标示在纳木错东西一线；郭沫若先生在《中国史稿地图集·西汉时
期形势图》中，把它标示在雅鲁藏布江上游及狮泉河一线。据我们的研究，纳木错南
部的大山，唐代叫"唐拉山"；纳木错以北地区唐代称"唐木部"；纳木错西南方谢
通门县今有"通门乡"（疑"通门"即"唐旄"之音变）等，都说明唐旄部主要活动
于纳木错周围及其以南日喀则地区。

唐旄部显然是牦牛羌的一部分。在中国古代史上，第一次见到牦牛羌是《尚
书·牧誓》中记载，跟从周武王讨伐商纣王的八国中有"髳国"（时间是公元前1040
年）。周武王赞叹说"迪矣（很远的），西土之人"。中原没有牦牛，所以造出髳
字。顾颉刚先生认为，髳国在四川省境内，蜀国西南邻，是可信的[1]。

这个论断已经被考古发掘所证实。西汉的"牦牛都尉"——即今四川省汉源县。
在汉源县大树镇（大渡河南岸）发掘的"麦坪遗址"，距今5000—3000年，有近200座

---

① 顾颉刚：《史林杂识·牧誓八国》，中华书局，1977年。

房屋基址，文化面貌独特，应是牦牛羌遗址①。有趣的是，出土的陶双联罐，与西藏昌都卡若遗址出土的陶双联罐非常相似。西汉牦牛都尉管辖区域，西至牦牛河（金沙江上游），北至沫水（大金川）以西广大地区。《后汉书·西南夷传》记载，汶山西边"有牦牛，无角，一名童牛，肉重千斤。毛可为旄……"。据动物学家指出，牦牛无角只是一种变异。在四川省九龙县特产一种牦牛，肉重量可达2000斤。这些饲养童牛的，可能就称作"童牦部"。我们推测，童牦部迁徙到了纳木错、日喀则一带，就是所谓"唐旄部"。证据之一是纳木错岩画上的确有无角的"童牛"。还有，童牦部信仰西王母祭司文化。所以他们把纳木错南面的大山称"唐（童）拉山"（海拔7162米），"拉"就是苯教厉神②。"唐旄部"迁徙到西藏的时间不详，推测应在仰部入藏之前，即秦献公初年之前。

西藏的羊（杨）部就是"仰部"。《后汉书·西羌传》云："羌无弋爰剑者，秦厉公时，为秦所拘执，以为奴隶。不知爰剑何戎之别也。后得亡归……遂俱亡入三河间……诸羌推以为豪。河湟间少五谷，多禽兽，以涉猎为事。爰剑教之田畜，遂见敬信。庐落种人依之者日益众。羌人谓奴为无弋……至爰剑曾孙忍时，秦献公初立，欲复穆公之迹，兵临渭首，灭狄镇戎。忍季父仰，畏秦之威，将其种人、附落而南，出赐支河曲西数千里，与众羌绝远，不复交通。"据此，黄奋生先生在《藏族史略》中首次论证了，受到秦厉公（公元前477—前444年）的攻打，羌族无弋爰剑（译曰：奴子父王）逃到青海湟水流域。到了秦献公（公元前385—前363年）时，无弋爰剑的孙子仰率领部众再次向西藏逃亡。有专家说，他们"进住到西藏雅隆地区，为发（音拨）羌"③。

我们考证，无弋爰剑的孙子仰部向西藏逃亡，而仰部最后定居在羊卓雍错。羊卓雍错是喜马拉雅山脉北坡最大淡水湖，面积800平方千米，水深30—40米。湖滨土质肥沃，牧草丰富，宜农宜牧。"羊卓雍错"周围地区在唐代及宋代都叫"羊卓"。"羊卓雍错"的意思是羊（仰）部落人们居住的湖泊。据方国瑜先生《么些民族考》（《民族学研究集刊》第四集）的研究，么些经典《东巴经》及《放牲经》即称人为"筶"（Zhuo）。可知，"羊卓"就是羊部落的人。在西藏阿里地区，有一种舞蹈叫"洛玛卓果谐"，"果谐"就是手拉手围成一圈跳舞。"洛玛卓"就是洛玛人。卓，即人也（丹增仁次《阿里牧区的一组卓果谐》，《西藏艺术研究》1994年第3期）。在羊卓雍错南岸的"柔扎列石祭祀遗址"（朝向祖先所在的北方，供奉石斧、石锛）以

---

① 雅安市博物馆、四川省文物考古研究院：《清风雅雨间：雅安文物精萃》，文物出版社，2010年。

② 温玉成：《探究西王母祭司文化与苯教源头》，待刊。

③ 黄奋生：《藏族史略》，民族出版社，1985年。

及 "查加沟墓葬"（出土了 "金质马形牌饰"，典型的北方文物）等（参阅《中国文物地图集》西藏卷，"浪卡子县" 条目），可能就是 "小羊同国" 的遗迹。唐代使臣王玄策在《大唐天竺使之铭》（658年）中说，他们暂时住在今吉隆县城，铭文称 "届于小羊童之西南，咀仓法关之东北"。可以证明，小羊童就在今吉隆县城之东北方向，即今日喀则地区东部及山南西部一带。那是公元前4世纪上半叶的事。当时，吐蕃雅隆部还没有进入西藏。仰部落从青海省带来了先进的田畜业生产方式，提高了社会生产力。由此可知，羊卓雍错是象雄文明的发祥地。

在西藏的传说中，象雄 "上丁二王" 的支贡大王的王后曾经与雅拉香波神山之神（牦牛形状）交配，诞生了茹拉杰。雅拉香波神山在山南地区乃东县、曲松县、隆子县、措美县交界处，这个故事反映的就是仰部落与唐牦部的融合。《唐会要》记载，羊同人姓 "姜"，即羌戎人。仰部落属于羌戎族，与《唐会要》记载吻合。另外，在山南桑日县一带信奉的 "沃德贡杰山神"（宗喀·漾正冈布《论赤偕微噶》，《文物》2012年第9期），应该反映的是象雄大王布德贡甲的神话。

从河湟地区随同仰部迁徙西藏的还有 "附落" 么姐部。么姐部是西王母部落南迁湟水流域后的称呼，是部落联盟中有祭司传承资格的人，即祭司辛（咸）氏。因此，祭司辛（咸）氏的加入，对于羊同的发展，意义重大。它是部落联盟的象征和精神领袖。

大约经过一百年的发展壮大，到公元前3世纪，羊同国向西扩张，又与苏毗部联合，形成大羊同国。因此，出现了西藏历史上所谓象雄国的 "上丁二王"。

公元前3世纪，大羊同国的伟大国王——布德贡吉（印度史诗《玛哈帕腊达》中的般度王，Pandu），战胜了印度的俱卢王（Kuru），在印度河至兴都库什山、葱岭地区建立了庞大的 "难兜国"（又译作 "濮达国"）、乌弋山离国等。这就是所谓 "里象雄"，中心在吉尔吉特（Gilgit）。

据在克什米尔的吉尔吉特发现的、6世纪的沙夷王朝（Shahi）世系表称，其始祖是Bhagadatta，恰恰就是即布德大王，形成了西藏古代历史上第一次大飞跃[1]。另外，布德贡吉大王的一支南下阿萨姆地区（Assam），建立了东辉（或东星）国，中国古代称为 "滇越"、"汉越" 或 "盘越"，玄奘称 "迦摩缕波国"。其国王童子王称，祖先是Bhagadatta，就是布德大王的梵文译名。迦摩缕波国国王童子王对唐朝使臣王玄策说，"先人神圣，从汉地飞来。王于此土，已四千年"。据研究，布德贡吉大王的年代在公元前231—前206年间，比秦始皇略晚[2]。

在汉代，还有烧当羌族迁入西藏。《后汉书·西羌传》云，无弋援剑的后代，在

① 温玉成：《对甘孜地区历史文化的考古调查》，《社会科学战线》2013年第3期。
② 温玉成：《探究布德大王与汉书难兜国》，待刊。

青海省的烧当羌族，于101年，"其种不满千人，远逾赐支河首，依发羌居"。可知，在440年吐蕃的秃发樊尼（即吐蕃第一位赞普：聂赤赞普）进入西藏之前，西藏早有"发羌"居住。但是，"发羌"的来源有待考证。

"乌杔国"与"权於摩国"[*]

一、《汉书·西域传》记载的乌杔国

　　《汉书·西域传》记载的乌杔国有错简。《汉书·西域传·乌杔国》云："乌杔国，王治乌杔城，去长安九千九百五十里。户四百九十，口二千七百三十三，胜兵七百四十人。东北至都护治所四千八百九十二里。北与子合、蒲犁，西与难兜接。山居，田石间有白草。累石为室。民接手饮。出小步马，有驴无牛。"而《汉书·西域传·罽宾国》云："罽宾国……东至乌杔国二千二百五十里。"《汉书·西域传·西夜国》云："西夜国，王号子合王，去长安万二百五十里……东北到都护治所五千四十六里，东与皮山、西南与乌杔、北与莎车、西与蒲犁接。"从而可知，记载它的位置相互矛盾。说它"北与子合、蒲犁"相接，意味着它在昆仑山北麓；说它"西与难兜接"，又说"罽宾国……东至乌杔国二千二百五十里"，意味着它在昆仑山南麓东部、印度河流域。

　　另外，乌杔国距离西域都护府里程也相互矛盾。西夜子合国距离"都护治所五千四十六里"。为什么，在它西南的乌杔国，距离都护治所，反而是四千八百九十二里呢？这里所说的"都护治所"，是公元前60年西汉朝廷命"都护西域骑都尉郑吉"在乌垒城建立的莫府。地点在今库车县东350里的轮台县策大雅乡。

　　所以，徐松《汉书西域传补注》、谭其骧《中国历史地图集·西域都护府图》、郭沫若《中国史稿地图集》"西汉时期形势图"只好把"乌杔国"标示在昆仑山北麓、今新疆塔什库尔干县东南方、叶尔羌河上游（图一）。法国沙畹认为，汉盘陀与权於摩同为一国。黄文弼则认为，西王母国即"汉之乌杔""唐之竭盘陀"。学者们这样做，除了迁就"北与子合、蒲犁"相接的记载。还有一个潜在的原因，在学者们头脑中，西域就是新疆，从未想过也包括西藏。显然，这与乌杔国"西与难兜接"，与"罽宾国……东至乌杔国二千二百五十里"，大相矛盾！

　　我们的研究发现，乌杔国的位置，在西藏阿里地区的日土县。兹论证如下。

---

　　* 原载《大众考古》2015年第10期。

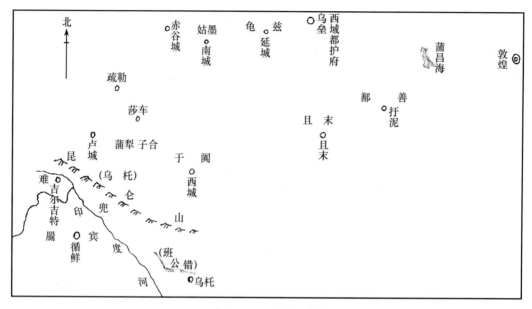

图一　乌杔国位置图（红字标示）

第一，日土"西与难兜接"。难兜国中心在今吉尔吉特，印度河大转弯处，其上游通往日土。"罽宾国……东至乌杔国二千二百五十里"。罽宾国，今克什米尔，中心在斯利那加。如果去日土，必须先向东北行，至印度河，再逆流而上，到达日土。还有，于阗国"东北至都护治所三千九百四十七里"，日土在于阗国（今和田）南，"东北至都护治所四千八百九十二里"。计算可知，日土到和田的距离是945里（4892-3947＝945）。这与今公路里程相近。

第二，乌杔国的生产、生活状态与日土符合。所谓"山居，田石间有白草。累石为室。民接手饮。出小步马，有驴无牛"。但是，"无牛"是不对的，当地主要饲养牦牛。因为内地没有牦牛，所以《尚书·牧誓》写成"犛"；汉代把"唐牦"写成"唐旄"。到东汉许慎著《说文解字》才创造出"犛"字。推测"无牛"是"毛牛"的形误。据我们的研究，日土的古代居民是苏毗人。他们是公元前623年以后，从今青海省东南部泽曲流域迁徙来的。他们的祖先是织皮邦国的人[①]，后来，又与羊同国通婚。

第三，所谓"乌杔""日土"，都是西戎语"於菟"（Wutu）的译音，意译为老虎。据考证，"於菟"是古代藏缅语言的汉字记音（张永言《语源札记三则》，《民族语文》1983年第6期）。在青海省同仁县隆务寺，至今保存着一个古老习俗——"跳於菟"，即跳老虎舞。今人用藏语解释日土，云"枪叉支架状山上"，乃猜测之

---

① 温玉成：《探究"昆仑邦国"与大夏诸国西迁》，丝绸之路与泾川文化学术研讨会，泾川县，2015年。

词也。谭其骧先生《中国历史地图集》"五代十国时期全图"中，在班公错附近已经标示出"日托"。可见这个地名很古老。《汉书·西域传》中，有一些词语不是汉语，学者不察而已。例如"无弋山离国"，又称"山离无弋国"。"无弋"就是古羌语，奴隶的意思。"山离"才是国名。后来被译为"赊弥"（《北史》）、"识匿"（《新唐书》），去掉辱称无弋二字。还有"且末国"，即且嬷国，是（白狼）羌语，太阳母亲的意思①。所以谭其骧先生《中国历史地图集》两汉"西域都护府"图上，都没有标示出"无弋山离国"，因记载相互矛盾，不知在何处也。

第四，我们需要考察一下日土地区的古代文化。日土县依托班公错，北有泽错，南阻冈底斯山及拉达克山。班公错东西长150千米，东部为淡水湖，西部为咸水湖。水深41.3米，海拔4400米。这里动物、植物丰富，水草丰茂。日土县周围发现旧石器地点3处，新石器地点7处，岩画地点13处，石窟1处。日土县城南有阿垄沟墓群，有100多座石丘墓。曲嘎尔羌岩画表现的是三个太阳、日月合纹（象征日月休止于昆仑山）、神树、三只琼鸟。总之是苯教信仰（图二）。日土还有一座

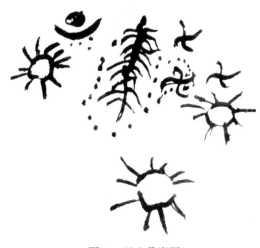

图二　日土县岩画

"格廓喀隆古城堡"（《中国文物地图集·西藏自治区分册》，第98页地图）。张建林在2004年考察了阿里地区七个县后写出了《西藏的石构遗迹与岩画》论文。他说：阿里地区的"石构遗迹"包括独石、列石、石框、石片图案等及其组合。大多是祭祀遗址，不排除属于墓葬。它们开口都是面向东方（祖先）。石构遗迹与岩画有共存关系。李永宪、汤惠生认为：青藏高原上岩画的年代，框定在公元前1000—7世纪②。

第五，更为直接、有力的证据是日土的"塔康巴岩画"。这个巨幅岩画，据《中国文物地图集·西藏自治区分册》介绍，"高约5米，长达20多米的岩面上，刻画了数以百计的人物与动物形象。人物有狩猎、牧人、武士、负重行走者、巫师等各种形象。动物有岩羊、羚羊、马、驴、狗、牦牛、鹿等。岩画采用了敲琢法、磨刻法两种技法勾勒轮廓，造型生动而富于变化，是迄今为止西藏高原调查发现的规模最大的一处岩画点"。共有人物图像112个，在班公错北岸（图三）。最初，多边、张鹰报道

① 《后汉书·南蛮西南夷列传》记录了白狼国歌诗三章。其中"且"译作日（太阳），"嬷（摸）"译作母。

② 张建林：《西藏的石构遗迹与岩画》，《西藏人文地理》2010年第5期。

图三　日土塔康巴岩画

时，认为整个画面反映古代游牧部落的日常生活。后来，桑地、张亚莎认为，这是东女国人"恒将盐向天竺兴贩"，是"大型贩盐商贸队伍"[①]。但是，"贩盐说"最大的漏洞是，为什么人们都背着包袱，而牦牛等牲畜不驮货物？我们仔细观察后认为，这是一幅一场战争胜利后的《献俘典礼图》。全图左侧，表现女王、小女王站立在四蹄虎皮上检阅俘虏。虎（於菟）皮四爪。女王羽冠，持鼓及杖，身兼巫师。小女王一手持物，似权杖，作迈步秉事状态。女王后面，设有"柴门"，有持钺武士看守。俘虏及牲畜在小巫师引导下，在武士警戒下，有序前进。全图布局严谨，场面宏大，绝非个人作品。这说明，当时日土已经存在一个有势力的邦国，通过战争进行掠夺俘虏及财物。岩画的年代，不会晚于公元前3世纪。它证明"乌杔国"的确就在这里。岩画还证明，乌杔国信仰西王母祭司文化——笃苯，崇拜老虎（於菟），女王兼祭司（鸟冠、击鼓）等[②]。众所周知，城邑的出现，是社会发展到了家长奴役制阶段。其特征是通过战争，掠夺财富，并以此为荣耀。日土塔康巴岩画出现的原因即在于此。

① 多边、张鹰：《日土的岩洞壁画和岩画》，《雪域文化》1991年夏季号；张亚莎：《西藏的岩画》，青海人民出版社，2006年，第244—249页。图二、图三取自该书。

② 温玉成：《探究西王母祭司文化与苯教源头》，中国国家博物馆待刊。

二、乌秅国南迁——权於摩国

《魏书·西域传》记载"权於摩国，故乌秅国也，其王居乌秅城。……去代一万二千九百七十里。"《魏书·西域传》记载于阗国云"南去女国二千里……去代九千八百里"。代，即今山西省大同市。这两项记载说明，"权於摩国"就是以前的"乌秅国"，也就是"女国"，在于阗国南二千里。据《汉书》可以知道，乌秅国在于阗国南约一千里。显然乌秅国又向南迁移了大约一千里（按，从日土到门士约九百里）。

"权於摩"，也是西戎语译音。"权"就是"琼（khyung）"，女国崇拜的大鹏鸟。"於摩"，也写作野獏、洁獏。"野"（於），王也。"獏"（摩），母也。即是拥有万帐的女王①。值得注意的是，早期的"琼"是鸟形；后来出现了大鹏鸟护持牦牛的形象（唐宋，反映了与牦牛部的融合）；更后出现了大鹏鸟长双角及人形化的形象（元代以来）。

401年，法显西行求法，过了子合国（今叶城县南）后，南行四日到了"於摩国"——一个小国，即"王母国"。史书失载。

那么，乌秅国是何时南迁的呢？大家知道，魏收上《魏书》，在551年。北魏国都在"代"，是493年以前。而历史上第一次见到"女国"，是在445年（《魏书·吐谷浑传》记慕利延入于阗国后，又南征罽宾国，得到"女国金酒器"）。女国第一次向隋朝进贡是在586年。

乌秅国南迁，应与阿钩羌兴起、扩张有关。而阿钩羌兴起，与贵霜帝国瓦解相关。约184年，"大贵霜"崩溃以后，阿钩羌建立国家。大约同时，在布德大王建立的难兜国、无弋山离国的广大地区，分裂出了赊弥（汉代的山离）、巴达山（山离的南部）、钵和（今瓦罕）、波知（乌苌国以北的吉特拉尔河上游）、波路（吉尔吉特）等小国。《魏书·西域传·阿钩羌国》云："阿钩羌国，在莎车西南，去代一万三千里……土有五谷，诸果。市用钱为货。居止立宫室。有兵器，土出金珠。""在莎车西南"，应是"东南"之误。因为该书记载"波路国在阿钩羌西北。……国俗与阿钩羌同类焉"。波路国即小勃律，在今吉尔吉特。其东南是印度河上游，今克什米尔斯卡都、列城一带。阿钩羌就是南羌（唐代玄奘译为"三波诃"，唐代新罗僧人慧超译为"挚播慈"，都是苏毗的音译）。"阿钩"是古羌语向南的意思，阿钩羌与波路"同类"，都是古代藏族。由于它常常越过昆仑山北上，掠夺于阗等国，所以于阗等

---

① 李文实：《西陲古地与羌藏文化》之"西王母通考"一节，青海人民出版社，2001年。

图四　尼雅五星织锦

国把"讨南羌"定为国策。在新疆的尼雅遗址（民丰县北约100千米），1995年8号墓出土了织锦。其中有"五星出东方利中国"（图四）、"讨南羌"的文字（图五）。时代约公元3世纪[①]。意大利学者L.伯戴克著《拉达克王国：拉达克的早期历史》（《西藏民族学院学报》2009年3月）中，没有认识到，拉达克的历史恰恰起源于3、4世纪的阿钩羌。

图五　尼雅讨南羌织锦

札达县的考古资料也证实了这一点。在阿里地区南部，也做过考古发掘。四川大学考古学系等编著的《皮央·东嘎遗址考古报告》（四川人民出版社，2008年）中，认为札达县这批古墓的年代"很可能相当于……秦汉时代"。更重要的发现是丝绸和金面具。据金书波介绍，在札达县古墓中出土了"织锦"（图六）和"金面具"（图七），炭14测定时代是3世纪。因此，乌秅国南迁应该在3世纪或略前。西方学者曾经错误地认为丝绸传入西藏是在6世纪以后。

大约在3世纪初，"权於摩"国南迁后，它的王城似乎叫"权（琼，Khyung）"——也就是后来称作"穹窿银城"的地方。它位于札达县曲龙村的象泉河北岸（即噶尔县门士乡正西约21千米处。东经80度30分；北纬31度05分），而不是有些专家们所说的"卡尔东城堡"。令人欣慰的是，2009年4月6日，金书波等几位热心的同志，第一次

①　新疆维吾尔自治区文物事业管理局、新疆维吾尔自治区文物考古研究所、新疆维吾尔自治区博物馆，等主编：《新疆文物古迹大观》，新疆美术摄影出版社，1999年。图四、图五取自该书。

图六　札达县"王侯羌王"织锦

图七　札达县苯教法师金面具

发现、考察了这座神秘的"穹窿银城"，并加以报道①。

　　《北史·西域传·女国传》记载，它的王城是"山上为城，方五六里，人有万家。王居九层之楼"，这种规模肯定不会是"卡尔东城堡"。女国国王"姓苏毘，字末羯"，证明他们的父系属于苏毘部，母系属于么姐部（西王母部落之一）。女王兼祭司是有历史传承的。我们已经论证，么姐部（末羯）是秦献公时代跟随仰部迁徙来西藏的。后来形成了羊同部。从而可知，苏毘与羊同早已通婚②。

　　在敦煌藏文写卷《赞普传记》中记载，松赞干布的妹妹萨玛噶嫁给象雄王李迷夏，来到了"穹窿银城"——沙尘堡寨。

　　女国信仰树神和阿修罗神（Asura）。树神是从西王母祭司到苯教都信仰的。而阿修罗神则另有来源。学者们大多以为是佛教里"天龙八部"的阿修罗神。其实，阿修罗神是古老的雅利安人的一个部落神，他们战胜了以因陀罗（Indra）为神的部落。留在了伊朗高原。而以因陀罗为神的部落则进入印度。所以，女国信仰的阿修罗神，来自古代波斯东部，即今巴基斯坦斯瓦特地区。阿修罗经常与佛教天神（Deva）斗争。这是笃苯吸收了恰菲尔人火袄教异道（恰氏）的结果③。

　　女国"亦数与天竺及党项战争"，但后来，在吐蕃强大的军事压力下，女国也出现了男王。其王名李迷夏（或写作里米嘉、里西然扎等），但这都不是人名，而是梵文Laja的译音，印度人所称之为"小王"也。可见，女国也深受印度文化的影响。

―――――――――――――――

　　①　金书波：《从象雄走来》，西藏人民出版社，2012年。据我们辨认，札达县出土的织锦上有"王侯、羌王"文字；金面具是苯教法师的面具。这是西藏首次发现出土的丝绸和金面具。图六、图七取自该书。

　　②　温玉成：《探究羊童国的来源》，待刊。

　　③　温玉成：《对甘孜地区历史文化的考古调查》，《社会科学战线》2013年第3期。

三、小　　结

　　《汉书》记载的"乌秅国"，在今西藏阿里地区的日土县，已经被"三重证据法"所证实。大约在公元前3世纪以前已经存在。西汉时代，它与"西域都护府"，关系密切。说明在公元前1世纪，西藏已经与祖国有了密切联系。日土（乌秅）地名保存了两千多年，不能不说是个奇迹。

　　我们已经论证，在公元前623年秦穆公伐西戎，有八国服于秦，四国西遁。四国中的"织皮国"，原来在青海省东南部泽曲流域。向西藏北部、西部逃遁，成为"苏毗"。乌秅国——权於摩国（女国）就是苏毗人建立的国家。

　　《魏书》记载的"权於摩国"，是3世纪时代，"乌秅国"从日土南迁到穹窿银城的，也就是《北史》记载的"女国"。他们是苏毗人建立的国家，是羊同（象雄）诸邦国中的一个。唐代玄奘在《大唐西域记》中，把东女国译称"苏伐刺拏瞿呾罗国"（唐言金氏）。但是，他并没有亲临其地（按，唐代的"东女国"专指大金川畔的国家。据我们考察，其"王城"在四川省金川县马尔邦乡独脚沟村。见中新社2013年5月24日报道）。

　　《北史·西域·女国传》记载，女国于隋代开皇六年（586年）"遣使朝贡"，即向中央政府称臣纳贡。从而表明：西藏西部已是祖国领土的一部分。

云南丽江"西王母监盟碑"

　　1992年，在丽江县城西北100多千米的金沙江畔格子村，出土了一通有图像及藏文的石碑，高158厘米，宽76厘米，俗称"格子碑"（图一、图二）。据冯智《云南藏学研究——滇藏政教关系与清代治藏制度》（云南民族出版社，2007年）介绍，古藏文书体，完全同于敦煌吐蕃历史文书的藏文写体。出现的单词有人、赐、大论、赞普、铜告身、金告身等。格子碑表现的是：吐蕃时代，南诏国剑川节度使下的么些蛮（纳西族），北投吐蕃并进贡，获得厚赏，双方结盟。这一历史事件，发生于8世纪上半叶。

　　该碑分为上、中、下三格，用阴刻线隔离之。

　　上格，顶部刻山水纹。下部中央站立一位女神，头戴三山冠，两侧有胜杖。上身

图一　丽江"格子碑"

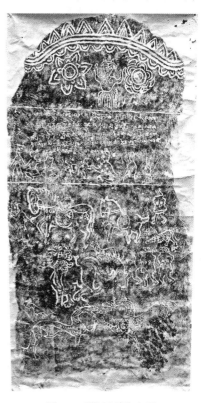

图二　"格子碑"拓片

裸，双乳突出，下穿条纹裙。左手平伸抚日（周围环绕五只太阳鸟，形状类似于成都金沙遗址出土者）；右手平伸抚月（周围有花瓣）。我们已经论证，日月纹是昆仑山的象征。我判断，这位女神就是昆仑山西王母（西戎语"咸野嫫""西膜"），即苯教（Bot）最高的女护法神"叶仙"（藏语读为"伊西瓦姆"）。四川省金川县苯教岩画已经发现了她的图像。

中格，上层是横向刻的古藏文。书写体与敦煌出土古藏文一致。接受贡品的是吐蕃"论苣桑"（即内臣相），进贡的是么些人首领"龙腊塔"。下层，头戴冠，交脚而坐，右手伸出持酒杯者，是吐蕃大臣。他身后（左侧）是妃子及侍女。面向吐蕃大臣者，是么些蛮进贡的行列，共五人。第一人，躬身献酒的么些蛮酋长，第二、三、四人各持贡品。第五人似乎是被牵着献出的女人。

下格，分上、中、下三层。

上层：人牵马（有马鞍）二匹，随后是一女巫（大咸师）立于一只老虎（西戎语称老虎为"於菟"）上。

中层：一头狮子，前有一犬，后有一只老虎，三个随行的鸟冠巫师，是象征西王母的三青鸟部。

下层：有角二"龙"相对站立，二龙口外有一珠。二龙皆伸一只前爪而戏。二龙皆有尾巴（白蛮等自古有"有感龙而生"的传说）。

我认为，整个画面表现的是，在西王母女神的监视或证盟之下，么些蛮向吐蕃臣服并贡献奴隶及牲畜的仪式。方国瑜先生《么些民族考》指出，么些族（纳西族）起源于河湟地区，把虎奉为祖先。他们显然是信仰苯教的。据刘尧汉《中国文明源头新探——道家与彝族虎宇宙观》（云南人民出版社，1985年）介绍，云南楚雄西山西灵圣母称"西摩"；哀牢山南涧县虎啣山神庙头戴虎面具的女巫"西摩罗"，都是西王母的异译。

画面上的女神西王母，头戴三山冠并戴胜杖。明显继承了四川汉代画像石的造像传统，以双手抚日、月，则是象征西王母所在的"昆仑山"（即今酒泉南山，祁连山主峰）。在青海、西藏古代岩画上，用"日月合璧纹"表示昆仑山的图像很多。以西王母监盟，大咸及三青鸟女咸参加，说明8世纪，么些蛮及吐蕃双方都共同信仰苯教的西王母神。

唐代段成式《寺塔记》（约写于843年）记载长安宣阳坊静域寺云"佛殿内，西座番神甚古质，贞元以前（785—805年），西番两度盟，皆载此神立于坛而誓。相传当时颇有灵"。唐朝与吐蕃两度会盟，都是"载此神立于坛而誓"。推测这位"甚古质"的"番神"只能是西王母神。因为，前提是：会盟必须是两国都信奉的尊神。《太平御览·礼仪部》引《汉旧仪》云"祭（西）王母于石室，皆在所二千石令长奉祠"（温玉成《匈奴休屠王"祭天金人"考》，《大众考古》2016年第1期）。

　　我们的研究证明：古代昆仑邦国的酋长兼祭司，至迟在商代武丁时期（约公元前13世纪），已称"西膜"。公元前10世纪，周穆王西巡时，会见了西王母（"咸野媞"，西戎语称王为野）。西王母祭司文化，是西戎文化的代表，主要有崇拜日月神、昆仑山神、树神、老虎（於菟）、大鸷（琼），用燎祭（"煨桑"）通天，用鸟占卜吉凶等。苯教巫师的形象是"羽冠虎带击鼓"。这就是笃苯阶段。到公元前3世纪，象雄大王布德巩夹时代，向印度河、兴都库什山进军并占领帕米尔高原。他们吸收了兴都库什山地区恰菲尔人的"外道"，发展成为恰苯阶段。到了女国时代（3世纪以后），又吸收了阿修罗神信仰（按，虽然佛教称阿修罗为"天龙八部"之一，而实际上他也是波斯雅利安人早期的神灵，经常与佛教天神争斗）。

　　自从秦穆公伐戎王（公元前623年）以来，西戎六部西迁我国新疆、西藏、伊犁河至帕米尔高原广大地区（昆仑、大夏、析支、大月氏、渠叟、乌孙等）。羌戎各族（苏毗、羊同、纳西、彝族、匈奴、吐谷浑、白族、党项羌、吐蕃等民族）以及中亚吐火罗、粟特昭武九姓胡等，都信奉西王母祭祀文化（苯教），影响极为深远（参见笔者《探究西王母祭司文化与苯教源头》《探究昆仑邦国与大夏诸国西迁》，内刊）。我们的研究还证明，羌戎族各部大规模西迁，比张骞通西域早500年。换言之，新疆、西藏、中亚古代居民中，原来就有中华民族的一部分。当然也有西方人塞种等民族陆续迁入。

　　总之，云南丽江"西王母监盟碑"的发现，意义重大。第一，它证明8世纪时代，藏族和纳西族民众是信仰苯教的，是以西王母神为最高护法女神。第二，它是纳西族最早的、有文字证明的历史文物之一，十分珍贵。

　　附记：本文图片由云南大学李昆声教授提供，在此谨表谢忱！

九寨沟县发现的"土伯御龙"岩画*

图一　考察九寨沟县

应九寨沟县委、县政府的邀请，我带领考察小组于2015年6月30日—7月8日在九寨沟县做了文物、考古调查（图一）。小组成员有中央民族大学在职研究生王文秀、张磊、扈新昭；西南民族大学研究生卓玛青措（藏族）、田光岚（藏族）以及九寨沟县刘善刚等同志。7月2日下午，在双河乡下马岩古栈道旁（白水江右岸），发现了摩崖琢刻岩画一处。暂时定名为"巫师御龙"图，并初步定为春秋晚期至战国前期（见中新网，阿坝7月9日电，记者孙燕妮、刘彦荣。详细报道见"藏地阳光网"7月11日根秋多吉《九寨沟发现春秋时期的巫师祭祀御龙图岩画　四川省境内迄今发现最古老的岩画》）。

这幅摩崖琢刻岩画高约84厘米，宽约120厘米，巫师高41厘米。它的内容是：从峭壁缝隙中，"飞出"一条龙，但不见龙尾。龙头如马面，头上方呈现柱状（似角？），前面有长长的鬃毛。龙的下巴有须。龙身体如蛇形，有斑纹。龙的前部有两翼，翼之尖为五爪。龙的前面，是一个高大的人物。此人站立，双手持长杆，杆端有钩，作引导状。人物头部为侧面，尖脸，五官不清。披发齐肩，向上飘扬。上衣不详，下有裤子及蔽膝，足穿靴（图二—图四）。甘肃省酒泉市丰乐乡干骨崖遗址1990年出土了距今4000年左右的彩陶靴；青海乐都也出土过"彩陶靴"，属于"辛店文化"。两件都属于西戎文化文物。著名考古学家俞伟超（1933—2003）指出，"在洮河流域所见的辛店文化，我看应当就是属于历史上所谓西戎诸部落的系统"（见青海省文化厅、青海省文物考古研究所编《青海考古五十年文集》，青海人民出版社，1999年，第132页）。

此图雕刻技法原始，琢点表线，似乎没有使用金属工具（图五）。但是，此图构图紧凑，人与龙呼应关系密切。人物比例恰当，动作准确，有很高的艺术水平（图六）。

---

* 原载《九寨沟县发现的"土伯御龙"岩画》（中新社刘忠俊，2015年9月30日）。

图二　九寨沟"土伯御龙"岩画（一）

图三　九寨沟"土伯御龙"岩画（二）

图四　九寨沟"土伯御龙"岩画（三）

图五　九寨沟"土伯御龙"岩画局部凿痕

图六　展示"土伯御龙"拓片

众所周知，在中国古代创作了形形色色的龙。如内蒙古敖汉旗采集的刻画陶尊上"野猪首、蛇身、有翼龙纹"（约公元前4700年）；河南省濮阳西水坡45号墓"蚌砌龙虎遗迹"（约公元前4600—前4300年），该龙呈现兽首、吐舌；辽宁省红山文化C字龙、熊面龙（约公元前2800—前2300年）；山西省襄汾陶寺墓地"彩绘蟠龙纹陶盘"，蛇形（约公元前2300—前1900年）；河南省偃师二里头遗址"陶片刻画蛇头龙纹"以及镶嵌绿松石之龙——兽头蛇身无足（约公元前1800—前1500年）；河南省安阳殷墟妇好墓出土"玉龙"，兽头有角，蛇身（约公元前1300—前1200年）；四川省广汉三星堆出土"青铜龙杖头"，兽面，有角有须，蛇身，四爪（约公元前1100年）等（参见中华人民共和国科学技术部、国家文物局编《早期中国——中华文明起源》，文物出版社，2009年）。

我们的研究表明，到了西周晚期，大体上表现三种龙：北方及中原多"兽面龙"；中原及南方多"蛇面龙"；西部地区多"马面龙"。

考古学家俞伟超指出，在中国西部的"辛店文化"，属于西戎文化圈。西戎文化中早就流传"马面龙"的故事。《水经注·漾水》引《开山图》曰："陇西神马山有渊池，龙马所生，即是水也。其水西流，谓之马池川。又西流，入西汉水。"

马面龙在苯教信仰中是土地神"鲁"神（纳西族音变为"署"神），它能够行云致雨。苯教认为，鲁神是住在江河、湖泊、泉水及地下的神灵。蛇、鱼、蛙等动物，属于鲁神系统，不能捕杀。这与汉文典籍记载一致。我们于2014年考古调查时，已经在四川省金川县勒乌围乡发现了大批苯教岩画。其中就有鲁神，约刻于12世纪（见中新社记者刘忠俊5月22日报道）。《国语·鲁语》"共工氏……其子曰后土"。《左传·昭公二十九年》（公元前513年）"共工氏有子曰勾龙，为后土"。还说"社稷五祀，是尊是奉。木正曰句芒、火正曰祝融、金正曰蓐收、水正曰玄冥、土正曰后土"。这项史料说明，持钩御龙的人是土地神——"后土"。各位知道，商代称"王"，也称"后"。"后土"就是管理土地的酋长。是地方之方伯，所以又称"土伯"。马面龙与后土从水中所生，因此在《楚辞》中，宋玉的《九辩》说："皇天淫溢而秋霜兮，后土何时而得干？"马面龙就是"虯"。"冉虯"者，青龙也。这是西戎人特别是大夏人信仰的"龙"。

西戎地处中国西部，早已饲养马并用马驾车。周武王灭商纣王时（公元前11世纪），周武王有"戎车三百辆"，成为先进装备，加以夸耀。甘肃省灵台县出土过西周时代的四马驾车。《诗经·大雅·大明》也称赞曰："檀车煌煌"。

我们在《探究"昆仑邦国"与大夏诸国西迁》论文中，已经论证，大夏国遭到秦穆公征伐后，在公元前623年后不久西遁，到了新疆南部（唐代玄奘《大唐西域记》所记的"睹货逻故国"。斯坦因（M.A.Stein）考证在今民丰县北部"安迪悦遗址"）。大夏的余部南下，越过白龙江，进入松潘地区，成为《史记·西南夷列传》所记的

"冉駹",即后来的"和夷"。司马相如(公元前179—前118)在公元前129年曾经从成都启程,访问过"冉駹"。而九寨沟县白水江流域,恰恰在白龙江以南地区。

因此,我们推断这幅摩崖琢刻岩画的时代上限在公元前7世纪,其下限在公元前5世纪。理由是,它的龙及人物形象、雕刻技法都早于湖南省长沙发现的陈家大山战国楚墓"帛画人物龙凤图"和子弹库战国楚墓"帛画人物御龙图"(参阅《中国大百科全书 考古学》,彩图第32页,1986年)。这两幅帛画大约略早于楚怀王时代(约公元前4世纪)。据学者对清华简《楚居》的研究,楚人祖先源自中国西部。长沙子弹库战国楚墓"帛画人物御龙图"上的人物,头戴"冠切云之崔嵬",腰上"带长铗之陆离兮",已经是屈原时代人物的形象了(见屈原《涉江》)。有的学者说这个人物是墓主人,反映了他乘龙"登天升仙"。但是,在约公元前4世纪,社会上还没有出现"登天升仙"的意识与思潮。

由此可知,九寨沟县发现的岩画"土伯御龙"图,是四川省已经发现的最早岩画,也是可以确认的已知最早的西戎岩画,以及已知最早的苯教"鲁神"岩画,学术意义十分重大。"马面龙"是西戎人的创造。

众所周知,"马面龙"被第二次西迁的大夏国带到了中亚阿姆河流域(约公元前160年)。"大夏"古读为"大河"(Dahe),即西方人所称的"吐火罗"。1978年,俄罗斯—阿富汗考古队在阿富汗希比尔甘城(Shibirgan)东北5千米处,发掘了"黄金之丘"(Tillya Tepe)。这是一处大夏国墓地,时代为约公元前50—50年。其中出土的黄金饰品中,有一件被学者称作"双龙守护国王"耳坠。双龙皆是马面龙。双龙之间的人物,西方学者认为是国王。其实,他不可能是国王。理由很简单,古人不可能把"国王"挂在耳朵上。他应该是土地神,这件所谓"耳坠饰品"应该属于巫师祭祀用品。

还有一些学者不知底里,大谈中亚"马面龙"对中国的影响云云,本末倒置。甚至把北方游牧民族崇拜的"双马牌饰",混同为马面龙一起加以研究。

九寨沟县及若尔盖县考古调查提纲

2015年6月30日至7月8日，我率领考古小组在九寨沟县及若尔盖县考古调查。此前拟定的考古调查提纲如下。

1. "求吉"（德翁）及其"让安驿站"，可能是汉至南北朝的"东亭卫"。忽必烈1253年秋从临洮起兵灭大理（姚枢、刘秉忠、张文谦为参谋），至"忒刺"分兵三路。即今"达拉沟"，即从白龙江（宕昌羌）入白水河之古道。

2. "包座"（俄若唐）河是否是古代"让覃水"？

3. 公元前111年在九寨沟建立的"甸氐道"（按，少数民族"县"称道），北魏称"邓至城"（见于《水经注》），唐代及元代称"扶州城"。

4. "郭元"乡至柴门关，有栈道，即通往关中的咽喉。是三国时蜀国的"匡用"围，即《三国志》之"沓中"（263年三国时代蜀将姜维驻守此地，魏将邓艾、金城太守杨欣等夺之）？河南省洛阳市黄河栈道，有曹魏正始九年题记。牛鼻形孔（史家珍：《黄河八里胡同栈道的勘测》，《文物》2002年第11期）。1227年成吉思汗是否从"柴门关"入四川？待考。

5. 1003年，凉州"六谷羌首"潘罗支贡于宋朝，"西番"二十五族附于宋朝。若尔盖县的"潘州故城"，即潘罗支（？—1004），参加大败西夏王李继迁（963—1004）之战斗，宋朝诏赠"武威郡王"所建。子失吉为"归德将军"。弟厮铎都（？—1012？）继执军权，加"检校太傅"。1001年以来，宋朝政府给潘罗支家族大量财物（绫、茶、器、币）、武器（铠甲），以其对抗西夏。——他是"凉州吐蕃六谷部落大首领"（《宋史·吐蕃传》等）。宋代"潘州故城"方形城址（夯土筑城，南北111米、东西88米），仅存东门（高7米、宽5.3米、厚5.3米）。今存宋代古碑（残）。明代于此地设"潘州卫"。"阿西"乡，可能是古代"下习"？

6. 辽西鲜卑首领吐谷浑，约285年率1700户西迁至内蒙古大青山，后于317年迁徙到"莫何川"。我们考证，"莫何川"即甘肃省碌曲县的"括合曲"，南邻若尔盖县《中国历史地图集》4册错误标在青海省贵南县芒拉沟。"若尔盖"是吐谷浑支系的"阿若干"（鲜卑语称兄为"阿干"），得名于317年以后（据今人所说，藏语"若尔盖"是牦牛喜欢的地方，不确）。

若尔盖的热曲（墨曲、热曲，今黑河）即阿若曲，即古代"大赤水"（乞儿马出河），学者曾经有多种猜测。

7. "马家窑文化""寺洼文化"的南下问题。

8. 564年，北周灭宕昌羌，获其25王，拔其72栅。残部南下以后形成"党项羌"（包含吐蕃所称"弥药""木雅"。木雅早已存在），所谓党项羌的"拓跋部"是"迭部部"的误记。663年以后，唐朝把10万党项羌北迁至庆州，成为"东山部落"；692年以后，又北迁党项羌20万至灵州、夏州，成为"平夏部落"。党项羌人后来建立了西夏国。

9. 秦穆公于公元前623年伐西戎（大夏），益国十二，开地千里。大夏联盟中，四国（大夏、析支、大月氏、织皮）西迁新疆、西藏；八国投降秦国。大夏残留余部称"盍稚"（河氏、和夷、戈基）南徙及氏人与"石棺藏"关系问题。

10. 刘琳校注《华阳国志》，认为"九寨沟"就是《水经注·羌水》中所谓的"洛和水"。那么，"洛和城"应是今"隆康故城"？

11. 苯教文化调查（羽冠、虎带、赭面、琼、雍仲）。

12. 白马氏，西戎一支，起于青海（《史记·西南夷传》）。后来移居甘肃省陇南市区仇池山（海拔1793米），先后建立了"前秦""后凉"政权。汉代以来有仇池国、武都国、武兴国、阴平国。所谓"三氏王"：杨千万、杨茂搜、杨定（213—443年），后归属吐谷浑。663年吐蕃禄东赞消灭吐谷浑，唐、蕃争夺"西山生羌"（四川省松潘县岷山以西的羌族部落）。约8世纪中叶，吐蕃取得西山生羌。南方部分白马氏与藏族驻军融合，渐渐"藏化"，自称"白马藏"。蜀汉时设"五围"（军事据点），"白马围"是其一。地点大约在今文县石鸡坝乡。可知，3世纪以前，早有白马氏居住于九寨沟县东部。据调查，今平武县西北、文县西南，都有白马藏族乡。

《宋史》发现有关格萨尔王史料

　　《宋史·外国传·党项》记载，淳化五年（994年）四月："邀二族大首领崖罗、藏才（寨）东族首领岁啰畋克，各遣其子弟朝贡。"这年三月，宋兵攻入夏州（今内蒙古乌审旗南部），俘虏党项羌首领李继捧。其族弟李继迁，向西方远遁。

　　散居河西走廊的藏族、回纥各部，纷纷向大宋朝贡，是希望朝廷支持他们，以对抗日益强大的党项羌首领李继迁。985年，李继迁起兵于夏州。986年，契丹（辽国）以义成公主嫁李继迁（963—1004年执政），并册封他为"夏国王"。

　　据我们研究，"藏才（寨）东族"就是"东纳藏族"。据我们考证，在金沙江上游两岸存在一个强大的部族。《后汉书》称"动黏"（74年到洛阳进贡）；《北史》称"当迷"；唐代赴天竺的使臣王玄策经过其地，称其为"多弥国"（657年，在白兰羌西南）；后来，"多弥国"加入吐蕃联盟，称"董"（东）姓。是吐蕃六大姓之一。宋代称"东纳"，国名称"灵国"（岭国、林国）。国都地点就是以四川省德格县俄支乡为中心的地区。英雄格萨尔大王的故乡就在德格县阿须草原（根秋多吉主编《康巴奇迹》，四川民族出版社，2018年）。

　　因此，《宋史·外国传·党项》，这是有关著名的灵国格萨尔大王，在中国"正史"中唯一的史料，十分珍贵。

　　"藏才（寨）东族"，即今甘肃省肃南县祁丰乡的"东纳藏族"（位置在"嘉峪关"南山）。2017年6月15日，我率领"《穆天子传》学术考察团"实地做了考古调查。祁丰乡东西160千米，南北105千米。草原809万亩。藏族女干部卓玛错（汉文名"代席萍"）说，他们是灵国格萨尔大王征伐"霍尔"时代，留在祁连山的守卫部队后裔。霍尔（"黄头回纥"）后来融入裕固族中。当地藏族学者编写了《东纳藏族史略》，记载格萨尔大王征服九头妖魔、格萨尔的大将贾查霞尕尔抓到一匹海马等故事，还搜集了一批清代石刻碑文（参见恚勇编著《素珠链》，甘肃文化出版社，2011年，第324—330页）。

　　考察团确认，这里是周人祖先"弃（后稷）"的起源地"鸿鹭山"。在中国上古史中，意义重大（温玉成《〈穆天子传〉真相解读》，待刊）。

　　在《格萨尔传奇》中，称"霍尔"为"黄色的霍尔人"（即"黄头回纥"）。说他们有"十万大兵"，用"铁刀""木杠"为武器。格萨尔的苯教巫师是南巴杰人

（参见《马长寿民族学论集》，人民出版社，2003年，第307—309页）。推测，东纳藏族首领岁啰畷克（suiluozhuoke），是格萨尔30位大将之一。但是，土登尼玛主编的《格萨尔辞典》（四川民族出版社，1989年）及其他史料（包括丹巴县"莫斯卡石刻"）中，都没有这30位大将的全部名单。

实地考察发现，在祁连山主峰东南，有一座"扎喇寺"。"扎喇"是苯教的战争之神。此寺可能与格萨尔大王征伐"霍尔"、纪念格萨尔大王有关。

其实，降边嘉措先生在《"格萨尔"的产生年代与演变发展》博客（2001年1月）中指出，11世纪前后，《格萨尔》故事的框架基本形成，并出现了"手抄本"。内容很简单，主要介绍格萨尔出生的故事。到了19世纪，德格岭仓土司刻印"木刻本"，流传渐渐扩大。由此可知，今天流行的各种《格萨尔》版本，都是19世纪以后的补充、加工和再创作！

藏学家曾经推测，格萨尔的生卒年代，是1038—1119年。但是，据《宋史·外国传·党项》记载，994年已经是格萨尔大战霍尔（黄头回纥）胜利后占领祁连山的年代。格萨尔大王在祁连山留下了"东纳藏族"。所以，格萨尔的年代，必须重新考证、推测。

假设格萨尔大王北伐霍尔时，30—40岁，则格萨尔的诞生年代是954—964年间。假设格萨尔活了70岁，他去世年代在1024—1034年间。

如果把1035年假定为格萨尔去世年代，则他的诞生年代是954年。北伐霍尔时34岁，似乎更为合理。此有待进一步考证。

据琼布·洛珠坚赞著《世间苯教源流》（15世纪）中说，格萨尔大王曾到"西夏国"去贡献马匹。这里的"西夏国"指的是西夏王李继迁或其子李德明（1006—1031年执政），而不可能是李继迁之孙李元昊（1031—1048年执政，1038年称帝）。

总之，到2017年，东纳藏族在祁连山区，已经生活了1023年。950—1100年左右，这是中国继"五胡十六国"后，又一个大分裂的时代（"五代十国"）。五代、北宋、契丹（辽）、西夏、大理、西州回纥、黑汗、黠嘎斯、斡朗改、分裂的吐蕃（含灵国格萨尔部、吐蕃六谷联盟及潘罗支部、唃厮啰部等），诸部并存（参见谭其骧《中国历史地图集》之"辽、北宋时期全图"）。格萨尔就是这个大分裂时代中国西部藏族的伟大英雄。

附记：2018年9月13日8时，发给成都根秋多吉。2019年1月，见于"藏地阳光网"。

论大元国师功嘉葛剌思（胆巴）与摩诃葛剌信仰[*]

关于大元国师阿列·胆巴（1229—1303），有下列资料。

第一，《大正藏》卷49，收元代念常所集《佛祖历代通载》卷22全文如下。

  大德七年，胆巴金刚上师殁。师名功嘉葛剌思，此云普喜名闻。又名胆巴，此云微妙。西番突甘斯旦麻人。幼孤，依季父。闻经止啼，知其非凡。遣侍法王上师。试以梵咒，随诵如流。曰此子宿积聪慧，异日当与众生作大饶益。年十二，训以前名。自是，经科、咒式、坛法、明方，靡不洞贯。年二十四，讲演《大喜乐》《本续》等文，四众悦服。上师令巴至西天竺国，参礼古达麻室利，习梵典，尽得其传。

  初，（元）世祖居潜邸，闻西国有绰理哲瓦道德，愿见之。遂往西凉遣使，请于廓丹大王。王谓使者曰，师巳入灭。有侄葰思巴，此云圣寿，年方十六，深通佛法，请以应命。至都旬日，即乞西还。上召问曰，师之佛法，比叔如何？曰：叔之佛法如大海水，吾所得者，以指点水于舌而已。问答允称。上曰：师年虽少，种性不凡，愿为朕留，当求戒法。寻礼为师。

  巴入中国，诏居五台寿宁。壬申（1272年），留京师，王公咸禀妙戒。初，天兵南下，襄城居民祷真武。降笔云：有大黑神，领兵西北方来，吾亦当避。于是，列城望风款服，兵不血刃。至于破常州，多见黑神出入其家，民罔知故。实乃摩诃葛剌神也，此云大黑。盖师祖父七世，事神甚谨，随祷而应，此助国之验也。乙亥（1275年），师具以闻，有旨建神庙于涿之阳。结构横丽，神像威严。凡水旱蝗疫，民祷响应。辛巳岁（1281年），师得道藏《化胡经》并"八十一化图"，幻惑妄诞。师乃叹曰：以邪惑正如此者！遂奏闻。召教禅大德及翰林承制等，至长春宫辨证。诏下诸路，除《道德经》外，其余伪文，尽令焚毁。

  至壬午（1282年），师力乞西归，上不能留。初，相哥受师戒，继为帝师。门人屡有言其豪横自肆者，师责而不按，由是御之。逮登相位，惧师说

---

* 原载大理"崇圣寺国际论坛"，内刊，2017年9月24日。

直，必言于上，乃先入巧言僭师，故有是请。首于云中，次于西夏，以及临洮。求法益众。未几，权臣复僭，令归本国。师至故里。阅六寒暑。

己丑（1289年），相哥遣使传召还都。于圣安寺安置。四月赴省听旨，令往潮州。师欣然引侍僧昔监藏。孑身乘驿，即日向南。及出都门，雷雨冥晦。由汴涉江，洎于闽广，所至州城，俱沾戒法。八月抵潮州，馆于开元寺。有枢使月的迷失，奉旨南行，初不知佛。其妻得奇疾，医祷无验。闻师之道，礼请至再。师临其家，尽取其巫觋绘像焚之。以所持数珠加患者身，惊泣乃苏，且曰：梦中见一黑恶形人，释我而去。使军中得报，喜甚，遂能胜敌。由是倾心佛化。师谓门人曰：潮乃大颠韩子论道之处，宜建刹利生。因得城南净乐寺故基。将求材，未知其计。寺先有河，断流既久。庚寅（1290年）五月，大雨倾注，河流暴溢，适有良材泛集充次。见者惊诧，咸谓鬼输神运焉。枢使董工兴创。殿宇既完，师手塑梵像。斋万僧以庆赞之。尝谓昔监藏曰：吾不久有他往，宜速成此寺。后师还都，奏田二十顷，赐额"宝积"焉。未几召还，相哥已伏诛矣。癸巳（1293年）夏五，上患股，召师于内殿建观音、狮子吼道场，七日而愈。施白金五十锭。叙及相哥僭师之语，师以宿业为对，宰臣莫不骇服。上谓师曰：师昔劝朕五台建寺，令遣侍臣伯彦、司天监苏和卿等，相视山形，以图呈师。师曰：此非小缘。陛下发心，寺即成就。未几，上晏驾。

甲午（1294年）四月，成宗皇帝践祚，遣使召师。师至，庆贺毕，奏曰：昔成吉思皇帝有国之日，疆土未广，尚不征僧道税粮；今日四海混同，万邦入贡。岂因微利而弃成规？倘蠲其赋，则身安志专，庶可勤修报国。上曰：师与丞相完泽商议。奏曰：此谋出于中书省官，自非圣裁，他议何益？上良久曰：明日月旦，就大安阁释迦舍利像前，修设好事，师益早至。翌日，师登内阁，次帝师坐。令必阇赤朗宣敕旨。顾问师曰：今已免和上税粮，心欢喜否？师起谢曰：天下僧人咸沾圣泽。

元贞乙未（1295年）四月奉诏住大护国仁王寺。敕太府具驾前仪仗，百官护送。寺乃昭睿顺圣皇后所建。其严好若天宫内苑，移下人间。是年，遣使诏师问曰：海都军马犯西番界，师于佛事中能退降否？奏曰：但祷摩诃葛剌，自然有验。复问曰：于何处建坛？对曰：高梁河西北瓮山有寺，僻静。可习禅观。敕省府供给严护。令丞相答失蛮。上亲染宸翰云：这勾当怎生用心？师理会者。师的勾当。朕理会得也。于是，建曼拏罗，依法作观。未几，捷报至。上大悦。

壬寅（1302年），春二月，帝幸柳林，遘疾。遣使召云：师如想朕，愿师一来。师至幸所，就行殿修观法七昼夜，圣体乃瘳。敕天下僧寺普阅藏经，仍降香币等施，即大赦天下。上曰：赖师摄护，朕体已安。即解颈七宝牌为施。皇后亦解宝珠璎珞施之。并施尚乘车辇、骒马、白玉鞍辔、金曼答喇、黄白金各一锭、官氆十八匹。御前校尉、丁人，为师前导。三月二十四日，大驾北巡，命师象舆行驾前。道过云州龙门，师谓徒众曰：此地龙物所都，或兴风雨，恐惊乘舆，汝等密持神咒以待之。至暮，雷电果作，四野震怖。独行殿一境无虞。至上都，近臣咸谢曰，龙门之恐，赖师以安。

癸卯（1303年）夏，师示疾。上遣御医候视。师笑曰：色身有限，药岂能留。五月十八日，师问左右，今正何时？对曰：日当午矣。师即敛容端坐，面西而逝。上闻，悲悼不胜。赐沉檀众香。就上都庆安寺结塔茶毗。王及四众莫不哀恻。是月二十九日，敕丞相答失蛮，开视焚塔。见师顶骨不坏，舍利不计其数。轮殊坐毡如故。回奏加叹。敕大都留守率承应伎乐，迎舍利归藏仁王寺之庆安塔焉。世寿七十四，僧腊六十二。秘密之教，彼土以大持金刚为始祖，累传至师益显，故有金刚上师之号焉。

第二，《元史·释老传》记载，"皇庆间（1312—1313年），追号大觉普惠（慈）广照无上胆巴帝师"。

第三，仁青恩珠主编《甘孜县藏传佛教文化胜览》（2011年，内刊）中，介绍甘孜县"德贡布护法殿（汉人寺）"时，指出：该寺是1284年，"由巴思巴弟子呷阿例当巴所创建"。并且说明，该寺"由忽必烈之子真金出资创建护法殿，塑像者以呷阿例本人为主"。另外，在介绍"卡龙寺"时指出，该寺是1257年"由呷·阿尼夺巴喇嘛所创建，系萨迦派寺庙"。

第四，青海省玉树州的赛巴寺，保存木刻经版中，有藏文、国师阿宁胆巴的《法敕》。1991年7月在玉树州文物展览中展览过。可以证明胆巴确实曾经回到故乡。

第四，笔者由藏学家根秋多吉陪同，于2012年8月，在甘孜县汉人寺做了考古调查。今寺院还保存了元代泥塑玛哈嘎拉像，元代墙壁上保存兰底金线描玛哈嘎拉小像数百尊（图一、图二）。考证认为，这是"左翼蒙古、汉军万户府"供奉的战神（玛哈嘎拉，大黑天），由国师胆巴和太子真金所造（见中新网2012年8月6日电：记者根秋多吉报道《四川甘孜县汉人寺发现元代壁画》）。

"薮思巴"即帝师八思巴（1235—1280）。上述的"阿宁胆巴"、《甘孜县藏传佛教文化胜览》书中的"呷阿例当巴""呷·阿尼夺巴"，就是"功嘉葛剌思（胆巴）"。他是"西番突甘斯旦麻人"。据我们实地考察，"突甘斯"就是"朵甘斯都司"，设于今甘孜州德格县俄支乡。"旦麻"，今称"邓麻"，属于甘孜州石渠县，在金沙江东岸。因灵国格萨尔大王的大将——旦麻（邓玛、丹玛）诞生于此而得名（11世纪）。胆巴受到相哥（即《元史·奸臣传》中的"桑哥"）打击，回到故乡，

图一　甘孜县汉人寺元代壁画玛哈嘎拉（一）

图二　甘孜县汉人寺元代壁画玛哈嘎拉（二）

是在1282—1289年间。"忽必烈之子真金"，即太子真金（1243—1285），确实到过甘孜州地区。当地流传许多关于太子真金与藏女的爱情故事。

"襄城居民祷真武"，即唐、宋以来道教崇拜的"真武神"，湖北省均州武当山供奉之。明代永乐年间封为"真武大帝"。

"辛巳岁（1281年），师得道藏《化胡经》并'八十一化图'，幻惑妄诞。师乃叹曰：以邪惑正如此者！遂奏闻。召教禅大德及翰林承制等，至长春宫辨证。诏下诸路，除《道德经》外，其余伪文，尽令焚毁"。这就是佛教史上有名的、忽必烈主持的"戊午佛道大辩论"（1258年）。

探究象雄布德大王西征与《汉书》难兜国

一、难兜国与无弋山离国

《汉书·西域传·难兜国》（荀悦《汉纪》写作"完国"）条记载，该国"王治去长安万一百五十里，户五千，口三万一千，胜兵八千人。东北至都护治所二千八百五十里；西至无雷三百四十里；西南至罽宾三百三十里；南与若羌、北与休循、大月氏接。种五谷、葡萄诸果，有银、铜、铁作兵。与诸国同属罽宾"。这里后来称"波路（勃律）"，是在丝绸之路的南线上。从葱岭（新疆塔什库尔干）南下至该地区，再向南是克什米尔，向西是斯瓦特，向东是西藏。该地在今巴基斯坦所属克什米尔北部，印度河及北边的小支流"吉尔吉特河"两岸，向东南至斯卡杜一带。主要城市是吉尔吉特（唐代称"蘖多城"），讲古藏语（西部方言），人们称它是"小西藏"。有学者认为，这部分讲古藏语的人，是唐朝吐蕃驻军留下的后代。但是，希腊地理学家马林诺斯在2世纪的著作《地理学引论》中就指出，中国西部有Bautai人，即巴尔提人。有学者认为Bautai人是指吐蕃人。10世纪末或11世纪初，操突厥语部族进入吉尔吉特、洪扎、纳加尔一带，建立了穆斯林政权。而这时已是吐蕃大分裂时代，所以两地联系渐渐中断。那么，这个由古代藏族建立的国家是从哪里来的呢？

郭元兴先生指出，唐代，印度阿萨姆地区的迦摩缕波国，其祖先、大王名为Bhagadatta（班嘎达塔）。"这个Bhagadatta曾率支那人（Cina）、吉罗多人（Kirata）参加摩诃婆罗多大战，帮助Kaurava一方……近代学者在Gilgit考古发现，其地六世纪时Shahi王家的一个世系表（JRAS，1944，5页起），其始祖也名Bhagadatta，学者们感到大惑不解。"在这里Gilgit，就是难兜国首都吉尔吉特。始祖Bhagadatta，应该是般度（Pandu）大王即"布德贡吉"的梵文译音。"吉罗多"应该是哀牢国西方的古国，附塞夷"鹿茤"（见于《后汉书·西南夷传》），大约位于今缅甸西北部。

由此可见，西汉所说的"难兜国"，就是"般度国"的异译，也就是布德大王之国。

《汉书·西域传·无弋山离国》云"无弋山离国王去长安万二千二百里，不属都护，户口、胜兵，大国也。东北至都护治所六十日行。东与罽宾、北与撲桃、西与犁轩、条支接。行可百余日乃至"。这项记载表明，西汉时代对无弋山离国的了解是粗略的、不完全的。到了东汉时代，《后汉书·西域传》也仅仅说到"乌弋山离国，地方数千里，时改名排持（按，是特字之误）"。《汉书·西域传·皮山国》说"西南当罽宾、无弋山离道"。《汉书·西域传·罽宾国》说"西南与乌弋山离接"。"西南"应是"西北"之误。从而可知：罽宾的西北与乌弋山离接，并有道路相通。罽宾的北方是"难兜国"。从而可知，"难兜""撲桃"实际上是一个国家，两个译名。

我们知道，"无弋山离"又可以写作"山离无弋"（见《汉书·陈汤传》）；因为"无弋"是羌语，"奴隶"的意思。藏语音变为"乌摇"，指服劳役之民。所以"无弋山离"是一个被羌族征服、成为奴隶的国家，国名是"山离"。那么，羌族征服者是谁呢？《后汉书》实际上回答了这个问题——"排特"，也就是"撲桃"。所谓"北与撲桃、西与犁轩、条支接"，应该是"南与撲桃、西与犁轩、条支接"。大体上说，即南部是"撲桃"，北部是"无弋山离"。《后汉书·西域传·大月氏国》论及贵霜王丘就却"侵安息，取高附地，又灭濮达、罽宾，悉有其国"。这个"濮达"也就是"撲桃"或"排特"。梁《高僧传》称作"波多叉拏"，玄奘《大唐西域记》称作"缽铎创那"。

可知，"撲桃""排特""濮达""波多叉拏""缽铎创那"等，都是"布德"或"般度"之异译。由于文献记载相互矛盾，所以谭其骧先生的《中国历史地图集》"西汉西域都护府图"上，无法标示出"无弋山离"的位置。

需要指出，有学者竟然把"无弋"也说成是一个国家，还考证"无弋"就是《圣经》上说的"迦勒底的吾珥Ur"（〔加拿大〕戴淮清：《〈汉书·西域传〉所记"乌弋"地望辨正》，《中国边疆史地研究》1993年第2期）。这种考证，不顾时空条件，只求语音对应，造成很大混乱。

那么，"山离"在哪里呢？实际上《北史·西域传·赊弥国》《新唐书·西域传·识匿国》所论述的国家，"赊弥国""识匿国"就是"山离"的音变，或是"山离"的后代。总之，"无弋山离"是"撲桃国（难兜）"的奴隶。"撲桃"在东南部；"山离"在西北部，今喷赤河两岸。

象雄布德大王所占领之地，从印度河峡谷（吉尔吉特为中心）向西北，跨越兴都库什山东段，直到帕米尔高原，今新疆塔什库尔干（无雷）、今阿富汗东北部的巴达赫尚省（法扎巴德为中心）、巴基斯坦西北边境以及塔吉克斯坦南部的巴达赫尚自治州（Badakhshan）。也就是阿姆河上游的喷赤河东西两岸及以南的广大地区。两千多年以来，"巴达山"仍然保存着"濮达"的古音。公元前3世纪，象雄的布德大王在这里建立了强大的布德王国。

《大唐西域记·迦湿弥罗国》所记载的奴隶（买来的）"诃利多"，就是"山离"（赊弥、识匿）种类。《马可波罗行记》（冯承钧译）46、47、49章记载，今法扎巴德、乌仗那、瓦罕、吉特拉尔等地酋长，自称是"竹勒哈儿年"的后代。回族语"竹勒哈儿年"（Zulcarniens），译为"双角"，即头饰"双角"，类似牛、羊类之奴隶也。

二、象雄布德大王西征

据古代印度史诗《玛哈帕腊达》（也译作"摩诃婆罗多"，*Mahabharata*，参阅孙用译本，人民文学出版社，1962年）记载，在古代印度北部俱卢族（Kuru）与般度族（Pandu）大战18天，般度王获胜，或曰两败俱伤，各自建国。般度王、俞提什提拉王、巴利格希德王相继执政。史诗透露，般度族是黄皮肤，并且有"一妻多夫"（般度王有五个儿子，共娶班扎拉公主德劳巴底为妻）的习俗，学者推测他们应该是古代羌藏民族。关于这次战争的时间，有专家推断在公元前7—前6世纪（穆罕默德·瓦利乌拉·汗《犍陀罗——来自巴基斯坦的佛教文明》，1章，史诗文学，五洲传播出版社，2009年）；有专家推测在公元前3世纪至公元前2世纪（黄奋生《藏族史略》，三章二节，民族出版社，1985年）。德国语言学家哈杜默德·布斯曼在《语言学词典》（商务印书馆，2003年）"梵语"条目中认为，印度西部巨型史诗*Mahabharata*写于公元前2世纪。看来，是公元前2世纪记录了公元前3世纪的历史事件。黄奋生先生之说比较可信。

这一重大历史事件，在古代藏族历史上，也有"传说"。象雄"上丁二王"（也有说是"中丁二王"）有位布德贡吉大王。"传说"云：止贡赞普与牧马的外来人罗阿木决斗失败。赞普的两个儿子（夏墀、聂墀）逃亡。王后与牦牛形状的雅拉香波神山结合，生了一个奇迹般的儿子茹拉杰。他怒杀罗阿木，从波密请回夏墀，继承大位。夏墀就是布德赞普。元代万户蔡巴·贡葛多吉（1309—1364）著《红史》（1363年成书）中说，"止贡赞普和布带巩夹父子二人在位时，出现了苯教的仲本和德乌本，并开始农耕种地、熔炼金银、修建桥梁"（陈庆英等译本，西藏人民出版社，2002年）。

《贤者喜宴》也记载西藏王布德贡吉曾与克什米尔大战，并取得了苯教。学者们认为，北方俱卢人在克什米尔。所以，布德大王的主战场在克什米尔。各种记载都表明，古代藏族发展到布德大王时代，社会经济和文化都发生了巨大变革：经济上由畜牧业为主转向以农耕业为主；开始冶炼铁、铜、银三种矿产；文化上，从波斯和大月氏交界的斯瓦特山区引入恰菲尔异道（Kafirs），形成恰苯（Bot）。但是，对于古代藏族这一次巨大历史变革，却极少有人关注并深入探讨。

各种历史因素表明，布德大王西征的起点之一，大约在西藏阿里地区日土（西汉之"乌杔国"）。他沿着狮泉河向西北进军，在印度河河谷至兴都库什山以北、帕米尔高原建立的国家，就是"难兜国"（般度国之异译）和附属之"无弋山离国"等。

我们的考证表明，"难兜""撲桃""濮达""巴尔提"（Balti）以及"般度""布德""波多""巴达（山）"、难兜国始祖Bhagadatta（班嘎达塔）等都是同音异译。清醒地看到这一点，才可以知道，所谓"土伯特"，即上部之"伯特"（布德）也。这个词，是布德大王西部种族的"自称"或者是"他称"（临近的印度人、克什米尔人、波斯人等）。时代在公元前3世纪。这与5世纪出现的"吐蕃"（秃发）无关，却因发音相近，常常被学者们搞混。

布德大王西征帕米尔高原的时代，推测在孔雀王朝阿育王（Ashoka，公元前273—前232年在位）去世后，至叙利亚塞琉古王朝安提俄古三世（公元前223—前187年）与塔克西拉王塞利苏卡签订和约年代（公元前206年）之间，即公元前231—前206年左右之间，公元前223年，叙利亚王塞琉古二世死，子塞琉古三世立不久，死于对栢加马斯的战争。弟安提俄克三世嗣位，败栢加马斯，收回失土，武功甚盛，号曰大王。

希腊历史学家波利比奥斯（Polybius，公元前204—前122）记载安提俄古三世远征的记录残卷云："他（安提俄古三世）穿过高加索，进入印度，恢复了他与印度王索发加色努斯（Sophagasenus）的友谊，接受了总数达150头之多的大象。并且在军队得到再次补给之后，又率军出征了……"这项记载，说明塔克西拉王取得叙利亚安提俄古三世的支持，"出征"共同的敌人。但是，这个敌人是何人，记录残卷没有明确记录，推测即布德贡吉大王。

我们推论的另外一个依据是安法钦译《阿育王传》（译于281—316年间）中记载，频头莎罗王派阿育王从塔克西拉北伐"佉莎国"时，没有提及难兜国。而按行军路线，必须经过难兜国（《大正藏》卷50）。由此可知，当时难兜国还没有建立。即难兜国建立在频头莎罗王之后。

另外一个有力旁证，是玄奘《大唐西域记》关于"竭盘陀国"（又写作汉盘陀、诃盘陀、喝盘陀等，今新疆塔什库尔干）的记载。该国历史悠久，"父乃日天之种"，"母则汉土之人"（应译作"秦土之人"），"然其王族，貌同中国"，"后嗣陵夷，见迫强国"。竭盘陀国，西汉称"无雷国"（按，即"无弋"之音变），是西戎人（西夜）统治的国家。后来被强国、象雄布德大王所占领。"竭盘陀国"还记载说：无忧王命世，以其故宫为尊者童受论师建立僧伽兰，地点在坦叉始罗。"故此国王，闻尊者盛德，兴兵动众，伐坦叉始罗国，胁而得之。"布德大王曾经战胜印度俱卢族于坦叉始罗。这就是所谓"故此国王……兴兵动众，伐坦叉始罗国"的历史故事。按其年代，应在"无忧王"（阿育王）去世不久，孔雀王朝分裂为二部的时代（阿育王孙达萨拉萨主管东部；另外一孙萨普拉底主管西部，即塔克西拉）。当然，这里所说的"此国"可能是包括竭盘陀在内的布德大王所有国家的历史传说；这里所说的为得到童受论师而战斗，应是后代佛教徒的附会演义。

巴基斯坦艾哈默德·哈桑·达尼著《历史之城塔克西拉》指出：僎伽王朝之前（公元前185年），孔雀王朝是否一直统治着塔克西拉，还很难说（刘丽敏译，中国人民大学出版社，2005年）。这也间接地反映了塔克西拉在公元前206年前后，不在印度人统治之下。但是布德大王占领塔克西拉的时间大约有100多年。塔克西拉出土了苯教文物及铸有"王"字的纪念银币，可为旁证（《说"王"》，《大众考古》2017年第6期）。塞克人毛厄斯（Moga）在公元前88年前后统治了塔克西拉地区。

季羡林等先生为《大唐西域记》"竭盘陀国"作注时，因不知道布德大王西征的历史，所以才说此"无忧王"当另有其人。对于竭盘陀国征伐坦叉始罗国之事，中外学者们，从来未加丝毫评论。

关于般度王与俱卢王大战的地域，有专家认为在巴基斯坦的塔克西拉。雷乔杜里（H.C.Raychaudhuri）指出："如果《摩诃波罗多》是可信的，镇群王有时候在塔克西拉进行审讯活动，而且正是在此地，据说瓦伊萨姆帕亚纳将他与俱卢与般度两族之间的巨大冲突联系到一起"（按，镇群王是《摩诃波罗多》中雅利安人的英雄；瓦伊萨姆帕亚纳，传说中的史诗诗人）。西藏传说，布德大王的王后叫班丹却娇玛，儿子叫嘎梅沃巴。

约107年左右，难兜国被贵霜王、大月氏人丘就却（库朱拉·伽德庇塞斯）消灭。从而可知，布德大王家族统治帕米尔高原共约300年。

《后汉书·班超传》记载，90年，大月氏副王谢（"双王制"时才有"副王"），将兵七万，在龟兹攻打班超，班超以计败之。到了107年，"西域反叛……因罢都护。后西域绝，无汉吏十余年"（《后汉书·班勇传》）。这里的"西域反叛"，就是《后汉书·西域传·大月氏国》论及贵霜王丘就却"侵安息，取高附地，又灭濮达、罽宾，悉有其国"。这个"濮达"也就是"撲桃""难兜"国。从此，贵霜帝国（Kushana，大夏、大月氏联合）占领了今新疆南部广大地区约20年（107—127年）。《后汉书·西域传·疏勒国》记载，107—113年间，大月氏遣兵送臣磐为疏勒王，即是例证之一。到127年，龟兹、疏勒、于阗等十七国归汉。但是，乌孙及葱岭以西从此绝于汉。大月氏人丘就却去世时，八十多岁。儿子维玛·塔克图大约也六十多岁，可能身体不佳，所以由孙子阎膏珍（维玛·卡德菲赛斯）"代为王"。《后汉书》记丘就却"子阎膏珍"是误记。如果阎膏珍是儿子，那就不必"代为王"了。

迦腻色伽大王以后，到3世纪，贵霜帝国开始瓦解。原来的难兜国和无弋山离国广大地区，分裂出了赊弥（汉代的无弋山离，唐代的识匿，元代马可波罗称弃尸尼）、巴达山（无弋山离的南部、阿富汗巴达赫尚州）、钵和（瓦罕Wakhan）、波知（乌苌国以北的吉特拉尔河上游，黩斯杜杰Mastuj）、波路（或波伦，Baltistan，中心在吉尔吉特）、汉盘陀（今塔什库尔干）等小国。印度河斯卡度至列城一带还出现了苏毗人的"阿钩羌国"（南羌），这是拉达克地区最早建立的国家。

吉尔吉特，唐代称"孽多城"，是在丝绸之路的南线上。从北魏到唐代，众多旅行家法显（401年）、智猛（404年）、宋云（519年）、惠超（727年以前）等人对它都有记述。由于上述旅行家都没有接触过羌藏文化，所以他们没有解开波路（勃律）是古藏族人国家这个千古之谜。只有唐代著名佛教史专家道宣（596—667年）特别指出"其国非印度所统"（《释迦方志》遗迹篇第四）。帕米尔高原（葱岭），从7世纪起，这里是唐朝与吐蕃反复争夺中亚的交通要道、战略要地。

如果我们的研究无误，则布德大王到达帕米尔高原的时间（约公元前231—前205年），比张骞通西域的时间（公元前139年，张骞从长安出发，被匈奴扣押10年，约公元前129年至大宛）早100年！换言之，布德大王才是我国"凿通"西域帕米尔高原的第一人。布德家族统治中亚大约300年。

在西藏学者扎敦·格桑旦贝坚参《世界地理概说》中，指出象雄（Shan Shun）中的"里象雄，应该是冈底斯山西面三个月路程之外的波斯（Par Jig）、巴达先（Bha dag shan）和巴拉（Bha lag）地区。在这的甲巴、聂查城的遗址中有座山，山上密尊的形象自然形成。木里山拉在此建巴却城……在这块土地上有大小三十二个部族，如今已被外族占领"。

该文献记载的"里象雄""中象雄""外象雄"，自西向东排列，反映了一个古老的、与今人相反的地理概念——即以西部帕米尔高原为中心。这项记载相当准确。其中，"Par jig"（波斯）就是《北史》记载的"波知国"。519年北魏使臣宋云经过波知，称"境土甚狭，七日行过"（《洛阳伽蓝记》）。今巴基斯坦吉特拉尔（Chitral）东北有波知山（Buni Zom，6541米），即宋云所谓波知国地区，附近有默斯杜杰城（Mastuj）。"巴达先（Bha dag shan）"指的是阿富汗西北部及塔吉克南部的巴达赫尚地区（Badakhshan）。此地自古至今皆称巴达山、拔达山、波多山。马可波罗称巴达赫尚州，清朝称巴达克山。"巴拉（Bha lag）"就是"博洛尔"（波路、勃律）。

"甲巴城"就是唐代所称的"迦布罗城"（今称恰托尔克汗得Chatorkhand村，又称"阿弩越胡城"，在吉尔吉特河以北，西部大山上）。"聂查城"就是唐代称的"孽多城"（Gilgit，吉尔吉特）。"有座山，山上密尊的形象自然形成"，就是"圣石"洪扎（Hunza，唐代称贺萨劳，今译为罕萨），也译作卡里马巴德（Karimabad）。

"木里山拉"在此建巴却城，就是"木里山"的"厉神（拉lha）"在此建城。木里山（即穆里山，Murree，在巴基斯坦拉瓦尔品第东北）就是辛饶·米沃且（又译为"辛腊璞"）诞生之地。换言之，是辛饶·米沃且假托穆里山"厉神"修建了这座城市。从而可知，上述三城（孽多城、迦布罗城、洪扎城）早在公元前3世纪已经存在。

　　从难兜国所处的地理位置可知，它南邻"罽宾国"（克什米尔，塞种人建立）仅175千米；它的西边就是"乌苌国"（乌仗那，今巴基斯坦北部的斯瓦特山区。马可波罗称为"帕筛州"）。总之，这里恰恰是接受古代印度、波斯、中国三大先进文明的地区。关于这一点，法国藏学家石泰安早就做出肯定（耿昇译《西藏的文明》，中国藏学出版社，1999年，第33—34页）。该地区曾被波斯大流士王（公元前522—前485年）占领过。大流士王尊奉"火祆教"（琐罗亚斯德教，Zoroastrianism）为"国教"；而"异道"受到排斥，逃往边地兴都库什山。后来，难兜国在此地建国，自然也接受了这种"异道"。在孔雀王朝时，阿育王的势力未能到达此地。

　　总之，象雄布德大王所占领的地域，即"里象雄"的范围，东南部在克什米尔，西北部在巴基斯坦西北边境（乌仗那）及以南地区（包括"塔克西拉"）、阿富汗东北巴达赫尚州、塔吉克斯坦南部及新疆塔什库尔干地区，包括了帕米尔高原全部及兴都库什山东南部地区。

　　"里象雄"的统治中心在吉尔吉特（6世纪称"沙希王朝"。唐代称"孽多城"）。1328年，罗马天主教方济各会修士鄂多立克（Friar Odoric，1265—1331），从元大都回国时，经过新疆南下，来到了"里波特"（Riboth）。并于1330年回到意大利北部小城帕多瓦（Padowa）。据我们考证，"里象雄"的俗称就是"里波特"。"里"即古藏语"阿里"，领地、属地之意；"波特"即"布德"大王之译音。地点在今吉尔吉特，被鄂多立克译为"科塔"（Gota）。这证明，"里波特"作为地名称呼，从公元前3世纪，一直延续至14世纪（何高济译《海屯行纪·鄂多立克东游录·沙哈鲁遣使中国记》，中华书局，2002年）。

三、辛饶·米保的宗教改革

　　众所周知，象雄的传统文化是西王母祭司文化（所谓"笃苯"）。布德大王统治这个地区后，辛饶·米保吸收了火祆教"异道"，主要是恰菲尔人（Kafirs）信仰的部分内容。石泰安所说的"古那瓦特拉的外道"，"古那"就是"乌仗那"。"瓦特拉"可能是乌仗那国首都首揭釐。恰菲尔人属于高加索人，长头型，蓝眼，黑头发。辛饶·米保（辛饶·米沃且）把崇拜阿修罗神与古老的"天神"信仰相结合；把火祭与古老的"煨桑"（烧香）相结合；他还接受若干祭祀及丧葬方式（骑鼓升天、鸟羽截铁、放血治病、殡葬仪轨）等。他还把火祆教军神"苍鹰"与"琼"对接；把火祆教神鸟"森穆夫"与"青鸟"对接。

　　当然，他也把"雍仲"（万字）符号、昆仑山符号（按古昆仑山即甘肃省酒泉南山，所谓"星月纹"，实际上是"日月合璧纹"）带到了中亚。这是一次重要的宗教改革。它使原始的"笃苯"改造成新的、有理论体系的"恰苯"。苯教得名，则是归功于布德大王之教也。故称为Bot，不是Bon。

西藏晚期历史记载，辛饶·米保是大食莫隆仁人。所谓"大食"，是指该地曾经归属过"大食"（按，指黑衣大食，阿拔斯王朝，749—1258年。9世纪中叶分裂为十余国。其中萨法尔王朝867年独立，占领印度河东岸。此后，999—1030年加兹尼王朝马茂德也统治过这里）；所谓莫隆仁，是指今巴基斯坦拉瓦尔品第东北方的穆里山区。在古代，这里是难兜国与罽宾国的交汇处。辛饶·米保中的"辛饶"，即"咸"或"辛"（苯教巫师）也；"米保"又译为"米沃且"。即西王母"么姐"家族的人。么姐就是今青海省湟河之称。女国的女王"字末羯"，刺杀赤祖德赞赞普（汉文：可黎可足）的苯教大臣"末羯刀热"，也姓么姐（末羯）。西藏传说，辛饶·米沃且的母亲叫阿尼贡拉杰姆，妻子叫赞丹洛仲玛。辛饶·米沃且所处的时代，推测在公元前230年以后不久，与布德大王同时代。但是，苯教应该追溯到古昆仑山"西王母祭司文化"，则其起源在公元前13世纪以前。按商代武丁时代甲骨文已经祭祀"西母"。

需要说明的是，"万字"符号（Swastika）常常被西方学者们解读为印度文化所创造。印度河流域文明（哈拉帕、摩亨佐达罗）的印章中出现过万字符号，时代属于公元前2300—前1750年。但是，在中国青海省民和县出土的马厂类型陶壶上有万字符号，距今6300年，比印度早2000年；乐都县柳湾遗址出土彩陶上有万字符号，距今4000多年，与印度河流域文明时代相近。从图像学考察，"万字纹"来源于"变形鸟纹"。甘青地区是西王母文化诞生地。西王母文化创造了"万字纹"。所以，"万字纹"大量存于西藏岩画中。约翰·马歇尔（John Hubert Marshall）在巴基斯坦塔克沙西拉（Taxila）的西尔卡普遗址中，就发掘出一件石雕圆盘，刻以"万字纹"（反时针方向），时代属于公元前1世纪至1世纪中期。约翰·阿兰描述，塔克沙西拉钱币上用的典型符号有万字、星月纹等。在新疆尼雅遗址出土了一件木碗，底部刻有"万字纹"（反时针方向），时代属于3世纪。这都是苯教文化向西方传播的结果。

另外，日月合璧纹，代表的是古昆仑山（今酒泉祁连山南山）——"日月山"（日月休止之山）。图像早已出现在青海、西藏等地。《穆天子传》已经记载了"日月之旗，七星之纹"（公元前10世纪）。在中亚粟特人地区，也有发现。粟特人信仰的大神——"得悉神"，就是大西王母神（参见拙著《中国西部人的灵魂归宿——日月合璧止于昆仑》，《大众考古》2017年第4期）。日土县曲嘎尔羌岩画中及其附近日月岩画，共计5幅（图一）。至迟属于春秋战国时代。有学者看到波斯萨珊王的宝冠上有日月纹，就说这种纹样来源于波斯萨珊王朝（226—651年），实为本末倒置，岂不可笑。

2世纪时初，贵霜帝国（大月氏，78—390年）扩张至此地，吞并了难兜国（濮

图一　西藏日土县岩画"献俘图"

达）。则此时布德族人虽然信仰苯教，但是，该地区应已有佛教徒居住，他们开始"接触"佛教。据北京大学晁华山教授介绍，近年，德国与巴基斯坦学者调查表明，"在吉尔吉特河谷车站和洪札（罕萨）车站附近，有佛教题记，相当于贵霜王朝及其前后的一段时期"（国家文物局教育处编《佛教石窟考古概要》，文物出版社，1993年，第289页）。由此可知，古代藏族人接触（不等于"接受"）佛教应在2—3世纪之间。藏区的所谓许多"伏藏"，大概是由此而产生。据《法显传校注》记载，401年高僧法显游历了"陀历国"（Darel），这里的人信仰小乘佛教，还造过一尊"木雕弥勒菩萨像"，高八丈（约10米）。陀历国，玄奘称之为"达丽罗川"，曾经是乌苌国的首都。这个地点今称"代鲁"，与"巴尔提"相邻（巴尔提斯坦的东部到斯卡杜，现代巴尔提斯坦的居民是混血种族）。《通典》卷192记载：658年，"由罽宾国东北至难兜国九日程"。难兜国就是玄奘记载的"钵露罗"国（即勃律）。玄奘（600—664）在《大唐西域记》中记载"钵露罗"国（即勃律）"文字大同印度，言语异于诸国。伽蓝数百所，僧徒数千人。学无专习，戒行多滥"。可知644年勃律国的佛教已经很发达。该国的"言语异于诸国"，因为讲古藏语；"文字大同印度"，这就是古象雄文，因为象雄文源于古代印度的婆罗谜文。727年前不久，新罗人、少林寺僧惠超《往五天竺国传》中记载："大勃律国""杨同国""娑播慈国"，"亦有寺有僧，敬信三宝。若是已东吐蕃，总无寺舍，不识佛法"。《册府元龟》卷975，外臣部的记载证实了此说：天宝四载（745年）七月，"小勃律遣僧大德三藏伽罗密多来朝，授右金吾卫员外郎将，放还蕃"。他比寂护到吐蕃早18年。意大利图齐也说"早在莲花生等人入藏弘法之前，拉达克已有佛教"。

考古发现证明了这一点。在吉尔吉特西郊5千米处，有高浮雕立佛像龛。佛的形象，类似敦煌的"王舍城瑞像"，时代约7世纪。另外，在斯卡度城北，有摩崖线刻及浮雕的一佛二菩萨（弥勒、观音）大龛，时代约11—12世纪。上述事实都证明：勃律国的佛教发展及使用文字早于吐蕃几百年。吐蕃赤松德赞赞普（755—797）时代，763年寂护、莲花生是从斯瓦特（乌仗那），经过勃律去吐蕃的。劳费（B・Laufer）研究表明，斯瓦特的莲花生入藏故事，是用勃律语传播的。在北宋（966—976年），有一批汉地僧人去西域求佛法，路经"布路州国"，也就是勃律国（《宋史・天竺传》）。

总之，我的初步研究表明，古代苏毗人在西藏建立的第一个国家是公元前3世纪以前的"乌托国"（中心在阿里日土县班公错），参见拙著《"乌托国"与"权於摩国"》（《大众考古》2015年第10期）；在中亚建立的第一个国家就是由布德大王家族所建立的公元前3世纪的"难兜国"（包含"乌弋山离"等国），中心在吉尔吉特。它应属于古代象雄（大羊同国）十八王国中最西边的一国，即上部伯特——"土伯特"。参见拙著《对甘孜地区历史文化的考古调查》（《社会科学战线》2013年第3期）。

如我们的推论无误，则"乌托国"比"吐蕃王国"（440年由南凉后裔秃发樊尼建立，即"聂赤赞普"。详参拙著《探究吐蕃源自匈奴》，待刊）早七八百年，是古代藏族历史上一次大飞跃，其历史意义十分重大。象雄文是存在过的文字，它由孔雀王朝（公元前322—前185年）的婆罗谜文演变而来。因此，象雄文的出现，应该在贵霜统治以后，即2世纪以后的若干世纪中。

藏学家根据敦煌藏文文献及苯教经典的研究，认为"古象雄"的"里象雄"在帕米尔一带，是完全可信的。著名藏学家德国A・H・弗兰克在《西部西藏史》（1907年，伦敦）中指出：从西藏日土的班公湖向西北……直到巴基斯坦北部的吉尔吉特，是高原西部岩画的重要分布区。中央民族大学张亚莎教授在《岩画的类型与部族的迁徙》中，把西藏岩画分为四种风格。其中c风格"生动而形象地诠释了藏西苯教文化发展与繁荣的过程"。她在"演变图"中，把c风格传入西藏西部的时间定在距今2000年以前，即中国西汉时代。这与我们的推断吻合（参阅《西藏人文地理》2010年9月号）。

敦煌藏文古卷子中，有一部分特别值得注意。据此，英国F.W.托玛斯编写出《东北藏古代民间文学》（四川民族出版社，1986年）。这类古卷子与吐蕃文化显然不是一个语言、文化系统。其中说到的"机国"（或译作"金国"），就是《青唐录》中提及的"绝及国"。该国就是青海省共和县、黄河河曲的切吉草原——古代的"赐支"国，中心在恰卜恰西部。而"南木国"就是金沙江上游东岸的"多弥部"，号称"南茹""难磨"。中心地点在四川甘孜州德格县。有人以为在西藏纳木错，不对。总之，"机国"与"南木国"都属于古代西戎文化，用"西戎语"，但没有文字。所以这类古卷子使用古藏文拼写"西戎语"。今人有称"南语"者，毫无道理。

马可波罗游历过"吐蕃州"（甘孜藏区）[*]

  著名的意大利旅行家马可波罗（Marco Polo，1254—1324）在他的《马可波罗行纪》（冯承钧译本，上海书店出版社，2001年）中记述，他离开"成都府"后，进入"吐蕃州"，用两章篇幅（第114章及第115章）作了描述。然后，他从"吐蕃州"去了"建都州"（今四川省西昌市）。

  关于这段行程，著名元史专家、南开大学杨志玖教授作了如下评论："马可说他从成都骑行5日即进入吐蕃之地，从此前行20日到达建都（今四川省西昌市），再骑行10日，渡不鲁思大河（金沙江）后进入哈剌章（指云南省）地，离此河西行5日，到达首府城市鸭赤（今昆明市）。前人（如丁谦与沙海昂）释此行程认为，马可经吐蕃之地路线是出理塘、巴塘，渡金沙江，由丽江入云南。"而在1991年10月6日到9日在北京劳动人民文化宫隆重举行的"马可波罗国际学术研讨会"上，南京大学陈得芝教授"据路程远近、所需日期及元代驿站设置路线证明其错误"，指出：马可从成都至云南，应与古来已有的经雅州（今雅安市）至建都的捷径，以及后于马可入云南二年所设的"黎雅站道"，而无须经过远在成都至西昌路之西、路程遥远而艰难的理塘。黎州，治今汉源县，自雅安经汉源至西昌，由北而南，近于直线，正是马可自成都到云南的路线^①。

  看来，1915年的丁谦先生和1991年的陈得芝先生所做的只是在地图上推演"马可波罗路线图"。丁先生推演的路线，虽然"路程遥远而艰难"，但他承认马可波罗去了"吐蕃州"；而陈先生推演的路线，不顾《马可波罗行纪》的记述内容，似乎把马可波罗当成了"驿马快递"，从而舍去了"吐蕃州"^②，错误更大。

  依笔者愚见，必须从《马可波罗行纪》中追寻根据。马可波罗游历过"吐蕃州"，应是事实。他描述此地："堡镇"（古碉）建于"悬崖之上或山岭之巅"；"数地川湖中饶有金沙"；"有无数番犬（藏獒），身大如驴"；"良鹰甚多"；

原载《中国西藏》2013年第1期。

 ① 杨志玖：《马可波罗在中国》，南开大学出版社，1999年，第233—234页。

 ② 陈得芝先生承认马可波罗经过了"雅州"。该地于1258年被蒙古军攻克，到1283年分归吐蕃管辖。所以，1280年马可波罗过此地时，此地还不属"吐蕃州"。

"此州昔在蒙哥汗（1251—1259年间执政）诸战中，曾受残破，所见城村，业已完全削毁"；"居民是偶像教徒"；"以盐为货币"；等等。以上描述均与今川西藏区历史、地理相符合。

更重要的是，我们发现了马可波罗游历过"吐蕃州"的铁证。《马可波罗行纪》第115章记载："此吐蕃州是一极大之州……地与蛮子及其他不少州郡相接……其境甚大，内有八国及环墙之城村甚众。"

成都西边的大山（今称邛崃山）中及其以西地区，自唐代以来，存在过"八国"，屡屡见于史乘。

第一，《旧唐书·韦皋传》记载贞元九年（793年）四月，"（韦皋）乃命大将董勔、张芬出西山及南道，破峨和城、通鹤军。吐蕃南道元帅论莽热率众来援，又破之，杀伤数千人，焚定廉城。凡平堡栅五十余所……（七月）又招抚西山羌女、诃陵、白狗、逋租、弱水、南王等八国酋长，入贡阙廷"。贞元十一年（795年），加韦皋"统押近界诸蛮、西山八国兼云南安抚等使"。《旧唐书·德宗本纪》贞元九年七月条也记载了此事，并指出东女国王杨立志（即汤立悉）、诃陵（哥邻）国王董卧庭、白狗国王罗陀忽、弱水（金川）国王董辟和、逋租国王弟邓吉知、南水（小金川）国王俫尚悉囊等"自来朝贡……各授官遣之"。

第二，《旧唐书·东女国传》记载得更为详尽："贞元九年七月，其王汤立悉与哥邻国王董卧庭、白狗国王罗陀忽、逋租国王弟邓吉知、南水国王俫薛尚悉曩、弱水国王董辟和、悉董国王汤息赞、清远国王苏唐磨、咄霸国王董邈蓬，各率其种落诣剑南西川内附。……自中原多故，皆为吐蕃所役属。其部落，大者不过三二千户，各置县令十数人理之。"

第三，《新五代史·后蜀世家》记载，后唐长兴四年（933年）二月，册封后蜀孟知祥曰："制以知祥检校太尉兼中书令，行成都尹、剑南东西两川节度，管内观察处置、统押近界诸蛮，兼西山八国云南安抚制置等使。遣工部尚书卢文纪册封知祥为蜀王……"

第四，更令人兴奋的是，1997年10月在河南省偃师首阳山唐代墓葬中，出土了颜真卿（708—784）撰文并书丹的《唐故工部尚书赠太子太师郭公墓志铭并序》墓志（志高104.8、宽106、厚16厘米）。墓志记载了郭虚己（691—749）在天宝五年（746年）任"蜀郡长史、剑南节度支度营田副大使、本道并山南西道采访处置使"以来，"前后摧破吐蕃，不可胜纪。有羌豪董哥罗者，屡怀翻覆，公奏诛之，而西山底定，特加银青光禄大夫、工部尚书。七载（748年），又破千碉城（按，千碉城即东女国之都，地在今四川省甘孜藏族自治州丹巴县梭坡乡，王宫遗址犹存），擒其宰相。八载（749年）三月，破其摩弥、咄霸等八国卅余城，置金川都护府以镇之"[①]（图一）郭虚已事迹，见于《旧唐书·玄宗本纪》天宝五载八月"以户部侍郎郭虚已为御史大夫、剑南节度使"，依墓志，郭虚已是"剑南节度支度营田副大使"，而不是"节度使"。郭虚已墓志是关于西山八国的最早、最翔实的史料。

　　总之，上述历史文献和考古资料都证实了东女国及其"八国"的存在。马可波罗如果没有到过该地区，是万万不会知道大山里有八国的。时至今日，连我们许多历史学家还不知道这八国，元代的意大利人何以知之？

　　那么，这大山里的东女国及其八国在什么地方呢？据郭虚已墓志，"七载，又破

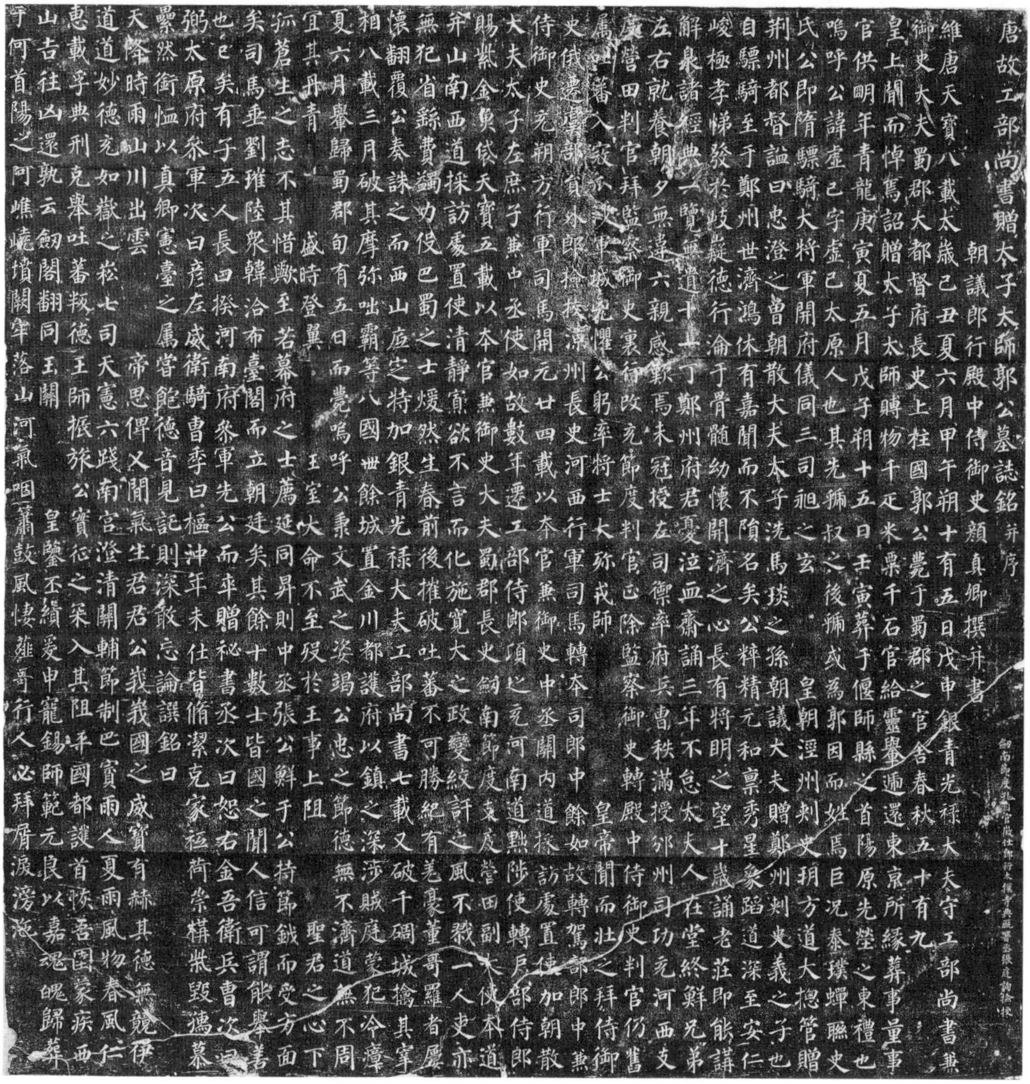

图一　颜真卿书郭虚已墓志拓本（局部）

[①]　樊有升、鲍虎欣：《偃师出土颜真卿撰并书郭虚已墓志》，《文物》2000年第10期。

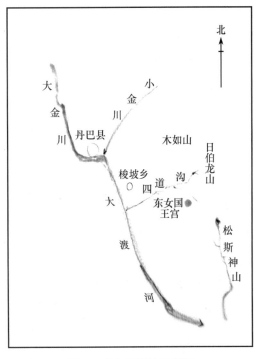

图二　东女国遗址示意图

千碉城，擒其宰相"，则千碉城必是一国王宫所在，即东女国王宫所在。考古调查证实，在今四川省甘孜藏族自治州丹巴县梭坡乡西边（按，"梭坡"应是建立东女国的古代"苏毗部"，而不是蒙古人的意思），至今保存着东女国王宫遗址，今有古碉175座。2012年3月，笔者委托田光岚女士到现场画了素描示意图（图二）。王宫在山上，地势险要，由古碉群组成，环绕着围墙，外围大山也由古碉环护着。

八国之一的"白狗国"又写作"白苟"。白狗羌为牦牛羌的一支，汉代已存在。白狗国早见于《隋书·附国传》。其地理位置很明确，在《新唐书·地理志》六，剑南道"维州维川郡"下记载："武德七年（624年）以白狗羌户于姜维故城置，并置金川、定廉二县。……广德元年（763年）没吐蕃，太和五年（831年）收复，寻弃其地。"唐代威州故城在今四川省阿坝藏族羌族自治州理县。定廉县在维州以西，金川县在更西的金川（又称"弱水"）上。

又依《旧唐书·东女国传》记述，"弱水王即国初女国之弱水部落"，"其悉董国，在弱水西"即大金川以西地区。《旧唐书·地理志》云，白苟羌的一支，分布南至管州（今泸定县）。

由上述分析可知，东女国及其八国的分布地域北界在阿坝藏族羌族自治州金川县至理县，南界在甘孜藏族自治州雅江县至泸定县，中心区域在甘孜藏族自治州道孚县、丹巴县（丹巴，藏语称"诺米章谷"，即山崖上的城堡）至阿坝藏族羌族自治州的小金县。在元代，这个地区的政令中心在"宁远府城"合达（《元史》上又写作"匣答"），今人读作"噶达"，就是今道孚县协德乡所在地。该城建于至元二年（1265年），至元十三年（1276年）九月设置宁远府，宁远安抚司驻此，属朵甘司宣慰司都元帅府统辖。马可波罗于1280年到此地旅行时，宁远府城刚刚设置四年。

另外，早在1253—1254年忽必烈从临洮南下，征伐大理国时，先南下忒剌城（今甘南藏族自治州迭部县达拉乡），分兵三道。其东道及中道经四川省阿坝藏族羌族自治州、甘孜藏族自治州南下，再到满陀城（四川省汉源县盘陀寨）渡大渡河南下。

根据上述分析，我们推断马可波罗过吐蕃州的路线：成都—都江堰—过四姑娘山—小金县，计300千米，行5日。小金县—丹巴县，60千米，行1日。丹巴县—噶达城

（宁远府），140千米，行2日。噶达城—过折多雪山，经打箭炉（康定）—泸定（有沈村渡口），行4日。泸定—石棉—西昌，行6—7日。其中丹巴、噶达及泸定是其必经之地。

　　更有趣的一个问题是，《马可波罗行纪》在第67章中说"成吉思汗与长老约翰之战"以后，"至第六年（1227年）终，进围一名哈剌图要塞之时，膝上中流矢死。世人惜之，因其人勇智也"。关于成吉思汗的死因中，只有马可波罗提及围哈剌图（Calatuy）要塞时，膝上中流矢而死。这与《元史》记载成吉思汗死于"哈老徒之行宫"相一致。马可波罗的消息来源，只可能是从吐蕃州听来的，因蒙古黄金家族一向对此严守秘密。那么，"哈老徒""哈剌图"与本文谈及的"合达"是什么关系呢？这一问题很值得深入探究。需要说明的是，为了探寻蒙古史迹，笔者在甘孜藏族自治州政府的支持下，于2011年5—9月间，先后三次考察了甘肃省甘南藏族自治州，四川省阿坝藏族羌族自治州、甘孜藏族自治州，青海省玉树藏族自治州，西藏自治区昌都市，云南省迪庆藏族自治州，行程4000余千米[1]。其中在协德乡作了五天考察[2]。就是在上述考察时，多次驻扎丹巴县及道孚县，有机会了解"东女国"及"八国"的故事。

---

[1]　考察部分成果参看《甘孜日报》相关报道。又见《中国西藏》2011年第4期及2012年第2期。
[2]　《道孚县协德乡出土木雅神像》，《甘孜日报》2011年9月14日。

东女国历史概况

 最近读了藏族学者、藏族民俗文物收藏家阿旺·丹贝降参编著的《叙说东女国》（由田光岚女士整理，2012年冬，内部刊行），颇有收获。这是关于东女国的藏族民间传说的唯一一部专著，很珍贵。我们结合两次考察及汉文史料，可将东女国历史概括、推测如下。

 1. 关于"虢氏"，应是羌族传说中的"戈基氏"，指西戎人"河氏"。东汉时青衣羌以宝兴县为根据地，融合了一部分牦牛羌，向北发展，与"河氏"融合。南北朝时称作"嘉良夷"，也就是"八国"中的"歌邻国"。英雄人物是阿米格尔东（降妖除魔的英雄）。

 2. 关于"穆氏"，应是木雅人（婢药），顺大金川南下。英雄人物是纳顶东纳（半边黑脸、半边白脸的英雄），崇拜墨尔多神山。木雅人属于党项羌，663年以后大部分迁往北方庆州地区。

 3. 关于"噶氏"，据《北史》记载，"附国"（以甘孜州道孚县为中心）之西有"东女国"，应在金沙江以西的昌都地区。618年，吐蕃消灭了东女国，部分人向东迁移，仍称东女国。他们崇拜女神——什巴杰姆（据考证，就是咸野媄——西王母）。据《旧唐书·东女国传》记载，东女国女王称"宾就"，有大小八十余城。其余小国王有汤滂氏（618—626年间）、敛臂（686年左右）、俄琰儿（692年左右）、赵曳夫（741年左右，唐朝封为归昌王，男性）、汤立悉（793年左右）等。东女国以金川县马尔邦乡独脚沟为"王城"，接受嘉良夷文化，整合了八国。

 4. 645年，"穹窿银城"的象雄王李聂嘉被吐蕃墀松赞普消灭。此后，王族的一支逃亡至此地。也就是"花卵"所生的王子琼坡查牧。他与东女国女王拉姆当登满结婚，生了四男、四女。苯教获得大发展，755年重建了苯教寺院——"拥仲拉斯顶寺"（原是祭坛）。

 5. 第九代女王时，东女国进入全盛时代。王宫主碉楼有18层高。但是不久男权上升，可能与连年战争有关。742年，"复以男子为王"。

 6. 为了与唐朝争夺西山八国地区（今阿坝藏族羌族自治州松潘县至甘孜藏族自治州地区），吐蕃在其东北部长期驻军数十万。攻克了唐朝的"金川都护府"（今金川县北古堡），绰斯甲地区驻有吐蕃军。9世纪中叶，吐蕃大分裂。绰斯甲驻军首领克洛斯加布，乘机担任了绰斯甲首任土司。东女国开始有分裂趋势。

7. 东女国的衰落，起源于四大土司（绰斯甲土司、革什扎土司、沃日土司、梭摩土司）的兴起。它们挑战女王的权威。大金川土司于秦汉时期即已存在，时称千碉国。

8. 东女国的灭亡，大约在11世纪。当时，灵国（国都在德格县俄支乡）格萨尔王兴起，四处征战，消灭了东女国。最后一位女王叫仁青美。11—12世纪间，有一批受古格国王益西沃迫害的苯教徒东迁到这里。

9. 历史上兼领过西山八国的汉地官员，有韦皋（795年起）、李德裕（830年起）、孟知祥（933年起）等。唐朝将军郭虚己（691—749）（图一）征讨过西山、八

图一　颜真卿书郭虚己墓志

国（746—749年），还在这里建立了"金川都护府"，大约存在十年时间，又被吐蕃夺去。

10. 大约从11世纪起，"八国"蜕变成了"十八土司"。1253年，忽必烈南下灭大理国时，投附蒙古。后来，在这里诞生了振兴苯教的大师年美·西绕坚赞（1355—1415）。在女王王宫西南的嘎达山间，有苯教壁画两处（全国共有六处），属于明代前期，十分珍贵。十八土司续存至清代（十八土司中，有的原来不在"八国"之中）。信奉苯教的主要是大金川土司和绰斯甲土司。

总之，四川西部山区是历史风暴中的避风港（乾隆朝除外）。

附：东女国王城考察纪要

应金川县委县政府的邀请，中国著名考古学家、原龙门石窟研究所（现龙门石窟研究院）所长温玉成教授一行于2013年4月15—17日考察了东女国王城遗址。自2012年春天，温教授在金川考察以来，不仅参阅了汉文历史文献，并同藏族学者、藏族民俗文物收藏家阿旺·丹贝降参共同对大量藏语文献和传说进行研究，由当地学者田光岚等多次踏查以后，找到了线索。此次温教授前来进行考古调查确认（图二—图八）。

据藏语文献记载，东女国王城位于"芒那色雄"，王城南面是脚尔基神山，北靠甲尔木神山。温教授的考古调查证实，东女国王城遗址位于金川县马尔邦乡独脚沟村东侧，王城坐标为：北纬31°34′4″，东经102°7′39″。王城平面形状如鸟卵，南北约1500米，东西约1000米，全国独此一处。遗址建在三座山头构成的大鹏鸟形状的大山西侧，由多层台地组成。王城的周围巨石和碎石垒砌的城墙保存基本完整，最典型一处宽4米，另外有一段残高最高2.3米。王城内还发现古代碉楼遗迹一座，底座平面7米×7米。古寺院一座，在寺院周围散布白塔三座以上。根据温教授初步判断，该寺庙建于后弘期初期，大体相当于北宋年间。经过试掘，在寺院遗址中出土很多瓷片，包括元代钧瓷瓷片，元及明代的青花瓷片、孔雀绿瓷片等，另外还出土了陶土烧制的佛龛装饰莲花瓣、龛柱等构件。在场的温教授以及阿旺·丹贝降参确认寺庙的建筑时间不晚于宋朝。

千百年来，关于东女国的位置始终扑朔迷离，众多专家学者莫衷一是。此次温教授的考古调查，为四川省历史考古增添了光辉一笔，更为学术界研究东女国文化开启了大门。为进一步探索"西山—八国"的历史地理迈出了坚实的一步。这是第三次全国文物普查以后最重大的发现。

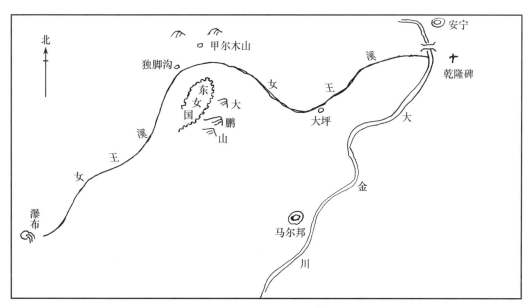

图二 东女国王城示意图

图三 东女国王城旧址马尔邦乡独脚沟村

图四　考古现场

图五　东女国王城出土陶瓷

图六　2013年5月23日座谈会

图七　金川县东女国后裔跳舞

图八　金川县景色

雅江县"白狼国"考古调查

白狼国，最早见于《后汉书·西南夷列传》。文云："自汶山以西，前世所不至，正朔所未加。白狼、槃木、唐菆等百余国，户百三十余万，口六百万以上，举种奉贡，称为臣仆。……（益州刺史朱辅）上疏曰……今白狼王唐菆等慕化归义，作诗三章。"

白狼王唐菆等人，曾经走了百天到首都洛阳去进贡，并唱了歌谣三首：《远夷乐德歌》《远夷慕德歌》《远夷怀德歌》，表达了白狼族对大汉朝廷的羡慕及归附。谣云，白狼人"蛮夷所处，日入之部。慕义向化，归日出主。圣德深恩，与人富厚。冬多霜雪，夏多和风。寒温时适，部人多有。涉危历险，不远万里。去俗归德，心归慈母"；而他们过去却是"食肉衣皮，不见盐谷"。有趣的是，这种"四言体"歌谣，竟然与周穆王在昆仑山"瑶池"（今祁连山上的"大海子"）会见西王母时，西王母唱的"四言体"歌谣一致。

"永元十二年（100年），旄牛徼外白狼、楼薄蛮夷王唐缯等，遂率种人十七万口归义内属。诏赐金印紫绶。小豪钱帛各有差"。所以，白狼人与汉族有密切接触。

从而可知，东汉时代白狼国的位置在"汶山以西""旄牛徼外"。汶山在今四川省阿坝藏族羌族自治州，牦牛县在今四川省汉源县。《新唐书》说白狼国"左属党项，右与多弥接"。"多弥"即今金沙江畔的四川省甘孜藏族自治州德格县一带。从上述情况分析，白狼国在青海省果洛藏族自治州巴颜喀拉山地区（清代称"郭罗克"，以"下郭罗克"即今青海省班玛县为中心）。

历史学家、地理学家并不知道白狼国（白兰国）的确切位置。例如，谭其骧《中国历史地图集》"南北朝图"把白兰国标示在青海省玉树西北的通天河段（都兰—格尔木）；郭沫若《中国史稿地图》"西汉图集"则把白狼夷标示在大渡河—雅鲁藏布江一带。

白狼人属于什么民族？吐蕃人称白狼人谓"滇零"。"滇零"是"西零"（或"先零"）的一支。"先零"就是青海湖畔的西王母部族，即西戎人。白狼王唱"四言体"歌谣，可为旁证。汉宣帝时代（公元前73—前49年），先零等部五万人被汉军击溃。少数人西遁，到了果洛藏族自治州地区，与当地西羌族融合。因此，他们使用羌语，并把阿尼玛卿雪山叫作"昆仑山"（主峰玛卿岗日，海拔6282米），因为他们从昆仑山（公元前623年以后，指青海省日月山）迁徙而来。

444年，北魏攻打吐谷浑王慕利延。白狼人受惊吓，可能有一支向南逃跑，在雅砻江大峡谷以西的雅江县、理塘县、巴塘县一带生存下来。因为，雅砻江大峡谷以东，有强大的"绌霸国"（扎巴国，清代称"渣坝"）——东女国等"八国"之一。此有待证明。

白狼或称白兰。《周书·异域传》称，"白兰（即白狼）者，羌之别种也……保定元年（561年），遣使献犀甲、铁铠"（按，白兰国是高寒地区，不产犀牛。故，"犀甲"应该是从印度进口）。

《新唐书·西域传》说白狼国有"胜兵万人，勇战斗，善作兵……武德六年（623年），使者入朝……贞观六年（632年）……内属……龙朔（661—663年）后……为吐蕃所臣，藉其兵为前驱"。从656年起，吐蕃大将禄东赞率兵十二万击败白狼国。657年，唐朝去印度的使臣王玄策经过白兰羌，到多弥国。从而可知，此时白兰羌仍然在原居地。可能在此后，受到吐蕃打击，举族向南迁徙。唐代白兰（白狼）人大约有五六万人。此后，白狼人则逐渐吐蕃化（即藏化）。

《册府元龟》卷961记载，"白兰土出黄金铜铁。其国虽随水草，大抵治慕贺川，以肉酪为粮，颇识文字。其男子通服长裙，帽或戴羃罗。妇人以金花为首饰……地宜大麦，而多蔓菁，颇有菽粟。出蜀马、牦牛"。

据我们考证，"慕贺川"即大金川上游的麻尔柯河，经过青海省果洛藏族自治州班玛县，流向四川省阿坝藏族羌族自治州马尔康市（参见谭其骧《中国历史地图集》"清时期·四川图"）。

2012年7月22日，我和《甘孜日报》总编辑根秋多吉、西南民族大学学生卓玛青措（女）等同志，考察了雅江县西俄洛乡的郭岗顶遗址。该遗址是四川省文物保护单位。山城在海拔3850米的高地上，面积约8000亩。残存建筑遗迹多处。现有元代寺院遗址，面积为35.4米×24.8米。主殿面积约100平方米。内有枯死古树，直径3米，高15米。寺院大约在清代被毁。

《雅江县志》云，汉代，雅砻江以东为牦牛羌，雅砻江以西为白狼羌（巴蜀书社，2000年）。此说不确。汉代的白狼羌仍然在果洛州。南北朝时期，雅江县雅砻江以西属于白狼羌。雅砻江以东属于嘉良夷（按，有石棺藏多处为证。如呷拉石棺葬群3座、足尼堡石棺葬群50座、本家地石棺葬群100座、八角楼石棺葬群15座等。唐代以来则属于"绌霸国"）。

据出土的、颜真卿书《郭虚己墓志》记载：749年三月，唐朝大将军郭虚己（691—749年）曾经攻破东女国、"摩弥、绌霸等八国四十余城，置金川都护府"。

据我们考古调查，该"金川都护府"遗址在金川县北喀尔乡，即今"叶儿基城址"（平面呈椭圆形，面积约3400平方米。夯筑土城，内侧砌石条。现存城墙209米，高12米，厚3米）。至德年（756—758年）后，"金川都护府"被吐蕃夺取。所以，两《唐书》讳忌记载此事（研究唐史者亦不知此事（参见河南省偃师首阳山1997年10月出土颜真卿撰并书《唐工部尚书赠太子太师郭公墓志铭并序》）。绌霸国属于东女国等八国之一。中心在道孚县南部的扎坝乡（今亚卓乡），至今保存有独特的"扎坝语"。由此，沿鲜水河向南，就是雅江县河口镇。

寺院古塔基内文物，2002年被盗，出土文物有泥塑像、琉璃制品（水果）、铜钵、骨雕小鸟、古藏文经书残片等80余件。今存郭萨寺中。根秋多吉解释，在藏语中，"俄洛"与"果洛"相同。白狼人迁徙后，仍然使用家乡的地名。

据《中国文物地图集·四川分册》雅江县"郭岗顶遗址"介绍："相传元至正十八年（1358年），西藏萨迦寺指派仲嘎吉村喇嘛赴京朝见皇帝归来，创建寺庙，清末失火被毁"（文物出版社，2009年）。

出土文物属于吐蕃、元明清不同时代。说明该寺早期属于苯教（Bot）寺院；元明时代改为萨迦派佛教寺院，故将苯教造像放入地宫中。其中有大型泥塑头像多件，都是面相丰满，长着杏核般大眼，充满笑意；有的张口吐舌，生动活泼，栩栩如生，反映出大唐盛世的气概和西域（吐蕃）风格（图一——图三）。多件残肢，反映他们身躯强壮。其中，赤面火头三眼苯教神祇，可能是苯教的火神"真"，令人注目。可能是吸收了佛教火头金刚所作。苯教重视火祭仪式，即藏族所谓"煨桑"。供养火神，需用山羊血和肉。

另外，赭面吐舌少年，反映了高原民族（如木雅人、白狼人、多弥人、党项羌、吐蕃人等）特有的"赭面"习俗。

根据止贡巴·玖旦贡布（1143—1217）的记载，"笃苯"传说，这位少年，可

图一　雅江县白狼国出土陶头像

　　能是康巴地区被魔鬼附身的13岁少年。后来到藏区遨游13年，传播苯教。26岁时得到制服魔鬼的法力（参考弘学主编《藏传佛教》第一章第二节苯教，四川人民出版社，1996年）。推测出土的"赭面吐舌少年"头像，可能是苯教神祇。

　　小型泥塑属于元明清不同时代。其中，"降魔印"释迦牟尼佛残件，证明他们改信了佛教。蓝色琉璃制品（瓜果），是从外地（波斯）进口的，反映他们与西方文明有物质、文化交流。

　　关于这批大型文物的年代，典型的是"骨雕小鸟"（图四）。这种口衔绶带的小鸟是波斯火袄教"神鸟"。其地位与苯教"琼"类似，被苯教所吸收。在青海省都兰县吐蕃古墓（血渭一号大墓）出土过，时代属于9世纪（许新国《西陲之地与东西方文明》，北京燕山出版社，2006年）。据此推测，郭岗顶遗址寺院塔基内出土的早期大型文物属于吐蕃时代。

图二　吐舌少年像　　　　　图三　吐蕃式发饰　　　　　图四　骨雕口衔绶带神鸟

　　这是迄今为止首次发现白狼国历史文物，也是首次发现并确认吐蕃时代苯教文物，意义十分重大，值得深入研究。

　　附记："藏人文化网"的根秋多吉是笔者考察藏区的助手、摄影师、藏语翻译。本文图片为其摄影作品，已征得其同意使用。在此致谢！

鄂多立克所过"里波特"考

　　意大利天主教方济各会修士鄂多立克（Friar Odoric，1265—1331），于1314年从威尼斯启程东游。1322年到达元大都（北京），居三年多，又游历中国南方各地。1328年，从大都启程归国。经历内蒙古（天德军）、新疆等地，转道波斯、阿拉伯，1330年回到意大利帕多瓦（Padova）。著有《鄂多立克修士的亚洲之行》或译为《鄂多立克东游录》（何高济译《海屯行纪·鄂多立克东游录·沙哈鲁遣使中国记》，中华书局，1981年）。

　　鄂多立克经过新疆后，来到一个叫"里波特"（Riboth）的地方。他介绍说，此地属于蒙古大汗，与印度接壤。人们住在黑帐篷中。首府非常漂亮，建筑物用白色石块砌造，地面用石块铺成，此地地名叫"科塔"（Gota）。该地区信仰偶像教（佛教），盛行"天葬"等。

　　据此，许多学者认为"里波特"就是西藏。显然，"此地属于蒙古大汗，与印度接壤""该地区信仰偶像教（佛教），盛行天葬"等是符合的；但是，西藏查不到"里波特"及"科塔"地名；而拉萨也没有"地面用石块铺成"。更不可理解的是，鄂多立克为什么从新疆绕路西藏拉萨，再去波斯？

　　当然，也有人反对西藏说。如德国劳佛尔（Berthold Laufer，1874—1934）在《鄂多立克到过吐蕃么》中，即表示异议。

　　瑞士学者米歇尔·泰勒（Michael Taylor）在《发现西藏》（耿昇译，中国藏学出版社，1998年）中考证，"科塔"应该是新疆的"斡端"（今和田）。此说最大的漏洞是，于阗国（和田）早在1006年已经被哈拉汗王朝消灭（以伊斯兰教为国教）。后来属于西辽。因此，当地早已经没有佛教。12世纪末叶，中亚大部地区基本实现了"伊斯兰化"。

　　据我们的研究，所谓"里波特"是指克什米尔北部地区；所谓"科塔"就是今吉尔吉特（Gilgit）。

　　印度史诗*Mahabharata*记载，约公元前3世纪，印度北部即克什米尔的北方俱卢族（Kuru）与般度族（Pandu）大战18天，两败俱伤，各自建国。我们研究确认，所谓般度族，就是西藏的象雄大王布德贡甲。他率领军队西征，占领了印度河谷地、兴都库什山及帕米尔高原，建立了庞大的国家。这就是《汉书·西域传》记载的"难兜国"

和"无弋山离国"等地。中心就在"薜多城"（吉尔吉特）（参见温玉成《对甘孜地区历史文化的考古调查》，《社会科学战线》2013年第3期）。

作为考古学证据，近代学者在吉尔吉特考古发现，其地出土了6世纪时沙希（Shahi）王家的一个世系表，称其始祖是巴噶达塔（Bhagadatta），即布德贡甲之异译也（参见《南亚研究》编辑部《印度宗教与中国佛教》，中国社会科学出版社，1988年，第241页）。从而可知，"里波特"之"波特"，即"般度"，就是"布德"。"里"或"阿里"，是藏语，意思是领地、属地。所以"里波特"者，"布德之领地"也。

众所周知，波斯人称巴尔提、吉尔吉特地区为"小西藏"。此地语言"属于藏语西部方言，与安多方言关系更接近"〔参见王尧《藏语西部方言——巴尔提话简介》，《贤者新宴》（第五辑），北京出版社，1998年〕。有学者认为，这种语言现象是"吐蕃聚众多至十万……长期留在这里驻守"形成的。其实，希腊地理学家马林诺斯在2世纪著作《地理学引论》中就指出，中国西部有巴尔提人（Bautai）。所谓"巴尔提人"，应该是"班度"或"布德"的异译。就是公元前3世纪布德大王带来的象雄移民，他们在这里根深蒂固。"吐蕃"（秃发）是5世纪才出现的词汇。他们信仰固有的苯教及后来的佛教。1242年，蒙古军占领此地。吉尔吉特以北地区的坎巨提（乾竺特）、棍杂（罕萨），到了清朝还在向朝廷纳贡（《清史稿·属国传·坎巨提》）。

清代1663年，法国人伯儿涅（Bernier）居克什米尔三个月后，北上喀什噶尔，经过"小吐蕃"，称其都城为"伊思迦儿朵"（Iskardo，即吉尔吉特）。可见，鄂多立克所谓的"科塔"，乃是"伊思迦儿朵"的略称（Kardo）。

总之，鄂多立克关于"里波特"的记录（1328年），忠实反映了当地人民对象雄大王布德贡甲领有此地的历史记忆，也忠实记录了当地民众的宗教信仰（苯教、佛教）和风俗习惯（牧区住黑帐篷、城市有石块砌造的房屋、死者用"天葬"等）。这是关于此地9世纪（唐代）以后400多年的历史记录，十分珍贵。

康巴奇迹

——康巴考古与新藏学的建立

1. 苯教的源头在哪里?

我国学者中，最早考察苯教的是马长寿先生（1907—1971），写出了《钵教源流》（《民族学研究集刊》第三期，1943年）。他从调查中得知，"钵教产生于儴戎之国……即虎豹国也"。那么，这个"儴戎之国"在哪里?

2014年5月，我与北京大学、民大等专家在田光岚女士（藏族）引导下，考察了金川县勒乌围乡摩崖苯教造像约10处，早期属于11—12世纪，晚期是明代（《中国新闻网》，2014年5月22日，记者刘忠俊报道）。中心处画面是令人震惊的"雄虎与女神交媾图"，显然反映的是古老的西王母部族故事。这位女神是昆仑山神——"厉神"。另外一位女神，长发，有孔雀依傍在身边。藏文题名是"伊西瓦母"（早年，也译作"叶仙"），明确这就是西王母（见拙著《探究西王母祭祀文化与"苯教"源头》）。

原来藏语"儴戎"，就是"西戎"。"虎豹国"就是西王母邦国。"西戎文化"是构成中华文明的三个板块之一（拙著《论中华文明的三个板块：华夏、西戎、北狄》，待刊）。"西王母"可还原为西戎语"咸野嫫"，就是领有万帐的大咸兼女王。她是虎豹部落联盟女首领，兼领三青鸟部。活动范围从祁连山到青海湖。苯教法师都称"先"或"辛"，就是"咸"的音变。所以苯教法师"鸟冠虎带"；党项羌、藏族的"赭面"习俗，来源于青鸟"赤首黑目"。苯教历史上的"恰苯"，是融合了古代波斯火祆教异道，恰氏就是火祆教异道"恰菲尔人"。因为公元前3世纪，象雄大王布德巩甲占领了帕米尔地区，难兜国是他们建立的国家。

拙著《日月合璧止于昆仑——中国西部人的灵魂归宿》（《大众考古》2017年第4期），论证"昆仑"是西戎语，意为"日月"。"日月合璧纹"代表昆仑山，是西戎人的灵魂归宿地。西王母信仰，影响及于中亚。大夏的"夜摩神"、粟特的"西雅乌什神"、"得悉神"，都是西王母神［见拙著《论粟特人的"得悉神"信仰》，《石河子大学学报》（哲学社会科学版）2016年第5期］。

总之，西王母崇拜，早见于甲骨文（《合集》14344），约公元前12世纪。公元前10世纪，周穆王会见了西王母，地点是酒泉南山（参见拙著《〈穆天子传〉真相解读》，待刊）。我们论证：苯教不是起源于西藏本土；更不是起源于波斯。"苯教起源于西王母部祭司文化。我们终于找到了苯教与中华传统文化联系的脉络，意义十分重大"。

2. 西藏高原的第一个国家"乌秅国"

阿里地区日土县有巨幅的"塔康巴岩画"，高约5米，长约20米。我们研究证明，这是一次战争胜利后的"献俘图"。女王站在虎皮上，检阅俘虏。推断这就是《汉书·西域传》记载的"乌秅国"（古代戎语称老虎为"於菟"），是西藏的第一个国家。公元前1世纪，已经与西域都护府有联系。约2世纪南迁，称"权於摩"，即"女国"（拙著《"乌秅国"与"权於摩国"》，《大众考古》2015年第10期）。

另外，古如加木寺古墓出土的丝绸，属于汉魏时代（2—3世纪），意义重大。棺木在洞室中，出土的人骨，头部及各部位分别包裹。这证明他们是氐族。大量考古资料证明，砍头、乱骨藏、洞室墓，是古代氐族特有的习俗。札达县两座汉魏古墓中，出土的金面具，是"苯教法师面具"，也反映了拜火教的影响。苯教祖师辛饶·米沃且，可能是公元前3世纪的苏毗王子（敦煌卷子记载一个苏毗王叫末基·芒如底）。金书波考察的曲龙村城堡，可以确认是象雄王城——"穹窿银城"（东经80度30分，北纬31度05分），地形地势和规模与文献记载"方五六里"相符。

我们指出，《北史·西域传·女国》，女国即权於摩国。这是女国使臣于586年向隋朝的报告。女王是苏毗族，王城有1万户。后来，为抗击吐蕃，象雄也产生过男王。古格王国国王益西沃，为支援于阗国抗击哈喇汗王朝（以伊斯兰教为国教）侵略而死。

3. 吐蕃王族源自匈奴

目前所知西藏最早的王统类著作，是葛剌思巴监藏居士（1147—1216）著《吐蕃王统》。云"吐蕃国王有七墀、一丁、六贤、八德、四赞，共二十六代先王"。但是，他在该书结尾处声明："所见王统，多而不实。详察诸多缘由，善辑自一函，简要为文。"此后学者，如蔡巴·贡噶多吉（1309—1364）著《红史》（1363年），称吐蕃王统是：天赤七王、上丁二王、中列六王、地岱八王、五赞王等。至今学者们如中央民族大学才让著《吐蕃史稿》，仍多沿袭"二十六代先王"或"二十八代先王"之说。

旅居意大利的藏学家南喀诺布（1938—　　）著《古代象雄与吐蕃史》，是藏学界最新的研究成果。他分辨出：先有"象雄文明"，后有"雅砻文明"，共同发展成

"吐蕃文明"。从而打破了西藏文明就是"吐蕃文明"的一元论。不过,他对"象雄文明"的起源地、布德贡甲大王的历史缺乏深入研究;对吐蕃起源、吐蕃王统等问题,仍然是囿于成说,没有突破[参阅张亦农《古代象雄与吐蕃文明史的新著作——南喀诺布的〈古代象雄与吐蕃史〉》,《贤者新宴》(第1辑),北京出版社,1998年]。

法国藏学家石泰安(R.A.Stein,1911—1999)在《西藏的文明》一书中指出"对于公元6世纪末之前的阶段,不可能确定吐蕃任何能推论出年代的历史"(中国藏学出版社,1999年,第45页)。亦一家"无可奈何"之言也[据2000年统计,关于西藏史学的著述,多达2100种(参考索朗顿珠《西藏史学书目》,2000年,西藏人民出版社)]。

拙著《探究吐蕃王族源自匈奴》,完成于2014年8月。我们考证:"南凉"秃发政权灭亡(414年)后,大约440年,秃发乌孤的长子秃发樊尼率领部众迁徙,从甘肃省民乐县临松郡(今南古镇)出发,经过青海湖,向西藏大迁移,到达雅鲁藏布江大峡谷林芝地区。他们开地千里,重建政权,改称"悉勃野"("悉"即苯教之"辛",大咸之意;"野"即勃部之"王")。我们已经论证,南凉秃发氏出自匈奴余部,"自号鲜卑"而已。"秃发"读音就是吐蕃。"赞普",匈奴语,单于继承人之意。"论茝"(宰相),就是匈奴贵族兰氏。"如",匈奴语领地之意。"差"巴,匈奴语奴隶"赀"之变音。"墨脱"是"斡脱"的音变,匈奴语,边界屯守处等。研究证明,吐蕃的第一位赞普——"聂赤赞普"就是秃发樊尼。他还把佛教带到了西藏。所谓"鹘提"就是佛(斛)天神(提婆)。吐蕃人继承了匈奴的政治、军事制度,又弘扬了苯教文化,掀开了西藏历史的辉煌篇章。

我们追本溯源,还写了《探究杨童国的来源》《探究西王母祭祀文化与"苯教"源头》《探究象雄布德大王西征与〈汉书〉难兜国》《西藏古代编年史纲》等重要论文,破除了种种神秘的"天降说",奠定了"新藏学"的基础。例如,论证"象雄"起源于山南及日喀则地区,王玄策《大唐天竺使之铭》(658年)可谓确证。后来向西部扩张(今人多主张起源于阿里地区)。"苏毗人"来源于织皮邦国(在青海河南蒙古族自治县),公元前623年遭受秦穆公打击逃亡至西藏北部、西部。

4. 康巴考古

2011—2013年,我70多岁时,得到四川省甘孜州人民政府的支持,在海拔4000多米的青藏高原作了五次学术考察。此后,又多次进行补充考察。考察地域包括四川省甘孜州、阿坝州、凉山州、雅安市,青海省玉树州、果洛州,云南省迪庆地区,西藏昌都地区。《甘孜日报》总编辑、藏学家根秋多吉先生始终陪同、担任藏语翻译及摄像。总行程18000多千米,面积约56万平方千米,基本上是"学术空白区"。

著名作家徐杉女士写道："这是一个崭新的领域……他在这里寻找自己生命和事业新的起点"，"温先生以超人的意志、缜密的思维、艰难曲折的实地探寻考察，不但挑战了学术谜障，更以73岁的高龄挑战了生命能量"（《魅力中国》总233期）。考察成果正在研究、整理中。其间，中国新闻社、藏人文化网、《华西都市报》、《大河报》、《魅力中国》、《甘孜日报》等媒体作了系列报道。

我们在雅江县西俄洛乡发现了唐代白狼国遗址和造像，这是有关白狼国文物的首次报道；在理塘县发现了唐代晚期十一面观音木雕像。

在青海省玉树勒巴沟，考察了吐蕃时代摩崖线刻佛龛二龛，并有吐蕃装供养人夫妇与二童子，属于8世纪下半叶作品，是藏区发现的最早的佛教造像。唐代密教大日如来及八大菩萨造像，发现于青海玉树文成公主庙及西藏昌都地区芒康县、察雅县（804年）。察雅县摩崖雕刻大日如来及八大菩萨像下方，有藏文题记，说明有三个汉族工匠参与雕刻（据昌都土呷教授翻译）。它的"粉本"，来自甘肃省榆林窟25窟壁画。吐蕃占领河西走廊60多年，"唐密"对吐蕃有重大影响，补正了王森先生某些论证之失（参考王森《西藏佛教发展史略》，中国藏学出版社，2010年）。

在阿坝州金川县安宁乡独脚沟村，由于藏族学者田光岚女士等人的探索，我们与其他专家于2013年5月考察了遗址。确认是"东女国王城遗址"（《中国新闻网》，2013年5月24日，记者刘忠俊报道）。该城依山坡而建，平面呈卵形，大部分城墙保存完整。南部长约1000米，东西宽约500米。东女国人认为自己是大鹏金翅鸟的后代。"西山八国"常常被混淆为"西山的八国"。实地考察证明，"西山"指的是松州西山生羌，在今松潘的岷山及以西广大地区；"八国"指的是金川县以南广大地区的东女国等八个小国。谭其骧教授主编的《中国历史地图集》就没有弄清楚。我们进一步指出：马可波罗游历过川西藏区是可信的（拙著《马可波罗游历过"吐蕃州"》，《中国西藏》2013年第1期）。

我们认为，金川县北部的"叶尔基城堡遗址"，就是唐代"金川都护府"遗址。该都护府只见于出土的颜真卿撰并书写的《郭虚己墓志》。该都护府建立于749年。不久，即被吐蕃夺取。所以两《唐书》"失载"，避而不谈。

2015年7月2日，我率领的考古小组在九寨沟县双河乡下马岩古栈道旁，发现了摩崖琢刻岩画一处。内容是"土伯御龙图"，"龙"呈现"马面"。"土伯"就是土地神，即苯教所谓的"鲁神"。时代在公元前7世纪左右（《藏地阳光网》2015年7月11日，记者根秋多吉报道）。我国自古崇拜龙，到西周晚期，中原及北方崇拜"兽面龙"；中原与南方崇拜"蛇面龙"；西部地区崇拜"马面龙"。

康巴地区佛教后弘期（相当于内地宋代）佛塔及造像发现于玉树、石渠县（例如，在金沙江边的洛须镇有大型摩崖线刻长寿佛三尊，高4米，宽3.8米，11—12世纪，是西藏及康巴地区最大的佛教造像）、丹巴县、金川县、白玉县、色达县。

　　在德格县发现了古代"灵国"王城遗址（俄支乡）以及大量有关英雄格萨尔王大将的兵器，确认了灵·格萨尔王是北宋时代的历史人物，这是吐蕃王朝政权自9世纪灭亡以来，藏族人民最伟大的、神话般的英雄。

　　2015年9月，我们考察祁连山得知，格萨尔大王征服的"霍尔"，就是"黄头回纥"。格萨尔大王的北部边界在甘肃省祁连山。张掖市肃南县祁丰乡的"东纳藏族"，就是格萨尔大王部（多弥部）的后裔。有西方专家推测，格萨尔大王的故事，来源于古罗马凯撒大帝，令人啼笑皆非。

　　我在拙著《于阗僧人法藏与兖州宋代金棺刍议》（《世界宗教研究》2010年第2期）论文中，论证金棺的"临涅槃图"上，有古格王国国王益西沃的形象。这是有关益西沃唯一的形象资料。

　　元代"朵甘思都元帅府"遗址确认在德格县俄支乡，出土了官府用的"五塔纹大瓦当"等。甘孜县"汉人寺"是元代最大的玛哈嘎拉（大黑天）庙，由国师噶·阿列胆巴（1229—1303年，死后追认为帝师）于1284年创建。至今保存了元代所绘的多尊蓝色大黑天像。

　　丹巴县中路乡发现了元代木结构建筑佛教经堂（依宋代《营造法式》）与石碉楼结合，斗拱用交叉木制金刚杵，是西蕃人民的创造，为建筑史大家刘敦桢先生主编的权威的《中国古代建筑史》（中国建筑工业出版社，1980年）所未见；丹巴县岭钦寺、德格县汤甲经堂发现了八思巴文和珍贵的元代壁画等。明清寺院及壁画，在德格县、甘孜县、色达县、得荣县、乡城县、稻城县、九龙县、白玉县发现更多，成果集中于专著、根秋多吉主编的《康巴奇迹》中（四川民族出版社，2018年）。

5. 印度史诗《玛哈帕腊达》中的奥秘

　　我在拙著《对甘孜地区历史文化的考古调查》（《社会科学战线》2013年第3期）论文中，分析了古代印度史诗《玛哈帕腊达》（Mahabharata），论证《汉书·西域传》中的"难兜国"及"乌弋山离国"，是象雄先祖布德贡甲大王（"中丁二王"之一）在帕米尔高原建立的国家，至迟公元前3世纪末已经存在，中心在今巴基斯坦吉尔吉特（Gilgit）。它是"象雄十八国"中，最西边的国家。一度占领了塔克西拉。史诗中的"般度族"（pandu）就是布德家族。"巴尔提斯坦"也因此得名。这里是印度文明、波斯文明、中国文明交汇地区。恰苯、佛教、金属冶炼业都是首先在这里开始传播的，再传播到西藏内部。此说如果成立，则颠覆了吐蕃历史的传统理论框架。

6. 成吉思汗陵墓之谜

　　最重要的是，在成吉思汗（1162—1227）诞辰850年之际，我们"蒙古史迹调查组"通过艰苦的实地考察，用"双重证据法"，确认了成吉思汗去世的地点，在四川省甘孜州道孚县协德乡（唐代以来称嘎达，元朝设"宁远府"）。"嘎达"（《元史》又写作"哈达""合达""匣达"等），就是《元史》中蒙古人译的"哈老徒"。西南民族大学土登彭措教授提供了文献依据：藏族历史学家蔡巴·贡嘎多吉（1309—1364）著《红史》，成书早于《元史》6年，称成吉思汗死于"木雅嘎"（即木雅人的嘎达地方。有人错误地翻译为"西夏尔地方"）；意大利旅行家马可波罗（1254—1324）于1280年考察过"吐蕃州"，即到过今甘孜州地区。他在《马可波罗行纪》中称，成吉思汗在攻打"哈剌图要塞"时，膝上中流矢而死等，"哈喇图要塞"就是嘎达东边20千米的"嘎达梁子"。

我们也发现了不少考古资料，例如，在嘎达，出土了木雅人石雕头像。在内蒙古伊金霍洛旗成吉思汗陵的"成吉思汗狩猎马鞍"上，令专家们忽视的是，有"海螺宝""大鹏金翅鸟守护野牦牛图像"等苯教图像，而内蒙古不出产牦牛。它可能来自藏区。中国对外文物展览公司于1983年10月至1984年5月在日本东京、大阪等地举办的"中国内蒙古北方骑马民族文物展"中，该马鞍列为国家一级文物（《内蒙古历史文物》，1987年）。

关于成吉思汗死于嘎达这一重要历史信息，已于2012年10月21日由中国新闻社向全世界公布。纠正了南京大学韩儒林先生主编《元朝史》（人民出版社，2008年）中，成吉思汗死于甘肃省"清水县附近"的论断，引起极大关注。也令一些在书斋里求学问的专家感到惊愕（详细报道见逯宁《学者爆出惊人发现——世界之王死于川西》，《魅力中国》2012年第10期；徐杉《探寻成吉思汗最后的足迹》，《魅力中国》2012年第11期）。

至于成吉思汗陵所在的"起辇谷"，1989年内蒙古大学亦邻真教授根据《元朝秘史》等论证，应当读作"古连勒古（koiralko）"。我们推断，成吉思汗陵在嘎达（道孚县协德乡）东南方向的、藏语称作"果阿隆克"的山谷中。有待考古证实。

我们还指出，成吉思汗死后，"金身"先存放在海拔5000米的山洞中（错景洞），至元十一年（1274年）下葬。南宋使臣彭大雅所见的铁木真陵，在蒙古三江源、不儿罕山区（《黑鞑事略》）。这是拖雷出于蒙古各部统一的"政治需要"，而营造的"形象工程"（拙著《论成吉思汗陵在道孚县果阿隆科山谷》，待刊）。

著名的日本老一代考古专家江上波夫教授（1906—2002），于1990—1993年间在蒙古国东部探索成吉思汗陵，没有结果，更增强了我们的自信。认为成吉思汗陵不在蒙古国，也不在中国内蒙古，宁夏、新疆。研究蒙古史的人面前，有一道无形的"迷障"：成吉思汗的死因、陵墓的位置，是蒙古黄金家族"最高机密"，他们不会透露任何消息。但是，对于古代藏族人而言，却并不如此。所以，藏族人才会透露出真实信息！

西藏古代编年史纲

青藏高原自古就有人类居住。据报道，四川省稻城县皮洛遗址考古发掘，发现了旧石器时代"阿舍利手斧"多件（距今20万—13万年。见《光明日报》2021年9月28日报道）。另外，中国科学院青藏高原研究所在甘肃省甘南州夏河县甘加盆地白石崖溶洞中，发掘出土了古人"下颌骨化石"。据研究，属于16万年前的"丹尼索瓦人"（2019年公布）。

2021年2月22日，厦门大学人类学研究所王传超教授，与哈佛大学医学院合作，联合全球43个单位的85位共同作者，发表论文《通过古DNA精细解析东亚人群形成历史》，证明"汉藏同源，5000年前黄河流域的农业人群在中国北方传播农耕、汉藏语言和相关技术，在遗传上成为了藏族和汉族的共同祖先人群之一"。此外，旧石器时代晚期的石器，在定日县、申扎县、日土县都有采集，没有正式考古发掘。年代推测差异很大（距今5万—1万年）。甚至还有学者认为西藏没有旧石器时代文化。

青海省的马家窑文化"半山文化类型"（所谓"宗日文化"），大致距今5600—4000年，分布于青海湖南的共和盆地大草原（共和县、兴海县、贵德县、贵南县、同德县等）。陶器纹饰最突出的特点是鸟崇拜和雍仲符号共存现象。夏代以来，这里被称作"析支国"（意为"河首"，中心在今共和县切吉草原）。公元前10世纪，周穆王西巡到了这里，受到欢迎。

西藏昌都卡若遗址（约公元前3300—前2100年），有半地穴式房屋，以粟作农业为主。该遗址与青海省"宗日文化"（以共和县为中心）可能有密切联系。"卡若遗址"与四川省汉源县大树镇"麦坪遗址"相似，出土特有的、相似的"双联罐"。他们都应属于牦牛羌种落。麦坪遗址年代，距今4500—2700年（西周中期）。

公元前623年，秦穆公伐西戎，八国投降，四国西遁。其中西戎的"织皮国"，从青海省黄南州泽曲流域逃亡至西藏东部、西北部及新疆东部，称为苏毗人（Supi，孙波），带去了西戎文化（包括"西王母祭司文化"——笃苯）。据敦煌唐代写本《沙州·伊州地志残卷》（885年）记载，今新疆若羌县有"萨毗城"，"近萨毗泽（今称阿牙克库木湖），山险阻，恒有吐蕃及吐谷浑来往不绝"。就是古代苏毗人的据点，迁入年代不详。4世纪，他们北上，占据了楼兰故地，称作"纳缚波"，即黑苏毗（因罗卜泊北有"黑山梁"得名）。7世纪前灭亡。西藏早期岩画，如阿里扎布拉山岩画，有大量雍仲符号、太阳符号，反映了苯教的某些表征。

　　大约在春秋战国时代（公元前8—前3世纪），有一支印度西北部种族（"绘彩灰陶文化"，公元前1100—前800年），从喜马拉雅山进入日土、拉达克、斯毗底地区。他们留下了"美丽鹿"及日土县热邦区果拉岩画"圆圈人"岩画。同时，在"绘彩灰陶文化"陶器上，出现了雍仲（万字）纹等。

　　据《后汉书·西羌传》记载，秦献公（公元前385—前363年在位）时，西羌无弋爱剑之孙——"仰"，"率其种人附落而南，出赐支河曲西数千里，与众羌绝远，不复交通。其后，子孙分别，各自为种，任随所之"。即"仰"领羌、戎、勒姐（末羯，西王母种姓）等部从青海湟水，经历赐支，又西数千里，逃亡到西藏。我们考证，"仰（杨）部"，落脚在山南羊卓拥错一带（按，"羊卓"即西戎语"仰人"之意）。这个推断，有考古资料佐证。山南浪卡子县工布学乡"查加沟墓葬"，石墙下出土"金质马形牌饰"一件，属于北方游牧文化。多却乡"桑扎遗址"有花岗岩石柱（高2米，径2米）六个，排列成长方形（宽40米，长数百米）。显然属于祭祀遗址。"羊卓"与童（唐）旄部融合，形成"小杨童部"（小羊同部，即古象雄部）。因"仰"是奴隶（无弋）的后代，被称为"黔首"（所谓"黑头矮人"）。《后汉书·西南夷传·冉龙夷》云"有牦牛无角，一名童牛，肉重千斤，毛可为毦"。可知，童牦部，即饲养童牛部落也，也是"仰"部的一支。"小羊同"分布在西藏山南西部及日喀则东部地区（即王玄策658年《大唐天竺使之铭》指出吉隆县在"小杨童之西南"）。也带去了西王母祭司文化（笃苯）信仰。

　　据印度史诗*Mahabharata*（孙用译《玛哈帕腊达》）记载，象雄大王布德贡吉（班都王Pandu）率军西征，战胜印度俱卢族（Kuru），占领印度河谷、克什米尔、兴都库什山以北及帕米尔高原地区（占领塔克西拉国，建立难兜国，统治无弋山离国等），吸收波斯火祆教恰菲尔"异道"，形成恰苯（Bot，即布德教），辛饶米沃且是同时代苯教巫师。在吉尔吉特考古发现，6世纪Shahi王家世系表，称其始祖是Bhagadatta。就是布德贡吉的梵文译音。时代在公元前231年以后，至公元前206年左右。这些人"自称"或"他称"（克什米尔人、印度人、波斯人）："土·伯特（布德）"——即上部的布德族人〔注：这与4、5世纪出现的南凉"秃发"（"吐蕃"）名称来源无关；因发音相近，常常混淆〕。到105年贵霜王丘就却占领"濮达"（布德大王统治区）。布德贡吉家族统治这一地区达300年之久（约公元前230—105年）。

　　象雄大王布德贡吉建立的第一个国家，就是《前汉书·西域传·难兜国》。公元前2世纪，该国有"户五千，口三万一千人"，"种五谷、葡萄诸果"，"有银、铜、铁作兵"。"难兜国"位于中华文明与印度文明、波斯文明的交汇处，意义重大。

　　此后，称小勃律。唐代册封的"小勃律王"有：没谨忙、难尼、麻来兮、苏失利之等。小勃律西60里有"大勃律"（布露）。唐代册封的"大勃律王"有：苏弗舍利支离尼、苏麟陀逸之。玄奘《大唐西域记》称"钵露罗国"记载，"文字大同印度，言语异于诸国，伽蓝数百所"。从而可知，7世纪上半叶时，当地讲"藏语"，使用"象雄文"，有了佛教。734年"大勃律"为吐蕃所灭。

最早记载"布袋巩甲为丁字一王"的是葛拉思巴监藏著《吐蕃王统》。西藏山南地区桑日县，传说有"山神沃德贡杰"，推测与"布德贡吉"（布袋巩甲）大王故事有关。

德国霍夫曼（H. H. R. Hofmann）著作《吉尔吉特的苯教》（1969年）。巴基斯坦西北边疆省有"帕坦族"（巴丹族），占总人口13.14%，属于蒙古族、伊朗族混血，似乎是布德贡吉大王之后裔。此地404年已称"勃律"（波伦、钵卢勒、钵露罗）。

1328年，意大利方济各会修士鄂多立克（Odoric，1265—1331）从元代大都（北京）回国时，经过内蒙古、新疆，到了"里波特"（Riboth）地区，其首府叫科塔（Gota）。据我们考证，"里"或"阿里"是藏语，意为领土、领地。"波特"是布德。"里波特"者，布德之领土也。科塔（Gota），就是吉尔吉特（Gilgit，唐代称"孽多"）。有力地证明，当地民众对于这里是布德大王领土的历史记忆。

至迟在公元前3世纪，苏毗人在阿里日土县建立"乌托国"（"乌托"，西戎语"老虎"也），并与邻国发生战争。塔康巴有巨幅岩画（3米×5米），内容是"向女王献俘图"。乌托国有490户，2733人。公元前1世纪已与西汉"西域都护府"（公元前60年设立，在今新疆乌垒）发生密切联系。这是西藏与内地联系的最早记录。

"发羌"迁入西藏，约在公元前2世纪或更早。101年，青海无弋爱剑后裔——"烧当羌"近千人（有首领名"迷吾"）"远逾赐支河首，依发羌居"。张政烺认为是"蕃（发）羌"。"赐支河首"即青海共和县切吉草原。"远逾赐支河首"，则深入藏区矣。

东汉"动粘部"在金沙江上游定居，74年到洛阳进贡。《北史》称作"当迷"，王玄策称作"多弥"。吐蕃时代初期，并入吐蕃，称"董（东）"姓。是吐蕃四大姓之一。吐蕃政权灭亡后，成为"灵国"，古都在甘孜州德格县俄支乡。

约105年左右，贵霜王丘就却攻占了布德大王的统治区（难兜国、濮达、乌弋山离）、疏勒等国、兴都库什山及葱岭地区。到迦腻色迦大王时代（约134—156年），积极传播佛教。难兜国等地已有部分信仰佛教的民众，吉尔吉特一带留下了考古遗迹。

约184年"大贵霜"崩溃后，克什米尔拉达克地区（列城）的阿钩羌（南羌）强盛，建立"苏毗国"（玄奘译称"三波诃"、慧超译称"挲播慈"）。乌弋山离分裂出识匿、波知等国。图奇称：列城西边，印度河上的卡拉策，发现了阎膏珍的佉卢文铭文。"铭文显示自贵霜王朝初期，印度文化和霸权已经渗透至该区"，"早在莲花生等人入藏传法之前，拉达克已有佛教"。

　　约2世纪末、3世纪初，乌杕国南迁至"穹窿银城"（札达县穹窿村狮泉河南岸，即"琼隆卡尔恩玛"），称"权於摩国"（音译，意译即"信仰琼的王母国"，简称"女国"。史书上第一次见到"女国"是445年，吐谷浑慕利延离开于阗国南下时，得到"女国金酒器"）。

　　道宣（596—667）在《释迦方志》中，记载了"东女国"即"大羊同国"云："从摩裕北行三百里，至婆罗吸摩補罗国……国北大雪山有苏伐剌拏瞿呾罗国（言金氏也），出上黄金，东西地长，即东女国。非印度摄，又即名大羊同国。东接吐蕃，西接三波诃，北接于阗。其国世以女为王，夫亦为王，不知国政。男夫征伐、种田而已。"这是我国文献第一次记述"东女国"（阿里）即"大羊同国"。

　　2006年5月，在阿里噶尔县门士乡"古如加木寺"（"琼隆银城"东北郊）附近的"石砌古墓"中，出土了织锦（有汉文"王侯""羌王"字）、苯教金面具、铜钵等文物，据炭14检测，年代为3世纪中叶。这是西藏首次发现丝绸、苯教面具及铜钵。四川大学考古学系主编《皮央·东嘎遗址考古报告》（四川人民出版社，2008年）也称，"西藏西部曾存在着独特的考古学文化系统"，"墓葬的年代很可能相当于……秦汉时代"。我们考证，这就是"从织皮迁徙而来的苏毗文化"。

　　在新疆古鄯善国遗址（今若羌县）出土19支木简，用佉卢文记载。其一曰"苏毗人到达且末，劫掠王国，抢走居民"（大约3—4世纪）。若羌县东南240千米有"萨毗泽"（今称苏鲁皮提勒克河），即苏毗人居住地，隋代前建有"萨毗城"。玄奘记载楼兰地区的"纳缚波国"，就是"黑苏毗国"（罗布泊北部有黑山梁）。

　　"五胡十六国"之一的"南凉国"（397—414年），据《十六国春秋》记载"吐蕃秃发褥檀据西平"。《册府元龟》卷956："吐蕃……南凉利鹿孤之后。"南凉灭亡后，440年7月，匈奴后裔、南凉国秃发乌孤（？—399）之长子、北凉临松郡太守秃发樊尼（约45岁），从甘肃省民乐县临松山一带率部经过扁都口、门源、青海湖南部切吉草原，迁入西藏（其中包括少量汉族），估计约2万户。经过青海湖时，有蔡巴族、珞巴族、门巴族等加入（见12世纪"迭部苯教文献"），陆续到达"波窝"地区（今波密县，2725米）（《德乌教法史》），改号称"悉勃野"（即勃部的祭司兼国王）。"悉"即"辛"，"巫咸"也。"勃"，秃发部也。"野"（於、若）西戎语"王"也，有学者错误地译为"宝髻"。吐蕃时代，追称"悉勃野"秃发樊尼为"聂赤赞普"。《智者喜宴》称，"悉勃野"降服了苏毗苯教首领窝拥杰娃，收拢了怒王各部。

　　据法国雅克·巴考（J.Bacot）编辑《敦煌吐蕃历史文书·赞普世系表》云："天神自天空降世，在天空降神之处上面，有天父六君之子，三兄三弟。连同赤顿证，共为七人。赤顿证之子，即为聂赤赞普。"而聂赤赞普做了"六牦牛部"之王。

　　秃发樊尼就是吐蕃时代"追尊称呼"的第一位赞普——"聂赤赞普"。聂、尼，即秃发樊尼也；赤，即乞力，匈奴语为撑梨、祁连，即"天"也；"赞普"之意是单于的继承者。吐蕃流传的"七天座王"（或曰"天赤七王"），指的就是思复鞬的六子：乌孤、利鹿孤、褥檀、傉于、吐雷、俱延（其中前三人曾经在南凉国称王），加上秃发樊尼。乌孤兄弟六人没有进入西藏，更不是前后六代关系。乌孤即"赤顿祉"（意为天子祖先）。乌孤也被称为"天神雅拉达珠"。藏语"雅拉达珠"是匈奴语"撑梨孤涂"的音译，汉语"天子"也。除文真于412年投降北凉沮渠蒙逊，部落被解散外，其余各部则号称三兄三弟"六牦牛部"。《新唐书·吐蕃传》云："其俗，疆雄曰赞，丈夫曰普。故号君长曰赞普。赞普妻曰末蒙。"实臆测之词也（按，"末蒙"可能来自西戎语"膜"，即母也）。

9世纪《通典·边防典·吐蕃》记载，西魏末，秃发利鹿孤的后代，在临松郡（今甘肃省张掖市南部）始称"赞府"（赞普）。他们是秃发部族没有西迁而遗留之残部。可知，他们与西迁的部族有密切联系。约556年是"赞府"（赞普）一词出现的下限。应该与吐蕃传说的"五赞王"称呼有关。

关于聂赤赞普的年代，是西藏历史的重大关键问题。最早见于蔡巴·贡嘎多吉著《红史》。他依据向帕托巴仁多、绛吉顿巴的记载，提出"总计由聂赤赞普至今，已历一千七百九十四年"。《红史》完成于1363年，由此上溯1794年，则是公元前431年，此说并无根据。

当代学者中，西北师范大学金宝祥先生（1914—2005）确认吐蕃王族属于南凉后裔（《吐蕃的形成、发展及其和唐的关系》，《西北史地》1985年第1期），但是，没有引起藏学界重视。

才让《吐蕃史稿》则推测聂赤赞普的年代，在公元前193—前114年间。并推论说，聂赤赞普的年代"远远早于南凉政权"。这显然也是错误的结论。

《红史》记载，忽必烈木鸡年（1283年），汉族译师胡将祖在临洮，把《唐书·吐蕃传》译成藏文。木牛年（1287年），喇嘛仁钦扎国师刊行。值得注意的是，《红史》《西藏王统记》《青史》等藏学著作虽然引述《唐书·吐蕃传》，但是，丝毫没有论及秃发樊尼之事。推测是译者或刊行者，刻意回避了这段历史。

秃发樊尼西迁时，应有少数佛教徒同时入藏。布顿《善逝佛教史》记载，"拉脱脱日年赞在位之时，年达六十，居于雍布拉岗宫顶，自天空降下了宝箧，启视之，有《宝箧经》、《百拜忏悔经》、舍利宝塔及金塔一座在焉。乃名之为宁保桑瓦……此为正法之起始也"。熏奴贝《青史》说，这些经典、佛塔是从印度带来的。据查，古印度没有《宝箧经》及《百拜忏悔经》。只有中印度沙门昙无谶在北凉翻译的（414—426年）《金光明经》四卷，十九品中，有《忏悔品》，被弟子们解读成《百拜忏悔经》。在印度佛教中，甚至没有"忏悔"的观念。据专家研究，《金光明经》中，语及甘肃之"金山"，显然不是印度和尚著作，而是西域和尚著作。

隋开皇六年（586年），权於摩国（女国）"遣使朝贡"，到达长安。当时"多弥""吐谷浑"皆附于隋。"多弥国"在金沙江上游两岸，今甘孜州德格县、白玉县、石渠县、青海玉树、西藏昌都江达县一带。9世纪以后称灵国。

吐蕃开始强盛。秃发樊尼到西藏以后，《旧唐书》说"其后子孙繁昌"，但其传承没有记载。吐蕃时代以来，西藏传说，矛盾重重（如："七天座王"之后，有"中丁二王""中列六王""八德王""五赞王"等）。我们或可参考《新唐书·吐蕃传》所说的七代传承。文云："其后有君长曰遐西董摩、陀土度、揭利失若、勃弄若、讵素若、论赞素、弃宗弄赞（亦名弃苏农，亦号弗夜氏）。"其中"遐西董摩""陀土度"，似乎是苯教祭司的称呼。而"揭利失若""勃弄若""讵素若"的"若"或"野"，是西戎语"王"的意思。"论"或"兰氏"是匈奴贵族的姓。"弃宗"或写作弃立、乞力，都是匈奴语"祁连"，即"天"也。从遐西董摩到讵素若，恰恰是五代，应该是传说中的"五赞王"。其中"陀土度"，与传说的"拉拖徒日业赞"或"拉脱脱日年赞"似乎是同一人。

上述的"论赞素"，也可以写作"论赞府"，南日伦赞，即"论赞普"。他或许是在西藏第一个实际上称"赞普"的国王。

"论赞素"就是囊（朗）日松赞（约570—620年），这是一个大变革的时期。《红史》记载，南（朗）日松赞"在位时期，由汉地传入历算及医药，并征服汉地和突厥"。从匈奴姓氏上推测，他是"论氏"或"兰氏"的后裔。显然，他夺取了秃发樊尼系统的政权。开始起用"论氏"为宰相。松赞干布时代的著名宰相禄东赞（？—667）就是代表人物。禄东赞姓"论氏"，同姓不婚，所以不与赞普王室通婚。唐代张说（667—730）为禄东赞之孙撰《拔川郡王碑》（723年）云："戎言谓宰曰论，因而氏焉。"

朗日松赞可能以"朗县"为根据地。1982年考古发掘证明，朗县"列山古墓群"有古墓184座，面积81.5万平方米，发现了墓葬、石棺、祭祀坑、房屋建筑、石碑等。"殉马坑"说明，当年不信佛教。推测是吐蕃早期王室墓地。朗县洞嘎镇"艾尼伍嘉墓群"，有封土墓14座。其中M8，夯土内有石墙一周，分前、中、后三室。中室有石棺，不是本地文化。朗日松赞开始向西部及北部扩张领地。在西部，吐蕃占领了"小羊同"——山南西部及日喀则地区。并严重威胁女国（"权於摩"，即大羊同国，王城在阿里"琼隆银城"的南城）的安全。在北部，吐蕃与苏毗旧臣结盟，里应外合占据了苏毗广大地区。《隋书·西域传》称苏毗"人有万家"。《新唐书·苏毗传》称，"东与多弥为邻"，即在"多弥国"之西南，中心在今昌都地区。658年，大唐天竺使王玄策记录，他是从"多弥国"向西南进入苏毗国的，是谓确证。

631年，大羊同国（即阿里"东女国"）朝贡使到达长安。641年朝贡使带厚礼，第二次到达长安（显然是求援）。贞观末年，大羊同国被吐蕃所灭。

　　松赞干布（双赞思甘普、弃宗弄赞。约617—650），弱冠嗣位，内忧外患。633年从山南琼结县"胥末城"（匹播城）迁都到逻些城（按，"逻些"或"厉塞"即苯教之"厉神"），借以威慑雅鲁藏布江以北各部。634年，遣使长安朝贡。唐太宗遣行人冯德遐往抚慰之。此时吐蕃形势是"邻国羊同及诸羌并宾服之"。

　　658年五月，大唐赴天竺使臣王玄策，在吉隆县城东北的高山摩崖上，雕刻《大唐天竺使之铭》（高90厘米，宽100厘米）。文内称此地，"届小杨童之西南，咀仓法关之东北"。首次指明"小杨童"国（古象雄）位于吉隆县城的东北方，即今山南及日喀则地区。当代学者多认为，"象雄"起源于冈底斯山、阿里。实际上是指"大羊同东女国"。据《册府元龟》卷56，记有宣索撰《入蕃记行图》一轴及《图经》八卷，久佚。《新唐书·艺文志》记有《西蕃会盟记》三卷、《吐蕃黄河录》四卷，亦久佚。

　　吐蕃消灭方千余里的"吐谷浑国"。其王族称"东氏"。部众分为十八姓，以鹿为标识。

　　大约从9世纪初叶起，吐蕃赞普加上"鹊提"尊称。藏语称"佛"为"鹊"；称佛教"天神"为"提"（提婆）。"鹊提"者，佛教天神也。例如《赤德松赞墓碑》（798—815年）云："赞普天子、鹊提悉勃野，天神化现，来主人间。"《青史》说"鹊提"，是光明之意，不确。据昌都察雅县仁达摩崖造像（"大日如来与八大菩萨"）铭文（藏文，土呷翻译）：赤松德赞"猴年"（804年），"宣布比丘参加政教大诏令，赐给金以下告身"。这是吐蕃比丘参政之始（李光文等主编《西藏昌都——历史、传统、现代化》，重庆出版社，2000年）。

　　山南洛扎县门当村南，有"苯教摩崖藏文石刻"（9世纪），无人释读（《文物》2010年第7期）。

　　吐蕃攻灭于阗国（791—797年间）。

　　南诏国臣属吐蕃（751—794年）。794年，南诏大破吐蕃，取铁桥十六城，俘其五小王，降其众十万余人。

　　842—1260年，西藏分裂四百余年。

　　西藏本土有以下四个王系。

　　第一，拉萨王系；

　　第二，雅砻觉阿王系；

　　第三，阿里王系（古格、拉达克、布让等）；

　　第四，亚泽王系。

　　除西藏本土以外，在康巴地区还有以下三股藏族势力。

　　第一，以甘肃省西凉府（武威）为中心的"吐蕃六谷联盟"：古浪河、黄羊河、杂木河、金塔河、西营河、东大河。

　　第二，青塘吐蕃联盟（斛斯罗政权，1008—1116年，共计108年）。

第三，以四川省德格县为中心的灵国政权（宋、元、明）。灵国格萨尔大王是10世纪的伟大国王。《宋史·外国传·党项》：淳化五年四月（994年）"邀二族大首领崖罗、藏才（寨）东族首领岁啰畷克，各遣其子弟朝贡"。所谓"藏才（寨）东族首领岁啰畷克"，即灵国格萨尔大王战胜"霍尔"（黄头回纥）后，驻守北部边境祁连山的东纳藏族人（今东纳藏族乡，在甘肃省肃南县祁丰乡。即嘉峪关南山）。"东纳"，《后汉书》称"动黏"；《北史》称"当迷"；唐代赴天竺使臣王玄策称"多弥"。考古调查证明，灵国国都在四川省德格县俄支乡。"霍尔"，即"黄头回纥"。今甘肃省肃南县裕固族，自称"绕呼尔"，是"黄头回纥"的后裔。

2014年5月，在四川省金川县勒乌围乡马厂村，发现一大批苯教摩崖线刻画。早期的岩画年代为11—12世纪，意义重大。石刻内容为雍仲苯教母续本尊佛（玛吉）、大圆满传承师（占巴南卡、毗卢遮那、崩希群纳、昌克色托结降、松瓦顿珠等）、三佛心咒、占巴兰卡、百字明心咒、天藏图等。最重要的是，有"昆仑山女神Iha（女神名'厉''利''拉''隆''陆吾'。胸前有'日月合璧纹'标志）与雄虎交媾图"、鸟身女神"西王母"图（藏文题名"伊西瓦姆"。旧译"叶仙"，苯教最高护法神）。我们的研究证明："苯教"源自昆仑山的"西王母祭祀文化"。萨迦派三祖扎巴坚参（1147—1216）著《王统世系》云"有人称早期苯教为光明教"。显然，"光明"指象征苯教崇拜的"日月联璧纹"。公元前12世纪，商代武丁时代甲骨文中，已经多次祭祀西王母。

作为旁证资料之一，是1992年在云南省丽江县发现的《藏文格子碑》（8世纪），藏文内容是：洱海之弄部（纳西）首领与吐蕃赞普大臣杰桑结盟。石碑顶部的图像，是西王母神，头戴三山冠，上身裸，下穿裙，左右手平伸，抚摸日月（日月象征"昆仑山"）。证明纳西族与藏族共同信仰西王母神。

作为旁证资料之二，是拉萨城北郊有扎西寺（始建年代不详，清代仍然存在）。寺内供奉护法女神"扎西拉姆"。女神口吐长舌（黑色），鸟足，以酒祭祀。传说，"扎西拉姆"女神从内地来，备受迫害。显然不是佛教女神，而是苯教女神，即西王母（"伊西瓦姆"）。

林芝察隅县的"僜人"，是云南省哀牢国西南边的"篦多夷"（今缅甸北部禄斗江一带）北上而形成的（《后汉书·西南夷传·哀牢夷》）。

云南省的"独龙族"，被称作"俅帕""俅子"，是西藏蔡巴族南下形成的。

阿里国王益西沃（约947—1006以后），被称为"拉喇嘛"（lha bla ma）。"拉"，就是苯教厉神。他为援助"于阗国"抵抗"葛罗禄"（gar log，黑汗王朝，信奉伊斯兰教），战败被俘。拒绝用黄金赎身而死。此一故事，有可信证据。据山东省兖州出土"金棺"及《兴隆塔地宫碑铭录文》（1063年）。可知，于阗国使臣、僧人法藏，因国家灭亡（约1006年）客死于宋。他制作了舍利金棺。金棺上"佛临涅槃图"旁，特意刻划出古格国王益西沃举哀形象，以示追悼（拙著《于阗僧人法藏与兖州宋代金棺刍议》，《世界宗教研究》2010年第2期）。

西藏与尼泊尔接壤的"夏尔巴人"，是当地古老的土著民族。他们"葬礼"上的驱虎仪式（dodzongup），以"老虎"为"恶魔"，勇士们用刀叉、棍棒驱赶出门，并把面制的老虎，砍成碎块扔掉［参阅〔美〕谢丽·奥特纳（Sherry B. Ortner）《通过仪式认识夏尔巴人》］。这个仪式表明，崇拜老虎的"苏毗人"（女国）或"吐蕃人"，曾经是他们的敌人（按，喜马拉雅山区并没有老虎）。

目前所知西藏最早的王统类著作，是葛剌思巴监藏居士（1147—1216）著《吐蕃王统》。云"吐蕃国王有七墀、一丁、六贤、八德、四赞，共二十六代先王"。但是，他在该书结尾处声明："所见王统，多而不实。详察诸多缘由，善辑自一函，简要为文。"此后学者，如蔡巴·贡噶多吉（1309—1364）著《红史》（1363年），称吐蕃王统是：天赤七王、上丁二王、中列六王、地岱八王、五赞王等。至今学者们如才让《吐蕃史稿》，仍多沿袭"二十六代先王"或"二十八代先王"之旧说。

旅居意大利的藏学家、那不勒斯东方大学教授、德格县人南喀诺布（1938— ）著《古代象雄与吐蕃史》，是藏学界最新的研究成果。他分辨出先有"象雄文明"，后有"雅砻文明"，共同发展成"吐蕃文明"。从而打破了西藏文明就是"吐蕃文明"的一元论。不过，南喀诺布对"象雄文明"的起源地、布德贡甲大王的历史缺乏深入研究；对吐蕃起源、吐蕃王统等问题，仍然是囿于成说，没有突破［参阅张亦农《古代象雄与吐蕃文明史的新著作——南喀诺布的〈古代象雄与吐蕃史〉》，《贤者新宴》（第1辑），北京出版社，1998年］。

2016年5月《南喀诺布文集》五卷（250万字）由青海民族出版社出版。

意大利藏学家图齐（G.Tucci，1894—1984）巨著《梵天佛地》四卷（北京大学魏正中、萨尔吉主编，上海古籍出版社，2009年），做了大量藏区宗教的考古调查报告。

法国藏学家石泰安（R.A.Stein，1911—1999）在《西藏的文明》一书中指出"对于公元6世纪末之前的阶段，不可能确定吐蕃任何能推论出年代的历史"（中国藏学出版社，1999年，第45页）。亦一家"无可奈何"之言也。

据2000年统计，关于西藏史学的著述，多达2100种（参考索朗顿珠：《西藏史学书目》，西藏人民出版社，2000年）。

关于西藏的汉文史料，极其丰富，有很高的史学价值。据吴丰培《藏族史料书目举要（汉文一）》（《西藏研究》，1981年）介绍，多达800余种。

此后，中国藏学研究中心托巴平措主编、历经13年编成《西藏通史》八卷，十三册，计850万字，中国藏学出版社，2016年出版。虽然是包罗各代的皇皇巨著，但是缺乏原创性，是属于资料集成类型的著作。